东城法院文丛 | 总主编 赵军

人民法院
司法改革热点问题

主编 薛峰

法律出版社
LAW PRESS·CHINA

导　　言

全面深化司法改革,是党中央作出的重大战略部署,是全面深化改革、全面依法治国的重要组成部分,对完善中国特色社会主义司法制度、促进国家治理体系和治理能力现代化具有重大意义,是新时代中国特色社会主义思想和实践的重要组成部分。社会主要矛盾的变化,即由人民日益增长的物质文化需要同落后的社会生产之间的矛盾转化为人民日益增长的美好生活需要和不平衡不充分的发展之间的矛盾,决定了本轮司法改革必将是全面的、深刻的。随着改革继续深入,党的十九大要求深化司法体制综合配套改革,全面落实司法责任制,使改革精神更加显著,改革举措更加务实,改革成效更加全面。

近年,人民法院紧紧围绕"努力让人民群众在每一个司法案件中感受到公平正义"目标,坚定不移推进司法改革。其中,实行司法人员分类管理制度、健全司法职业保障制度、完善司法责任制、人财物省级统管四项改革,在司法改革中具有基础性作用,并与人民法院的自身职能结合得最为直接和紧密,受到法学理论界和司法实务界的持续关注,以"司法责任制"为核心的法院内部各项体制机制改革,引起了司法人员群体的热烈研讨。

北京市东城区人民法院作为首都核心区法院,具有突出的地缘优势和丰富的文化资源,先行先试开展过多项具体的司法改革举措,拥有一支审判与研究并重的法官队伍。在这里,法官既是具体案件的审理者,又是具体改革举措的践行者、见证者,他们对于司法改革中法院热点问题的研究视角具有鲜明的贴合审判实践和法院实际的特点,提出的意见建议能够直击问题的实质和根源。

本书是东城法院文丛的系列书籍,收录了近年北京市东城区人民法院法官撰写的关于司法改革、专业审判领域的高质量的理论和实务论文,这些论文曾在多家社科类、法学类核心期刊发表并获得最高人民法院、中国法学会、人民法院出版社、北京法院、北京法学会等机关单位颁发的多个高级别奖项。

围绕司法改革中法院热点问题这条主线，本书共分为基础问题、司法人员分类管理制度、司法职业保障制度、司法责任制及专业审判领域热点问题五部分。基础问题部分收录的论文着重讨论当前影响司法公正和制约司法能力的基础性、深层次问题，具体围绕诉讼当事人司法公正感的提升、促进国家治理体系和治理能力背景下的诉调对接、法院独立行使审判权的深层次问题以及法院内设机构改革的思路等展开讨论。司法人员分类管理制度部分收录主要讨论改革背景下各类人员的职责定位、职业路径及内部精细化管理问题，具体围绕青年队伍建设、法官助理制度、综合行政人员管理及司法警察职能定位等展开讨论。司法职业保障制度部分收录的论文则侧重关注司法改革语境下的相关配套职业保障等问题，具体围绕法官考评、法官激励、发挥合议庭评议功能等实操性体制机制环节展开讨论。司法责任制作为本轮司法改革的“牛鼻子”，是深化改革需要突破的重点，能起到以点带面、促进整体推进的关键作用，因此，这部分收录的论文数量最多，讨论也最为集中和热烈，具体围绕陪审制度、调解制度、法官惩戒制度、司法公开制度等开展了多种角度、多重维度的思考。专业审判领域热点问题部分收录的论文选取了当前刑事、民商事、知识产权、执行等专业领域的热点、难点问题展开研讨，既为认识和理解相关领域中前沿、疑难问题提供了理论支撑，又为相关问题的解决探索出可操作性强、实践性广的解决路径，更是司法改革的基层基础所在。

本书由本人负责设计、审核统稿，由北京市东城区人民法院的研究室法官余亚宇负责具体工作，法律出版社的夏旭日编辑对本书的编辑和出版提供了很多支持和帮助，非常感谢他们。书中难免的不足、疏漏之处，敬请各位读者批评指正。

薛　峰

2017 年 11 月

目录 /Contents

第一章　深化司法改革基础问题

第二章　司法人员分类管理制度

第三章　司法人员职业保障制度

第四章 司法责任制

第五章 专业审判领域热点问题

第一章　深化司法改革基础问题

人民法院关于加强诉讼群众司法公正感的思路和方法

赵　军*　余亚宇**

内容摘要：司法公正感不仅包括人们对法院的感受和认识，还涉及其对法院的记忆和评价，以及人们在面对问题时对法院的心理状态和预期，属于人的认知的范畴。司法公正感的内容包括分配公正、程序公正、人际公正、信息公正。分配公正衡量的是实体权益分配结果公正与否，个体对自己所获回报的期望值并不单一取决于自身的投入和回报，而更多的是以与他人的比较来衡量。如果他人分配的结果不可知从而无法进行比较，个体也会开始关注过程，即关注以什么方法和程序来保证结果的公正性。任何人必须依赖与他人的交往和协作才能从社会获得更多资源和回报，因此个人会十分关注其在群体中的地位，即人际公正。信息公正主要考量的是决策者是否给对方提供必要的解释和信息，即是否说明了采取特定方式和程序的理由。提高司法公正感途径的探索有：固定和加强提升公正感的外在刺激信息；重视显著却不见得相关的替代信息；赋予当事人更多的程序选择权和庭审发言机会；使诉讼群众体会积极的、被尊重的人际互动；加强裁判文书上网及说理，提供同判的同案参照。

关键词：法院　诉讼群众　司法公正感

对于法院而言，没有哪一种价值和原则像公正这样重要。习近平总书记在纪念现行宪法公布施行三十周年大会上首次提出并在其他场合多次强调："要努力让人民群众在每一个司法案件中感受到公平正义。"然而纵观古今中外，仍然难以找到对"公正"的统一而准确的定义。公正，究竟是客观存在还是人们的主观感受，

---

* 北京市东城区人民法院党组书记、院长。

** 北京市东城区人民法院研究室法官。

如果公正不全然是一种客观存在,那么人们如何判断和感知司法的公正性,人民法院又该如何回应为提高群众"公正感"而面临的更高期待和要求。基于此,本调研以"司法公正感"为研究对象,选取认知心理学和组织心理学的分析视角,尝试为人民法院如何提高诉讼群众的司法公正感提供新的思路和方法。

一、司法公正感的性质及内容

(一)司法公正感的性质

心理学认为,认知(recognition)是人脑的知觉和认识活动,包括人的意识、感知、注意、记忆、问题解决和推理等心理活动。[①] 传统的心理学将人的认知解释为对外部环境刺激的被动反应,不看重人作为认知主体的主动意识和心理过程。当代认知心理学则认为,人不但不是被动等待环境刺激而产生反应的个体,而是一个主动的信息探求者,个体内部已有知识、经验及其认知结构对其心理活动和外部行为会产生决定性影响,人的行为、动作的产生以及言语活动等都受到个体内部心理活动的调节和控制。[②] 司法公正感属于人们的认知范畴,具有明显的认知活动的性质和特点。

如同获得对其他事物的认知一样,人们获得关于司法的认知也必须经历一个被人脑接受、加工和存储的过程。那么,人们是如何认知包括司法在内的一般事物的呢?可以通过考察人们对一般事物的认知过程,借以探究对司法的认知。为了形象说明个体的认知过程,当代认知心理学将人脑类比为计算机信息处理系统,认为个体的认知过程是人体感受器官在外部环境信息刺激下,由"感(知)觉登记—识别—短时记忆—长时记忆"而构成的信息加工处理活动(见图1)。

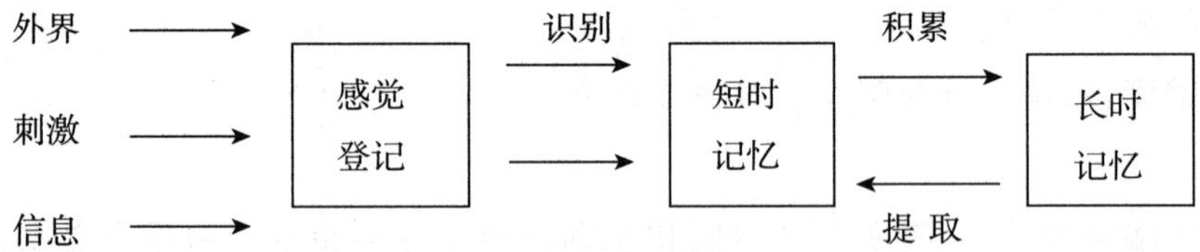

图1 认知过程模型

① 曾建东、李桂模:《裁判文书说理的认知心理学分析》,载《法治论坛》2016年第1期。

② 梁宁建:《当代认知心理学》,上海教育出版社2014年版,第12~13页。

以上过程中,感觉是人脑对客观事物各个属性、某种具体特征的直接反映,是一个人接受外界信息的过程,也是一个人觉察和获取刺激信息的最初渠道,[①]如视觉、听觉、触觉、嗅觉和味觉,它们是人们获得关于世界一切知识的重要源泉。知觉则是人脑对客观事物各种属性、各个部分及其相互关系的综合的、整体的反映,它诠释从环境中得到的感觉信息,并赋予物体和事件以意义。[②] 识别是指大脑输入刺激与长时记忆中的信息进行匹配,并辨认出该刺激属于什么范畴的过程,识别依赖于人的知识经验,离开知识经验的参与,个体就无法准确理解所输入的刺激,也就无法准确识别事物。记忆是人脑对输入信息的编码存储和提取的过程。输入信息在感觉记忆系统中登记并经过编码,就进入短时记忆系统并经过进一步加工处理,再从短时记忆系统进入长时记忆系统,形成个体关于外部世界的永久性知识和经验。[③] 短时记忆对已输入的选择性信息作进一步的编码与加工,并将他们输入长时记忆,而长时记忆中的信息可以在需要的时候,被提取到短时记忆之中。

如果用以上认知过程中包含的原理来重新探究诉讼群众认知司法的过程,那么他们对司法的认知将这样形成:一位案件当事人来到法院参加诉讼,他看到的法院审判区域的环境、审判人员的行为举止,例如,听到法官和书记员的语言以及其他案件当事人对法院和法官的评价。这些对当事人个体来说,都是来自司法机关办公场域中的外部刺激信息。这些最基础的外部信息经过个体感觉器官的整理后向大脑反馈,会形成人们对法院的最直观、最简单的初步印象。由于这些外在刺激的随机和不稳定性,当事人个体产生的感觉也往往带有不稳定的、碎片化的特性。这类最初的感觉比较容易形成,也同样容易改变。但如果当事人产生某类感觉持续带有某些倾向,例如,总是看到法院工作人员态度蛮横或多次听到其他当事人对法官的负面评价,那么感觉就会逐渐积累并上升为知觉,形成带有一定稳定性的对法院不公正的认知状态。然后,人脑通过记忆对输入的信息进行存储和加工,形成关于法院认知的短时记忆,进一步形成关于法院的持久和稳定的知识和经验。如果负面的长时记忆一旦形成,即使在识别新异的刺激信息之时(例如,听到和看到有的法官的言行特别公正和规范),关于负面评价的长时记忆也会被不断提取和使用,影响当事人个体对法院形成新的积极的认知。

---

① 梁宁建:《当代认知心理学》,上海教育出版社 2014 年版,第 12～13、47 页。

② 梁宁建:《当代认知心理学》,上海教育出版社 2014 年版,第 55 页。

③ 曾建东、李桂模:《裁判文书说理的认知心理学分析》,载《法治论坛》2016 年第 1 期。

(二)司法公正感的内容

如果司法公正感是人们的认知,那么必然存在被认知的对象,不同的被认知对象具有不同内容及侧重点。

1. 分配公正

人们对公平的认知是与他人比较的结果,可直观的以公式 $O^1/I^1 = O^2/I^2$ 来表示,即人们将自己的结果和投入的比率与他人的结果和投入的比率进行比较,如果两个比率相等则产生公正感;反之则产生不公正感。① 如果 $O^1/I^1 < O^2/I^2$,人们为了消除或减轻不公正感带来的内心冲击,可能会选择降低自己的投入(公式中的 I^1)来平衡心理落差。由于以上关于公正感的解读仅限于关注实际结果,因此可以被划分为"分配公正"。

2. 程序公正

随着理论和实践的不断发展,人们从侧重关注结果的公正性也开始关注过程,即用什么方法和程序来保证结果的公正性。相关理论认为,决策形成过程中人们对"选择权"和"发言权"的把握程度,影响人们感受到司法过程中的程序公正。即如果诉讼群众认为他们能够参与法官的决策过程,如选择程序、提出证据、充分表述意见,即使最后的结果对自己不利,也会提高他们的公正感受。

3. 信息公正

信息公正主要考量的是决策者是否给相对方提供必要的解释和信息,即是否说明了采取特定方式和程序的理由。与当前人民法院正在实行的审判流程信息公开、执行信息公开等流程类、节点类信息不同,心理学视角下的信息公正侧重于得出决策结果的依据信息,以及决策者对如何得出这一结果的解释,意在模拟和再现决策过程,并说服对方接受和遵守决策结果。如果当事人通过适当的方式知晓案件结果的决策依据,并从审理法官那里获得了合理和充分的解释,将为其准确评价案件裁判过程提供必要的信息。

4. 人际公正

心理学的相关理论认为,任何人必须依赖与他人的交往和协作才能从社会获得更多的资源和回报,因此个人会十分关注其在群体中的地位。当面对决策制定和执行时(如案件审判),如果个人能够感受到来自社群中权威(如法官)的尊重和重视,能够被耐心倾听和礼貌对待,就有助于其内心公平感和安全感的建立。

---

① 赵凯、余诚:《组织公正感研究综述》,载《湖南工业大学学报》(社会科学版)2011 年第 1 期。

5. 仪式公正

仪式不仅包括一系列象征性的符号,还被认为是一种特定的社会行为和实践。司法仪式被认为不仅具有解决纠纷的行为功能,还具有司法权威的展演功能,以及法律文化的传播功能。① 司法的仪式性表现为以物质样态展现的符号(如国徽、法槌),以行为样态展现的符号(如法官入席其他人起立)和以语言样态展现的符号(如对审判人员的礼貌用语)。

二、影响司法公正感的因素

(一)源于与他人比较

经典公平理论作为关于公正感理论的起源,认为个体对自己所获回报的期望值,并不单一取决于自身的投入和回报,人们更多的是以与他人的比较来衡量是否受到了公正的待遇。② 因此,公平感作为一种价值判断,呈现出明显的、不确定的主观心理倾向。在缺乏可用于比较的他人投入与回报情况的场合,个体可能很难直接产生公正与否的感受,但如果一旦有可以和自己相互比较的情况,即使他人的情况客观上可能和自身情况差距较大或者不具可比性,只要他人投入更少而得到更多,个体仍然会因此产生强烈的不公正感。

(二)源于对过程的选择

参照对象认知理论认为,当存在另一种可供参照的过程或途径时,人们会比较其与当前过程的优劣,衡量哪种过程对自己更为有利。当参照其他过程能够比当前过程获得更好的回报时,人们会对当前分配结果拥有较低的公平感。③ 进一步而言,如果人们不但能够比较其他过程,还能根据自我偏好选择解决问题的过程或途径时,则能获得较高的公平感。

(三)获得发言机会

话语权理论被认为是参照认知理论的延续,该理论认为在处理纠纷的整个过程里,过程控制权和决定控制权一直是人们追求的目标。所谓过程控制,是指争端双方对证据、论点的控制能力;而决定控制是指争端双方在裁判结果上的直接控制

---

① 巢志雄:《司法仪式的结构和功能》,载《司法》2008 年第 3 辑。

② 张晓璐:《指标之外的公正——从心理学实证分析司法公正感受度》,载贺荣主编:《全国法院第 25 届学术讨论会获奖论文集:公正司法与行政法实施问题研究》,人民法院出版社 2013 年版,第 178 页。

③ 张晓璐:《指标之外的公正——从心理学实证分析司法公正感受度》,载贺荣主编:《全国法院第 25 届学术讨论会获奖论文集:公正司法与行政法实施问题研究》,人民法院出版社 2013 年版,第 179 页。

能力。由于理性的社会成员一般都会认识到不可能单方控制结果，因此人们的关注重点就转向了对过程的关注，过程控制成为争端双方判断公正与否的关键因素。在引入第三方居中裁判的争端解决过程中，发言机会的多少所反映出的话语权的大小成为过程控制权是否充分行使的标志。

（四）体会被尊重和良性人际互动

团体价值理论的视角中认为，即便人们明知他们的发言可能无法对决策结果产生实质影响，但话语权充分行使过程中而带来的个人在团体中的价值的体现和满足，使个人能够体会到被倾听和被尊重，可以一定程度上弥补实体结果带来的公正感缺失。

人际关系理论认为，任何人都无法仅凭个人力量长时间生存，必须通过人与人之间的交往和协作才能获得更多的资源和回报。因此，人们需要关注自身在群体中地位，而如果人们能够感受到来自群体或者群体中权威的尊重和重视，就会感到公平和安全。

（五）评估显著却不见得相关的替代信息

公正启发理论认为，个体通常会处于一种功能性的两难困境中，一方面参加社会组织能帮助个体实现个人目标，获得相应的社会身份；但另一方面也会导致个体对权威的服从，进而产生个体被剥削的可能。这种带有不确定性的两难困境，会引起个体对自己与组织之间的关系产生质疑，个体会疑惑"当权者是否能被信任"，"当权者是否将无偏地对待自己"等。日常生活中，由于人们往往无法掌握充分而准确的信息用以评估各种社会关系，因此，人们只能依赖启发或认知捷径来引导自身行为。进一步来说，当人们缺乏用于评估结果公平与否的信息时，会更多地调用那些显著却不见得具有相关性的替代信息进行评价。

（六）个体公正敏感性差异

与以上六个着重影响司法公正感的共性因素不同，个体公正感敏性着眼于人们的个体差异。公正敏感性是一种独立而稳定的人格特质，体现为个体知觉不公正的难易程度以及对知觉到的不公正所作出反应的强烈程度。[①] 公正敏感性还可进一步划分为受害者敏感性、观察者敏感性、得益者敏感性和犯过者敏感性。为更加直观的说明问题，表 1 简单列举了心理学测试量表中常见的问题设计。受害者敏感性突出反映了人们对自身是否得到公正对待的关注，因此与司法公正感的联

① 谢雪贤、刘毅、吴伟炯：《公正敏感性的研究现状与展望》，载《心理学进展》2012 年第 2 期。

系最为紧密。研究显示,受害者敏感性与偏执、报复、妒忌、疑心、人际不信任等个体特质呈现显著的正相关关系,受害者敏感性较高的个体通常表现出更多的反社会倾向。①

表1　公正敏感性情境举例

情境一:受害者
1. 当别人得到了本应属于我的事物时,我感到困扰
2. 当别人单方面从我身上获利时,我感到难以忍受
3. 当我必须去弥补别人的疏忽时,我很难忘记
4. 当我的待遇不如别人时,我感到难过
情境二:观察者
1. 当看到别人得到了他不应得的待遇时,我感到困扰
2. 当看到某人没有得到他应得的奖励时,我感到气愤
3. 当看到某人单方面地从其他人身上获利时,我感到难以忍受
4. 当看到某人不如别人是不应得的时,我感到心烦意乱
情境三:受益者
1. 当我得到本应属于别人的东西,我感到不安
2. 我不忍心利用别人
3. 当别人不得不弥补我的疏忽时,我很难忘记
4. 当某人因为我而受到批评时,我感到困扰
情境四:犯过者
1. 以牺牲别人来让自己变得富有,我感到内疚
2. 我使用欺骗手段而别人是通过努力获得成功时,让我困扰

三、我国诉讼群众司法公正感的特点

心理学关于公正感认知的研究和探讨建立在大量实证研究和实验数据之上,能够较好地帮助我们认识和解决问题,但以上研究成果和结论大多基于西方思维特点和文化传统,与我国诉讼群众的司法公正感固然有相同之处,但不同之处显得更为重要。结合我国特有的法律文化传统,可以更深入地理解我国诉讼群众司法

① 谢雪贤、刘毅、吴伟炯:《公正敏感性的研究现状与展望》,载《心理学进展》2012年第2期。

公正感的特点,为此,我们通过问卷对 100 位正在参与诉讼的案件当事人进行了抽样调查并结合我院 2016 年纪检监察报告,总结出以下特点。

(一)对分配公正即实体公正的关注显著较高

问卷调查显示,高达 62% 的受访对象“判断和感受案件审理公正与否的依据”是“裁判结果是否有利于我方”。而在我院 2016 年纪检监察信访投诉的案事件中,反映审判实体问题占投诉总量的 36%,主要反映法官认定事实不清、歪曲事实判案、适用法律错误或不准确等方面。判断公正侧重点具体情况见表 2。

表 2　受访对象判断公正与否的不同侧重点

公正种类	分配公正	过程公正	信息公正	人际公正	仪式公正
受访对象比率/%	62	13	7	16	2

究其原因,“法自然”是我国传统法律文化中的法理观念,人们因此持有一种朴素而原始的评判公正与否的理念和标准,即是非曲直的判断应该效法自然,以因果、公平、诚实等固有规律和为人真谛作为人类社会生活的基本法则。我国传统理念认为,人生活在天的秩序之中,不应凭借理性自立法律,与西方法律文化中对人的理性的推崇差别很大。换言之,在我国老百姓看来,判断公正与否的标准其实非常简单和纯粹,即实际权益分配结果是否合理和公平,至于得出结果的依据和过程是否正确或得当则显得无足轻重。

(二)程序和过程中收获的公正感畸少

形成鲜明对比的是,将“法官审理案件过程中的程序操作是否符合法律规定”作为其判断和感受案件公正与否依据的受访对象仅占 13%。在我院 2016 年纪检监察信访投诉的案件中,反映典型的审理程序问题占投诉总量的 18%,主要反映案件上诉卷超期未移转、回避申请不被支持、诉讼文书送达不规范等方面。纪检监察信访投诉具体情况见表 3。

表 3　纪检监察信访投诉情况

投诉问题种类	实体问题	程序问题	效率及作风问题	其他
案件比率/%	36	18	38	8

一般认为,实体公正和程序公正是司法公正的最主要内容,限于实现实体公正过程不可避免存在诸多不确定性,而程序公正具有确定性和可操作性,已经越来越受到法学理论界和司法实务界的关注和强调。但换个视角,程序公正是否能够完

全符合诉讼群众的公平正义观，对提升其公正感是否具有举足轻重的作用，还存在疑问。问卷调查结果和纪检监察信访投诉统计都显示，程序性事项对提升诉讼群众司法公正感的作用低于预期，也一定程度上回答了上述疑问。另外，审判实践普遍采取的一审法院"证据不关门"，二审法院对关键新证据采取"发回重审"的做法，也侧面反映出法院为回应群众"重实体、轻程序"的心理倾向所做的变通处理。

（三）案件决策者的言行对司法公正感影响更大

分配公正、程序公正、信息公正、人际公正，心理学中对于以上不同种类公正的排列，呈现出重要程序和影响程度逐渐减弱的规律。那么，以上规律是否同样适用于我国诉讼群众的公正感呢？问卷结果显示，受访对象对人际公正的重要性排序十分靠前。

问卷题目"（请根据重要程度依次填写）您认为以下哪些措施能提升您个人感受到的公正感？"

A. 法官支持我方的诉讼请求/或者没有支持对方的诉讼请求。

B. 法官及时、高效审理案件。

C. 法官给我充分的时间准备证据，详细告知我诉讼权利和义务。

D. 对我方态度好，庭审中不打断我方陈述，耐心听取我方意见。

E. 法官不偏不倚，态度中立。

在对该题目的作答中，56%的受访对象将 D 选项（法官语言态度）和 E 选项（法官行为倾向）排列在选项 B（审理时效）和选项 C（证据权利）之前，显示出对人际公正的关注高于程序公正。在纪检监察信访统计中，反映法官态度不好、言语粗暴生硬、久拖不审、久拖不执等作风问题占投诉总量的 38%，不但高于对程序事项的投诉数量，甚至高于对案件处理实体结果的举报数量。

参照心理学中关于人际公正的现有理论，我们或许可以得出受访对象对人际交往和协作十分重视的结论，但如若进一步探究我国法律文化传统，或者能找到更有说服力的解释。我国传统法律文化中"君治"或人治具有漫长历史，即使经历了近现代的现代法制改革，深埋于群众思想观念里的对"青天文化"的向往仍十分明显。如果将作为案件的审理者和决策者的法官放入"人治"和权力本位的传统观念中来理解和看待，其一言一行及与当事人互动的态度，会被认为与案件处理结果具有高度相关性，也就解释了为何受访对象对人际公正的重视程序甚至比程序公正还高。

（四）集体主义氛围对个人利益诉求的影响不显著

身处不同文化背景中的个体，其心理和行为显然是存在差别的，在我国倡导集体利益高于个人利益的文化氛围中，是否意味着我国的诉讼群众除了关注自身的利益，还存在兼顾他人乃至集体利益的心理倾向？对此，我们在调查问卷中专门设置了用于评价当事人公正敏感性的统计量表，统计结果显示，58%的受访对象在受害者敏感性统计量表中勾选的程度数值均高于中间值，①说明受访者表现出显著的受害者敏感性的倾向。形成对比的是，受访者对于反映他人是否得到公正对待的观察者和得益者敏感性的问题并非完全不关注，但显著低于对自己是否得到公正对待的关注程度。公正敏感性测量结果见表4。

表4　公正敏感性测量结果

	受害者敏感性	观察者敏感性	受益者敏感性	犯过者敏感性
高于中间值的受访者比率/%	58	32	19	21
相关行为	关注自己是否得到公正对待	对涉及他人的不公正待遇敏感	不易作出违反规定的行为	更关注公益

看似不符合预期的调查结果，仍旧可以从我国文化传统中找到解释，在“礼之用，和为贵”的儒家思想影响下，我国传统观念追求的是止讼、息讼、无讼的和谐状态，甚至认为“健讼者必有凶象”，②还曾对讼师这类法律职业者极为厌弃。在这样的法律文化背景下，选择通过诉讼途径争取自身权益的当事人往往意味着就已经具有高于社会平均值的公正敏感性（尤其是受害者敏感性）；加之个案当事人到法院解决纠纷也暂时脱离了其所属的常规集体，因此集体主义文化氛围对当事人追求个案中的自身利益的约束并不显著。

（五）对司法是否公正的评判标准并不唯法律效果

所谓法律效果，通常是指通过法律实施从而实现法律的社会目的、价值或社会功能及其程度。而社会效果通常是指民众根据自己的理解与判断，对司法活动在规范和指导社会、实现法的自由、效益、正义价值等方面的认同。一般情况下，法理学范畴内法律效果已经涵盖了社会效果，无须单独考虑社会效果这一概念，多数情

① 公正敏感性量表设置了一系列情境举例，并附有0到10数字用于测量感受强弱的幅度。

② 韩冰：《中国法律文化的传统和现代化构建——法律文化及中西方法律文化比较研究》，载《前沿》2005年第2期。

况下实现了法律效果也就自然实现了社会效果。但我国处在经济、社会的转型关键期，利益的碰撞和博弈常常不能简单而论，这就会对法院及法官的决策艺术和司法智慧提出了更高要求。在我国群众的文化素质和法治理念尚有较大提升空间的现实背景下，为加强人们的司法公正感，我们不能机械地限于具体法律规范的实施，还应该着力加强对社会民意的回应。关注司法行为的社会效果并不是我国独有，但在保障法律效果的同时兼顾社会效果是司法机关立足我国法治进程实际，并在提升司法公信力和公正感的迫切需要中的必然选择。

四、诉讼群众司法公正感的生成路径

（一）增强外部信息输入：提供树立公正感的认知对象

使当事人获得或巩固关于司法公正的长时记忆，应该反向循着认知形成的过程脉络，从引起感知觉的外在刺激信息入手，固定可以确立和提升公正感的外在信息，尽量避免可能减损公正感的信息输入。如在审判场域中有针对性地加入能引导公正感产生的符号（如天平、法典雕塑）、图像（如法官宣誓海报、正面典型宣传展板）、声音（如介绍诉讼权利义务的音频、视频）；为改变有的当事人业已形成的公正感不高的认知，可加入干预信息，以修正负面的短时或长时记忆，如可在审判区域内进行不定期的检查监督活动，提供快速解决当事人投诉的便利途径，使监督、纠错等外在干预信息工作以当事人亲身感受得到的方式呈现。对此，我院于近年升级硬件环境和改善软件服务，导诉阶段提供 24 小时案件信息自助查询和诉讼文书材料，规范接待用语和流程；在立案大厅播放宣传片“东东教你打官司”；立案后发送廉洁司法监督表，当事人可将该表寄给纪检部门；建立“快速解决当事人反映问题并通报情况”工作机制，坚持院庭长信访接待，为诉讼群众树立和加强对司法公正感的认知提供了充分的外在信息，使司法公正以诉讼群众看得见、听得着的方式呈现。

（二）增强分配公正感：提供同判的同案为参照媒介

受到我国重实体轻程序的法律文化的影响，诉讼群众对分配公正即实体公正的追求更为强烈。由于人们关于分配公正的感受主要源于比较，因此如果存在同判的同案作为参照媒介，势必增加未决案件的可比较性和可预期性。虽然我国不是判例法国家，目前实践中也很难实现普遍的同案同判效果，但法院仍旧应该力争在本院范围内统一裁判尺度，加强类案审判指导和裁判文书论证说理，更充分地展现审理思路和裁判理由,以针对性地加强当事人关于分配公正的感受。对此,我院着力发挥审判长联席会、专业法官会议、专业审判委员会的功能作用,依托集体智慧,结合显性审判知识(如法条的立法原意的目的)和典型类案的实际情况,深入挖掘隐形审判知识(如审理思路和审判经验),统一裁判尺度,加强文书说理,针对性加强当事人的分配公正感受,近三年依托北京法院审判信息网、中国裁判文书网等司法公开平台公布生效裁判文书11,709篇,上网率达96.8%。

(三)增强过程公正感:赋予当事人更多的程序选择权和发言机会

程序选择权和发言机会在心理学上被认为是个体能否控制过程进而间接掌控结果的标志。法学角度对当事人程序选择权的理解是将其看作一种应当被尊重和保障的诉讼契约,这与组织心理学关于应该尊重对个人在程序上的选择一脉相承。虽然程序选择权的理论基础和规则依据①一直存在,但实践中占据主流的仍是法官职权主义色彩强烈的做法。比如,案件受理时根据标的大小直接决定适用普通程序或者法官单方决定将简易程序案件转为普通程序;又如当事人双方约定主动适用简易程序或在简易程序审限期满后双方同意继续适用简易程序的情况还很少见。实践中除应尊重和保障当事人对简易或普通程序的选择权外,还可以根据具体情况加强对结案方式选择权、言词审理与书面审理选择权的尊重和保障。

相比程序选择权,赋予当事人充分的发言机会对提升过程公正感的作用更为直接,方法也极其简单——倾听。作为心理学上的核心技术之一,倾听首先要保持尊重和接纳的态度②,并表示理解当事人的观点,为维护法庭秩序和避免庭审拖沓,可帮助当事人归纳论点,此外一般不随意打断当事人,也不要进行倾向性的评价和表态。另外,还要尤其注意赋予双方当事人平等的发言机会。

(四)增强信息公正感:提供决策依据和解释

信息公正主要考量的是决策者是否给相对方提供了必要的解释和信息,即是否说明了采取特定方式和做法的理由,结合法院审判实务,与之联系最紧密的是独任法官或合议庭的审理依据和心证公开。向当事人提供的审理依据应该不仅限于法律法规等法定依据,还包括予以参照的类案先例、业务指导文件、法学理论、专家

---

① 我国《民事诉讼法》第157条规定,对于基层人民法院和它的派出法庭审理事实清楚、权利义务关系明确、争议不大的简单民事案件,当事人双方可以约定适用简易程序。最高人民法院《关于适用〈中华人民共和国民事诉讼法〉的解释》第258条第1款规定,适用简易程序审理的案件,审理期限到期后,双方当事人同意继续适用简易程序的,由本院院长批准,可以延长审理期限。

② 邹碧华:《论法庭情绪管理》,载《法律适用》2011年第8期。

意见以及审判委员会意见和决定等。心证公开应主要依托裁判文书说理部分进行,旨在模拟和再现案件审理思路,将当事人带入案件决策的情境中,使其设身处地理解并接受决策结果,进而服从案件处理结果。

如果人们无法掌握用于评价结果和过程公平与否的准确信息,会调用那些显著却不见得具有相关性的替代信息进行评价。这些替代信息可能包括法官的某次语气、一些手势,甚至一个偶然的微表情,很显然此类信息与裁判结果不直接相关,但多数当事人仍然将此作为判断公正与否的依据。这就要求法官尤其是接触当事人最多的基层法官,在言行的细节处和微小处保持时刻谨慎细致,以消除不相关的替代信息对当事人公正感的减损,全方位巩固和加强当事人的司法公正感受。

(五)增强人际公正感:使当事人体会积极的人际互动

前文已经论述,我国特有法律文化氛围使人际公正感的重要程度凸显。法官作为诉讼参加群体中的权威,拥有人际交往中的当然控制权,如果其主动释放积极的、尊重的交往信号及反馈,将被相对方敏锐捕捉,从而帮助当事人树立社会地位和体现自我价值,一定程度上能弥补实体结果对自己不利而导致的公正感缺失。

识别受害者敏感性较高的当事人,并与之进行积极的人际互动十分必要。如发现片面以自我受损为中心,缺乏从他人视角看问题能力的当事人;[①]将失败责任过度归咎于他人,对不相关的细节过度关注和敏感的当事人;以及有的特定类型纠纷案件的当事人(如涉及情感纠葛的婚姻家庭纠纷等),审判人员、审判辅助人员和书记员等法院工作人员,均应该重点加强进行积极、谨慎人际互动的思想意识,并付诸自己与当事人面对面接触的言行举止中。对此,我院作为全国家事审判改革试点法院,在家事审判中特别关注当事人的心理状况,着力舒缓负面情绪,引导帮助当事人通过沟通和解的方式修复出现危机的婚姻家庭关系,并借助心理专业人士帮助其抚平心理创伤,2016 年审结的家事纠纷案件调撤率达 65.5%,当事人公正感和满意度明显提升。

(六)增强仪式公正感:司法仪式重要性的再认识和再强调

仪式作为象征性的行为与活动,是表达性的,更是建构性的,不仅可以展现观念的、心智的内在逻辑,也可以成为展现和建构公正感的符号技术。目前关于司法仪式的现有规定主要集中在《人民法院法庭规则》中,其中关于司法仪式的物质样态符号(如法庭布置、区域隔离、法袍和法槌使用等)已经较为完备,但对于以行为

① 邹碧华:《论法庭情绪管理》,载《法律适用》2011 年第 8 期。

样态（如审判人员入席起立、先行退场等以行为样态）展现的司法礼仪，现有规定涉及不多，实践中的实行情况也不理想，需要针对性加强。此外，行为样态的司法仪式中还可以设立证人作证前的宣读誓词或公开承诺程序，以增加证人作证的严肃性和仪式感。对于以语言样态展现的符号（如对审判人员的敬称和礼貌用语），规则和实践操作中均为空白，应该专门予以补充并强调。司法仪式并不是一种仅具备外在形式的简单过程，它的存在不但可以在不知不觉中加固仪式参加者自身所尊奉的信仰，而且可以深层次的作用于人的内心，成为人们提升司法公正感的寄托和需要。

五、结语

司法公正感的主观维度和心理视角带给了我们这样的启发，那就是加强诉讼群众的司法公正感固然意义重大，但实现路径却仍旧应该回归细节，因为哪怕微小之处，却可能恰恰蕴含了以点带面、以小见大的惊人力量。

全面深化改革背景下的诉调对接

——以北京市网格化社会服务管理体系为样本的实证研究

薛　峰[*]　李玉斌[**]

内容摘要：在纠纷解决机制层面，调解与诉讼分别成为非诉讼解决纠纷机制和诉讼纠纷解决机制的代名词。化解纠纷机制是社会管理和治理必不可少的内容。诉调对接意味着诉讼纠纷解决机制与非诉讼纠纷解决机制的接轨。本文立足网格化社会服务管理体系下的诉调对接的社会需求以及北京市诉调对接工作现状，分析了当前诉调工作中存在的基础问题和实务问题，提出构建网格化社会服务管理体系中以和谐理念为主导，以自助为基点，以社区自治为重点、以各种资源为依托、以调解为主要手段、以司法为保障的自愈型诉调对接机制。

关键词：诉调对接　网格化管理

"和而不同，同则不生"。自然界乃至人类社会千差万别、矛盾重重。在矛盾的博弈中，求同存异保证了世间万物有效进化与和谐稳定。人类社会的矛盾主要表现为纠纷。纠纷是特定主体基于利益冲突而产生的一种双边（或多边）的对抗行为，是一种社会现象。纠纷的发生，意味着一定范围内的协调均衡状态或秩序被打破。① 有效预防和化解纠纷就是预防和化解矛盾，是人类社会的共同愿望。为此，人类不断探索出了谈判、调解、仲裁和诉讼（打官司）等纠纷解决方式。为了长期预防和化解纠纷，保证和谐稳定的可持续性，谈判、调解、仲裁等发展成非诉讼纠纷解决机制，打官司发展成诉讼纠纷解决机制。其中，在特定意义上，调解也可以

---

* 北京市东城区人民法院党组成员、副院长。

** 原北京市东城区人民法院民一庭法官。

① 范愉、李浩：《纠纷解决》，清华大学出版社 2010 年版，第 11 页。

引申为非诉讼纠纷解决机制的总称或一种文化。① 故在纠纷解决机制层面,调解与诉讼成为非诉讼解决纠纷机制和诉讼纠纷解决机制的代名词。诉调对接意味着诉讼纠纷解决机制与非诉讼纠纷解决机制的接轨。② 化解纠纷机制是社会管理和治理必不可少的内容。社会管理和治理就是要预防和解决社会问题。随着时代、文化、社会管理体制、纠纷特点和人们认识的变迁,社会管理和治理不断创新,调解与诉讼也发挥着不同的作用。党的十八届三中全会启动了新一轮的全面深化改革,提出"实现政府治理和社会自我调节、居民自治良性互动的社会治理方式",并要求坚持源头治理,以网格化管理、社会化服务为方向,健全基层综合服务管理平台。构建与之相应的诉调对接机制意义重大,关系着国家富强、民族振兴、人民幸福的"中国梦"的实现。故本文以正在北京和全国推广的网格化社会服务管理体系为样本,实证研究了全面深化改革背景下的诉调对接现状、问题和构建。

一、网格化社会服务管理体系下的诉调对接

人类由远古走来,社会几经变迁,社会管理和治理不断推陈出新。网格化社会服务管理体系是一种新的现代化的城市管理和治理模式,就是以"格"为基础,以"网"为依托,构建由一个网络、两级指挥、三级平台和若干网格组成的科学体系。该体系充分运用电子地图和现代信息技术,把一定区域内人、地、物、事、组织等社会服务管理内容全部纳入网格,把各种社会服务管理资源和力量整合到网格,把社会服务管理责任落实到网格,把社会服务管理问题尽可能解决在网格,推动社会服务管理力量下沉、资源整合、方法创新、取得实效,不断满足广大人民群众对社会服务管理的新要求。它立足于将满足群众需求作为网格化的主要内容,将问题发现在基层,解决在基层,把绝大多数矛盾化解在萌芽,实现身边事不出网格,小事不出社区的良性化解机制。以北京市东城区为例,现全区 17 个街道、187 个社区③共划

---

① 范愉、史长青、邱星美:《调解制度与调解人行为规范》,清华大学出版社 2010 年版,第 4 页。本文采特定意义的调解,即将调解作为非诉讼纠纷解决机制的总称。

② 笔者认为,对诉调对接的研究必须从诉讼和调解等开始,否则诉调对接就是空中楼阁。另有观点认为,诉调对接还存在狭义的含义,即指具体案件中对人民调解协议的确认。

③ 2012 年 3 月前,北京市东城区 17 个街道共划分为 205 个社区。2012 年 3 月 1 日,北京市东城区人民政府发布《北京市东城区人民政府关于调整部分社区的通知》(东政发〔2012〕7 号),本着便于服务管理,便于整合利用资源,便于居民自治,便于增强居民的认同感、归属感的原则,结合社区人口、资源、文化等多方面实际,对东城区部分社区进行调整,调整后东城区的社区总数由 205 个减少为 187 个。各街道办事处管辖范围不变,各社区管辖范围线保持原划法不变。

分为589个社会管理网格,平均每个社区被划分为2个到5个网格。每个网格内统一配置"七种力量"①,这七种力量按照职责分工共同承担网格内的社会服务管理各项事务,并从区、街道一直到社区和网格,建立四级管理体系,实现"一格多员、一员多能、一岗多责"。网格作为社会服务管理的最小单位,主要任务是及时了解掌握网格内的重点人员、重点部位、突出事件、社会组织、群众意见需求等情况,在第一时间、第一地点将情况报送社区工作站,努力将矛盾化解在网格内。社区工作站的主要任务是运用社会管理信息平台,对重点人、事、部位、场所实施管理,以社区代理为基础及时解决小事、身边事,努力将隐患消除在萌芽初期。网格化社会服务管理是社会服务管理的新方法、新载体,实现了社会服务管理信息化、智能化、集约化、精细化。该模式于2004年探索以来②,受到中央、北京市领导和有关专家的充分肯定和支持,先后在北京市城八区、上海、南京、深圳等地推广和运用。2012年5月,北京市全面推行网格化社会服务管理体系。③ 党的十八届三中全会肯定了网格化管理和服务。

(一)诉调对接的社会需求

现实中,公众解决纠纷的方式就是社会对调解与诉讼的客观需求。

1. 由于不便利、效率低、没有权威性等原因,公众对调解与诉讼都有需求,但对调解的需求大于诉讼。公众主要以非诉讼方式解决纠纷。实证数据④表明,72.4%的被访者首选非诉讼途径解决纠纷。被访人员中,55.1%的被访者从未打过官司。在被访人员中,对于解决纠纷的方式,72.4%的被访者首选非诉讼途径解决纠纷。其中,64.9%的被访者首选采用人民调解的方式解决纠纷。只有20.3%的被访者首选诉讼解决纠纷。被访人员中,27.7%的被访者将不便利作为不打官司的第一原因。12.1%的被访者将解决问题没有权威性作为不打官司的第一原因。17.2%

---

① 即网格管理员(由社区副书记或副主任担任,一个网格配备1~2人)、网格助理员(按照一格一员标准配备)、网格民警(按照一格一员标准配备)、网络督导员(由1名街道的处科级干部担任)、网格党支部书记(由网格内党员选举产生)、网格司法力量(由法院、检察院、司法局工作人员担任)、网格消防员(由消防支队工作人员担任)。

② 针对我国城市管理落后于城市建设,在城市管理中存在的条块分割、职能交叉、管理粗放、缺乏监督和效率低下的状况,北京市东城区结合北京市市情,从城市管理需求入手,综合利用计算机、互联网、地理信息系统等现代信息技术,于2004年10月初步建成了"网格化城市管理新模式",创立了"万米单元网格管理法"和"城市部件管理法",建立了监督中心和指挥中心两个既分离又协同的"双轴化"管理体系,以及全新的发现、指挥、处理、反馈的城市管理流程和综合绩效评价体系。

③ 徐飞鹏、王砚文:《网格化社会服务管理体系建设全市推开》,载《北京日报》2012年5月31日,第1版。

④ 本数据来源于2013年笔者进行的司法公信力实证研究。发放问卷1800余份,回收问卷1739份。

的被访者将效率低不打官司的第二原因。见图 1,图 2 所示:

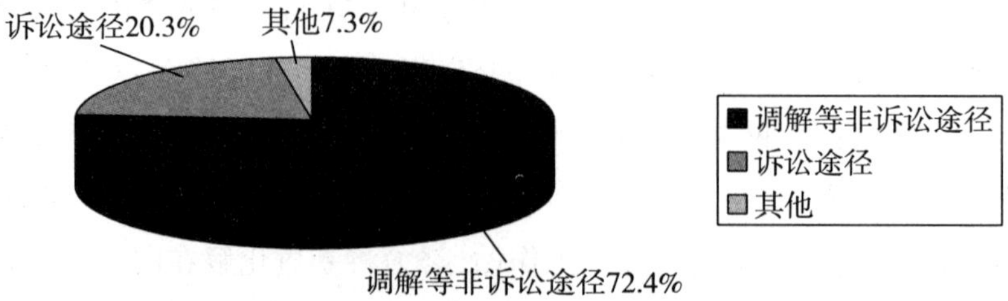

图 1　社会公众解决纠纷方式

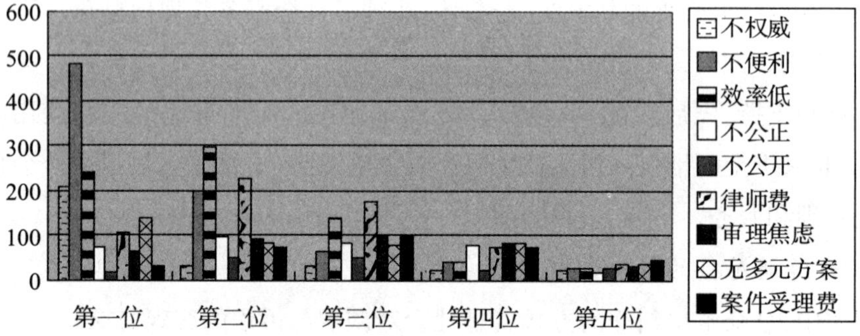

图 2　不将诉讼作为解决纠纷首选方式原因评价

2. 诉调对接具有很大的社会需求。实证数据[①]表明,97.6% 的人民调解员认为有必要诉调对接,46.4% 的人民调解员认为 50% 以上的当事人要求司法确认。

(二)北京市诉调对接工作现状

社会管理的目的不在于消灭社会冲突与纠纷,而在于避免过于激烈的社会冲突与纠纷并寻求解决社会冲突与纠纷的有效途径。[②] 从纠纷解决的角度来看,调解(Mediation,Conciliation),是在第三方协助下,以当事人自主协商为主的纠纷解决活动或方式。[③] 调解不仅是最常见的纠纷解决方式,也是一种动态的社会发展机制,属于人类社会共同的文化资源和精神财富。随着时代的发展,以调解为主要内容的非诉讼纠纷解决方式逐步成为化解纠纷的基本途径。目前,北京市的调解工作主要有民间调解组织的人民调解、行政机关组织的行政调解以及人民法院的

① 本数据来源于 2013 年笔者进行的司法公信力实证研究。

② 何泮:《民事诉讼法院立案前调解机制研究》,载《法律适用》2010 年第 12 期。

③ 参见范愉、史长青、邱星美:《调解制度与调解人行为规范》,清华大学出版社 2010 年版,第 4 页。

司法调解三种。[①]

1. 人民调解现状——以典型社区为视角[②]

人民调解是指在人民调解委员会的主持下，以国家法律、法规、规章、政策和社会公德为依据，对民间纠纷的当事人进行说服教育、规劝疏导，促使纠纷各方互谅互让，平等协商，自愿达成协议，消除纷争的一种群众性司法活动。[③] 人民调解是群众自我管理、自我教育、自我服务的自治行为。2011～2013 年北京市人民调解员数量分别为 123,548 人、74,755 人、77,539 人；调解纠纷分别为 263,174 件、231,056 件、228,485 件；调解成功分别为 255,210 件、222,637 件和 217,054 件；成功率分别为 96.97%、96.36%、95%。[④]

(1)社区基本情况

东城区东华门街道南池子社区位于北京皇城内，辖区总面积 1.43 平方公里，户籍居民 7229 人，常住流动人口约 2500 人。社区居委会由 9 人组成，现有社区社会组织 26 个，并设有社区服务站，有 7 名工作人员。

东城区东花市街道北里东区社区位于北京中心南部，辖区总面积 0.35 平方公里，户籍人口 4592 人，常住流动人口 1342 人。社区居委会由 9 人组成，并设有社区服务站，有 6 名工作人员。

(2)社区调解现状

就纠纷的化解模式而言，社区实行分级调处、多元调解模式。一般纠纷由社区中负责治安和人民调解工作的治保主任或者专职人民调解员负责。较大的纠纷，南池子社区通过民间调解组织“仁和堂”调委会，北里东区社区的通过民间居民自治组织“五方联席会议”进行调解。

在 2010 年、2011 年、2012 年，南池子社区居委会、北里东区居委会分别调解 233 件、230 件、267 件较大的纠纷。其中，婚姻家庭纠纷 217 件，邻里关系纠纷(含噪音扰民、因修缮修建房屋产生的排水与通行、卫生环境等)302 件、物业服务纠纷 91 件、合同关系纠纷 48 件、其他类型纠纷 72 件。经过人民调解委员会的调解，三年内分别有

---

① 鉴于数据获取的不便利性，本文以这三种调解为主要考察对象。另外，还存在行业调解等其他调解。

② 东城区东华门街道南池子社区和东花市街道北里东区社区的人民调解工作比较典型。故以这两个社区为北京市人民调解工作的代表进行分析研究。

③ 夏妍、齐蕴博：《论人民调解、司法调解、行政调解的有效衔接》，载《河北师范大学学报》(哲学社会科学版)2010 年第 9 期。

④ 资料来源：北京市司法局网站，最后访问日期：2014 年 4 月 28 日。

202 件、194 件、219 件纠纷获得了圆满的解决,纠纷的双方当事人比较满意。①

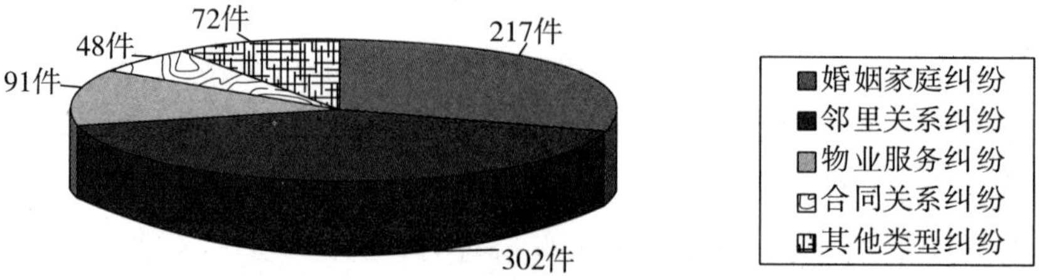

图 3　2010～2013 年南池子社区、北里东区居委会调解案件类型比重

2. 行政调解现状

行政调解是由行政机关主持或主导的,以法律、法规和政策规定为依据,主要以民事纠纷和行政争议为对象,通过说服劝导等方法,促使各方当事人平等协商、互谅互让、达成协议,消除矛盾的一种纠纷解决方式。行政调解是人民政府及其工作部门,尤其是基层人民政府工作的重要内容。行政调解是调解制度的重要组成部分。据不完全统计,我国涉及行政调解的法律有近 40 部,行政法规约有 60 部,部门规章 18 部,地方政府规章约 45 部以及大量的其他规范性文件。②

整体而言,北京市的行政调解工作有较好的实践基础和丰富的经验。如 2006 年朝阳区各个街道就成立了有编制且有独立经费的“矛盾调处中心”,调解的方式包括人民调解和行政调解;海淀区 2007 年设立了“行政争议调处接待室”,处理行政争议和非纯粹的民事纠纷;2009 年,北京市工商局房山分局成立了经济合同争议调解中心。2011 年 5 月,北京市出台了《关于进一步加强本市行政调解工作的意见》,促进并规范了北京市行政调解工作。2012 年 8 月,首都综治委成立社会矛盾多元调解工作协调委员会,吸收市政府法制办、市高级法院等 22 个部门作为会员单位,开展社会矛盾多元调解。2012 年,北京市共运用行政调解化解纠纷 246, 982 件,调解成功 187, 452 件,成功率 75. 9% 。③

3. 司法现状

在法治条件下,司法是国家通过法律管理社会的重要渠道和有效手段。调解是法院化解社会矛盾的重要方式之一。近年来,随着北京市“人文北京、科技北京、

① 资料来源:北京市东城区东华门街道南池子社区的《社区调解工作档案》以及东城区东花市街道相关科室。

② 参见朱最新:《社会转型中的行政调解》,载《行政法学研究》2006 年第 2 期。

③ 资料来源:北京市人民政府法制办公室。

绿色北京"以及建设世界性城市目标的推进,各种冲突加剧,加之还担负着维护首都社会和谐稳定的政治任务,法院化解矛盾的工作要求更高。

2010年、2011年、2012年,北京市三级法院分别受理各类案件433,862件、419,983件、413,226件,审结441,424件、420,373件、409,564件,其中审结一、二审民商事案件(包含婚姻家庭类、合同类、权属类、知识产权类案件)分别为297,403件、284,521件、271,732件。在审结的案件中,以调解方式审结的案件分别为59,973件、56,892件、60,112件。民商事案件体调解率为73.3%、70.1%、75%。三级法院另分别审结一、二审刑事案件22,283件、21,748件、24,516件,其中以调解方式审结的刑事附带民事案件分别为63件、33件、9件。[①] (见图4)

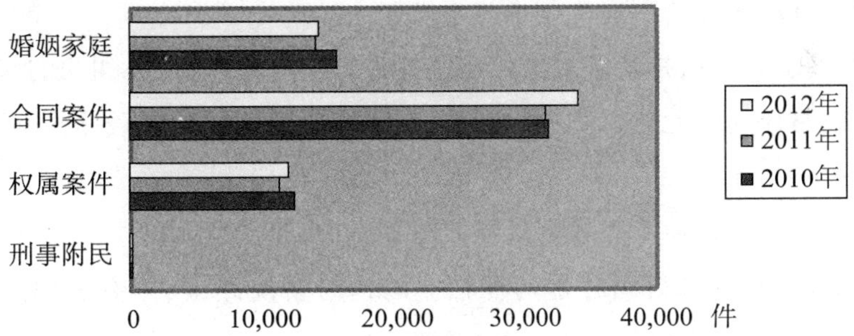

图4 2010~2012年北京法院案件调解数量

4. 诉调对接现状

诉调对接工作涉及调解与诉讼两个方面。在人民调解方面,人民调解员对诉调对接工作的评价较高。实证数据[②]表明,90.3%的人民调解员对目前的诉调对接工作持肯定态度。人民调解员认为,理念不同、当事人不诚信和效力不同等引发的问题是诉调对接工作中的主要问题。法院加大力度指导人民调解、在查清事实的基础上对人民调解进行司法确认、为人民调解提供案源等能够更好地发挥诉调对接的作用。

司法方面,与诉调对接直接相关的案件非司法确认案件莫属。但司法确认案件目前尚缺乏统一的司法统计口径,这在一定程度上反映出司法部门对诉调对接化解纠纷的认知程度有待提高。据不完全统计,笔者所在法院办理的司法确认案件在2011年为23件,2012年为124件。

---

① 资料来源:北京市高级人民法院审判管理办公室。

② 本数据来源于2013年作者进行的司法公信力实证研究。

可见,纠纷化解工作中,调解与诉讼仍然具有独立存在并相互接轨的客观需求和化解纠纷的现实意义。

二、网格化社会服务管理体系下诉调对接的问题

人们评价某一社会的文明与社会秩序状况,其基本依据不在于该社会中社会冲突发生的频度和烈度,而在于纠纷解决机制的健全程度及其对现实社会冲突的排解能力和效果。[①] "道之以政,齐之以刑,民免而无耻;道之以德,齐之以礼,有耻且格"[②]。多管齐下,协调有序,形成化解合力,方能化解矛盾,弘扬良好社会风气。

(一)诉调对接的基本问题

1. 纠纷解决路径的一元化或多元化问题

有观点认为,诉讼是解决纠纷的唯一途径。还有观点认为,纠纷的多元化决定了纠纷解决路径的多元化。实务中,因对纠纷解决的认识和实践操作不同,影响了纠纷的解决效率。

2. 纠纷解决中诉调是否需要对接问题

有观点认为,诉讼与调解是两种独立的纠纷解决路径,各有利弊,不易接轨。有观点认为,二者应当取长补短,相得益彰。还有观点认为,在二者的对接中,调解为主,司法保障。

(二)诉调对接的实务问题

立足矛盾纠纷形式和化解任务要求,使诉讼与调解形成良性互动,引导各类矛盾合理分流化解,从而促进和谐社会的构建,是新时期全面深化改革的一个重要内容。实践中,诉讼与调解相衔接的矛盾纠纷化解机制存在一些难题。

1. 机制方面的问题

机制是行为的操作程序。在机制层面上,诉调对接机制应当是适应工作形式要求的、务实有效的工作系统。目前,诉调对接机制在其运行过程中,存在如下问题。

(1)人民调解方面的问题

人民调解组织的职能未能充分发挥,主要原因在于:一是人民调解组织的社会认知度和认同度不足,人民群众不愿意通过调解组织调解。二是人民调解员在队伍结构、学历层次、法律知识等方面与调解岗位的要求存在差距,调解能力不足。

---

① 廖永安:《民事诉讼理论探索与程序整合》,中国法制出版社 2005 年版,第 9 页。
② 《论语·为政》。

三是考核激励机制缺失,人民调解员调解成功或者未调解成功纠纷,对其收入并无影响,人民调解员缺乏调解动力。

(2)行政调解方面的问题

行政调解是诉调对接机制的重要环节,但目前尚存在诸多亟须改善之处,主要有以下几方面:一是行政调解工作的法律体系呈分散状态,目前还没有一部对行政调解工作进行专门规定的法律。不同部门颁布的行政调解规定之间存在不统一、不一致,甚至是冲突、抵触、重复、混乱的现象。二是行政调解工作的职能范围不确定。目前,理论与实践中对于行政调解范围的认识仍然存在分歧,相关规定较为分散,除个别规定可以调解一般民事纠纷外,大部分则是以特定领域的民事纠纷为调解对象。多个行政单位均具有行政调解职能,但缺乏统一的制度安排,管理体系混乱。三是行政调解工作的程序规定不完善。目前相关法律、行政法规中,涉及行政调解的程序规则设计较少,缺乏行政机关开展行政调解的方法、时限等方面的具体规定。四是行政调解达成的调解协议的司法确认问题尚不明确。关于行政调解的效力,现有法律法规中几乎没有明确规定,一般都只规定"调解不成的,可以根据约定的仲裁条款或事后达成的书面仲裁协议申请仲裁,或者向人民法院起诉"。从实践看,一般不认可行政调解协议具有法律效力,即既不具有行政法上的效力,也不具有民法上的合同效力。但近年来有的法律文件主张应给予行政调解达成的调解协议以民法上的合同效力①。但通过司法途径实现行政调解协议的强制执行力问题,目前尚无明确的法律规定。

(3)司法方面的问题

首先,诉前调解不够突出。目前,法院普遍注重诉讼中的调解工作,对于诉前调解重视不够,未能有效发挥诉前调解在化解纠纷方面的积极作用。其次,专业技术人员参与案件审理较少。目前,法院所聘用的人民陪审员,主要是各机关、单位的干部,人大代表等,较少有建设工程、知识产权、劳动争议等方面的专业人员;并且多数人民陪审员参加庭审都是随机挑选的,即使有具有专业技能的人民陪审员,也不易参与适于其专业的案件的庭审。再次,对非诉讼调解协议的司法效力确认

---

① 如2009年最高人民法院发布的《关于建立健全诉讼与非诉讼相衔接的矛盾纠纷解决机制的若干意见》就赋予行政调解以民事合同性质。该意见第20条规定:"经行政机关、人民调解组织、商事调解组织、行业调解组织或者其他具有调解职能的组织达成的具有民事合同性质的协议,经调解组织和调解员签字盖章后,当事人可以申请有管辖权的人民法院确认其效力。当事人请求履行调解协议、请求变更、撤销调解协议或者请求确认调解协议无效的,可以向人民法院提起诉讼。"

制度方面尚需细化。2010 年 6 月,最高人民法院《关于进一步贯彻“调解优先、调判结合”工作原则的若干意见的通知》明确规定,对经人民调解、行政调解、行业调解或者其他具有调解职能的组织调解达成的协议,需要确认效力的,有管辖权的人民法院应当依法及时审查确认。2011 年 3 月,最高人民法院《关于人民调解协议司法确认程序的若干规定》进一步完善了对非诉讼调解协议效力确认的司法程序,但实践中,上述制度尚有许多内容需要明确。最后,对人民调解组织业务的指导有待加强。问题主要表现在:一是力度不够大。在法院因案多人少矛盾日益突出而自顾不暇的情况下,存在“有能力多做、没能力少做”的现状,对调解组织进行指导的工作量占法院总体工作量偏低。二是针对性不强。由于各调解组织的功能设定和专业分工不同,调解员自身能力和知识结构参差不齐,同样的指导方式,产生的指导效果不同。

2. 综合协调方面的问题

各种调解资源统筹整合不足,易造成资源浪费。不同调解组织、机构调解的纠纷的内容、范围和类型没有明确的界定,容易产生多头处理、重复处理的情况。同时,对于一些涉及特定群体利益的纠纷,因种种原因,又出现各种机构都不能解决的管理空白情况。再有,在出现敏感性、群体性纠纷时,因各调解组织职责不明,容易出现互相推诿的情况,导致此类纠纷不能及时、有效解决。

3. 激励机制方面的问题

激励机制方面的问题主要包括两个内容,一是如何激励公众选择调解解决纠纷。是否选择非诉讼纠纷解决方式,是当事人享有的权利。非诉调解协议的司法确认机制虽然可以实现纠纷解决的目的,但纠纷当事人选择非诉讼纠纷解决方式具有较大的随意性。非诉解决成本低廉的优势因法院诉讼费用的调整、办案速度的加快而不断被消解的情况下,这种随意性将被放大。只要当事人不选择非诉纠纷解决方式,诉调对接机制的构建将没有任何意义。二是如何激励调解组织积极参与纠纷解决。

三、构建网格化社会服务管理体系中以和谐理念为主导,以自助为基点,以社区自治为重点、以各种资源为依托、以调解为主要手段、以司法为保障的自愈型诉调对接机制

(一)诉调对接的理念分析

高效解决纠纷是社会管理共同追求,但是实现高效解决纠纷的方式却仁者见

仁、智者见智。在解决纠纷的历史中,以调解为代表的非诉讼纠纷解决机制和诉讼解决机制,犹如昼夜,时有交替,抑或有日月同辉之时。就法治社会而言,在解决纠纷方式问题上,观点历经变迁,从最初的限制甚至抵制调解等非诉讼纠纷解决方式,到逐步认同其存在的意义和价值。当代世界各国大多经历了一个重要的政策转变过程,大致可分为允许、鼓励、有条件的强制要求三个阶段。目前,世界上多数国家都处在第二阶段,但也有部分国家如英国、美国等已经部分进入第三阶段。[①] 例如,在美国,大多数居民并不依据正式规则化解纠纷,他们依据的是一些与邻人合作的基本规范相一致的日常规范。[②]

在解决纠纷方面,我国自古一直是调解与诉讼并存。清代司法制度中就表现出官方审判和民间调解结合的特点,即以判决为主的正式系统和以和解为主的非正式系统的结合,这套制度的运作取决于两者的相互配合以及两者之间相互作用的空间。[③] 司法者与当事人双方的力量不足、纠纷形态本身以及防止纠纷可能激化为杀人、流血事件的认识三个因素致使采取调解方式解决纠纷成为必要。[④] 国法是民间调解的一个重要因素。大多数的民事案件不是通过正式的法庭审判,而是由非正式的社区调解结合法庭的意见来完成。一个案子一旦起诉而进入法庭进行审理,社区调解的努力也会加强。同时,县官对告状和诉词所做的批语,诉讼当事人通常都能看到,这些批语向他们展示了正式法庭判决的可能结果。民间的调解一般是在县官意见的这种影响之下实现的。[⑤] 社区调解的运作减轻了法庭裁判的负担,也降低了民事纠纷演变为诉讼案件的比例。[⑥] 可见,诉调对接轨非现代产物。但是,如前所述,实证数据表明,当时社会仍然需要诉调对接。

社会主义法治国家、和谐社会不是没有矛盾纠纷的社会,但应当是能够有效化解各种矛盾、安定有序的社会。在解决冲突和纠纷的根本原则在于维护最基本的价值的前提下,通过宽容、协商、对话和博弈达到可接受的解决方案和结果。与此同时,在无法获得唯一的实体或实质正义价值标准的情况下,以正当程序求得正当

---

① 范愉:《客观、全面地认识和对待调解》,载《河北学刊》2006 年第 6 期。

② [美]罗伯特·C. 埃里克森:《无需法律的秩序——邻人如何解决纠纷》,苏力译,中国政法大学出版社 2003 年版,第 57 页。

③ 黄宗智:《民事审判与民间调解:清代的表达与实践》,中国社会科学出版社 1998 年版,第 18 页。

④ [日]高见泽磨:《现代中国的纠纷与法》,何勤华、李秀清、曲阳译,法律出版社 2003 年版,第 1 页。

⑤ 黄宗智:《民事审判与民间调解:清代的表达与实践》,中国社会科学出版社 1998 年版,第 14 页。

⑥ 黄宗智:《民事审判与民间调解:清代的表达与实践》,中国社会科学出版社 1998 年版,第 18 页。

性(合法性)也是现代法治和文明能够认同的。① 任何国家都不具备充分资源保证一切纠纷通过司法程序解决。诚如M. 盖朗塔所言,法院作为一个实效性的管理体系,还不如作为一个文化性、象征性意义的体系有更多的内容。法院主要是通过象征的传达,如威胁、约束、模范、说服、正统性等,对我们产生影响。② 法治的可持续发展要求将有限的社会资源以一种最优的方式进行配置,使社会纠纷的解决无论从质上还是量上都能达到最优。这就要求在国家权力、法律和司法统一的前提下,以多元化的理念、制度和方式方法解决纠纷。通过调解等非讼机制,一方面可以充分调动双方当事人自救能力,便利地解决纠纷,降低纠纷双方当事人矛盾激化的可能性;另一方面可以充分调动社会自愈能力,整合资源,化解纠纷;还有一方面可以分流司法的压力,保护司法权威和公信,确实体现司法解决纠纷的终局性。但20世纪八九十年代,随着法制的发展和诉讼高潮的到来,中国的调解及其他非诉讼纠纷解决方式开始走向衰落。然而,实践表明,仅依靠正式的司法程序难以满足社会纠纷解决的需求,而建立一种在法治基础上的多元纠纷解决机制更符合社会和法治的可持续发展的需要。③ 诉讼与调解的自身特性,决定了它们在纠纷解决机制中的独立地位。在纠纷处理上,与其说人们偏好选择法律而不是其他方式,毋宁说是由于他们已逐渐别无选择。由于(现代社会)当不满(纠纷)出现时,法律是唯一可以获得救济的方式,人们就会毫不迟疑地使用这种方式。④ 二者互有长短又能优势互补的特点决定了它们在纠纷解决机制中并存与接轨。二者实现功能互补和衔接的基点在调解。21世纪初至今,调解作为多元化纠纷化解方式被重拾并被关注,多元纠纷解决机制成为一项重要的司法改革任务。党的十八大报告强调提出"要完善人民调解、行政调解、司法调解联动的工作体系"。

(二)构建自愈型诉调对接模型

在网格化社会服务管理体系中,应当构建一个以和谐理念为主导,以自助为基点,以社区自治为重点、以各种矛盾化解资源为依托、以调解为主要手段、以司法为保障的自愈型诉调对接模型(见图5)。

---

① 范愉:《多元化纠纷解决机制与和谐社会的构建》,经济科学出版社2011年版,第22页。

② [美]盖朗塔:《不同情况下的正义》,载[意]莫泽·卡佩莱蒂:《福利国家与接近正义》,刘俊祥主译,法律出版社2000年版,第138~139页。

③ 范愉:《当代中国非诉讼纠纷解决机制的完善与发展》,载《学海》2003年第1期。其中,调解是指司法调解以外的其他组织和团体进行的调解。

④ 范愉:《诉讼社会与无讼社会的辨析和启示》,载《法学家》2013年第1期。

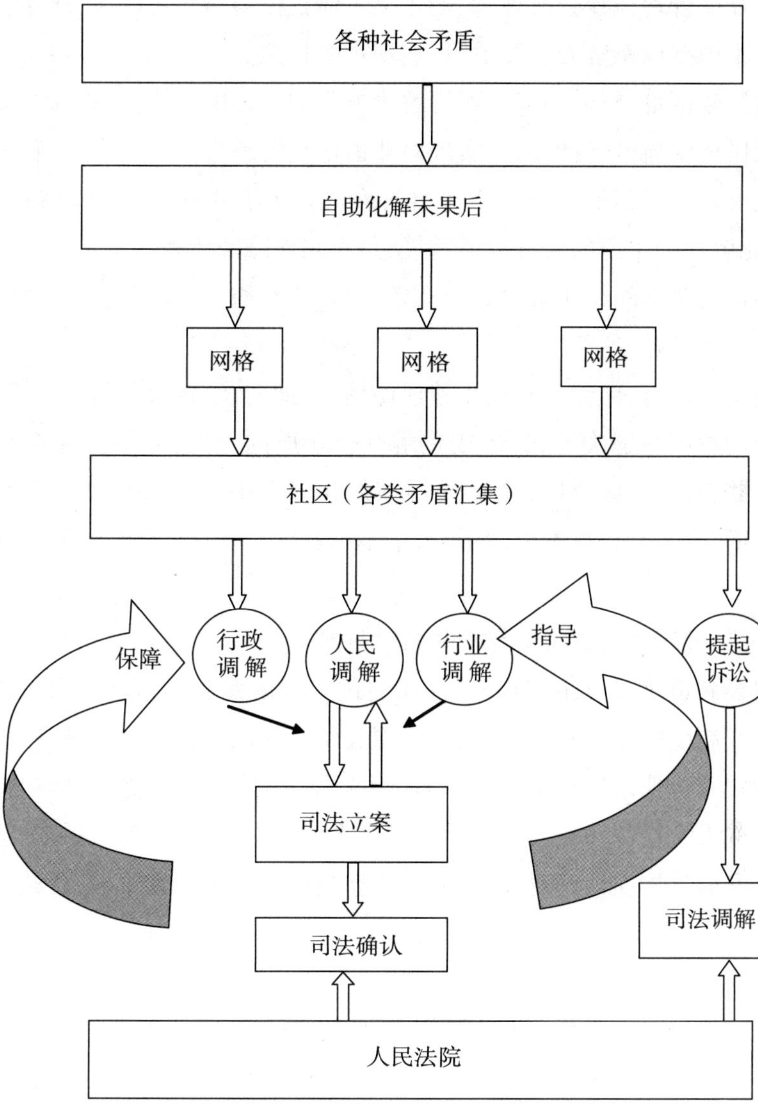

图5　自愈型诉调对接模型

1. 模型运行机制

在该模型的运行机制中，当事人之间纠纷，首先应由发生纠纷的居民双方自助化解，激励当事人参与社会治理，将矛盾消除在最初阶段，这是纠纷的第一次过滤。自助化解未果后，由网格再次进行纠纷化解，这是纠纷的第二次过滤。网格化解无效后，矛盾汇集至社区。社区成为社会矛盾集中地，同时也是人民调解、行政调解、行业调解等纠纷解决方式运行的实施地。这是纠纷的第三次过滤。这三次过滤有效地结合了社会管理与社会治理，调动各类主体积极参与纠纷解决，属于社会对纠纷的自愈。本模型以调解为主要手段，实现社会自愈。

通过将行政调解、行业调解等纠纷解决方式纳入人民调解，实现对其效力的司法确认。人民法院通过这种方式，实现对非诉讼纠纷解决方式的指导，保障非诉纠纷解决方式有效发挥纠纷化解作用。司法确认与司法调解，是人民法院参与诉调对接机制，化解社会矛盾的两种主要途径，是司法保障的体现。

通过诉讼与非诉纠纷化解方式的有效对接，相互协调与配合，有效化解矛盾。

2. 模型运行目标

通过模型的运行，促使公众逐步养成诚信、自助、自治化解纠纷的习惯，统筹诉讼与非诉讼两种纠纷解决方式，形成化解社会矛盾的合力，力争实现将80%的矛盾纠纷化解在网格、社区，将15%的矛盾纠纷化解在街道，将5%的矛盾纠纷化解在行政区层面，确保身边事不出网格，小事不出社区，一般事不出街道，大事不出行政区。

（三）以和谐理念为主导，构建诉调对接机制

法治建设和道德建设相辅相成，互相促进。和谐社会作为社会形态不仅是一种社会结构和制度安排，而且也是一种上层建筑与深层的价值文化体系，它包含着价值理念规定和价值目标追求。和谐理念体现了中国传统文化的基本价值，是中国传统文化的人文精髓和核心。建设和谐社会，不仅要推动人与人的和谐，还要促进人的内心和谐。构建诉调对接机制，应当坚持以和谐理念为主导，促进人的内心和谐。

1. 诚信原则

诚信是现代社会行为规范和个人品德的重要标识，是一切道德赖以维系的基础和根本。在社会生活中，长期不讲诚信、不重视诚信的结果，就必然会使人与人之间的道德纽带断裂，信任缺失。老人摔倒在路上，扶还是不扶，国人纠结，结果是无人敢去搀扶。“诚是从天道而言，信是从人道而言”。诚信理念的核心是正确的义利观。只有认识到诚信在“利他”的同时实现了“利己”，才能将道德的利他性与经济的利己性构成一个和谐的统一体。在诉调对接机制中，纠纷各方以及各种调解力量都应当坚持诚信原则，以诚信作为纠纷处理的基本原则。

2. 相互忍让原则

建立和谐社会，必须营造安定团结、和谐向上的环境和氛围。包容才能和谐。人的社会性决定了人和人之间必须相互忍让。众所周知，自己既可能侵害别人的

权利,也可能被别人侵害权利。而且,这种侵害的风险大致是对等的。也就是说,双方的权利以及损失原则上应当是抵销的。发生纠纷时,相互忍让的好处就是降低解决纠纷的成本,互不相让的结果可能就是激化矛盾,甚至引发刑事犯罪。① 因此,应当培养居民树立一种"自己活,别人也活"的生活哲学,以互让一步作为纠纷解决的基础。在诉调对接机制中,纠纷的处理应当坚持相互忍让的原则。应当让居民了解,让出一步则海阔天空,相互的忍让将有效减少纠纷的发生,更会为纠纷的化解奠定良好心理基础。

3. 自助化解原则

从经济学的角度来看,理性的经济人处理纠纷,必然要找到最有利的方式。必然会考虑到效益,即投入与产出的比值。自助解决方式所具有的费用低廉、省时省力以及风险能够控制的特点符合经济人利益最大化的要求。构建诉调对接机制,应当坚持自助原则,灵活化解纠纷。

自助行为是指行为人凭借个人力量保全自己权利的行为。自助行为属于私力救济的一种形式,其与自卫行为一起构成公力救济的补充。作为一种社会控制的工具,评价法律或规范的标准是其是否起到人们认可的作用,而不是抽象来看其文字或言词表达方式的精致和细致。相较于公力救济而言,自助解决方式在化解纠纷时节约成本、提高效率方面具有比较优势,这成为自助化解为人们所认可并采纳的主要原因。目前,自助化解纠纷的原则在实践中也得到提倡。② 在网格化社会服务管理体系中构建诉调对接机制,鉴于双方当事人所具有的居住于同一社区的相对密切联系,以及矛盾冲突的非尖锐性,应当提倡自助化解纠纷的处理原则,将自助化解作为外力调解的前置程序,由纠纷当事人双方直接协商处理纠纷。受损害方也可以创新适度的自力救济方式,促使对方承担其应当承担的责任。

4. 非经济补偿原则

尚礼、宽容、厚道、助人是中华文化的历史传承。在纠纷发生后,必然会有一方受到损害。对于损害的赔偿,有恢复原状、停止侵害、排除妨害、消除危险、赔礼道

---

① 例如,2013 年 7 月 23 日,在北京市大兴区科技路公交车站,两名驾车男子因不满一名推着婴儿车的女士挡道,双方发生争执。过程中一名男子将该女士打到后,又将婴儿车内的女童摔在地上,导致女童严重受伤,后因抢救无效死亡。这起恶性事件的发生,正是人们缺乏相互忍让理念的最好诠释。

② 如北京市公安交通管理局和保监局共同制定的《机动车交通事故快速处理办法(试行)》就明确规定,对机动车之间仅造成车辆损失的交通事故,由当事人自行撤离现场、确定责任,直接到保险公司办理理赔手续。

歉、赔偿损失等多种方式。《民法通则》第134条所规定的承担民事责任的10种方式中,赔偿损失的责任方式仅列为第7项。在20世纪八九十年代的民事审判实践中,赔偿经济损失的责任方式并不常见,多是在其他责任承担方式无法适用的情况下作为替代性的责任承担方式予以适用。而在目前的纠纷化解实践中,却将多种损害赔偿方式异化为经济赔偿一种。经济赔偿的方式虽具有支付的便利性、额度的可衡量性等优势,却也会毒化人与人之间的关系氛围,使人与人之间成为一种令人敬而远之的,缺乏人情味的、冷冰冰的现金交易关系,人与人之间的关系越发冷漠。并且,经济补偿往往并非当事人所需求的责任方式。[①] 在网格化社会服务管理体系中,应当追求维护一种持续的合作关系。一个人帮助了别人,他也会预期自己以后会得到别人的帮助。因此,纠纷发生后,应当更多地采纳非经济补偿的损害赔偿方式,通过采纳恢复原状、排除妨碍、赔礼道歉等损害方式,促使当事人之间有更多的心理的相容与沟通,在解决本次纠纷的同时,促进人们相互之间关系的融合,避免产生新的纠纷。

5. 私权自治原则

私权由权利享有者自由处分是现代法治的理念之必然。随着权利意识的觉醒,对私权的全面支配成为人民群众共同的心理需求。立法的理念也逐步从维护社会秩序为重心转移到以公民权利保护为重心,国家社会管理中政府的公共服务职能明显强化。私权自治要求减少国家的干预,让权利享有者充分实现自己的内心意愿。同理,在纠纷发生后,私权领域内当事人并不愿司法机关介入而是希望按照双方的意愿,通过一定的途径,将纠纷自行化解,既增强自主感,又能满足具体纠纷的特殊需要。对于法律调整范围之外的纠纷,双方当事人更可以自由行使、处分权利。但需要说明的是,自由也是在法定秩序范围内的自由。当事人自由行使权力,也不得损害他人的合法权益。诉调对接机制通过多渠道化解纠纷,有助于充分保障当事人的权利自治,避免对私权领域的不当干预。

6. 快捷高效原则

"迟到的正义非正义"。不同类型的纠纷大量产生,要求建立快速化解的机制。"在市场交易成本为零的情况下,不论选择何种法律都可以实现社会资源的合理配置;但在现实中不存在市场交易成本为零的情况,则必然要求合理地制定法律

① 如《老年人权益保障法》第18条第2款规定,与老年人分开居住的家庭成员,应当经常看望或者问候老年人。老年人所需要的是家庭的亲情与关心,并非替代看望或问候的经济补偿。

法规来最大限度地实现资源的高效利用。"就诉讼纠纷解决方式而言,因程序限定原因,多数案件周期较长,当事人的权利在诉讼过程中逐渐消耗,到最后虽可能拿到一张胜诉文书,但却可能因为执行问题而未能真正实现权利。诉调对接机制能够有效避免诉讼拖延,在双方当事人自愿达成协议的情况下,快速高效实现权利义务的分配,及时维护双方当事人的合法权利。

(四)以社区自治为重点,构建诉调对接机制

随着基层社会结构的发展变化,社区越来越成为社会生活的支撑点、社会成员的聚焦点、各种矛盾的交汇点。化解社会矛盾,重点在社区;推进社会管理,难点在社区。社区已经逐渐成为政府社会管理的平台、居民日常生活的依托、社会和谐稳定的基础。构建以社区自治为重点的诉调对接机制已成为当务之急。

"法令滋彰,盗贼多有"。[①] 法治越不完全的社会,法条会规定的越细密。在诉调对接机制中,并非法条越多越好,而是为群众认可的规范越多越好。至少在交织紧密的群体中,没有正式法律仍然可能有秩序,甚至有"无须法律的秩序"。[②] 强化社区居民会议及其常务会、社区居民委员会和社区代表会议的自治功能,夯实社区服务站服务平台,培养广大居民养成"自己活、别人也活"的信念,形成居民认可的自治行为规范和自助解决纠纷途径,满足居民群众多元化服务需求。逐步推进社区居民民主管理社区公共事务和公益服务,促使居民建立"自己的事情自己解决"的观念,推广"社区居民会议常务会"等群众自治经验和多元参与共建的社区治理模式,畅通诉求表达渠道,将居民日常生活中的问题消化在社区,形成社区管理人人参与、和谐社区人人共享的社区自治模式。

(五)以各种资源为依托,构建诉调对接机制

社会矛盾的复杂性决定了其化解方式的多元化,化解方式的多元化决定了化解规则的多元化。法律仅是化解纠纷的规制之一,风俗习惯、乡规民约、情理等均可以作为解决纠纷的依据。构建诉调对接机制,必须依托各种资源,采纳多种依据。

1. 夯实人民调解,发挥矛盾化解主渠道作用

人民调解作为预防和解决社会矛盾纠纷的重要手段,是维护社会稳定的"第一

---

① 《道德经》,第 57 章。

② [美]罗伯特·C. 埃里克森:《无需法律的秩序——邻人如何解决纠纷》,苏力译,中国政法大学出版社 2003 年版,译者序第 9 页。

道防线”,是增进团结和谐的“润滑剂”。深入贯彻《人民调解法》,制定相关政策措施,逐步突出人民调解在多元纠纷解决机制中的基础性地位,发挥其矛盾化解纠纷主渠道作用。首先,加强人民调解队伍建设,推进人民调解队伍的专业化、专职化。其次,完善人民调解组织建设。进一步完善区、街道、社区、网格的四级调解组织建设,探索在集贸市场、建设工地等人群聚集区建立人民调解组织,提高人民调解组织的覆盖率。再次,强化人民调解能力建设。逐步建立培训学习制度,积极组织调解人员通过庭审观摩、组织旁听和调解实例分析、调解经验交流等形式,更新调解人员的法律知识,提高调解人员的调解能力。最后,人民法院应当建立并完善人民调解指导员制度,指定业务能力高的法官切实担负起对人民调解员的业务指导职责,根据人民调解员的需求,因类施教,加强业务指导的有效性和专业性。

2. 加强行政调解,建立社会矛盾齐抓共管格局

随着我国建设法治政府和服务型政府的步伐不断加快,行政调解在预防和化解纠纷过程中的作用受到更多的关注。现行的行政调解制度已经无法适应新形势下化解社会矛盾的需求。

(1)加快立法进程

行政调解制度存在的主体不明确、程序缺失、调解协议效力低等问题都与行政调解的法律制度不健全有关。但目前统一的行政调解的立法工作尚未正式开展,仍处于立法调研阶段。[①] 因此,应当加快统一的行政调解的立法进程,明确行政调解的体制、机制、范围、效力、程序等基本问题,推动行政调解工作的顺利开展。

(2)建立专职机构

健全的机构和完善的队伍是做好工作的前提和基础。应逐步建立由市、区政府总责、政府法制机构牵头、各职能部门为主体的行政调解机制,在各行政部门内成立相应的行政调解机构,设立专门场所,选派政治思想好、业务能力强、法律素质高、善于做群众工作的干部担当专职调解人员,确保行政调解工作落到实处。

(3)扩大调解范围

行政调解工作应力争与行政机关履行行政职能相结合,妥善做好民事纠纷的调解工作,着重解决涉及人民群众切身利益的、与行政管理有关的民事纠纷。对于涉及环境保护、公共安全等方面的矛盾纠纷以及涉及人员较多、社会影响较大的纠

---

① 《国务院法制办调研组赴郑州市开展〈行政调解条例〉立法调研活动》,载河南省政府法制网:http://www.hnfzw.gov.cn/news/20127/2012728141210241.shtmi,最后访问日期:2012 年 8 月 1 日。

纷,行政机关也可以主动介入进行调解。努力发挥行政复议过程中的调解作用,在法定条件下,积极组织纠纷当事人进行调解工作,努力促使当事人达成调解协议。

3. 深化司法调解,健全诉前调解机制

人民法院应不断完善司法调解机制,实行民事诉讼全程、全员、全面调解,提高司法调解工作效率。现行《民事诉讼法》有关先行调解的规定[①],为进一步健全诉前调解机制提供了法律依据。通过进一步健全诉前调解机制,尽量减少一般性的民事纠纷大量直接涌入诉讼渠道。通过有效的诉前调解,一方面可以充分发挥人民调解的优势,使大量的案件无须进入诉讼程序就能够得以解决;另一方面在立案调解的过程中,法官还可以对人民调解员未能调解的纠纷,再次组织调解。

(1)建立立案预登记制度。人民法院立案庭对有诉求的当事人在进行立案审查时,可以根据具体案情不同,提出由有关部门或组织先行调解或协调的建议,在征得当事人同意的情况下,法院仅进行立案预登记而使案件暂时不进入诉讼程序,如有关部门或组织在一定期限内未对当事人的纠纷调解成功,案件再转入法院诉讼程序。

(2)设置人民调解平台。在人民法院立案大厅设置人民调解室或人民调解窗口,在立案时由立案法官积极引导当事人选择调解方式。对于未经过诉讼外调解程序的案件,立案法官在收到当事人的起诉状进行预登记后,可以要求当事人确认优先选择调解方式,首先由设置在法院立案庭的人民调解室或人民调解窗口进行调解,经调解未成功者,才可以进行立案。经人民调解室或调解窗口调解,当事人达成调解协议,可以申请法院确认其效力,人民法院审查后,认为调解不违反相关法律规定的,可以出具相应的法律文书确认其效力。

4. 加强联动调解,推进诉讼与非诉化解方式有效对接

搞好社会管理服务,促进社会矛盾化解,是全体人民的共同事业。必须树立多方参与,共同化解的理念,调动社会各方面的积极性、主动性、创造性,整合各种调解资源,综合运用各种调解手段,建立规范高效、整体联动的工作机制,实现各种社会资源的合理化配置,最大限度激发社会合力,最大限度增加和谐因素,最大限度减少不和谐因素。

(1)建立信息交流与统筹协调的平台

构建诉调对接机制,就要引入更多的资源力量。要整合各种调解资源,综合运

---

① 2012年8月修正。修正后的《民事诉讼法》第122条规定:“当事人起诉到人民法院的民事纠纷,适宜调解的,先行调解,但当事人拒绝调解的除外。”

用各种调解手段,建立规范高效、整体联动的化解机制,最大限度激发社会合力,最大限度增加和谐因素,最大限度减少不和谐因素。进一步整合各类矛盾化解资源,进行综合治理,并实现与社会良性互动的过程。

同时,为实现各类矛盾纠纷化解方式的协调配合、优势互补和诉调对接机制有条不紊、切实有效的运行,还应当从社会矛盾化解体系的高度建立一个信息交流与统筹协调的平台。通过建立这样一个平台,可以有效实现各方信息的互相沟通交流,推动诉调对接机制的良性运作。良性运作关系的基本要求应当是能够实现各类事项的归口管理,并且衔接流畅,以避免多头处理和重复调解;对大要案、群体性纠纷、敏感性案件,也可以通过这个平台组织各部门合力化解。

(2)确立非诉纠纷化解方式的基本规则

非诉纠纷化解方式以灵活性为其基本特点,但纠纷化解的灵活性应有一定的制度规范性作为保障,否则此种纠纷化解方式将会逐步失去当事人信任,没有调解规则的非诉纠纷化解机制也将缺乏长效保障。同时,建立基本的调解规则也有利于人民法院对非诉调解协议的司法效力进行确认。非诉纠纷化解的基本规则的目的应是保障当事人自愿进行调解和调解达成的协议的内容不违反法律、行政法规的强制性规定,其内容上主要可以包括调解的基本流程、基本方式和调解记录的保存等。非诉纠纷化解的基本规则属于各类纠纷解决机制之间运作关系的范畴,宜由统筹协调部门组织建立。

(六)以司法为保障,构建诉调对接机制

党的十八届三中全会提出,要坚持依法治理,加强法治保障,运用法治思维和法治方式化解社会矛盾。“法治保障”已成为社会管理体制的重要元素。法治保障具有立法和司法两层含义,在中国特色社会主义法律体系已经基本建成的情况下,司法保障应当成为社会治理体系的重心。

1.构建以司法为保障的诉调对接机制

在构建诉调对接机制的过程中,应当理顺诉讼与调解的关系。诉讼不是解决纠纷的第一选择,但是最权威的方式。在诉调对接机制中,司法应当处于关键位置,保障诉调对接机制作用的充分发挥。其主要理由在于:首先,法院在社会纠纷解决体系中处于最为关键的环节,相比其他类型的纠纷解决方式,诉讼方式具有权威性、终局性和专业性,是其他纠纷解决方式的保障。故法院应当承担诉调对接机制保障者的角色。其次,法院对其他类型的纠纷解决方式进行业务上指导,对不符合法律规定的情形进行纠正,对其他类型的纠纷解决方式的结果进行司法效力的确认。这决定了法院应当在诉调对接机制中担当保障者。最后,司法资源的有限性与群众对司法需求的日益增长的现状,致使司法无力成为化解矛盾纠纷的主要方式。其他类型纠纷解决方式效能的充分发挥,能够保证社会矛盾纠纷的充分化解。将法院的职能定位在保障其他类型纠纷解决方式作用的充分发挥上,更符合社会现实的需要。通过司法的保障作用,逐步形成以司法确认非诉调解协议并保证强制执行为中心,其他各种非诉调解组织为支柱的诉调对接机制,充分发挥非诉纠纷解决方式的优势,形成解决社会矛盾的合力。

2. 司法保障的内容

司法保障主要包括以下内容。

(1)效力保障

通过对非诉调解中无争议事实记载的采信、调解协议合同效力的确认、调解协议的司法确认并强制执行等,有效转化非诉调解成果,为各种非诉调解力量树立威信。对于调解协议效力进行司法确认时,应当采纳"从宽认定"原则,即只要双方当事人认可调解协议的内容,并且调解协议的内容不违反法律、行政法规的效力型强制性规定,不侵害国家利益、社会公共利益、案外人合法权益,不损害社会公序良俗的,内容不明确致使无法确认的,均应当予以确认。

(2)案源保障

即对于起诉到法院的案件,经双方当事人同意,进行先行调解,由法院通过人民调解、委托调解的方式,委托人民调解组织、医疗调解组织、劳争调解组织等各类组织、团体对当事人的纠纷进行调解,确保其他调解组织调解案件来源的稳定。

(3)指导保障

通过公正严谨的案件审理以及对于人民调解协议的司法确认,司法将会向社会宣示法律所维护的行为规范,使社会公众对纠纷解决有合理的预期,为非诉纠纷解决方式提供引导。在引导纠纷的主体更多地选择非诉的纠纷化解方式的同时,也发挥法院实践经验丰富、对法律掌握精深等方面的优势,加强对其他纠纷化解机构和人员的指导,帮助他们在机制运行、调解技巧、法律知识等方面完善和提高,形成调解与诉讼纠纷解决方式的有效对接。

3. 具体案件中的司法保障

纠纷当事人经人民调解组织调解达成协议后,除正常履行外,仍将会有两种走向。第一种走向是双方对纠纷的履行问题发生争议,一方当事人向人民法院提起诉讼。此时,当事人一般会采取两大救济途径,一是争议一方直接根据双方的纠纷性质确定相关的民事案由向法院起诉，二是争议一方针对调解协议本身提起诉讼，请求确认该调解协议有效、无效或申请撤销、变更等。无论当事人采取何种救济方式，在诉讼中都会涉及审查人民调解协议的问题。前者中，人民法院会将人民调解协议作为诉讼证据予以审查，按照证据的相关法律规定决定是否采纳。后者的方式司法实践中较为少见，主要原因在于人民调解协议的形成多是双方矛盾的初始结算，如果一方拒绝履行调解协议或者反悔，对方的后续其他损失还会继续发生和扩大，此时如果仅针对调解协议进行履行、变更、撤销等诉讼，不能从根本上涵盖其损失，不符合诉讼经济原则；同时，如果提起此类诉讼，当事人如申请增加、变更诉讼请求，会遇到法律上的障碍。因此，争议的一方当事人一般都会直接根据双方的纠纷性质向法院起诉，从而将人民调解协议纳入民事证据的审查范围之内。

第二种走向是双方对调解协议的真实性无异议，但为求稳妥，共同向人民法院申请司法确认。《民事诉讼法》在特别程序一章专节规定了确认调解协议案件，从法律与规定上实现了与《人民调解法》的衔接。为进一步规范人民调解协议司法确认案件的审理，促进人民调解与诉讼的相互衔接，应明确以下内容。

(1)诉讼程序与司法确认程序的冲突解决。《人民调解法》赋予了调解协议当事人两种救济途径，即向人民法院提起诉讼或申请确认调解协议的效力。实践中存在当事人同时选择两种程序的可能。由于这两种程序存在重复和冲突的可能，如果在人民法院受理确认调解协议申请后依法确认之前，一方当事人就调解协议的履行或者调解协议的内容另行提起诉讼的，人民法院应当告知当事人可以选择确认程序或诉讼程序主张权利，但不能同时启动两种程序，如果当事人坚持起诉的，人民法院应当终止确认程序，驳回当事人的确认申请。

(2)对不予确认协议效力的救济途径。根据现有的法律及司法解释的立法设计，当事人不能就此提出上诉或复议申请。此时，当事人如果还有调解的意愿，应当如何进行救济呢？根据《民事诉讼法》的规定，人民法院应当在裁定驳回当事人的确认申请的同时，告知当事人可以采取以下两种途径进行救济：一是通过人民调解方式变更原调解协议或者达成新的调解协议后重新申请人民法院确认；二是就双方争议的纠纷向人民法院提起诉讼。

(3)构建对行政调解的司法确认模式。对于经行政调解所达成的调解协议的效力司法确认问题，目前尚没有专门的法律规定予以规范。《行政复议法实施条例》第50条第1款虽然规定了行政复议机关可以按照自愿、合法的原则进行调解，肯定了行政调解在纠纷化解中的作用，但却没有赋予行政调解协议以强制执行效力。因此,可以由负责行政调解工作职能的政府法制机构牵头,将所有经行政调解达成协议的纠纷,统一交由一个人民调解组织出具调解协议,从而将行政调解协议纳入人民调解范畴,适用《人民调解法》及《民事诉讼法》的相关规定,使经行政调解达成的协议也可经由人民法院的司法确认而产生强制执行效力,实现对经行政调解达成的协议效力的司法确认。

当下,全面深化改革,积极创新社会治理方式,最大限度地预防化解纠纷是一项长期而重要的任务。建立与社会管理和治理相应的诉调对接机制,必须植根于中华传统文化及其影响下的民众心理和建设国际化、现代化城市的发展需求,形成一个完整的、综合的社会治理体系。让纠纷主体能够根据自身情况选择恰当的方式解决纠纷是一个理性社会所应具备的最基本的功能,同时也是构建和谐社会,建设法治社会所不可或缺的要素。

论基层法院组织结构设计的原则和方法

余亚宇*

内容摘要:合理的结构是组织有效发挥功能和实现目标的重要保障。组织结构不但是审判主体存在的场域,也是审判权运行的依托和边界。本文在组织设计原理和法学的双重视域中,为基层法院的组织结构设计提供可供参考的原则和跨学科的路径设计。从样本法院组织结构设置的历史和现实入手,考察30年间其组织结构的动态发展趋势和现阶段的静态结构要素。依据组织设计基础理论和思路,结合基层法院实际,提出设计结构时需把握的原则及对应实现方式:设立法官自治委员会和以培养知识权威为目的的参谋型机构;区分属性采取不同的权力配置方式;构建比例合适的组织层级和管理幅度,构建相互协调的纵向控制与横向协作脉络;组建取消结构壁垒、可临时拆并组合的审判单元;将审委会等隐形结构进行显性化改造。

关键词:基层法院　内部机构设置　原则与方法

合理的结构是组织有效发挥功能和实现目标的重要保障。人民法院作为被赋予审判职能、从事裁判纠纷和适用法律为主要工作内容的公共组织,蕴含着组织管理与组织设计的一般原理。组织结构不但是审判主体存在的场域,也是审判权运行的依托和边界。同时,基层法院的组织结构由于特殊的历史背景及内外部环境的影响,又应该具有不同于一般组织结构甚至不同于上级法院组织结构的独特内涵。本文所做的尝试,并不局限在提出具体的设计方案,而是更加侧重于在组织设计原理和法学的双重视域中,为司法改革继续推进过程中基层法院的内部组织结构设计提出可供参考的原则和跨学科的思考。

* 北京市东城区人民法院研究室法官。

一、基层法院组织结构设置的历史维度和现实维度

当我们试图使基层法院的组织结构变得更健康、更利于审判职能的实现时，需要从时间和空间维度出发，[①]既考察其组织结构的“前世”，又分析其组织结构的“今生”，以此把握其中的动态发展趋势和静态结构要素，形成对基层法院组织结构样态和特征的立体认识。

由于公共组织的机构设置具有相对稳定性、规范性和普遍性，本文选取某基层法院为考察对象，以其作为分析和论证基层法院组织结构设计问题的样本。

(一)历史维度：样本法院 30 年组织结构动态发展趋势

经过分析比对，本文选取了以下三个带有结构分化意义的时期展开讨论。为使讨论更直观，将样本法院不同时期的组织结构以图 1 方式展示如下：

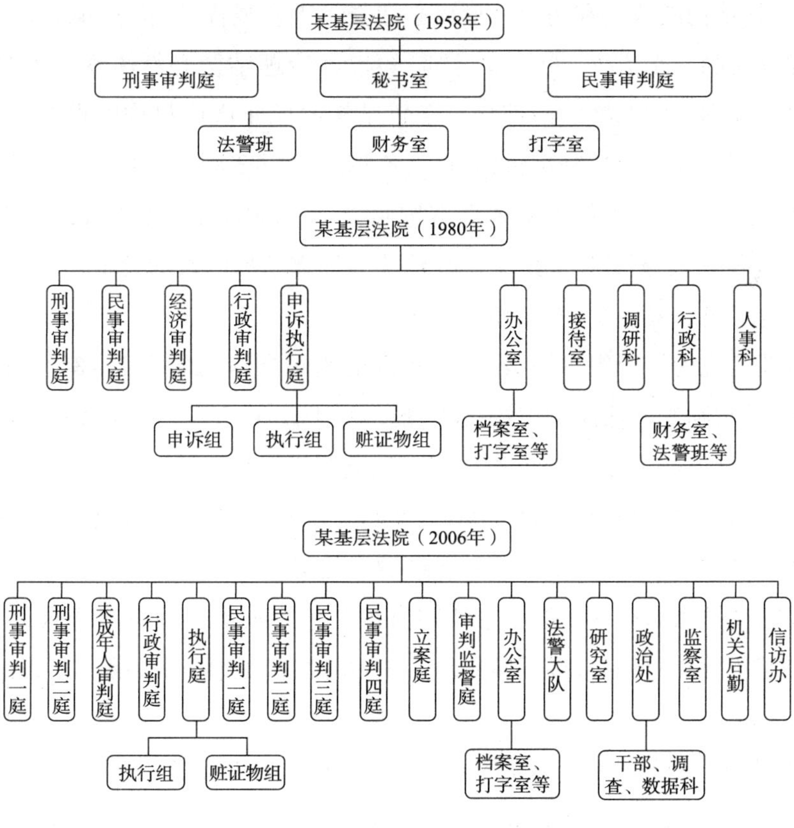

图 1　样本法院组织结构分化

① 李书玲:《组织设计:寻找实现组织价值的规律》,机械工业出版社 2016 年版,第 49 页。

样本法院组织结构呈现以下动态发展趋势。

1. 结构逐步分化，功能不断补充

与其他组织一样，样本法院的组织结构经历了结构逐步分化，功能不断补充，分工愈发精细的过程。① 1958 年样本法院仅设刑庭、民庭与秘书处。1980 年其组织机构开始分化，从民庭中分立出经济庭，增设行政庭、申诉执行庭的设置，从秘书室分立出调研科、行政科等。2006 年其组织机构进一步分化，将刑庭分立为刑一、刑二、未审庭，将民庭分立为民一庭至民四庭，新设立案庭和监察室，并对综合职能进行了归并整合，已经基本呈现出现阶段机构设置的雏形。样本法院经历了从规模偏小、分工简单、功能混合到规模日益庞大、分工日趋精细及职能逐渐明晰的组织结构分化脉络。

2. 始终依赖于自上而下的权力治理结构

任何时期的法院权力配置结构都是特定时期社会政治制度和社会治理体系的组成部分，其结构的改变和角色的形成必然受制于宏观背景，甚至可以说本身就是政治结构分化的一个方面。② 因此，法院的权力治理结构必然体现出当时权力控制的需要。样本法院初期的内部权力配置结构脱胎于政府机构的设置习惯，自始就强调自上而下的权力控制逻辑，其权力治理结构明显是为了上下一致的稳定性、政令服从及运行效率，不但远未体现出按照分工和职能特性等内部结构因素加以区别对待的取向，更不具备区别于行政机关等外部结构因素的尝试。

3. 组织层级相对稳定，管理幅度不断增大

如将部门视为一个组织层级，样本法院的组织层级稳定在 2 ~ 3 个；如将职位视为一个层级，则样本法院的组织层级可以达到 4 ~ 6 个。③ 审判庭一般情况下具有 5 个层级，自上而下分别为院长、副院长、庭长、副庭长、普通法官。而下设管理单元的综合部门的组织层级可以达到 6 个以上。样本法院的组织层级相对稳定，近 30 年的发展变化中未出现明显的层级增多趋势。

管理幅度是指组织中上级主管能够直接有效指挥和领导下属的数目。④ 样本法院 1958 年院长层级的直接下属数目为 3 ~ 6 位（刑庭、民庭及秘书室的正副职），

---

① [美]斯科特、戴维斯：《组织理论：理性、自然与开放系统的视角》，高俊山译，中国人民大学出版社 2011 年版，第 395 页。

② 左卫民：《司法审判职能之分化：传统型与现代型法院制度的比较研究》，载《学术研究》2001 年第 12 期。

③ 职位以每个层级的部门均设正、副职计算，正职视为一个层级、副职为下一层级。

④ 周三多：《管理学》，高等教育出版社 2010 年版，第 182 页。

对应管理幅度为3位至6位。1980年院长层级的管理幅度增至10位至20位。2006年院长层级的管理幅度已达18位至36位。综观样本法院的组织结构变化轨迹,似乎其组织结构已经呈现出扁平发展趋势,至少在规模扩大、职能分化过程中,法院设计者选择通过增加管理幅度而不是增加组织层级来加以应对。

4. 组织协作与联络方式从单一的纵向型向混合型转变

样本法院三个时期的组织协作和联络方式均以垂直方向为主,呈显著的纵向型组织构造。如将样本法院看作企业,将裁判文书看作司法产品,那么其主要是按照产品分类来设置部门的,组织设计理论认为属于单一的纵向型组织协作和联络构造。样本法院2006年出现了研究室、监察室、信访办等关注调研指导和作风纪律等在办案流程中应一以贯之的横向职能部门,开始关注部门之间的横向协作脉络;但其组织目的仍是通过较为紧密的垂直控制以保证司法产品的质量和效率,组织协作和联络方式自此开始向以纵向型为主、横向型为补充的混合型结构转变。

（二）现实维度:样本法院的静态结构分析

样本法院现阶段的组织结构设置既承袭了“前世”的发展方向和路径,同时又具有自身的显著特点,它是讨论基层法院组织机构设计的逻辑起点。

1. 组织框架呈非典型的矩阵型结构

在承继过去的基础上,样本法院现阶段的组织结构继续朝着纵向和横向控制相结合的方式发展,呈现类似矩阵型组织结构。矩阵型结构以垂直控制和水平控制并重,存在纵横的机构交叉和人员重合,是对“产品”和某流程或功能并重的常见结构设置。① 以近年新设的审管办为例,其具有明确的加强流程管理和横向控制的职能,但由于横向控制线上的审判管理人员和纵向控制线上的审判庭人员不存在机构交叉和人员重合,相关人员亦不肩负双重职责,因此样本法院并不具备典型矩阵型结构的特点。

2. 呈现显性结构与隐形结构②并存现象

组织设置下的显性结构与审判运行机制下的隐形结构并存的情况其实早已存在,但对隐形结构的讨论更适合针对现状展开。样本法院既设置了正式组织架构中的显性等级结构要素,如法官相对于院(庭)长属下一层级,同时又设置了审判运行机制中的、缺乏组织框架保障的隐形同等结构要素,如合议庭、审委会在评议案件、讨论案件中的

① 孙宗虎:《组织结构设计实务与范例》,人民邮电出版社2014年版,第8页。

② 本文所谓隐形结构是指缺乏正式组织架构保障的结构,即相对于组织结构树是隐形的。

多数决规则。结构并存二元性和异质性[①],必然导致相互功能碰撞和作用消磨。一旦审判人员同时处于两种结构交叉领域,如庭长加入合议庭、院长在审委会发表意见,那么显性等级结构会迅速侵蚀隐形同等结构,使后者的功能难以发挥甚至虚置。

3. 与上级法院的机构设置存在同质化

样本法院现阶段的组织结构虽然外观上已经体现出自身特点,但仍然未能摆脱对上级法院组织结构的复制和依赖。经对比样本法院比与上审级的某中级法院、某高级法院的机构设置,除某些专属于上级法院职能范围的机构(如赔偿办)其未予设置外,其他部门设立与分工与上级法院基本一一对应。由于基层法院与上级法院的组织目标必然存在区别和联系,因此组织结构设计也应该相应存在区别和联系。样本法院对上级法院机构设置的过度关注和承袭,说明其从未找到适合自身目标和职能特点的结构设计方式和治理逻辑。

二、基层法院组织设计原则及实现方式

组织设计理论认为,决定和影响组织结构的因素有组织目标、制度环境、组织规模、组织文化等。但由于该理论主要以企业为研究对象,现有研究成果无法对法院直接适用。面对以样本为代表的基层法院组织机构设置的“前世”和“今生”,使人不禁要问:影响基层法院组织结构设计的因素究竟有哪些,如需调整现有结构有何参考因素和需要把握的原则?下面本文尝试在组织设计理论的框架下对基层法院的组织设计原则及相关实现方式展开讨论。

(一)同业自治原则:实行同业控制及树立知识权威

1. 应建立自我施加的规制标准和决策体系

组织设计理论认为,专业型组织的设计应着眼于同业自我管理和规制。审判权作为对争议双方利益进行衡量和矫正的权力,具有极强专业性。因此对审判权的引导和约束也带有专业的审判属性,而非单纯的管理属性。因此不能简单将法院工作群体当作被管理者看待,来自审判主体之外的管控恐难以触及权力运行内部。另外,如果引导者和规制者处于单向控制的权力运行结构中,那么其制造错误的概率并不低于发现并纠正错误的概率。因此在法院组织结构顶端应该设立具备同业控制和双向制约属性的自主管理和决策机构,[②]使法官群体实现内部自我约

---

① 张洪涛:《司法之所以为司法的组织结构依据》,载《现代法学》2010年第1期。

② 杨知文:《法院组织管理与中国审判管理体制的构建》,载《河北法学》2014年第10期。

束的同时,也拥有合理且适度的制衡力量。

2. 应以知识权威取代等级权威

自治原则还体现在应当改变目前法院内部仍以等级管理和等级权威为支撑的权力治理体系。根据知识管理原则①,应将显性审判知识(如法条的立法目的)和产生隐形审判知识(如审理思路、审判经验的总结)的活动作为法院内部的核心资源,依托成员的集体智慧,对知识的获取和共享、知识的创新和传播,以及建立利于内部知识共享和创新的组织构造,进行针对性解决。在此过程中,对知识管理的支持应成为设置机构和保障运行的中心课题,随之带来知识权威替代等级权威的结果。知识管理不重视等级身份的确立和维持,其在乎的是知识占有者所实际具有的话语权和影响力,围绕知识管理的任务一旦完成,相关组织机构的使命便可告一段落。

(二)区分属性原则:根据不同子目标设立权力配置结构

1. 基层法院的组织目标为"查明事实基础上的纠纷解决"

组织目标描述了组织的愿景、共享的价值观和信念,说明组织存在的理由。②机构设计的宏观导向和微观设置都应围绕不同的组织目标展开。那么基层法院的组织目标是什么?有观点认为是实现审判业务的高度专业化;③还有观点认为是实现内部的规范化以圆满履行法院职能;更有观点认为应在区分传统型和现代型法院的基础上讨论组织目标是复合还是单一的问题。④ 现有观点均未对基层法院的组织目标作进一步讨论。本文认为,基层法院的组织目标是"查明事实基础上的纠纷解决",与中级法院的"依法纠错、定分止争"以及高级法院的"再审监督、审判指导"的组织目标明显不同。还可将该基层法院的组织目标向下分解为三类子目标:具有典型审判属性的办理具体案件;具有协作属性的监督本院案件质效、总结本院业务经验;具有服务属性的处理组织运行必备的行政事务。

2. 应在区分子目标属性基础上设置权力治理结构

为完成不同属性的子目标,需设计相应的权力配置和治理结构,以适应各个职能顺利运作的需要。对于办理具体案件的子目标,由于其实现依赖具有专业素养

① [美]迈克尔·J. 马奎特:《学习型组织的顶层设计》,顾增旺、周蓓华译,机械出版社 2015 年版,第 109 页。

② [美]理查德·L. 达夫:《组织理论与设计》(第 7 版),王凤彬、张秀萍等译,清华大学出版社 2003 年版,第 64 页。

③ 梁三利:《论法院的组织属性》,载《边缘法学论坛》2007 年第 2 期。

④ 左卫民:《司法审判职能之分化:传统型与现代型法院制度的比较研究》,载《学术研究》2001 年第 12 期。

的人员查明法律事实、进行法律解释并加以独立判断，如何在横向或纵向上分配权力似乎都难以奏效，唯有采取赋权型的权力配置结构，即不对具体案件审理权进行过多介入式的分配，将权力完整赋予审判主体，并在审判板块内部实行平权型的权力运作方式才能奏效。

对于监督本院案件办理质效、指导总结本院业务经验的子目标而言，承担此目标的机构须与审判单元之间建立有效的沟通联络和信息交流机制，另外还应注重信息反馈、知识管理及再加工的过程，因此采取传统的集权型权力控制方式、设置纵向分布的组织机构不能完全满足需要。另外，考虑实现该子目标需要完成和传达来自外部的统一指令，故对这部分机构可采取平权和集权相结合的权力配置方式。

对于处理法院组织运行所必备的行政事务，承担该子目标需要命令高效传达和统一执行，采取传统的集权型的权力配置较为合适。

（三）比例适度原则：处理层级与幅度、纵向与横向的关系

1. 组织层级与管理幅度的比例应适当

组织设计理论认为，如果组织规模相对固定，那么组织层级和管理幅度成反比关系。[①] 也就是说，如果法院设置的组织层级多而管理幅度少，呈现瘦长形的锥形式结构；如果法院设置的层级较少而管理幅度多，呈现扁平式结构。[②] 锥形式机构具有较多的组织层级和较少的管理幅度，其管理人员能对下属进行及时指导和有效控制，层级联系更为紧密，利于任务的分派和衔接。扁平式机构具有较少的组织层级和较多的管理幅度，使信息沟通和管理速度更快，信息失真度低，上级对下属的控制更柔性，利于激发员工的积极性和创造性。如本文第一部分所述，样本法院的结构某种程度上已呈现扁平发展趋势，如需继续实行“扁平化”，则应着力减少层级尤其是审判板块的内部层级。但管理幅度和组织层级显然都应该是有限的，超出适当比例的管理幅度会使法院内部职能被过细拆分，使协调和衔接同一层级中的各部门成为新的工作任务。因此，如何使基层法院的组织层级和管理幅度的比例得当，是结构设计中必须考量和把握的原则。

2. 纵向控制和横向协作的比例应协调

将组织设计为能够实现组织目标所必需的纵向和横向信息流动的结构状态，

---

① 周三多：《管理学》，高等教育出版社 2010 年版，第 183 页。

② 孙宗虎：《组织结构设计实务与范例》，人民邮电出版社 2014 年版，第 5 页。

是组织设计努力实现的目标之一。[①] 然而，是依靠纵向还是横向结构似乎存在固有矛盾。纵向结构主要是为了效率和实施控制，而横向结构能促成更好协调和合作却往往意味着减弱控制。由于基层法院一直并且至今仍以纵向型结构为主，因此讨论纵横结构相互协调的问题，应主要专注于如何适当减弱或改造纵向控制，并相应加强横向协作。以知识增长为主要设计目的的横向结构，有利于任务共享和信息交流，可有效专注和处理某一核心流程和重要职能，可以通过机构设置交叉(部分人员配备重合)的方式，衔接和打通基层法院的纵向控制和横向协作结构，可使信息上下左右畅通衔接以利于组织目标的实现。

（四）适应环境原则：对内外制度环境和群众司法需求的适应

1. 结构需应对内外部环境的差异

法院的机构设置现状之所以不得不借助于行政的管理体制和逻辑，直接原因是欠缺专属的法院管理理论和方法，但深层原因仍是制度环境对组织结构的决定作用。法院当前的内部管理模式形成于外部政治生态和权力行使惯性的背景下，盲目脱离外部环境去谋划法院内部的行权模式改革恐怕难以奏效。如何妥善处理法院内部管理模式的转变以及外部行政管理氛围的未变；当外部制度环境相对稳定，如何通过有效的组织设计，使法院仍具有实现扁平化、分权型管理的底气和离心力，成为考验设计者的关键。当外部制度环境仍以行政型的集权化管理为主，基层法院的结构中就应特别加入有助于审判单元适应外部环境的针对性设计，缓冲甚至隔离外在不良渗透，借此营造内外有别的内部制度氛围。

2. 结构需回应群众的司法需求

任何现代组织想成功运转，都必须积极回应客户的需求并作出有效反应。如将法院视作产出司法产品的组织，那么诉讼群众的司法需求便可视为组织边界之外的客户需要，在相应结构设计中应该加以回应。例如，可以改变将不同案由分配到不同的民事审判庭审理的现状，通过拆并民事审判庭，减少该审判板块的管理幅度，以减少诉讼群众因错误选择案由而可能承担的撤诉、重新起诉的负担。[②] 如可以弱化刑事与民事审判庭、民事与行政审判庭的组织结构壁垒，让不同领域的专业人员和专业知识更好地流动和共享，以针对性回应群众对于"一揽子"解决刑民纠

---

① [美]理查德·L. 达夫：《组织理论与设计》，王凤彬、张秀萍等译，清华大学出版社2010年版，第104页。

② 实践中，由于当事人案由选择错误，而正确案由不属于该审判庭分工范围，法官往往劝说当事人撤诉重新立案。

纷、行民纠纷等复合型法律纠纷的迫切需要。①

（五）显性化原则：应将隐形结构纳入显性组织结构保障

显性的正式组织结构与资源分配、人事安排等权重因素密切相关，而隐形的审判权运行所设定的结构仅源于具体规则，显性与隐形结构孰轻孰重一目了然。审判人员自发遵循权重结构（如更高的行政职务）的行为选择必然导致隐形结构（如平权的合议庭）的式微。从显性结构和隐形结构不兼容的角度，具体而言从法院组织层级结构对审判权运行结构的侵蚀角度，似乎又多了一层对合议庭、审委会“形合实独”的解释，相应也多了一个加以解决的思路。结构决定功能，如果使隐形结构显性化，将隐形结构中的平等平权逻辑纳入显性的正式组织机构设置中予以保障，以帮助审判权运行决策中“多数决”的实现，不失为结构设计角度的可行之策。

三、基层法院组织设计的具体路径探寻

遵循以上原则的具体设计方案并不是唯一的，法院可根据不同的规模②、不同的人力资源水平③等实际情况予以调整，下文仅讨论体现和遵循相关原则的一种较为典型的设计路径（见图2）。

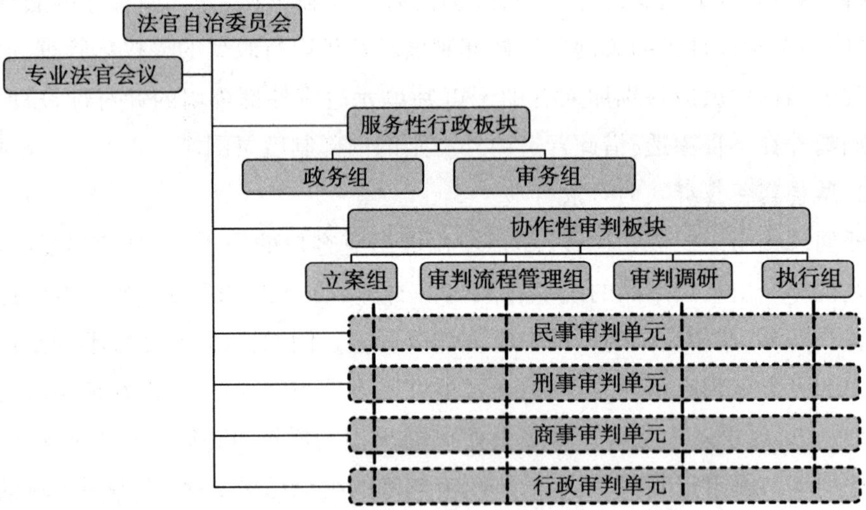

图2　基层法院组织结构设计

① 复合纠纷虽在诉讼法中有一并审理的规定，但由于分工、法官专业的限制，实践中适用并不顺畅。

② 如对于人员规模为数十人的基层法院，具体的机构设置还可整合精简；而对于人员规模为数百人的基层法院，具体的机构设置还可细化。

③ 如在人员能力素质水平有限，仍有必要保留庭长的审判监督管理权时，也可暂时保留该层级。

（一）顶层决策机构设计

1.建立委员会制的法官同业控制机构

可以设立对本法院内部事务享有自主决策权的法官自治委员会，全体委员必须由真正实际办理案件的职业法官担任，委员总人数为单数，议事实行投票多数决。院长对外代表法院，是该委员会的召集人和主持人，享有固定的委员身份。其他委员由各审判单元和协作性审判部门的法官推举产生，为避免因成员固定而滋生新的等级权威，其他委员应当定期轮换。为防止委员群体决策失当或内部制度缺乏相对稳定性，可进一步将其他委员席位分为相对固定席位和不固定席位，固定席位最多连任两届，不固定席位定期轮换。另外，为确保司法行政工作的服务性和从属性，服务类行政板块的人员不享有该委员会席位。委员会以实现“查明事实基础上的纠纷解决”的目标为中心任务，对审判质效提高、审判经验总结、内部日常管理决策以及服务类行政工作的保障水平，均享有评价、诫勉和规制的权力。

2.设立以培养知识权威为目的的参谋型机构

虽然法官之间的政治待遇和等级服从位阶不必然利于查明事实和解决纠纷，但不等于法院权力运行中不需要权威。前文相关部分已经论证，应加入具体的机构设计以促成知识权威的产生和树立。由于审判知识的掌握分散于不同主体，因此结构设计中试图寻找和建立的知识权威也同样分散且不确定。相应地，当审判板块或协作类审判板块拟进行审理经验和思路的获取或再创造时，应设置临时型、组成人员非固定的参谋型机构，以积极分析和挖掘有价值的组织记忆及隐性知识储备，将其转移和传播并加以运用。可在法院内部公布拟召开法官会议的议题及相关信息，除根据审判专长和审案经历指定发言人选外，其他发言人员和列席旁听人员均可自愿报名。该临时型的参谋组织并非常设的结构安排，围绕具体知识管理和权威发现的过程一旦完成，其使命即告一段落。

（二）各板块权力治理模式的设计

1.审判板块权力配置的设计：完整赋权式

可将基层法院的内部机构根据不同属性划分为审判板块、协作类审判板块和服务类行政板块。审判板块内部，应将完整权力赋予具体办理案件的审判单元，避免分权模式对个案判断权和认定权的分割或耗散。具体设计层面，在审判单元层级之上、自治委员会层级之下，不再设置管理个案审理的机构或职位；审判板块内部亦不再设置主管职位，着力割裂和阻拦审判单元以外的主体以层级职位为媒介，对具体案件实施控制或干预。

2. 协作类审判板块权力配置的设计：扁平分权兼顾纵向传递

协作类审判板块内部，职能行使模式应围绕审判板块建立有效的沟通联络和信息交流，其中既包括立案、执行组对所掌握个案信息及所处状态（如立案调解阶段掌握信息及纠纷调处阶段、判决执行及执行和解阶段掌握信息及所处状态等）的联络和协作；也包括审判管理、审判研究组对流程节点及业务调研等宏观层面的沟通和交流。由于协作类审判板块仍可能承担直接审理案件的任务，因此进行权力配置时应参照审判板块，避免单一的纵向分布带来信息损耗和丢失，应通过减少板块内部层级，如压缩各组（立案组、审判管理组等）的主管职位，改设信息传递职位，以搭建平权型的治理结构。但考虑该板块仍需承接来自上级法院宏观层面的要求和指引，为实现该板块工作的统一性和效率，仍需设立负责该板块的主管职位，以统筹内部的联络和协作，并满足对接外部总体指导和监督的需要。

3. 服务类行政板块权力治理结构的设计：以纵向分权为主

服务类行政板块承担的具体职能是高效并统一执行自治委员会指令，并具体承接和缓冲来自法院外部的行政型指令。因此，纵向型权力控制结构能较好实现以上职能。具体设置中既保留板块主管层级，亦设置政务组（包括办公、财务、人事服务等）和审务组（负责诉讼服务、出警安保等）的组别主管层级。

（三）内部结构要素设计

1. 设计合适比例的组织层级和管理幅度

对审判板块应着力减少层级设置，适时逐渐取消副院长职位层级和庭室层级，对应减少了3个职位层级，减少1个部门层级。对协作性审判板块适当减少层级设置，取消副院长职位层级和板块内部组别（立案组等）主管职位层级，保留该板块的主管职位，将板块下内设组的主管职位改设为信息传递职位，由此对应职位减少了两个层级。

为避免超出恰当比例的管理幅度使法院内部职能被过细划分，导致协调和衔接各部门成为新的工作负担，在原有管理幅度改造方面，对于审判板块，以刑、民、商、行政等专业审判单元集团划分取代行政性的庭室隔离，可以实现自治委员会（原院长层级）对审判板块的管理幅度从17变为4[①]（见图2）。但此“幅度”已不是典型的管理幅度，而是侧重信息接收和反馈，以及为实现组织目标而进行的宏观专业指导和对日常行为的规制。对于协作性审判板块，将承担立案、执行、审

① 审判板块原有17个部门，改造后变为4类审判单元。

判流程管理、审判调研等职能整合纳入,实现自治委员会对协作性审判板块的管理幅度从7以上变为4。[①] 自治委员会对服务性行政板块的管理幅度由10以上变为2。

2. 构建纵向控制与横向协作相互协调的组织联络方式

组织结构中的纵向控制脉络与效率、稳定性等目标相关,横向协调脉络则与学习、创新和适应性相关。基层法院以"查明事实基础上的纠纷解决"为组织目标,对效率及上下一致稳定性的追求也必然蕴含其中。因此,基层法院纵向控制结构虽然总体上应予减少,但仍需保持在合理范围。而对于横向协调方面,组织结构除了应对现有的、需前后贯穿的职能继续加以保障外,还须关注板块之间的正式横向协作,对于立案、审判、执行这三项基本业务流程领域,应设立正式机构加强前后衔接协作。具体可在各专业审判单元集团内设置诸如审判管理监督、业务调研指导、立审执协调等席位,该席位人员隶属纵向和横向两个部门,具有双重身份和职责,可兼顾不同板块的任务特点。需指出的是,为避免以纵向结构为主的服务类行政板块对其他板块的过度介入,应杜绝与行政板块结构和席位的交叉和重叠。

(四)微观结构审判单元的样态设计

上文已经讨论,在审判单元之上不再设立个案审理管理层级的方式可以阻断来自组织边界之外的制度环境不良干预,在此不再重复。

为适应诉讼群众关于一次性解决实际纠纷的外部需求和期待,在仍对审判单元进行刑、民、行等专业分工的基础上,打通单元之间的组织结构壁垒和组合方式限制,如遇有刑民交叉、行民交叉或等多专业交叉案件,可临时拆并或组建具有多专业知识储备的审判单元,构建审判板块内部动态组合、优势互补的微观结构状态,以适应诉讼参与群众期待"一揽子"实质化解矛盾纠纷的需要。

(五)对隐形肌理的显性化设计

以现有的典型隐形结构审判委员会为例,可将作为审判运行组织的审委会人员和功能一并纳入作为组织管理和决策机构的法官自治委员会,即显性机构自治委员会吸收原隐形机构审委会的机构和职能,其中审委会的部分职能如统一本院裁判尺度及业务指导职能亦可由专业法官会议等参谋型结构所吸纳。不具有正式组织结构保障的隐形结构如此消除以后,审判权运行机制中要求的平权规则便与正式组织结构中的平权规则合二为一,原有的等级结构对平等结构的对冲和消磨

---

① 属于该板块的部门原有7个以上,改造后为4个。

亦不复存在。由于审判庭层级和主管职位的取消,合议庭中原来可能出现的等级结构对平权结构的对冲和消磨亦将随之改观。

四、结语

基层法院的组织结构设计是当前跨学科的空白领域。本文尝试探讨的过程虽然艰难,但不乏意义,期待本文能在“后司改”时期,为基层法院内部机构设置提供不同视野的铺垫和探索。

第二章　司法人员分类管理制度

新时期法院青年干警思想建设的路径选择

范国伟[*]　王筑红[**]

内容摘要：基层法院青年干警队伍是法院发展的基石和未来，思想政治建设是队伍建设的核心和首要任务，加强基层法院青年干警的政治思想建设对于司法事业的发展具有重要战略意义。本文以分析新时期基层法院青年干警的思想心理状态为切入点，总结出基层法院青年干警思想教育存在忽视受教育者主体地位，对新媒体环境挑战应对不足，无法满足差别化需要，缺乏专业政工队伍以及个人价值实现路径狭窄五个问题。按照心理学"需求—供给—调整—反馈"的认知过程，笔者提出加强基层法院青年干警思想建设要广泛征求意见，解决实际困难；创新工作方法，激发干警活力；搭建脱颖机制，拓宽成才渠道；加强政工建设，提升专业能力；重视文化建设，实现润物无声五条实践路径。

关键词：青年干警　思想　文化建设　心理学

近年来，随着北京各级人民法院对青年法学人才的大批招录，青年干警已经逐渐成为人民法院各项工作的重要支柱，悄然影响着法院党建、队伍建设等政治工作的方式和内容。如何理解青年法官身上鲜明的时代特征和职业特色，如何定义他们对于人生、事业、家庭、个性和情感的需求，与法院思想政治工作选择的具体方式息息相关，直接影响当前广大青年干警对于法院思想政治工作的认同程度。因此，笔者对所在的基层法院35岁以下青年干警进行了一次思想状况调查，在客观统计分析基础上，对青年干警的思想建设提出对策。

一、现实基础——笔者所在法院青年干警基本情况

笔者所在的基层法院现有干警522人，其中政法编制374人，事业编制32人，

---

* 北京市东城区人民法院党组成员、政治处主任，法官。

** 北京市东城区人民法院组宣科副科长，法官。

聘用制干警 94 人(其中,聘用制法警 26 人,聘用制书记员 68 人)。审判员 136 人,助理审判员 155 人。博士学历 1 人,硕士研究生 163 人,本科学历 216 人。

其中,35 岁以下青年干警共计 298 人,比例为 57.3%。青年干警中行政编 181 人,事业编 27 人,聘用制 90 人,平均年龄 28 岁。女青年干警 191 人,男青年干警 107 人,男女比例为 64%,其中审判员 6 人,助理审判员 144 人,书记员 96 人。研究生学历 154 人,本科学历 65 人,大专学历 58 人,大专以下 21 人。法官队伍日益呈现年轻化、高学历化的趋势。

二、样本实证——当前青年干警思想状况基本特征

通过问卷调查与座谈,笔者感觉青年干警的主流是积极向上、健康发展,充满希望的,他们对司法事业保有热情,对法制建设充满信心,同时也具备鲜明的职业特点与时代特征。

(一)司法为民、公正司法等司法观念占据主流

根据问卷调查,90% 以上的青年干警认为开展思想政治主题教育很有必要,80% 以上的青年干警认为在审判工作应该坚持"司法为民"的宗旨。

以上数字说明,近年来法院系统开展的"群众路线主题实践教育活动""三严三实专题教育活动"、社会主义核心价值观、社会主义法治理念、党的先进性教育、"大学习、大讨论"活动、"听呼声、走百家、送服务"活动、"人民法官为人民"实践活动等一系列集中、密集且主题突出的传统思想政治教育活动仍是卓有成效的,得到了大多数青年干警的理论认同、感情认同、实践认同。如何在继续坚持思想政治教育活动的基础上,提升活动对青年干警的影响力值得深入研究探讨。

(二)热爱学习、视野广阔使知识更新速度加快

根据调查,青年干警获取信息的渠道主要通过互联网、电视、报纸杂志。90% 以上的受访干警拥有个人微博微信等网络空间,并关注网络意见领袖的思想,70% 的人每天上网时间合计超过 1 小时,50% 以上的人有自我学习的习惯。根据问卷,通过互联网的接触信息的途径主要为微博、微信、手机 APP(应用程序)和电脑网页等。信息类型则主要为法律专业、司法改革、政事新闻、社会新闻和其他。

上述调查数字可以看出,信息时代下,青年干警每天会接触海量信息,互联网在其中占有越来越重要的地位。碎片化的学习成为青年干警获取信息的主要形

式。他们热爱学习并乐于接受新鲜事物，通过海量信息的输入，拓宽了眼界视野，增强了独立思考的能力，同时也对思想政治教育工作提出挑战。

（三）善于思考、权利意识强的思想特点表现突出

目前法院青年干警队伍呈现"高学历""高素质"特点。通过调查发现，青年干警善于思考，对事物有独立见解；怀有实现法律价值的崇高理想，对法律理想与现实差距有困惑；对于民主法治、司法公正有强烈期待，对于司法腐败、体制不公等现象十分不满；维权意识强，当个人意见与主流意见不同时敢于发声，敢于打破常规。

这样的调查结果预示着，强迫式、填鸭式的教育方式可能无法达到预期效果。要在突出"应该怎样做"的基础上，进一步解释好"为什么这样做"，要真正找到心结，认真疏解，才能"心齐气顺"。

（四）工作年限、发展"瓶颈"导致工作积极性下降

对于"工作以来，你对法院整体满意度"的调查，在近 5 年来录用的青年干警有 75% 选择"很满意"和"基本满意"，而工作 5 年以上的青年干警中，这一比例只有 50%，"不满意"的比例达到 20%。笔者所在的基层法院，工作 5 年以上的多数本科毕业青年干警仍然是科员级别，研究生毕业为副主任科员级别。职务上，由于近些年大量招录研究生进入法院工作，青年干警人数较多，职位较少，竞争激烈，如笔者所在基层法院目前要求走上领导岗位的青年干警必须工作 8 年以上。另外，在司法改革大背景下，面对职务序列的重大改革，青年干警对事业发展前景感到迷茫，辞职人数逐年增多。

从上调查结果较明显的差异可以看出工作年限增长以及改革背景下青年干警对工作态度产生的变化，变化背后是青年干警对于物质待遇低、职业发展空间小、自身能力提升慢现状的不满。

（五）生活压力、身心疲惫等现实问题最大困扰

在"你生活中最大的烦恼"问答中（按重要程度排列），排在前六位的是：住房困难、工作太忙太累、事业发展、经济拮据、健康问题、对未来没有方向。在"你认为全市法院在队伍建设方面最需要完善的地方是"问答的"培训""薪酬""绩效考核""福利待遇"四个选项中，95% 的人选择"薪酬""福利待遇"。80% 以上青年认为司法实践与法治理想有较大差距，自身努力付出与收入回报有较大差距，超过 90% 的干警处在身心"亚健康"状态。不少干警认为负面情绪无处发泄，无人倾听与

理解。

从上述调查可以看出广大青年干警普遍感受到生活成本和身心健康的巨大压力。目前,法官工作考核主要集中在结案率等数字结果上,并未形成科学全面的绩效考核体系,再加上待遇多年停滞不前,激励机制匮乏,保障机制不完善,致使不少青年干警产生消极心理、抱怨情绪。近年繁重的审判压力和持续性基础负面信息对干警的身心也造成重要不利影响。

通过调查,可以看出当代青年干警群体特点和个性需求更加鲜明,思想活动的独立性、选择性、多变性、差异性日趋明显,他们一方面思维活跃、知识面广、观念新颖、兴趣广泛,与此同时主体意识、独立意识、参与意识也相对强烈,但另一方面不同程度地存在理想信念迷茫、价值观念扭曲、社会责任感不强、心理素质欠佳等负面问题。这也对我们开展思想政治教育的方式方法提出了更高的要求。

三、实证分析——青年干警思想建设中存在的问题

面对上述思想特征,法院的思想政治工作是否采取了有针对性的工作措施?效果如何?调查中,在“对法院政治思想工作满意度”的问答中,有50%的青年干警认为“满意”或“基本满意”,有40%的人选择“不清楚”,有10%的人选择“不满意”。在“对本院思想政治工作是否了解”问答中,有44%的人选择“不了解”或“了解一点”。可以看出,青年干警对思想政治工作的满意度差强人意,对思想政治工作的认识十分模糊。

(一)忽视受教育者主体地位

调查中,部分青年干警反映政治思想教育的内容不贴近生活,语言固定化、官方化,无法对教育内容提起兴趣。另一些青年干警认为政治思想教育工作仅是一项工作任务,与自身思想情况并无密切联系。

法院历来重视思想政治教育工作,虽然卓有成效但强调灌输,忽视了受教育者的主体地位,使思想政治教育流于形式。目前思想教育内容“高层定制”,方式“上传下达”,缺少受教育主体的参与互动,导致青年干警认为政治思想教育“假”“大”“空”。部分青年干警甚至个别领导干部认为政治思想工作只是政治部门的事情,将其“束之高阁”,或者将政治思想工作等同于纪检工作,认为只要不出错就等于做好了思想工作。

（二）对新媒体环境挑战应对不足

调查结果显示，青年干警日常的信息获取渠道主要为微信微博等新媒体平台，超过八成的青年干警关注网络意见领袖的微信平台公众号，过半数的人承认最新信息一般由网络获得。网络文化的兴起和海量信息的冲击、多种新兴媒体技术的使用使信息的发布和传播失控，法院很难进行信息监控和过滤。新媒体技术的多元化对传统思想政治教育观念构成了极大挑战。[①]

目前，法院十分重视舆情监控，由新闻宣传部门负责并组建了网络信息员队伍进行正面舆论引导，但目前多为发生舆情后的事后补救，"救火员"的角色让非专业的法院新闻部门手忙脚乱，苦不堪言。长期灌输教育令青年干警对通过正式渠道传播的信息产生逆反心理甚至是抵触，使非正式渠道信息更容易接受。如何完成由"堵"到"疏"，实现新媒体环境下的主动引导，需要法院进一步探索。

（三）无法满足差别化需要

虽然都属35岁以下青年干警，但因为不同学历背景、工作年限、编制身份甚至性别差异会形成不同的群体，不同的群体产生不同的思想意识，也对于思想建设工作提出不同的要求。比如，刚进入法院工作与工作5年的青年干警，行政编制与聘任制干警，在工作热情、司法能动性和情感需求上有明显区别。

随着司法改革的逐步推进，人员分类管理工作将不断引向深入，但是在思想政治建设方面分类教育的机制还不完善，针对性还不强。从全院党课、纪律大会，到各支部党课学习，全部采取统一内容形式，除此之外并没有针对不同层次和类别的干警进行有针对性的教育。其实座谈会、个人谈心等传统政治思想工作都是满足差别化思想建设的好方法。但在巨大审判压力下，个别领导只重中心工作而忽视思想工作，甚至不愿意与干警进行交流，座谈会、个人谈心也无法制度化、常态化地开展。

（四）缺乏专业化政工队伍

近年来法院大量招录的青年干警的多由校门直接踏入法院大门，以笔者所在的基层法院为例，平均10名研究生中只有1人具有入职前工作经验。社会经验的缺乏导致青年干警缺乏对社会事物特别是"阴暗面"的了解，直面大量社会负面信息，再加上比校园生活更加复杂的职场关系，青年干警容易感到迷茫无助，产生悲观失望情绪。

---

① 陈晓萍：《新媒体教育背景下大学生思想政治教育方法探究》，载《现代商业》2010年第2期。

按照心理活动规律,人的理想信念的确立必须具备能够接受外界教育的心理基础,如果忽视了人们的心理接受能力,思想政治教育就很难取得实效。然而,目前法院的政治工作人员多为法律专业背景的政法、事业编制干警,或者是聘任制书记员,缺乏包括心理学在内的思想政治工作专业知识,也无法获得相关培训。笔者所在的基层法院,因为司法改革趋势以及人力资源配置向审判一线倾斜等原因,政治部门人数不足,再加上工作内容与法学专业不符、职业上升通道狭窄,事务性工作繁杂,工作成果难以量化,政工人员容易产生不如业务人员的挫败感,甚至后悔从事政工工作。

(五)青年干警实现自身价值途径狭窄

调查中,青年干警认为自己才能发挥程度不理想的主要原因是"自己的才能和岗位契合度不够",其他原因(按重要程度排序)依次是"培训及晋升职务、级别的机会太少""院里没有提供很好的平台""上下级及同事间关系比较复杂""缺少发挥我才能的机会"。

近日,一则"80后"博士县长辞职创业的新闻引起热议,主人公的理由为"封侯非我所愿",他希望做更喜欢的事,实现更大价值。座谈中,一位青年干警说道"当了领导,责任大了,工资也没涨多少,不如好好做个精通业务的法官呢!"可见,当今青年群体对事业成功有全新理解。目前法院评先推优的名额有限,为青年干警提供的才华展示平台稍显不足。比如,正在打造的"审判业务专家",这无疑利于审判工作的专业化建设,但成为审判专家毕竟是少数,缺少人才交流机制、长期从事单一类型审判,青年干警难免倦怠麻木。调查中认为自己是"办案机器","怀才不遇","以后的30年都看到头儿了"的观点不在少数。

四、理论阐释——以人的认知过程看思想政治建工作的心理学机理

基于上述调研分析,我们不禁要问,行之有效的思想政治工作到底该是何许模样?

为此,笔者借助"需求产生供给,供给塑造需求"的心理学认知规律,摸索出"需求—供给—调整—反馈"的思想政治工作模式(见图1)。

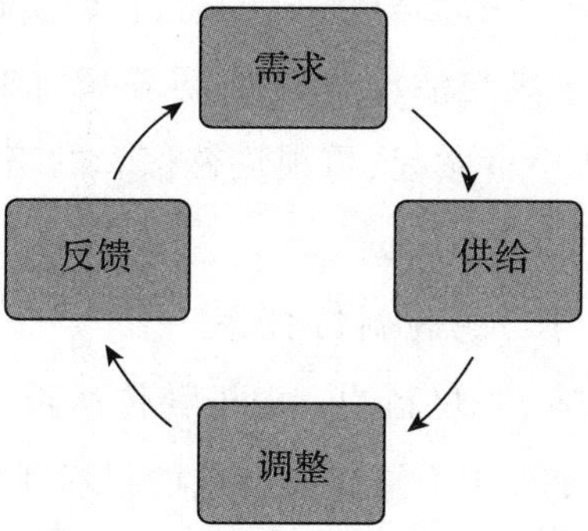

图1　“需求—供给—调整—反馈”模式

（一）需求：思想政治工作的基础

需求是“认同”的前提，法院思想政治工作提供的各项内容是否能够被青年干警认同和接受，取决于能否满足个体需要，如此方能产生内化于心、外化于行的理想效果。邓小平同志认为：“革命精神是非常宝贵的，没有革命精神就没有革命行动。但是，革命是在物质利益的基础上产生的，如果只讲牺牲精神，不讲物质利益、那就是唯心论。”物质决定思想，任何避谈物质而空谈思想的做法都是不切实际的。同理，青年干警的思想问题来源于现实生活，想方设法解决干警生活中的实际困难，不应当是思想政治工作者所讳谈的。了解青年干警的现实需求，有的放矢地解决他们的实际困难，是思想政治工作的出发点和落脚点。

（二）供给：提供符合客观规律的“精神产品”

思想政治教育是人类共同的活动，在不同的环境下产生了不同的教育理论和方法，国外思想政治教育方法途径的以下特点可以给我们诸多启示。一是隐蔽性。多数国家没有直接提出“政治教育”，也没有“道德教育”这个说法，更多地称为“公民教育”；教育内容隐蔽，思想政治教育的内容分散在普遍开设的历史、公民学等课程和有关专题讲座中；教育过程隐蔽，国外政治教育以约束和感化为教育形式。二是形式的渗透性。重视环境熏陶，国外非常重视环境在政治品德形成过程中的潜移默化作用，物质环境、文化环境以及管理方式制度环境的教育功能；重视媒体感化，他们通过新闻、出版、报刊、电影、电视等生活离不开的媒体进行政治教育。三是主体的参与性。国外很重视活动参与在培养政治观中的作用，通过亲身经历和体验社会，培养社会责任感和自信心。另外，从其教育方法来说，无论是杜威的探究式讨论方法还是柯尔柏格的“道德两难问题”讨论法和“公正团体”行为培养法都十分强调思想政治教育主体的参与性。四是过程的实践性。其主要体现在国外思想政治教育多数是依赖于参与活动。例如,苏霍姆林斯基所主张的道德教育要通过劳动教育的途径、要从小事做起、重视道德信念的培养的思想政治教育方法,重视方法的实践。①

(三)调整:对青年干警思想的制约引导

"矫正"包含两方面内容,一是制约。向干警传达否定性的行为模式所遭受的惩罚,结合纪律检查工作,使青年干警能够自觉抵制不良意识形态的影响。二是激励。向青年干警大量灌输正面信息,注重先进典型人物的榜样力量,通过法院文化自身的渗透力、吸引力和感召力引导青年干警认同社会主义核心价值观和司法理念。

通过制约与激励,激发干警自觉按照要求行事,从而最终促成对政治思想工作的认同。这种通过集体的信念、价值和群体的规范所形成的无形力量,就是政治思想教育的独特能量。如果某些个体成员不认同、不遵从就会有负面心理惩戒,思想的约束力得以实现。

(四)反馈:思想政治工作的创新动力

与自然界一样,思想也需要不断的循环反馈。思想反馈灵敏、正确和有力是政治思想工作具有生命力的标志。"灵敏"就是必须有灵敏的"感受器",以便能及时发现变化着的客观实际。"正确"就是有高效的分析,过滤和加工信息,去粗取精,去伪存真,"有力"就是修正原来的教育工作,使其更符合实际,发挥更大作用。加强反馈工作,对于不断提升政治思想工作水平、获得干警认同度具有重要意义,也对政工人员队伍建设提出更高的要求。

五、实践探索——基层法院青年思想建设的路径选择

(一)广泛征求青年干警意见,解决实际困难

在最期望院里调动青年干警积极性所做工作中,有 61 人选择"多倾听干警的意见建议,为大家解决实际问题",比例为 57% 。因此,满足干警的实际需求,让干警能够安居乐业,给予青年干警更加广阔的发展空间,增强职业荣誉感、社会认同感、理解尊重感等,对于青年干警健康成长具有不可低估的意义。一是坚持干警思

① 张丽霞:《国外政治教育的隐蔽性、渗透性、参与性》,载《中国青年政治学院学报》2001 年第 1 期。

想状况摸排制度,定期和适时通过问卷调查、座谈会等形式摸排干警思想动态。二是注意教育和关怀的差别性,完善并坚持谈心制度、心理干预制度,针对摸排反映出的问题,有针对性、及时性的教育和帮扶。三是加大力度解决实际困难,完善困难干警帮扶制度、家庭走访制度和为干警办实事制度。

(二)创新思想政治工作方法,激发干警活力

调查中,在"你最喜欢的政治思想以及文化建设工作"选择中,答案(按重要程度)前三位为:微视频、微信朋友圈、院内网文化专栏。以往我们多强调新媒体时代对干警思想的冲击、对政治思想工作的挑战。事实上,挑战与机遇并存,新媒体时代下更容易打造兼具隐蔽性、参与性、多样性、实践性的政治思想建设工作新格局。

以笔者所在基层法院为例,目前正探索打造"微宣传""微课堂""微文化"的"三微政工"思想政治工作方法。做法一:制作微视频,打造微宣传。笔者所在的基层法院近期成立了"新媒体宣传工作室",并先后制作了音乐微视频《我的法官兄弟》《人生路口》,参与制作了微视频《网游将少年引向歧途》《毒孽》《年少轻狂》等,生动地展现了审判一线法官的真实工作状态。微视频通过微信微博、院网专栏、院内展示屏等途径播出后,在广大干警中引起热烈反响,丰富了思想政治工作的形式与内容,取得了良好的宣传效果。做法二:开设微信微博,打造微课堂。笔者所在基层法院近期开通了"东法微言""东法 · 青春飞 young"等微信交流平台,设置政治思想教育、审判业务交流、传统文化学习、社会热点讨论、业余文化生活五大板块,由政治宣传部门负责日常信息发布与维护,引导干警积极参与讨论。短短3个月,微信群共发布讨论主题近50个,2000余人次参与讨论。下一步,可以通过各支部开设"网上支部议事厅",打造"微型党课",推动党建工作的科学发展。做法三:注重人才培养,打造微文化。为打破政治思想工作只是政治部门工作的讲话思想,打破政治部门队伍人数局限,笔者所在基层法院在各支部选任了政工联络员,通过编辑软件、文章撰写等技能培训,深挖队伍潜力,激发个人潜能,形成"人人参与政工,人人献言献策"的政治工作新格局。在联络员的支持下,打造了"寻找最美东法人""披星戴月的你""法院文化墙"等一系列"微文化"品牌。

(三)搭建青年干警脱颖机制,拓宽成才途径

一是完善评先推优机制。现实中,受推优人数限制,优秀典型"凤毛麟角",很多青年干警感叹没有"存在感"。应注重设置不同层次和类型的先进典型,比如在院内开展"十佳青年法官""十佳调解能手""十佳理论调研能手"等评选。二是实行轮岗交流制度。定期进行岗位轮换,人才交流,有利于克服工作倦怠感,是激发

青年干警工作热情,保持学习动力的有效途径。三是实行外派锻炼制度。每年选派优秀青年法官到街道、社区挂职锻炼,开展司法为民实践,实现促进社会稳定、服务中心工作、紧密联系群众、创新人才培养等一举多得的目标。

此外,在目前法院激励手段有限的情况下,要加强青年思想建设,在着力完善激励欠缺共性问题的同时,更应该注重差别激励,根据不同的岗位、不同的人、不同的情况,确定合理的岗位目标要求,从而建立起符合法官职业特点和审判工作规律的有效激励机制。具体操作中,要把握法官业绩考核和能力、素质考核相结合,定量和定性考核相结合的原则,突出职业能力、职业道德和工作实绩考核,并通过建立个人业绩档案等形式,充分运用考核结果,使青年干警的努力和成绩能够比较容易得到体现。

(四)注重政工队伍建设,提升专业能力

习近平总书记近日在中共中央党校关于加强党建的重要讲话中提出要打造"铁一般"的党建工作人员队伍。在2015年北京市政法委队伍建设工作调研中,笔者了解到北京市公安系统为进一步增强队伍的思想建设工作,将政工队伍的建设摆在头等地位,并在晋职晋级、评优推先等工作中给予优先保障,极大地激发了政工干部的工作热情。笔者认为,法院系统应该借鉴其做法,特别是在司法改革的大背景下,应着力稳定政工干部队伍,重视政工队伍建设,打通职业上升通道。

同时,要加强政工人员的专业化培训,提升工作水平。政工队伍的政治素质、业务能力、学科知识水平直接影响思想政治教育效果。在国外,政治教育工作者必须由有经验的、懂心理学、教育学、伦理学、社会学的专业人士来担任,在施教过程中能及时把握心理变化、解决心理矛盾,这是非专业人士难以驾驭的。① 笔者认为,应在传统的思想素质、文字撰写等培训基础上,增加心理学、教育学等专业化培训,帮助政工人员掌握思想教育规律。此外,可聘请专业人员为干警提供心理咨询服务,辅助政工人员做好思想摸排、心理疏导等工作。

(五)重视法院文化建设,实现润物无声

人创造了文化,文化也在塑造着人。优秀的文化能丰富人的精神世界,为人的健康成长提供不可缺少的精神食粮,对促进人的全面发展起着不可替代的作用。因此,思想政治工作要实现人的思想转变,就必须在搞好显性教育的同时,重视隐性教育,以"润物细无声"的方式,潜移默化地将先进的思想意识灌输到群众的思

① 张丽霞:《国外政治教育的隐蔽性、渗透性、参与性》,载《中国青年政治学院学报》2001年第1期。

想之中。①

根据调查问卷统计，对于最期望院里在调动青年干警积极性方面所做工作，多数干警希望“组织青年干警开展丰富的文体活动”及“组织青年干警开展有针对性的集中培训”。因此，抓好法院整体文化建设，发挥法院文化对于青年干警熏陶感染作用和凝聚鼓舞作用十分重要。在法院文化建设方面，有以下四个问题值得关注。

1. 警惕舆论反噬

美国大法官鲁思·金斯柏格曾经说过：法院不应该让自己关注某一天的天气，而应该留意特定时代的“气候”。目前，因个别司法不公正现象导致司法公信力下降。长时间负面舆论阴影下的青年法官受到潜移默化的影响，对职业价值产生怀疑。所以，法院要善于通过营造正确的舆论环境，以正确的舆论引导干警的思想和行为。通过社会舆论引导，树立人民法官一心为民、无私奉献的良好形象，增强社会对法官的整体评价，提高法官的职业荣誉感。

2. 兼顾廉政文化

我们不仅要善于发现，更要善于引导青年干警的思想。古人云：徒法不足以自行。法院要坚持严管厚爱的理念，正所谓“要有萝卜，也要有大棒”。在加强政治思想工作的同时，要帮助青年干警紧绷廉政弦，不能以业务重、压力大等为借口放松纪律建设。

3. 有益活动促进

有意识地开展集各种融思想性、知识性、娱乐性、趣味性于一体的健康有益的活动，将思想政治教育的目的和内容寓于活动之中，使受教育者在参与活动的过程中受到熏陶、感染和教育。活动要既照顾共性，又突出个性。可打造全院性的文体活动，如郊外踏春、登山比赛等；也应照顾多层次群体文化需求，开展摄影、瑜伽、书法等文化活动。

4. 环境氛围熏陶

在法院营造崇尚奉献、公正廉洁、尊重先进的环境氛围。例如，在楼内设置部门文化墙，展示各部门的队伍建设亮点特色；利用院内电子屏滚动显示展示法院工作以及干警风采的音乐微视频、微漫画等；通过光荣榜展示优秀先进法官肖像事迹，在院内网站上设立光荣榜；在办公区、审判区悬挂中外法学大师名言、勤政廉政格言等。

---

① 龚志宏：《润物细无声：思想政治教育中的无意识教育研究》，河南大学出版社2006年版，第163页。

矫枉不能过正：法院行政管理部门改革路径思考

王筑红 *　刘　娅 **

内容摘要：法院是解决社会矛盾纠纷的机构，从功能上来讲，法院行政管理部门是“司法的行政而非行政的司法”，这也是本轮司法改革的定位。但从组织学的角度来看，法院组织体内存在司法审判和司法管理双重组织属性。法院要从外部获取组织生存所必需的资金、物质和人力等资源并对其进行合理配置，行政管理部门的作用至关重要。欲速则不达，目前某些改革措施急于改变过去司法行政化的痼疾，却矫枉过正地弱化了行政管理部门职能，最终会妨害法院组织目标——公正审判的实现。笔者意识到了这个问题，并尝试以目前行政管理部门的运行现状为基础，结合组织管理学原理，对设计行政管理部门改革路径提出了自己的建议。全文共分为三大部分，第一部分提出问题，考察法院内部行政管理部门运行状况；第二部分分析问题，发现产生上述状况的各方面原因；第三部分解决问题，结合域外在法院内部行政管理方面的正反两方面经验，提出现实可行的对策。

关键词：法院行政管理　双重属性　矫枉过正　改革路径

近日一篇《有人宣布改革成功，众人嗤之以鼻》的网络文章在法院人圈子里引起热议。实事求是地评价改革成效和敢于试错认错等观点引发强烈共鸣。受此启发，笔者以目前司法改革背景下法院内部行政管理部门运行现状为基础，实事求是地就出现的“矫枉过正”问题进行理性分析，并在借鉴国外经验的基础上，以职能定位、人员配置和完善管理等方面为突破口，对行政管理部门改革的科学推进提出建议。

---

* 北京市东城区人民法院组宣科副科长、法官。

** 北京市东城区人民法院民二庭法官助理。

一、实证分析:法院内部行政管理部门运行现状

(一)内外认识差异,行政管理部门受"夹板气"

法院行政管理对于司法审判的附属性得到法院系统内部的广泛认同。但是由于部分外部党政机关沿袭着原有思维模式,仍把法院作为一般政府行政部门看待,也自然将法院行政管理部门定位为"上传下达、常规管理"的单纯行政角色。虽然没有了以往让法官上街捡烟头、站岗等饱受诟病的活动,"请明天组织××人参加××报告会""请组织60人参加合唱比赛"等通知仍屡见不鲜。按照以前直接分派的工作方式显然会招致管理行政化、影响法官独立办案,自愿报名又无法保证按时完成上级任务。在法院立案登记制后"案多人少"的大环境下,一方面是对外要完成上级党政机关的行政命令,另一方面是对内要服务法官办案的职能定位。法院行政管理部门无奈地处于内外夹击的尴尬境地。其实这种"夹板气"也变相折射出"法院内部改革火热,法院外部照常依旧"的割裂状态(见图1)。

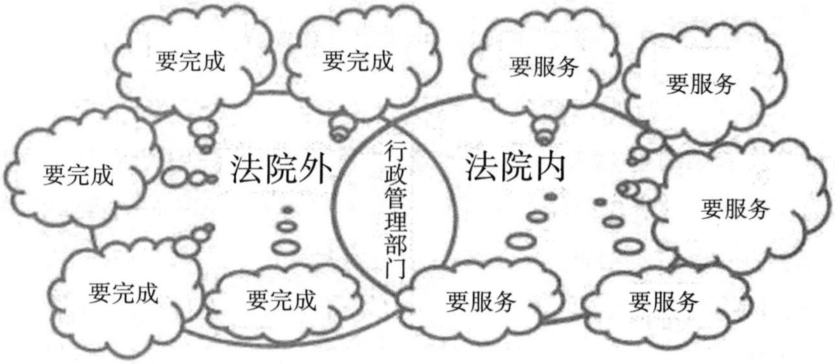

图1　法院行政管理部门受到内外"夹板气"

(二)工作内容繁杂,行政与非行政事务并存

目前行政部门管理的工作内容领域广泛,庞杂琐碎,可谓是"全能衙门"。以笔者所在基层法院为例,行政管理部门工作内容如图2所示。

除了行政性事务[①],还包含非行政性事务,比如党的建设、精神文明建设、爱心

---

① "行政"指的是一定的社会组织,在其活动过程中所进行的各种组织、控制、协调、监督等活动的总称。首先,它属于国家的范围,是公务;其次,也不是一切国家权力都是行政权力,只有行政机关或者政府的权力才是行政权力;最后,行政权属于执行权,按照法律规定的权限和程序运去行使国家职能。

捐款、对口援建等，法官也要花费相当多的时间配合完成这些非专业性行政事务。有学者认为，司法改革的目的就是司法独立，一切与审判无关的事情应该让路，让法官专心办案，这无疑是一种不了解国情的片面看法。

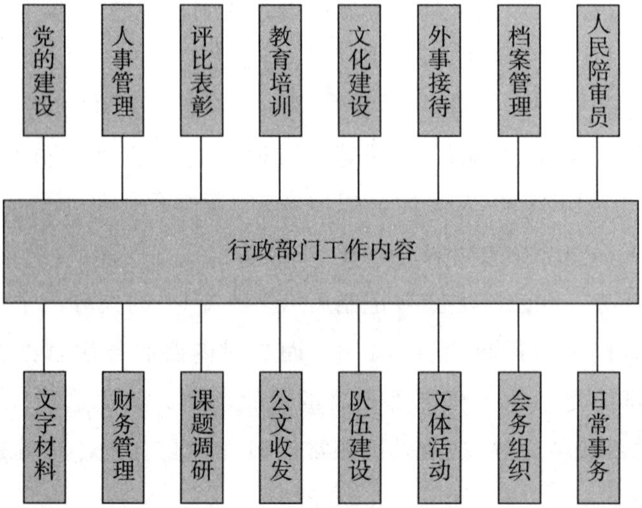

图 2　法院行政管理部门工作内容

（三）工作难以量化，人均工作量较大

行政工作繁杂琐碎，类型多样，很难像案件审判那样按“件”统计工作量，也因地因时有所差别。笔者仅以所在法院行政管理部门上一年度工作量①的统计为例（不包括沟通协调、创意构思等无法简单以时间量化的工作）。

我们选取较为典型且发生频率较高的工作进行统计，以日、月、年为发生频率，结合发生次数，按月计算出时间总长后，再除以 22 天（每月工作日），计算出每人每天的工作时间大约为 20.9 小时。从工作时长可以看出行政管理部门人员工作量的巨大。（见表 1）

① 由于行政事务性工作特点，我们采取按照工作所用时间的方法来计算工作量。

表1　法院行政管理部门工作量

职位	类别	发生频率(次数)			单位时间(H)	核算方法	总时间(H)
		每天	每月	每年			
行政管理工作	文字材料	—	10	—	4	10篇×4H/每人每篇每月	40
	财务管理	—	40	—	0.5	40次×0.5H/每人每次每月	20
	课题调研	—	—	10	8	10篇×8H/每人每篇每年	80
	公文收发	20	—	—	0.1	20份×0.1H/每人每份每天	2
	队伍建设	—	8	—	2	8次×2H/每人每次每月	16
	文体活动	—	20	—	1	20次×1H/每人每次每月	20
	会务组织	—	10	—	2.5	10场×2.5H/每人每次每月	25
	日常事务	10	—	—	0.2	10次×0.2H/每人每次每天	2
	党的建设	—	5	—	2	5次×2H/每人每次每月	10
	人事管理	—	5	—	4	5次×4H/每人每次每月	20
	评比表彰	—	2	—	3	2次×3H/每人每次每月	6
	教育培训	—	2	—	4	2次×4H/每人每次每月	8
	文化建设	—	—	5	8	5次×4H/每人每次每年	40
	外事接待	—	—	12	3	12次×3H/每人每次每年	36
	档案管理	—	15	—	3	15次×3H/每人每次每月	45
	人民陪审员	—	30	—	3	30次×3H/每人每次每月	90
折算(每人每月)							460
每人每天工作时间(总时间/每月22个工作日)							20.9

(四)人员流动频繁,行政人员身兼多职成为常态

改革后禁止不同人员类别之间流动,薪金待遇的不同涨幅,特别是对法官神圣身份的向往,使行政管理部门人员队伍更愿向审判一线部门流动,并随着改革深入变得愈加剧烈。以笔者所在基层法院为例,近三年来行政管理部门人员更替率达到70%,其中在行政部门工作不超过五年的有50%,人员流向主要是审判部门、上级法院遴选、政府相关部门以及辞职。

同时,行政部门扁平化和不同序列人员比例等改革相继落实,行政管理部门机构设置和人员数量同步压缩。外部管理体制特别是人财物统管改革还未真正落地的情况下,法院内部行政管理部门直接面对的地方党政机关的工作量不仅未减少,

还因近年来各种行政规范化管理而不断增加。行政人员身兼多职成为工作常态(见图3)。

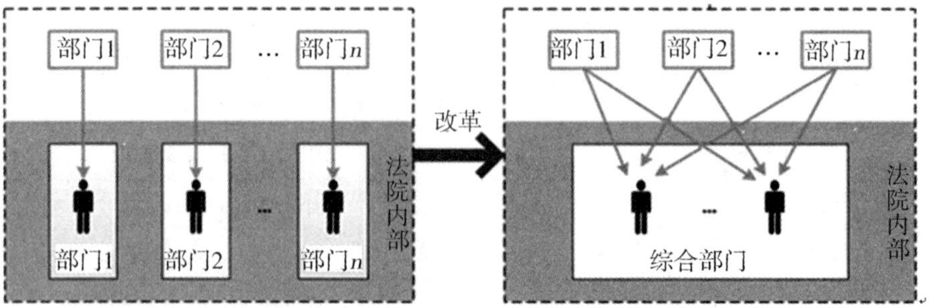

图3　行政管理部门人员身兼多职

"上面千条线,下面一根针",身兼数职对行政工作人员的能力素质提出更高要求。由于历史原因,我国法院行政管理工作人员结构单一,大多数为法律专业出身,即使在试点法院的所谓改革后的纯司法行政人员,也多为经过艰难抉择放弃法官身份的"法官",大多不具备行政管理要求的管理、中文、宣传、心理和政党建设等专业知识。现在的身兼数职更加剧了专业结构单一与工作要求之间的矛盾。

二、探究现状:行政管理部门改革过程存在的问题

(一)"围城效应":美好憧憬与改革现状的冲突问题

以往法院内部照搬行政主导工作模式,并没有具体区分管理活动和审判活动,二者交叉混合在一起。法院系统内部机构也按照行政机关的模式,从行政组织构成理论出发来考虑其结构、关系和级别,导致行政部门职能交叉、机构松散,权力过大,这也是为什么行政部门领导不在业务庭判案,却能够过问插手案件的原因。由于法官的地位待遇与行政级别挂钩,行政部门岗位相对权力大、好升迁,自然成为了法院内部的"香饽饽"。为了让法官更像法官,法院更像法院,特别是党的十六大提出"改革司法机关的工作机制和人财物相分离"后,无论是理论界还是实务界,都在研究如何改变这种司法行政化的状态。

从职能上看,法院必须以审判为主,去除司法行政化无可厚非,但作为组织机构,组织管理却具有获取外部资源、配置内部资源的强大作用。虽然目前法院行政部门的机构和人员配置不能满足工作需要,但法院领导却"三缄其口"。笔者了解到,某司法改革试点法院由于行政部门人员缺口较大,多次申请遴选或招录行政部

门人员，都未获得上级法院批准。我们认为一个重要的原因是强化行政部门的职能与突出司法审判权的改革主流相违背，这就出现了围城效应：院外的人高度关注司法改革，百姓期许实现真正的司法独立与公正；院里的人明知道行政部门目前的困境，却硬着头皮继续"报喜不报忧"，政绩观作祟，谁也不愿做改革失败者。院里的人与院外的人信息不对称，无法有效沟通，使问题得不到根本解决。突破改革中的围城心理，既让外界真正了解到法院改革真实情况，也让法院内部真正认识到改革必有阵痛、试点就是试错，以及真正优化行政部门的职能是当前工作的重任。

（二）"坍塌效应"：中介缓冲功能弱化

组织管理学认为，单一组织系统的外在结构依赖，很大程度上需要通过内部管理机制来实现，内部管理机制不能照搬照抄，而是作为中介媒质，通过变通、过滤等方式，将外部管理控制内化为内部管理机制作用于组织目标。应付外部政治、经济等不确定性因素的传统方法是建立缓冲部门，帮助核心技术有效发挥作用。[①] 司法审判的中立性与独立性，使法院与政治环境总是显得"格格不入"，理性的做法就是通过变通和过滤的工作机制，寻找中间"缓冲带"，帮助技术核心——审判发挥作用。

法院内部行政管理部门正是"缓冲带"效用的主要承担者。它将外部不适用于司法工作规律的行政命令过滤变通适用于法院内部，将名目纷杂、内容统各异的行政要求根据审判特点进行再创造。例如，如何将党建工作与审判工作做好结合。不重视这种缓冲作用就无法吸收、阻隔外部环境的种种不确定性，行政管理部门受"夹板气"是次要的，正如里普森所言"'法律的苍穹'不是独立自存的，它建立在政治的柱石之上"。[②] 不能妥善处理外部关系，实现司法独立的道路更加漫长艰巨。

（三）"僵化效应"：人力资源配置不科学

本轮改革对法院内部行政机构进行了拆减，对人员数量都做了大幅压缩，这与其服务审判的定位是相符的。曾经中国法院队伍中有30万人，却有接近1/2的人不从事审判业务，法院内部人事、政工、纪检监察、培训、技术、装备、法警等机构，机构设置重叠，职能交叉，行政管理人员和工勤人员比例过大，编制膨胀。[③] 改变历史的重任压在当今法院人肩头，作为对曾经的司法管理行政化以及行政工作占用

---

① ［美］理查德·L. 达夫特：《组织理论与设计精要》，李维安等译，机械工业出版社1999年版，第43页。

② ［美］莱斯利·里普森：《政治学的重大问题》，刘晓等译，华夏出版社2001年版，第201页。

③ 谭世贵、梁三利：《法院管理模式研究》，法律出版社2010年版，第175页。

大量法官人力资源的一种反弹,行政部门人员配比最后落在8%的数字上。这样的数字确实很令人振奋,绝大多数人都在办案,法院好像变得更像法院了。但是美国联邦法院行政管理类人员共2万人,司法行政管理局有600多人,美国法官人数总共约31,700万人①,行政人员与法官人数比例接近1∶1,难道美国的法院不像法院了？他们的法院也出现了司法行政化问题？显然不是。美国在法院管理中的先进做法一直为我国所借鉴,这从"汗牛充栋"的美国法院管理研究文章中便可窥知一二。

其实,僵化数字背后体现的是部分人的僵化思维,认为行政部门的资源配置单纯由定位决定,辅助地位的配置自然要精简。我们认为,除地位因素外,行政部门人力资源配置应主要由工作量决定。目前的问题,一是与案件数量计件方式相比,行政管理的工作难以量化,如何找到适合的测算方法,是科学核定行政部门机构配置的首要问题;二是忽视人的长远素质发展,阻碍了不同序列人员的身份转换,认为法官一辈子只能是办案,漠视法官作为个人发展的可能性,认为院长的行政管理能力是与生俱来的;三是无法将法院"整体蛋糕做大"。以笔者所在法院为例,目前仍有40余个"空编",但由于地方人事政策每年只能招录8名左右,聘用制人员又只能通过地方高院招录司法学校的速录员,刚入院就被业务庭"一抢而光",根本轮不到行政部门。在人员分类管理、无法跨类别调动的背景下,法院内部行政部门得不到人力资源补充。打通拓宽人才引进管道,充实法院整体人力资源是当务之急。

(四)"黑白效应":缺乏司法共同体意识

在一次改革调研会上,笔者听某位领导说起在研究法院行政部门人员改革后的待遇保障时,曾经的一种意见是法官行政管理人员与一般公务员没有区别,本轮改革不应该涨工资。后来为了减少改革阻力,提出了10%的涨薪幅度。显然这是一种推动改革的权宜之计,我们却不认为这是改革的智慧,因为"法院管理人员和一般公务员没有区别"的说法忽略了一个重要概念:共同体。我们首先想到的可能是受过法律专业系统训练、具有同质法律思维的法律事业共同体,法院行政管理人员显然不属于这一群体。

正如"没有哪一个人是一座孤岛一样",没有哪一个群体是单独存在的,都应

---

① FAQs:Judges in the United States. Institute for the Advancement of the American Legal Systems, University of Denver,2014. http://iaals.du.edu/quality-judges/publications/faqs-judges-united-states.

在与相对方的关系中得以界定,并且都存在于跨越边界的社会关系的网络之中。[①]法院内部行政管理人员与司法审判的密切联系必然使它不可能与一般公务员相同,我们认为法院行政部门人员应该属于司法共同体,共同参与司法审判事业的建设。很难想象完全不了解法官工作方式和审判运作流程的人来管理法院。改革后人员分类管理使不同类别人员之间丧失了流动性,泾渭分明的两类人又如何理解和维护对方的利益?如何让两类人形成融洽的司法共同体促进司法事业的发展,需要我们厘清原有的非黑即白的绝对化认识,不再将行政管理部门排除在司法事业之外。

(五)"反差效应":急于求成导致外冷内热

组织理论认为,当外部环境的复杂性增强时,组织中的职位和部门会增加,这样反过来增加内部的复杂性。[②] 可以看出,法院内部管理主要由法院外部管理决定。外部管理体制涉及层面大、触及利益多,按照改革先易后难的步骤,当然是先改革法院内部比较容易,但是从改革的长远效果和后发力量来看,如果在外部没有改变而急于内部改革,就会导致内外"两张皮",像暖水瓶一样外冷内热。

改革试点的重要作用就是试错,试错结果还未出炉,某些法院就勇当"急先锋",首先拿院内行政管理部门开刀,拆并部门、减少人员。在现有体制下,地方人事管理部门对于削减编制批复很痛快,对于申请编制却难上加难。法院现有的编制体系是多年争取来的结果,也是进行改革博弈的有利资本。急于求变的结果是丢了资本,也只是将工作任务进行一次内部再分配,职能优化无从体现,人员身兼数职、工作激增却成为常态。如何做到内外兼顾,有序推进,不断增强行政管理部门人员的获得感,这关系到与法院外部环境的博弈,需要体现法院人的政治智慧。

三、他山之石:国外行政管理部门制度之考察

(一)英国、意大利弱化组织管理的前车之鉴

司法改革要改变司法行政化的现状,让法官更像法官,这是符合客观规律和现实情况的正确之举。但我们也要防止"矫枉过正",不能从一个极端走向另一个极端,忽视行政管理的作用。

---

① [美]彼得·M. 布劳、W. 理查德·斯科特:《正规组织:一种比较方法》,夏明忠译,东方出版社 2006 年版,第 9 页。

② [美]理查德·L. 达夫特:《组织理论与设计精要》,李维安等译,机械工业出版社 1999 年版,第 43 页。

在这方面,国外经验值得我们深思。1971 年,英国《毕清皇家委员会报告》发表后,法院管理控制在大法官办公厅的文职人员手中,导致法院内部存在行政管理人员和法官之间的冲突,严重影响审判工作。意大利司法部门由于缺乏规范的管理,法官通过外部独立和内部独立,获得了非常大的自治权;但法院内部管理过度强调管理委员会的作用,法院院长和法官本身对行政事务管理基本无发言权,法院内部运作缺乏专业化管理组织的支持,审判工作犹如一盘散沙,审判质效难以保证。①

(二)荷兰法院内部自治管理

荷兰在 1997 年的司法改革中决定引入现代管理工具,并在法院内部实施管理结构的变动,受"一体化"体系管制,在法院内部成立管理委员会,由普通行政人员和法官一起管理,并进行总体设计:一是法院管理委员会整体上负责法院政策执行和行政管理,对司法委员会负责。二是司法委员会由 3 名法官和 2 名非法官组成,整体上负责审判机关行政机构的管理。三是司法委员会对外整体上代表审判机关并对司法部长负责。此外,日本和韩国也都在法院内部设立法官自治委员会,因为院长对法院内部日常管理拥有很大的权力,内部自治管理委员会对院长权力形成一种制约,防止法院内部封闭化官僚化。

随着法院从纠纷裁决到权力制约甚至是公共事务决策的职能转变都预示着法院自治管理的发展趋势,这种自治也体现在法院内部管理机制上,表现为法官在法院内部管理中的重要地位不断强化,正如美国司法部部长卡明斯所言"就让法官自己管理司法吧",同样也该让法官参与管理法院。

(三)美国司法管理人才计划

培养法院专门的管理人才,增强法院管理的专业性,是更好实现法院内部管理的有效途径。历史上,美国法院曾由于缺乏专业管理人才导致审判效率低下,面临着行政机关责难与公众不满的巨大压力。美国大法官沃伦·伯格在 20 世纪 70 年代推动美国法院行政管理确立时曾经指出:"法院需要行政管理,这种管理是承担日益繁重审判事务的法官无法提供的。我们需要由具备专业知识的人员组成的管理组织去处理行政事务,以保证法官有足够的精力专注于他们的主要职责

---

① 谭世贵、梁三利:《法院管理模式研究》,法律出版社 2010 年版,第 71 页。

审判。"①

所以他当大法官后,法院管理措施改革的第一项就是培训专业化的法院管理人员。伯格认为,"要寻找一个像医院培训其行政人员那样的培训法院行政人员的地方"。随后美国法院推出了为期2年的培训法院行政管理人员的探索性计划。

所以,在美国法院管理者多是受过司法学院管理学专业培训的管理人员,区别于其他普通管理人员,并主要为法官提供专业化管理服务。"按任命法官或法庭意志服务"这句话已经写入成文法及其各级政府的立法授权法。②

(四)德国行政管理部门对法官的吸纳与培养

德国虽然是行政型法院管理模式的代表国家,但是一个值得注意的现象是,德国司法部虽然是行政机关,但其成员多是从基层部门抽调上来的法官和检察官,他们2年至3年后回到原单位或者留在司法部成为终审法官,司法部关键部门的官员多是采取这种方式选拔出来的。③

德国法院对法官的培养除了注重其职业素养和专业技能之外,还十分注重法官的行政管理能力训练。在科隆高等法院和中级法院,都设有管理行政事务的岗位,并可以安排某些法官兼任这些职位。④ 日本也有类似的做法,为了增强法院管理工作的专业性,日本法院事务总局事务长以及下设各局的局长等人员都不是普通的行政人员,而是来自下级法院的法官。

四、理性思考:对法院内部行政管理部门改革的建议

(一)合理定位,以自治为基础加强行政管理

区分法院审判与管理的双重属性,明确管理的附属性,是司法改革必须坚持的原则。但从组织管理学来说,"在正规确立的组织中,通常存在专门的行政人员,负责维持组织的继续经营以及协调组织成员的活动,大型复杂的组织更需要一个精心构成的行政机器"。⑤ 为了避免出现英国、意大利因弱化法院行政管理而出现一盘散沙的情况,我们要高度重视行政管理部门在维护组织运行、缓冲外部干扰和维

---

① The Court Administrator: A Guide and manual, National Association for Court Management, Jar. 2001, p. 20.

② 最高人民法院司法改革小组:《美英德法四国司法制度的比较》,人民出版社2002年版,第175页。

③ 谭世贵、梁三利:《法院管理模式研究》,法律出版社2010年版,第72页。

④ 谭世贵、梁三利:《法院管理模式研究》,法律出版社2010年版,第65页。

⑤ [美]彼得·M. 布劳:《正规组织:一种比较方法》,夏明忠译,东方出版社2006年版,第9页。

护审判独立方面的“润滑剂”作用，正确理解改革的目标是改变原来以行政化的方法管理司法审判的工作机制，而不是弱化行政管理。

强化行政职能首先就要强化法官内部管理地位，增强法官在行政管理事务方面的发言权。以追求司法独立和改善法院管理为司法改革目标已经成为发达国家和发展中国家的共识。[①] 为避免法官因沉浸于审判业务“不闻窗外事”而遭到利益损害，我们建议借鉴荷兰、日本等国家经验，在法院内部成立自治管理委员会，负责重大行政管理实务的决策，由行政职能部门负责具体执行。对于紧急事件或者轻微事件，可由院长或者授权行政管理负责人做出相应处理，在下次自治会议时取得会议认可。

其实，自治管理委员会与我国法院审判委员会有异曲同工之处，前者决策内部行政管理事务，后者决策司法审判相关事务。可以在借鉴基础上，成立由法官代表、行政管理人员等共同组成的法院内部自治委员会，主要就行政事务进行决策，院长是自治管理委员会的最高长官，负责召集会议，并就紧急事件做出处理，还应就议事规则、制度规范等加以具体确定。鉴于行政管理的定位是服务审判，作为自治管理委员会的执行机构，司法行政职能部门的负责人不应由法官担任，体现出管理的专业性和附属性特点。

（二）科学配置，打造高素质、稳定的行政人员队伍

改革要“以人为本”，司法事业最终要万千法院工作者共同努力完成，要将“人”的发展作为优先考虑要素。对内要打破内部人员分类管理、绝对禁止跨类别流动的僵化状态，建立有条件的人员流动模式，即法官有条件地向行政管理部门流动，但行政管理工作人员不应向业务庭流动。对外要畅通人员交流渠道，搭建人才流动机制，人才可以“走出去”，也可以“请进来”，增强人才发展预期。

一是建立法官行政岗位锻炼模式。事实上，我国法院历来重视司法审判人员的管理能力培养，甚至有些法院将其视为提拔审判部门干部的传统路径。改革是一种扬弃，而不是全盘抛弃。我们认为改革要“以人为本”，应在保留传统良好做法基础上，借鉴德国的做法，有针对性地安排优秀法官兼任行政管理的岗位。一来有效引导行政管理，二来培养优秀法官综合能力。可考虑在综合管理部门设置少量员额法官，兼具办案与培养双重目的。

---

① 谭世贵、梁三利：《法院管理模式研究》，法律出版社 2010 年版，第 96 页。

二是畅通人才内外流通渠道。在改革方案中,对于行政部门人员转岗、交流的提法非常引人注目。这实际上是对行政人才发展预期的关注。对于国家正式编制人员,改革后主要是参考国家公务员的办法管理,所以目前对改革行政管理部门的机构和编制更要抱着谨慎态度,机构设计扁平化的趋势不会改变,但要为近期内人员向外部行政机关流动转岗提供有利条件,所以我们建议不要立刻拆并压缩行政管理职能部门,尽量争取提升现有编制级别,不断提升法院行政职能部门的吸引力。

三是科学测算行政人员需求。让法官回归审判没错,但应确保行政管理部门工作力量。首先要科学计算工作量,以量定人。我们以文字撰写类为例,设计计算公式:$Y = a \times b \times N$,其中 Y 为工作量,N 为文字数量,a 为文档难度系数,b 为时间紧迫度系数。如果主要是已有文档的整合,难度系数 a 较小,如果主要是全新的文字,a 较大,由专门的评定委员会确定;时间紧迫度系数 b 与工期 T 成反比,如 $b = \exp(-T)$(系数与完成时间成反比,如 1 天完成,系数较大;10 天完成,系数较小)。

在人员分类管理改革后,放弃原有将行政职能部门人数与法官人数进行简单比较的方法,不再以人员数量比例来表现行政管理的附属性。将法院"整体蛋糕做大",从外部吸纳人才充实行政人员力量。目前正在尝试的司法审判辅助人员劳务外包的做法也应适用到行政职能部门,除保留少量法官和具有编制的人员负责统筹管理之外,摄影摄像、文字撰写、人力资源管理等非法学行政辅助岗位可以向社会购买。人财物统管之后,可由上级统管部门统一筹划,通过劳务派遣单位向法院输送。

(三)完善管理,更加契合司法审判工作特点

一是改进行政工作方法。要按照司法审判工作的规律特点来进行事务管理。首先要契合审判工作的计划性,尽量减少行政管理的多变性,提前制订行政管理计划,增强管理可预见性;其次是要契合法官工作的整体性,多利用法官碎片化时间,化整为零,比如利用新媒体技术打造"微政工"等行政工作模式。开通网上微党课等方式,不断弥合管理与审判之间的属性差异。

二是有效利用信息化技术。"管理就是把复杂问题简单化,混乱的事情规范化",现代化管理能够协调法院内部审判与管理异质结构造成的不同组织原则和运行规律,大幅提高审判质效。目前我国法院系统正在火热进行的法院信息化建设极大助推了法院行政管理的现代化进程,通过大数据平台,法院行政管理能够更客

观全面掌握院内情况,合理安排管理工作。

三是加强司法管理人才培养。人民法院司法行政工作是一门科学,有其自身的特点和规律,对管理人才也有特殊的要求,特别是对人才的综合素质有很高的要求,要善于把技术、管理、审判三个方面的专业知识综合运用到实际中去。[①] 为了使法院内部管理更好地服务审判,我们建议加强对内部管理人员的管理专业培训。"法院管理者应当在企业中受训,但也应当知道与司法环境的特殊需要相关的一些必要知识"。[②] 应该借鉴美国的做法,制订司法管理人才培养计划,特别是针对法院工作特性针对性培训,提升管理专业水平。可以进一步加强与司法院校合作,在目前法院自身无法成立独立培训机构的现实情况下,探索在各省市司法学校设立司法管理相关专业,参照定向招录速录员的方式,定向引进司法管理人才,实行"私人定制",培养具有专业技术、行政管理、法律知识三个方面的知识背景的综合性行政管理人才。

(四)优化结构,有效整合管理和审判

罗纳德·科温认为,"在雇员专业化的部门中,根本的紧张关系不在于个人和系统之间,而在于系统中的专业组织和科层原则之间"。[③] 为了弥合这种紧张关系造成法院内部的离心力,必须通过组织结构进行效能整合。

现代组织管理学认为,正式组织必须具备共同意愿、协作意愿和信息沟通三个基本要素。协作意愿和共同目标只有通过信息沟通才能相互联系,建立和维持良好信息交流机制则是衡量管理效能的关键。[④] 可见"信息沟通"是行政管理工作的载体,也是改变司法行政化关键所在。以改善信息沟通为基础的结构设计,将对行政管理与审判进行整合,在统一的组织目标下,让行政管理的科层性与司法审判的独立性更好融合。

我们建议按图 4 组织结构:

---

① 王世民:《对新世纪法院司法行政工作的几点思考》,载《人民司法》2002 年第 1 期。

② [意]马克·法布里:《从对比的视角看司法部门的一些问题》,载怀效锋主编:《法院与法官》,法律出版社 2006 年版,第 281 页。

③ Campbell. R. F, *A History of Thought and Practice in Educational Administration*, Columbia University Press, 989. 107.

④ Campbell. R. F, *A History of Thought and Practice in Educational Administration*, Columbia University Press, 989. 107.

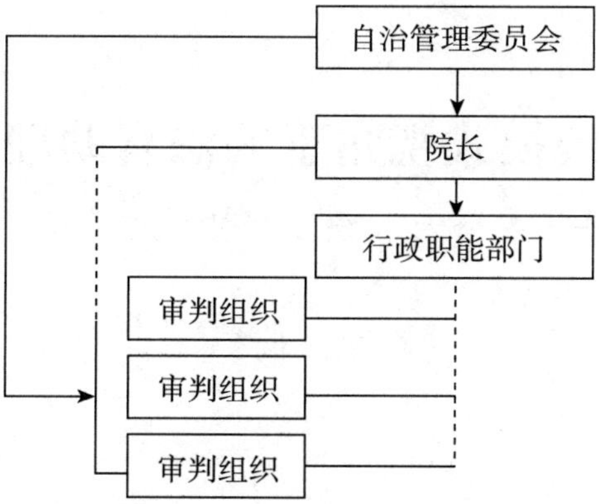

图 4 法院行政管理部门与审判组织结构

法官自治委员会由全体法官推选出的法官代表与行政职能部门代表组成,就法院管理决策机构,行使考评、惩戒、监督法官等管理事务的重大权力。院长负责组织召集自治委员会并向委员会负责。院长提名任命行政职能部门最高长官(图中用带箭头的实线表示)。院长与行政职能部门之间形成一种强科层化的信息传递①(图中带箭头的实线),行政职能部门在传递管理决策时形成一种弱化的信息传递(图中虚线表示)。院长兼具行政与法官身份,对审判组织的信息传递应为虚实相间。审判组织和法官就行使司法审判权对行政职能部门进行引导与指挥(两者关系用实线表示)。通过这样的结构设计,在加强组织行政管理的同时,又充分尊重司法审判的特性,做到有效整合。

五、结语

笔者认为,法院的管理与审判双重属性让我们必须重视行政管理部门的定位与作用。改革目的是优化不是弱化,是正视不是轻视,司法审判事业需要行政管理的支持与辅助,任何矫枉过正的做法只会让改革负重前行并延缓中国法治事业的进程。应当从宏观理念以及制度设计上作进一步的完善,让法院更像法院,让行政管理部门更加"给力"。

---

① 谭世贵、梁三利:《法院管理模式研究》,法律出版社 2010 年版,第 307 页。

劳动关系系统模式视角下的法官助理制度之重构

——兼论未入额法官协助办案模式

程新桐*

内容摘要：司法体制改革背景下的法官助理制度存在诸多弊端和缺陷，笔者以劳动关系系统模式理论为视角，从环境投入、主体、转换过程和产出反馈四个角度分析我国法官助理制度的弊端、域外法院法官助理制度的特征，并进一步建立我国法官助理制度模型，以此重构我国法官助理制度。另外，针对改革过程中涌现的未入额法官转任法官助理的阻力、未入额法官的职责权限、未入额法官是否继续办案、如何组建审判团队等难题，笔者提出未入额法官协助办案模式——"1审1助1书"双层审判团队模式，以此作为过渡时期语境下法官助理制度的配套措施。

关键词：劳动关系系统模式　法官助理　未入额法官　协助办案

如果根本不知道道路会导向何方，我们就不可能智慧地选择路径。

——本杰明·卡多佐

前言

截至本轮司法体制改革启动前，全国法官助理制度尚未普遍设立。作为审判人员分类管理制度中最关键的环节，其能否高效科学的运行，直接攸关法官员额制的成败。从劳动关系[①]领域的角度来说，以劳动关系系统模式为视角重构法官助理制度将具有重要启示。

---

* 北京市东城区人民法院民七庭法官。

① 劳动关系由英文 labor relations 翻译而来，也有翻译为劳资关系、产业关系等，是在就业组织中由雇佣行为产生的关系，是组织管理的一个特定领域，它以研究与雇佣行为管理有关的问题为特殊对象；是管理方与劳动者个人及团体之间产生的、由双方利益引起的表现为合作、冲突、力量和权力关系的综合。

一、我国现状透视：现行法官助理制度之流弊

1999 年最高人民法院颁布了的第一个《人民法院五年改革纲要》，第一次提出对法官配备法官助理进行试点。2002 年，最高人民法院发布《关于加强法官队伍职业化建设的若干意见》，提出要对“法官、法官助理、书记员以及其他工作人员实行分类管理，建立科学的管理制度，提高法院干部人事管理法制化、科学化水平”。这是最高人民法院首次在规范性文件中提出“法官助理”概念。在历次人民法院改革之中，均涉及法官助理，从设立职位、建立制度，到健全考核体系，再到最后明确法官助理定位——纳入审判辅助人员序列。2004 年、2007 年最高人民法院两次推行法官助理试点工作，但法官助理制度目前尚未普遍建立。究其原因，我国法官助理制度在实际运行中存在以下问题。

（一）环境投入不足导致法官助理制度改革乏力

1. 制度投入不足。虽然现行法律规范涉及一些关于法官助理职位及职权的原则性规定，但在《人民法院组织法》中并没有明确关于法官助理的规定。2003 年最高人民法院曾推出《人民法院法官助理管理办法（征求意见稿）》，列举法官助理承担的 12 种工作职责，但最终未能出台。

2. 政治、经济、文化投入不足。在政治方面，缺乏党和政府在政策层面上的权威支持；虽然法院已开展一些法官助理制度的建设工作，但在经济方面，缺乏财政保障和支持法官助理单独序列的形成和发展；在文化方面，法官助理毕竟是舶来品，在本土化过程中，法院内部缺乏对其的正确认识，司法认同感不足。

（二）主体定位不清导致法官助理制度运行混乱

1. 法官助理定位不清。一方面法官助理既是未来的法官（条件成就时被任命为助理审判员），另一方面法官助理承担的工作内容和书记员高度重合、职责混同，其职位和个人独立性无法得到体现。法官助理究竟是作为法官的后备力量来培养，还是仅把其充当书记员看待？这种工作安排背后隐藏的逻辑是无法自圆其说的：期许法官助理能够通过书记员技能不断精进，有朝一日可以胜任法官审判工作？显然不能，这种与培养目标相矛盾的工作安排源于对法官助理的定位不清。

2. 法官助理职责不明。定位不清导致职责不明。首先，法官助理与书记员之间职责不明。司法实务中，事务性工作的范畴庞大且界限模糊。例如，通过案件系统进行预定法庭、录入结案信息、裁判文书上网等，明显是事务性工作的范畴，但是

不是法官助理的工作职责,尚未形成统一意见。法官助理制度正式确立以后,其与书记员的职责必须区别开来,但目前没有明确的分工原则指引双方的职责划分。其次,法官助理和法官之间职责不明。法官助理被归为审判辅助人员序列,不能行使裁判权。但如何理解"辅助",司法实务中并无定论。在诉讼过程中,需要"裁判"的事务复杂多样,哪些事务必须由法官裁断、哪些事务可以在法官指导下代行,哪些事务可以完全交给法官助理处理,并没有达成确定共识。

3. 法官与法官助理、书记员的配比不明。三者之间的职责划分直接决定他们的员额配比问题,可以说找到三者正确的职责界限是以法官精英化和审判辅助人员合理配置为目标的法官员额制和审判人员分类改革必须牵住的"牛鼻子"。

(三)转换过程缺位导致法官助理制度难以落地

转换过程主要指程序性规则。法官助理制度并非一朝一夕便可建立,不是若干纲要、意见规定几个口号式的宣言就能让其在现实中落地生根。法官助理制度欠缺独立的程序性规则,包括选任制度、培训制度、绩效考核制度、薪酬管理制度、晋升制度等。将这些制度整合运用起来,才算构成对法官助理群体完整的人力资源管理内容,才可真正调动法官助理的工作积极性,才能让审判资源得到合理配置。

(四)不良产出导致法官助理制度恶性循环

1. 法官助理工作态度低迷。由于法官助理制度没有真正落地,法官助理们只是顶着法官助理的头衔做着书记员的活,不明确的职务和薪酬晋升空间难以调动其工作的积极性。

2. 审判工作条件变差、工作效率降低。由于法官缺乏得力的帮手,法官不能专心从事审判事务,导致审判效率低下,案多人少矛盾加剧。

3. 法官助理辞职现象加剧人才流失。如法官助理的职业前景持续不明朗,日益呈现法官①扎堆"辞职"态势将更加严重,如此下去将侵蚀法官员额制度的根本基础。

4. 随着人才流失,法院培养人才的成本增加。包括为了选任、面试、培训、管理新的法官助理而增加的各项人力资源成本。

---

① 主要指已任命为助理审判员但仍从事法官助理工作的法官和已任命为助审也实际在办案但未入额的法官。

二、域外实况：比较视野下的法官助理制度

法官助理毕竟是舶来品，要想对症下药，应当借鉴国外制度的精华。在不同司法制度下，法官助理并非普遍设置的岗位，法官助理的名称、定位和职责也有所不同。域外法院的实践做法，如表1所示，可以归结为“两大法系、五种模式”。第一种类型是普通法系国家，典型代表是美国法官助理模式，现代意义上的法官助理制度也肇始于此，法官助理的职能第一次被确定为主要与法官一起从事法律研究；第二种类型是大陆法系国家和地区，包括德国学术助理模式、法国助理法官模式、日本调查官模式及我国台湾地区法官助理模式。

表1　域外法院法官助理制度模式简介

项目		普通法系	大陆法系			
		美国法官助理模式	德国学术助理模式（联邦最高法院）	法国助理法官模式（最高法院）	日本调查官模式（最高法院）	台湾地区法官助理模式
主体	定位	专属法官，对法官负责，不具有公务员身份	保留法官身份，帮助最高院法官办案	—	具有法官身份，但不专属某一法官	依“聘用人员聘用条例”聘用，不具有公务员身份保障
	职责	协助法官审查调卷复审令申请、制作备忘录、研究法律问题、草拟裁判文书、受法官指派从事其他工作	制作研究报告、整理判例学说和判前准备工作，撰写裁判文书初稿，但不得署名	协助法官开展研究、审理案件，合议时可发表意见，但无表决权	每个调查官承办一起案件，先审阅卷宗，再呈递报告。协助法官梳理案件争点、整理学说判例、撰写调查报告、提供裁判建议，可在合议时发表观点、回答提问，可与法官出庭，协助法官撰写裁判文书初稿，撰写最高院判例解说	帮助法官整理卷宗并制作卷证索引、收集法官裁判所需参考的法律意见或其他相关裁判意见、草拟例稿式裁判文书、整理撰写判决时所需一些在之前诉讼文书中已存在的诉辩意见等
	配比	联邦最高法院法官1年可聘请4名法官助理	全院约有50名学术助理，其中民庭每庭配3名，刑庭每庭配2名	最高院目前有120名法官，配备了70名助理法官。最高院还设置研究部，由一名高级法官担任庭长，及非审案法官和部分公务员组成，非审案法官多是助理法官	2014年全院共38名调查官，其中1名首席调查官，下设3名上席调查官，分司民事、刑事、行政案件，其下再设分室，设有室长。调查官们分属民事、行政和刑事调查官室（分别为19人、9人、9人）	法官、法官助理配比：“司法院”为1∶1；“最高法院”为1∶0.8；“最高行政法院”为1∶1；高等法院或其分院为1∶0.7；高等行政法院为1∶0.7；智慧财产法院为1∶0.6；地方法院或其分院为1∶0.7

续表

项目		普通法系	大陆法系			
		美国法官助理模式	德国学术助理模式（联邦最高法院）	法国助理法官模式（最高法院）	日本调查官模式（最高法院）	台湾地区法官助理模式
转换过程	选任	优秀法学院毕业生申请，法官根据个人喜好通过面试确定	区法院、地方法院法官自愿申请，最高院审查	从下级法院法官选任	从全国法官择优选任，一般担任下级法院法官满10年者才能选任	一般是法律系毕业本科生，但近年来也多有研究所毕业生或通过律师资格的人
	晋升与考核	在联邦上诉法院担任1～2年后表现出色可能被推荐至联邦最高法院	任期3年，届满后可申请满后可申请到联邦宪法法院担任学术助理。担任学术助理对遴选升迁有帮助，最高院40%以上法官都是先担任法学助理才被遴选至最高院	—	首席调查官任满后有机会担任高等法院院长；上席调查官任满后有机会担任地方法院院长；其他调查官工作4～5年后可转到最高法院事务总局认职，或回归审判实务	年终由用人法院参酌庭长（审判长）、协助的法官及书记官长综合书稿、工作绩效、工作态度、操行等所作的初评，予以考核
	待遇	政府拨款	—	—	薪酬待遇同法官	法官助理依下列考核结果调整报酬：甲等：晋一阶；乙等：不晋阶；丙等：不予续聘

无论哪种模式，在“主体”方面主要呈现以下几个共性特征：

1. 法官助理并非单一制度，必须综合考虑其与法官、书记员之间的配比关系。确保法官员额少而精的同时，配有大量辅助人员，凸显法官主体地位。

2. 在确定法官法定员额时，立法者并没有太多考虑法官与司法辅助人员的配比。但随着时代的发展，司法辅助人员对法官工作量的分担逐步成为影响法官员额配置的重要因素。以我国台湾地区为例，早年其“法院组织法”主要依据法院受案量及法官法定工作日内可处理的案件数确定法官员额，但随着法院受案量的逐年递增，在增加法官实有员额的同时，通过增设法官助理等人员，解决法官负担过重问题。

3. 总体而言，上级法院比下级法院的法官助理配置更充分。就我国台湾地区而言，“司法院”每个“大法官”配一个助理，由“大法官”自己选定，与“大法官”同进退。相对于地方法院，“最高法院”、“高等法院”、“行政法院”和“智财法院”法官助理的配置更充分，基本是一股配一个助理。各地方法院大多是两股配一个助理或一个庭配两个助理。庭长通常不配助理，但可调用本庭的法官助理。书记官按法官配置,法官助理虽原则上按庭配置,但庭长一般也会将法官助理配置给具体法官。

4. 法官助理并非简单分担“事务”,而是分享了部分审判“权限”。从法官助理被赋予行使部分审判权初始至今,其权限范围一直呈逐步扩大趋势。这样既在维持法官数量较少的前提下保证法官的精英化,同时又因法官助理对司法活动的广泛参与加速审判进程。①

三、理论阐释:以劳动关系系统模式为镜鉴

综上,想要建立符合审判权运行机制的法官助理制度,需要合适理论工具的指引。

劳动关系系统模式归纳了所有劳动关系领域的现象和内容,是指在经济、法律、政治和社会文化等外部环境投入影响和制约下,政府、雇主、雇员三方主体通过互动将冲突转换为程序性规则和实体性规则。该模式由环境投入、主体、转换过程和产出四个部分构成。② 法官助理制度属于劳动关系系统模式的适用范围,法官助理是法院系统岗位之一,属于法院的雇员,是劳动关系系统模式中的适格主体。因此笔者借鉴域外实践并以此模式为视角重构我国的法官助理制度模型③(见图1)。

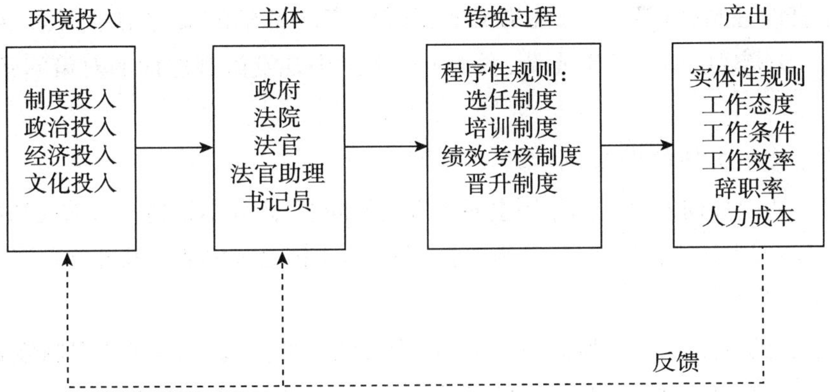

图1　我国法官助理制度模型

① 傅郁林:《以职能权责界定为基础的审判人员分类改革》,载《现代法学》2015年第4期;薛永慧:《从台湾法官与司法辅助人员的关系看大陆法官员额制改革》,载《台湾研究集刊》2015年第6期;最高人民法院司法改革领导小组办公室:《〈最高人民法院关于完善人民法院司法责任制的若干意见〉读本》,人民法院出版社2015年版,第160~164页。

② 程延园:《劳动关系》,中国人民大学出版社2011年版,第50~52页。

③ 该模型系笔者综合劳动关系系统模式理论中的邓洛普模型和冈德森模型得出。

1. 环境投入。劳动关系系统并非孤立的子系统,经济、法律、政治和社会文化等投入对法官助理制度均有重要影响。

2. 主体。即政府、法院与雇员(本文重点讨论法官、法官助理与书记员的关系)。三种主体的各个行为都会影响法官助理制度的产出。

3. 转换过程。主要指制定法官助理制度的各种程序性规则。

4. 产出。包括法官助理制度的实体性规则(法官助理的工资和福利)、工作态度、工作条件、工作效率、辞职率等的变化。

5. 反馈。该模型揭示了法官助理制度这一系统是动态的,任何时期的产出都有可能成为其他时期的投入。

四、良好愿景:法官助理制度之重构

(一)关于环境投入的制度

1. 制度投入

在《人民法院组织法》中增设法官助理条款;并建议制定专门的《人民法院法官助理管理办法》进行规范,后文详述。

2. 政治、经济、文化投入

法官助理改革离不开党和政府的支持;各级法院探索财政支持购买专业社会服务;法官助理制度也不可忽视构成非正式约束之基础的文化继承因素。[①] 上述三方面涉及宏观层面的政策支持,本文主要考虑中观及微观层面的对策问题,此处不赘述。

(二)关于主体的制度

政府、法院如何发挥主体作用也属宏观政策问题,此处不赘述。目前改革的难点在于法官助理主体定位不明确,其与法官、书记员主体之间的职责及配比不清晰。

1. 主体定位

将法官助理定位为审判辅助人员,是法官的主要来源。法官助理制度在本土化的过程中,中国法官助理制度的建立从一开始就被定位为“法官的后备人才库”。而根据目前中央关于法院人员分类管理改革的精神,法官助理是协助法官从事审判业务的辅助人员,法官助理符合法官法规定条件的可被选任为法官。绝大

---

① [美]道格拉斯·C. 诺思:《制度、制度变迁与经济绩效》,杭行译,格致出版社、上海三联书店、上海人民出版社2014年版,第107页。

多数的制度变迁都是渐进的[①],这次改革也应当符合我国一贯的制度习惯。

其条款可拟定为:

第一条　各级法院需配置一定数额的法官助理。法官助理属于司法辅助人员,在法官的指导下开展工作,协助法官进行与案件审理、法律调研有关的工作。

法官助理符合法官法规定条件的可被选任为法官。

2. 主体职责

(1)区分法官助理和书记员的职责分工——法官助理职责应限定在与审判工作相近的业务性工作范围内,有利于对法官助理的训练内容更贴近法官的素养需求,更有利于职业法官的养成。无论德国、法国、日本,还是美国、我国台湾地区的法官助理模式,在职责分工方面都坚持法官助理只分担法官的审判业务工作,其他事务性的、不涉及对案件实质内容处理的工作交由其他辅助人员完成。我国应借鉴该做法,法官助理工作更侧重业务性,需要法律思维的参与,会介入对案件实质性内容的处理,承担部分组织、主持、引导、调研、调查等职能。而书记员工作更侧重事务性,是指符合标准化流程的不需要法律思维参与的程序性工作,主要承担记录、整理、装订、归档、校对、信息录入等职能。

(2)区分法官与法官助理的职责分工——除了需要高度法律判断并且能够产生确定效力或既判力的权限必须由法官行使之外,其他均可由法官助理行使。但关键是要明确裁判权的界限在哪里,以此为依据明确法官与法官助理各自的权限和职责范围。法官对案件审理行使全部裁判权,并不意味法官包揽一切,法官就像一艘船的舵手,职责是把握方向,法官助理在舵手的指挥下负责具体操作船只前进。因此法官助理虽不享有完整裁判权,但却可以在法官的授权监督下代行部分裁判权,对法官负责。裁判权在形式上归属于法官,因为任何有法律效力的处理意见均以法官名义出具;在实质上也如此,因为法官助理虽在法官的授权下代行部分裁判权,但并不意味着法官将裁判权让渡给法官助理来行使,最终还是由法官对案件的全部把关和负责。上述工作安排既符合域外法官助理不断扩大"权限"的趋势,又没有违背审理者裁判、裁判者负责的司法规律,还能接近实际工作需要,真正减轻法官业务性工作负担。

其条款可拟定为:

---

① [美]道格拉斯·C. 诺思:《制度、制度变迁与经济绩效》,杭行译,格致出版社、上海三联书店、上海人民出版社2014年版,第105页。

第二条 法官助理不享有裁判权,但可在法官授权下代行部分裁判权。法官助理对法官负责,法官对承办的案件负责。

第三条 法官助理在法官指导下履行以下职责:(1)审查诉讼材料,组织庭前证据交换;(2)组织庭前调解,草拟调解文书;(3)依法办理财产保全和证据保全措施等;(4)办理委托鉴定、评估等工作;(5)准备与案件审理相关的参考资料,研究案件涉及的相关法律问题;(6)草拟裁判文书;(7)参加合议庭案件的合议,可发表意见,但无表决权;(8)整理判例学说等调查研究工作;(9)法官交办的其他审判辅助性工作。①

3. 主体之间的配比

如同域外经验一样,应当综合考虑三者的配比关系。改革的目标是一名法官、一名法官助理和一名书记员形成以法官为中心、比例为1:1:1的审判团队。至于这种模式的审判团队在不同法院不同庭室内究竟设置多少个则需具体问题具体分析。从总体而言,三者配比应坚持"两原则":一是四级法院的法官助理总量不能比入额法官少;二是法院层级越高,法官助理的数量越多。

就第一原则而言,符合司法规律的审判团队应是金字塔形:法官在顶层,人数和工作总量最少(但责任最重);法官助理在中间,人数和工作总量居中;书记员在底部,人数和工作总量最多(见图2)。

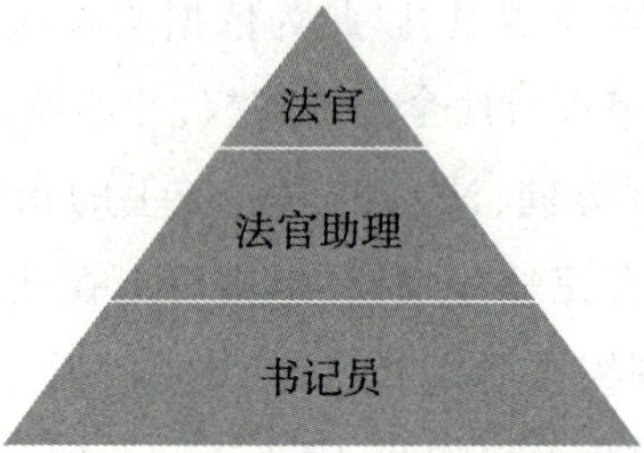

图2 审判团队"金字塔"分布模型

对第二原则而言,四级法院的司法职能定位不同,法官、法官助理与书记员的配比也不同。不同于英美司法实行集中审理模式,中国司法没有明显的审前程序——直到最后一次庭审辩论结束之前,像受理和交换新请求、新主张、新证据之类的准备性事项仍在持续,而且司法调解贯穿于诉讼全过程,所以实际上准备事项

---

① 该条主要内容参见最高人民法院《关于完善人民法院司法责任制的若干意见》第19条,其中第(7)(8)项职责系笔者添附。

与审判事项始终在交替进行。特别是在基层法院大量存在的简易程序和速裁程序中,几乎没有专门的审前准备。[①] 因此基层法院可以参照台湾地方法院按庭配置1～2名法官助理的做法,由庭长分配给业务骨干型法官,由该法官与法官助理和书记员组成“1∶1∶1”审判团队,其他团队仍按一审一书传统模式配置即可。同理,随着中院、高院、最高院审理案件的复杂性重大性矛盾性特征逐级增加,书面审查和裁判文书的起草工作更多,由法官助理在法官的授权下行使部分裁判权的情形较基层法院来说会更多地出现。因此中高级法院及最高法院配备的法官助理数量应该逐级更多。可以把法官助理配备给合议庭,由合议庭进行管理,法官助理主要辅助审判长承办的案件,也可受审判长指派辅助其他合议庭法官。另外,由于最高法院在统一法律适用方面发挥特殊作用,还可以借鉴日本调查官模式,强调法官助理承担整理判例学说、撰写调查报告等职能之重要性。总之,法官助理在四级法院的分布比例呈倒金字塔形,法院层级越高,法官助理的数量越多(见图3)。

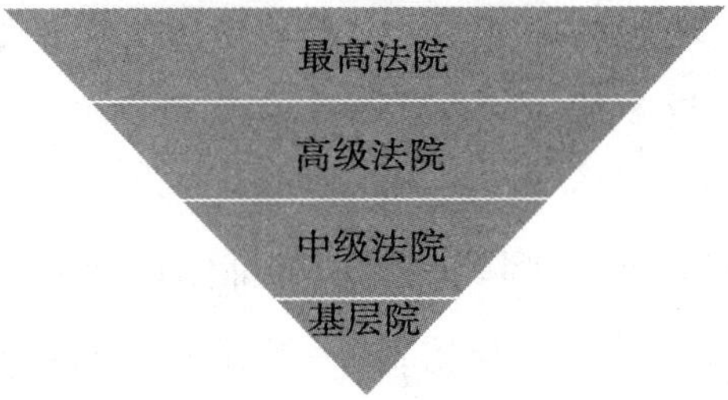

图3　四级法院法官助理“倒金字塔”分布模型

其条款可拟定为:

第四条　人民法院应当结合职能定位和审级情况,为法官合理配置一定数量的法官助理、书记员和其他审判辅助人员。

(三)关于转换过程的制度

1.选任制度

由于法官助理是法官的后备人选,法官助理水平决定未来法官的裁判水准,因此法官助理的选任条件、程序应当严格要求,将法官助理纳入公务员序列,保证法官助理升任法官途径的稳定性。为从源头严格把控法官人选的质量,不能允许书记员符合一定条件不经公务员考试即可直接转任法官助理的做法。其条款可拟

① 傅郁林:《以职能权责界定为基础的审判人员分类改革》,载《现代法学》2015年第4期。

定为：

第五条 担任法官助理必须具备下列条件：

（一）具有中国国籍；

（二）遵守宪法和法律；

（三）年满22周岁，身体健康；

（四）有良好的语言表达能力和文字综合能力；

（五）高等院校法律专业本科毕业或者高等院校非法律专业本科毕业具有法律专业知识，适用本项规定的学历条件确有困难的地方，经最高人民法院审核确定，可放宽为高等院校法律专业专科毕业；

（六）通过国家司法考试。

第六条 法官助理通过公务员录用考试招录，符合公务员录用条件，且试用期满后，任命为初级法官助理。拟任法官助理人选名单应报所在高级法院审核、备案，高级法院报最高法院审核、备案。法官助理由法院院长任免。

法官助理的任职回避参照《法官法》执行。

2. 培训制度

法官助理应建立职业化培训制度，包括导师制培训和集中培训。导师制培训是指法官助理的导师对其进行指导培训，一般配备法官助理的法官就是其导师。法官助理工作本身可视为对法官的培训程序，一开始就接受司法裁判训练，赋予其法官思维和视角。成为导师是有条件的。庭长、副庭长或者其他专家型法官、学者型法官等具备较高法律素养的法官方有资格成为法官助理的导师。集中培训包括岗前培训、平时培训等。通过集中培训让法官助理学习系统的法律理论知识。其条款可拟定为：

第七条 法官助理直接配备给指定的法官，该法官是法官助理的导师，对其进行业务指导、工作安排。

配备法官助理的法官一般应系本院业务骨干，办案数在其业务庭室居前列或副庭长、专家型法官、学者型法官等。成为法官助理导师应经过培训。

第八条 新任法官助理应当接受不少于15天的岗前培训，培训由高院法官培训机构组织实施。法官助理在任职期间，每年应接受至少一次培训，培训由高院法官培训机构负责。培训的内容包括职业道德、党风廉政建设、法律专业知识、业务技能等。

3. 绩效考核制度

建立法官助理业绩评价体系，并充分运用该评价体系作为法官助理追究司法责任、等级晋升、择优选任法官的依据。其中法官助理如何承担司法责任是目前改革比较关心的问题。

一是坚持“一个原则”：法官助理的职责权限和分工是追究审判责任的前提，法官助理承担的责任应与其职责分工相对应。

二是把握“两个条件”：法官助理承担责任需同时具备主观和客观两个条件。主观上存在故意或重大过失，客观上因其过错行为导致裁判错误并发生严重后果。

三是区分“三对责任”：具体指法官与法官助理之间如何分担责任。由于法官对案件全部负责且对法官助理完成的业务性事务均需甄别和决定，而业务性事务毕竟由法官助理具体完成，因此法官应承担全权责任，法官助理承担主体责任。因为法官对外是审理者，对裁判负责，而法官助理是辅助法官的人员，所以法官承担对外责任，法官助理承担对内责任；由于法官在职级、年龄、经验较法官助理更高更丰富，故而法官承担主要责任，法官助理承担次要责任。

具体条款拟定为：

第九条　各级人民法院应当在法官考评委员会下设法官助理考评委员会，建立法官助理业绩档案。业绩档案应当以个人日常履职情况、协助办案数量和审判质量、调查研究、廉洁自律、外部评价为主要内容。法官助理业绩评价应当作为承担司法责任、评先评优、晋职晋级、升任法官的重要依据。

对法官助理的考核分为平时考核和年度考核。考核结果记入业绩档案。

第十条　法官助理存在故意或重大过失，因其过错的业务性工作行为导致裁判错误并发生损害国家或当事人利益等严重后果的，记入业绩档案并承担与其职责权限相应的责任。由法官助理考评委员会通过内部程序追究。

4. 薪酬管理制度

法官助理是法院未来办案的生力军，因此法官助理待遇不应与法官待遇差距过大，应实行定期增资制度。法官助理级别越高，待遇也越高，但不能高于同级法院法官待遇；考虑到四级法院的设置，可能出现上级法院的法官助理待遇不低于下级法院法官待遇。具体条款拟定为：

第十一条　建立与法官助理单独职务序列配套的工资制度。法官助理根据级别确定工资等级。经年度考核确定为优秀、称职的，可以按照规定晋升工资。高级法官助理工资应接近同级法院法官工资水平。

5. 晋升制度

晋升制度包括等级晋升、选任法官两大类。随着司法改革的推进，上级法院法官助理缺口加大，可以推进上级法院从下级法院遴选法官助理制度，下级法院的法官与法官助理均可参加。具体条款拟定为：

第十二条 初级法官助理连续两年考核称职以上的，晋升为中级法官助理；中级法官助理连续两年考核称职以上的，晋升为高级法官助理。

第十三条 当法官员额出现空缺后，高级法官助理有资格参加法官遴选。

上级法院可以从下级法院遴选法官助理。

(四) 关于产出及反馈的余论

1. 产出的正面效应

第一，通过多主体协作、环境投入和制定程序性规则，形成包括法官助理薪酬与晋升体系等实体性规则。

第二，工作态度积极。明确法官助理的职业发展前景，提升法官助理岗位的含金量，让法官助理能够体会职业荣誉感，调动工作积极性。

第三，审判团队工作条件改善、效率提高。当法官助理制度按照上述规范运行起来后，法官、法官助理、书记员的审判团队能够良性高效运转，切实缓解案多人少矛盾。

第四，辞职率下降，最终实现让更多优秀人才留在法院的目标。

第五，节约人力成本。随着法院实现人才的良性循环、流失率下降，既能节约培育人才成本，又能腾出手来实施新的培训计划，进一步提高法官助理生产率。

2. 反馈的良性循环

改革后，实体性规则的确立、辞职率的降低、工作效率的提高等都将为今后法官助理制度运行形成良好的环境投入和主体作用，真正实现法官助理制度的良性循环。

五、配套措施：过渡时期语境下未入额法官协助办案模式

行文至此，问题看似已圆满解决，但上述模型是基于法官助理制度衍生而来的，那么模型中的法官助理从何而来？从目前的改革情况来看，部分未能进入法官员额的审判员、助理审判员是最佳选择。由于未入额法官转任为法官助理的模式涉及岗位调整，触及深层利益，遭遇较大阻力，很难与入额法官形成实质意义上的协作关系，因此有必要将我国法官助理制度模型放置在现实语境中，配套解决过渡

时期未入额法官协助办案问题。

未入额法官转任法官助理协助办案是在以下语境中进行的：第一，案件总量庞大。随着立案登记制和法官员额制的实施，加速了法院案件数量增长，而法官数量被大幅度压缩，“案多人少”矛盾进一步加剧。第二，未入额法官仍保留法官职务不变，具备继续办案的可能性。审判员和助理审判员都属法官序列，其任免在《法官法》中有明确规定，现行法官员额制改革并不符合《法官法》中规定的免除法官职务的情形，因此未入额法官的职务并未被剥夺。

故重构法官助理制度的方案还需要完善相关配套措施：

1. 建立过渡时期“1审1助1书”双层审判团队模式（见图4）。具体为：入额法官和未入额法官作为承办法官各自收案，但入额法官的收案数量应为未入额法官收案数的两倍左右。“双层”是指未入额法官除了完成自己承办案件外，还应兼任入额法官的法官助理，书记员负责两位法官所承办案件的书记员工作。未入额法官承办案件实行入额法官签发裁判文书机制。未入额法官在承办案件的过程中，发现有重大、敏感、疑难、复杂、新类型等情况的，应当及时变更承办人，将案件交由入额法官承办。

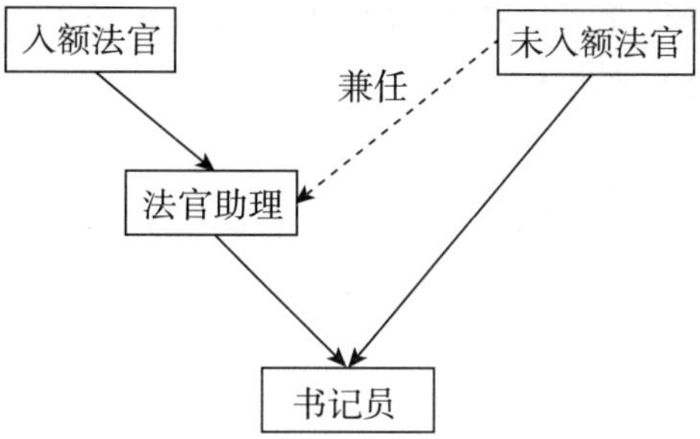

图4　“1审1助1书”双层审判团队模式

该模式的优点有：一是从入额法官的角度来看，实现了改革目标的审助书“1∶1∶1”的配置模式；从未入额法官的角度来看，保留裁判权但又不享有完整的裁判权（因为其不能独立签发裁判文书），既不削减办案力量，又符合其作为法官助理纳入审判辅助人员序列的改革思路。二是该模式在过渡时期缺少大量审判辅助人员的不利条件下可以最大限度节省人力资源，且所有成员的工作量大致维持不变。

同时，笔者建议，严格限定双层审判团队模式的适用范围。鉴于全国目前法官入额工作普遍完成，最终审判一线的未入额法官必定是少数，因此每个庭室为解决未入额法官协助办案问题只需配备少量的双层审判团队模式，且随着未入额法官进入员额等分流方式地推进,该模式必将消亡,最终实现改革平稳过渡。总之无论法官助理制度设计得多么完善,如果不能调动未入额法官的积极性,其必然在案件总数仍急剧增多的现实语境下“寸步难行”。

2.不建议将同一庭室法官和法官助理区分为审理简易案件和小额案件的速裁组、调解组以及审理普通案件的合议组的审判团队。具体而言,繁简分流旨在以合乎理性的规范使案件各入其道,使普通程序的正当化在司法资源与司法需求的剧烈冲突中获得现实可能性。[①] 故而繁简分流针对的是案件本身,并非法官。对于法官,尤其是优秀法官,不论是复杂还是简单案件都足以胜任,对于不同案件适用不同的程序、办案方式技巧即可,这有利于法官或法官助理在同一个平台上进行绩效考评。

六、结语

当前,司法改革已进入深水区和攻坚期。未入额法官协助办案模式的构建是目前需要攻克的堡垒之一,而法官助理制度的重构则是智慧选择通往远方道路的途径。为此,不仅要依托制度内部的规范,还应依赖政府、法院等主体在环境投入方面的推进,增强政治经济文化环境的发展。期待在多主体协作和环境投入的共同促进下,法官助理制度能够有效运行。

---

① 傅郁林:《繁简分流与程序保障》,载《法学研究》2003 年第 1 期。

论人民法院司法警察职业化建设

——司法体制改革背景下司法警察队伍的分类管理方式

孙　莹*

内容摘要：随着我国司法改革的推进和司法体制的逐步完善，人民法院内部的职责分工日益细化与专业化，法官、法官助理、书记员等人员各司其职，分工明确，大大提高了审判资源的利用效率。人民法院司法警察作为法院内部行使司法警察权并履行特殊职责的部门，也正在走上专业化、职业化发展道路。然而，在司法理论和实践层面，人民法院司法警察这支队伍的职权属性、特征及与相关权力(利)的界限等基础问题尚无研究，相应的法律保障与规制也存在欠缺，如何推进人民法院司法警察分类管理和职业化建设，是一个亟须研究解决的问题。鉴于此，本文拟对人民法院司法警察权的职权属性和特点、司法警察职业化建设的要求等进行分析和探讨，并针对当前存在的问题，尝试提出一些可行性建议，以求完善这一重要司法权力的运行机制。

关键词：人民法院　司法警察　职业化

随着司法体制改革的不断深入，人民法院内部的职责分工日益精细化和专业化。党的十八届三中全会《关于全面深化改革若干重大问题的决定》明确提出，建立符合职业特点的司法人员管理制度，完善司法人员分类管理制度。据此，人员分类管理成为司法改革的重要组成部分。

按照改革精神和相关文件，人民法院将人员分为法官、审判辅助人员和司法行政人员三类，司法警察一般被纳入审判辅助人员的序列。人民法院司法警察不仅是具有武装性质的司法力量，同时也是人民警察的一个独立警种。在渐进发展的过程中，囿于一段时期认识偏颇，造成司法警察形象模糊，没有明确的定位。从法

---

* 北京市东城区人民法院新闻办法官。

院内部来讲,一些人认为司法警察工作只是简单的行政辅助工作,可以是司机、门卫,也可以是公勤人员,随意调遣。从外界来看,不少人将司法警察当成人民法院"内卫"和法官的"跟差",除佩带武器外几乎与保安公司雇员没有差别。实际上,人民法院司法警察的职责体现在审判工作的全部环节,对于维护审判秩序和司法权威至关重要。在人民法院内部分工上,法官与司法警察的关系,实际上是"文官"与"武官"的关系。文武配合、张弛有度,审判工作才能顺利进行,执行难等司法改革需要重点解决的问题才能迎刃而解。

一、人民法院司法警察的职业特点

落实人员分类管理的改革举措,首先要明确各类人员的职业特点,才能对应建立科学的管理制度,实现各类人员专业化、职业化、规范化管理和发展。

职业特点乃是基于各自职权行使的需要,也是职权行使的外在表征。如法官的职业特点是居中裁判、独立审判、公开公正,而这正是司法审判权行使的要求和表现。对于人民法院司法警察来说,首先需要解决的问题是,其行使的是怎样一种权力。作为人民法院的准军事力量,司法警察所行使的职权具备明显的直接强制性特征,与审判权有本质区别,但又不属于警察权的范畴。遗憾的是,这一岗位虽已建立和运行多年,对于司法审判工作的顺利开展发挥着重要的保障作用,但理论和立法层面对其职权性质、特点等方面研究仍处于空白状态。

(一)职权性质:一项特殊的司法权力

在英美国家中,警察权(Police Power,又称治安权)是指一个主权国家所享有的,为维护公共安全、公共利益、公共卫生、公德和社会正义,由法律规定的内在和绝对的权力。人民法院司法警察权虽具有明显的警察权特征,如具有直接强制力和维持秩序的功能。但是,从性质上来讲,其不属于警察权的范畴,而是审判机关所独有的一项特殊的司法权力。司法警察队伍是人民法院的内设机构,所行使的权力是审判权运行机制中的重要组成部分和必要保障。

最高人民法院于2012年颁布的《人民法院司法警察条例》规定了人民法院司法警察的任务,即预防、制止和惩治妨碍审判活动的违法犯罪行为,维护审判秩序,保障审判工作顺利进行。该条例明确规定了司法警察在履行职责过程中具备的八项职责:1. 维护审判秩序;2. 对进入审判区域的人员进行安全检查;3. 在刑事审判中押解、看管被告人或者罪犯,传带证人、鉴定人和传递证据;4. 在生效法律文书的强制执行中,配合实施执行措施,必要时依法采取强制措施;5. 执行死刑;6. 协助机关安全和涉诉信访应急处置工作;7. 执行拘传、拘留等强制措施;8. 法律、法规规定的其他职责。上述职责贯穿了人民法院司法活动的各个环节。该条例赋予了司法警察运用强制手段维护审判秩序和司法权威的权力,是人民法院司法警察行使相关权力的法律依据。

(二)职业特点:专属性、专业性、强制性、保障性

1. 专属性

司法警察在行政隶属关系上专属于司法机关,人民法院司法警察是法院内部的一个独立的部门,是法院的一个重要组成部分,是依法参与审判活动的重要成员,是法院直接管理的一支武装性质的司法力量。《人民法院司法警察条例》中规定的八项职责,全部与司法活动相关,并完全服务于审判执行等工作,因此是专为人民法院设立的,具有明显的专属性。

2. 专业性

首先,职业身份特定且具有很强的专业性,即只有人民法院司法警察这个特殊职业群体才能履行相关职责。相关人员只有符合特定的准入条件且通过相应的招聘程序,方能成为人民法院司法警察中的一员。经过专业化的技能培训和相关考核,方能正式上岗执行任务。其次,职业素质具有专业性的要求。司法警察是一个具有独特专业技能要求的特殊职业,需具备能够快速、高效地完成相关警务任务、保障法庭正常诉讼秩序及法院正常工作环境的特殊素质。相关要求有别于对法官、书记员等审判工作人员的职业要求,也不同于对其他人民警察的职业要求。再次,领导和管理制度具有特殊性。司法警察实行“双重领导、编队管理”的队伍体制,接受所在人民法院院长和上级人民法院司法警察部门的领导,接受所在人民法院司法警察部门的管理。这与法院内部的其他部门有着明显的不同。此外,司法警察实行警衔级别管理制度,不同的衔级区分警员之间的上下级关系,不同于法官的职级评定体系。最后,履行职责的内容、程序、标准等具有专业性的要求,法律明确规定了人民法院司法警察的八项职责内容,对履职的程序、标准等亦有明确要求。

3. 强制性

司法警察是隶属于人民法院直接管理的一支武装性质的武装力量,其作用是维护国家法律的尊严,保障审判工作顺利进行,保卫审判机关的安全。《人民法院司法警察条例》第 8 条至第 14 条规定了司法警察可以在法庭审判过程中采取强制措施,以及对以暴力、威胁或者其他方法妨碍司法工作人员执行职务的,对不宜进入审判区域而强行进入的,在生效法律文书的强制执行中,在履行职责过程中遇当

事人或者其他人员实施自杀、自伤等行为时，对严重扰乱人民法院工作秩序、危害人民法院工作人员人身安全及法院机关财产安全的，遇有脱逃、拦截囚车、抢夺枪支或者其他暴力行为的紧急情况时可以采取的强制措施。这种具有法律允许的职权本身就有强制性和震慑力。

4. 保障性

在履行职责的过程中，司法警察所承担的任务是保障性的，对完成审判任务起到辅助作用。人民法院以审判工作为中心，审判工作的主导是法官，控制整个审判过程。因此，法官在审判工作中是“主角”，司法警察是“配角”。具体表现在，为了保障审判场所的安全和秩序，司法警察行使安全检查、警卫法庭、处置突发事件等职责；为了保障审判和执行活动顺利开展，司法警察值庭时负责传带证人、鉴定人，传递证据材料，执行传唤、拘传、拘留等辅助、服务性工作；为了保障裁判结果的实现和司法权威，司法警察参与对判决、裁定的财产查封、扣押、冻结或没收活动等。同时，司法警察也是法院为人民服务的窗口和司法形象的代表。司法警察是当事人来到法院看到的第一道风景，统一的着装、严整的警容、规范的执法、良好的礼仪，代表着法院形象。

（三）职责分类：执行型、执行裁量兼有型、裁量型

按照司法警察履职过程的独立自主程度，可做如下分类：

1. 执行型职权，即按照法官指令行使职权。依照《人民法院司法警察条例》的相关规定，以及最高人民法院于2003年印发的《人民法院司法警察值庭规则》，司法警察在法庭审判活动中，根据审判长、独任审判员的指令，依法履行职责。最高人民法院于2009年印发的《人民法院司法警察刑事审判警务保障规则》中，亦明确对于违反法庭规则的人员，值庭司法警察在审判长或独任审判员的指令下，依法采取强制措施制止其违法行为或强制将其带出法庭。

2. 执行裁量兼有型职权。司法警察在值庭过程中虽然主要是行使执行性权力，但是对于扰乱法庭秩序的人员，相关规定亦赋予其一定的自由裁量权或者决策权。《人民法院司法警察刑事审判警务保障规则》规定：对于违反法庭规则的人员，值庭司法警察应当予以劝阻和制止。对不服从劝阻和制止的人员，值庭司法警察在审判长或独任审判员的指令下，依法采取强制措施制止其违法行为或强制将其带出法庭。可见，在对违规人员采取强制措施前，司法警察有权决定对行为人采取非强制的方式进行劝阻和制止。另外，在《人民法院司法警察值庭规则》和《人民法院司法警察刑事审判警务保障规则》中规定，法警部门在接到执行值庭或刑事

审判警务保障任务时,有权根据庭审活动的时间、规模、类型、诉讼参与人的数量、场地条件等情况,选派司法警察值庭,制定实施方案和处置突发事件的应急措施,安排、部署警力,配备车辆和武器、警械具等。可见,值庭和警务保障工作并不只是单纯的执行性行为,而是执行性与裁量性兼有的行为。

3. 裁量型职权,如司法警察在从事刑事案件被告人押解工作时,有权依据相关规定决定对被告人使用何种戒具,采用何种押送方式。在发生突发紧急情况时,有权果断予以处置,待险情消除后向司法警察部门领导或审判长、独任审判员报告或请示,根据命令或指令采取进一步措施。有权决定是否使用警械或武器等。另外,司法警察在履行安全检查职责时,对于不得进入审判场所的人员、不得携带进入审判场所的物品、证件是否过期是否相符等事项,拥有依据相关法律规定自主裁量和决策的权力,其中遇有法律未明确规定的相关种类、标准等问题,司法警察也可以凭借自身经验或参照相关标准进行裁量做出决定。对拒绝接受安全检查或不服从安全检查人员安排的受检者,应阻止其进入审判法庭。不听劝告者,可依法采取强制措施。

二、人民法院司法警察职业化建设的要求

关于何为司法警察职业化,目前还没有通行的解释。根据最高人民法院《关于加强法官队伍职业化建设的若干意见》对法官职业化的解释,笔者认为人民法院司法警察职业化是指建设一支具备独特的职业意识、职业技能、职业监督与保障的人民法院司法警察队伍。

(一)职业意识:厘清与审判权的联系与界限

法官的审判、执行活动与法警的警务保障是相互配合、共同参与的过程。应坚持在党的领导下,在法律赋予的职责范围内对司法警察的职业地位进行准确定位,以不断适应和满足审判工作需求。司法警察要具备服务意识、保障意识和大局意识,与法官共同努力,将实现公平正义、法律面前人人平等和保障人权作为基本的工作理念。

但二者因分工不同而存在天然的界限,在司法活动中所起的作用是大相径庭的。《人民法院司法警察条例》中规定的八项职责,指向的是服务、保障审判工作。此种界限之不可逾越,源于角色分工,也是为了对司法警察职权这种具有直接强制力的公权力进行必要限制,以防其不加监督与规制进而侵犯其他合法权利。但这并不等于司法警察没有自己的独立性。司法警察行使职权的过程应当是独立、专业的。司法警察与法院其他各庭室之间应当是平行关系,法官与司法警察也不存

在领导与被领导的隶属关系。

大部分情况下,法警职权与审判权并行不悖、各自发挥作用。但是司法警察在履行值庭职责时如果发生紧急情况或突发事件,就可能与法官审判权产生冲突。目前相关立法文件中并没有关于紧急情况或突发事件情况下审判权与司法警察职权谁优先行使的规定,也没有此种情况下司法警察可以掌握主动权及自由裁量权的规定。制度上的欠缺使司法警察在面对紧急突发情况时虽握有控制局面的能力和装备,却陷入进退两难的境地,对于庭审秩序的有效维护和危险局面的及时控制非常不利。

可行的途径是,在法院审判业务庭室与司法警察大队之间协调确定一个有权组织或部门。其组成应在兼顾审判人员和法警的前提下,更加突出处置突发事件的经验和能力,了解司法警察的专业知识与要求。其职责包括:1. 发生紧急情况时,根据法官或法警的报告,按照事件的具体情况迅速作出决定,指令司法警察是否可以主动采取措施;2. 对于具有危险隐患的案件或事件,由专人到场或通过庭审监控录像随时跟踪其进展情况,一旦发生意外紧急情况,可以授权或指令司法警察采取行动;3. 事件处理完毕后,如果法官与司法警察对相关问题的处理产生意见冲突,负责居中裁量并作出处理决定;4. 对于突发事件或紧急情况处理中法院工作人员违反相关规定或造成不良后果的行为,有权作出初步处理决定,并提请有关部门处理;5. 处理其他审判权与司法警察职权发生冲突时的问题。在对相关事项作出决定时,应坚持以事实和法律规定为依据,客观公正行使权力。审判人员与司法警察意见不一致时,应充分听取双方陈述意见作出评判。

(二)职业技能:具备良好的应对突发事件的能力

人民法院司法警察是一支具有武装性质的司法队伍。由于司法警察的工作性质、工作对象和工作环境的特殊性,其业务素质相对人民法院其他人员而言有特殊要求。不仅要与审判人员一样,具备较强的文化素质和法律专业知识,还要具有比审判人员更强的身体素质和军事技能。面对日趋复杂的司法执法环境,只有不断加强正规化军事训练,提高司法警察业务素质,增强队伍的战斗力,才能肩负起相应的职责。尤其是应对工作中出现的各类突发事件,如在押人犯脱逃、当事人暴力抗法、哄闹法庭等。此时,要着重处理好与人民警察的分工和配合问题。

人民警察的任务是维护国家安全,维护社会治安秩序,保护公民的人身安全、人身自由和合法财产,保护公共财产,预防、制止和惩治违法犯罪活动。法律赋予人民警察在全社会的广泛领域内行使职权的权力。而人民法院司法警察作为人民警察的特殊警种,其职权行使的范围和目的被限定在维护法院司法工作顺利进行的范围内。一般情况下,发生在法院内部或者审判执行工作过程中的违反法律规定或法庭规则的行为,由司法警察对相关人员采取强制措施。而除此之外的违法行为和突发事件则属于民警的职权范围。

但是这种职权行使的界限并不总是清晰分明的。例如,群体性事件或违法行为发生在出入法院必经的道路上,以至于堵塞交通影响到了审判工作的进行或法院其他公务活动,是否属于司法警察的职权范围?或者在法官外出办案或执行的过程中,在民警行使职权的区域内发生违法行为,并且影响和阻碍了审判工作的进行,是否属于司法警察的职权范围?笔者认为,对于发生在法院办公时间和区域内的违法违规行为、突发事件,只要威胁到当事人、旁听人员、法院工作人员的人身或财产安全,影响到法院的良好秩序和审判工作的正常开展,司法警察即可依法官指令或相关规定果断采取措施。在已控制局面或消除隐患之后,视违法的具体情况将相关行为人交公安机关等有权机关处理。对于发生在法院办公时间以外或法院管理区域以外的违法事件,如果威胁、影响到了审判工作的顺利开展,司法警察也应及时行使职权,在控制危险情况以后交有权机关处理。

司法警察职权与治安民警权发生冲突的情况实为常见。一般情况下,两种公权力因社会价值取向的一致性而自觉协调来解决,或因存在地域、时间上的差异而自然解决。但是,这种相安无事、相互配合的良好关系并不能适用于所有的冲突情形。两者因职责所在,且均具有采取强制措施的权力,当职权发生交叉与冲突的时候,也会存在互不相让,难以协调的可能。加之人民法院司法警察与民警之间需长期配合作业,两者之间保持良好的协作关系非常必要。因此,建立常态化、程序化、制度化的处理机制不可或缺。

(三)职业保障与监督:完善救济途径

在当前的司法环境下,人民法院司法警察是一个高风险的职业,这就要求司法警察必须增强责任感和使命感,严格职业规范。一方面,应从立法层面保障人民法院司法警察履行职权有法可依,推动制定《人民法院司法警察法》,解决目前的法律规定过于分散、位阶过低的问题;应完善相关管理制度,建立符合人民法院司法警察职业特点的管理体系;建立警务保障制度,保证司法警察依法享有警衔津贴、特殊岗位津贴、卫生补贴及人身保险等福利待遇;健全司法警察考察、评价、激励的选贤任能机制,使司法警察队伍具有一定的职务晋升空间。

另一方面,任何权力都要受到监督,否则就有被滥用的可能。司法警察行使的职权也不例外。目前,对法院及其工作人员监督的主体很多,有人大的监督、检察机关的监督、党委和行政机关的监督、新闻舆论的监督和人民群众的监督,法官对案件质量的终身负责制、监督指导案件留痕机制、禁止院庭长、法院工作人员插手过问案件等监督制约机制也陆续出台。而对于司法警察来说,并无具有针对性的监督机制。其职业行为规范有别于其他法院工作人员,而且履职过程中不可避免地要与公民权利发生冲突。司法警察往往处于与公民权利冲突的最前沿,其强制力最直接地剥夺和限制公民的人身自由权利与财产权。因此,司法警察职权在涉及公民权利的领域时必须有一定约束和监督,应遵循分权原则、公共利益原则、比例原则、程序正当性原则、司法控制原则等公权力运行的一般原则,并且行使该职权的目的、手段、程度须以维护审判工作秩序为必要。

对于公民违反法律及规则的行为,司法警察拥有采取司法强制措施的权力。当司法警察不能控制局面时,也可以通过报警,借助公安机关的权力来制止公民的违法行为。但是,当公民的合法权利遭到司法警察的不当干涉时,公民权利往往缺乏有效的救济途径。故司法警察职权干涉公民权利的界限,以及干涉的程序、方式、范围、程度和救济途径等须以法律的形式明文规定。此外,司法警察职权与公民权利冲突时的救济也需要机构和程序设置上的完善。目前,我国人民法院上下级司法警察机关之间缺乏必要的监督机制,导致权利救济缺乏有效途径。应该建立人民法院司法警察职权行使的复查机关和听证、复议制度。如果公民对司法警察部门采取强制措施等处理结果不服的,可以首先向同级人民法院的专门或有权机关申请听证;仍然不服的可以向上一级人民法院的司法警察部门等有权机关申请复议。权利补救的方式可以包括:恢复原状、损害赔偿、赔礼道歉等。在公民提起的复查与复议过程中,应严格依照以事实为依据,以法律为准绳的原则,尊重双方陈述事实、举证质证等权利。在证据规则上,应遵循行政诉讼的证据规则。因为司法警察作出处理结果的依据、庭审实况录像等关键证据掌握在司法警察部门手中,公民在举证能力上明显处于弱势地位。听证、复议制度的设置将为冲突发生时有效保障公民合法权利提供有效救济,同时将对人民法院司法警察职权的正确行使起到有效的监督作用。

三、人民法院司法警察职业化建设面临的问题与建议

人民法院司法警察的职业化建设,有赖于立法的规制与保障、合理的职权划分和科学的管理模式。

(一)职业化建设面临的主要问题

1. 立法层面

有关人民法院司法警察职权和管理方法的理论研究处于空白状态,使相关立法工作难以推进。我国关于人民法院司法警察职权行使的立法文件主要是最高人民法院制定颁布的一些规章制度。现有法律文件存在立法层级过低、内容不够系统完善的问题。然而,根据《立法法》第8条的规定,本法第八条规定的事项尚未制定法律的,全国人民代表大会及其常务委员会有权作出决定,授权国务院可以根据实际需要,对其中的部分事项先制定行政法规,但是有关犯罪和刑罚、对公民政治权利的剥夺和限制人身自由的强制措施和处罚、司法制度等事项除外。此条是司法保留原则的体现,即凡是关涉公民人身自由的强制措施和处罚、司法制度必须由全国人大及其常委会制定。司法警察职权是一种可能剥夺公民人身权、财产权的强制性权力,其立法应该遵守司法保留原则,由全国人大及其常委会及时制定法律进行规定。

2. 职责划分层面

法院内部往往忽略了司法警察的职业特点,造成职责不清,浪费警力。囿于认识的不足和重视程度不够,很多法院对司法警察的职权范围存在严重误区,非但没有将有限的警力资源充分地利用于本职工作,而是将一些"勤杂工"的工作如公务用车的管理、接待来宾时的礼仪服务、恶劣天气时清扫院落卫生等这些与司法警察的职权毫无关系的工作列入其职责范围。此种情况下,司法警察无法集中精力履行职责,而且造成了警力资源的浪费。大量简单重复的事务性工作,也在一定程度上造成了人才资源的浪费,影响了司法警察队伍精研业务技能的时间精力投入和事业积极性,降低了队伍的使命感、责任感和荣誉感。在履行司法警察职责的过程中,也存在职责划分不尽科学的现象。相关规定对司法警察职权行使的限制过于严苛,影响了司法警察基础专业知识和经验的主动作为,掣肘了相关职能的充分发挥。实践中,审判人员往往对司法警察的职责和命令不尽熟悉,特别是在法庭内发生伤人、暴乱、脱逃等突发事件时,法官难以应付的情况多有发生,无法对司法警察及时发出指令,影响了相关事件的高效、妥善处置。

3. 管理模式方面

存在在编司法警察人数太少、内部职责分工不够清晰明确、职业化程度偏低等问题。尤其是中基层法院的司法警察队伍,普遍存在在岗人数少,审判任务重,既形不成警务训练的规模与气氛,又缺少训练时间和可以展开训练的场地,司法警察的工作只是为应付审判任务疲于奔命,业务学习、专业训练难以做到有序有控,导致司法警察的职业化水平一直处于低层次徘徊。目前,我们没有一所专门培养司法警察的院校,相关院校也未设司法警察专业,更说明我们对司法警察队伍的教育培训重视是相当不够的。管理体制不规范也较为严重,部分法院由于历史的原因没有建立司法警察单独职级序列。司法警察部门没有专门的职数,他们的职数与法官一起计算,职级晋升相当困难。

(二)具体建议

1. 完善立法

建议有关部门联合推动《人民法院司法警察法》的制定出台,作为规范和保障司法警察行使职权的基本法律依据,进一步明确人民法院司法警察的职权性质和权力行使的原则、界限、职能范围等,并对司法警察的任职和晋升、警衔管理、履职保障、权力监督等方面的内容进行规定,明确人民法院司法警察职业化发展的方向。梳理相关规范性文件,根据新形势、新情况及时进行修订和完善,逐步建立健全相关法律规范体系,形成各类法律规范层次分明、各有侧重、互为补充的完整立法格局。

2. 科学划分司法警察职责范围

司法警察行使职权应从其专业性角度出发,赋予更多主动采取相关措施的权力,在保障法官审判主导地位的同时,充分发挥司法警察保卫法庭、维护审判秩序和处置突发事件的功能。根据审判流程和司法保障工作的具体需要,应授权法警部门制定相关警务保障实施方案,并逐渐固定化、流程化、制度化地开展,使警务保障工作更加专业化、规范化,而不是仅根据法官的临时指令开展。既有利于法官专注于明察秋毫、辨别是非,也有利于庭审秩序的专业化维护。这是审判任务日益繁重,司法职能逐步走向专业化、精细化分工的需要。

3. 健全职业保障和监督机制

严格落实人民法院司法警察应享受的岗位津贴、警衔津贴、伤亡保险津贴、抚恤金和特殊专项补贴等,依法保障司法警察应享有的各项权利。按照审判辅助人员的待遇标准,科学评定司法警察的个人绩效,合理确定绩效奖金分配办法。加大对司法警察合法权益的保障力度,完善申诉控告和履行职务受到侵害的保障救济制度。加快警用装备升级换代步伐,实现警用设施装备的现代化、信息化,并完善装备使用管理制度,实现装备使用价值的最大化和规范化。建立司法警察行使职权的监督制约机制;建立审判工作与法警工作的协调处置机制;建立人民群众不服司法警察采取强制措施的听证制度和复议、申诉机制;建立上下级法院司法警察部门之间的分工和指导机制等。

4. 建立司法警察单独序列管理制度

严格落实司法体制改革关于人员分类管理的要求，建立符合职业特点的人民法院司法警察单独序列管理制度，实现从上到下的垂直管理格局。进一步建立健全各级司法警察机构，完善警衔级别管理机制，确保落实对应的职业待遇。为便于集中管理，建议最高人民法院统一制发《人民法院司法警察证》，作为人民法院司法警察职业身份的凭证，司法警察执行公务时应向相关当事人出示。完善编队管理和晋级制度，严格按照司法警察的准入标准选拔任用优秀人才，扩大在编司法警察的范围，建立在编法警与聘用制法警分工明确、权责统一、并肩作战的管理制度，科学确定晋级标准，打通司法警察的职业发展道路。改善聘用制法警的工资福利待遇，通过签订无固定期限劳动合同、选拔进入编制等方式激励干警，留住事业心强、业务能力突出的法警人才。

5. 完善培训机制

坚持正规化训练，建设一支忠诚可靠、训练有素、纪律严明、有坚强战斗力的人民法院司法警察队伍。建议设立专门的司法警察培训机构和常态化的训练考核机制，不断增加司法警察业务理论水平和实战能力。2016 年，最高人民法院首次在全国法院司法警察队伍中开展技能大比武脱产培训活动，来达到"坚定理想信念，规范执法行为，增强实战能力，培育战斗精神，创新训练手段，储备骨干人才，保障执法办案"的目的。统一标准的考核验收，确立了法警技能的规范化操作流程和标准，体现了高度的专业化和职业化水平。经常性、有效性的培训，既是提高司法警察队伍素质和履职能力的必要途径，也是增强司法警察自我保护能力和集体归属感、荣誉感、集体协作能力的有效方式。

6. 打造队伍形象

司法警察作为法院一线执法力量，执法活动时刻处于案件当事人和社会各界的监督、评判下。在社会舆论对司法改革高度关注的形势下，司法警察队伍必须要注重形象建设，树立为民、文明、规范、高效的形象。这要求司法警察在履行安全检查、值庭活动、协助执行等职责时，要严格执行警务保障工作的规范化流程和各项要求；要增强服务和保障意识，规范文明用语，妥善处理工作中遇到的冲突事件；要注重着装和个人形象，牢记自己代表着司法的形象，给当事人留下既威严又礼貌，既严格执法又司法为民、不卑不亢有礼有节的良好印象；要树立舆情防范意识，熟悉突发事件处置的工作流程，增强应急处置能力，及时、妥善处置舆情事件。

人员分类背景下社会服务购买模式研究

——以基层法院审判业务部门为视角

古　悦*

内容摘要：在政府大力提倡向社会购买服务、司法改革确定人员分类管理的背景下，向社会购买服务，是解决当前法院系统案多人少、提高审判质效、优化法院人才培养机制的出路之一。本文以基层法院审判业务部门为视角，阐述了引入社会服务购买的重要意义，并从社会服务的购买条件、购买主体、购买客体、购买范围、购买方式、购买程序、购买后的监管等方面探索了适合法院系统的购买模式。

关键词：人员分类管理　社会服务购买　审判业务部门

一、法院审判业务部门引入社会服务购买的背景及意义

（一）引入社会服务购买的背景

近年来，我国政府加大深化改革力度，大力推动政府向社会力量购买服务，党的十八届三中全会提出“发挥市场在资源配置中的决定性作用”“推广政府购买服务，凡属事务性管理服务，原则上都要引入竞争机制，通过合同、委托等方式向社会购买”。国务院办公厅《关于政府向社会力量购买服务的指导意见》提出，“十二五”时期初步形成统一有效的购买服务平台和机制，到2020年在全国基本建立比较完善的政府购买服务制度。国家力图通过这一政策工具的实施来转变政府职能、提高服务质量和效率，使其成为撬动政府改革的新支点。

与政府深化改革同时，党的十七大报告提出了司法改革的要求，“深化司法体制改革，优化司法职权配置，规范司法行为，建设公正高效权威的社会主义司法制度，保证审判机关、检察机关依法独立公正地行使审判权、检察权”。本次司法体制改革以司法责任制为核心，主要包括完善司法责任制、建立司法人员分类管理制

---

* 北京市东城区人民法院民三庭法官。

度、健全司法人员职业保障制度、建立法院、检察院人财物省级统一管理体制等四项基础性改革措施。其中，对法院而言，司法人员分类管理改革旨在建立以法官为主体的人员分类管理体系，实现法院各类人员科学管理，推进法院人员的正规化、专业化、职业化发展。对审判业务部门来说，人员的分类管理对法官和审判辅助人员的职责进行了明确划分，力图在当前案多人少的常态下，让书记员承担起纷繁耗时的审判辅助事务性工作，将法官和法官助理从这些工作中解脱出来，将精力集中于审判核心业务，以提高审判质效、优化人才培养机制。从工作量来看，目前基层法院案件数量大量攀升，审判辅助事务性工作随之大幅增长，消耗大量时间，如果没有专人从事这方面工作，将大量挤占法官及法官助理的精力；从人员结构来看，根据司法改革试点单位的探索，法官、法官助理、书记员的比例优化为1∶1∶1是较为合理的审判团队结构，但从审判业务部门现有的人员结构来看，最后一个"1"的审判辅助人员存在大量缺口，如何填补审判辅助事务性工作的缺口，《中共中央关于全面深化改革若干重大问题的决定》及最高法院"四五改革纲要"对此提出了明确要求，即探索引入购买社会化服务的方式，拓宽审判辅助人员来源渠道。

（二）引入社会服务购买的意义

在审判业务部门引入社会服务购买模式，将一部分审判辅助事务性工作让外部机构或人员承担，一是可以提高审判质效。法官与法官助理能够将更多的时间用在案件的审理上，更集中精力充实研读法律、思考案件、总结审判经验，能有效提升办案效率、确保审判质量。二是优化人才培养机制。适合引入社会服务购买模式的基层法院审判辅助事务性工作本身具有机械性、重复性等特点，对于法官及法官助理提升自身审判工作能力毫无意义，让法官及法官助理从这些工作中解脱出来，专注于审判核心业务，对优秀审判业务人才的养成无疑大有益处。三是降低工作运行成本，通过外向配置资源可以对社会上各种资源进行整合利用，充分发挥外部现有人力、物力资源优势，避免内部结构臃肿，有助于压缩财政支出，降低法院工作运行成本。

二、政府购买服务的定义及条件

由于近年来政府的大力推动，社会服务购买模式越来越多地被引入政府管理中，学术界也形成了一股研究政府购买社会服务的热潮。关于"政府购买服务"这一术语的概念界定，学术界基本不存在分歧。被引用频次较高的概念界定是王浦劬、萨拉蒙等在2010年3月发表的研究专著《政府向社会组织购买公共服务研究：中国与全球经验分析》中提出的“政府将原来直接提供的公共服务事项，通过直接拨款或者公开招标方式，交给有资质的社会服务机构来完成，最后根据择定者或者中标者所提供的公共服务数量和质量，来交付服务费用”。① 这一概念界定侧重从公共服务提供方式的角度来进行。此后，也有学者从满足公众服务需求角度、财政资金转移支付方式等角度来进行过界定，在此不予赘述。就本文而言，笔者认为，将此概念界定如下为宜：政府通过竞争机制，利用外部比较优势资源，将本应由自身承担的公共服务或内部辅助性服务，委托营利、非营利或其他组织或个人完成，根据服务提供的数量、质量，按一定标准进行评估后支付费用的方式。②

在国外，政府购买服务的模式通常被称为“购买服务合同”（Putchase of Service Contranting）、购买契约服务、合同/契约委外（制度）或合同外包服务（Contracting out Services），其实质是公共服务以契约委托的方式，转由民间营利或非营利组织来生产与供应，也即原来由公共部门内部以正式命令连锁结构提供的服务现在被政府以人民税收所执行的采购任务的方式转移到了组织外部。③

“政府出资、定向购买、契约管理、评估兑现”是政府购买服务概念含义的集中概括。④

政府向社会购买服务需要几个基本条件，萨瓦斯认为，条件应包括：工作任务要清楚的界定；存在几个潜在的竞争者，已经存在或可以创造并维持一种竞争气氛；政府能够监测承包商的工作绩效；承包的条件和具体要求在合同文本中有明确规定并能够保证落实。⑤

三、法院审判业务部门购买社会化服务的范围界定

作为具有特殊性质的司法部门，严格界定法院审判业务部门购买社会服务的范围是购买的前提，否则易于出现怠于履行职责和过度依赖外部资源的不良倾向。笔者认为，界定购买范围可以适当参考和借鉴现代企业管理的相关理论。

---

① 王浦劬、[美]莱斯特·M.萨拉蒙等：《政府向社会组织购买公共服务研究：中国与全球经验分析》，北京大学出版社2010年版，第3页。

② 刘波、崔鹏鹏、赵云云：《公共服务外包决策的影响因素研究》，载《公共管理学报》2010年第2期。

③ 佘冰、郭伟信：《政府购买服务的理论与实践探讨——以广州仁爱社会服务中心的社工服务购买为例》，载《广东工业大学学报》2012年第1期。

④ 郑卫东：《农村社区政府购买公共服务研究》，中国社会科学出版社2012年版，第44页。

⑤ [美]E.S.萨瓦斯：《民营化与公私部门的伙伴关系》，中国人民大学出版社2002年版，第61页。

在现代企业管理中,将类似行为称为业务外包,也就是外部资源利用。作为社会分工与协作发展的产物,外包在实践领域已有 80 多年的历史,美国外包协会将其定义为通过合约把公司的非核心业务、无增值收入的生产活动包给外部专门机构。这实现了企业内部资源的重新配置,将资源集中于最能反映其核心竞争优势的领域,形成企业自身独有的核心业务,以此构建企业的核心竞争力。对企业核心业务和非核心业务的划分,阿诺德提出的四分法较具代表性,他以业务重要程度的角度,将一个企业从事的业务分为四类:核心业务、辅助性业务、外围业务、无关业务。其中,核心业务是一个企业投入资源最多、企业领导层在日常工作中最为关注、对企业存亡具有关键性作用的业务。与核心业务相对,其他三类统称为非核心业务,即在资源配置上,占用资源较少,受关注程度低于核心业务,围绕着核心业务,在企业发展过程中只起辅助性作用的活动。[①]

笔者认为,基层法院审判业务部门购买社会化服务的范围,可以借鉴企业对"非核心业务"的理解,适当参考其划分方式,当然,虽二者都以业务重要程度为视角,但企业划分标准注重该业务对企业生存、竞争优势、经济效益等的影响,而法院审判业务部门不存在竞争优势、利润最大化的问题,应以最有效实现法律所赋予的职责为标准,同时兼顾效率、稳定性等的要求。从法院审判业务部门从事的具体业务来看,法官的核心职责为案件审理裁判,这是法律赋予法官的基本职能,属于核心业务必然排除在购买范围以外。而围绕案件的审理裁判,会产生诉讼材料送达、诉讼保全、庭前调解、证据交换、调查取证、委托评估鉴定、庭审记录、文书上网、信息化数据填报、案款收取发放、整卷归档等一系列辅助性工作,这些工作中,与审判工作密切联系关系重大、具有公权力属性、较多涉及审判秘密的如诉讼保全、庭前调解、证据交换、调查取证、委托评估鉴定、案款收取发放、文书上网等工作应属于准核心业务,由法官助理承担为宜;而大量占用时间精力的纯外围事务性工作,如传唤当事人、安排开庭时间、填报司法专邮系统寄发司法专邮、编写人民法院报公告内容报送公告刊登、各类文书的打印制作、结案后整卷归档等工作即属于非核心业务,应纳入社会服务购买的范畴。

---

① 刘博达:《社会公共管理中警务部门购买公共服务理论探析》,载《公安研究》2013 年第 5 期。

四、购买的主体和客体

(一)购买主体

根据司法改革对法院人财物省级统一管理改革的要求,购买社会服务应由省级高院统一进行,但由于每个下级法院的情况不一,省级高院要全面了解、协调的难度大,耗时耗力,不利于购买工作的尽快开展,因此可以考虑下放部分权力给下级法院,让下级法院能够根据本院实际需要对当前紧缺的服务项目或岗位尽快开展购买工作。

(二)购买客体

即承接购买服务的主体,主要应包括依法在民政部门登记成立或经国务院批准免予登记的社会组织,以及依法在市场监管或行业主管部门登记成立的法人企业、机构等社会力量,也应鼓励符合条件的事业单位积极承接。对于有较好社会声誉的组织或此前有过相关方面良好合作关系的组织可以优先考虑。

五、购买的程序

(一)明确需求,编制购买计划

1. 建立需求调查和论证机制

首先应科学测算购买的审判辅助服务事项、数量及质量要求,具体而言,从工作量角度来看,应统计出现有待整卷归档卷宗数量、新收案件可能将产生的司法专邮、公告数量,乘以每项工作可能消耗的工作时间,计算出总工作量以计算出需要的人员数量;从人员结构角度来看,应统计出现有法官、法官助理、聘任制书记员的数量,按1∶1∶1比例分配调整产生的空缺人数。根据初步统计结果进行论证,以此为依据及时编制资金预算和采购预算。

2. 建立动态调整机制

一是适应审判业务部门案件数量、类型、审理特点等不断变化的需求,按需适时增减;二是与人员结构变动,如法官助理晋升法官、法院内部不同部门之间法官调配的动态变化相匹配;三是与社会组织、企业、机构等服务供应主体的发展水平相适应。

(二)组织购买方式

根据学术界的研究,有学者认为,政府购买社会服务模式主要有以下三种:第一种是独立关系竞争性购买模式。即购买者与承接者之间是独立的关系，不存在资源、人事等方面的依赖关系。政府通常采用公开竞争的秩序来挑选承接服务的社会组织。第二种是独立关系非竞争性模式。这种模式是指购买与服务双方的关系是独立的，在服务机构的选择秩序上，常常采用非竞争的方式，选择有良好社会声誉的社会组织，以此降低购买风险。这种模式不存在依附关系，通过明确双方责任和双方利益，体现了相对平等的合作关系。比如定向购买、定向委托等。第三种是依赖关系非竞争性模式。这种模式是指购买者与承接者之间是依赖性关系，购买程序是定向和非竞争性的。这种模式的特点是承接服务的社会组织通常是因为得到政府的购买任务而建立的，与政府部门保持依赖关系。①

与上述三种购买模式相对应，购买社会工作服务所采取的方式主要也有三种：购买契约、资金支持、项目招标。契约是最典型的政府购买服务的一种方式，政府通常采用公开招、投标的形式与社会组织签订服务合同，根据合同约定，由社会组织承接合同规定的特定服务项目，政府按社会组织提供的公共服务的数量和质量支付相应费用。资金支持是政府对于承担社会服务职能的民办机构和组织给予一定的资助，资助的形式既有经费资助（定额直接补贴），也有实物资助以及政策资助等。项目招标即政府设计特定目标的专项项目，面向社会公开招标，由应标者（承接者）根据项目要求提供服务，或者由社会组织根据需求，主动向政府有关部门提出要求申请立项，经过评审后，以项目方式予以资金支持等。

目前，北京市政府的购买方式主要有：(1)公开招标，契约购买；(2)直接补助。主要有政府资助补贴、以奖代补等方式。例如，“义工在行动”“青少年主题教育”“公益大讲堂”等采用了政府资助补贴方式。此外，还有定向购买，采用单一来源采购，创新地加入竞争性谈判、询价等环节，以降低政府购买成本。②

具体到法院审判业务部门，笔者认为，购买应该按照以事定费、公开择优的原则。原则上应通过公开招标、签订购买合同的方式进行，但根据法院审判业务的特殊性，可以考虑拓宽购买方式，如与有实习基地共建的政法院校合作，探索固定期限的实习模式，让高校学生充实到审判辅助人员队伍中来。政法院校的学生本身具有一定的法学功底，对电脑等现代化办公设备的接受程度高，经过短期培训，完全可以胜任文章前述的可纳入社会购买范围内的工作，同时法院的工作环境也有

① 赵一红：《政府购买社会工作服务模式分析》，载《社会工作》2012 年第 4 期。

② 王箭：《政府购买服务机制比较：四直辖市例证》，载《重庆社会科学》2014 年第 11 期。

利于学生将理论与实践相结合，让学生对其将来可能从事的司法工作有更直观的了解和认识。在这种购买方式下，可以采取直接补助的支付方式。另外，还可以考虑推广大兴区法院创新探索的招聘司法诉讼志愿者的模式，即由法院出台相关聘用规定，按法院的标准要求选聘志愿者，志愿者由辖区政府聘用并签订用工合同，经法院统一培训后开展审判辅助事务性工作。

（三）签订合同

对于以购买契约方式购买的服务，需签订合同以明确购买服务的具体事项、标的、单价，以及服务质量、期限、资金支付方式、约定双方的权利义务和违约责任等。对于采用其他购买方式的情形，也需签订相应的明确双方权利义务的合同。

（四）监督管理

向社会购买服务，并不意味着责任的转移，购买者始终就相关的服务承担最终的责任，要对服务提供方的行为向社会公众负责。购买者由原来的实际操作人转变为服务监督者，只是提供服务的方式的转变。相关部门必须加强对购买服务项目的质量、效果的指导和监督。对服务项目的申请、评审、立项、招标、订约、实施、调整、结项、评估、反馈等一系列环节应有一套动态的管理办法和相应的监督部门，对出现的问题及时研究、反馈、改进，将不利后果降到最低、对项目运作过程中的失职行为追究责任。

就法院审判业务部门购买服务而言，具体使用服务的部门对所购的服务项目或岗位人员负有监督管理的责任，即在工作中需要随时对服务提供者的工作进行检查、监督，需对其服务内容对外负责。同时，本院的审判管理办公室、监察部门及省级高院有关部门也需履行监督管理职责，监控社会服务的购买绩效，对购买服务过程中的利益相关人员进行约束和监督、防止寻租行为的发生，发现和查处服务购买过程中的违规违法行为。

（五）履约验收和绩效评估

承接主体应严格履行合同义务，采取有效措施增强服务能力，提高服务水平，按时完成服务项目任务，保证服务数量、质量、效果达到预期目标。购买主体应加强对服务全过程的跟踪监管，严禁转包，严格按照购买合同规定组织对服务成果的验收，验收情况应包括每一项服务要求的履约情况，并将履约验收情况予以公开。

建立健全绩效评估办法，强调结果导向，引入由购买主体、承接主体、具体使用主体、监督管理部门组成的综合性评审机制，为保障中立性和专业性，必要时可引入第三方评估机制,对购买服务项目或岗位人员的数量、质量和资金使用绩效进行考核评价。由于法院审判业务的特殊性,服务质量应是最重要的考核指标。因为一旦工作出现纰漏,可能将影响案件的审判质量,严重者可能对司法权威造成不良影响。同时,在购买服务预算资金管理全过程中贯彻预算绩效管理理念,加强成本绩效分析,提高资金使用绩效,加强综合评价以确保购买服务效果。绩效评价结果可作为今后购买服务预算、选择服务承接主体的重要参考依据。对服务项目验收或绩效评价结果优秀的承接主体,在同类项目的采购中同等条件下可以优先考虑;对绩效考核不合格、存在违规违法行为的承接主体,应强制退出并依法报相关机关给予行政处罚。

第三章　司法人员职业保障制度

论司法改革导向下法官业绩评价机制的构建

王永欣*

内容摘要：随着法官员额制和法院人员分类管理改革的推进，现行行政化和过于指标量化的法官考核机制难以适应司法改革的需要，建立与司法改革目标相配套的法官业绩评价机制日益紧迫。对照司法改革目标，现行法官考核机制的缺陷主要体现在考核体系不统一、内容不科学、程序不规范、方法不合理、结果不实用。转型的主要障碍在于对法官职业定位认识的错位、行政管理体制的羁绊、法院考核体制的影响、法官素质参差的难题和职业保障不足的制约。具体路径设计上，评价主体方面应当对法官考核委员会重新构建；评价内容要定性与定量相结合，将重心由完成办案指标的量化考核向更加注重评价职业道德操守和履职过程及成效转变；评价依据要从法院内外多方面获取信息；评价方式要日常管理与集中考核相结合，借助信息化手段；评价标准能反映出法官审判任务完成质效、审判业务能力素质、职业操守纪律三类情况；评价应用要与法官职级晋升、遴选等机制有效衔接。

关键词：法官业绩　评价机制

建立符合司法规律和法官职业特点的法官业绩评价机制是司法改革的重要环节。随着法官员额制和法院人员分类管理改革的迅速推进，现行行政化和过于指标量化模式的法官考核机制难以适应司法改革的需要，有必要建立与司法改革目标相配套的法官业绩评价体系，促进和保障法官队伍实现正规化、专业化、职业化建设。

* 北京市东城区人民法院研究室负责人、法官。

一、现行法官考核机制总体特征及缺陷

(一)现行法官考核机制的总体特征

可以总结为四个主要特征:

在考核模式方面,与普通公务员考核基本一致。法官述职要从“德、能、勤、绩、廉”五个方面陈述,采用季度考核与年度考核相结合的方式,季度考核与年度考核分别要填写《公务员季度平时考核表》《年度考核登记表》,考核结果分为优秀、称职、基本称职、不称职四个档次,自我评价之后,要由主管领导评定分值和考核等次,最后装入法官人事档案,整个方式与程序完全采用普通公务员的基本考核模式。

在考核主体方面,院庭领导掌握着考核决定权。各法院的政治部门通常是法官考核的组织者,主管纪律的监察室和主管调研的研究室等职能部门往往也对法官的相应方面有考核权,但真正对法官有较大影响的年度综合考核评定的权力还是掌握在庭长与主管院长手里。法官最在意的考核是年底能否被评为“优秀公务员”,能不能立功授奖,在名额十分有限的情况下,谁能够获得殊荣,往往是本庭庭长与主管院长权衡的结果。

在考核内容方面,办案数量和案件质效为中心,涉及各方面。《法官法》第23条规定对法官的考核内容包括:审判工作实绩,思想品德,审判业务和法学理论水平,工作态度和审判作风。重点考核审判工作实绩。法律规定较为原则抽象,当前各地法院对法官的考核内容普遍比较庞杂,考核内容也不一致,包括政治学习、调研论文、信息宣传、信访投诉、考勤纪律等各方面。但最核心的、具有决定性的考核内容还是法官的办案数量和质效指标。办案数量不能在本庭领先,评优评先基本就是一票否决。办案数量相差不大的情况下,各种审判管理指标完成情况是重点考核对象,尤其是案件发回改判率、一审服判息诉率等指标更是考核的重中之重。

在考核方式方面,普遍以分值计算进行指标量化考核。不少法院在质效指标基础上制定了法官业绩考核办法。考核内容繁多,考核办法的条文上百条,考核小项达数百个。比如,作为全国审判权运行机制改革试点法院的浙江省仙居县人民法院,在其制定的《主审法官考核实施办法》中,将各项考核内容都以分值量化,规定主审法官考核分为政治素养及廉政纪律、审判业绩、调研、资历四个方面,总分值

为100分,各项分别占10分、78分、5分、7分。[①] 重庆市第五中级人民法院出台《案件质量评查及差错责任追究办法(试行)》,以百分制衡量一个法官的工作成绩,审判环节,一共有48项扣分标准。[②]

(二)现行法官考核机制的缺陷——与《四五改革纲要》目标对照

1.考核体系不统一

最高人民法院对法官考核评价没有统一的规范性文件,对法官考核评价各省,甚至各地市做法也不同。《法官法》只是对此作了十分原则的规定,因缺乏刚性约束力,很多地方也没有落实。有的地方对法官考核评价十分重视,每一项考核内容都进行了分数量化,有的地方则考核内容方法过于原则和简单,取决于领导的看法。各家法院设计各自的考核体系,与法官队伍正规化、专业化、职业化的目标是不相符的。

2.考核内容不科学

目前,对法官考核的主要内容是审判质效。质主要体现在一审判决案件被上级法院改判发回重审(错误)的数量、[③]生效案件被改判发回重审的数量,以及一审服判息诉的情况、案件是否被再审审查的情况等;效主要体现在结案数量、法定审限内结案情况等,其中最核心的当属被上级法院标注为错误的发改案件情况,因为这项指标对法院考核权重占比大,法院对法官的考核也就十分重视这项指标。但是否案件被上级法院发改并标注为错误就是案件质量一定有问题,多数法院尤其是基层法院并不认同。法治先进国家虽然对法官业绩实施考核,但绝少以案件实体裁判结果(改发率之类)为指标,尤其是极少作为惩戒依据。法治先进国家普遍意识到建立在数据统计基础上的工作评价机制具有危害性,即可能对法官的工作产生反向的激励效应,正如我国已经出现的法官不愿意多办案,不愿意办复杂案,甚至为了能在数据统计中得高分而变相违反诉讼程序办案。[④] 此外,对法官的考核内容不全面,多注重考核案件最终结果,而基本不考核案件审理过程,对法官思想品德、审判业务和法学理论水平、工作态度和审判作风考核比较虚化,重视程度

---

① 《仙居县人民法院印发主审法官考核实施办法的通知》(仙法〔2015〕7号),载仙居县人民法院:www.xianjucourt.cn/InfoPub/ArticleView.aspx? ID=3371,最后访问日期:2015年6月20日。

② 秦力文、杨露勇:《各地法官考核办法差异大,科学机制如何建立》,载法制网:www.legaldaily.com.cn/dfjzz/content/2007-09/07/content_696837.htm,最后访问日期:2015年6月20日。

③ 一审判决案件被上级法院改判发回只有被上级法院在发回理由中标注为错误,才属于是审判质量问题。

④ 全亮:《法官惩戒制度比较研究》,法律出版社2011年版,第195页。

也比较低。

3. 考核程序不规范

不少地区法官考核的程序比较随意,缺乏统一规范性。对法官的考核固定程序就是按照公务员考核的要求每季度和年底进行考核,法官填写考核表,主管领导给予评分评级。多数法院并未建立法官考核委员会,即使建立了的,各地法院对法官考核委员会的组成、运行程序、职权范围的规定也各不相同。此外,对法官的考核多是因为选拔干部、遴选法官、晋职晋级的需要而临时组织进行,考核的人员和考核内容、程序也是临时确定,其考核结果也只用于特定事项,过后基本失去效用。

4. 考核方法不合理

各地法院考核方法比较多样,有的简单采用民主测评的方法,以得票数作为衡量法官业绩的主要依据,法官考核在一些地区演化为被测法官人际关系的比拼;有的过分强调指标数据量化,简单把各类考核指标得分相加;但更多的情况还是依赖法官所在庭领导和主管院领导的主观印象和利益权衡,出于权衡各庭室和庭室内干警近年荣誉获得情况对考核优秀或获奖指标进行分配。

5. 考核结果不实用

目前许多地区法官业绩考核结果与评先评优、晋职晋级、培训奖励等脱节,更难以发挥在法官择优遴选、退出、领导干部选拔任用等方面的重要依据作用。使考核往往流于形式,激励奖惩功能体现不足。

二、法官考核机制转型的主要障碍

(一)职业定位认识的错位

法官考核制度存在的种种问题,其根源在于对法院和法官职能定位认识的错位,将法院等同于普通行政机关,将法官等同于普通公务员。对审判权是判断权、中央事权的属性,对司法权在国家权力体系中的地位和作用认识不足。党的十八大后,党中央对以上问题清醒和正确的认识,奠定了司法改革的基础,也成就了建立科学的法官考核制度的前提。法官并不只是纠纷的解决者,也不是机械的套用法律审理案件,法官还要通过审判案件,诠释法律的精神,引导社会价值观念,因其承担的职责使命原本重大,因此对法官工作采取像流水线工人那样定量定额、过于量化的考核方式必然不当。

(二)行政管理体制的羁绊

法院科层制的行政化的管理体制决定了行政化的考核方式。去行政化是司法改革的方向和要求，是一项复杂的系统工程，法官考核模式的转变，也难以脱离审判权运行机制的改革、内部职权配置的改革而独自推进。法院行政管理体制的转变，仍然是法官考核模式转变的重要前提。

（三）法院考核体制的影响

美国学者波斯纳认为，由于以统计数据评价法官的工作可能带来负面的激励效果，司法统计数据的最大价值可能是信息价值而不是激励价值。[①] 年初，最高人民法院取消了任何形式的排名排序做法，废止了违反司法规律的考核指标和措施，仅保留审限内结案率等若干必要的约束性指标。[②] 最高人民法院对法院考核的科学认识，为改革法官考核模式扫清了重要障碍。但目前，各地法院对最高人民法院的该项部署贯彻还不到位，直接的排名排序取消了，但高级人民法院仍然公示各基层法院指标得分情况，各基层人民法院自然会对各项指标得分进行比较排名，实际上各项指标还在发挥着考核的作用，排名排序还在进行。

（四）法官素质参差的难题

由于法官选任制度的不完善，各地区法官，甚至同一法院内的法官素质都参差不齐，这对统一和确定法官的考核标准带来难题。而法官考核标准至少在一个省域应当是统一的，否则难以形成公平的考核机制，也难以作为遴选法官的重要依据。随着法官选任机制的完善，由省级法官遴选委员会统一选任法官有望解决这个难题。

（五）职业保障不足的制约

十八届四中全会《中共中央关于全面推进依法治国若干重大问题的决定》（以下简称《决定》）提出"明确各类司法人员工作职责、工作流程、工作标准"，"建立健全司法人员履行法定职责保护机制。非因法定事由，非经法定程序，不得将法官、检察官调离、辞退或者作出免职、降级等处分"。[③] 当前，法官的权责还不明晰，权责也不一致，职业保障严重不足，法官承担了很多本非法官应该从事的工作。比如基层法官经常被分配任务参加地方政府开展的活动，被抽调、借调到其他机关工作，或者因辅助人员的不足，法官还必须承担书记员的很多工作，或者未征得法官

---

① ［美］理查德·A. 波斯纳：《联邦法院——挑战与改革》，邓海平译，中国政法大学出版社2002年版，第240页。

② 最高人民法院司法改革领导小组办公室编写：《最高人民法院关于全面深化人民法院改革的意见读本》，人民法院出版社2015年版，第119页。

③ 《中共中央关于全面推进依法治国若干重大问题的决定》，载《人民日报》2014年10月29日，第3版。

本人意见,上级领导就调换法官工作部门,等等。这些都制约了法官正常考核机制的实施。

三、法官业绩评价机制对实现《四五改革纲要》目标的重要意义

《人民法院第四个五年改革纲要(2014～2018)》(以下简称《四五改革纲要》)体现的是司法体制的改革,是党中央全面依法治国和全面深化改革的体现,想了解改革要求落实情况如何,法官业绩评价机制就是检测器、方向标和指挥棒。

(一)审判权性质、定位与法院职能的具体体现

对审判权性质和法院职能定位的认识,决定了如何考核法官。过去对司法权是判断权和中央事权的属性认识不足,将司法机关等同于普通行政机关,将法官等同于一般公务员,决定了法官与普通公务员考核机制的同质化。考核机制在任何组织对其成员都会起到指引导向作用,有什么样的考核机制,就会塑造什么样的法官。对审判权和法院职能性质的认识,如果不能体现在法官的考核机制中,相关司法改革最终也只能空有其表,难以实现质的变化。

(二)建立以审判为中心的诉讼制度的有力推手

十八届四中全会《决定》提出建立以审判为中心的诉讼制度,要求在庭审中全面贯彻证据裁判的原则。许多冤假错案的发生固然与公检法机关配合有余、监督制约不足有关,但也与法官考核制度中基本不考核法官庭审中是否贯彻证据裁判的原则有关,而西方法治发达国家在法官考核中普遍将法官庭审审查判断证据的能力作为考核重点。如果法官考核制度中早就将法官贯彻证据裁判的原则作为重点考核内容,可能就会避免很多类似于原河南省周口市川汇区法官王某因采信公诉机关非法证据而造成冤假错案的悲剧。

(三)与建立科学的案件质量评估体系相辅相成

对法院整体的案件质量评估考核,最终会传导到对法官个体的考核,法院整体的任务指标最终也会分解到法官个体去完成,因此目前法院建立什么样的案件质量评估体系基本决定了如何对法官进行考核。同时,对法官如何考核的科学认识,也会影响到法院科学的案件质量评估体系的建立。因为凡是对法官不合理的考核,也不应当成为对法院考核的内容。

(四)主审法官、合议庭办案责任制的基础前提

目前的法官考核机制,无论是独任审判还是合议制审判,只要案件没有请示过

院领导并记录，或者上过审委会，都是以承办法官个人为考核主体，致使一些法官不愿意承担责任，动辄把案件请示领导或交给审委会；承办法官、合议庭其他成员、庭长、院长都对案件发表意见，看似人人都负责，实际上一旦发生错案，难以追责。[①] 笔者认为对法官的行为进行正确的考核评价，才能科学的问责、惩戒。建立科学的法官考核评价机制应当是法官问责机制、惩戒机制、退出机制与保障机制有效衔接的前提和基础。

（五）法官正规化、专业化、职业化建设的保障

完善法官业绩评价体系是推进法院人员的正规化、专业化、职业化建设的重要内容和现实需要。实现法官队伍正规化、专业化、职业化是目标，建立科学合理、客观公正、符合规律的法官业绩评价机制是途径和保障，在队伍建设中有牵一发而动全身的作用，关系法官切身利益，评价结果是法官等级晋升、择优遴选的重要依据。

四、法官业绩评价机制新模式的构建

（一）从历次法院改革纲要看法官考核机制的转型方向

《人民法院第二个五年改革纲要（2004～2008）》（以下简称《二五改革纲要》）提出“改革法官考核制度和人民法院其他工作人员的考核制度，发挥法官考核委员会的作用。根据法官职业特点和不同审判业务岗位的具体要求，科学设计考核项目，完善考核方法，统一法官绩效考核的标准和程序，并对法官考核结果进行合理利用”。《人民法院第三个五年改革纲要（2009～2013）》（以下简称《三五改革纲要》）提出“建立健全以案件审判质量和效率考核为主要内容的审判质量效率监督控制体系，以法官、法官助理、书记员和其他行政人员的绩效和分类管理为主要内容的岗位目标考核管理体系”。《四五改革纲要》提出“建立科学合理、客观公正、符合规律的法官业绩评价机制，完善评价标准，将评价结果作为法官等级晋升、择优遴选的重要依据。建立不适任法官的退出机制，完善相关配套措施”。[②]

从以上可以看出法官业绩评价机制的发展方向，一是更加重视评价机制应当符合职业特点和司法规律，《四五改革纲要》与前两个改革纲要相比，第一次提出了“符合规律”的要求，第一次没有强调对法官考核“绩效”，第一次没有用“考核”

---

① 最高人民法院司法改革领导小组办公室编写：《最高人民法院关于全面深化人民法院改革的意见读本》，人民法院出版社2015年版，第157页。

② 最高人民法院司法改革领导小组办公室编写：《最高人民法院关于全面深化人民法院改革的意见读本》，人民法院出版社2015年版，第15页。

这个词而改用"评价"。二是突出体现评价机制应当科学合理、客观公正、符合规律。这不仅是对评价结果的要求,更是对评价内容、方法、程序、标准的总体要求,《四五改革纲要》相对前两个改革纲要明确了评价机制的总体原则。三是更加重视评价机制的作用和与其他制度的联系。相对《二五改革纲要》的笼统表述和《三五改革纲要》的只字未提,《四五改革纲要》明确提出将评价结果作为法官等级晋升、择优遴选的重要依据。不适任法官的退出机制也与法官业绩评价机制紧密联系。

(二)构建基本原则

1. 有利于保障法院依法、独立、公正行使审判权。客观独立地进行考核是现代型考核机制的重要表征。[①] 对法官进行业绩评价不能限制司法独立是西方法治国家基本共识。加拿大学者认为,实行一套完善的表现评价体系,有助于加拿大人在不会危及自由民主国家司法独立的基础上,构建一个专业化和更负责任的司法体系。[②] 我国建立法官业绩评价体系也应当借鉴法治发达国家形成的经验,以不损害人民法院独立审判为原则。

2. 有利于落实主审法官和合议庭办案责任制。评价体系的设计,必须能够明确法官的工作职责、工作流程、工作标准,将法官重要的工作环节纳入评价范围,对庭审、证据调查认证、合议、裁判文书制作等重要环节都要进行评价。通过评价能够检验法官职责履行情况,有助于完善"权责明晰、权责一致、监督有序、配套齐全"的审判权力运行机制。

3. 有利于增强法官职业素养和工作积极性。科学的评价机制,必须能够激发被评价者的责任心和工作积极性。评价的标准经过被评价者的一定努力能够达到,形成正向的激励作用,过高或过低的标准,都无益于实现评价的导向、激励和约束的功能。

4. 有利于法官选任制度和退出机制的完善。评价的结果要能够体现法官综合的能力素质、职业操守、思想品德,体现法官一段时期内客观的履职表现。评价要具有全面性、连贯性、稳定性,既全面评价,又要突出重点;既有一段时期的综合评定,又有日常的细化评价;既要随着社会的发展,适当调整评价内容和标准,又要保

---

① 王禄生:《论现代型法官考核机制的建立——以四川省若干法院为实证依据》,载《理论与改革》2012年第3期。

② 周泽民主编:《国外法官管理制度观察》,人民法院出版社2012年版,第212页。

持评价机制的相对稳定性。制度得到稳定而严格的执行,才能真正形成生命力。

(三)具体设想

1. 评价主体:法官考核委员会的重新构建

《法官法》及最高人民法院《法官考核委员会暂行组织办法》对法官考核委员会的职责、组织机构进行了初步规定,规定比较笼统,在实践中也没有得到落实,随着司法改革的推进,《法官考核委员会暂行组织办法》更加需要与时俱进。

在没有组建法院外部独立的法官管理机构的情况下,对法官的业绩评价应当由法官所在法院的法官考核委员会进行。法官考核委员会的组成人员,应当避免全部由本院领导组成,否则难以摆脱目前行政化的弊端。美国律师协会认为对法官的考核"应由法官、律师、熟悉司法体系的非律师人员组成的,拥有广泛基础的某个独立机构或委员会来进行"。①

笔者认为,法官考核委员会的委员应当由本院资深法官、退休法官、律师、法学院校教师、人民陪审员共同组成,人数为5~9人,不设主任,委员的权力地位平等。法官考核委员会的委员既要具备专业知识,又要来源丰富;既要相对稳定,又不能过于固定。应当建立考核委员人选库,每届法官考核委员会委员应当从中按类随机抽取,每届任期应不超过5年。法官考核委员会的办事机构为本院人事管理部门或综合行政部门。

2. 评价内容:定性与定量相结合,将重心由完成办案指标的量化考核向更加注重评价职业道德操守和履职过程及成效转变

《法官法》第23条规定:"对法官的考核内容包括:审判工作实绩,思想品德,审判业务和法学理论水平,工作态度和审判作风。重点考核审判工作实绩。"②笔者认为,应对评价内容加以细化和完善,同时应避免将法官评价实行百分制的过于量化的模式。对审判工作实绩评价,应包括三个方面,一是定量评价法官办案数量、案件差错情况、法定审限内结案情况。应当改变以案件被二审改判发回为主要标准认定案件差错的做法,只有经审委会最终研究定错的案件,才能计入差错案件统计。二是注重定性评价审判程序中的重要环节,包括庭审的组织驾驭、对证据的质证认证、合议制审判时发表合议意见情况、裁判文书制作水平等方面。三是应当注重加强对法官职业道德、工作态度、审判作风的评价,不应当虚化弱化,注重通过

---

① 周泽民主编:《国外法官管理制度观察》,人民法院出版社2012年版,第204页。

② 《中华人民共和国法官法》,载《中华人民共和国最高人民法院公报》2001年8月15日。

综合当事人评价、查实的投诉举报情况、庭审视频检查等途径进行调查评判。审判业务和法学理论水平应当作为法官业绩评价的参考内容,而不是必备内容,可以通过对法官发表专业学术论文、出版专著等情况进行评价。案件被上诉情况、信访情况不应纳入法官审判工作实绩考核范围。

3. 评价依据:法院内外部多方全面获取信息

笔者认为,为确保考核的客观性,应采取综合的考核方式,多渠道获取法官的信息。一是需要法官的自我评价。自我评价在任何考核体系中都是需要的,这有助于法官加强自我反思。美国一些联邦法官自发地主动接受针对自己司法行为的评价。法官每隔几年就要做一次这样的问卷调查。每个法官都是为他们自己做这个调查的;做完的问卷调查不会被其他人看到。几乎所有法官都会觉得能从中获得些东西。[①] 二是当事人和律师的评价。当事人和律师是法官履职行为的直接见证者、体验者,当然有权对法官表现发表意见。为确保评价的客观性,避免少数不理性当事人和律师的恶意攻击,应当收集相当数量的意见综合评判。在美国康涅狄格州法院经实践调查得出,"通常,一名法官的表现至少需要 25 名的律师的评价才具备可参考性"。[②] 三是人民陪审员和书记员的评价。人民陪审员作为群众的代表参与案件审理,体现司法民主,也应当履行司法监督的职责。人民陪审员和书记员是法官审判活动的组成人员,其意见也具有参考性。在某些美国司法部门,如康涅狄格州的司法部门会给陪审员分发问卷调查表,调查对法官的表现评价。四是法官平时案件考核的信息,如结案数量、审限内结案率、被审委会研究确定为有瑕疵差错的案件,被再审程序认定为差错的案件等。五是法院日常审判管理机构对法官案件评查所出具的报告。六是考核委员会亲自所做的调查抽查,包括抽选庭审视频录像、裁判文书、合议笔录、庭审笔录进行考核。

4. 评价程序:日常管理与集中评价相结合,借助信息化手段

对法官的业绩评价是应当是一项复杂、审慎和重大的工作,单靠法官考核委员会员难以完成全部工作。对法官评价日常信息的收集、汇总、整理应当由专门的行政机构来完成,并研发专门软件,借助信息化的手段,对各项信息数据进行汇总分析。今后可以考虑成立专业部门,当前仍可由政治部门来牵头承担。实行法官员额制后,法官应当单独于公务员序列进行业绩评价。对法官的业绩评价没必要过于频

---

① 周泽民主编:《国外法官管理制度观察》,人民法院出版社 2012 年版,第 203 页。

② 周泽民主编:《国外法官管理制度观察》,人民法院出版社 2012 年版,第 205 页。

繁,2～3 年组织一次集中评价即可。其间,法官发生重大过错,应当启动惩戒机制来追责。考核委员会工作的启动,由政治部门进行组织,抽选评委组成考核委员会开展对法官的集中评价工作。法官考核委员会应当依据多渠道获得的信息,对评价法官的各项内容依据一定标准作出评判,最后综合分析得出评价意见,并郑重向法官出具"履职评价书",载入法官档案。法官对评价结果如有异议,可以申请复议。

5. 评价标准:反映出法官审判任务完成质效、审判业务能力素质、职业操守纪律三类情况

因我国四级法院承担的职责有所不同,各地法院及法院内部各庭承办案件数量、类型、审判资源等情况差异也比较大,制定统一和具体的评价标准是不现实的。完善法官评价标准,应重点考虑评价的目的、作用以及评价的主体(法官考评委员会)是否便于操作,能够比较准确地反映出法官的审判任务完成质效、审判业务能力素质、职业操守纪律三类情况。对于审判任务完成质效的标准应当根据办案数量、经审委会或其他权威机构研究认定的案件差错比例、法定审限内结案率情况分成优秀、合格、不合格三个层次。这部分评价相对来讲属于定量评价,可以设置一个标准来区分优秀、合格或不合格,比如案件差错比例在 1% 以下为优秀,1% ～3% 为合格,超过 3% 为不合格。对于审判业务能力素质,主要根据庭审情况、对证据的分析认定和裁判文书制作水平分成优秀、合格、不合格三个层次。这部分属于定性评价,可以制定基本的参考标准,由法官考评委员会根据自己的认知作出评价。对于职业操守纪律,主要根据经查实的违反法官职业纪律的情况进行记述,只分有无违纪行为两个层次。

6. 评价应用:与法官职级晋升、遴选等机制有效衔接

法官考核委员会出具的评价结果,应当受到高度重视和广泛应用。其应用可借鉴德国、日本的做法。在德国,要根据法官的专业知识和业绩定期对法官进行评定。法官将因此获得一个"职务鉴定书",当法官申请其他职位,包括更高一级法院职位时,需要一份这样的鉴定书。① 德国法官晋升主要依据工作成绩和奖励,法官委员会的评价是重要的参考意见。在日本职务评定内容会记载在"考核调查

① 最高人民法院司法改革领导小组办公室编写:《最高人民法院关于全面深化人民法院改革的意见读本》,人民法院出版社 2015 年版,第 274 页。

书"上,并对职务升迁等有很大影响。[①]《四五改革纲要》提出"将评价结果作为法官等级晋升、择优遴选的重要依据。建立不适任法官的退出机制"。以上各项制度的改革中,应充分考虑与法官业绩评价机制的有效衔接,将业绩评价结果纳入各项制度设计之中,使法官能够根据自己的评价结果,对自身的职业发展产生合理预期,获得与评价结果相应的工作待遇、发展机会。

五、结语

谁掌握了评价法官的话语权,谁就可以主导或影响法官的思想和行为。评价什么内容,采用什么方法和标准,影响甚至决定着法官在履职中如何表现。法官业绩评价机制是整个司法制度的缩影,司法改革的方向决定着如何评价法官,科学的法官业绩评价机制能够巩固和深化司法改革成果。愿法官业绩评价机制能够促进法官更清醒地自我认识、更自觉地自我提升,促进法官队伍建设更加正规化、专业化、职业化。

---

① 最高人民法院司法改革领导小组办公室编写:《最高人民法院关于全面深化人民法院改革的意见读本》,人民法院出版社 2015 年版,第 274 页。

构建符合法官职业特点的法官激励机制

——从司法技匠到司法精英的蜕变思考

李晓彤*

内容摘要:管理心理学把激励看作“持续激发动机的心理过程”。激励水平越高,完成目标的努力程度、满意度、工作效能就越高。对法官的激励体现在科学的考核制度和完备的保障制度中,目前,我国法官考核和保障制度未能形成对法官行为的有效激励,也与法官在建设法治社会、服务国家治理体系和治理能力现代化过程中扮演的角色和承担的责任不相适应。本文通过对我国法官考核和保障制度的现状分析,发现法官激励机制存以下问题:行政化考核模式,不能反映法官工作能力、其价值导向助长“官本位”思想、容易引发司法腐败;量化考核内容欠缺科学性,有时还与审判规律相违背;工资、福利制度存在扁平化问题,没有体现法官职业准入门槛高、执业条件要求严、职责性质特殊等特性,影响了队伍工作的积极性;经费保障依赖于地方政府,使法院与地方政府之间存在严重依附关系;免职、辞退制度不全面、不深入,使法官的去留贬黜在很大程度上取决于惩戒者的个人意愿。

在上述分析的基础上,本文借鉴国外法官激励做法,结合我国法官管理工作实际,提出建立契合法官作为法律实施者和引领者身份特征,体现法官职业特点,能够提升法官能力,体现职业尊荣的激励机制,进而实现司法公正与效率的终极目标。

关键词:法官考核　保障激励机制

激励是指组织通过设计适当的外部奖酬形式和工作环境,以一定的行为规范和惩罚性措施,借助信息沟通来激发、引导、保持和归化组织成员行为,以有效实现组织及其成员目标的系统性活动。管理心理学把激励看作“持续激发动机的心理

---

* 北京市东城区人民法院民二庭法官。

过程”。激励水平越高,完成目标的努力程度和满意度也越强,工作效能就越高;反之,激励水平越低,则缺乏完成组织目标的动机,工作效率也越低。对法官的激励体现在科学的考核制度和完备的保障制度中,科学的考核制度不仅能有效制约审判权滥用,而且通过考核区别出法官素质能力的高低,进而对表现优秀者给予肯定与鼓励,满足其希望得到他人认可与尊重的心理需求,提高工作效能。完备的保障制度也是法官激励的重要组成部分,为确保司法独立,实现司法公正与效率夯实基础。

目前,我国法官考核制度沿用公务员考核模式,考核内容以结案率、发改率等量化指标为主,考核结果不能有效激励法官行为,法官职业保障制度不健全,保障地方化、行政化,普遍存在考核模式行政化、考核指标技匠化、职业保障无力化问题,不能形成对法官行为的有效激励,也与法官在建设法治社会、服务国家治理体系和治理能力现代化过程中扮演的角色和承担的责任不相适应。因此,探索建立符合法官职业特点的激励制度,实现法官从司法技匠到司法精英的蜕变,具有重要理论意义和现实意义。

一、我国法官激励机制现状与问题

(一)法官考核模式行政化

长期以来,法官一直沿用国家干部的称谓,套用行政级别进行管理。对法官的考核套用公务员考核制度,一般程序为个人年终总结、民主测评、部门领导提出意见、确定考核等级,优秀等次的名额按比例分配到各部门。考核模式行政化带来诸多问题:

一是不能反映法官工作水平。公务员考核制度的民主测评模式旨在考核公务人员的群众基础,实际上考核的是一种人际关系的优劣,或者说考核的主要是被考核对象的公关能力,考核结果不能真正反映法官司法能力。二是考核的价值导向引导法官偏离职业追求本意。目前,法官被纳入统一的行政等级体系,并具有相应级别。审判员有副科级、科级、副处级、处级、副厅级、厅级和副部级、部级之分,考核结果与法官能否晋升行政级别挂钩,并依此评定法官的工资和福利。以职务级别作为重要利导性因素,助长法官“官本位”思想,偏离了司法价值轨道。三是助长司法腐败。现行法官晋升途径包括法官等级的晋升和法官行政职务的晋升,但行政化考核模式使法官等级虚化,成为法官行政职务的附庸,埋没了法官等级的激励价值和所含的职业尊荣感,客观造成法官对行政职务的热衷追求,作“和事佬”、跑官要官现象滋生,为司法腐败提供“温床”。此外,受行政化管理模式和传统文化的双重影响,公众对法官职业性质也理解偏颇。公众往往认为法官不是被动居中的裁判者,而是应当主动“为民做主的青天大老爷”,在诉讼中诉求得不到满足,就认为法官是贪官,不是好官,闹访、缠访现象不断。

(二)法官考核指标技匠化

法官考核是对法官思想品德、审判业务、审判作风、法学理论水平、工作实绩等各方面进行的综合评定。目前,我国法官考核指标套用公务员考核指标,考核内容包括德、能、勤、绩、廉五个方面。其中德和廉两项指标不容易量化,如果没有违纪违法行为,一般对此两项指标的考核均体现在民主测评中,得分相差无几,而对能、勤、绩三项指标的考核大多体现在案件质量评估工作中。最高人民法院《关于开展案件质量评估工作的指导意见(试行)》中将案件质量评估综合指数分为审判公正指标、审判效率指标、审判效果指标三类二级指数,二级指数又由31项可以量化的三级指标组成(见表1)。

表1　最高人民法院公布的人民法院案件质量评估体系各项指数

审判公正指标	审判效率指标	审判效果指标
立案变更率	法定期限内立案率	一审服判息诉率
一审案件陪审率	一审简易程序适用率	调解率
一审判决案件改判发回重审率	当庭裁判率	撤诉率
二审改判发回重审率	法定(正常)审限内结案率	实际执行率
二审开庭审理率	平均审理时间指数	执行标的到位率
对下级法院生效案件提起再审率	平均执行时间指数	裁判自动履行率
生效案件改判发回重审率	延长审限未结比	调解案件申请执行率
对下级法院生效案件再审改判发回重审率	结案均衡度	再审审查率
再审审查询问(听证)率	法院年人均结案数	信访投诉率
司法赔偿率	法官年人均结案数	公众满意度
裁判文书评分		

以量化指标进行考核,虽有评价方法简单,数据相对客观、准确等优势,但简单的量化考核难以达到提高法官业务水平、工作能力和审判质量的目的,有时反而与审判规律相违背,具体体现为以下弊端:

(1)以改判发回重审率为核心的公正指标忽视了司法权作为判断权和选择权无对错之分的本质特性。这种制度设计是“以实体公正为价值取向而设计的,并以实体裁决正确与否作为其终极关怀”。[①] 其逻辑缺陷在于:第一,从认定事实来看,基于事实的复杂性、多样性,不同法官对事实的认定考虑因素或有不同,各种因素相互作用的过程也不尽相同;第二,从法律适用来看,基于法律调整的社会关系的多样性,法律必然具有相应的弹性,因此在法律适用时存在不同理解实属当然;第三,从司法能力来看,上级法院法官的知识和经验未必比下级法院法官更为丰富,职业道德未必更为高尚,因此,上级法院的判决也未必比下级法院的判决更为公正。这种制度设计挫伤了法官依法办案积极性,其结果是法官为了提高所谓的准确率,被迫想方设法与二审法官搞好关系,在案件审理时多请示多汇报,按上级法院的指示下判,这种标准使二审终审变成了一审终审,[②]违反法定程序,降低工作效率,使“让审理者裁判,由裁判者负责”成为一纸空文,损害司法独立与公正。

(2)以法定审限内结案率、平均审理、执行时间和当庭裁判率为核心的效率指标使一些法官为追求效率不得不压缩审判流程、降低审判质量,损害法律效果和社会效果。而且一些法院为追求高结案率出现年底不立案、动员当事人先撤诉第二年再起诉、一案可审结的分解成数案、虚假报结等乱象,损害当事人的合法权益,妨害司法权威。虽然均衡结案率指标的制度设计旨在优化配置审判资源,以有限的审判资源及时化解社会矛盾,增强法官对案件的责任意识,提高司法效率,实现司法公正,但受人为设定年终结案率、法官办案能力与案件复杂程度不同、涉群体性纠纷及收案不均衡等主客观因素影响,实现均衡结案难度较大。

(3)量化考核方式使法官沦为司法技匠。考核项目不断细化,为完成考核指标,审判工作变成了应试答卷,对公正与效率的追求变成了对考核试卷高分数的追求,丧失了法官的职业尊荣感,沦为司法技匠。不仅如此,随着近年来,法院受理案件数的逐年上升,法官审判压力不断增加,年底、节假日或晚上加班成为一些经济较发达地区法院的工作常态。法官身体健康受到影响,心理压力大。一些法官产生职业倦怠感,申请调离,严重影响法官队伍稳定性。

(三)职业保障机制无力化

1. 工资制度扁平化、地方化,影响工作积极性

虽然《法官法》规定了法官工资保险制度,“法官实行定期增资制度,经考核确

---

① 廖永安:《关于错案责任追究制度的反思》,载《江苏社会科学》1999 年第 3 期。

② 李立新:《中外法官管理制度比较研究》,中南大学经济法专业 2010 年博士学位论文,第 83 页。

定为优秀、称职的，可以按照规定晋升工资；有特殊贡献的，可以按照规定提前晋升工资"，"法官享受国家规定的审判津贴、地区津贴、其他津贴以及保险和福利待遇"，如火如荼地司法改革，也将法院内部人员结构划分为员额法官、司法辅助人员、司法行政人员三类，并分别规定了不同的工资待遇。但在实践中，由于案件类别，难易程度、收案数量等的差异，不同法官的工作也存在较大差异。法官工资收入没有与个人工作实绩、工作能力相适应。干与不干、干多与干少、干得好与坏、能力高与低，不能在工资待遇中得到充分体现，苦乐不均、劳逸不均现象仍比较严重。另外，法官的整体工资水平与同样从事律师、教师及其他法律工作的法律从业者的薪资水平仍相去甚远，这也是不断出现法官离职潮的原因之一。法官工资制度没有体现法官职业准入门槛高、执业条件要求严、职责性质特殊等特性，影响了队伍工作的积极性。[①] 经费保障依赖于地方政府，使法院与地方政府之间存在严重依附关系。保障水平整体较低，特别是在实行医保改革、取消福利分房等政策后，法官工资水平偏低的问题越发突出。经济发达地区，法官工资被 CPI 远远甩在后面，贫困边远地区，法院甚至不能保障基本工资足额按时发放。一些地方用于解决法官福利津贴的经费，主要靠诉讼费、罚没收入返还或法院自筹解决，很大程度上助长了乱收费问题的发生。

2. 免职辞退制度不全面、不深入，难以保障法官权利

《法官法》第 8 条第 3 项规定：法官"非因法定事由、非经法定程序，不被免职、降职、辞退或者处分"，但却未对法定程序做出具体规定。被惩戒法官的"正当权利"得不到法律保障。同时，第 13 条规定："法官有下列情形之一的，应当依法提请免除其职务：(一)丧失中华人民共和国国籍的；(二)调出本法院的；(三)职务变动不需要保留原职务的；(四)经考核确定为不称职的；(五)因健康原因长期不能履行职务的；(六)退休的；(七)辞职或者被辞退的；(八)因违纪、违法犯罪不能继续任职的。"第 40 条规定："法官有下列情形之一的，予以辞退：(一)在年度考核中，连续两年确定为不称职的；(二)不胜任现职工作，又不接受另行安排的；(三)因审判机构调整或者缩减编制员额需要调整工作，本人拒绝合理安排的；(四)旷工或者无正当理由逾假不归连续超过十五天，或者一年内累计超过三十天的；(五)不履行法官义务，经教育仍不改正的。"法官免职和辞退情形过于宽泛，比如，根据《法官法》，法官可能因为拒绝合理的工作安排或者逾假不归就被辞退。"违纪"

① 李立新：《中外法官管理制度比较研究》，中南大学经济法专业 2010 年博士学位论文，第 119 页。

“不胜任现职工作”“不履行法官义务”等词语属原则性规定,概念模糊,在实践中极易流于随意性解释,从而使法官的去留贬黜在很大程度上取决于惩戒者的个人意愿。

二、国外法官激励机制的启示与借鉴

西方国家法官有严格激励和惩戒机制,完备的机制有利于提高法官的职业化程度,保障法官队伍优化更新。

(一)法官考核制度

1985 年 8 月,美国法官行为评估特别委员会制定了《美国律师协会法官行为评估指南》,从评估的目的、标准、方法、结果的运用等方面构建法官评估体系。[①]

1. 评估目的

评估的首要目的是改进法官个人和法官整体的工作。同时可考虑一下目的:(1)在法院系统内更合理地分配和使用法官;(2)对法官继续教育项目的设计和内容进行改进;(3)法官的留任和继任。[②] 但是法官评估项目的设计和执行不得削弱司法独立。

2. 评估机构

制定和执行法官评估项目的最终职责的机构“应当属于在辖区内享有最高司法权的法院或机构”。日常工作运行机构“由独立的法院、律师界和非律师的司法系统的成员组成代理机构或委员会负责”,以保证评价的专业性和维护公共利益。

3. 评估标准

总体来看,指南列举了以下标准:廉正(Integrity)、法官的法律知识和对法律的理解(Knowledge and Understanding of the Law)、法官的交流技巧(Communication Skills)、法官的准备情况、专心程度和对开庭的掌握(Preparation, Attentiveness, and Control Over Proceedings)、严守时间(Punctuality)、为其职业和公众作出了贡献(Service to the Profession and the Public)、法官与其同事法官合作的效果(Effectiveness in the Working with other Judges of the Court)。

4. 评估方法

原则要求评估项目应系统化,分阶段实行,项目应当保持灵活性以便于修改,

---

① 关于法官考核制度,本文主要参考怀效锋主编《法院与法官》,选取美国法官评估做法进行简要介绍。

② 怀效锋主编:《法院与法官》,法律出版社 2006 年版,第 582 页。

过程包括数据收集、综合、分析和应用。

5. 评估的应用和披露

评估的目的旨在改进法官工作或者及其他辅助性的目标，如合理分配法官、法官教育等，并出于对于司法独立和廉正的考虑，不能将评估信息透露给无关人员，亦防止法官因评估受到干扰。法官行为评估项目的首要目的是自我改进，故评估数据不得用于给法官排队，进行比较。法官行为评估项目所得出的信息不构成严重违纪的证据，所以不应当由此作为负责法官惩戒的机构进行惩戒法官的依据。

6. 对职业道德的约束

重视职业道德约束，对法官的品行和专业素质的要求相当高。比如，美国于1924 年就制定了《司法职业道德准则》，1972 年美国律师协会制定了《美国司法行为守则》，1996 年美国司法委员会修订了《美国法官行为准则》，其主要内容包括 7 个条文：法官应当恪守公正与正直、法官应当约束司法外行动、法官应当避免政治活动、法官应当定期申报司法外活动的所得等。①

（二）法官职业保障制度

为了确保法官独立，让法官能依照法律和事实按自己的判断来审判而无后顾之忧，各国普遍确立各种保障制度以使法官职位固定、薪金固定，享有高度的职业安全感。保障制度是法官激励的重要组成部分，一般包括身份保障、经济保障和特权保障：法官的身份保障指法官的不可更换制、法官专职及中立制和法官退休制等。如在德国，除见习法官与试用法官之外，其他法官都是终身任职。经济保障制度一般包括法官高薪制、工资不得减少的制度，即法官在职期间，其收入不减少；享有优越的退休金；享受各种非薪金福利和津贴补助。在法治发达国家，法官的收入一般都较为丰厚，法官普遍收入高于公务员。比如，据 1983 年 11 月 15 日《英国经济学周刊》公布，英国大法官年薪高达 59, 300 英镑，而同年首相的年薪却为 49, 000 英镑。② 所谓法官的特权保障即法官在执行司法审判职能过程中所实施的行为和所发表的言论享有不受指控或法律追究的权利。其中最重要的就是司法豁免权，即，法官不因客观原因所致的裁判错误受处罚，保证法官依法独立行使职权而没有后顾之忧。

---

① 陈海光：《中国法官制度研究》，中国政法大学诉讼法学 2002 年博士学位论文，第 122 页。

② 李永红：《司法公正有物质前提》，载《检察日报》1999 年 8 月。

三、我国法官激励机制的完善

法学家罗纳德·德沃金把法院比作法律帝国的首都,把法官比作法律帝国中的王侯。法官在依法治国、建设社会主义法治国家过程中不仅扮演着法律实施者的角色,而且法官判决也体现着法律自身的权威和内在价值,引导社会公众建立法律信仰。最高人民法院周强院长在最高人民法院2014年工作报告中指出“探索建立符合法官职业特点的司法人员管理制度”。因此,法官激励机制设计应当契合法官作为法律实施者和引领者的身份特征,体现法官职业特点,能够提升法官能力,体现职业尊荣,进而实现司法公正与效率的终极目标。

(一)确定专门考核机构和科学规范的考核程序

1.考核机构

政工部门作为考核主体,带有强烈的行政管理色彩,且政工部门不司审判职责,其考核的合理性有待商榷。为提高法官考核的公信力,建议建立专门考评委员会对法官进行年度考核。除本院领导、资深法官外,吸纳部分法学界专家、学者、人大代表、律师代表担任考评委员会委员,政工部门负责考评工作的组织协调、数据收集汇总及日常事务。为防止外界因素对法官办案的干扰,影响司法独立,笔者不建议直接将法官承办案件当事人吸纳为考评委员会成员。因为法官每年办理大量的案件,处于矛盾和解决矛盾之中,当事人的期望值有时可能超越法律要求,即使胜诉一方当事人也不一定满意。但在程序设置上可以将拟确定的等次公示让持有不同意见的人有反映意见的机会。同时,也应给考核对象设置提出异议的机会。①

2.日常考评工作

完善日常考评工作,建立法官业绩档案,定期收集整理包括法官职业道德、职业技能、职业形象、廉洁自律方面的数据,进行动态管理,为年终考核提供数据支撑。

3.考核结果的应用与反馈

应当明确考核是对法官能力和业绩进行的一般性考察和评价,考核结果应当以实现激励机能为导向,满足个人被认可、被尊重的心理需求,反馈应仅指向法官本人或教育培训、审判管理等部门,以便更好地培养法官职业道德,提高职业技能,

---

① 李立新:《中外法官管理制度比较研究》,中南大学经济法专业2010年博士学位论文,第84页。

优化配置审判资源，充分发挥激励作用。考核结果不应与法官行政级别挂钩，也不应作为法官辞退、免职的依据。

（二）考核标准和内容当符合司法规律

考核标准应当体现司法规律，符合法官职业特性，内容的设置应以客观化为努力方向，激励法官以努力办案、办好案为目标。

1. 以司法公正为标准

司法公正是法官的生命，对司法公正的评价应实体与程序并重，对案件质量进行综合评估，而不是简单地以二审改判或发回重审衡量。从现阶段来看，应当加强案件评查工作，将评查结果纳入考核体系，对二审法院改判或发回重审的案件，要以此为基础确认承办法官是否存在主观上的重大过错。从长远来看，应当建立与裁判结果正确与否无关，而以法官在裁判过程中及八小时之外的不当行为为基点的考核制度。

2. 以司法效率为标准

继续推进均衡结案制度，在确保办案质量的前提下，综合考虑审判资源配置、案件疑难复杂程度、收案不均衡状态等因素，对审限内结案数、平均审理、执行时间等指标进行比较分析。

3. 以职业素养为标准

对法官法律知识的理解应用、交流技巧、庭审驾驭能力、调研情况进行综合评定，引导法官总结审判经验，积极发现问题、思考问题、解决问题，推动司法工作进步。

4. 以职业道德为标准

台湾地区学者史尚宽在谈到法官应具有的品德时说，“虽有完美的保障审判独立之制度，有彻底的法学之研究，然若受外界之引诱，物欲之蒙蔽，舞文弄墨，徇私枉法，则反而以其法学知识为其作奸犯科之工具，有如为虎傅翼，助纣为虐，是以法学修养虽为切要，而品格修养尤为重要”。① 法官必须具备高于一般社会群体的道德素质。对职业道德的考核当以《法官职业道德基本准则》、“五个严禁”规定等为基础，综合考查法官遵守司法礼仪、改进司法作风、拒收当事人财物及查实的涉法官工作作风和司法腐败的投诉举报等情况。

---

① 史尚宽：《宪法论丛》，台北，荣泰印书馆 1973 年版，第 336 页。

（三）完善职业保障制度

1. 尝试建立无忧薪金制

法官高薪制是世界上许多国家的普遍做法，它在吸引优秀人才，维护司法尊荣，防止司法腐败等方面具有积极作用。无忧薪金制简言之就是一个能够保证法官过上稳定而体面生活的工资制度。具体制度设计应考虑以下方面：一是政策应当向审判任务繁重的基层法院和边远地区、经济欠发达地区法官倾斜；二是适当提高青年法官待遇，解除优秀人才入职法院的后顾之忧；三是建立档次明晰、幅度较大的阶梯式工资制度，充分发挥导向性激励作用；四是以案件终身责任制为基础探索建立法官退休后领取司法廉洁金制度。

2. 完善退休制度

法官的劳动是一种复杂劳动，既要有深厚的法律知识，又要有丰富的不断累积的实践经验。绝大多数国家对法官退休年龄要求和一般公务员相比更加推迟。我国可以探索在现行退休年龄规定的基础上，建立法官留任制度，对于那些审判经验丰富、精力充沛、愿意继续从事审判事业的资深法官，经过一定程序确认合格后，继续从事审判工作。

3. 建立科学具体的免职制度

法官非经法定事由，法定程序不得罢免。修改《法官法》在规定法官免职、辞退理由时使用的“不胜任现职工作”“不履行法官义务”等弹性概念，明确免职、辞退程序，保障法官申辩权利。

法官心证过程公开的现实困境与应对机制

李彦宏*

内容摘要:裁判文书既是审判的最终产品,也是法官与当事人、公众交流的媒介,对于案件事实如何认定、法律条文如何选择,如何适用法律得出结果的审理过程,都需要在裁判文书中表现,尤其是疑难复杂案件,法官作出判决结果的思维过程更需要通过文书予以表现,通过公开法官心证过程,让裁判文书中的说理表达出来、公之于众,让正义以看得见的方式实现。但是,裁判文书说理中心证过程并未表达的现象普遍存在,不愿说理、不会说理或者不敢说理现象突出。究其原因,既有言多必失、怕当事人找事而不想说理,也有体制考核不合理怕承担责任而不敢说理等多层困扰。本文通过对某基层法院的文书进行实证分析,通过分析心证过程表达现状、未在文书中说理的原因,以期从根本上建立激励法官在文书中公开心证过程的机制,弥补法律文书说理不足的短板,使法律文书说理过程由形式走向实质。

关键词:自由心证　繁简分流　文书说理　副卷公开

法官在事实层面和法律层面均拥有较大的自由裁判空间,对于事实判断和法律推理均需要法官运用逻辑经验形成心证,进而作出法律判断。但是法官的判断是否可靠?我们如何来信任法官的能力?这些疑问成为影响司法公信力的重要原因,如果法官的心证过程能够公开,裁判文书体现法官形成心证的论证过程,将会消除公众对司法的疑虑,促进公众对判决正当性的接受,实现在每一个案件中都使当事人感受到公平正义的司法目标。

一、实践之惑:法官心证过程表达不足的现状及问题分析

法官不是自动售货机,案件审理需要法官的创造性思维,但是这种创造过程如

---

* 北京市东城区人民法院民七庭法官。

果不公开,很容易使司法陷入神秘主义,易滋生腐败,因此法官得出案件结果的心证过程必须更加透明地表达出来,方便社会公众对司法活动进行监督。

(一)由两则案例引发的思考

案例1:尚某与某烟酒销售公司劳动争议案,尚某是销售外勤人员,通过手机终端打卡,用人单位提供的考勤显示4月3日后尚某未打卡,尚某也认可未打卡事实,但是尚某称自己之后未打卡是因为单位从后台停止了其打卡系统致使自己无法打卡,但是自己一直到公司报到。2014年4月27日用人单位以尚某无故旷工解除劳动关系,尚某不服,提供了同事证言,与人事主管录音,证明告知过单位打卡故障并且自己每天到岗上班。本案审理中引申出一个问题,就是有可能存在用人单位以打卡机信息系统更新为由,在后台停止劳动者的打卡系统,然后再采取劳动者旷工的事由,通过合法手段解除劳动者。但是法官未主动适用事实推理,而是直接根据证据规则,认为用人单位就解除事实提供了证据,支持了单位的主张。①

案例2:刘某与某教育培训机构劳动争议案,该校法人称刘某经熟人介绍入职,入职当天跟刘某草签过一份劳动协议,该协议签完后给了刘某,并提供了学校老师证言,老师称听说过存在劳动协议的事。事后,刘某以单位未签订书面劳动合同为由,要求单位支付二倍工资差额。单位法定代表人出庭时态度也非常坚定,认为签订过协议,但是在刘某手中保管,并且对于签订过程作了详细描述,但是未提供其他证据。本案审理中有一个疑问就是双方是否签订过劳动协议,从单位的陈述来看,存在签订过一份草拟协议的可能,但是法官没有主动进行事实推理,而是直接以用人单位未提供证据,支持了刘某的诉求。②

从上述两则案件,我们发现法官在审理案件过程中,对于争议事实可能存在多种确信,但是主动适用心证构建案件事实的动机严重不足,因此判决主文中看到的只是法官得出判决结论时使用的举证责任规则,并未能反映法官审理案件的心理过程,法官的这种评价过程和裁判心理只是通过工作说明的形式附入了卷宗,这是有据可查的情况,但是更多情况是法官因工作负累,不会对裁判心理进行留痕,公众无法知道和探寻法官的这种心理,使当事人无法了解自己案件胜败的真实原因。法官心证表达不足,没有以说服裁判文书受众或受众理解、接受、认同为导向展开论证,难免出现败诉一方当事人难以接受败诉的结果,社会公众无法理解文书确定

① (案例)详见北京市东城区人民法院(2015)东民初字第18852号判决书。
② (案例)详见北京市东城区人民法院(2015)东民初字第19225号判决书。

事实与客观真实之间的推理关系，破坏了普通大众朴素的道德理念，导致司法的公正性受到质疑。

（二）法官心证过程公开的现状

本文以北京某基层法院劳动争议庭2014年审理的100件适用普通程序审理的案件作为研究样本，通过查看副卷、判决书、开庭笔录等材料，对卷宗材料和裁判文书中法官在事实认定和法律适用方面形成心证的说理过程进行比对，笔者依据存在心证表达和不存在心证表达两个方面对取样裁判文书进行分析统计：上述样本中，存在心证表达的案件41件。根据心证表达形式不同，又具体分为5种类型，其中在审理报告中体现心证过程的16件，合议笔录中体现心证过程的7件，工作说明中体现心证过程的8件，释法笔录中体现心证过程的6件，判决书中运用自由心证制度的4件。未在卷宗材料和裁判文书中表达心证形成过程的案件59件。为了便于分析，笔者对上述100个案例中表达心证的内容进行详细分析，通过对心证形成的要素分析，将影响法官形成心证的各项因素具体化，通过归纳样本状态以期反映出当前法官在心证表达程序及公开形式中存在的问题（见表1）。

表1　法官心证公开分类

项目	表达形式	表达内容
表达心证	审理报告	法律规定不明需要确定裁判规则 新类型劳动关系纠纷 个案示范效应较大如企业供暖费纠纷
	合议笔录	记载主审法官对证据认定特别是证人证言是否采信、当事人陈述是否采信 对法律适用的理解，如以原条件续订劳动合同、签订二次无固定期限劳动合同 有陪审员意见，主要是事实部分、政策问题 记载少数意见，合议庭成员不同意见，比如劳务派遣合同纠纷中，主审法官和陪审员认为应按劳务派遣处理、另一合议庭成员认为派遣无效
	工作说明	依职权调取的证据包括社保、银行记录 政策咨询包括工伤保险、退休待遇、工龄认定 工商局查询结果包括关联企业股东信息、企业注册信息 依职权询问鉴定机关意见、专家意见
	释法笔录	主动回应败诉方的质疑，就证据未采信、法律理解适用进行解答

续表

项目	表达形式	表达内容
未表达心证	证据罗列	仅对举证质证过程进行罗列,未对于证据效力、证明程度进行认定
	案件焦点	仅总结争议焦点,未展开详细论述
	直接引用法条 直接适用证据规则	判决说理部分,直接引用法条进行裁判,未进行法理分析。证据不足导致真伪不明、事实不清案件,直接按举证规则裁判

通过上述统计分析我们发现大部分案件法官不主动表达心证过程,即使法官有想法、有疑虑,也仅限于内部的审判组或各承办人之间互相讨论交流,不愿将心证过程表达出来。有的案件即使法官表达心证过程,也是出于案件复杂,需要合议庭共同讨论或者需要向主管院长、二审汇报,但留存心证的审理报告、合议笔录等材料也仅限于副卷,不在当事人能公开查阅卷宗的范围。在裁判文书中进行说理并公开心证过程的案件更是少之又少,大部分案件均未在裁判文书中对当事人的质疑、法律难点作出回应,也未对大前提和小前提如何演绎得出结论的思维过程进行说理,而由于法官心证过程说理不足和表现形式欠缺,严重影响了裁判文书整体的说理程度。

(三)法官心证过程公开表达存在的问题

笔者通过对影响法官心证表达的因素进行统计分析发现,法官心证过程表达不足存在的问题主要表现在几个方面。

1. 庭审笔录替代裁判文书的功能

案件事实是裁判的前提和基础,让证据"说话",是法官查明案件事实的"基本功"。庭审笔录记录了法庭审理包括证据质证的过程。但是对于证据的认证过程不属于庭审的工作,认证属于法官根据证据规则对当事人提交证据的效力进行认定的过程,属于法官的一种判断权,这种判断关系案件事实的真伪,对于如何得出案件事实,法官应在判决书中予以说明。然而法官存在重笔录轻判决的观念,认为证据已经在开庭质证过了,至于证据怎么认是法官的事,尤其对于证人证言、当事人陈述等品格证据,完全凭借法官个人的确信,缺乏推理过程,这就使案件事实与证据脱节,给当事人一种说理未尽的感觉,严重影响了裁判文书的说理性。

2. 注重裁判结果轻视法律推理

随着法律体系的形成和疑难复杂案件的增多,如何准确选择法律、合理解释法律、正确适用法律,对每一位法官都是现实考验。当前,有的裁判文书说理内容公式化,只引用法条,不针对当事人诉讼请求阐明适用法律的道理,法官普遍认为只要裁判结果正确就行,推理过程是否详细并不影响判决结果,另外详细的说理过程费时费力,案件工作量这么大,应优先保证结案率。比如在一起劳动合同续订案件中,当事人签订过一次正式劳动合同,但是后来又连续变更过三次劳动合同期限,对于后续变更合同期限的行为用人单位认为不属于劳动法意义上的二次签订固定期劳动合同,审理法官根据自己的理解认为变更合同的期限较长,已经达到了续订合同的目的,应认为符合连续签订两次劳动合同的条件,但是在裁判文书中仅引用了《劳动合同法》第 14 条①就直接作出了判决,未对用人单位的抗辩意见给予回应。

3. 说理主体与说理对象的角色错位

裁判文书的主要受众是案件当事人,当事人也是裁判结果的直接利害关系人。但实践中,法官对于案件结果总是有一种先入为主的判断,法官的思维是先得出结论再找理由,找理由的过程只要说服自己就行,忽视了说理对象。另外由于审级、审判管理、内部过问案件等体制原因,法官为了确保案件不被发改、定错,只将自己的想法通过内部的审理报告反映给二审法官,自由心证过程的表达方式只限于副卷,表达形式仅限于工作说明、审理报告、合议笔录,但是由于副卷并不公开,当事人无法知悉副卷中的内容,因此法官心证的内容对于当事人而言成了秘密。

4. 说理依据与判决依据相混淆

实践中,裁判依据和说理依据没有得到有效区分,法官在说理时往往仅限于法律、法规、司法解释等规范性法律文件,不愿意提及裁判依据以外的其他资源。尤其是在我国成文法尚不完备,存在各级法院制定的会议纪要、裁判指南指导审判实践的情况,由于法院出台的内部文件不具有法律效力,法官无法直接引用,然而裁判依据与说理依据并不相同,虽然法院内部的各种司法文件不能成为裁判依据,但

---

① 第 14 条:"无固定期限劳动合同,是指用人单位与劳动者约定无确定终止时间的劳动合同。

用人单位与劳动者协商一致,可以订立无固定期限劳动合同。有下列情形之一,劳动者提出或者同意续订、订立劳动合同的,除劳动者提出订立固定期限劳动合同外,应当订立无固定期限劳动合同:

(一)劳动者在该用人单位连续工作满十年的;

(二)用人单位初次实行劳动合同制度或者国有企业改制重新订立劳动合同时,劳动者在该用人单位连续工作满十年且距法定退休年龄不足十年的;

(三)连续订立二次固定期限劳动合同,且劳动者没有本法第三十九条和第四十条第一项、第二项规定的情形,续订劳动合同的。用人单位自用工之日起满一年不与劳动者订立书面劳动合同的,视为用人单位与劳动者已订立无固定期限劳动合同。"

是可以成为说理依据。比如劳动争议纠纷中,当事人要求未签订劳动合同2倍工资的主张是否适用仲裁时效,法律没有规定,但是北京市高级人民法院的会议纪作出了详细的规定,[①]因此法官在裁判说理时,可以将此作为解释时效的一种理由。

(四)先决问题:法官心证范围的界定

1.法官心证制度的渊源

法官心证制度源于自由心证制度,而自由心证源于案件事实认定,自由心证制度是在否定法定证据制度的基础上发展来的。法定证据制度僵化地规定了证据方法及证明力,排除或限制了法官自由判断证据证明力以及案件事实的空间。法定证据的机械性难以适应迅速变化的社会生活,因而自由心证制度就应运而生了。自由心证证据制度允许法官根据“良心”和“理性”自由判断证据证明力的大小及其取舍和运用,在内心形成确信,从而对案件事实作出认定。[②] 现代意义的自由心证摒弃了传统自由心证原则将法官自由心证绝对化的做法,在强调心证的同时也强调法律规则特别是证据规则对法官自由心证的制约,强调心证过程和结果的公开。[③] 自由心证不是法官的自由擅断,而是一种受到某种内外因素约束的“自由”。[④] 最高人民法院颁布的《关于民事诉讼证据的若干规定》第64条规定:“审判人员应当依照法定程序,全面、客观地审核证据,依据法律的规定遵循法官职业道德,运用逻辑推理和日常生活经验,对证据有无证明力和证明力大小独立进行判断,并公开判断的理由和结果。”该条规定被认为是我国司法界正式认可自由心证制度的标志。

2.法官心证制度的范围

法官心证狭义上讲仅指证据法意义上的自由心证制度,但案件审理既涉及事实认定也涉及法律适用,有的还涉及程序的处理,因此最高人民法院《规范自由裁量权指导意见》认为“自由裁量权是人民法院在审理案件过程中,依据法律规定和立法精神,秉持正确的司法理念,运用科学方法对案件事实认定、法律适用以及程序处理等问题进行的分析和判断,并最终作出依法有据、公平公正、合情合理裁判的权

① 参见北京市高级人民法院、北京市劳动争议仲裁委员会《关于劳动争议案件法律适用问题研讨会会议纪要(二)》第28条:“《劳动合同法》第八十二条‘二倍工资’的认定与起止时间、计算方法?……(5)二倍工资中属于劳动者正常工作时间劳动报酬的部分,适用《调解仲裁法》第二十七条第四款的规定;增加一倍的工资属于惩罚性赔偿的部分,不属于劳动报酬,适用《调解仲裁法》第二十七条第一款的规定,即一年的仲裁时效。”

② 齐树洁主编:《民事诉讼法》,中国人民大学出版社2013年版,第172页。

③ 沈志先主编:《民事证据规则应用》,法律出版社2010年版,第37页。

④ 张亚东:《经验法则:自由心证的尺度》,北京大学出版社2012年版,第127页。

力”。从一定意义上讲法官行使自由裁量权的过程就是法官进行心证的过程，因此就广义而言，法官心证范围不仅包括证据事实还包括法律适用，关于程序中涉及包括管辖、中止、回避、受案范围等问题不是一个单纯的程序问题，也需要法官行使判断权作出裁决，因此对于此类问题也应该属于法官心证的范围，应在裁判文书中表述。

二、追根溯源：法官心证过程公开之困境及原因

从我们的统计分析发现，法官心证过程主要是通过内部的审理报告、合议笔录等形式公开和说理，说明法官心证过程不公开并不只是，甚至不主要是法官不会说理。更为重要的是，由于受到法治水平和司法环境的限制，我国法官不敢说理、不能说理、不愿说理，当事人和社会公众难以看到真正的判决理由。

（一）法官心证过程对内不对外的原因

法官心证表达内容与表达形式虽然多种多样，但心证内容直接反映案件裁判的全过程，案件当事人作为利害关系人，应该知悉自己的诉讼结果如何得出，但是受困于各种客观条件限制，法官心证内容只对内不对外，严重影响了裁判结果的公信力。

1. 上下级法院监督关系扭曲导致请示汇报替代法官心证

司法改革去除了地方政府对法院工作的干扰，但是在法院内部形成了系统内行政化，上下级法院由原来的监督关系转变成领导关系，下级法院审理的案件，一方面出于怕担责、怕影响全院的考核结果主动向上级法院汇报案件，审判不作为现象突出，通过内部请示将来即使出现突发事件，也可以找到申辩理由；另一方面上级法院内部批示主动干预，将案件定性为疑难案件，由上级法院批示下级法院依法审理，主审法官就会写报告请示判决意见，法官失去了心证自由，请示结果也不公开。

2. 法官、庭长、院长职责不明导致内部审批替代法官心证

法院独立的真实含义是法官独立，但是在法院的审判组织内，基于院（庭）长正常过问案件程序把关不严格，导致隐形的内部行政色彩并未褪色，反而加强。根据《关于院庭长监督指导案件规定》，疑难案件、群体案件、敏感案件属于院长、庭长有权过问的案件。[①] 但是什么是敏感案件，什么是疑难案件没有准确的界定。

---

① 参见某院《关于院庭长监督指导案件规定》第9条的规定，下列案件审判长和法官应当接受庭长指导：“（一）审判长与法官意见不一致的；（二）合议庭评议不能形成多数意见的；（三）涉及安全稳定的或具有不安定因素的；（四）社会关注度及敏感度较高的；（五）已经发生舆情或可能发生舆情的；（六）需要明确或统一基本执法尺度的；（七）涉众型或关联性案件；（八）终结诉讼的；（九）涉外、涉港澳台的案件；（十）庭长认为应当听取汇报的。”

实践中,因涉案主体身份特殊如人大代表,案件就成了敏感案件,法官需层层请示汇报,然而有些特殊事实法官不便于写入判决书,这就造成法官心证的形成早于案件判决,未能反映案件审理的全过程。由于司法责任制不够明确,在裁判文书层层审核把关的情形下,导致一些法官产生依赖心理,认为自己的说理院(庭)长不一定认可。尤其当法官本人意见与合议庭或审判委员会意见不一致时,更缺乏说理的积极性。

3. 考核指标片面化导致法官对内负责代替案件心证

为了加强法官的科学考评,人民法院制定了一系列考评规则,法院的各项考核指标比较多,包括一审息诉服判率、一审案件上诉率、上诉改判率、信访案件数、上访案件数等。其实,法院通过考核这些数据,主要是为了反映一名法官的办案能力和业务水平,并且考评结果被作为法官个人晋升晋级的依据。然而上述各项指标的考评主体不是审管办就是上级法院,比如以发改案件为例,基层法院法官最担心案件发改,案件发改的原因很多,我们对某院劳动争庭 2013 年发改案件统计发现,全部发改的 17 个案件中,因一审、二审法官对证据事实和法律规定认识不一致被发改 9 件,占全部发改案件数 53%。那么案件被发改后,审管部门要组织案件评查,对案件定错,包括大、中、小三个等级,如果案件被评为大错,那么会取消承办法官评优、评先资格,严重影响到了法官的个人职业生涯,因此出于保证案件不被发改、不被定错,法官对于争议案件、信访案件、新型案件不敢作出判决,而是通过请示、汇报来探究上级法院及院庭长的思路,这样法官自己对案件的心证想法让位于审级、等级,法官对案件审理的心证过程也不会在裁判文书中体现,出现了审理报告详细,裁判文书简单这种"对内对外两张皮"的现状。

(二)法官心证过程不表达的外部原因

法官认定事实和适用法律的心证过程,受困于案件负担过重无力表达心证或者担心案件心证过程说理过细会引起当事人的反弹,往往选择通过抽象判决替代详细说理,规避自己的责任。

1. 职业保障机制不健全导致法官不愿表达心证过程

法官作出判决后,受到两方面的关注:一方面是案件当事人,当事人对于法院裁判往往抱有利己性预判,如果裁判结果达不到自己的心理预期,往往会针对法院裁判文书中的裁判理由开展"挑刺型""恶意曲解型"对抗,通过信访、申诉,取得"曲线救国"的诉讼目标。另一方面是裁判文书上网,法官对个案的裁判会受到舆论的关注,再加上自媒体时代,信息传播的速度超乎想象,裁判文书出现一点纰漏,事件都可能被无限放大。当事人信访与网络媒体炒作叠加,会给法院产生强大的压力,即使像文字错误这种不可避免的纰漏,也可能会被无限放大,在强势的公众舆论面前法院往往自觉退让,在法院启动的应急机制中,法官受到处分或处理(如调离审判岗位等)的实例屡见不鲜。这样看来,法官在适用条件不是特别明确规定的情况下,如轻易适用自由心证可能会造成自身权益的损害,故从内心来说还是小心为宜,不愿轻易采用自由心证而作出裁判。

2. 司法资源供给不足导致法官因累而无力表达心证

随着立案登记制度改革,人民法院收案数量"井喷",但是司法改革配套机制无法跟上现实需求,"案多人少"矛盾在全国各级法院都不同程度的存在,在中基层法院尤其突出。以北京为例,一线法官人均结案约300件,有的基层院法官人均结案数更多,面对大量的纠纷,各级法院将结案率放在首位,案件当事人也要求快速结案,在高强度的工作压力下,法官体力消耗甚巨,再加上承担额外的各种汇报、调研写作,更是身心疲惫,无论是时间还是精力都无法保证将裁判心证表达于法律文书。

3. 法官专业不自信导致法官缺乏表达心证的心理准备

裁判文书说理的核心是法官,法官自身的生活阅历、法律理论功底限制了法官的说理能力。我们调研发现年轻法官偏爱判决,而中老年法官偏爱调解,其中一个原因是他们理论表达有限,不愿写判决书,但是他们庭下说理能力强,大量案件通过调解结案。为什么庭下说理而书面不说理,这从一个侧面反映了法官对于专业知识不自信,通过庭下答疑代替法官心证,庭下释疑可以随意表达,不被当事人挑刺,即使专业表达有误只要能让双方当事人信服就行,而落到书面上,容易被他人抓住把柄。另外就是法官观念上认为在审判过程中说理就可以了,不需要再将心证过程在裁判文书中表达。

三、完善之道:基于审判权运行机制和裁判文书充分说理的双重构建

(一)构建法官独立审理案件的审判权运行机制

自由心证要求法官通过内心自由地进行心证,那么前提必然是法官的审判权是独立的,这两者是因果关系,没有独立的审判权就不可能拥有自由的心证,[①]因此要想法官独立自由的形成心证且表达心证过程,笔者认为在员额制改革的基础

---

① 钱仁伟、黎义:《民事诉讼中自由心证制度适用之现实困境与应对机制研究》,载《中州大学学报》2013年第4期。

上,需建立法官独立审理案件配套制度,让法官独立表达自己的意见,让当事人看到法官的心证过程,从而改变法官心证对内不对外的倒挂现象。

1. 完善院长、庭长办案机制,实现审批案件向办理案件转变

员额制改革后,院长、庭长进入了法官员额,承担了案件审理工作,但是实践中过分强调了院长、庭长审判监督管理权,而忽视了入额院长、庭长的办案权,院长、庭长挂名办案现象严重,致使院长、庭长办案机制虚化,合议庭承办法官隐性汇报、请示依然存在,因此需要建立院长、庭长办案的配套制度,具体而言在案件范围上应限于重大、疑难、复杂案件,直接由院长、庭长组成合议庭审理,同时严把入额条件、打破身份优势,平等参与案件考核,对不合格者也应实行退出机制,通过强化院长、庭长的审判权,发挥院长、庭长审理疑难复杂案件的作用,除去法官内部的行政化弊端。

2. 改革审委会功能,实现重视个案监督向总结审判经验、发挥审判监督功能转变

随着法官审判权的逐步强化,作为法院内部对审判工作实行集体决策的最高审判组织,审委会本身的职能定位需重新界定。过去审委会参与讨论决定个案问题,致使承办案件法官只有审理权没有判决权,而审委会成员又不亲自审理案件,对于案件事实缺乏了解,无法真正对案件发表意见,表决程序流于形式。在法官办案责任制下,应当减少审委会讨论案件的范围,将审委会的功能转向审判经验总结、案件质量评查等审判管理权上。如果确需审委会讨论的疑难复杂案件,可以建立大合议制,由审委会委员组成合议庭集体审理案件,这样既可以发挥集体的智慧,又可以避免集体审判只定案不审案的弊端。

3. 完善法官联席会议制度,弥补法官独立审案后缺乏监督制约的制度空间

法官独立审理案件后,审委会和院(庭)长对个案件监督把关职能减弱,许多人担心赋予法官在案件方面自由心证的权利,法官拥有较大的自由裁量权,容易在诉讼活动中随心所欲,孟德斯鸠曾指出:"一切有权力的人都容易滥用权力,这是万古不易的一条经验。有权力的人们使用权力一直遇到有界限的地方才休止。"①笔者认为对于审委会和院长、庭长监督个案的职能剥离后留下的制度空间可以由法官联席会议制度承担,也就是夯实法官联席会议制度的功能,构建一套辅助法官依法独立行使审判权、确保统一适用法律的制度。从组成上,可由入额法官建立专业法官联席会和庭室法官联席会,讨论案件范围应仅限于重大、疑难、复杂案件,合议

① [法]孟德斯鸠:《论法的精神》,商务印书馆1961年版,第154页。

庭争议较大的案件。讨论意见应全程记录，最后由全体法官就各种观点进行表决，形成多数意见，原则上联席会的意见对于法官具有参照效力，类似问题应类似处理，这样可以约束法官在适用法律上的任意性，另外可以统一裁判尺度，避免同案不同判现象发生。

(二)构建新型民事裁判文书说理模式

裁判文书应该反映案件审理全貌，无论是程序问题，还是争议的实体法律问题，都应在“本院认为”中体现法官作出判断的逻辑思维过程，如果法官的心证过程不能通过说理体现在文书中，那么承办法官审理案件的整体性将被破坏，致使裁判文书缺乏个性，既不利于裁判文书的说理，也不利于当事人对判决结果的信服。

1. 建立裁判文书的事实说理规则

实践中，法官沿袭着三段论式的裁判技术，在判决书分别罗列案件事由、所适用的法律条文和判决结果；对于当事人的质疑和案件争点不作出回应，缺乏对于争议事实的认定过程，严重影响了裁判文书的说理。因此在裁判文书“本院认为”部分应列入争议事实认定说理部分，具体包括：(1)对依职权调查证据经过进行详细说明，并对调查结果是否采信进行说明；(2)对证据材料是否具有证明力及证明力的大小进行科学论证；(3)结合案情和当事人陈述，全面审查证据材料，对法官作出的最终结论进行法理论证，展示法官经验、逻辑法则的运用过程。

2. 建立裁判文书的多元说理体系

在法律推理的“三段论”中，认定了案件事实这个小前提之后，只有再确定法律规范这个大前提，才能得出裁判结论。但法律大前提并非完美无缺，法律漏洞、法律竞合等情况客观存在，需要法官运用法律思维寻找适用个案的具体规则，法官在裁判过程中需要经过复杂的思维活动，不仅要依据法律规定，还要考量常情常理，不仅采取演绎推理方式，也采取归纳推理方法。正如美国法官波斯纳认为，“对法官来说最好是将他们的工作理解为：在每一个案件中都努力获得特定环境中最合乎情理的结果”。① 因此，法官在法律论证过程中，要区分裁判依据和说理依据，法官在说理时并不仅限于法律、法规、司法解释等规范性法律文件，政策、道德、案例、学术观点等不是裁判依据，但可以作为说理依据，通过丰富说理依据，裁判结果才能更加符合社会情理。

---

① [美]理查德·A.波斯纳：《法理学问题》，苏力译，中国政法大学出版社2002年版，第165页。

3. 探索在裁判文书中引入合议庭不同意见

司法正义背后的论争,在裁判文书中的最佳表现方式是公布裁判者不同意见。“大陆法系国家在传统上,司法判决一般都只展示一种法院意见,如今情况已然变化,除了法国和意大利,多数大陆法系国家的司法判决都出现了不同意见”。① 在美国法官看来,发表不同意见是“对被掩盖的法律精神的呼唤,是对未来理解力的呼唤,其后的判决可能改正持不同意见的法官所相信的法庭因受蒙蔽所犯的错误”,“表达不同意见或并存意见可以为明天救助那些今天被牺牲或被忘却的原则”。② 当前我国裁判文书并不公布不同意见,然而这与审判公开的趋势不相符。在确立了法官依法独立行使审判权的背景下,在裁判文书中公布不同意见,可以促使判决的说理分析更为全面,增加判决的透明度与可信度,保证当事人和社会公众的知情权和监督权,从而使当事人从情感与理智上理解、信服法院的判决。我国可以借鉴英美法系的做法,将现有的合议笔录按法官的不同意见进行整理,附在判决书后予以公开,对于争议较大的案件可以采取卷宗公开方式仅附在正卷中供当事人查阅。

(三)革故鼎新,构建法官心证公开制度的构想

正如边沁所言,“没有公开就没有正义……公开是正义的灵魂。它是对努力工作最有力的鞭策,是对不当行为最有效的抵制。”裁判文书公开是诉讼公开和裁判公开的基本依托和载体,不仅要通过网上公开裁判文书等途径实现形式公开,最重要的是要在裁判文书中全面反映诉讼和裁判过程。③ 法官心证是裁判过程的必然组成部分,对于法官心证形成过程和结果应一并在裁判文书中公开。

1. 基于繁简分流,确立疑难复杂案件心证公开规则

意大利经济学者帕雷托提出了“二八定律”著名公式,该定律的结论同样也与法官审理案件的难易程度高度契合,就是在案件难易程度、繁简性质上均呈现出该定律的逻辑态势:80% 的案件相对简单,而只有 20% 的案件是相对较难,因此法官审理案件应该是简案要效率,难案要精品,也就是要实行案件繁简分流制度,简单案件裁判文书可以套用格式文书,不必详细说理。对于复杂案件,应该加强法官心证形成的说理性,在裁判文书中公开法官心证过程,那么繁简案件区分标准是什么,笔者认为新类型案件、事实争议较大案件、法律适用疑难案件应属于复杂案件,

① 张志铭:《如何看待“公开合议庭不同意见”》,载《人民法院报》2002 年 12 月 20 日。
② [美]埃尔曼:《比较法律文化》,贺卫方、高鸿钧译,三联书店 1990 年版,第 224 页。
③ 傅郁林:《民事裁判文书的功能与风格》,载《中国社会科学》2000 年第 4 期。

应该公开法官心证过程。

2. 基于限缩副卷范围，建立审理报告、审委会决议、法官联席会决议转化公开机制

副卷应该包括什么内容，法院内部立卷规范第9条进行了明确规定，①但从规定发布时间看，上述规定严重滞后于司法实践，与司法公开的价值严重背离，另外，审判人员对于副卷的功能认识严重偏离，副卷成了兜底筐，造成正副卷材料严重失衡，无法让当事人了解案件的真实概貌。笔者认为对于审理报告、工作说明、外调笔录等体现法官审理案件思维过程的材料，应将上述内容转化为裁判文书说理部分；对于审委会决议，应该由委员签字确认后，放入正卷，供当事人查询；对于法官联席会形成的多数意见可以作为裁判文书说理依据写入判决主文。副卷仅需保存上级法院指导案件，人大、政协过问案件形成的留痕笔录，以及涉及国家秘密、公共安全无法公开的材料。

3. 基于大数据时代背景，建立裁判文书公开风险预警机制

网络传播快捷化增加了网民和媒体获取和评论司法案件的机会，随之而来的是个案传播速度的加快和影响力的增加。近年来裁判存在问题的个案被媒体聚集，给法院审判工作带来了空前压力，再加上当事人的挑错信访，法官裁判案件时谨慎、担忧甚至惧怕，而法院尚未形成风险应对机制，因此应探索建立裁判文书公开风险评估机制和预警机制，对于拟公开文书进行风险识别、衡量、评估和规避，对敏感案件做好风险应急预案；另外建立已开公文书上网评与反馈机制，通过交流互动，做好信息收集与公众回应工作，保障信访、媒体等案外因素不对法官心证公开产生负面影响。

四、结语

无论是加强裁判文书说理还是加强司法公开，法官心证过程的说理和公开均不可或缺，如果法官心证过程不说理，或者即使说理也不公开，那么审判的公开、公正就无从谈起，因此只有不断优化制约独立审判的司法环境、完善法官心证过程和结果公开的配套制度，才能实现“让审理者裁判、让裁判者负责”的改革目标。

---

① 《人民法院诉讼文书材料立卷规范》第9条明确规定，诉讼文书副卷材料包括案件审理报告、合议庭评议案件笔录、审判委员会讨论案件记录、延长审理期限的申请及批示材料，其他不宜对外公开的材料。

法官个体因素对裁量公正的影响

龙　琨*

内容摘要:“同案不同判”严重损害司法权威。为何在形式公正的前提下却出现实质不公正的现象?比如,男女法官在面对同一离婚案件审判结果可能存在差异性,不同年龄层的法官在面对同一名誉权案件也可能有不同的倾向性意见。本文将从法官对于实现公正的作用、裁量权公正价值的体现以及法官个体因素如何影响裁量权的行使三方面进行分析,以得出降低法官个体因素对裁量公正影响的方法。在目前司法改革从法院独立向法官独立逐渐转变的背景下,探讨这一课题更有实践性深远意义。

关键词:审判公证　个体因素　审判裁量权

一、法官是实现公正的途径

拉德布鲁赫说:“法官是法律由精神王国进入现实王国控制社会生活关系的大门。法律借助法官而降临尘世。”①古典主义学者将法官作为概念化的尊崇,强调法官行为具有天然的合法性和正义性。②《法官法》第2条规定,法官是依法行使国家审判权的审判人员。依法审判案件不受行政机关、社会团体和个人的干涉。那么,法官究竟是什么?法官是将抽象的法律具体运用到个案中,以调整、规范社会生活的主体。法律的灵魂是公正,而法官则是实现公正的途径。

在理想的状态下,法官被要求成为具备渊博法律知识的一般理性人,是社会生活中某种公正判断的渊源。从社会学角度分析,法官所扮演的角色是一种规定性角色,其角色的权利和义务有比较严格而明确的规定,并且是一种表现性角色,是

---

* 北京市东城区人民法院民二庭法官。

① [德]拉德布鲁赫:《法学导论》,中国大百科全书出版社1997年版,第100页。

② 顾培东:《社会冲突与诉讼机制》,四川人民出版社1991年版,第132~135页。

不以获得经济上的报酬和效益为直接目的，而以个人表现为满足的社会角色。[①]然而法官毕竟不是生活在真空中，不是适用法律产出裁判文书的机器。杰罗姆·佛兰克曾指出“法律规则并不是法官判决的基础，司法判决是由情绪、直觉的预感、脾气以及其他非理性的因素所决定的”，虽然杰罗姆·佛兰克的说法过为极端，但实践当中不可否认的是法官首先的自然属性是人，之后是社会人，再之后才是职业背景下的社会人。从法律社会学的角度来看，裁判的过程绝不是法律规范的简单、机械适用，而是人际之间活动的实现。法官作为活生生的个体生命，亦有性别、年龄、性格、阅历、成长背景等有别于其他人的属性，这些属性对法官职业是否有影响？又会在何种程度上左右审判公正？我们知道，在面对同一社会事件时，不同人可能有不同的观点和看法，那不同法官在面对同一案件时，是否也会有裁判上的区别呢？例如，通过调查发现，面对同一离婚案件，男女法官对于财产分割中对非过错方适当倾斜的程度有所差别，男法官倾斜程度相对较小，而女法官则普遍认为应该通过财产的分配差距惩戒婚姻关系中的过错方。从严格适用法律来讲，两种判断都不违反法律，但从同案同判的角度分析，上述判决则存在违反公正价值的嫌疑。

英美法系中陪审团成员与仲裁制度中仲裁员的选择制度均从一个侧面反映出裁判者个体因素对于裁判结果的影响程度。但法官是无法选择的，当事人随机遇到某位法官却有可能得到差异的裁判结果，这样的可能性让当事人十分不安，也将损害司法权威。所以透析法官个体因素对审判的影响十分必要，特别是在目前司法改革从法院独立向法官独立转变的背景下，上述课题更有深远的意义。

二、审判裁量权中的公正价值

公平正义是法律的终极价值，同时也是一种法律精神和法治理念。我们要求法官断案“以事实为依据、以法律为准绳”，但如果把“公正”分成若干级别的话，恐怕“以法律为准绳”只能作为最低级别的公正，而真正追求高级别的公正在于法官对于审判裁量权的运用。关于裁量权的定义，《牛津法学大辞典》给出这样的界定：酌情作出决定的权力，并且这种决定在当时情况下应是正义、公正、正确、公平和合理的。法律常常授予法官权力或责任，使其在某种情况下可以行使自由裁量

---

① 吴铎主编：《社会学》，高等教育出版社 2007 年版，第 12 页。

权。有时是形势所需,有时则仅仅是在规定的限度内行使这种权力。① 简言之,裁量权也就是法律因种种原因无法约束到或不可能约束到,需要法官运用主观能动性去认定事实、适用法律的范围。

审判裁量权遍及审判活动过程始终,但主要体现在认定事实、适用法律、裁判尺度三个方面。

（一）事实认定中的裁量权

审判的特点在于事后裁判,所以审判活动中的事实认定除了当事人自认以外,均通过证据来还原。虽然诉讼法对于证据的举证、采信均有所规定,但案件情况的具体性、多样性、复杂性使法官要在法律规定的范围内进一步思维推理,最大限度还原案件真实。事实认定中的裁量权主要指的是法官在举证责任分配、证据能力确定、证明力权衡等方面的裁量。比如,根据"谁主张,谁举证"的原则,原告需要首先举证证明待证事实,但究竟原告提出的证据要达到何种证明程度,举证责任的皮球就被踢到了被告一方,需要由被告举出反证以免除不利的后果。同样,原、被告均为各自主张提出证明目的相反的书证,究竟哪方的证据证明力更大呢?这些都需要法官在法律框架内进一步裁量。

（二）适用法律中的裁量权

法律对调整社会生活至关重要,但法律本身也存在一定的局限性:法律不可能覆盖生活的方方面面,因此出现了法律空白;法律不可能时刻与时代发展保持一致的步调,因此出现了法律的滞后性;法律依存于语言的表达并且总要高屋建瓴的调整某一类社会生活,因此出现了法律的模糊性。正如南宋朱熹所说"大抵立法必有弊,未有无弊之法"。法律的以上种种不尽如人意的地方,均需通过法官行使裁量权来弥补,运用法理、法律解释方法、法律类推适用等攻克法律空白、滞后与模糊性的难关。

（三）裁判尺度中的裁量权

认定事实、适用法律后,法官对案件是非曲直、责任分担等有了明确的答案,但是最后如何落实到可供执行的裁判文书上,还是离不开裁量权的运用。例如,合同法针对法官应当事人要求调整违约金的尺度问题,规定了一般不超过造成损失的30%的限度。而继承法规定对被继承人尽了主要抚养义务或者与被继承人共同生

---

① [英]戴维·M.沃克编辑:《牛津法律大辞典》,北京社会与科技发展研究所译,光明日报社1989年版,第261页。

活的继承人,可以多分遗产。上述例证均是法律直接赋予法官行使裁量权的体现。

审判中的裁量权,在于追求个案的具体公正。制定法律的依据是社会普遍情况或典型情况。“法律考虑的多数案件,亦即典型的和一般的情形。”①这将导致一般公正与个别公正的冲突,而裁量权的运用正是消解这一冲突的有力工具。也就是说裁量权的目的在于公正,与此同时,公正价值也应该成为行使裁量权的最高指导思想,以排除法官随意发挥主观能动性和创造性。但就像“一千个人眼中有一千个哈姆雷特”一样,每个法官面对个案处理,公正的理解也绝非统一,那么法官作为审判职业下的社会人,什么样的个体因素将会对审判裁量的公正产生重要影响呢?

三、法官个体因素如何影响裁量权行使

北京市高级人民法院曾刊出一篇关于法官工作、生活情况的调查报告。报告显示,从年龄上,法官群体正趋向年轻化,被调查的法官中 25 ~ 30 岁占 16. 88%、31 ~ 35 岁占 29. 4%、36 ~ 40 岁占 19. 51%,而 50 岁以上的法官仅占 5. 38%。担任法官不满十年的占 66. 54%,其中,47. 29% 的担任法官不足 5 年。从学历上,法官群体正趋向专业化,被调查法官中具有大学本科以上学历占 97. 85%,其中硕士学历占 34. 37%,并且 90. 17% 的法官都是法学专业的毕业生。从家庭上,法官群体体现出稳定性,被调查法官中已婚率高达 86. 39%,育有子女者占 79. 06%。从收入上,法官群体收入普遍较低,被调查法官中月收入不到 5000 元者占 80. 53%,高于 8000 元者仅占 3. 09%。从职业满意度来看,法官群体对于工作的整体满意度相对较低。② 该调查报告还包括其他有关法官职业背景的因素,如果把这些因素组成一个坐标系,每一位法官都有各自独特的坐标点,也将对裁量权的行使产生各异的影响。

(一)个体因素中的自然属性对裁量权运用的影响

法官个体因素中的自然属性包括法官的性别、性格、年龄等,前述男女法官对于离婚案件的不同态度体现的就是性别因素对于裁量权的影响。一般来说,男性法官的思维较女性法官更为缜密和理性,所以面对不同的个案,男性法官行使裁量权尺度的一贯性较强。性格指的是思想、意志、情感、态度等方面有别于他人的品性,性格指导人的思维方式与行为方式,不同性格的法官在行使裁量权时也会产生

---

① [英]戴维·M. 沃克编辑:《牛津法律大辞典》,北京社会与科技发展研究所译,光明日报社 1989 年版,第 261 页。

② 胡昌明:《你应该知道的中国法官》,载微口网:http://www. vccoo. com/v/41a3bd? source = rss,最后访问日期:2015 年 5 月 25 日。

不一样的结果，保守型法官一般慎用裁量权，激进派法官则将运用裁量权作为自己审判价值的体现。年龄对于法官裁量权，甚至是社会的司法理念都有重要的影响，如前所述法官群体正趋向年轻化，年轻法官接受新事物较快，理论化水平也较高，相应在处理新类型案件缺少法律规范时，更易于运用理论处理案件；而老法官审判经验及处理矛盾纠纷经验更为丰富，处理案件凭借经验下裁量的"刀"，往往"切"出来的裁判结果恰到好处、胜败皆服，信访率低、满意度高。

（二）个体因素中的社会属性对裁量权运用的影响

法官个体因素中的社会属性指的是法官阅历经验、经历背景、阶层距离、知识理论学派、工作生活满意程度等因素。具有丰富阅历经验的资深法官在运用审判裁量权时常常以法律效果与社会效果统一为指导，结合法律经验与生活经验对个案作出判断。而法官具有与其承办案件案情相似经历时，较容易作出带有偏向性的裁量，如曾经被美容院虚假宣传误导的法官对于此类案件的处理将更加倾向消费者利益。法官的阶层距离指的是法官处于社会的哪一阶层，案件当事人所在阶层若距离该阶层越近，则他的行为方式更能为法官所认可。如前所述，法官的收入水平普遍不高，所以在面对子女赡养费问题时，很难理解与子女共同生活的一方对于子女教育、生活、医疗的过高投入，而更容易根据法官所在阶层的生活常识判断花费的合理性，并进行相应的酌减。法官对于法学理论认知不统一也造成了裁量权运用的差异，如今法官群体正趋向专业化，法学领域中各法学家对于许多理论都有自己的观点和看法，这种争议性不可避免的映射到法学院校教育之中，当事实需要认定、法律存在空白时，法官运用法学理论进行判案，则难免会受到已有知识结构和理论学派的影响。同样，法官的工作、生活满意程度、职业尊荣感、同情心、同理心等因素也或多或少对裁量有所影响。

四、多措并举，降低法官个体因素对裁量公正的影响

裁量权行使的灵魂在于公正价值，这就要求法官尽量向应然世界里的一般理性人靠近，减少个体因素在职业活动中的作用范围，形成完备的职业素质。全美律师协会联邦司法委员会提出美国联邦法院法官素质考核的三个标准：正直、职业能力、司法品性。正直是指候选人的品格、在法律职业共同体中的威望，以及其勤勉程度等品德。职业能力指候选人的智力、判断力和分析能力、法律知识以及执业经验等。司法品性指候选人的性情、判断力、开放性、敏锐度、礼仪、耐心、不抱偏见和对正义的追求等性格。普通法系的学者通常认为：法官素质应当包括一些共同的

要素,如能力、独立性、正直品德、高度的道德水准、不偏不倚和公平待遇。由此可以看出,研究法官个体因素对审判的影响是全世界法官共同体为更好实现职业价值需要解决的重要课题。

(一)重视判例作用

判例法是英美法系国家正式的法律渊源,对于规制法官滥用裁量权起到重要作用。我国虽不是判例法国家,但对判例的重视程度越来越高。目前我国出台的案例指导制度具有与判例法相似的作用,最高人民法院每年面向全国遴选案例并制作案例指导,各高院及中院亦在本司法辖区范围内推行案例指导工作,目的便是解决"同案不同判"现象。但审判实践中,法官对于该制度的重视程度并不高,往往仅为应付上级法院遴选案例撰写各自的案例分析,各级案例指导用书下发后,常因案头工作繁忙而将其束之高阁,无法发回案例指导的作用。

(二)细化裁量规则

我国是成文法国家,所以法官往往重视规范而轻视判例。但是法官之所以要行使裁量权,就是因为没有具体法律可遵循。这样看来,制定裁量规则本身似乎就成为了悖论,但其实不然。我们虽然无法从法律、法规的层面上制定裁量规则,但法院系统内部,甚至各级法院在本辖区、本法院范围均可以形成裁量的一般规则、方法,在一定程度上统一裁判尺度,减少法官个体因素导致的形式公正而实质不公正现象发生。

(三)加强教育培训

一直以来,法院形成了独具特色的教育培训制度。比如预备法官交流、带教制度、经验研讨等,但随着法官队伍年轻化趋势加强、案件数量攀升、各种考核指标增加,上述制度的有效运行均有所弱化。法院多年来形成的独特教育培训对于提升法官业务能力、增加经验积累有着重要的作用,且亦能在一定程度上引导法官恰到好处的行使裁量权。所以,我们要发挥法院教育培训制度的作用,让老法官带领年轻法官办案,传授法律之外的办案经验;组织典型案例研讨,对类型案件形成统一裁判尺度;建立法院间交流平台机制,为各法院和法官之间对相似案件处理提供经验型参考;定期组织理论、新出台法律及其他审判需要知识的学习,弥合不同法学理论的鸿沟,找到一个恰当的平衡点,提高对法律规定的理解与适用,减少模糊性适法,提高心理学、社会学等知识的积累与运用,努力形成法官的一般价值观。

(四)增强裁判文书的说理性

法官通过当事人诉辩意见并结合证据认定事实,从而进一步论证法律而得到最后的裁判结果。法律论证不但是得出正确结论的保障,也是法官行使裁量权思路的体现。法官要说服当事人首先要说服自己,增强裁判文书说理性是法官自我检查的过程,审视逻辑的周延性与推理的合理性,展现心证的过程和结论,尽可能剔除不公正的裁量判断。

(五)丰富法院文化

在法官职业保障问题短时间无法改变的情况下,与时俱进的法院文化对于法官增强职业满意度与尊荣感至关重要,法官内心愉悦的投入工作将有效减少因情绪造成的裁量差异性。同时,法官应首先具备优秀的人格,它是不同法官在性格、气质、能力等方面形成的综合特征。但初任法官遴选时,我们无法从上述几方面给予科学的选拔,为了能形成适合审判职业的人格特点,法院内部积极向上的法院文化起到入职后人格塑造的作用,也在很大程度上推动了裁量公正的进程。

身为法官,我们以追求公正为最高使命,身为自然个体,我们亦有常人的喜怒哀乐。既然我们的职业要求法官必须更趋近于具有法律专业知识的理性人,那么只能像修剪树木一样抑制职业框架外的枝丫生长,我们需要上述的举措作为一把剪刀,为裁量公正的价值修剪出株株参天大树。

认真对待评议群体决策心理视角下的合议庭评议功能之弥合

余亚宇*

内容摘要：针对合议庭评议功能发挥不畅，"审而不议""形合实独"的痼疾，本文从群体决策心理机制的角度寻找症结和解决路径。以全国20家法院的评议规则为研究对象，分析合议庭评议功能的运行现状和存在的问题，尤其是中国传统文化下的特殊心理现象；为探寻问题背后的心理学机理，以群体决策行为模型为参照还原了理想的合议庭评议过程；建议从评议情境、评议过程、评议结果和反馈等方面对评议规则进行重构，以促进合议庭评议功能的实现。

关键词：合议庭　评议功能　群体决策

评议是合议庭审理案件过程中最核心的环节，其能否科学、高效运行，直接影响案件审判质量，关乎人民群众能否感受到公平、正义。评议同时又是合议庭成员在法律规范的框架内对案件处理结果进行群体决策的行为，具有多人作出决策的行为特点，遵循群体决策的一般规律，背后的心理机制和行为模式对案件处理结果起着决定作用。实践中，由于评议功能发挥不畅，合议庭"审而不议""形合实独"的问题仍然存在。痼疾难消，是否未用对药？本文尝试以群体决策心理机制为路径，另寻他方。

一、样本实证——从全国20家样本法院的评议规则看合议庭决策功能运行实况[①]

以评议规则作为研究样本分析合议庭决策运行情况基于这样的假设：评议行

---

* 北京市东城区人民法院研究室法官。

① 各法院对合议庭评议规则称谓不同，有的评议规则涵盖在合议庭管理规定或工作制度中，本文统称"评议规则"。样本法院的构成为1家高级法院、9家中级法院、10家基层法院。

为在实践中是严格依照评议规则进行的。在此基础上分析评议规则,可达到检视合议庭决策功能实际运行情况的目的(见表1)。

表1　样本法院合议庭评议规则内容概况①

类型	样本法院	规则举例
决策目标	浙江高级法院、北京一中院、安徽芜湖中院、贵州息烽法院、广东深圳南山区法院、黑龙江伊春金山屯区法院、湖北襄阳中院、山东青岛中院、河南济源中院、许昌中院、甘肃古浪法院、张掖中院	“合议庭按照权限对案件程序性事项作出决定;对案件实体裁判事项作出裁决。” “涉及财产保全、证据保全、评估、鉴定、审计、审限延长、采取或变更刑事强制措施、先予执行、拍卖、变卖、诉讼中止、终结、执行中止、终结等事项,应由合议庭即时评议。”
发言顺序	甘肃定西法院、张掖中院、黑龙江绥化农垦区法院、黑河爱辉区法院、伊春金山屯区法院、浙江诸暨法院、襄阳中院、济源中院、青岛中院、许昌中院、古浪法院、深圳南山区法院	“先由承办法官发表意见,审判长最后发表意见;审判长作为承办法官的,由审判长最后发表意见。” “先由承办法官……发表意见,审判长最后发表意见;审判长作为承办法官的,先发表意见。”
信息交互	除河南郑州中院、绥化农垦区法院的其他样本法院	“合议庭成员应当客观、公正、平等地发表意见。” “合议庭成员不得拒绝陈述意见或者仅作同意与否的简单表态。” “任何人不得将个人意见强加于他人。”
群思维	浙江高级法院、济源中院	“法院可成立相对固定的合议庭。” “合议庭组成人员按本庭人员情况一般比较固定。”
内外部冲突	所有样本法院	内部冲突:“少数服从多数”“遵循民主集中制” 外部冲突:“庭长、主管副院长不同意合议庭意见的,合议庭必须进行复议;经复议合议庭意见仍与庭、院长不一致的,提交审判委员会讨论。”
评议责任	绥化农垦区法院、息峰法院	“合议庭对案件处理意见一致的,对外承担同等责任。” “合议庭成员有权保留个人意见,并承担与自己意见相应的责任。”

分析上述法院的评议规则发现,合议庭决策功能在实际运行中存在以下问题。

(一)决策目标模糊导致评议事项发生偏离

决策目标即通过群体决策所要解决的问题。② 合议庭决策目标即须经评议的

① 本文选取的20家样本法院的评议规则均来自相关法院官方网站,于2013年4月至5月访问。

② 张雪纯:《我国合议制裁判的缺陷及其完善——基于决策理论的分析》,载《法学家》2009年第3期。

内容和事项。分析样本发现，定西法院等5家法院未对决策目标加以规定。北京一中院等8家法院将决策目标笼统定位为决定“案件”或决定“程序性事项”“实体裁判”。许昌法院等7家法院将决策目标概括为案件处理方式和纠纷解决方法；其中青岛中院等4家法院对个案决策目标做了进一步分类。有的法院将评议目标扩大到“庭审前对案由和庭审提纲的确定”，有的法院则将案件审理中发现的犯罪线索移交侦查机关、提出司法建议等内容亦纳入合议庭决策目标之一。

样本反映出：13家法院的合议庭决策目标缺失或过于笼统、模糊；部分法院将不宜或不必作为决策目标的内容纳入其中。在目标缺失或目标不明影响下，合议庭成员进行案件评议尤其是进行较复杂案件评议时，易发生与决策任务无关的偏离，如不清楚围绕什么发表评议意见，发表意见偏离主题，甚至关心不重要、不相关问题。而对于目标本身存在偏差的情况，评议行为则易受到不当诱导，导致评议意见游离于真正有待决策的事项之外。

(二)发言顺序与行政化体制使成员产生权威服从

发言顺序是评议有效开展的基础。对此，最高人民法院《关于人民法院合议庭工作的若干规定》第10条规定：先由承办法官对认定案件事实、证据是否确实、充分以及适用法律等发表意见，审判长最后发表意见；审判长作为承办法官的，由审判长最后发表意见。分析样本发现，仅6家法院的发言顺序与最高法院的上述规定相同，张掖中院等6家法院规定了不同的发言顺序，其余8家法院未对评议发言顺序作出规定。明确了发言顺序的12家法院中有11家规定首先发言的为案件承办法官或审判长。样本法院均未对陪审员的特别发言顺序作出规定。

承办法官掌握更多、更准确的案件信息，审判长具有资深的审判经验，均为合议庭中具有实际影响力的权威人物。将发言顺序设置在前，其评议意见和倾向对后续发言者难免形成心理强制或示范效应，导致后发言者不自觉地受到影响或直接按照其意见行事。[①] 由于我国法院内部管理模式仍难摆脱行政化倾向，合议庭中必然存在行政科层级别更高者。具有更高行政职级的成员在先评议，将导致合议庭其他成员产生不同程度的服从权威、听从领导的心理和现象。尤其当合议庭由职业法官和人民陪审员共同组成时，如职业法官在先发言，陪审员在后，很难避免其简单重复或同意在先意见，引发陪审员产生较为严重的权威服从现象。

---

① 吴英姿：《审判委员会讨论的群体决策及其规制》，载张仁善主编：《南京大学法律评论》(2006年春季卷)，法律出版社2006年版，第192页。

(三)合议庭成员间信息交互处于较低水平

信息交互即交换意见。分析发现,样本法院均对信息交互过程予以关注。具体而言,青岛中院等16家法院要求合议庭评议应充分、认真;浙江高院等11家法院要求成员共同参与,不得沉默、拒绝发言或仅作同意与否的简单表态;许昌中院等4家法院要求个人不能将意见强加于他人或起独断作用;1家法院要求评议中"遇有他人讲情的情况应如实陈明"。

样本反映出:法院对信息交互过程的要求较为原则,合议庭评议在实践操作中缺乏具体明确、可依照执行的规范和步骤。另外,除青岛中院外,样本法院均未要求合议庭针对不同决策方案展开讨论,均未设置比较、分析不同方案之间优劣的程序。合议庭成员缺乏机会修正业已形成的个体认知,信息交互处于较低水平。合议庭在既未补充决策信息,又未比较、评估所有可用选择的情况下,作出糟糕决策的可能性增大。①

(四)评议过程中的集体主义群思维过强

样本法院中,虽仅有2家法院规定合议庭组成人员一般应相对固定。但由于该2家法院分别为审级较高的高级法院和中级法院,上述规定对其辖区内的下级法院势必具有较大影响力和辐射作用。

合议庭人员构成相对固定带来的首要弊端是出现群思维。在我国法院内部,受到推崇集体主义的中国传统伦理准则的影响,强调弱化个人色彩,褒扬个人意志对集体意志的让步。合议庭成为具有高凝聚力的小决策群体,成员间高度友善协作,②为了保持凝聚的组织结构和人际互动,会无意识削弱合议庭裁判案件的基本使命,导致维持凝聚力的需要超过了决策案件结果的需要,③发扬集体智慧异化为共同规避职业风险。④ 成员差异被群体一致的表象掩盖,形成合议庭群思维。此时群体将不欣赏不同意见,对于怀疑群体立场的异议者,会自然产生主观排斥情绪和非理性不认可,迫使异议者压制不同意见,最终导致与群体意见不尽一致的观点难以产生或表达。

---

① 张雪纯:《合议制与独任制优势比较——基于决策理论的分析》,载《法制与社会发展》2009年第6期。

② Jani I. L. Victims of groupthink, *A psychological study of foreign-policy decision and fiascoes*, Boston: Houghton Mifflin, 1972. 转引自毕鹏程、席酉民:《群体决策过程中的群体思维研究》,载《管理科学学报》2002年第2期。

③ 毕鹏程、席酉民:《群体决策过程中的群体思维研究》,载《管理科学学报》2002年第2期。

④ 刘峥:《我国合议庭评议制度额检讨及完善》,载《人民司法·应用》2008年第21期。

(五)以人际关系为导向的内外部冲突致使决策低效

冲突被定义为感知到的不相容。[①] 内部冲突集中表现为合议庭成员之间的意见分歧和关系协调。对于内部冲突加以关注的样本法院有芜湖法院等 7 家,均要求以"少数服从多数"标准处理意见分歧。其中伊春金山屯区法院等 3 家法院要求个人不能将意见强加于他人,息峰法院等 2 家法院要求遵循"民主集中制"原则,张掖中院等 2 家法院对于审判长持不同且为少数意见的情况作出特殊规定,要求将合议庭评议结论提交院长、副院长征询意见。外部冲突则表现为合议庭与外部主体(如庭长、院长及审判委员会)之间的意见分歧和关系处理。对于外部冲突加以关注的样本法院有张掖中院等 5 家,对于庭长、副院长不同意合议庭评议意见的,规定"合议庭必须进行复议";经复议合议庭意见仍与院庭长意见不一致的,提交审判委员会讨论。

意见分歧属基于认知不同引发的认知冲突,或基于对任务理解不同引发的任务冲突,保持在适度水平可促进合议庭成员充分进行信息交互,提高决策水平。关系协调则属以人际关系为导向的关系型冲突。认知型和任务型冲突状态会随着决策任务特性的不同而减弱甚至消失,而与人际情感相关的关系型冲突则可能长期存在。长期沁润在重视人情、"以和为贵"的中国传统文化环境中的成员个体,为维护合议庭内部关系融洽,创造更为宽松和舒适的外部人际关系网络,往往选择认知型冲突和任务型冲突让步于关系型冲突。此时合议庭进行评议不再以或不仅以准确裁判、处理案件为标准,导致作出低绩效水平的决策。

(六)评议责任诱发趋同从众的"羊群效应"

华坪法院等 8 家样本法院要求合议庭成员承担评议责任,虽操作细节各异,但基本依照以下逻辑:合议庭对案件处理意见一致,对外承担同等责任;意见不一致,成员承担与自己意见相应的责任。以上责任分配带来的负面心理作用显而易见。实践中最常见的合议庭人员数量为 3 人,评议意见不一致一种为 2 人持 A 意见、1 人持 B 意见的不一致;一种为 3 人各持 A、B、C 意见的不一致。如出现后者,根据最高法院相关规定,案件一般移交至审判委员会处理。因此,评议责任承担更多运用于前种情况,此时持 B 意见的合议庭成员就是"服从多数"的少数人。如其坚持自身意见,不但要付出破坏群体和谐、影响人际关系的成本,还可能面临独自被追究意见错误的责任风险。由于群体责任形式使个人责任在一定意义上发生分散和

① 郎淳刚、席酉民、毕鹏程:《群体决策过程中的冲突研究》,载《预测》2005 年第 5 期。

转移,[①]如持异议的合议庭成员放弃自身观点,既节约了人际关系成本,又可将意见错误的个人责任归入合议庭群体责任。诱发合议庭评议中的趋同从众现象,[②]被形象地比喻为"羊群效应"。

二、理论阐释——以理想的群体决策过程看合议庭评议功能的心理学机理

面对合议庭评议过程中存在的诸多问题,我们不禁要问,理想的评议过程到底应是何许模样?

群体决策是两个以上个体,在既定决策目标和自身关于效用、价值的愿望指引下,通过信息交互不断修正已经形成的个体认知,将个体偏好方案按某种规则集结为群体偏好方案的过程。[③] 合议庭评议符合群体决策的特性,遵循群体决策的一般规律。理想的合议庭群体决策过程如图1所示。

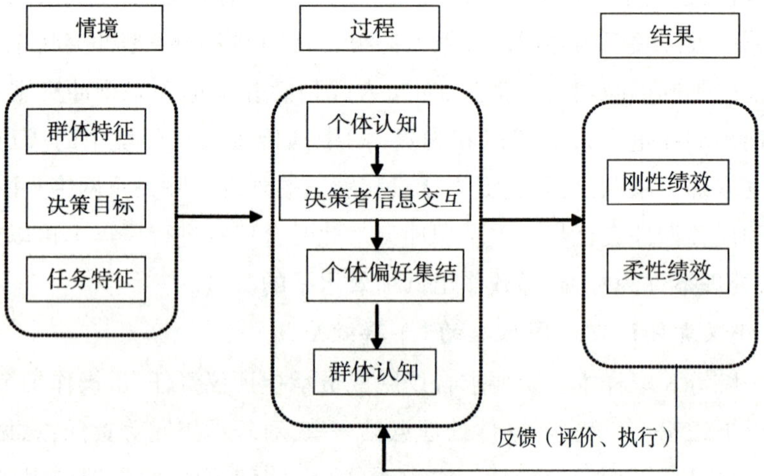

图1　合议庭群体决策模型[④]

(一)情境:评议的基础

1. 具有多样性的群体特征

决策群体通常由具有多样性的个体组成,个体具有不同的社会特性和认知

---

① 王保林:《论合议庭负责制的实现机制——以心理学群体决策理论为视角》,载北大法律信息网:pkulaw. cn/fulltext_form. asp? Gid:335582995,最后访问日期:2013 年 3 月 10 日。

② 有抽样调查资料显示,实践中合议庭成员意见完全一致的为 87%,基本一致的 8%,存在分歧的仅 5%。赵峰、柳建安:《论合议庭评议案件制度的功能》,载《江南大学学报》(社会科学版)2004 年第 6 期。

③ 群体决策是政治学、经济学、心理学、行为科学、计算机科学等多门学科共同研究的对象,本文选取了更适合讨论合议庭评议过程的、侧重社会心理学维度的定义,该定义综合了多篇文献的观点。

④ 本决策模型系笔者根据合议庭评议特点、综合多个社会心理学角度的群体决策模型得出。

特性。[①] 由于成员具有不同专业背景、教育水平、审判经验及职级职务，不同民族、性别、家庭背景、生活经历及性格特质，合议庭因此形成多样的社会特性。由于案件决策信息在成员间分布不均衡，加之个体加工、利用信息的能力存在差异，合议庭因此形成多样的认知特性。进行评议前，群体的社会特性和认知特性会从客观和主观层面，不同程度地影响案件决策风格和决策质效。

2. 根据明确的决策目标决定评议事项

决策目标明确，可有效避免合议庭处理复杂案件时偏离、遗漏决策目标或关心不相关问题，提高案件评议的质量和效率。由于交由合议庭决策的案件较独任审判案件通常更为复杂，决策目标应着重围绕判决、裁定、决定等案件处理方式和纠纷解决方法，其中判决就案件实体问题作出决策，裁定就案件程序问题作出决策，决定则对诉讼程序中的特殊问题作出决策。[②] 对于处理个案的决策目标，又可细化为证据采信、事实认定、法律适用、审理或执行中的重要程序性事项、采取妨碍诉讼或抗拒执行的强制措施等。

3. 案件任务特征具有适度特异性

任务因存在差异而具有不同的特征。群体面对不同的决策任务会采取不同的决策策略。当合议庭面对熟悉、曾经顺利决策的类似案件时，往往依赖思维惯性和行为定式，选择利用已有知识和经验，群体拓展新认知、检视原认知的动力不足，成员间信息交互程度低；而对于具有新异性的新类型案件，反而会促使合议庭成员不得不通过分析、讨论获取新认识，以更活跃、更谨慎，交互程度更高的评议过程加以应对。[③] 因此，具有适度新颖性、差异性的案件决策任务，会促进合议庭成员构建新认知，对提高案件评议质量产生积极影响。

(二)过程：评议的核心

1. 形成个体认知

任何决策个体都可能犯错误。群体决策的优越性有赖于根据个体提供的信息和方案，检验、校正个体认知局限，吸纳合理和可行内容。成员的认知能力和参与水平是合议庭决策质量的基础和前提。理想的评议过程，以合议庭成员尽可能收集案件决策信息，充分发挥自身认知能力优势，针对决策目标提供多种解决方案为

---

① 曾建华、何贵兵：《群体决策中的知识构建过程》，载《心理科学》2003 年第 6 期。

② 钱卫清：《法官决策论》，北京大学出版社 2008 年版，第 62 页。

③ 曾建华、何贵兵：《群体决策中的知识构建过程》，载《心理科学》2003 年第 6 期。

必要条件。个体认知的多样性和多角度,促使合议庭必须在不同方案间充分比较、仔细甄别,具有多样化个体认知状态的合议庭评议过程,取得较优决策结果的可能性无疑更大。

2. 进行信息交互

成员进行信息交互,是群体决策的最核心环节。其他在前环节为信息交互提供环境和基础,在后环节则是对信息交互成果的反映和评价。信息交互对合议庭评议的直接作用,是将初步形成的个体认知修正为群体决策情境下的群体认知,从而促进评议结果产生、完善。在给定明确决策目标和适度决策任务的前提下,合议庭评议欲达到高水平的信息交互,还需排除群思维、内外部冲突、趋同从众及权威服从等负面心理机制的影响。制定针对性的评议规则,帮助合议庭成员抵制负面心理机制,是行之有效的选择。

3. 集结决策偏好

群体决策一般采用表决方式进行个体偏好集结。合议庭表决规则各国存在较大差异,采取陪审团制的英美法系国家一般采用一致同意规则,采取参审制和法官合议制的大陆法系国家一般采取复杂多数规则。我国合议庭采取简单多数规则,只要形成多数意见即可得出合议庭评议结果。简单多数规则相较其他规则,更易得出评议结果或得出评议结果的成本更小,但在具有多个表决方案的偏好集结情境中,该原则无法解决由于票数分散造成的投票僵局问题,欲达理想状态需针对性地进行投票管理加以纾解。

4. 确立群体认知

确立群体认识是构建群体认知、完成决策任务、实现决策目标的过程,也是最能体现审判权特性的过程。群体认知的确立,标志着合议庭已在寻找大前提、确定小前提的基础上,作出对案件结果的判断和决策。合议庭作出评议结果,表明群体认知确立,当次决策行为完成。

(三)结果:评议的外部绩效

1. 刚性绩效反映案件决策产生的客观效果

刚性绩效是群体决策行为的自然延伸和必然结果,包括方案的恰当性、结果的准确性、完成时间的效率性等。合议庭评议的刚性绩效以事实认定是否清楚、法律适用是否准确、程序进行是否规范、审理用时是否效率等客观因素为典型衡量标准。

2. 柔性绩效反映案件决策受到的主观评价

柔性绩效一般为法院外部主体包括外部监督机关及案件当事人、新闻媒体、社会公众等，针对评议结果做出的评价、抒发的感受及造成的影响。来自任何方面的正面柔性绩效，将帮助树立合议庭成员的决策自信和职业满足，对再次发生的合议庭评议行为产生积极影响。

（四）反馈：评议的内部评价和执行

一般而言，合议庭组成人员会对其他案件进行再次评议。决策行为完成后，成员自身对案件决策过程的评价、感受，是否见证、参与决策结果的执行，对再次评议具有不可忽视的反馈效应。成员的自我评价和感受不仅源于决策绩效，源于个体价值被群体接受和肯定的程度，更源于见证决策结果的实现。相对于作为单纯实施者的法院执行部门人员，作为决策作出者的合议庭成员促进决策结果实现的动力更大。如能将案件执行状态和处理效果及时向合议庭成员反馈，使其见证或参与决策的实际执行，能激发成员产生积极自我评价，起到既促进本次决策实现，又推动再次决策的双重作用。

三、规则制约和功能弥合——我国合议庭评议规则的完善与构建

找到影响评议功能发挥的症结后，下面尝试对症下药。

（一）关于评议情境的规则

1. 组成具有多样社会特性和认知特性的决策群体

合议庭应当避免人员固定或资历背景过于近似，从而避免群体的社会特性和认知特性单一，影响决策质效。合议庭成员宜随机产生，注意将具有不同审判经验和资历背景的审判人员互相搭配，将资历较深成员的认知特性优势（如熟悉掌握法律背景和沿革）、资历较浅成员的认识特性优势（如易于接受新审判思路和理念）以及人民陪审员的认知特性优势（如贴近群众生活视角）互相结合。

2. 规定明确、具体的决策目标

应当明确合议庭经过评议须达到的决策目标。除将决策目标确定为作出判决、裁定、决定外，还应进一步明确合议庭按照证据采信、事实认定、裁判或决定结果的顺序开展评议。合议庭负责评议的具体事项为：审查案件情况作出不予受理、管辖权异议、驳回起诉、准予或不准予撤诉裁定；根据当事人申请或者案件具体情况，作出财产保全、证据保全、先予执行；中止、终结诉讼；采取或变更强制措施；拍

卖,变卖,追加、变更被执行主体,执行异议、中止、终结;不予执行仲裁裁决、不予执行公证机关赋予强制执行效力的债权文书等裁定;作出判决;确认当事人达成的调解协议;对妨碍诉讼行为作出决定;对当事人提出的顺延诉讼期限的申请作出决定;其他须经合议庭评议的事项。对于推进诉讼程序的事务性决定,作出裁判的准备工作等不必经合议庭评议的事项,应予排除,避免决策目标过于庞杂和琐碎,影响案件审理效率。

3. 保证任务特征的适度新异性

合议庭面对熟悉、曾成功决策的案件类型往往具有较高的决策质量和效率,因此对于专业性较强的案件任务,可指定相对固定的合议庭审理。但为避免决策任务单一,导致产生不利的思维惯性和行为定式,应适时向合议庭分配具有一定新异性的案件决策任务,以激发成员增强信息收集的动力,提高信息交互质量,为构建群体新认知打下基础。

(二)关于评议过程的规则

1. 鼓励评议成员形成独立个体认知

参与评议前,应要求合议庭成员通过参与庭前谈话、证据交换、调解、调查、庭审等前期工作,辅以仔细审阅案卷材料,尽可能收集和掌握进行评议需参考的决策信息,包括案件背景、当事人基本情况、事实、证据、法律规定等,充分利用自身认知特点和优势,对待解决问题加以独立判断,形成个体偏好方案,为后续评议过程中比较、讨论不同方案,进行较高程度的信息交互做好准备。

2. 促使信息交互过程充分有效

合议庭进行评议过程中,应注重成员间的信息交流和意见交换,尤其应当鼓励合议庭成员提出不同方案和意见。通过利弊比较、优劣甄别,吸收、综合不同意见中的可行部分和合理内容,形成多数成员认可的评议结果。为避免核心人物话语权重过大,避免产生权威服从或趋同从众的不良心理,合议庭评议案件应先由承办法官对案件基本情况进行介绍;对认定案件事实,证据是否确定、充分以及适用法律的意见,先由人民陪审员发表意见;再由审判经验较少、职务较低成员发表意见;最后由审判经验较丰富、职务较高成员发表意见。合议庭成员不得拒绝陈述意见或仅作同意他人的简单表态;同意他人意见的,应当提出事实和法律依据,并加以分析说明;任何人不得强迫其他成员同意自己的意见或对其他成员的意见施加不当影响。

3. 制定分层、多元的偏好集结方法

为避免合议庭陷入无法形成多数意见的“表决僵局”，应当通过进一步协商、引入外部业务指导等方式调整合议庭成员的偏好次序，或通过归并、减少备选方案，将近似方案合并以形成多数意见。对于无法形成多数意见的，合议庭应当就分歧原因协商后重新表决；仍无法形成多数意见的，应归并近似方案进行再次表决；因案情疑难、复杂，合议庭难以形成多数意见的，可以提请组织包括院长、庭长在内的其他审判人员共同讨论，讨论结果作为合议庭再次评议的参考。

（三）关于评议结果及反馈的规则

1. 避免负面结果对评议行为的不良抑制

由于刚性绩效和柔性绩效有赖于合议庭以外的主体反映或作出，应重视来自外部的正面任务绩效对合议庭评议质量和效果的肯定和促进作用。对于负面任务绩效，应注重其对评议质效的检验作用，但同时应注意避免负面柔性绩效对再次评议行为产生不良抑制作用。应明确合议庭组成人员评议时发表意见不受追究。除有证据证明合议庭组成人员存在枉法评议、贪污受贿、渎职等违法审判行为，合议庭成员对评议结果不承担责任。

2. 重视评议反馈的良性互动

评议结果执行状态和实施情况的反馈，能促使合议庭成员更好地完成再次评议行为。效果良好的反馈信息使合议庭成员对其积极参与的决策行为产生正面心理评价，起到促进本次决策执行和再次决策的双重积极作用。应当固定评议反馈的积极作用，合议庭评议结果的执行情况应及时向合议庭成员反馈，并听取合议庭成员的相关建议；合议庭对于有条件即时实现和执行评议结果的案件，应在评议结束后积极促成评议结果的实现和执行。

四、结语

合议庭评议功能的充分发挥除依托制度从内部加以保障和规范外，还需要利于评议的外部环境。作为人民法院的基本审判组织，合议庭能否真正发挥评议功能，仍依赖于国家司法体制改革的推进和政治文化环境的发展。期待在内部制度和外部环境的共同促进下，合议庭评议功能得以充分实现。

第四章　司法责任制

以法治思维和法治方式破解“立案难”的难题

薛　峰*

内容摘要:党中央明确提出,法治是治国理政的基本方式,运用法治思维和法治方式化解社会矛盾,全面推进依法治国。立案直接影响着人民群众通过行使诉权维护实体权利,关系着公民权利保障法治化和公民权利救济渠道及方式,事关依法治国的全面推进。立案登记制实施以来,“立案难”问题有了新的表现形式。本文通过分析引起“立案难”的法院系统内部的原因、法院系统之外的社会原因,提出以法治思维和法治方式破解立案难题。法治思维就是按照法治的理念、原则、精神和逻辑对问题进行分析、综合、判断和推理等认识活动的思维方式,是一种以法律规范为基准的逻辑化的理性思考方式。法治方式是运用法治思维处理和解决问题的行为方式,即在法治思维的基础上,按照法律规定和法律程序处理和解决问题的过程和工作方式。本文认为,落实立案登记制度,必须处理好大局与局部的关系,社会纠纷总量和审判任务的关系,司法规律、审判任务与司法改革的关系。

关键词:法治思维　法治方法　立案难

党的十八大以来,党中央明确提出,法治是治国理政的基本方式,运用法治思维和法治方式化解社会矛盾,全面推进依法治国。法治思维和法治方式是法治的应有之义,是依法治国的前提和保障。法治思维就是按照法治的理念、原则、精神和逻辑对问题进行分析、综合、判断和推理等认识活动的思维方式,是一种以法律规范为基准的逻辑化的理性思考方式。法治方式是运用法治思维处理和解决问题的行为方式,即在法治思维的基础上,按照法律规定和法律程序处理和解决问题的过程和工作方式。法治思维和法治方式是内在和外在的关系。法治思维内在地影响和决定着法治方式。法治方式是法治思维作用于人的行为的外在表现。当前,

---

* 北京市东城区人民法院党组成员、副院长,法学博士。

我国正处于全面建成小康社会的决定性阶段，改革发展稳定任务繁重艰巨，新情况、新问题层出不穷，利益关系更加复杂，矛盾风险挑战之多前所未有。只有运用法治思维和法治方式，才能全面深化改革、推动发展、化解矛盾。2014 年 10 月 23 日中国共产党第十八届中央委员会第四次会议通过了《中共中央关于全面推进依法治国若干重大问题的决定》（以下简称《决定》）。《决定》指明了全面推进依法治国的总目标是在中国共产党的领导下，建设中国特色社会主义法治体系，建设社会主义法治国家。这体现了党在新时期对执政规律的认识和把握，对实现“两个一百年”奋斗目标和中华民族伟大复兴的中国梦意义重大而深远。“法治体系”概念的提出标志着中国特色社会主义法律体系形成后，传统意义上以法律体系为载体的静态法治正在向以法治体系为载体的动态法治转变，法律上抽象的权利正在向现实生活中具体的实体权利和诉权转变。立案直接影响着人民群众通过行使诉权维护实体权利，关系着公民权利保障法治化和公民权利救济渠道及方式，事关依法治国的全面推进。为了解决现实中存在的“立案难”问题，《决定》明确指出，“改革法院案件受理制度，变立案审查制为立案登记制，对人民法院依法应该受理的案件，做到有案必立、有诉必理，保障当事人诉权。”修改后的《行政诉讼法》第 51 条和最高人民法院《关于适用〈中华人民共和国民事诉讼法〉的解释》第 208 条均明确规定实行立案登记制。用法治思维和法治方式分析立案难的表现和产生原因，对于贯彻落实立案登记制、提高司法公信力意义重大。

一、“立案难”的表现

作为最后一道防线，司法并不负责且没有能力解决所有纠纷。只有经过法定立案程序，刑事、民事和行政案件以及执行案件方能由法院审理和执行。当然，各国对立案程序的顶层设计繁简不同。根据我国现行法律规定，民事、行政案件的起诉条件包括原告与案件有直接利害关系、有明确的被告、具体的诉讼请求和事实理由根据、属于人民法院受案范围和管辖等。对于刑事案件，限于刑事自诉案件。刑事自诉案件的被害人起诉限于告诉才处理的案件、有证据证明的轻微刑事案件和公安、检察机关不追究被告人刑事责任的案件等三类案件，被害人在自诉时有被告、有请求和事实理由，法院应该立案。对于符合条件的起诉，法院应予立案。“立案难”主要是指当事人提起的民事诉讼、行政诉讼和刑事自诉以及执行申请难以获得法院立案受理，难以进入审理或执行程序。“立案难”主要表现在：第一，立不上案。对于当事人提起的诉讼，法院难以受理案件。具体包括属于法院主管范围的纠纷,不属于法院主管范围的纠纷,当事人提起的属于法律规定界限模糊的诉讼,该起诉难以被法院受理等三种情况;第二,立案拖沓。对于当事人提起的诉讼,受理案件时间长,手续繁杂,等待时间长;第三,在立案阶段,需要当事人或其代理人往返的次数太多。

根据不同的标准,可以对“立案难”进行不同的划分。根据内容,“立案难”可划分为难以立案和立案过程艰辛两方面。目前,公众反映比较突出的问题主要集中在不立案问题。以受外来因素影响最大的行政诉讼为例,据统计,2013 年行政诉讼案件立案数在近几年连续下降的情况下又比 2012 年下降 5% 。北京市人大内务司法委员会发布的调研报告显示,近 3 年北京市行政案件立案率连续下降,平均立案率仅为 30% 左右。立案过程的艰辛主要表现为多次往返的立案和在立案大厅漫长的等待等。实践中,由于打印发放多种提示性材料的工作要求,立案窗口的工作费时耗力,需要当事人等候。据统计,即便所有条件都符合要求的当事人在立案窗口立案平均也需要花费 30 分钟左右的时间。根据所立案是否应由法院主管,可以将立案难划分为应由法院主管而不立案造成的立案难、法律规定不清晰造成的不立案和不属于法院主管的案件的立案难。前两者属于本文讨论的范围。严格地说,后者不属于立案难的范围,乃是法院依法办事所致。根据所立案件性质,“立案难”可划分为民事案件立案难、商事案件立案难、知识产权案件立案难、刑事自诉案件立案难、行政案件立案难和执行案件立案难等。其中,行政案件和刑事自诉案件“立案难”较为突出。根据反映问题的主体,可以将立案难划分为一般人员的立案难和特殊主体的立案难。根据认识主体的不同,可以将立案难划分为法院工作人员认为的立案难和非法院工作人员认为的立案难。持立案难观点的法院工作人员主要是立案庭的工作人员。根据立案难的原因,可以将立案难划分为因司法政策引起的立案难、因制度引起的立案难、因方法引起的立案难、因当事人引起的立案难和其他因素引起的立案难。立案审查制引起的立案难属于政策和制度原因引起的立案难。在立案过程中,立案窗口承担许多与立案无关的工作,导致立案效率低,属于因方法引起的立案难。当事人诉讼材料准备不足导致无法一次性立案属于当事人原因引起的立案难。另外,历史遗留问题因素、政治因素、敏感因素、新类型因素、舆论因素和人情关系因素等都有可能在一定时期影响立案工作,导致立案难。

二、“立案难”的原因

“立案难”的说法是随着人民法院开展立审、审执和审监分立之后出现的。之前,“告状难”是社会对无法解决纠纷的主要表述。1999年最高人民法院颁布的“一五”改革纲要中明确要求,“1999年底,全国各级人民法院根据明确职责、分工合理、运转高效的原则,全面实行立审分立、审执分立、审监分立”。立案、审判、执行和审判监督分立后,“告状难”的呼声渐弱,分解为立案难、诉讼难和执行难等“三难”。随着改革开放的不断深入、市场经济的迅速发展和法院管理的日益规范,反映审判难、执行难的意见得到了有效化解,但是由于大量纠纷产生并涌向法院,立案难的问题凸显。表面上,案件多、外界干扰和法院不敢不愿等原因造成立案难。深入分析,这些原因不外乎法院系统的内部原因和法院系统之外的社会原因两个方面。

(一)法院系统的内部原因

1.非法治思维和法治方式是造成立案难的根本原因

司法工作中的非法治思维和法治方式造成立案难。运用法治思维和法治方式化解社会矛盾,对司法机关和司法行为虽然是应有之义,但却是更高、更严的挑战,要求司法机关运用法治思维和法治方式重新审视司法行为,转变旧有的、非法治思维和法治方式的做法,并且适应“司法新常态”。立案工作中的非法治思维和法治方式主要表现为,一方面运用非法治思维对法律规定、司法要求等进行误解和曲解;另一方面运用非法治方式处理当事人的起诉。这就犹如“歪嘴和尚念经,再好的经也被念歪”一样。以“立得进、审得出、执得结”的要求为例,“立得进、审得出、执得结”是对法院立案、审判和执行工作的要求,对于法院工作起到了有效的促进作用。但是,实践中,由于种种原因作祟,有观点将这一要求曲解为立案工作要为案件能审结和执结服务。于是乎,舍司法公平正义之大,求明哲保身、得过且过之末技在立案中泛滥。在要为本院审判和执行负责的思维方式的指导下,立案工作千方百计地对难以审结和执结的案件作不予立案的处理,把依法立案变成了依能否结案为标准的立案。以行使审查权为名,提高立案门槛、能不立案就不立案等做法都是这一思维指导下的非法治方式做法。无可否认,在特殊时期,对于特殊案件,这种观点和做法能够有效化解纠纷,促进法院工作,但将之推而广之地指导所有立案工作深值思考。又如,以有限司法为由解释立案难的有限立案思维。该观点认为,由于当前法律规定不完备,社会变迁中的诸多问题缺乏法律调整,法院的司法权限和能力有限,如将其纳入法院受案范围,只会加大处理问题的难度。在立案阶段应该进行有限立案,以避免置法院审判和工作于被动。

2. 立案工作未真正独立,权责设定不科学

主要表现在两个方面,一方面立案工作的地位和违法的责任不科学。对于此类内容,立法和实务两个层面均缺乏相关制度和规范。实务操作中,权责严重错位。一是对于按照法律规定应予立案的起诉,怠于立案或违法不予立案的行为没有规定法律责任,导致实践中出现不立案不承担责任的导向。二是立案承担过于苛刻的责任。立案庭在进行形式审查中既要考虑形式要件,还要考虑审判、执行等实体因素,除此之外,承担着判断案件后续情况以及是否存在历史问题因素、政治因素、舆论炒作因素和信访风险等。对于立案工作,这些极高的要求有如小马拉大车,不堪重负。另一方面立案权和审判权、执行权不对等,立案权弱于审判权、执行权。虽然1999年年底,全国各级人民法院实行了立审分立、审执分立、审监分立,但是具体运行中,职责明确、分工合理、运转高效的原则却未能得到全面贯彻实施,立案权并没有真正独立起来,无法与审判权、执行权相匹配。对于存疑的立案请求,立案庭不能独立决定立案问题,而是需要征求相关审判庭的意见,并在多数情况下受制于审判庭的意见。例如,刑事自诉案件、大部分行政案件和存疑的民事案件的立案初审往往需要与审判庭会商。审判庭为了方便案件后续审理也乐于参与审查,并有意识地提高受理案件的标准。会商的结果通常是要么意见不统一,案件难立;要么明显提高受案标准,案件依然难立。

3. 立案工作缺乏科学分类和分担

与审判、执行相比,立案工作有"快、博、杂"的特点。快是指当事人和法律都要求立案人员快速完成立案工作。博是指立案工作处理的案件涉及法院处理的各类案件。杂是指立案工作处理的多是一些形式上琐碎的事项,既有立案相关的事项,也有审判阶段的事项。这些特点决定了立案工作可以进一步划分为事务性工作和程序性工作两大类。例如,材料的份数、身份证复印等属于事务性工作。登记立案和发送案件受理通知书等则属于程序性工作。目前,立案业务没有区分事务性工作和程序性工作,全部都由立案窗口法官答复和解决。由于要填写和发送《案件受理通知书》《诉讼风险提示书》《诉讼权利义务告知书》等八份材料,对于起诉材料准备齐全的当事人来说,在立案窗口完成一件案件的立案需要30分钟左右的时间,至于等候的时间则可能更长。从已有的改革措施来看,立案部门承担的事务性工作呈现出迅速上升的趋势。这些事务性工作既拉长了当事人等候的时间,又

降低了立案窗口的工作效率，直接影响了公众对立案工作的满意度。

（二）法院系统之外的社会原因

1. 全社会对法治尚未完全达成共识

近年来，我国大力推进的法制宣传教育取得了丰硕成果。人民群众法制意识大大提高，维权情绪空前高涨。尤其对私权的维护意识几乎登峰造极。“依法处理”几乎被理解成“法院处理”，动辄打官司、讨说法、要赔偿，大量纠纷涌向法院。依法维权应予支持，但是恶意诉讼、虚假诉讼、过度维权以及许多不属于法院管辖的纠纷涌向法院给法院立案工作造成了麻烦。对于不属于法院管辖的纠纷，依法不予立案的做法，给当事人和社会留下了立案难的影响。由于对社会治理的忽视和对法治的重视和了解不够全面以及非法治思维和法治方式作祟，一方面对于解决社会矛盾的非法治思维和法治方式造成立案难。实践中，有些部门推诿责任，不积极主动履行法定职责，对本属于其职权范围内应予解决的问题，却告知当事人走诉讼途径解决。法院依法又不能予以立案，导致部分当事人误认为法院立案难。另一方面对于法院依法作出的是否立案受理、权益是否应该受到保护等裁判，社会未能予以依法全面客观地进行评价。不管事由，只要涉诉，一律由法院负责解决。作为维护公平正义最后一道防线的司法变成了解决纠纷的第一道防线，严重影响了司法公信和解决纠纷的秩序。

2. 有关立案立法的不科学

立法方面，民事诉讼法、刑事诉讼法和行政诉讼法对立案程序和标准有所规定，但是过于简陋。虽然立法机关早已认识到立案难问题，并在修改相关法律中做了相应规定。例如，在 1991 年 4 月 2 日王汉斌同志的《关于〈中华人民共和国民事诉讼法（试行）〉（修改草案）的说明》中，明确指出，“有些有管辖权的人民法院对一些应当受理的民事案件，以各种借口推出不管，不予受理。草案明确规定，对符合本法规定起诉的民事案件，人民法院必须受理；对不符合起诉条件的，人民法院应当作出裁定不予受理；原告不服的可以上诉，以维护当事人的诉讼权利”。但实践中，这些规定收效甚微。域外之法国，为了保证案件得到审理，《法国民法典》第 4 条规定，“法官借口法律无规定、不明确或者不完备而拒绝审判者，以拒绝审判者追诉之”。我国至今没有出现此类法律规定。有权无责，违反了权责相一致的原则。立法方面的不科学在微观和宏观两个层面造成危害。微观上，对于具体案件，出现了不立案不承担法律责任的取向。宏观上，权益得不到依法保护，损害了法治形象。

3. 当事人弱势

当下,依法维权已经成为共识,但是如何依法维权、哪些纠纷属于法院主管、属于法院主管的纠纷应该由哪家法院管辖、法院的办公地点以及如何提起诉讼和准备提起诉讼的材料等知识纠纷当事人却常常不具备。加之,提起诉讼时需要提供一定的信息资料和证据。例如,原告需要提供被告的身份信息、初步证据等。由于社会管理存在的某些壁垒,原告获取对方当事人信息和有关证据具有一定的难度。即便按照法律规定的最低标准操作,依法维权的当事人仍然感到无所适从,甚至专业律师也有困难重重之感。

4. 社会诚信缺失,虚假诉讼和恶意诉讼增多导致立案慎重

目前,世界范围内普遍存在社会诚信缺失的现象。在我国,转型期社会呈现出的诚信缺失尤为严重,甚至蔓延到了司法领域,出现了妄图利用司法审判转移财产、逃避债务的虚假诉讼和恶意诉讼现象,“信任困境”极大地影响着人们的生活、行为以及社会秩序。为此,立法方面,《民事诉讼法》第 13 条第 1 款明确规定,“民事诉讼应当遵循诚实信用原则。”司法方面,对于法院来说,在立案阶段预防虚假诉讼和恶意诉讼可以实现利益最大化。故许多法院在立案阶段采取了一定措施,提高立案门槛。例如,对支付令案件加大审查力度;一人代理多人提起诉讼的涉群体性劳动争议纠纷中,对具有虚假诉讼高度盖然性的,要求委托人亲自来法院或对授权委托进行面签;对所有人当事人发放诚信诉讼承诺书等。这些措施既增加了当事人的工作量,也增加了法院立案工作的工作量,在一定程度上造成立案难。

5. 有关立案工作的法学理论研究薄弱

近年来,我国诉讼法理论取得了长足的进步。但是诉讼法理论中有关立案工作的理论研究明显不足。例如,虽然研究了国外的立案登记制度和审查制度,但是多限于介绍性的研究,对于各种立案制度产生的深层次的文化、社会、政治和经济等方面原因以及实务操作缺乏深入探究。又如,诉讼法中对起诉与诉讼条件不加区分所致,导致人们分不清起诉应准备的条件和法院受理案件应具备的条件之间的差别,错误地认为只要具备起诉条件,法院就应该受理诉讼。

三、运用法治思维和法治方式破解“立案难”

(一)人民法院立案工作对全面推进依法治国意义重大

1. 人民法院立案工作事关全面推进依法治国的大局

现代社会司法文明要求广泛、便捷地保护公民的权利。立案工作看似司法工

作的一小部分,但却处于“一夫当关,万夫莫开”的重要位置,直接影响公民行使诉权和对法治的信仰。诉权是请求法院行使司法权保护权益和解决纠纷的一种请求权,是公民平等享有的一种宪法权利。依法治国首先是依宪法治国,是保护公民的宪法权利。诉权作为一种宪法权利,理应受到法院的尊重和保护。立案工作不仅关系到公民权利保障法治化和公民权利救济渠道及方式,而且关系到法院对宪法的态度,关系到探索以审判为中心的诉讼制度改革,是法院在审理具体案件中体现依法治国和法治思维的第一步,更关系到人民群众对法治的信仰。我们必须正确看待立案工作的重要性。《决定》指出,全面推进依法治国,建设法治中国。要自觉提高运用法治思维和法治方式深化改革、推动发展、化解矛盾、维护稳定的能力;引导全民自觉守法、解决问题靠法,让遇事找法成为常态。形成法治思维,使法治成为信仰、成为不可动摇的规则乃是国家治理领域一场深刻的思维革命。法治国家的首要之意在于信仰法治。如果产生争议、需要明断是非或者权益受到侵害、寻求司法救济时,且不说是非曲直,说理之处都难寻,公众则难以相信法治。立案内容涉及政治、经济、文化、社会等方方面面,宏观层面,涉及全面建成小康社会、全面深化改革和全面推进依法治国等大局;中观层面,涉及司法改革、法院定位、司法公信力和社会矛盾化解中的诉讼与非诉讼方式的分工与对接;微观层面,涉及审判、执行和审判管理、审判权运行及立案庭自身的地位等。可见,人民法院的立案工作事关全面推进依法治国的大局。正因如此,《决定》明确地以立案登记制度作为解决“立案难”的法治方式。

2. 以法治思维和法治方式在全面建成小康社会、全面深化改革和全面推进依法治国三个方面研究法院的立案工作

全面建成小康社会、全面深化改革和全面推进依法治国三者相互联系,全面深化改革和全面推进依法治国为全面建成小康社会提供动力和保障。目前,立案难不仅仅是法院问题的反映,更是社会问题在法院立案工作中的集中反映。仅法院自身难以实现依法治国,难以从制度层面长久解决立案难问题。《决定》有关立案登记制的内容,体现了党充分运用法治思维和法治方式解决社会矛盾纠纷、畅通矛盾纠纷化解渠道、发挥法院在国家治理体系中作用的理念和决心。小康社会是和谐的法治社会。本轮深化改革是依法进行的改革。小康社会的建成和深化改革的成功都离不开法治,离不开法院依法对权利的保护、对权力的约束和对违法犯罪行为的惩罚。而法院作用的发挥在一定程度上取决于立案工作。根据十八届四中全会的精神,应该运用法治思维和法治方式从完备的法律规范体系、高效的法治实施

体系、严密的法治监督体系、有力的法治保障体系和完善的党内法规体系等方面入手系统地解决立案难问题，社会各方面要从人、财、物等各个方面提供支持，包括完善法律、提高法官个人素质、正确地增强公民法律意识和媒体的正确引导等。当然，司法不可能解决全社会的矛盾和纠纷。任何国家都不具备充分资源保证一切纠纷通过司法程序解决。公众不以诉讼作为解决纠纷首选方式，正体现了司法的价值。诚如M.盖郎塔所言，法院作为一个实效性的管理体系，还不如作为一个文化性、象征性意义的体系有更多的内容。法院主要是通过象征的传达，如威胁、约束、模范、说服、正统性等，对我们产生影响。同时，还必须健全社会矛盾纠纷预防化解机制，充分利用人民调解、仲裁、行政裁决、行政复议等非诉讼纠纷解决机制和诉讼解决机制及其对接机制高效化解纠纷。

（二）以法治思维和法治方式落实立案登记制，破解“立案难”的难题

1. 以法治思维应对立案新常态

真理不辩不明，有权利必有救济，维权才能维稳，是解决立案难的出发点。宪法和法律赋予权利的同时，也赋予了权利的享有者在权利受到损害或发生争执时寻求诉讼救济的权利。诉权是宪法意义上的救济权，体现了当事人和法院之间公法上的权利义务。法院承担着保护诉权的义务和职责，不得非法拒绝审判。《决定》中有关立案登记制的内容是依法治国对立案工作的要求，是在司法实践中对宪法保护权利的具体体现。在此意义上，立案的重要性不亚于审判和执行的重要性。应以法治思维定位立案、审判和执行工作，即立案工作侧重于保护当事人诉权，审判工作侧重于保护当事人的实体权益和诉讼权利，执行工作侧重于实现当事人的实体权益。在司法工作中，形成各有侧重的三个不同中心，分工协作，互相配合，才能保证贯彻实施法治意义上的立案、审判和执行分立。在实施立案登记制过程中，应当明确立案工作和审判、执行的任务范围，削减本不应由立案工作承担的各种额外责任和事务，对于经过审理和实质审查才能处理的当事人诉求一律由审判和执行处理。让当事人有地说话，有处讲理，切实保护当事人诉权。否则，即便建立了立案登记制度的内容，也会出现各种理由影响登记立案。例如，在非法治思维指导下，可能利用语言文字表述的局限性，将《决定》的上述内容曲解为法院应该受理的案件才能进行登记，才保护原告诉权等难以操作的诡辩理论，进而提高立案门槛。又如，利用法律解释方法，将新近通过的全国人民代表大会常务委员会《关于修改〈中华人民共和国行政诉讼法〉的决定》中有关行政案件诉权和立案的内容曲解为法院仅受理修改后《行政诉讼法》第12条规定的12项行政纠纷，缩小行政案

件的受案范围。

2. 以法治思维和法治方式落实立案登记制，破解“立案难”问题

根据我国现行法律规定，民事、行政案件的起诉条件包括原告与案件有直接利害关系、有明确的被告、具体的诉讼请求和事实理由根据、属于人民法院受案范围和管辖等。对于刑事案件，限于刑事自诉案件。刑事自诉案件的被害人起诉限于告诉才处理的案件、有证据证明的轻微刑事案件和公安、检察机关不追究被告人刑事责任的案件等三类案件，被害人在自诉时有被告、有请求和事实理由，法院应该立案。对于符合条件的起诉，法院应予立案。可见，现行法律有关规定中，并没有实行立案审查制的明确规定。对于民事纠纷的立案，审查制的做法源于司法政策和被扭曲了的诉讼法有关程序性审查的理论。2015 年 2 月 4 日公布并实施的最高人民法院《关于适用〈中华人民共和国民事诉讼法〉的解释》第 208 条明确规定了实行民事立案登记制。对于行政纠纷的立案，修改后的《行政诉讼法》第 51 条明确规定实行立案登记制，立案部门需要严格依法办事。

根据我国现行有关法律的规定和参照其他国家的相关做法以及诉讼法理论中“先程序后实体”和“正当程序保障”原理的要求，对立案登记制的理解和构建不能望文生义、简单地按照语言文字上的登记含义理解。实践中，不少部门都对登记赋予了专业内容。例如，结婚登记就包含一定的审查内容，而不是可以没有任何限制地任意登记结婚。如前所述，立案直接影响当事人的诉权，进而影响实体权益的保护。笔者认为，立案登记制是在“登记”语义基础上增加了程序性审查之意。这种审查侧重于从形式上审查诉讼要素，即作为诉的主体的原告与被告、体现诉的客体的诉讼请求和作为诉的原因出现的案件事实和理由等要素是否明确完整齐全。

在保证当事人诉权的同时，为了提供高效、便捷立案服务，以彻底解决立案难题，有必要区分立案工作中的事务性工作和登记性工作。区分这两种工作，可以实现以下效果：第一，减少当事人的立案时间。将事务性工作和对接性工作从立案窗口剥离并前移，由司法辅助人员在立案窗口之前针对不同业务主动释明和指导，保证当事人到窗口时符合登记的形式要件，进而减少当事人的立案时间；第二，提高登记效率。将真正的登记工作交给立案窗口，缩减立案窗口的工作，提高立案登记的效率；第三，尽早在事务性工作中发现敏感案件，提前给立案法官预警，增加敏感案件的研究处理时间，更好地解决纠纷；第四，负责事务性工作的同志可以在处理事务性工作的同时向当事人介绍多元化调解，力争将纠纷化解于诉前。

3. 以务实态度落实立案登记制度

落实立案登记制必须处理好以下几个主要问题：

(1)落实立案登记制度，必须处理好几组关系。一是大局与局部的关系。如上所述，全面建成小康社会、全面深化改革和全面推进依法治国是大局，各地区、部门的利益是局部。必须纠正将地区、部门利益和发展作为大局的不正确观点和方法。二是社会纠纷总量和审判任务的关系。充分发挥全社会的纠纷化解机制、诉调对接机制等的作用，分担司法的压力，保证立案登记制度的实施。三是司法规律、审判任务与司法改革的关系。众所周知，完成近 30 万件案件的审判任务的审判权运行机制与完成 10 万件案件的审判任务的审判权运行机制和要求是不同的。

(2)在司法改革中，必须充分尊重和兼顾司法规律、审判任务，调动法院整体资源研究立案问题。新一轮司法改革必须立足当下中国国情。在研究立案工作中，不能就事论事，就立案论立案，而是必须统筹兼顾，调动法院整体资源研究立案问题。目前，通常的做法是，解决某个系统的问题就在该系统研究。例如，解决立案难的问题，就在法院立案系统研究。这一做法固然不错，但却违背了马克思主义哲学普遍联系的观点，其结论和做法往往浮于表面，不能从根本上解决问题。于是乎，出现了某些法院在解决立案难问题上，对当事人立案的要求没有实质措施，但在喝茶倒水方面采取“五星”及服务措施，甚至为要求立案人员的小孩备上了纸尿裤。不能说这些措施无益于解决立案难问题，但可以肯定的是没有抓住问题的实质。

(3)正确看待和应对立案登记制引发的案件数量变动。有观点认为，实行立案登记制，将导致大量纠纷涌入法院，审判不堪重负。这种观点存在一定道理。笔者认为，对于实行立案登记制后，可能出现的案件数量增长的态势，要有正确的认识，即建立在调查研究社会化解纠纷情况基础上的认识。以美国为例，大多数居民并不依据正式规则化解纠纷，而是依据一些与邻人合作的日常规范用非诉讼多元化纠纷解决机制解决纠纷。据对北京市 1739 名人员的调查，其中，69% 的被访者从未打过官司。在解决纠纷首选方式的排序中，77. 7% 的答案首选非诉讼途径解决纠纷。其中，66. 3% 的答案首选采用人民调解的方式解决纠纷。只有 22. 1% 的答案首选诉讼解决纠纷。可见，公众并不热衷于通过诉讼解决纠纷。登记制后，短时间内案件数量可能上升较快，但长久来看不一定似洪水猛兽。与此同时，必须充分发挥司法的一般预防和个案解决的功能，让每一起审判都能实现举一反三的辐射力，让大量纠纷当事人量体裁衣般地参照已有判决通过非诉讼方式解决纠纷。

另外，从法治思维和法治方式来看，解决“案多人少”问题的合法途径应该是国家提供更多的司法资源和解决纠纷的途径，而不是人为地将纠纷堵在法院之外，任由其蔓延。

(4)正确处理重大、敏感、疑难纠纷的立案工作。实践中，对于重大、敏感、疑难纠纷的立案工作，存在一种潜规则，即不是依法立案，而是根据此类案件是否能顺利审结、审理的社会效果等多种法外因素决定是否立案。法院对此类案件多采取慎重立案的态度和“三不”原则处理。结果是此类案件的制造者或是茫然不知，或是认为无所谓，此类案件不断被制造出来，法院绞尽脑汁化解此类纠纷。此类案件涉及的群众的利益不能得到依法公开、透明的保护。毋庸置疑，这种做法在一定程度上避免了法院审判工作因审理重大、敏感、疑难案件而陷入尴尬境地，具有一定的实际效果和作用。但是这种做法不符合法治思维和法治方式。其效果和作用只是一时一地的，不符合法治长治久安的需要。在依法治国背景下，对于所谓的重大、疑难、敏感案件，法治思维和法治方式要求法院继续采取慎重的态度，积极依靠各方力量，平衡保护当事人的实体权益与诉权。确实需要发挥最后一道防线作用时，依法立案，通过公开、公正的审理，解决重大、疑难、敏感案件。从最后一道防线“倒逼”制造这类案件的地区、部门从源头上依法办事，通过将作为救济末端的司法围堵性预防转变为依法行政的源头性预防，实现依法治国。

(5)立案必须保证诉权的合法行使，规制诉权滥用不属于立案的主要工作，不能因噎废食。有观点认为，立案阶段应当防范诉权滥用。实行立案登记制会引发诉权滥用。那么，我国现行法律制度是如何设计防范诉权滥用的呢？以民事诉讼为例，根据《民事诉讼法》第 112 条、第 113 条的规定，对当事人之间恶意串通，企图通过诉讼侵害他人合法权益或逃避履行法律文书确定的义务的起诉行为属于滥用诉权行为。对于滥用诉权行为，法院应当采取的措施包括驳回其诉讼请求；予以罚款、拘留；情节严重并产生严重后果的，追究滥用诉权人的刑事责任等。可见，民事诉讼法将对滥用诉权的应对放在了案件审理阶段，而不是在立案阶段。故立案应侧重于保护诉权的合法行使，而不是防止诉权滥用。

(6)杜绝现有的各种受政绩考核、部门利益等方面影响过重的思维方式对立案登记制的影响。近年来，随着改革的不断深入，法院管理越来越符合司法规律，但是长时间非法治思维和法治方式的后遗症仍然时有反复。盲目追求结案率、年底立案关门等传统的管理方式在某些地方某些时候仍然存在。为了便于审理和执行，而将疑难纠纷拒之门外。司法是解决社会矛盾的最后一道正常途径，如堵塞这一渠道,该立案的不立案,势必把矛盾推向社会,影响社会的稳定。相反,依法受理应当立案的起诉,经法庭审理,作出公正判决,即使败诉,也使当事人知道败诉的原因,有利于服判息诉。近年来,最高人民法院已明确取消了一些不合理的考核制度。无疑,这将有利于解决立案难问题。

(三)完善制度、立法先行,建立一套具有中国特色的立案登记制度

立法方面,结合国家治理和社会治理现代化的新变化,明确地将社会纠纷区分为可诉纠纷、不可直接诉纠纷和不可诉纠纷三大类。依法做好可诉纠纷的立案工作。对于不可直接诉的纠纷,设定法定转换程序,经过法定程序转化为可诉的纠纷。对于不可诉纠纷,依法及时明确告知当事人。协调好诉讼和非诉讼纠纷解决机制和对接机制问题。立法层面,应当设计创新中国式的解决一般纠纷的非诉讼方式和途径。

在民事诉讼法、行政诉讼法和刑事诉讼法中,一方面在明确规定登记制的同时,有针对性地在一审、二审程序中增加能够快速审理有关主管和管辖问题的特殊审理阶段、不予立案登记行为的法律责任等规定,做到案件数量的增加与审理程序的公开、简便相平衡适宜,体系化地保护立案登记制度得以贯彻实施。另一方面转变有关立案条件的规定方式,将现行的规定方式转变为明确规定保护当事人诉权和不能登记立案的几种情况、简单规定立案登记需要的形式要件,以免挂一漏万,以方便当事人情况立案。同时,有利于防范滥诉、虚假诉讼和恶意诉讼等。

论加强基层人民法院合议庭评议功能的实证症结与微观路径

赵　军[*]　余亚宇[**]

内容摘要：最高人民法院《关于完善人民法院司法责任制的若干意见》提出，增强法官审理案件的亲历性，确保法官依法独立公正履行审判职责。这是合议庭成员在合议等环节中的共同参与和制约监督，进而提高办案质量，提出了更高要求。本文以B市D法院110份合议笔录及生效判决（对应100件案件）为主要考察对象，从评议时间、评议主体、评议对象、评议程序、评议内容、评议结果等角度，寻找影响基层人民法院合议庭评议功能发挥的实证症结。分析问题部分，阐述评议功能应包括的具体内容，并试图分析实践中评议功能日渐式微乃至缺失的原因。解决问题部分，建议通过制定规范评议客观条件的规则，限定评议时间和地点；制定制约评议主体的规则，强调合议庭成员的评议权力和职责；制定管理评议过程的规则，明确评议对象、统一评议程序、规范评议内容；最后建议统一评议结果的必备要素和形式。本文尝试为加强基层人民法院的合议庭评议功能，提供较为微观的路径参考。

关键词：合议庭　加强评议功能

《民事诉讼法》《行政诉讼法》《刑事诉讼法》在相关条文中规定，人民法院审理案件，依法实行合议、回避、公开审判和两审终审制度。可见，合议制度是与回避、公开审判及两审终审制度并列、具有同等重要意义的审判权运行基本制度。实践中，人民法院对合议制度的重视和施行程度明显不足，合议庭应有评议功能的发挥大受制约。切实发挥合议庭评议功能，是具体落实“审理者裁判、裁判者负责”的

---

* 北京市东城区人民法院党组书记、院长。

** 北京市东城区人民法院研究室法官。

有效手段,也是落实人民法院司法责任制的重要保障。改革正当时,加强合议庭评议功能势在必行。

为深入了解和掌握合议庭在评议案件过程中的现实状况,本文以随机抽取的B市D法院(基层人民法院)100个案件的合议笔录及对应生效判决为主要考察对象,辅以专门座谈、定点访谈等形式,意在调研和发现评议过程中实际存在的症结。以期为基层人民法院合议庭评议功能的加强提供参考。①

一、发现问题:合议庭评议功能在审判实践中的缺失表现

(一)调研样本概况

本文选取B市D法院合议庭审理的100个案件的合议笔录及对应一审裁判文书为调研对象。由于有的案件经过多次合议,具有多个合议笔录,调研样本共计合议笔录110份,裁判文书共计100份。样本包括刑事案件25件,民事案件35件,商事案件15件,知识产权案件15件,行政案件10件。涉及案件类型为随机选取。

(二)评议功能在实践中的缺失表现

1. 评议时间与庭审间隔长

虽然最高人民法院《关于人民法院合议庭工作的若干规定》(以下简称《若干规定》)第9条明确有"评议案件应当在庭审结束后五个工作日内进行"的规定,而实践中合议庭选择什么时间进行评议十分随意,及时评议原则被普遍忽略了。经统计,仅7件案件的评议时间(或第一次评议时间)安排在庭审后5个工作日内进行,其余93件案件的评议时间均晚于最高法院的上述规定。该93件案件中有42件的评议时间与裁判作出时间十分接近,时间间隔不足10日(见表1)。

表1 不同时间进行评议的案件数量对比

庭审后5个工作日内评议的案件数	庭审后超过10个工作日评议的案件数	裁判前10个工作日内评议的案件数
7件	51件	42件

2. 评议主体存疑

评议主体为全体合议庭成员自不待言。调研发现,实际的评议主体不限于合

① 由于本文选取的考察样本为基层人民法院,对其他级别的法院的合议庭未经调研不敢妄言,故本文仅限于讨论基层人民法院合议庭评议功能的加强。

议庭组成人员，对案件进行变相评议和实际决策的主体还有院长、庭长甚至书记员等非正式评议主体。通过已经半固定化的请示汇报制度，院长、庭长实际成了除合议庭成员之外的“第四方”评议主体，其虽不直接参与评议，但已经变相成为具有决定性权重的“编外”评议主体。经调研了解，一些案件进行评议前，已将经请示汇报的处理结果告知大家，只需合议庭成员简单附议和表态，将请示汇报结果转化为评议结果即可（见表2）。

表2　评议内容与汇报结果相关情况

评议中与汇报相关的情况	评议前告知汇报结果	评议中宣读汇报结果	评议后决定进行汇报
案件数目/件	12	3	18
评议结果与汇报结果的关系	一致	一致	一致

调研还发现，当庭长作为合议庭成员参与评议时，其自己及其他人已不自觉地将庭长审判管理和行政管理角色带入，其强势地位凸显。如庭长主持并主导评议过程，首先发言且发言篇幅最长；发言中直接对案件下结论。更有甚者，庭长在评议时的说话方式和口吻与案件汇报笔录并无二致，如其他成员提问，庭长作答；法官汇报问题，征询庭长是否准许。甚至可以认为，庭长参加合议庭不仅是去发表意见的，更是听取汇报、作出决定、进行把关的。此外，我们还在定点访谈中发现，实际参与评议的主体在个别特殊情况下还可能是书记员。由于目前培养青年法官的模式仍然还是传统的师徒模式，徒弟往往就是案件书记员。当遇到可依法酌定的情形，有的“师傅”在评议中要求“徒弟”谈谈补充意见，借以锻炼其审判思维和能力。这虽然是极个别情况（整个调研样本中仅发现1例），但从侧面反映由于评议程序的随意性和自发性，书记员等亦可能成为非正式评议主体，并对案件结果产生一些影响（见表3）。

表3　庭长参加评议情况

庭长作为合议庭成员案件数	庭长主持或主导评议	庭长发言篇幅占合议庭笔录百分比	直接询问庭长意见
15件	13件	73.4%～89.6%	2件

3. 评议对象不明

评议对象，即需经评议的事项。调研显示，合议庭对于评议事项的把握十分随意,无法确定哪些是必须经过评议的。有的案件仅对个别证据的合法性、关联性进行讨论;有的案件仅就法律条款的解释及对本案的适用性进行讨论;有的案件仅对案件中部分事实的认定进行讨论;有的案件的评议内容与当事人在庭审中的争议焦点一致;有的案件的合议笔录经过与判决书比对,与判决"本院认为"部分几乎一致;有的案件按照原告诉请的内容逐项评议;有的案件对诉讼费用的承担进行了评议,有的则没有提及。合议庭的评议对象普遍侧重实体问题,对于程序事项的讨论较少,100 件案件仅 12 件案件涉及程序事项的讨论,内容包括追加当事人、准许证人出庭、中止审理、管辖问题等。由于评议对象不明确,合议庭进行案件评议尤其是进行较复杂案件评议时,易出现评议事项不全或偏离,导致评议内容和结论不能全部涵盖裁判所涉内容。

4. 评议程序不定

发言顺序是评议程序中最重要的内容,也是评议有效开展的保障。对此,《若干规定》第 10 条明确规定:先由承办法官对认定案件事实、证据是否确实、充分以及适用法律等发表意见,审判长最后发表意见;审判长作为承办法官的,由审判长最后发表意见。调研样本发现,仅少数案件部分遵循了以上发言顺序的规定,多数案件的评议过程没有遵循,除个别合议庭基于习惯对特定类型案件按照一定的发言顺序组织评议外,样本中绝大多数案件的评议程序较为随意,发言顺序各不相同(见表 4)。

表 4　各类审判人员发言先后情况

承办法官在先发言案件数	非承办法官或人民陪审员在先发言案件数
84 件	26 件

表决程序是评议程序中的另一重要内容,但目前审判理论和司法实践对这一程序的关注仍显薄弱。《若干规定》第 10 条第 3 款规定:"合议庭成员对评议结果的表决,以口头表决的形式进行。"严格而言,合议庭成员应该在发表各自意见后进行口头表决,再按照"少数服从多数"原则产生最终的合议庭评议意见。然而,实践中有的案件在评议时发言程序和表决程序混在一起,难以辨别和区分;有的未经表决程序,直接得出评议结论;有的根据发言内容已经实际得出了多数意见,依法可以得出评议结论,却以"合议庭无法得出一致意见"为由,未经表决,作出向庭长或主管院长汇报的评议意见。发言内容是对合议庭成员发言态度的最直接体现,

但其仅能代表成员当时的观点和态度，不能代替合议庭成员的最终意见，因为最终意见完成可能经过与其他成员的信息共享和意见交换而发生改变。表决程序被普遍忽略，实际已变相剥夺了合议庭成员对评议结果最终决定的权力。

5. 评议内容欠规范

评议内容直观反映合议庭成员集体决策案件的实质过程，评议内容的质量直接决定案件审判质量。调研发现，评议内容普遍存在以下特点：第一，不同意见表达少。合议庭成员的个体差异决定了其对同一问题的看法必然存在不同。但经统计110份合议笔录中仅8份笔录记载了存在不同意见的内容，即仅7.27%的笔录中含不同意见（见表5）。没有明显意见分歧的合议笔录一般记录了以下内容：其他合议庭成员围绕承办法官或审判长的意见进一步阐述或论证补充，没有表达不同意见；有的合议庭似乎有意进行了分工，每个成员负责某特定方面的评议，评议对象不重复不交叉，自然不存在意见分歧。第二，确定评议主题的话语权由案件承办法官垄断。样本显示，评议内容的掌控几乎均由承办法官决定，如哪些问题需要评议、何为争议焦点等可能左右裁判结果的内容几乎均由承办法官决定。第三，结论的得出缺乏必要的论证。评议应当是结合法律和案件事实的分析和论证过程，而合议笔录的任务是将该过程记录，试图再现审理思路。调研发现，相当数量的合议笔录，虽对结论记录得比较清晰和明确，但缺乏如何得出此结论的论证过程，如记录“判决……没有疑义”“认定……是合适的”等，直接得出了对某些问题的认定，却无法找到相应的理由和论证过程。第四，评议内容与裁判文书既有重合又有偏离。经过比对合议笔录及相关裁判文书发现，18.2%（20件）的合议笔录的内容与裁判文书“本院认为”部分基本一致。有个别案件的合议笔录与裁判文书对应部分完全一致，仅将相关内容拆解为3位合议庭成员的发言内容。合议笔录与裁判文书相应部分的重合，反映出评议内容与判决说理极不正常的同质现象，不免使人产生对合议过程真实性的合理怀疑。针对以上现象，我们进行了进一步追踪调研，通过个别访谈、庭室座谈等形式，发现存在以上现象的案件大多源于实践中的两种做法：一是评议前裁判文书实际已由承办法官拟好，即先有裁判、后补评议；二是有的案件实际没有经过正式的评议过程，仅在休庭后各合议庭成员间简单“通了通气”，合议笔录系书记员在案卷归档前自己编写的。与重合现象相反，评议内容与裁判文书呈现的偏离现象亦值得关注。经比对合议笔录及裁判文书发现，个别案件中虽然评议结论与裁判结果一致，但文书的裁判说理和评议中的讨论内容不尽一致，存在一定程度偏离。

表5 存在不同意见的合议笔录的案件数量

存在不同意见的笔录数及比例	存在不同意见案件类型及数目
8件;7.27%	刑事3件;民商事3件;行政2件

6. 评议结果存差异

评议结果是对本次评议活动得出结论的总结。一般而言,仅经过一次评议的案件,最后评议结果均与裁判主文的内容相同。但亦存在例外,调研发现,59.1%的合议笔录的评议结果除包括裁判主文的内容外,还包括对案件诉讼费承担的确定;而40.9%的合议笔录中对诉讼费如何承担没有提及,诉讼费承担由法官在撰写判决过程中根据法院诉请支持比例加以确定。而对于较为疑难复杂、实践中经过多次评议的案件,普遍存在这样的评议结果,如“向主管领导汇报”或“合议庭初步意见为……拟向庭长汇报”、“因合议庭未达成一致意见,向庭长汇报”等,没有直接清晰的评议结论。

二、分析问题:评议功能的应有效用及在实践中的缺失原因

(一)评议功能的应有效用

评议功能与评议制度相对应,是评议制度之所以设立意图达到的功能和效用。[①] 具体而言,评议功能包括以下几点。

1. 使经裁判确认的法律事实更接近于客观事实

裁判的事实基础准确与否对裁判结果的公正性至关重要。根据形式主义法学“三段论”的逻辑方法,法律规范为大前提,案件事实为小前提,裁判结果为法律结论。难以想象,如果案件事实这一小前提出现偏差,合议庭得出的法律结论(裁判结果)几乎不可能是正确的。这一问题在实践中表现得更为明显,经统计样本,评议中重点讨论、遭遇疑难的问题绝大多数是事实认定问题,法律适用问题占比有限(主要为刑事案件和行政案件)(具体见表6)。由于交由合议庭处理的案件往往更为复杂,制度初衷必然有对经合议庭评议的案件事实应当更准确、更接近客观事实的合理期待。事实认定的复杂性与发散性,对合议庭成员提出了更高要求,即达到“1+1+1>3”的功能和效果。那么如何取得呢?可将合议庭看成对案件结果进行决策的决策群体。合议庭成员存在各异的社会背景和认知特点,其关于事实认定

---

① 袁坚:《刑事审判合议制度研究》,法律出版社2014年版,第23页。

的意见可能一致,但更倾向于不同,一致性与差异性的重叠和互补,尤其是差异性通过信息交流、评议讨论转换为一致性,才能给案件事实认定的准确性打下坚实基础。

表 6　评议中讨论事实或法律问题情况

评议中重点讨论事实问题笔录数及在样本总数中占比	评议中重点讨论法律问题笔录数及在样本总数中占比
74 份;67.3%	36 份;32.7%

2. 保证法律适用准确合理

合议庭查清事实后,即进入法律适用阶段,首先要解决的问题就是寻找与案情相关的法律。结果存在三种可能:一是有相关规则;二是无相关规则;三是存在不确定概念。① 第一种情况,合议庭要对法律规则按照法律解释的原则进行解释;第二种情况,法律出现漏洞,合议庭要创设规则进行漏洞补充;第三种情况,遇到不确定概念,合议庭要结合案件事实把概念具体化,进行不确定概念的价值补充。② 审判实践中不管遇到以上何种情况,无不需要合议庭成员在评议法律适用问题时进行深度参与和积极讨论。实践中遇到法律适用的疑难问题并不鲜见,样本的 100 件案件中有 18 件案件的评议涉及法律适用问题。适用法律规范作为形式逻辑中最为重要的大前提,能够树立规则范式和行为参照,不仅对本案,甚至可能对类案的法律适用起到一定影响和示范,保证法律适用准确合理也因此成为评议功能中最为重要的一项。

3. 对案件决策权的行使形成事中制衡

民主评议制度作为民主政治制度中一项不可或缺的制度,不是法院审理案件独有的,尽管在不同场合的指向和作用不尽相同,但其追求的政治治理目标皆为权利平等、多数决原则和防止专断。③ 具体到合议庭评议制度中,该目标可以理解为合议庭成员地位平等,在行使审判权的过程中互相监督制约(尤其当合议庭中存在人民陪审员时,系作为社会民众代表的陪审员对职业法律人的监督和制约);在多数决原则保障下,实现实质上的地位平等、权力平等和责任平等,减少和防止个人意志专断和审判权行使专横。评议制度中的这一制衡功能,与审判责任追究制度

---

① 梁慧星:《裁判的方法》,法律出版社 2012 年版,第 49 页。

② 梁慧星:《裁判的方法》,法律出版社 2012 年版,第 66 页。

③ 孙永芬:《再论民主中的多数原则》,载《云南社会科学》2008 年第 2 期。

的事后制约功能不同。由于评议中具有禁止弃权原则[①]和心证公开原则[②]，该制衡功能位于审判决策权内部，展现出事中的、与实体决策权同步的制约力量。甚至可以认为，合议庭制度之所以被创设者赋予多人参与、司法民主的特性，是因为审判权力内部制衡是其与生俱来的本质属性和功能。

4. 对合议庭审判权的依法行使形成保护

针对合议庭“和而不议”“形合实独”的痼疾，当前对合议庭制度改革的诸多研究认为，应实现合议庭审理权和裁判权的统一，同时减少、阻碍内外干预，建立运转顺畅、功能健全的合议庭依法独立审判机制。[③] 合议庭作为集体审判组织，以整体名义对案件进行审理和决策，相对于独任法官，其受到外界影响的可能性更小，抵御外界干扰的内生力量更大。但是，保护不同于庇护，评议制度理应反对成员不平等或不独立的多人决策，否则集体审判只会为少数人的专断提供合法的外衣，[④]合议庭的评议功能自然无法实现。

（二）评议功能在审判实践中的缺失原因

1. 背景方面：案件审理权与决策权的分离

首先，一些案件的审理主体与决策主体分离。审判权本质是判断权，合议庭行使判断权的前提是亲历案件审理。审理权与决策权是密不可分的连续活动，行使理应归属于同一主体。实践中，法院内部审判组织或主体除合议庭外，还有审判委员会及院长、庭长。他们虽一般不直接参与案件审理，但在当前法院内部组织结构设置和管理模式的作用下，对一些案件的决策权力却极可能从审理主体处被析出或部分析出，出现备受理论界和实务界诟病的审判分离的奇怪现象。该现象损害了合议庭成员作为审理者参与评议、发表决策意见的自觉性和积极性，影响评议功能正常发挥。其次，合议庭内部实际权力配置不平等。从合议制度和审判长制度设立初衷看，合议庭成员内部的权力配置不存在权重差别，仅存在分工和角色差异。但实际情况却差之甚远：承办法官一般需独自应对考核工作量和审判质效责任承担；审判长已由最初的角色分工（合议庭审判活动的组织者和主持者[⑤]）过渡

---

① 张永泉：《合议庭功能及其在审判实务中的运作》，载《法律适用》2003 年第 12 期。

② 林劲松：《我国合议庭评议制度反思》，载《法学》2005 年第 10 期。

③ 左卫民、汤火箭、吴卫军：《合议制度研究——兼论合议庭独立审判》，法律出版社 2001 年版，第 119 页。

④ 杨知文：《中国审判制度的内部组织构造》，法律出版社 2014 年版，第 221 页。

⑤ 张晋红：《审判长制度与合议制度之冲突和协调——兼论合议制度的立法完善》，载《法学评论》2003 年第 6 期。

为具有特殊资格者,或被授予更高职权者;[①]另外仍旧难以回避陪审员畸轻和带有附属意味的尴尬地位。最后,合议庭的审判职能难以对抗外部行政管理职能。由于我国法院管理理论的不发达,人事管理、事务管理、审判管理不得不借助行政管理手段和逻辑。行政管理模式与生俱来的隶属性和专横性,合议庭整体和成员个人均无力抗衡。

2. 基础方面:成员信息占有量不对称

平等行使权力的前提是信息占有均衡。经跟踪调研样本中承办法官发言篇幅较长的20件案件,结果显示:18件案件中的其他两位合议庭成员是在庭审甚至评议前才基本掌握案情情况,对事实细节的了解仍有赖承办法官介绍或解释;5件案件中的非承办法官开庭前才被临时通知参加庭审,有的连案由都不甚清楚;1件案件中的陪审员系帮其他陪审员顶班而中途参审,其实际没有参加评议,只在空白纸上签了字以方便书记员后续补充合议笔录。可以借此想象合议庭成员之间信息占有量何等悬殊,这样的信息不对称在实践中广泛存在。

3. 制度方面:评议规则缺位

评议功能在实践中的各种缺失表现,纵然和当前法治环境、法院管理模式等深层原因相关,但直接原因仍应归于规则缺位导致行为失范。结合本文第一部分提出的诸多问题,均能通过制定专门规则从微观方面寻找解决路径。

4. 心理方面:制度外不良心理因素的软性制约

评议过程中的集体主义群思维过强。为了保持相对稳定的人员构成和人际互动,合议庭往往会无意识削弱裁判案件的基本使命,发扬集体智慧异化为共同规避职业风险。[②] 群思维的形成和存在,会对不同意见产生非理性的排斥和不认可,导致不同观点难以产生或表达,最终指示合议庭做出低绩效水平的决策行为。[③]

三、解决问题:以制定规则作为发挥合议庭评议功能的途径

(一)制定规范评议客观条件的规则

限定评议时间和地点。《若干规定》第9条规定:“合议庭评议案件应当在庭审结束后五个工作日内进行。”为保证评议效果,避免合议庭成员由于间隔时间过

---

① 张晋红:《审判长制度与合议制度之冲突和协调——兼论合议制度的立法完善》,载《法学评论》2003年第6期。

② 刘峥:《我国合议庭评议机制的检讨及完善》,载《人民司法·应用》2008年第21期。

③ 余亚宇:《群体决策心理视角下的合议庭评议功能之弥合》,载《法律适用》2014年第1期。

长对案件事实的记忆削减，许多国家在法律中明确要求庭审后立即评议。《意大利刑事诉讼法典》第525条第1项规定："判决在法庭审理结束后立即评议作出。"[①]为给合议庭提供独立、自由的评议场域，增加评议程序的严肃性，一些国家还对进行评议的地点进行了专门规定，如《法国刑事诉讼法典》规定，法庭的诸司法官及陪审员在审理程序接受后退席至评议室评议。[②] 结合当前我国法院的实际情况，对合议庭评议案件与庭审间隔时间加以限定是应当的。要求合议庭成员在对案件事实的记忆曲线还处于较高水平时进行评议，既符合人体记忆规律，有利于审判质量提高，同时又有助于提高审判效率。至于专门评议场所的确定，可以提倡有相应物质条件和保障能力的法院进行，法院可根据办公场所等客观条件的限制自由决定，目前不宜作出硬性要求。

(二)制定制约评议主体的规则

1.强调评议主体的评议权力和职责

第一，引导合议庭成员重视自身作为评议主体的定位，珍惜法律赋予的案件评议和决定权力。应以规则引导合议庭成员向真正的评议主体回归，珍惜和重视法律赋予的评议权及案件决策权，不使其旁落或随意放弃。合议庭成员应该正确认识和对待二审法院、院长、庭长、其他审判长等外在业务指导意见，应将其作为决定案件的业务参考而不是必须执行的行政决定。评议主体始终是合议庭成员自己，任何人或组织不能代替或强制其作出评议意见。同时，行使审判管理权、业务指导权和行政管理权的主体，应认清还权于合议庭的必然趋势，引导和帮助合议庭成员向真正意义上的评议主体回归。第二，合议庭成员不得在评议过程中弃权或简单重复、附和他人意见。合议庭作为国家审判权的最终行使主体，代行国家公权力，亦肩负职责。放弃评议权力及案件决策权无疑是一种渎职行为。[③] 第三，避免非正式评议主体的变相参与和影响。如却有需要，院庭长应转而成为合议庭成员，通过发表评议意见(而不是请示汇报)正式参与合议。院长、庭长应当树立与其他成员平等、平权意识，不将行政管理职务和特殊影响力带入；其他成员也应理性看待院庭长作为评议主体时发表的意见。另外，应避免书记员等其他非正式主体间接参与评议或影响评议意见。

---

① 彭海青：《我国合议庭评议表决制度功能缺失之省思》，载《法律科学》2009年第3期。

② 彭海青：《我国合议庭评议表决制度功能缺失之省思》，载《法律科学》2009年第3期。

③ 袁坚：《刑事审判合议制度研究》，法律出版社2014年版，第108页。

2. 评议主体的组成结构应避免过于固定

为避免因成员的社会背景和认知特点趋同降低评议质量,组成合议庭应随机产生,并注意防止人员资历背景过于近似。为避免因存在集体群思维造成成员意见趋同,合议庭组成应避免过于固定;相对固定的,应注意定期轮换。

(三)制定管理评议过程的规则

1. 明确评议对象

应明确评议对象,规定评议按照一定的顺序,如依次按照认定证据和事实、适用法律、裁判结果等顺序展开。具体评议对象宜采取列举形式,并注意避免对象过于庞杂和琐碎。

2. 统一评议程序

第一,明确发言顺序。基本原则是先"外行"后"内行"、先"资浅"后"资深",即人民陪审员最先发言,再由经验较少、职务较低的成员发言,最后才是经验资深者或职务高者发表意见。第二,设立表决程序。合议庭成员发表评议意见时可以涵盖对相关问题的表决倾向,但不能将总结归纳自己表决意见的任务交由他人,更不能省略或以其他方式代替表决。各成员发表评议意见后,应专门设立表决程序,以保障合议庭成员完整行使对案件的最终决定权。应严格限制一旦合议庭无法取得一致意见即向外转交案件决定权的做法;严格按照诉讼法,只要能形成多数意见,无特殊理由不得轻易进行汇报请示。表决方案单一的,以简单多数原则进行口头或书面表决;如存在多种表决方案,应通过进一步协商或参考外部业务指导意见归并近似方案,力求形成多数。

3. 规范评议内容

第一,鼓励不同意见表达。评议过程中应注重成员间的信息交流和意见交换,尤其应当鼓励不同方案和意见。评议过程中,如合议庭成员仅是简单重复、随意附和他人意见的,评议主持人应提醒其注重发表个人不同意见,或以提问方式引导其发表不同意见。应注意比较、甄别,综合不同意见中的合理内容和可行部分,得出多数成员认可的评议结论。第二,全体成员共同拟定评议主题。为避免确定评议主题的话语权由承办法官把控,应当由全体合议庭成员根据庭审争议焦点、当事人诉请及具体案件情况(如刑事案件按照先讨论定罪,再讨论量刑)加以确定。第三,引导合议庭成员公开心证,避免未经论证直接发表结论性意见。评议规则对心证公开原则的保护和坚持,不但将倒逼每个成员独立思考、深度参审,还可以起到对个人自由心证的监督和适当制约作用。评议内容旨在反映和再现案件审理思路，记录裁判文书中无法体现（或不宜体现）的裁判缘由。如果评议结果回答“是什么”，评议内容则应该回答“为什么”。第四，杜绝评议内容与裁判文书说理雷同或偏离现象。首先，杜绝先拟文书再评议的逻辑倒置、程序倒置现象。裁判文书是根据评议内容和评议结果做出的，而不是相反。对于评议内容与判决书说理部分基本一致的情况，可以直接据此判断该次评议属低质量甚至无效。其次，判决起草人在草拟文书过程中，应严格依据评议内容和结果中反映的理由和处理结论组织文字，不得随意加入未经评议的内容和思路。上述四个方面，评议规则可通过事前提示（如在先提示评议合议庭成员侧重表达不同意见）、事中指导（如规定评议主持人应积极引导评议意见经过必要论证）、事后评价（如评议后通过审阅合议笔录或录像，评价案件评议质量，作为评估案件审判质效的重要参考之一）等方式对具体评议内容加以规范和管理。

（四）制定统一评议结果的规则

规定评议结果应该包括的事项。有必要统一实践中对评议结果的不一理解。评议结果系合议庭成员经过评议并通过表决，对当事人重要程序权利和实体权利的处理意见，是对本次评议取得结论的概括。对于仅经一次评议即得出多数意见的案件，评议结果应与裁判文书主文部分的意见一致，且一并处理诉讼费用分配问题。对于经多次评议的案件，每次评议结果均应体现该次评议取得的倾向意见；如无法得出多数意见，将各个意见在评议结果中列明。为避免合议庭成员回避问题，向外转移案件决策权，使评议功能落空，在未对案件处理作出初步意见或列明多种意见的，不应仅得出“将案件予以请示汇报”的评议结果。

四、结语

司法改革正当时，深化审判权运行机制无疑是涉及广泛、影响深远的“面”，而对合议庭评议功能的加强和完善相当于“面”上一“点”，“点”的突破才有可能对“面”产生作用，期待能为人民法院审判权运行机制的不断完善贡献点力量。

人民陪审员"事实审"与"法律审"分离机制考察

——以东城法院为样本考察

赵　军*　姜在斌**　李国平***

内容摘要:《中共中央关于全面推进依法治国若干重大问题的决定》提出,逐步实行人民陪审员不再审理法律适用问题,只参与审理事实认定问题。如何实现人民陪审员"事实审"与"法律审"的分离,是当下人民陪审员制度改革亟须重点关注的课题。本文在对东城法院人民陪审员工作现状进行样本分析得基础上,结合"事实审"与"法律审"分离的相关理论,认为,在司法审判工作高度专业化精细化的背景下,人民陪审员选任越来越平民化、大众化,在随机抽取人民陪审员参审案件的情况下,要求人民陪审员参与法律审确实强人所难,司法现代化要求事实审与法律审相分离,陪审员只参与事实认定问题。在通常情形下,事实问题与法律问题还是可以按照一定的标准进行区分的。通过在庭审前法官提示、组织庭前证据交换;庭审中由法官制作案件问题列表,引导陪审员形成规范认证逻辑;评议时遵照科学的评议程序及规则,保障陪审员意见充分表达;裁判中适当体现陪审员意见等方式,构建一套完整的"事实审"与"法律审"的分离机制。

关键词:人民陪审　事实审　法律审　分离机制

人民陪审员制度改革是中央部署的重大改革事项。党的十八届三中全会强调,广泛实行人民陪审员制度,拓宽人民群众有序参与司法渠道。党的十八届四

* 北京市东城区人民法院党组书记、院长。

** 北京市东城区人民法院民三庭庭长、法官。

*** 北京市东城区人民法院民三庭法官。

中全会作出的《中共中央关于全面推进依法治国若干重大问题的决定》进一步提出,逐步实行人民陪审员不再审理法律适用问题,只参与审理事实认定问题。该决定对人民陪审员参审案件职权进行了重大调整,这无疑是本轮改革的最大亮点,为我国人民陪审员制度改革指明了方向。方向既定,如何落实改革要求,真正实现人民陪审员"事实审"与"法律审"的分离,是当下试点工作面临的难点问题,也是当前试点工作向前推进亟须解决的事项。本文立足北京市东城区人民法院的陪审工作实践,就分离机制的构建及制度价值进行考察,拟为试点工作提供参考。

一、改革的文本依据及制度价值

(一)改革的文本依据

我国现行法律规范中规定人民陪审员制度的主要有三大诉讼法以及《人民法院组织法》,全国人民代表大会常务委员会《关于完善人民陪审员制度的决定》,最高人民法院、司法部《关于人民陪审员选任、培训、考核工作的实施意见》,最高人民法院《关于人民陪审员参加审判活动若干问题的规定》等。根据现行法律规定,人民陪审员在人民法院执行职务期间,是他所参加的审判庭的组成人员,和审判员有同等权利。人民陪审员参加合议庭审判案件,对事实认定、法律适用独立行使表决权。合议庭评议案件时,合议庭成员每人一票,实行少数服从多数的原则。与法官同权的制度设计,要求没有经过专门法律职业训练的人民陪审员,跟法官一样无差别地行使审判权,不可避免地产生"陪而不审、审而不议、议而不决"等问题,广受社会诟病,一度引发我国陪审制度的存废之争。[①]人民陪审员或盲从法官,成为不发一言的法庭"摆设";或长期驻庭陪审,成了法院缓解案多人少矛盾的"编外法官"。人民陪审员制度功能异化,倒逼陪审员参审机制的改革。

2015 年 4 月 1 日,中央全面深化改革领导小组第十一次会议,讨论通过了《人民陪审制度改革试点方案》(以下简称《方案》)。《方案》指出,"探索人民陪审员参审案件职权改革。开展试点,积累经验,逐步探索实行人民陪审员不再审理法律适用问题,只参与审理事实认定问题,充分发挥人民陪审员富有社会阅历、了解社

---

① 吴丹红:《中国式陪审制度的省察——以〈关于完善人民陪审员制度的决定〉为研究对象》,载《法商研究》2007 年第 3 期。

情民意的优势,提高人民法院裁判的社会认可度”。

2015 年 5 月 20 日,最高人民法院、司法部联合发布《人民陪审员制度改革试点工作实施办法》(以下简称《实施办法》)。《实施办法》第 21 条至第 25 条,对《决定》“探索人民陪审员参审案件职权改革”的规定作了进一步的细化,尤其是对评议规则进行了较为细致的规定。《实施办法》要求,审判长在合议庭评议时,要提请陪审员围绕事实认定发表意见,并对相关法律进行必要说明,必要时以书面形式列出案件事实问题清单供陪审员参考;陪审员对事实认定问题发表意见并表决,也可以对法律适用问题发表意见但不参与表决。

《方案》及《实施办法》以问题为导向,对陪审员参审职权改革进行了顶层设计,而具体操作仍需要试点法院运用智慧在实际中积累经验。需要指出的是,要求人民陪审员只认定事实问题不决定法律适用问题,前提就是在审判实践中存在“事实问题”和“法律问题”的划分。然而,事实问题与法律问题在司法实践中并非泾渭分明,以何种标准进行划分,正是本文着力要解决的问题之一。

(二)改革的制度价值

从世界范围来看,世界各国吸收普通民众直接行使司法权的形式主要有两种,一种是英美等普通法系国家实行的陪审制,另一种是德、法、日等大陆法系国家实行的参审制。[①] 陪审员只认定事实问题而不审理法律适用问题,正是陪审制有别于参审制的主要区别之一(见表 1)。

表 1　陪审制与参审制对比

项目	陪审制	参审制
职权	只认定事实问题	除认定事实外,还决定法律适用
选任	随案选取,无须议会任命,案结即解散	一般是由基层的议会选举或者由联合组成的特别委员会任命,有一定任期
地位	不是合议庭的组成人员,陪审员组成的陪审团对案件事实作出独立的判断	与法官一样参加合议庭,共同决定事实与法律问题,与法官享有同等权利
法庭位置	坐在专设的陪审团席上,陪审员的裁决是法官判决的前提	与法官一起坐在审判台上,共同问案

① 蒋惠玲:《论陪审制度的改革》,载《人民司法》1995 年第 6 期。

通过表 1 不难看出，我国的人民陪审员制度虽然名义上也叫"陪审制"，但实质上是参审制。

陪审制与参审制各有利弊，总体来说，陪审制度在"强化司法独立，增强人民对司法的信任"方面作用更大。① 由普通民众组成的陪审团参与审判，一来可以弥补因为法官囿于专业视角产生专业偏见或者人情社会阅历缺乏的不足，帮助法官准确认定事实；二来可以有效排除外界对司法的干预，使司法保持独立性；三来可以促使法官更多地考虑社会生活实践，增强社会公众对裁决结果所形成的规则产生认同感，进而增强对司法的认同和信任。

相较而言，参审制下的参审员在诉讼中所发挥的作用有限，在许多情况下只是法官的陪衬，而根源就在参审制度的设计上。一是参审员专业性先天不足。参审员均来自普通民众，且往往排除法律专业人员作为参审员，如我国《实施办法》第 3 条就规定，人大常委会、公（包括国安）、检、法、司以及执业律师、基层法律服务工作者等从事法律服务工作的人员均不能担任人民陪审员。法律专业知识的不足，直接导致参审员在行使阅卷、调查、发问、合议等职权时的不自信，对法官产生权威趋从。二是参审员兼职模式与任期制的矛盾难以避免。参审员一般由有权机关任命且有一定任期，并要求其在任期内履行参审职能。如我国人民陪审员均由各级人大常委会任命，任期 5 年。相对于本职工作，参审员履职只是兼职，协调本职工作与参审存在客观困难，参审员很难有时间和精力同职业法官一样查明案件事实，学习和适用法律更是有心无力。三是参审员客观上会面临来自法院、法官的压力。相对于法官，参审员在法院更像是"外人"和少数派，其行为不可避免地受法院及法官价值取向的规制，无形的压力会导致参审员不愿意发出不同声音，特别是在自己不擅长的法律适用方面独立发表不同意见，导致其逐渐丧失独立的主体地位，沦为附庸。

以此审视我国现行陪审制的运行现状，不难发现，以上参审制度存在的问题，在我国现行司法实践中日益凸显，倒逼改革的启动。逐步探索实行人民陪审员不再审理法律适用问题，只参与审理事实认定问题，价值主要在于：一是与法官的职能划分更加明确，有利于扬长避短优势互补。充分发挥人民陪审员富有社会阅历、了解社情民意的优势，弥补法官生活阅历不足，纠正法官因专业习惯可能产生的偏见，提高人民法院裁判的社会认可度。二是更好地发挥互相监督的作用，有利于司

---

① 董国庆：《从齐默尔曼案看美国陪审团的运行机制》，载《人民法院报》2015 年 7 月 10 日，第 8 版。

法的公开公正。人民陪审员仅就事实问题发表意见,不用勉为其难对法律适用问题进行表决,自然也不用对法律适用问题负责,这样陪审员就能理直气壮地履行监督职能,在各负其责的基础上,法官也可以对陪审员履职进行有效的监督。三是与司法责任制等其他改革措施配套,落实"审理者裁判、裁判者负责"要求。人民陪审员与职业法官同权断案,意味着人民陪审员履职也要同法官一样承担责任,势必导致权责不清,责任难以落实。改革后,法官与陪审员各负其责,能够各自承担相应责任,有利于司法责任制的落实。

二、样本介绍

(一)东城法院陪审员队伍结构

1.人数结构

东城法院现有人民陪审员520人,是法官员额数的3.3倍。2011年至今,东城法院共进行了两次换届增选。第一次是2013年9月,陪审员数量从2011年以来的127人增加为181人,增幅43%;第二次是2015年9月,东城法院按照改革试点要求完成换届增选,52人尚未到届留任,新增选468人,陪审员人数达到现有的520人,增幅达187%(见图1、图2)。

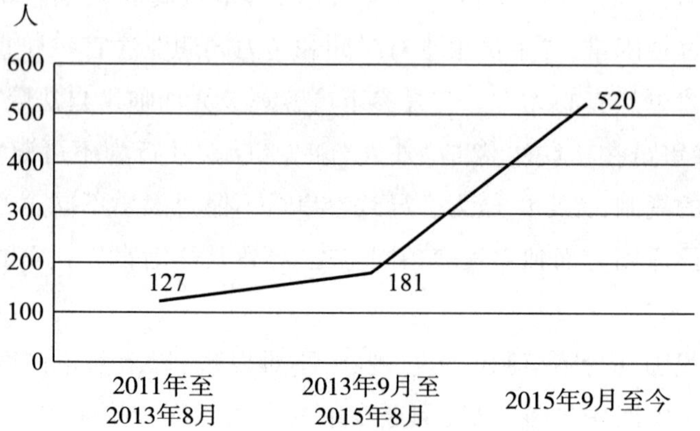

图1 东城法院近五年陪审员人数变化

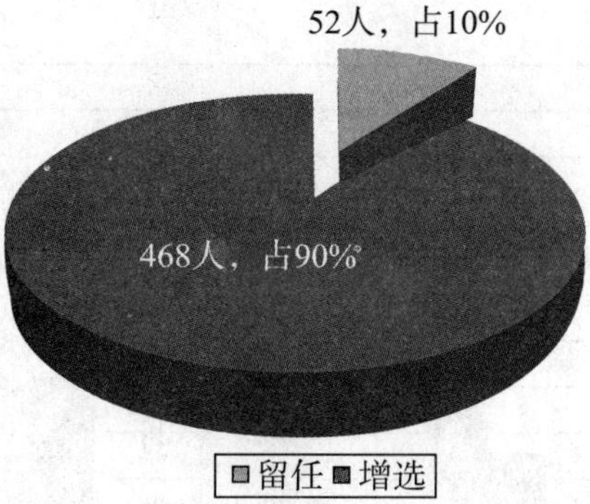

图 2　东城法院 2015 年 9 月人民陪审员选任情况

2. 性别结构

现有 520 名人民陪审员中，男性 192 人、女性 328 人，男女比例约为 1∶1.7；选任前 181 名陪审员中，男性 92 人、女性 89 人，男女比例约为 1∶1。由此可见，选任后女性陪审员比例大大增加（见图 3）。

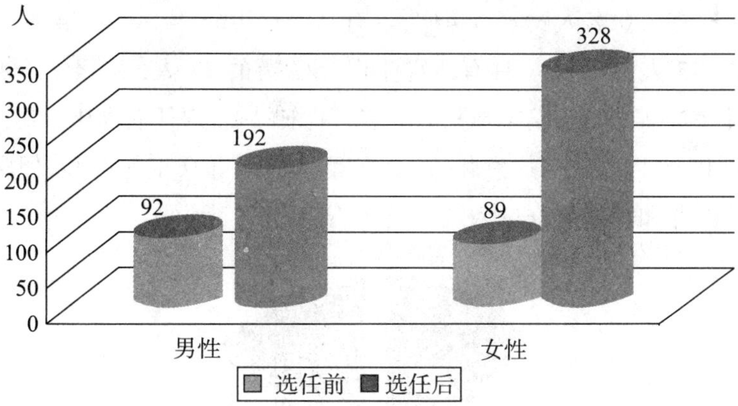

图 3　东城法院人民陪审员选任前后性别比例变化

3. 年龄结构

从年龄分布来看，东城法院选任前后的人民陪审员队伍年龄结构均呈现明显的两头小、中间大的“橄榄型”结构。对比后发现，选任后 61 岁以上人民陪审员比例下降了近 10 个百分点。这意味着，陪审员中退休人员比例下降，将对后续履职产生一定影响（见图 4）。

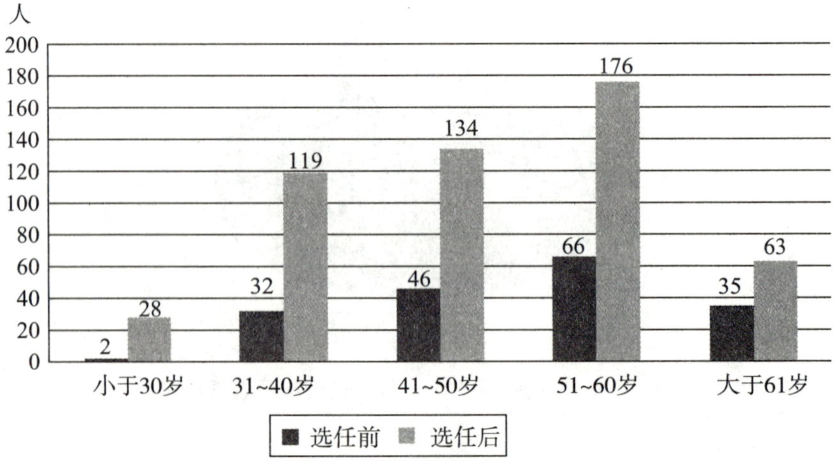

图4　东城法院人民陪审员选任前后年龄变化情况

4. 学历结构

由于东城特殊的区位优势和人才优势，东城法院的人民陪审员队伍普遍学历层次较高。现有520名人民陪审员中，具有高中学历的74人，占14%，具有大专及大学学历的373人，占72%，具有研究生以上学历的73人，占14%。需要指出的是，本次选任前，高中学历陪审员只有3名。占比2%，选任后高中学历陪审员的比例提高了近12个百分点。这意味着，更多具有丰富群众工作经验、但学历相对不高的社区工作者和普通群众进入陪审员队伍(见图5、图6)。

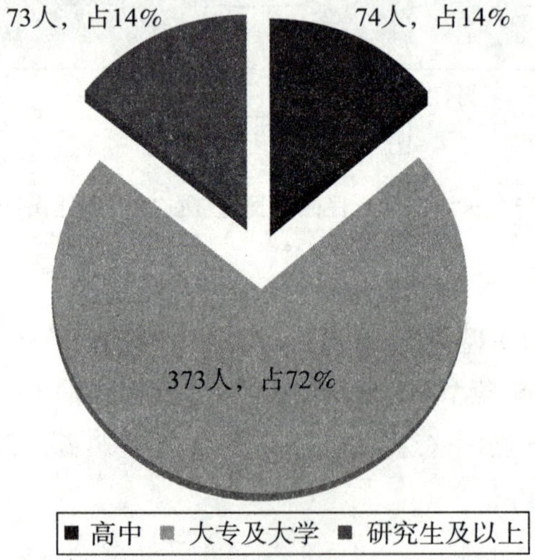

图5　东城法院现有人民陪审员队伍学历结构

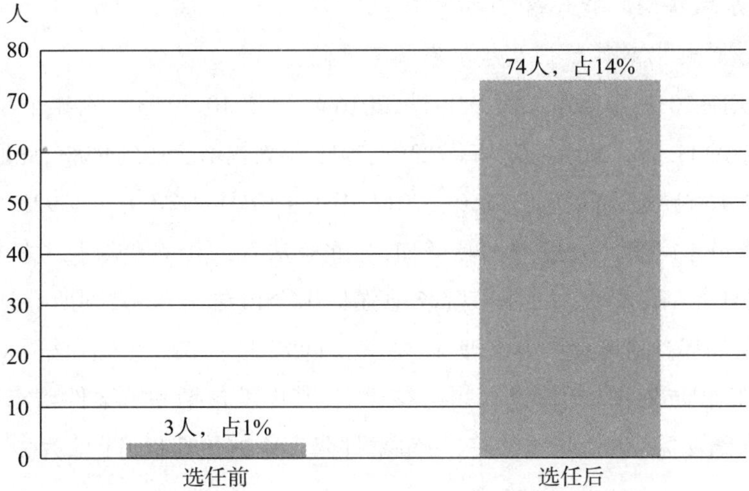

图 6　东城法院人民陪审员选任前后高中学历人员变化

5. 职业结构

通过随机抽选，陪审员来源更加广泛。2015 年 9 月选任以前，181 名人民陪审员中，来自党政机关、事业单位的 97 人，占 53%；完成选任以后，来自党政机关、事业单位的 79 人，占总数 520 人的 15%，比例大幅降低。与之相对应的，社区工作者和普通群众 278 人，占总数的 53%，比例大为提高。选任的陪审员涵盖了全区 17 个街道的各个社区，从而更好地吸收了各行各业的人员进入陪审员队伍，对克服陪审员"精英化"，趋"大众化"作用明显，促进更广泛的民意进入司法（见图 7）。

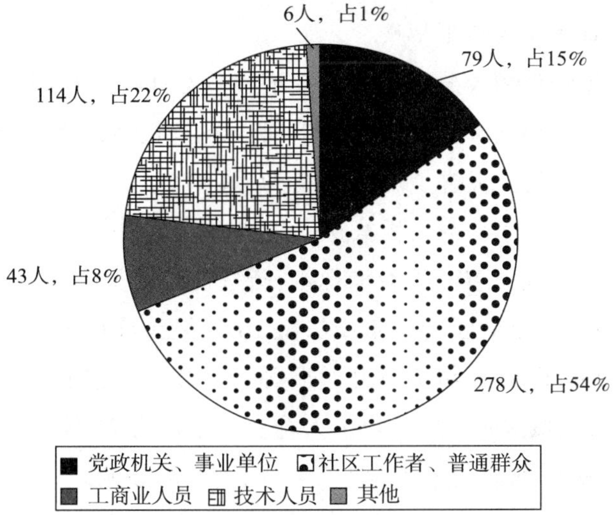

图 7　东城法院现有人民陪审员职业分布情况

(二)东城法院人民陪审员参审情况

1. 近6年参审案件数量及陪审率逐年递增

东城法院2011年陪审结案958件,2016年陪审10,893件,六年来年陪审案件数量增长超过11倍。2011年陪审率23%,2012年大幅增长达到93%,此后两年保持在100%,2016年仍然保持在98%。2017年1~10月,陪审结案5923件,陪审率95%。陪审员参审案件数量的大幅增加,与北京法院的相关要求及考核密切相关。2011年,时任北京市高级人民法院院长池强提出全市法院"要做到所有适用普通程序审理的案件都有陪审员参加审理"的要求。同年,北京市高级人民法院对全市法院31项审判工作质效评估指标进行了考核排名,其中就包括一审案件陪审率,有力促进了全市各级法院,包括东城法院,一审案件陪审率的快速提升(见表2、表3)。

表2 东城法院2011~2016年陪审案件情况

年份	一审普通程序结案数/件	陪审员参审结案数/件	陪审率/%
2011	4181	958	23
2012	3909	3629	93
2013	4432	4432	100
2014	5179	5179	100
2015	7068	7018	99
2016	11,088	10,893	98

2. 陪审员参审案件数逐步均衡

驻庭陪审及零陪审两极分化现象逐渐消失。案件预约机制逐步健全,参审案件案数较多的陪审员得到有效控制,其他陪审员的积极性也逐步调动起来,陪审员参审案件均在10件以上,促进了均衡参审(见图8)。

3. 陪审员人均参审案件数大幅减少

根据北京市法院人民陪审员参审规定,新选任陪审员在完成培训并经统一考核合格后,才能履行陪审员职责。东城法院2015年9月新选任的468名陪审员,在接受岗前培训后,于2016年1月开始后开始履职,因此当年的陪审员仍按181人计算。2016年,东城法院人民陪审员人均参审案件为21件。2017年1~10月,人均参审案件数为11件。这一趋势,符合人民陪审员制度改革试点中扩大参审面、杜绝编外法官的要求(见表3)。

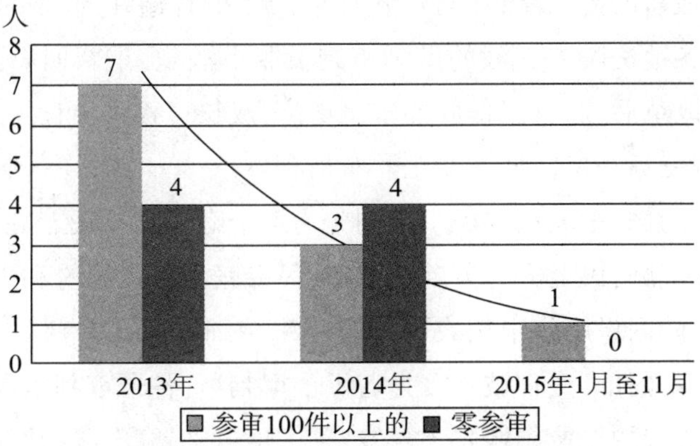

图 8　东城法院陪审两极分化情况变化

表 3　东城法院 2013～2017 年陪审员人均参审情况

时间	参审普通程序案件/件	陪审员人数/人	人均陪审案件/件
2013 年	4432	127	35
2014 年	5179	181	29
2015 年	7018	181	39
2016 年	10, 893	520	21
2017 年 1～10 月	5923	520	11

（三）东城法院试行陪审员职权改革的必要性

1. 现代司法审判对法官法律职业水平要求越来越高

随着中国经济社会的飞速发展和人民群众对司法审判工作越来越多的关注和期待，人们广泛认识到，法官适用法律定分止争，如同医生舞动手术刀解除病痛，都要求极高的专业素养和长期丰富的实践经验。虽然，我国《法官法》设定的法官任职门槛不高，凡年满 23 周岁、本科毕业的中国公民都有资格担任法官，但是实践中，进入法院担任法官需要满足更高的要求。以东城法院为例，从 2006 年开始，该院招录法官助理（或称预备法官）的基本条件就设定为：具备法律/法学硕士研究生以上学历、通过国家统一司法考试的法学重点院校毕业生。科班出身的毕业生们进入法院后，开始从事审判辅助工作。法院仍然沿袭传统的师徒制，为新人们指定带教老师，由资深法官担任师傅一对一指导，学员们在师傅的指导下进行办案理论的学习和实践经验的积累。其间，还要参加北京市高级人民法院统一组织的预备法官培训，经考核合格后，才有资格被任命为助理审判员。从进入法院到成长为法官,这一过程最短的为三年,法官最初任职的年龄普遍在 30 岁以上。法官员额制改革后,全国各地法院未入额的助理审判员脱下法袍,重新回归法官助理行列。可以肯定的是,改革后,法官的任职要求将更高,成长过程将更长。

2. 司法审判业务分工高度专业化和精细化

以东城法院为例,东城法院民事审判分为六个庭,其中,民五庭为知识产权庭,民六庭为婚姻家庭庭,民七庭为劳动争议庭,民专庭为医疗纠纷和道交赔偿案件专业化审判庭。法院内设庭室根据案由划分越来越细,法院的审判工作分工已经高度专业化。在庭室内部,法官被划分为若干个审判组,各个审判组承办若干相对固定案由的案件,法官的专业领域越来越专,要求也越来越高。这种变化也是由经济社会的发展决定的。社会生活越来越复杂,法律规范越来越多、越来越细,每年最高法院还要出台大量的司法解释和指导案例,各地高级法院还会出台许多解决实际纠纷的座谈纪要等文件,准确适用法律的难度越来越大,必然产生司法审判工作的高度专业化和精细化。

3. 陪审员队伍结构的变化客观上需要职权改革

一是形成新的管理难问题。人数上,人民陪审员队伍从 181 人增加为 520 人,而专门负责人民陪审员事务的法官仍仅为 2 人,管理上力不从心,从日常陪审员约请到陪审员专业培训、业务考核等面临诸多难题。二是人员结构客观上难以提高法律素养。通过落实随机抽取要求,现有的陪审员队伍吸纳了大量的普通群众,高中学历人员占比 14%,提高了 12 个百分点。虽然学历不等同于学习能力,但客观上说,学历相对较低人员,难以在较短时间内系统提高法律素养。三是陪审员履职与本职工作的冲突将更加明显。根据我国现有制度,一般退休年龄,男性 60 岁,女性 55 岁。现有陪审员队伍的年龄结构表明,退休人员比例大幅下降了 10 个百分点。虽然改革试点方案对陪审员履职规定了保障措施,但冲突仍然不可避免,且陪审员陪审工作之外更难有业余时间进行法律业务学习。四是陪审员参审均衡要求一定程度上打消了陪审员履职积极性。根据北京市法院的相关规定,东城法院陪审员一年参审案件最多不能超过 30 件,且根据 100% 陪审率进行测算,陪审员人均一年参审 10 件。根据现有 100 元/案的陪审补助标准。陪审员履职补助一年最多 3000 元,物质激励有限。同时,由于陪审案件少,实践有限,也难以通过以陪促学,提高陪审员法律素质。

一方面,是司法审判事务的高度专业化和精细化,对准确适用法律提出的要求以及对法官的任职要求越来越高,法官个体必须在更加狭窄的专业领域上精耕细作才能应付。另一方面,是人民陪审员改革试点要求陪审员倍增并随机抽选,人民陪审员队伍人数庞大且更加平民化,对个体的智识要求愈加宽松,意图通过培训或者自学等方式提高法律素养客观上不能。在当前人民群众对司法公正存在较高期盼的大背景下,只有让法官和人民陪审员各自发挥专长,做各自擅长的事情,分工协作,才能共同保障司法裁判的公正和效率。也就是改革所要求的,陪审员事实审与法律审的分离。

三、事实审与法律审分离的必要性及可行性

(一)司法现代化要求事实审与法律审相分离

通过东法院人民陪审工作的样本分析可知,一方面,是司法审判事务的高度专业化和精细化,对准确适用法律提出的要求以及对法官的任职要求越来越高,法官个体必须在更加狭窄的专业领域上精耕细作才能应付;另一方面,是人民陪审员改革试点要求陪审员倍增并随机抽选,人民陪审员队伍人数庞大且更加平民化,对个体的智识要求愈加宽松,意图通过培训或者自学等方式提高法律素养客观上不能。在当前人民群众对司法公正存在较高期盼的大背景下,只有让法官和人民陪审员各自发挥专长,做各自擅长的事情,分工协作,才能共同保障司法裁判的公正和效率。也就是改革所要求的,陪审员事实审与法律审的分离。但是两者分离的前提就是,将案件的事实与法律问题分离开来。

(二)事实问题与法律问题可分吗?

1. 肯定意见①

持肯定论者认为,西方陪审团制度实践中,事实问题与法律问题的区分是划分法官和陪审团权限的依据与基础。在英美法系中,除了界定陪审团与法官的职能外,在以下情况,也需要对法律问题与事实问题进行区分。一是在有陪审团参与审理而引起的上诉审案件中,一审中陪审团对事实做出的裁决具有终局性,上诉审侧重于对法律问题进行审查。有人也因此将上诉审称为是法律审,以区别于一审中的全面审理。二是指在英美最高审级所审理的许可上诉案件中,法院通常仅仅对有普遍法律意义的案件才给予当事人上诉权,法院也仅仅对相应的法律问题作出阐释。在德国等大陆法系国家,也大多实行三审终审制,在第一、二审中,法院要进行全面审理,在第三审中原则上实行法律审,当事人只针对适用法律的问题提出异

---

① 陈杭平:《论事实问题与法律问题的区分》,载《中外法学》2011 年第 2 期。

议，法院只审查原审在程序法和实体法的适用上有无错误。

2. 否定意见

否定论者认为，事实与法律问题具有不可分性。① 人民陪审员在认定事实过程中必然涉及法律适用问题，如证据规则适用、是否排除违法阻却事由等，此时事实问题与法律问题的区分是非常困难也是没有必要的。而且，我国的诉讼制度也没有事实审与法律审分离的相关构造。我国法院实行四级两审终审制。在我国，无论一审、二审、再审还是复合审，各级法院均贯彻全面审理原则，既审查事实问题，也审查法律问题。上下级法院的审理模式高度“同质化”，职能“同一化”，并没有事实问题与法律问题的严格区分。

客观地说，尽管法律问题与事实问题有时很难分开，但法律问题与事实问题毕竟是两种本质不同的事物，对它们的认识需要遵循不同的规则。在通常情形下，事实问题与法律问题还是可以按照一定的标准进行区分的。

（三）事实问题与法律问题的界定标准

从理论上讲，事实问题和法律问题的区别在于，判断某一事实或行为存在与否的问题，属于事实问题。事实问题的判断不涉及人的主观认识问题，仅就客观存在与否进行判断，而判断某一事实或某一行为是否存在法律上的价值，则属于法律问题。法律问题涉及法律上对特定事实或特定行为的评价问题。事实问题必须由当事人通过证明加以解决，法官只判断是否已经加以证明。法律问题不需要当事人加以证明，而是由法官根据自己的判断予以解决。

从实践中看，在一般情况下，事实是指实际发生的事情、事件及通常存在的有形物体或外观，具有确实的绝对的真实性，而非仅仅是一种推测或假定。法律是指由国家通过立法的方式确定的社会行为规则和责任规则，是人们事先预定和设想的行为规范。判断某一事实或行为是否存在，属于事实问题，是一种客观上的认识判断；而判断某一事实或行为是否具有法律上的价值，属于法律问题，是一种法律上的价值评判。

（四）如何认定事实问题？

法官裁判案件的过程，是一个严格适用逻辑三段论公式的过程，即由法律大前提、事实小前提推导出结论。这个裁判的三段论本身蕴含着逻辑规律，即大前提

① 姜保忠：《司法裁判中法律问题与事实问题的区分——以两起影响性诉讼为样本》，载《民主与法制》2008 年第 6 期。

正确、小前提正确，推论必定正确；大前提、小前提任一个出错，推论必定错误。我们常说的裁判要以事实为依据、以法律为准绳，套用这个逻辑就是：事实认定正确，法律适用正确，裁判必定正确；事实认定或者法律适用任一个出错，裁判必定错误。由此可见，事实认定与法律适用同样重要。那么，什么是事实？如何认定事实呢？

郑永流教授将事实区分为生活事实、法律事实、证明事实。[①] 生活事实就是实际发生、客观存在的事件、行为等；法律事实就是可以进行法律评价，符合法律中事实构成要件的生活事实。而生活事实是否存在，需要证明，被证明存在的事实就是证明事实。法律事实的认定，需要法官在生活事实和可能适用的法律规范间循环往复进行比较诠释，要求较高的法律专业素养。为更好地区分陪审员与法官的职能，由人民陪审员认定事实问题，应当理解为陪审员着力于证明事实，由法官对诉讼程序、证据规则等进行释明，并确定待证法律事实的范围。认定过程如图 9 所示。

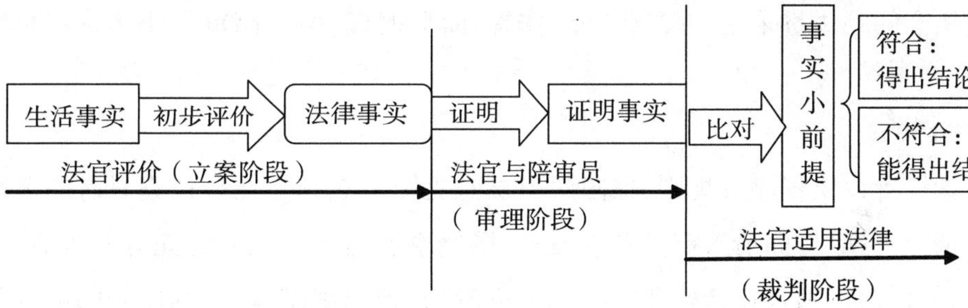

图 9　法律事实认定流程

四、分离机制的构建

（一）庭审前

一是建立法官提示制度。提示内容包括：人民陪审员的权利义务、诉讼程序、基本的证据规则及非法证据排除原则、可能适用的法律规范。通过提示，确保人民陪审员能依法行使参审权利。实践中，案件一进入法院，立案庭就已经开始对案件作出初步法律评价，以判断该案是否属于法律处理的事务。立案庭进行法律评价的结果表现在：决定是否立案以及确定何种案由。案由直接关系后续分案以及表

① 郑永流：《法律方法阶梯》（第三版），北京大学出版社 2015 年版，第 36～37 页。

明案件审理可能适用的法律范围。因此,法官在阅卷基础上,可以提示案件可能涉及的证据规则及法律规范等。二是完善庭前证据交换。由合议庭中的审判员组织当事人进行庭前证据交换,必要时引导当事人完善、补强认定案件事实所必需的证据,确保一次庭审就能把案件事实完整呈现。通过庭前证据交换,确保陪审员了解案情,初步掌握事实争点,并对照证据规则等对案件事实信息进行初步判断,为陪审员后续庭审发问打下基础。

(二)庭审中

由法官制作案件问题列表,引导陪审员形成规范认证逻辑。合议庭审判员应在庭前证据交换的基础上设计案件问题列表。问题列表应根据案件具体情况对争议事实节点逐项列举,由陪审员在庭审时参照、认证,以形成科学的认证逻辑,避免随意感性认证。如在一起一般侵权损害赔偿案件中,具体问题应当围绕以下几个方面:一是侵权行为的发生是否已经得到证明;二是侵权行为导致的损害后果是否得到证明;三是侵权行为是否是被告所为或有直接关系;四是被告实施该行为是否存在过错。问题尽量采用"是"或"否"作答,简单明确,引导陪审员快速认定事实问题。

(三)评议

科学设置评议程序及规则,保障陪审员意见充分表达。在合议庭只有一名陪审员的情况下,应当提请陪审员首先发言,围绕事实清单所列问题充分发表意见。必要时,可以由审判长在合议前就有关证据资格、证据规则、诉讼程序等问题及注意事项进行必要的说明。在合议庭有多名陪审员的情况下,可以采用法官与陪审员分组评议表决机制,形成物理隔断,确保陪审员不受合议庭审判员意见影响,自主展开评议。分组表决各自对事实问题形成意见后,召开合议庭全体会议,陪审员、审判员先后阐释各自意见,最终全体成员表决以 2/3 多数意见认定为案件事实。如果法官与人民陪审员多数意见存在重大分歧,且认为人民陪审员多数意见对事实的认定违反了证据规则,可能导致适用法律错误或者造成错案的,可以将案件提交院长决定是否由审判委员会讨论。提交审判委员会讨论决定的案件,审判委员会的决定理由应当在裁判文书中写明。

(四)裁判说理及其他

探索裁判文书说理繁简分流,加强对疑难复杂,具有重大社会影响的案件进行裁判说理的力度。对于该类案件,进一步完善裁判文书表述,适度公开陪审员意见,扩大陪审员参审的影响力和引导力。人民陪审员事实审改革,是增强司法民主、提升司法公信的有力举措,应使社会公众对此达成共识,除应通过媒体、新闻发布会等形式进行广泛宣传外,在裁判文书中完善相应表述更为关键。要通过对现有裁判文书样式的适当补充,形成陪审员参审案件的表述规范,保障裁判文书语言表述的完整性和统一性。

关于完善人民陪审员制度的思考
——以北京市东城区人民法院改革试点具体实践为样本

孟　祥*　冯晓光**

内容摘要：人民陪审员制度是我国一项重要的司法制度，具有重要的司法民主、司法公正和司法监督价值。人民陪审员作为合议庭成员参与司法审判，与法官具有同等权利，充分体现了我国人民当家做主的社会主义制度优越性。在实践中，人民陪审员制度运行中存在不少困难与问题，有待于在司法改革和司法实践中探索寻找改革的进路。目前，全国尚没有统一的人民陪审管理工作模式，各基层法院也在不断探索中前进。北京市东城区人民法院通过对现实问题的深刻剖析，找准发力点，在人民陪审员制度改革试点工作实践中开展了一系列有益探索，取得了初步成效。这些做法，丰富了人民陪审工作的形式和内容，对其他基层法院具有一定的借鉴意义。同时，针对人民陪审员制度改革，本文结合实践中不易解决或有待突破的重点问题，从认识层面进一步提升人民陪审员制度社会地位、制度层面进一步完善人民陪审员制度相关立法和操作层面进一步健全人民陪审员制度运行机制三个方面提出了方向性的司法改革建议。

关键词：人民陪审员制度　司法民主　参审监督　司法公正

人民陪审员制度，是我国一项重要的司法制度，是指国家审判机关吸收人民群众以人民陪审员身份加入合议庭，与职业法官一起审判案件的制度。近年来，特别是2005年全国人大常委会《关于完善人民陪审员制度的决定》实施以来，多年的司法实践表明，人民陪审员的充分参与，在提高案件质量、树立司法权威、增强社会效果方面发挥了重要作用。

---

* 最高人民法院执行局局长，法官。

** 北京市东城区人民法院民二庭法官。

然而,人民陪审员制度常常被指责为形式主义的"花架子",饱受各界质疑和诟病。为什么人民陪审员制度价值难以实现?为什么制度运行状况不佳?出现这些问题的根源是什么?应当如何应对?本文以北京市东城区人民法院人民陪审员制度改革试点工作的具体实践为视角,从人民陪审员制度本源出发,结合运行现状,对我国人民陪审员制度存在的主要问题进行深度剖析,并提出对策建议,以期为进一步深化人民陪审员制度提供参考。

一、我国人民陪审员制度历史沿革及价值实现状况

(一)我国人民陪审员制度历史沿革及价值

较早的陪审制度出现于古希腊。公元前 594 年,世界上第一个陪审法庭出现在古希腊雅典,作为当时的最高司法机关。所有公民无论等级皆可担任人民陪审员,打破了以往贵族对司法的垄断。现代意义上的陪审制度一般认为起源于中世纪的英国,设立目的为监督司法权力,以人民陪审员的大众思维弥补法官专业思维局限性,防止司法权被滥用。

我国的陪审制度是一个舶来品,源自对苏联陪审制度的移植。1932 年,中国共产党在革命根据地出台的《中华苏维埃军事裁判所暂行组织条例》和《中华苏维埃军事裁判部暂行组织及裁判条例》中首次设立了人民陪审员制度,①成为我党关于人民陪审员制度的最早探索。新中国成立后,陪审制度曾上升为宪法原则写入 1954 年新中国第一部《宪法》,②但几次修宪历经波折,最终被删除。直到 2004 年全国人大常委会《关于完善人民陪审员制度的决定》出台,我国人民陪审员制度才重新得以明确。

我国宪法规定,中华人民共和国的一切权力属于人民。审判权是国家权力的重要组成部分。人民陪审员参与案件审判,在合议庭中享有与法官相同的发言权和表决权。这是人民群众参与国家管理的重要制度安排,充分体现了我国社会主义制度的司法民主。在全面建成小康社会、大力倡导政治文明的今天,人民陪审员制度被赋予新的时代内涵。人民群众以人民陪审员的身份行使国家审判权,既是

---

① 上述条例规定,除较为简单的案件外,案件一般由两名陪审员与裁判员或裁判长三人组成合议庭审理,由裁判员或裁判长为主审员。合议案件遵循多数意见原则,如各方意见不一时,应依主审员意见为准,如陪审员坚持不同意见时,则需将其意见报送上级裁判部定夺。参见张晋藩:《中国法制史》,群众出版社 1985 年版,第 68 ~ 73 页。

② 1954 年《宪法》第 75 条规定:"人民法院审判案件依照法律实行人民陪审员制度。"

提高审判工作透明度,进一步落实司法公开,有力维护司法公正的重要制度保障,又充分体现了人民当家做主与依法治国的有机统一。更为重要的是,人民陪审员代表民意,更注重从社会道德标准的角度做出评断,使司法更贴近民众生活,反映社会的主流价值观念和道德准则,使裁判结果更容易为社会公众所接受和信任,实现司法审判法律效果与社会效果的有机统一,维护司法权威,提升司法公信。

我国设立人民陪审员制度的价值取向主要体现在以下三个方面:一是司法民主价值。我国人民陪审员制度被看作司法审判工作充分依靠群众、充分体现人民意志的重要形式,是我党群众路线在司法审判工作中的具体体现。人民群众通过积极参与司法审判活动,促进了司法的民主与公开,实现了审判工作政治效果、社会效果和法律效果的统一。二是司法公正价值。公正是司法审判工作的生命线。人民陪审员参与审判案件,注重从社会大众的角度以社会道德标准等对案件进行分析、判断,与法官形成思维互补,矫正法官的职业偏见,不仅有助于实现程序公正,而且有利于查清案件事实,正确适用法律,确保实现实体公正。三是司法监督价值。人民群众加入合议庭参与案件的全程审判,不仅能够促进法官严格依照法律和程序办案,遏制滥用职权、以权谋私的行为,还能促进司法公开、避免出现"暗箱操作",实现对司法审判工作的有效外部监督。

(二)人民陪审员制度价值实现情况

从宏观角度来看,人民陪审员制度作为一种人民群众参与国家管理、体现司法民主的重要政治考虑和制度安排,理应具有较高的政治地位和法律地位,应当为宪法所明确,为党和国家所重视。但实践中,这辆兼具政治价值和司法价值的"马车"主要靠人民法院一家推动,其他党政司法机关对此缺乏足够关注与重视。

从中观角度来看,作为该制度的具体实施者,人民法院更多地关注该制度能给人民法院带来的积极效果,因而把它作为扩大司法民主与公开、提升司法公信力的一个重要杠杆,把工作重心更多地集中在提高人民群众参与广泛性上。2008 年至 2012 年,全国共选任人民陪审员 8.5 万人,与 5 年前相比增加 2.9 万人。[①] 截至 2017 年 4 月 30 日,北京市各级人民法院在陪审员改革试点过程中,通过大幅增补人民陪审员,人民陪审员数量已经增至 4400 名,大体相当于员额法官人数的两倍。其中,北京 5 家人民陪审员制度改革试点法院人民陪审员数量总数达到 2230 名,

① 参见最高人民法院党组副书记、常务副院长沈德咏:《在全国法院人民陪审工作电视电话会议上的讲话》(2013 年 5 月 23 日),第 2 页。

比改革前增长了279%,是法官员额总数的3.25倍。[①] 2012年全国人民陪审员参与审理刑事、民事、行政等各类型案件达到148.7万件,比5年前增加2.9倍;全国陪审率达到63%,比5年前提高44个百分点。[②] 截至2017年4月30日,北京5家人民陪审员制度改革试点法院共有1293名人民陪审员参审案件18,647件。[③] 越来越多的陪审员参与到更多案件审理中,法院的大门进一步向人民群众敞开。随着人民陪审员选任力度的加强和陪审率的提升,司法审判与人民群众的距离进一步拉近。

从微观角度来看,人民陪审员在基层司法实践当中通过参加案件审理,对司法审判工作更加了解和认同,但陪审的形式意义仍然大于实质意义。人民陪审员在参审中仍然"难以做主",参审监督则"浅尝辄止",人民陪审员制度在体现人民当家做主、促进司法公正方面的制度价值实现效果有限。

二、人民陪审员制度落实中存在的困难与问题

通过对东城区法院及其他法院人民陪审员、法官、负责该项工作的管理人员、人民群众等各类群体进行调研发现,目前,人民陪审员制度落实中常遇到以下困难与问题:

(一)制度设计不完善,制度目标难以完全实现

随着司法民主化进程的推进,无论是从制度设计初衷还是从工作实际角度考虑,人民陪审员都应当成为扩大司法民主的践行者和提升司法公信力的主力军。然而,人民陪审员制度的落实效果与设计初衷仍有较大落差。实践中,人民陪审员不仅常常沦为"替补",还因"陪而不审""合而不议""如同花瓶和摆设"等问题遭受社会各界质疑。如在对北京市延庆县法院2011年全部106件有人民陪审员参与的刑事案件调研中发现,有104件案件的人民陪审员在庭审过程中一言不发。[④] 云南省高级人民法院的一份调查显示,2011年云南陪审员人均陪审9.5次。但从陪审员在开庭过程中的发言情况来看,陪审员的积极性并不高,有时发言和一般不

① 参见北京市高级人民法院党组成员、纪检组组长高晓陵:《在北京法院人民陪审员工作会议上的讲话》(2017年5月25日),第1~2页。

② 参见最高人民法院党组副书记、常务副院长沈德咏:《在全国法院人民陪审工作电视电话会议上的讲话》(2013年5月23日),第2页。

③ 参见北京市高级人民法院党组成员、纪检组组长高晓陵:《在北京法院人民陪审员工作会议上的讲话》(2017年5月25日)。

④ 参见北京市高级人民法院:《人民陪审员工作专题调研报告》(2012年8月),第67~68页。

发言的陪审员人数所占的比例超过70%。说得最多的一句话就是“我同意法官的看法”。[①] 2016年年底,笔者通过走访本院30名审判长进行访谈发现,通过制度设计,人民陪审员虽然在合议时独立发表意见的情况有所改观,但在开庭过程中仍不愿意向当事人发问,发问陪审员数量占比不足两成。可见,人民陪审工作质效不高问题较为突出。倘若人民陪审员不能真正参与到司法审判工作中并发挥作用,司法民主则无从体现。主要原因可归结为以下方面。

1.人民陪审员制度缺乏宪法依据,立法层次不高

人民陪审员制度曾在我国第一部宪法中得以确立,后几经修改被删除。迄今为止,全国人大常委会《关于完善人民陪审员制度的决定》是第一部也是唯一一部专门规范人民陪审员制度的法律。该规定用20个条款的篇幅较为宏观地规定了人民陪审员制度,但规定较为原则,对于这样一个承担着体现人民民主、落实司法公开、维护司法公正职能的重要司法制度而言,显得过于单薄。在当今以依法治国为基本治国方略,以民主政治建设为基本纲领的形势下,不能不说人民陪审员制度还存在立法上的较大缺陷。

2.人民陪审员制度在实践中可操作性不强

实践中,《关于完善人民陪审员制度的决定》用于指导人民陪审工作运行仍显得不尽完善,法律适用存在难度。最高人民法院、司法行政部门后来相继颁布的相关法律文件也因立法权限问题,不可能对该制度有更完备的系统设计。例如,全国人大常委会《关于完善人民陪审员制度的决定》第17条第2款第2项规定,人民陪审员无正当理由,拒绝参加审判活动,影响审判工作正常进行,经所在基层人民法院会同同级人民政府司法行政机关查证属实的,应当由基层人民法院院长提请同级人民代表大会常务委员会免除其人民陪审员职务。但在实践中,该条款难以被适用。[②] 一方面,何为“正当理由”和“不正当理由”实践中很难把握,难以作出“不正当”的定性;另一方面,“零参审”陪审员往往担任较高职务或具有人大代表、政协委员等特殊身份,让作为被监督机关的法院和司法行政机关来查证,实践中很难操作。

---

① 《云南省高院:陪审员“陪而不审”或将被免职》,载中国日报网:http://www.chinadaily.com.cn/hqcj/zxqxb/2013-05-20/content_9085161.html,最后访问日期:2014年6月27日。

② 数据显示,2011年,北京市各基层法院共有264名人民陪审员“零参审”,占全市人民陪审员总数的17%。近5年,北京市法院共依法提请免职人民陪审员38人,其中34人为个人申请辞职,4人因职务变动、犯罪或死亡等法定事项免职,却没有人因工作懈怠或违反纪律被免职。参见北京市高级人民法院:《人民陪审员工作专题调研报告》(2012年8月),第77页。

3. 人民陪审员制度设计在促进履职方面不够完善

调研中发现，多数人民陪审员对参加陪审工作积极性不高。一是人民陪审员在审判中有权无责，对其积极性直接产生影响。“干与不干无人问，干好干坏一个样”是很多基层法院人民陪审员的工作现状。出现冤假错案，对法官要“终身责任追究”，而人民陪审员无须承担任何责任。这使法院不敢向人民陪审员充分放权，人民陪审员也懒得“睁大眼睛”积极参审。人民陪审员不把“人民陪审工作”当回事，工作积极性低，直接影响着制度目标的实现。二是人民陪审员个人利益未得到有效保障，付出难以得到实际回报。在人民陪审员岗位上辛勤付出，既不能带来政治上的利益，也不能带来经济上的满足，更不能带来社会认同，仅靠表彰激励难以真正调动人民陪审员参审积极性。在市场经济化的今天，让人民陪审员依靠责任感去参与陪审，仅强调敬业品质，不注重利益保障，既不现实，也不利于人民陪审员制度的长远发展。三是法院不能规范落实合议制，陪审权利难以得到有效保障也是影响其工作积极性的因素①。大部分法院合议庭实行承办法官负责制而非合议庭责任制，使合议庭功能虚化、“名合实独”，因缺乏有效落实机制，合议庭功能未有效实现。人民陪审员参审中常遇到阅卷难、合议难、知晓裁判结果难的“三难”问题，法院对人民陪审员缺乏重视和尊重也影响了人民陪审员工作的积极性。

(二) 制度运行效果不佳，参审监督流于形式

1. 人民陪审员选任工作和实际参审工作脱节

实践中，由于考察难等问题，人民陪审员的候选人选主要靠各机关、组织推荐，个人自荐人数较少。经组织推荐来的人选往往具有一定职务，甚至身兼数职。他们虽然政治过硬、个人能力较强，但本职工作繁忙，工作热情缺乏现象也较为普遍。在职人民陪审员常遇到本职工作与陪审工作发生冲突的矛盾，受精力所限和本职单位不支持等因素影响，多数在职人民陪审员参加陪审次数较少；而退休人民陪审员往往工作热情很高，时间充裕，甚至能够全职陪审，在职人民陪审员“屡请不到”的情况下，退休人民陪审员逐渐成为人民陪审工作的主力军。陪审工作中呈现“零陪审人员多”和“职业化人民陪审员陪审案件多”的两极格局。数据显示，2011 年，北京市法院共有 284 名人民陪审员“零参审”，占全市人民陪审员总数的 18.3%。

---

① 北京市东城区人民法院 2016 年年底对 50 位陪审员和 30 位审判长的访谈调研结果显示，在对陪审员和法官同时被问及“您认为陪审员的审判权得不到保障的主要原因是什么？”时，有 78% 的陪审员选择“合议制度落实不到位”，有 73% 的审判长选择“承办人负责制导致合议流于形式”。

同时，个别人民陪审员“职业化”倾向明显，2011 年，北京基层法院参审案件数量最多的人民陪审员共参审 766 件。[①] 这一现象反映的是人民陪审员选任工作与实际参审工作脱节问题。人民陪审工作长期被少数人承担，参审不均衡，一定程度上背离了人民陪审员制度初衷，削弱了其人民性和广泛代表性。北京地区各试点法院通过自身实践探索，虽然建立了一些优化管理机制，使该问题有所缓解，[②]但在现有法律框架下，如何探索出一条适合人民陪审员制度实际运行的选任和参审机制，依然成为完善人民陪审员制度建设的一个重要课题。

2. 人民陪审员的业务能力不能适应审判工作需要

人民陪审员来自社会各界，个人工作能力和知识水平参差不齐。虽然经过岗前培训和审判实践，不少人民陪审员仍然不会认定事实、适用法律，以致不能发挥应有作用。人民陪审员不知道如何提问、如何认定证据、如何适用法律，常常失语。当事人对人民陪审员缺乏信赖和尊重使其自信心受挫，法官也逐渐对其失去耐心，形成恶性循环。从培训角度来看，培训效果不佳，无论是培训次数、课程形式、培训时间，还是培训内容、针对性、通俗性，均有不足；培训课程与实践脱节严重，人民陪审员在培训中缺乏参与感，难以做到学以致用。“培训就是学法律”和“填鸭式授课方式”的固有做法也影响到培训质量，无法达到有效提升人民陪审员学习兴趣和履职能力的目标。

3. 人民陪审员的监督意见不受各方重视

人民陪审员具有既了解民情民意及社会发展的现实状况，又了解司法审判工作运行的先天优势，应该成为基层法院与人民群众沟通的最好桥梁，理应在促进司法民主与公开、提升司法公信力方面发挥显著作用。实践中，人民陪审员参审监督意愿不强，向法院反馈意见不多；对人民陪审员的参审监督意见缺乏外部反馈渠道；法院也存在重参审轻监督的问题。人民陪审员常常“埋头辛苦工作”，却少有机会“抬头积极建言”。[③] 实践中，无论是各级人大机关还是司法行政机关，都普遍

---

① 北京市高级人民法院：《人民陪审员工作专题调研报告》（2012 年 8 月），第 61 页。

② 北京五家人民陪审员制度改革试点法院通过给人民陪审员年参审数量设置上限、建立错时参审机制、加大随机抽取力度等举措，有效缓解了陪审员参审数量不均衡的问题。参见北京市高级人民法院党组成员、纪检组组长高晓陵：《在北京法院人民陪审员工作会议上的讲话》（2017 年 5 月 25 日）。

③ 北京市东城区人民法院 2016 年年底对 50 位陪审员的访谈调研结果显示，92% 的人民陪审员认为“陪审员的主要任务是参与案件审理”，36% 的人民陪审员认为“陪审员应当主动监督法院工作”，仅有 22% 的人民陪审员“向法院提出过意见建议”。其中，48% 的人民陪审员认为“监督渠道不畅，不知向谁提意见”；而 10% 的人民陪审员则认为“提了意见也不会采纳”。

缺乏对人民陪审员参审状况的关注和监督意见的重视，使不少地区人民陪审工作开展的表面上如火如荼，但实际参审效果和人民陪审员满意度却并不高，没有达到预期效果。

三、东城区法院开展的有益探索

为有效应对上述问题，确保人民陪审员制度在各个环节落到实处，东城区法院围绕全国政法工作会议提出的“三个建设”目标，就推进公正司法、提升司法公信力提出明确要求，并就深化人民陪审工作开展了一系列有益探索。

（一）针对立法不完善问题，推动区域立法，完善机制

该法院为解决立法滞后问题，积极邀请东城区人大来法院调研人民陪审工作，并促成了人民陪审员区域立法的修订工作。该法院与区人大共同完成《北京市东城区人民陪审员工作规则（修订草案）》及相关配套细则，有效解决了《关于完善人民陪审员制度的决定》规定不具体、缺乏可操作性问题，为该区陪审工作长效发展提供制度保障。

在此基础上，该法院制定了《人民陪审员参加案件审理工作细则》《进一步拓宽人民陪审员参审范围实施细则（试行）》《人民陪审员参与审判活动考核工作细则》《人民陪审员参与陪审管理工作制度（试行）》《人民陪审员履职行为规范》等多项制度，从人民陪审员选任、参审范围、工作要求、综合管理和自我管理等各方面加以规范，统筹落实人民陪审制度的各项要求，夯实了陪审工作长效规范发展的根基。

（二）针对选任使用脱节问题，探索动态退出增补机制

该法院与区人大积极协调，在把好“选任关”的基础上，首进社区随机抽选人民陪审员，①探索构建人民陪审员动态增补机制。该机制建立后，法院将可以把人民陪审员候选人选考察工作平时化、常态化，形成候选人才库。依托考核评价工作机制，使参审意愿不高、履职状况不佳的人民陪审员退出工作常态化，解决“退出难”问题，同时，把根据司法工作形势和需要，从候选人才库中随时启动补充增选程序，把人民陪审员任免工作纳入常态化工作渠道。该机制将人民陪审员选任入口

---

① 2015年8月，该法院对全区17个街道的152个选区的55万多位选民情况进行摸底调查，确定在每个街道随机抽选陪审员候选人的数量，最后随机抽选出780名候选人，再与区司法局一起通过电话征询、上门走访、社区调查等多种形式进行资格审查，最终确定陪审员增补人选。通过增补选任，人民陪审员总数达到520人，达到法官员额数的3.3倍，人员覆盖全区所有街道、社区。

进一步向人民群众敞开，有利于增强人民陪审员队伍的流动性。

（三）针对陪审权利保障问题，规范合议工作机制

实践证明，规范和加强合议工作机制是切实解决部分案件中存在的“陪而不审”“合而不议”“审议脱节”等问题的关键。2014 年，该法院出台《关于在审判工作中进一步规范合议制工作的意见》，对合议庭各个成员在审理案件中的各项职权予以明确，对审判长在评议时如何确保人民陪审员充分发表意见、承办人如何确保人民陪审员了解案件程序性及实体性事实等影响审判质效的源头性环节进行了详尽规定。各部门结合实际制定细则予以落实，人民陪审员在合议庭中的各种权利得到有效保障。①

（四）针对培训效果不佳问题，丰富培训工作体系

为有效提升人民陪审员业务能力，该院改变了“培训就是学法律”和“填鸭式授课方式”的培训传统，通过集中授课、庭审观摩、专题学习、案例研讨、经验座谈、视频点播、人民陪审员手机报等多种方式提升培训实效性。一种“脱产培训集中学、案例研讨交流学、观摩庭审实践学、专题学习重点学、视频点播抽空学、读手机报随时学”的“立体化”灵活培训工作模式逐步形成，深受人民陪审员欢迎。该机制建立后，人民陪审员参训积极性提升明显。2015 年来，人均培训学时达到 61.2 学时，超过最高法院规定学时近两倍，陪审能力得到进一步强化。

（五）针对有权无责问题，完善考核评价工作机制

该法院在区人大指导下完成《人民陪审员参与审判活动考核工作细则》，并向全体人民陪审员和法官广泛征求意见，形成了以参审数量、参训学时、案件质量、纪律作风、工作效果等评价指标为主体的全方位评价规范，并将考评结果与表彰奖励挂钩，与动态增补机制衔接。通过考评、表彰，优秀人民陪审员示范引领作用得到发挥，创先争优、积极陪审的工作氛围日益浓厚。

（六）针对监督不畅问题，深化参审监督工作机制

一方面，深化“两全参与”工作机制。纵向上，人民陪审员全程参与审判工作，参审范围已扩大到诉前调解、庭前合议、开庭陪审、庭后合议、释法答疑、现场执行、信访听证、信访化解、审务监督等多个环节；横向上，全面参与法院党建队建活动、

① 2015 年各审判部门针对本部门案件特点制定的合议工作细则中都对合议过程中的发言顺序进行了明确规定，要求在承办人交代清楚案件的基本情况后，由陪审员率先发表合议意见，审判长则最后一个发表合议意见，有效避免了陪审员意见受到法官意见影响，合议时仅发表“我同意法官的看法”的现象得以杜绝。

法院文化建设、纪检监察评查等重点工作。法院所有审判环节、所有审判活动均向人民陪审员敞开,为其全面了解法院工作拓宽了渠道。另一方面,深化监督反馈工作机制。以陪审为镜,邀请人民陪审员对审判工作“把脉”。形成了人民陪审员对司法审判程序、司法活动内容和法律文书质量的“参审三监督”;组织审判庭与人民陪审员之间的互动交流,面对面听取建议,提高司法透明度。对人民陪审员意见建议,及时梳理,归类转交;收到意见的部门由“一把手”直接负责督办落实,并及时反馈。

(七)该法院工作模式的借鉴意义

通过以上工作,该法院人民陪审工作取得了初步成效。人民陪审员参与该院司法审判活动数量倍增,拓展了司法民主与公开的范围。2012 年,该院人民陪审员参加案件审理 3615 件,陪审率达到 92.9%,2013 年至 2017 年 9 月,该院均实现了陪审率 100%。在人数众多、社会影响较大的案件中,优先采取“3+2”的方式组成大合议庭,重大敏感案件得到妥善处理。人民陪审员受邀参加诉前调解、公开听证、信访化解、案件执行、审务督查、党建队建、重要会议 245 人次,对法院工作了解更为全面。人民陪审员作用更加明显,民众更加理解法院工作。在知识产权纠纷中,他们发挥专长勘验证据、查明事实;在追缴赡养费、农民工工资等执行案件中,他们将亲情融入法律,用社情解释判决,促成高效执行;在信访化解工作中,他们用朴实话语让更多当事人理解法院和法院判决。人民陪审员积极传递心得感受,提高了审判工作透明度,提升了司法公信力。随着参审的深入,更多人民陪审员对审判工作了解更多、感触更深。人民陪审员撰写的《从陪审员角度看法院工作》《职业背景让我找到了陪审员的自信》《从“眼花法官”事件看人民陪审员工作》等文章相继发表,收到良好社会效果。司法改革试点工作开展四年来,东城区人代会和政协会上,人大代表、政协委员在分组讨论时,多次提及通过基层人民陪审员了解到的司法改革近况,担任人民陪审员的代表、委员也积极向与会代表详细汇报了在法院履职期间的所见、所闻、所感,客观评价了法院工作的变化与进步,使司法改革试点工作得到广泛认同,东城法院的工作报告连续四年获得高票或全票通过。

该法院推动区域立法、探索建立人民陪审员动态退出增补机制,有助于弥补人民陪审员制度实践可操作性不强的不足,解决人民陪审员选任、退出难题;规范合议工作机制、丰富培训工作体系、完善考评工作机制的经验做法有助于改善人民陪审工作质效,一定程度上提升人民陪审员工作积极性;深化参审监督工作机制,有助于参审监督制度价值在一定程度上得到实现。目前,全国尚没有统一的人民陪审管理工作模式,各基层法院也在不断探索中前进。该法院的这些做法,丰富了人民陪审工作的形式和内容,对其他基层法院具有一定的借鉴意义。

四、关于进一步完善人民陪审员制度的建议

习近平总书记在中国共产党第十九次全国代表大会开幕会报告中明确指出:"人民是历史的创造者,是决定党和国家前途命运的根本力量。必须坚持人民主体地位,坚持立党为公、执政为民,践行全心全意为人民服务的根本宗旨,把党的群众路线贯彻到治国理政全部活动之中,把人民对美好生活的向往作为奋斗目标,依靠人民创造历史伟业。"长期实践充分表明,人民陪审员制度正是一项体现群众路线、实践人民民主的重要司法制度,对于扩大司法民主与公开、提升司法公信力、促进依法治国方略实施均有重要的政治和现实意义。但是,如果不能打造一套适合其发展的顶层设计和具体运行规范,该项制度发展必然"左顾右盼",甚至沦为看上去很美的"海市蜃楼"。笔者建议从以下方面进一步完善人民陪审员制度。

(一)认识层面进一步提升人民陪审员制度社会地位

1. 明确人民陪审员制度的宪法地位

宪法作为一切法律之母法,应当对人民陪审员享有审判权有明确规定。我国现行宪法规定,人民法院依照法律规定独立行使审判权,不受行政机关、社会团体和个人的干涉。其中并未提及人民陪审员制度,在人民陪审员制度未得到宪法确认的前提下,人民陪审员行使审判权存在违宪的嫌疑。在我国审判制度日趋成熟的今天,从宪法的高度确认人民陪审员制度,是我国推进司法改革、实现司法民主、提升司法公信、追求宪政文明的必然要求,也能从根本上提升该制度的政治地位,确保"人民主权"在司法审判中得以确立,使社会广泛形成尊重人民陪审员、尊重人民陪审员制度的法治理念。

2. 深刻认识人民陪审员制度的政治价值

在工作中实行群众路线,一切为了群众,一切依靠群众,从群众中来,到群众中去,是中国共产党的根本宗旨。在我国大力推进人民陪审员制度,在司法制度中体现民意、发挥民智,不仅能迎合人民群众对司法民主的期待,也符合党和国家的根本利益。建议重视发挥该制度的政治价值,从国家层面、以更大力度推进人民陪审员制度发展,在政策支持、媒体宣传、经费保障等各方面给予适当倾斜,为该制度顺畅运行营造良好的政治环境和社会环境,切实提升人民陪审员制度的政治地位。

3. 强化人民陪审员制度的社会认同

人民陪审员制度的发展离不开人民群众的广泛认可和积极参与。作为一项重要司法制度,司法行政机关应加强制度宣传力度,为普通百姓普及人民陪审工作知识。通过对人民陪审制度价值及优秀陪审案例和优秀人民陪审员事迹的广泛宣传,消除社会大众对人民陪审员制度的各种误解,提升人民群众对人民陪审员的认可度和信任感。通过在选任工作中加强宣传,让人民群众熟知成为人民陪审员的程序方式和履职保障,提升人民群众参与司法审判的积极性。通过人民陪审员主动开展审判工作、延伸审判职能,帮助人民群众认可人民陪审员和人民陪审工作,形成正确的陪审价值导向。

(二)制度层面进一步完善人民陪审员制度相关立法

1. 适时出台制度法典

我国人民陪审员制度一直以来零散规定于《法院组织法》和各诉讼法中。2005年《关于完善人民陪审员制度的决定》的通过、颁布和施行,是我国民主与法制建设进程中的一件大事,标志着人民陪审员制度将更加完善和规范,并将在司法实践中重新焕发生机。当前在我国实行人民陪审员制度具有重大的历史和现实意义。[①] 但十二年的司法实践中也反映出制度设计上的许多缺陷。各地因法律适用难题和法律空白困扰自行探索,使人民陪审员制度发展形式各异、极不统一、均衡,制度优势也未得到有效发挥。建议尽快修改《关于完善人民陪审员制度的决定》,适时出台与《法官法》具有同等地位的人民陪审员制度专门立法,使人民陪审工作真正走上规范化、程序化、法治化的轨道。

2. 调整选任标准,进一步扩大人民陪审员的选任范围

《关于完善人民陪审员制度的决定》中,担任人民陪审员“一般应当具有大学专科以上文化程度”的学历标准常常受到各界质疑,认为过高的文化素质门槛剥夺了普通公民担任人民陪审员的权利。事实上,人民陪审员参与审判工作最重要的任务是用群众视角评判案件,体现主流社会价值观念和道德标准,使裁判结果更容易为社会公众所接受。一名群众是否具备上述素质,更多取决于其社会经验阅历而非学历。因此,建议适当提高担任人民陪审员的年龄标准,增加对陪审员的道德标准要求,增加被人民法院纳入失信被执行人名单者不得担任人民陪审员的规定,

---

① 参见最高人民法院副院长沈德咏就《关于完善人民陪审员制度的决定》答记者问。载中国普法网:http://www.legalinfo.gov.cn/zt/2004-12/27/content_172240.htm,最后访问日期:2013 年 7 月 14 日。

而把学历标准降低至基础义务教育的标准。同时,将人民陪审员任期由 5 年调整为 3 年,严格限制连任数量,扩大选任范围和数量,建立人民陪审员候选人信息库,使更多群众有机会成为人民陪审员,参与到司法审判活动中来,接受法治教育、感受司法公正,使人民陪审员选任标准更契合制度运行的需要。

3. 明确对各方的职责要求

目前法律规定缺乏对人民法院、司法行政机关以及每名人民陪审员开展人民陪审工作的具体考核评判标准的规定,对监督主体规定不明。明确职责,奖优罚劣,有利于一个良好的制度充分发挥作用。建议各级人大机关加强对人民陪审员制度运行的总体监督指导,主动听取各方工作汇报,开展对人民陪审工作的业绩评价,拓宽人民陪审员与人大代表的沟通联系渠道。对人民法院应确定陪审率的硬性考核指标和保障人民陪审工作顺畅开展的基本要求,对司法行政机关应明确推行人民陪审员制度的任务要求和考核标准,对人民陪审员个人的工作职责和考评、奖惩标准则应作细致规定。只有监督评价不再缺位,人民陪审工作开展才能不流于形式。

4. 强化人民陪审员职业保障

人民陪审员参与司法审判工作,展示的是人民群众的观点与智慧,体现的人民司法的法律效果和社会效果,他们责任重大、使命光荣。但在缺乏法律强有力保障前提下,人民陪审员的现实处境较为尴尬:有的遭受单位领导冷落、同事排挤,甚至影响评优评先、职务晋升;有的不被当事人所尊重,不被家庭理解和支持。建议在法律上提升人民陪审员的政治地位,加强职业保障,将优先履行陪审职责确定为人民陪审员的法定义务和光荣义务。建立人民陪审员在所在单位和社区公示制度,为人民陪审员强化身份认同、吸收群众观点、接受群众监督奠定基础。同时,建立陪审工作与本职工作联动机制,对陪审工作突出并受到表彰的人民陪审员,应向其所在单位提出评先评优的书面建议,对陪审工作开展较差、未达到履职基本要求的人民陪审员,应向其单位的主管部门发出批评整改通知。考虑从优秀人民陪审员中推荐一定比例基层人大代表候选人的制度。使担任人民陪审员成为人民群众的一种追求而非负担,彻底解除履职的后顾之忧。

(三)操作层面进一步健全人民陪审员制度运行机制

1. 省级统管人民陪审管理工作

在现有法律框架下,建议改变各级法院各自为政、自行管理的现有工作模式,由各省、自治区、直辖市人大机关或高级法院确定专门机构统一管理本辖区内人民陪审工作事务。从监管选任选用，推动考核评价，开展表彰奖励、落实工作经费、加强区域交流等方面提出统一工作要求，各中、基层法院负责具体工作落实，逐步形成统一的陪审工作管理模式。

2. 细化选任流程，确保透明公开

建议各地按照员额法官5～10倍的比例统一建立人民陪审员备选信息库，各地区选任人民陪审员应从备选信息库中产生，把选任工作由阶段性工作转变为常态化工作，实现人民陪审员选任与增补的常态化、动态化。提高人民群众进入备选信息库和被确定为候选人等选任流程的公开度与透明度，把选任工作开展作为展示司法公开、传播司法公正的重要渠道。

3. 细化陪审管理流程，确保随机均衡

建议明确参审管理的随机抽取工作要求，有条件的地方可实行电脑随机抽取，其他地方应严格按照陪审员名单循环选用，确保抽取过程"随机"但不"随意"。在参审管理中，应注重把握陪审员专业领域、时间安排、陪审案件数量三个维度，实现陪审员专业领域与案件专业性相结合，根据不同专业案件特点从相应专业领域人民陪审员中随机抽取，提升案件审判质量；实现陪审员时间安排与案件审理周期相结合，提升合议庭审判效率；实现陪审员人均陪审数量与个体参审数量相结合，确保实现均衡参审，避免"陪审专业户"和"零陪审"现象出现。

4. 细化培训设计，确保课程设置均衡科学

在培训设计方面，既要注重法律理念和法律程序课程的安排，提升人民陪审员的基本法律素养和审判工作能力，又要增加对法律原则、法律理念和思想道德品质的专项培训，促进人民陪审员特有职业思维的形成，不断强化其"为人民司法"的意识。通过科学的课程设计，增强培训课程针对性和实用性，更好地发挥他们的身份优势，实现法律效果与社会效果的统一。

5. 细化考核评价，完善监督惩处，形成有效激励

在有效保障人民陪审员参审权利基础上，细化对其敬业品质、陪审能力、案件质量、审判纪律作风等方面的考核评价，明确标准程序，形成科学评价体系。同时，由纪检监察部门依照职业法官的标准对人民陪审员开展廉政监督，对不履行审判职责、滥用职权等行为比照《法官法》相关规定予以惩处，确保履职优秀者受到表彰，不当履职者受到应有惩处。

6. 深化人民陪审员参审监督作用

应当重视人民陪审员的参审感受和意见建议，确保参审监督作用充分发挥。

建立人民陪审员向人大机关及人民群众定期报告制度，主动为人民陪审员提供为司法审判工作建言献策的机会；形成人民陪审员参审监督意见落实反馈机制，及时回应群众关切，使人民陪审员感受到司法改革的完善与进步，形成积极认识，切实把人民陪审工作作为提高审判质量、提升司法公信力的重要渠道。

7. 促进人民陪审员特有群体文化形成

人民陪审员群体已经成为司法审判工作中一支不可或缺的重要力量。建议为人民陪审员群体设计统一的工作理念和行为准则，帮助他们形成统一的价值追求，同时为其设计展示群体特色的服装、徽章等标志标识，使他们既与法官群体有所区分，又能具有鲜明的职业身份特征，展示良好的职业形象，形成广泛的身份认同，增强职业荣誉感，最终形成具有反映群众意愿，代表群众观点、具备独立思维见解和鲜明职业特色的人民陪审员群体文化。

角色理论视角下的人民陪审员制度功能之弥合

陈　琳[*]

内容摘要：在我国的人民陪审员制度演进史中，经历了对人民陪审员政治性、司法性和社会性的不同角色期待(Role Expectations)。司法实践中，人民陪审员面临立法、司法等不同层面的外部角色期待，"陪而不审""审而不议"现象，实质上是角色期待与角色定位之间出现了角色冲突(Role Conflict)，从而导致角色扮演(Role Performance)的错位。要充分发挥人民陪审员制度的功能，树立正确的陪审理念和建立相应配套措施是关键之举。

关键词：人民陪审　角色理论　制度功能

人民陪审员制度，是我国社会主义民主政治的重要内容。党的十八届三中全会明确提出"广泛实行人民陪审员制度，拓宽人民群众有序参与司法渠道"，党的十八届四中全会进一步提出："完善人民陪审员制度，保障公民陪审权利，扩大参审范围，完善随机抽选方式，提高人民陪审制度公信度。逐步实行人民陪审员不再审理法律适用问题，只参与审理事实认定问题。"自此，人民陪审员制度被纳入全面深化司法体制改革的宏伟蓝图。

一、实证分析：我国人民陪审员制度的主要特点

角色是他人对相互作用中处于一定地位的个体的行为的期望系统，也是占有一定地位的个体对自身行为的期望系统。① 适当的角色扮演和正确的角色期望是社会过程当中两个很重要的条件。② 社会角色是由一定社会地位所决定的，具备

---

* 北京市东城区人民法院审管办副主任，法官。

① John W. Thibaut & Harold H . Kelley, Social Psychology of Groups, John Wiley & Sons Inc. 1959. 转引自代志鹏：《司法判决是如何生产出来的》，华东师范大学人口学专业2010届博士学位论文。

② 蔡文辉：《功能理论：派森思》，台北风云论坛出版社1990年版，第60~61页。

一定角色的人通常会面临内在角色认知和外在角色期待的转换,经历角色冲突到角色调适的过程,从而不断调整角色表现,以期实现符合一定社会期望的行为模式。在角色理论的场景下考察我国人民陪审员制度在司法实践中的变化历程,发现有以下特点。

(一)角色期待多元化

人民陪审员是国家民主制度赋予大众参与司法的社会身份,其角色属性决定了他将面临不同层面的角色期待。

1.来自顶层设计的角色期待

我国的人民陪审员制度普遍适用于20世纪50年代,[①]在经历了法律初步肯定、恢复和淡化两个阶段后[②],自1998年开始呈现强势复苏之势。[③]

(1)人民陪审员应是民主的化身——强调政治属性

1951年颁布的《人民法院暂行组织条例》是新中国首部规定人民陪审员制度的法律,1954年宪法和法院组织法将陪审确立为司法基本原则。这一时期,人民陪审员的条件是有选举权和被选举权的年满23岁的公民。人民陪审员职责集中体现在"参与法庭审理、参加评议和制作判决书、参与调解",其中参与评议是最受重视的环节,陪审员只有在评议阶段享有与法官同等的权利。[④] 人民陪审员的参审范围包括一审刑事及民事案件,不采用陪审而采用审判员独审,应报经院庭长批准。[⑤] 因此,在人民陪审员制度确立之初,受政治体制和超职权主义诉讼体制的影响,顶层设计对于人民陪审员的角色期待是"陪大于审",人民陪审员是民主的化身,更多是被赋予被动听审的权利,"陪审员的身份更多是作为一种荣誉称号或政治资本的象征意义存在,在这一理念的指引下,陪审制的政治功效发挥得淋漓尽致"。[⑥] 然而,人民陪审员制度在实践中并未发挥其实际作用,其法律地位也随之淡化,1982年《宪法》,1983年《法院组织法》相继删去陪审原则,1982年《民事诉讼法(试行)》将陪审仅作为审理的可选方式。

---

① 人民陪审员制度是舶来制度,自清末修律时期引入中国,而只有在中华人民共和国成立后,人民陪审员制度才被写入宪法,成为我国一项基本政治制度和司法制度。故本文仅对新中国成立后的人民陪审员制度予以探讨。统治时期的法律,虽然规定了陪审制度,陪审在现实中的作用却从未全面发挥过。

② 王敏远:《中国陪审制度及其完善》,载《法学研究》1999年第1期。

③ 彭小龙:《人民陪审员制度的复苏与实践:1998~2010》,载《法学研究》2011年第1期。

④ 王敏远:《中国陪审制度及其完善》,载《法学研究》1999年第1期。

⑤ 参见1956年9月20日最高人民法院《关于哪些案件可以不实行陪审、合议制度问题的批复》。

⑥ 钟莉:《价值·规则·实践:人民陪审员制度研究》,上海人民出版社2011年版,第49页。

（2）人民陪审员应是法律内行——强调司法属性

1998年，全国人大提出，“基层法院审判第一审案件，应当实行人民陪审员制度”，并于2004年通过《关于完善人民陪审员制度的决定》（以下简称《决定》），最高人民法院在“二五”“三五”改革纲要中强调之，并颁布了一系列规范性文件，人民陪审员制度进入复苏期。在选任条件上，人民陪审员需满足年满23岁，大专以上学历等条件，希望由高学历精英更好地发挥陪审员作用。在参审案件范围上，人民陪审员参与合议庭审理社会影响较大的刑事、民事、行政案件，以及刑事案件被告人、民事案件原告或者被告、行政案件原告申请由人民陪审员参加合议庭审判的案件。在参审职权上，人民陪审员在执行职务期间，与审判员具有同等权利，对事实认定、法律适用独立行使表决权，并赋予其必要时将案件提请院长决定是否提交审委会讨论的权利。人民陪审员在参加审判活动前要经过法律知识和审判规则的专业培训。这实质上是将人民陪审员视为法律内行同等对待。

本轮改革中，人民陪审员制度的立法意图在于弘扬司法民主，促进司法公正，保证司法廉洁，维护司法权威。[①] 因此，顶层设计对人民陪审员的角色期待不仅停留在民主的化身，还包含了承担着裁判员、调解员、宣传员、监督员的角色，相对于第一阶段，在民主性中融入了司法性，体现在与法官形成思维互补，确保裁判更加公正；通过法制宣传教育，加强诉讼调解，说服当事人息诉服判。

（3）人民陪审员应是连接纽带——强调社会属性

党的十八届四中全会以中央文件形式对人民陪审员制度提出具体要求，最高人民法院“四五改革纲要”将人民陪审制度纳入“发展完善人民法院全面贯彻党的群众路线的工作机制”，认为人民陪审员制度是社会主义民主在司法领域的重要体现，是群众有序参与司法的直接形式。

本轮改革中，顶层设计对人民陪审员的角色期待被赋予了扩大司法民主、深化司法公开、促进司法公正、提升司法公信的多重含义，更加突出其社会性，即发挥人民陪审员富有社会阅历，了解社情民意的优势，成为连接法院审判与社会生活的纽带。在选任条件上，更强调群众基础，强调社会各阶层人员的结构比例，将年龄提高到28周岁以上，学历降低到高中以上文化学历，并建立完善随机抽选机制，从制度上保障陪审员的广泛性和代表性。在参审范围上，不再将所有案件作为陪审范

---

① 沈德咏：《关于〈关于完善人民陪审员制度的决定（草案）〉的说明》，载《全国人大常委会公报》2004年第6期。

围,而是确立关注度和当事人申请双重标准。① 在参审职责上,健全提前阅卷机制,规范合议发言顺序,赋予陪审员庭审发问、调解的权利。本轮改革更强调人民陪审员的社会性,不再要求其参与审理法律适用问题,对人民陪审员的角色期待回归到外行角色。

2. 来自法院的期待

我国的人民陪审员制度在很长一段时间停留在规定泛化的层面,其结果就是法院及法官的决定,成为启动陪审的主要因素。司法实践中,法院自身对人民陪审员的角色期待集中体现在以下方面。

(1)解决案多人少矛盾

为解决审判力量不足,有些法院把人民陪审员分配到审判庭固定使用,也有些法院对没有正式工作的人民陪审员长期连续使用,使陪审工作成为某些人民陪审员的固定职业。② 在推行随机抽选制改革之前,各地法院陪审员的职业分布集中在教师和公务员等高级知识分子领域,③走精英化路线,方便接受法律知识和法官沟通。具体审理案件的法官,在组织庭审、合议时可能忽略陪审员的独特作用,在开庭前临时选定人民陪审员,经历几次庭审的案件随意更换人民陪审员等现象时有发生,在合议阶段,法官向陪审员讲解法律的过程变相成为对案件如何裁判的说明。

(2)解决专业知识不足困境

随着社会经济和科学技术的发展,商业贸易、建筑工程、知识产权、劳动保障等专业领域的纠纷涌入法院,邀请具备专业知识的人民陪审员参与审判,成为各地法院的探索之举,也成为人民陪审员制度新的增长点。最高法院在 1991 年给北京市高级人民法院的复函中,明确法院在审理第一审专利案件时,可以根据该案情况,聘请有关技术专家担任陪审员。各地纷纷在知识产权、劳动纠纷、妇女儿童权益、未成年犯罪等案件中聘请专家充当陪审员,既弥补了法官知识的不足,也促进了纠

---

① 此前经历了陪审是原则,不陪审要报批的阶段和泛泛规定一审案件均可陪审阶段。2015 年颁布的《人民陪审员制度改革试点方案》中规定,“涉及群体利益、社会公共利益的,人民群众广泛关注或者其他社会影响较大的第一审刑事、民事、行政案件,以及可能判处十年以上有期徒刑、无期徒刑的第一审刑事案件,原则上实行人民陪审制审理。第一审刑事被告人、民事案件当事人、行政案件原告申请由人民陪审员参加合议庭审判的,可以实行人民陪审制审理”。

② 袁定波:《人民陪审员制度遭遇“四道坎”》,载《法制日报》2008 年 5 月 8 日。

③ 参见钟莉:《价值·规则·实践:人民陪审员制度研究》,上海人民出版社 2011 年版,第 83 页;张永和、于嘉川:《武侯陪审——透过法社会学与法人类学的观察》,法律出版社 2009 年版,第 74 页。

纷的妥善解决。[①]

(3)发挥陪审员的调解优势

作为当地选任出的人民陪审员,具有熟悉社情民意、在群众中具有较高威信等优势,不仅有助于消除当事人对法官的猜疑情绪,也能在法言法语之外帮助说服当事人化解矛盾。因此,法院通常注重发挥人民陪审员的调解优势。据统计,2005年至2007年6月,全国法院人民陪审员参与审理案件644,723件,80%以上做到调解结案,当事人息诉服判率很高。[②]

(二)角色扮演发生偏离

角色扮演过程,包含了当事人对角色规范的理解,对情境的定义解释和作出反应的复杂过程。[③] 人民陪审员是法律赋予社会公众参与司法的社会角色,受陪审制度的影响,人民陪审员同样经历了政治参与、司法参与和社会参与三个阶段。以2004年《决定》颁布后至2015年全面实施陪审员制度改革前的人民陪审员工作为分析样本,发现人民陪审员制度并未发挥其实际功能,人民陪审员的履职行为违背了制度的美好初衷。

1. 人民陪审员参审数量不均衡

为提高审判效率,很多法院习惯于重复选用有陪审经验的人民陪审员,参审“职业化”和“零参审”并存是全国法院普遍存在的问题。[④] 以北京法院为例,不少法院存在“专职陪审员”“坐班陪审员”“驻庭陪审员”“固定合议庭陪审员”等形式的“职业化”陪审员,2011年,北京市参审案件最多的人民陪审员一年参审案件766件,同时还有284名“零参审”人民陪审员,占陪审员总数的18.3%,参审数量很不均衡,背离了人民陪审员制度的广泛代表属性。

2. 人民陪审员庭审参与度不足

通常来说,担任一届以上的人民陪审员具有丰富的参审经验,对审判规律和当事人法庭心理有一定认知程度,能够娴熟地将社会阅历、公众感知等融入庭审中,具有主动参与的能力。部分人民陪审员听审多,问审少,表示因法律知识欠缺或经验不足而不敢发问,或者认为法官询问已经很全面,不必发问,或者因临时被召来

---

① 参见《中国法院知识产权司法保护状况(2009年)》,载《人民法院报》2010年4月21日;陈丽平:《妇联系统人民陪审员队伍初步建立显独特优势具双重责任》,载《法制日报》2010年4月21日。

② 《最高人民法院就完善人民陪审员制度有关情况的专题汇报》,载中国法院网。

③ 王思斌主编:《社会学教程》,北京大学出版社2003年版,第102~104页。

④ 周玉国:《一些地方人民陪审员流失问题突出》,载《人民法院报》2007年6月20日。

参审,不熟悉案情,不能发问。

3. 人民陪审员合议参与度不足

陪审员极少发言,或在评议中重复、附和法官意见等现象,时有发生。在笔者2013年所做的抽样调查中,随机抽取D区法院2011~2013年审理的300件案件,29.3%的人民陪审员没有独立发表观点,而是附和同意主审法官意见。其中,有两类案件较为突出,一是公告送达案件,无一例外的是人民陪审员附和同意主审法官意见;二是需要汇报的疑难案件,抽样案件中仅有4件案件遵循先合议后汇报再合议的程序,如实记录陪审员合议意见,其余15件案件均记载承办人在合议前先说明汇报情况,13名陪审员附和同意汇报意见,仅有2名陪审员坚持个人观点。

4. 人民陪审员权利被架空

在审理简易程序转为普通程序案件中,个别法官仅简单询问双方当事人的诉辩意见及证据是否有变化,与简易程序开庭一致的,就不再组织法庭调查及法庭辩论,而参与审理的人民陪审员对案情完全不知情。有的案件虽有合议,但审判长先发表意见,大多数陪审员则会顺从其意见。① 即使是先行合议的案件,如果因合议庭意见分歧较大被提交审委会讨论,合议庭执行审委会决定,陪审员意见亦不具有终局性。

5. 农村地区人民陪审员脱离本职角色

据农村实地调查资料显示,有的农村地区人民陪审员更多以开庭前的法律文书送达人、开庭时的书记员、判决后的执行人(带有强烈的法警色彩)、法官不在时的看家人身份出现。②

二、理论阐释:人民陪审员制度功能的社会学机理

"外在的角色规范与角色期望并非直接而完全地对个人产生影响,唯有经由个人对规范、期望的主观理解后,才会对个人产生重大的影响。"③现实中,当社会角色无法将角色期望内化为角色认知时,角色冲突就产生了,进而导致角色扮演偏离原有的期待,抑制了制度功能的正常实现。

---

① 李玉华:《"陪而不审"之我见——法学教授陪审员的视角》,载《法律适用》2010年第7期。

② 曾晖、王筝:《困境中的陪审制度——"法院需要"笼革下的陪审制度解读》,载北大法律评论编辑委员会:《北大法律评论》(第8卷第1辑),法律出版社2007年版,第56~57页。

③ [美]欧文·戈夫曼:《日常生活中的自我呈现》,黄爱华、冯钢译,浙江人民出版社1989年版,第86页。

（一）角色认知决定角色扮演方向

在人民陪审员的角色认知中，需要明确两个问题：一是要确定自己担当何种诉讼角色，二是要确定自己的行为界限，这直接关系到角色扮演是否能达到预期效果。

关于担当何种诉讼角色，大致可以分为积极参与和消极对待两类。消极者对人民陪审员制度蕴含的民主法治精神缺乏正确理解，对陪审的价值认同不高，①甚至有的是为了获取可观收入和进入法律职业共同体的机会而担任陪审员。② 有的陪审员仍将人民陪审员视为政治身份，关注其标签效应。还有相当一部分人民陪审员认为自己是法律外行，缺乏参审自信，不愿、不敢发表意见。因此，消极者将自己定位为法律外行、审判辅助者和政治象征者，甘当陪衬或者干脆零陪审，不仅无法发挥陪审员社会公正思维与职业法律思维的互补作用，也无法实现陪审员民主参与和监督司法的功能。

积极者的角色认知也存在差异，专家陪审员普遍认为，自身专业特长可以在法庭调查、调解和合议阶段发挥积极作用，弥补法官的专业短板；来自司法所、工会、妇联等基层组织的人民陪审员，将自己定位为群众工作者，擅长运用自身丰富的群众工作经验对当事人析理道情。还有的陪审员表示努力学习法律知识，让自己成为法律内行，更好地参与审判，更好地向社会宣传法律。积极者在实践中体现为陪审专业户，将自身定位为专家辅助人、调解能手、法律内行，甚至产生陪审偏好，主观倾向于选择陪审感兴趣或者自认为擅长的某类案件，容易束缚陪审员的朴素公正理念，偏离了陪审的广泛代表性。

关于行为界限，尽管《决定》要求陪审员全面参审，享有同职同权，然而陪审员普遍表示力不从心，有学者曾以“审理案件的难点分布”为题对西部某基层法院陪审员进行了深度访谈，43.8%的受访者感觉适用法律困难，另外37.5%在证据和事实认定方面存在疑惑。③ 上海市高级人民法院在参审判案困难的调查中也发现，11.3%的陪审员认为是通过证据确认事实，54.8%认为是法律适用，34.46%认为

① 广州市中级人民法院对172名陪审员的调查显示，44%的陪审员认为“陪审制度有意义，但很难落实”，17.45%认为“陪审员如同虚设，案件更容易被个别法官操纵”，54.65%认为“增加了法院的工作难度”，13.37%认为陪审员是“请而不到、陪而不审、合而不议”。参见广州市中级人民法院：《广州市人民陪审员情况调查》，载《法治论坛》2008年第1期。

② 曾晖、王筝：《困境中的陪审制度——“法院需要”笼革下的陪审制度解读》，载《北大法律评论》（第8卷第1辑），第58页。

③ 刘晴辉：《对人民陪审制运行过程的考察》，载北大法律评论编辑委员会：《北大法律评论》（第8卷第1辑），北京大学出版社2007年版。

是在综合分析判断环节。[①] 因此，未加区分地赋予人民陪审员审判权，反而加剧陪审员对自身能否胜任的焦虑。

（二）角色冲突产生的原因

角色期待无法内化为角色认知，即产生角色冲突。具体到人民陪审员制度的运行来看，可区分两种情形。

一是角色期待本身不合理，陪审员无法满足之。例如，《决定》期待陪审员成为法律内行，本身就与陪审制度的内涵不符。陪审的政治意义在于吸收大众参与司法，并监督司法，是直接民主的一种形式，其司法意义在于借助陪审员的社会思维来弥补法官的法律思维。正如威廉·L. 德威尔所言，“12 位陪审员作为一个集体比法官更有感知力，陪审团给司法的溪流带来了新鲜的能量和常识的思潮，带来的不只是团体才智与汇谈，还有社会共同体的价值”。[②] 再如，法院期待陪审员解决案多人少问题，忽视了陪审员的独立价值。因此，陪审员功能难以发挥实际作用，并非陪审员能力不足，而是制度和法院期待本身出了问题。

二是陪审员认知存在偏差。国外的陪审制度有成熟的对抗制诉讼体制和健全的保障机制，保障陪审员能够正当履行职责，而我国三大诉讼法并未对陪审作制度安排，因此，人民陪审员对自身诉讼定位及权利义务无所适从，容易出现过于积极或消极的认知偏差，成为审判辅助者，无法实现连接社会生活与法律判断的纽带作用。

（三）角色调适有赖于内外兼修

人民陪审员角色冲突的产生有内部和外部因素，调适其回到正轨上，还要内外兼修。

一是摒弃法律内行和社会精英的外部期待。陪审制度起源于英国的事实见证人制度，发展到今天成为民主的产物，就是追求将不同生活、教育背景的人聚集在一起商议，将其各自在生活中的经验适用于已被证明的事实，得出一致结论的目标。美国联邦宪法第七修正案认为，“任何看似对陪审团权利予以限制的做法都会受到最为审慎的审查”。因此，陪审员的非专业性是陪审制度的显著特征。为此，应当摒弃过去的传统做法，不再要求陪审员是高学历，掌握系统法律知识，也不再

---

① 衰定波：《人民陪审员制度遭遇“四道坎”》，载《法制日报》2008 年 5 月 8 日。

② ［美］威廉·L. 德威尔：《美国的陪审团——一位美国联邦法官对陪审制度的激情辩护》，王凯译，华夏出版社 2015 年版，第 188 页。

要求陪审员对法律适用发表独立意见，而是重点发挥其事实认定的智力优势。

二是陪审员加强角色学习。角色期待只有通过角色学习才能转化为自身的感受认知，因此人民陪审员应加强学习，理解陪审制度价值，善于将自身的社会阅历、生活经验等优势运用到审判中。虽然不必达到与法官同等的法律认知水平，但陪审员还是有必要学习了解证据规则，知晓生活事实与法律事实之间的联系，以及事实认定的法律后果，更好地帮助法官发现案件真相。

三是法官与陪审员保持良性互动。一方面，陪审员在事实认定上与法官形成思维互补，尤其是在涉众案件、社会广为关注案件中，以社会共同体价值观启发法官思维。另一方面，陪审员的事实认定也是有边界的，法官应当好看门人，将非法证据排除在庭审外，避免陪审员受到不良干扰，同时法官还应就事实认定背后的法律行为和法律关系的效力作出必要提示，告知陪审员相关法律规定。

三、规则完善：我国人民陪审员制度的功能弥合

为有效发挥我国人民陪审员制度的功能，有必要树立正确的陪审理念，建立完善相应配套制度。

（一）夯实人民陪审员制度的社会基础

人民陪审员是法定的社会角色，其广泛的社会基础是人民陪审员制度的活力根源。只强调民主参与或专业介入，都容易陷入陪而不审的怪圈。

无论是英美法系的陪审团制度，还是大陆法系的参审制度，陪审员的独立价值都是通过其代表的社会利益群体和带给司法的社会价值观来体现的。“就陪审制使非法律职业者所拥有的民间智慧由陪审员带入审判中而言，英美的陪审团和大陆的陪审制度不相上下。”[①]美国的陪审团、日本的裁判员作出的判断还具有最终效力。[②] 我国目前推行的人民陪审员制度改革中，已体现对人民陪审员社会性的认可，在选任条件上提高年龄和放低学历要求，强调陪审员的群众性，以期更好发挥人民陪审员社会阅历丰富，熟知社情民意的独特作用，在案件审理及合议中有效弥补法官社会知识经验、阅历感受的不足，也能有效避免法官在长期审判经历中形成的思维定式和职业偏见。《人民陪审员制度改革试点方案》提出陪审员只对事

---

① 宋冰编：《读本：美国与德国的司法制度及司法程序》，中国政法大学出版社 1998 年版，第 177 页。

② ［美］杰克·H. 佛兰德泰尔、玛丽·凯恩、阿瑟·R. 米勒：《民事诉讼法》，夏登峻、黄娟、唐前宏、王衡译，中国政法大学出版社 2003 年版，第 473 页；汪习根：《陪审制度的比较与评论——以日本、韩国、台湾地区模式为样本》，载《法制与社会发展》2015 年第 2 期。

实认定发表意见，也是对过去要求陪审员是法律内行的修正，有利于提高裁判的社会认可度。同时，人民陪审员参与审理，有助于民众认知司法精神，监督职业法官的审判权。

法官的职业身份决定了其为保持一贯的中立性、公正性，受到法律逻辑思维和审判阅历的影响，很多逾越案件本身的话不能说，而人民陪审员在社会框架内，不仅可以在事实认定上与法官形成互补，还可以扮演调解者、普法者、知心人的角色，释法析理，提高当事人对裁判的信服度。

(二)合理界定参审范围

作为司法民主补强机制，人民陪审员制度旨在弥补司法职业化的缺陷，应止步于削弱司法职业化，否则就从民主走向了民粹主义。在陪审员制度复苏期间，曾出现了一阵追求高陪审率的潮流，有的地方法院甚至要求，适用普通程序的案件一律要邀请人民陪审员。有的案件事实清楚，当事人争议不大，陪审员发挥不了特殊作用。而对于那些涉及社会公共利益、人民群众广泛关注或者有重大社会影响的案件，有必要邀请人民陪审员共同参与。有的法院在探索陪审员参与执行，也是有其合理性的，能够有效地将强制执行的刚性执法与陪审员析理讲情的柔性执法有机结合起来，提高司法公信力。

(三)明确陪审启动条件

陪审形成被动局面的主要原因就是启动陪审由法院说了算，陷入"法院需要"困境。考虑到我国民众对陪审员制度的了解和认同程度，完全由当事人申请启动也缺乏可操作性。建议由法律明确规定必须启动陪审的案件范围，比如涉及未成年人保护案件，涉及判处被告人10年以上的重刑案件，涉及公益诉讼案件等，其他普通程序案件，可以由当事人申请是否请陪审员参加，法院应在立案阶段书面告知当事人有该项权利。

(四)合理界定陪审员参审职权

陪审团制度和参审制度的最大区别就在于陪审员的职责划分。目前，各方对我国人民陪审员制度的改革方向已基本达成共识，即陪审员仅围绕事实认定发表意见。与陪审团制度不同的是，我国的制度安排没有赋予陪审员独立的事实裁决权，事实认定仍应由法官与陪审员共同确定，存在重大分歧的提交审委会讨论。

对事实认定还有必要作具体区分，对于可能影响程序主体、事项变更的事实，比如是否属于法院主管范围，其法律技术性较强，属于法官职权调查范围，应由法官予以认定。对于与诉讼标的密切相关,足以影响裁判结果的案件基本事实,从已知的此事实推定彼事实,与社会生活存在一定联系,可以借助人民陪审员的社会思维优势共同判断。比如,建筑工程施工合同纠纷、民间借贷纠纷,发问方式直接影响到事实调查的程度,对生活常识的理解也关系到对证据远近、证明责任的分配的理解。

(五)规定法官的指示义务

人民陪审员以非专业身份进入诉讼程序,通过当事人在庭审活动中的表现来作出事实判断,要保证其判断的严谨性,有必要对法官的指示义务作出规定,否则陪审员的事实认定权将成为一句空话。

考察美国陪审团制度,法官在审前程序要对审前动议和初步争点进行整理,判定哪些问题予以司法认知而无须证明,审查证据的合法性和关联性,向陪审团作出指示,告知裁决要点及类型,适用什么实体法规则,并决定在何种程度时足以准许陪审团就给定要点作出裁决。如果裁决具有一致性,则作出判决,否则退回重新评议。[①] 日本2009年修订的裁判员法赋予法官对裁判员的否决权,即如果没有一个法官支持裁判员的意见,那么即使全体裁判员一致同意也不能作为判决的依据。[②]

《人民陪审员制度改革试点方案》规定,审判长应将案件事实争议焦点告知人民陪审员,引导其围绕案件事实认定问题发表意见,并对与事实认定有关的证据资格、证据证明力、诉讼程序等问题及注意事项进行必要的说明。这条规定对法官指示义务作出了纲领性要求,还有待在今后的诉讼法制度安排上作出相应调整,具体包括:

一是整理争点义务。为了让陪审员感受到庭审全貌,法官应发挥诉讼指挥权,释明各方当事人准备诉讼资料,引导其将可能对裁判结果产生影响的主张及证据,在法庭上充分展示。法官根据当事人的权利及事实主张,整理争点,确定陪审员需要认定的基本事实目标。同时,法官有义务对于涉及司法认知、自认等无须证明的事实直接作出认定。

二是非法证据排除义务。时下当事人恶意串通制造虚假诉讼的情形时有发生,法官相比陪审员更有审理经验,有义务帮助甄别虚假陈述、虚假证据。对于法律明确规定的不具有合法性的证据,也应予以排除,为陪审员判断认定事实创造良

① Jack H. Friedenthal, Mary Kay Kane, Arthur R. Miller:《民事诉讼法》,夏登峻、黄娟、唐前宏、王衡译,中国政法大学出版社2003年版,第456~458页。

② 汪习根:《陪审制度的比较与评论——以日本、韩国、台湾地区模式为样本》,载《法制与社会发展》2015年第2期。

好的氛围。

三是法律指示义务。事实与法律无法决然分开,事实认定是裁判的小前提,法官有义务向非法律专业的人民陪审员解释对证据的关联性、证明责任分配原则,特别是证明责任倒置的法定情形等内容进行必要提示。需要注意的是,法律指示不同于法官的心证公开,人民陪审员可以根据自身生活经验和法律规定,形成自己的内心确信。

(六)建立人民陪审员参与审委会制度

按照我国人民陪审员制度的规定,陪审员意见不具有终局性,无权独立作出裁决,只是作为合议庭一种意见被记录在案。出现合议庭意见分歧的,案件将可能被提交审委会,审委会决定必须执行。而目前的制度设计中人民陪审员是无权进入审委会阐述意见的,主审法官汇报案件重点强调自己的观点,对陪审员意见有可能一带而过,不利于发挥陪审员的审议作用。在不突破陪审员意见终局性的情况下,有必要建立人民陪审员参与审委会制度,由参与审理案件的人民陪审员列席审委会,就自己与主审法官不同的意见作详细阐述。

和而不同:“事实审”与“法律审”分离机制的实践乱象与出路

——基于对实践探索的不完全归纳研究

王筑红*

内容摘要:我国人民陪审员与法官共同讨论和决定案件的事实问题和法律问题。这种貌似平等的设计却因为陪审员非法律专业背景而成为实质上的不平等,造成司法实践中陪审员难以发挥作用进而成为摆设。本文试图从司法实践的个案探索角度,对“事实审”与“法律审”分离机制进行分析探讨,以期为人民法院完善人民陪审员制度参审机制这一重要课题提供参考。本文分析了10件引起社会广泛关注的个案实践及其不同做法的原因,并从完善法律制度、差别化参审配置、国外制度借鉴以及发挥人民陪审员制度“杠杆效用”等方面详细阐述了“事实审”与“法律审”分离机制的实现途径。

本文认为“和而不同”是对探索改革中的纷杂现象的哲理阐释。要在“和”中把握改革的方向,坚持符合国情和遵循司法规律相结合,不作“中看不中用”的花样文章。更要在“不同”中经历从特殊到一般,从一般到特殊的探索规律,不断探索总结成功经验,推进“事实审”和“法律审”分离机制改革的健康有序发展,为促进社会主义法治建设做出应有的贡献。

关键词:人民陪审员　司法实践　改革

君子,和而不同。

——《论语・子路》

---

* 北京市东城区人民法院组宣科副科长,法官。

我国人民陪审员除不能担任审判长外，与法官享有同等权利和义务，共同讨论和决定案件的事实问题和法律问题。这种貌似平等的设计却因为陪审员非法律专业背景而成为实质上的不平等，造成司法实践中陪审员难以发挥作用进而成为摆设。

改革，往往由问题倒逼而来。党的十八届四中全会《决定》提出逐步实行人民陪审员不再审理法律适用问题，只参与审理事实认定问题。“逐步实行”的表述既充分体现了审慎态度，也暗示了对“事实审”与“法律审”现实困惑与出路之循序渐进的探索。探索需要勇气，但难免乱像一片。孔子云：“君子，和而不同。”①如何在纷杂的探索表象下，扬“和”之精神，破“不同”之惑，本文将深入剖析并探索实务出路。

一、司法实践进行了哪些尝试？

“事实审”与“法律审”分离机制是我们对于审判权中事实认定权和法律适用权分离机制的形象表述，而个案审判的合议规则是分权情况的最直接体现。这是笔者选取样本案件最关注的因素。笔者以10件具有代表性且引起广泛关注的试点个案②为切入口，对实践探索进行分析。为便于分析，笔者按照人民陪审员享有法律适用权情况的不同，将审判权分权情况分为人民陪审员享有法律适用权的“相对混合模式”、不享有法律适用权但有一定影响的“相对分工模式”和不享有法律适用权的“绝对分工”三种模式（见表1）。

表1　审判权分权模式比较

模式	样本案件	法院	合议庭	合议规则
混合模式	服务合同案	鼓楼法院	2+5	陪审员与法官共同对事实认定发表意见并表决；陪审员形成一种法律适用意见并参与表决，与法官的法律适用意见结合形成裁判意见

① 出自《论语·子路》，是孔子所言。指君子与外界保持和谐关系，但对具体问题的看法做法却不必苟同于对方。“和”对于事物来说是“有差别的，多样性的统一”。

② 2015年6月17日，笔者在全球最大的中文搜索引擎百度做了信息搜索，以“陪审员事实认定权”为关键词进行搜索，得到4860篇文章。笔者按相关程度认真阅读了前100篇文章，发现36篇文章与本论文主题无关。笔者对剩余64篇文章做了统计分类，得出结论。

续表

模式	样本案件	法院	合议庭	合议规则
相对分工模式	售卖假烟案	南长法院	1+2	陪审员和法官共同对事实认定发表意见并表决，陪审员人数较多起主导作用；陪审员在法官引导下对法律问题发表意见但不参与表决；法官对法律适用问题发表意见并表决，形成最终判决
	保险合同案	鸡冠法院	1+2	
	故意伤害案	龙安法院	3+4	
	信息公开案	中原法院	2+5	
	离婚案件	北仑法院	2+5	
分工模式	证券服务合同纠纷	江北法院	1+4	人民陪审员对事实认定发表意见并表决。合议时4名人民陪审员对案件事实进行表决。表决结果出现3:1的情况，可认定案件事实；表决结果出现2:2的情况，由法官投票形成多数意见。法官对法律适用问题发表意见并表决，并形成最终判决
	盗窃案	路南法院	3+3	人民陪审员对案件事实认定发表意见并表决，法官在事实认定基础上对法律适用问题发表意见并表决，形成最终判决
	交通事故损害赔偿	峄城法院	3+5	
	妨害公务罪	象山法院	2+3	

通过表1可以看出，目前的“事实审”与“法律审”分离实践探索是以合议庭规模改变为主要形式的审判权中事实认定权和法律适用权的分离机制尝试，核心是人民陪审员是否享有法律适用权。

二、君子之和：“事实审”与“法律审”分离机制探索的实践共性分析

（一）对核心问题的共同关注

人民陪审制度“事实审”与“法律审”问题，即人民陪审员参审职权是否包含法律适用问题，是人民陪审制度改革的核心问题。关于这个问题的争鸣不但长期以来引发了法学理论界和司法实务界的深入思考，同时也在国家制度层面纳入了司法体制改革的总设计。2015年5月，最高人民法院和司法部联合下发的《人民陪审员制度改革试点工作实施办法》（以下简称《实施办法》）。该《实施办法》明确指出，要逐步实现人民陪审员只负责案件事实认定，不再负责法律适用问题。这是对人民陪审员制度未

来发展方向的科学设计,也为试点改革指明方向。样本案件对事实认定权和法律适用权适度分离的实践探索,是对核心问题的积极求解,也是对顶层设计的实践回应。

(二)共享坚实的改革基础

改革不能赤手空拳,而应有备而来。分析样本案件,对于事实认定权和法律适用权适当分离的改革做法主要为:(1)合议规则重构即重新配置审判权力;(2)选择适合权力配置方式的案件;(3)改变合议庭结构和规模,增加人民陪审员数量。由此可见,试点探索应具备一定规模和数量的人民陪审员和陪审案件数。2005年全国人民代表大会常务委员会《关于完善人民陪审员制度的决定》(以下简称《决定》)的实施开启了中国陪审制度的新时代。10年间,经过人民法院不懈努力,人民陪审制度重新走向繁荣。①

2014年,全国法院共有人民陪审员20.95万人(见图1),参审案件219.6万件(见图2),一审普通程序案件陪审率已达78.2%(见图1)。

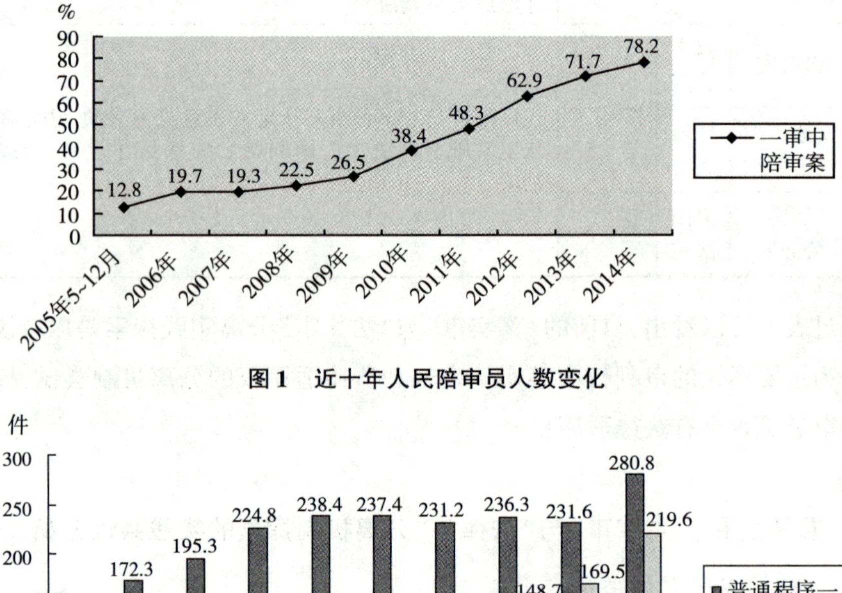

图1 近十年人民陪审员人数变化

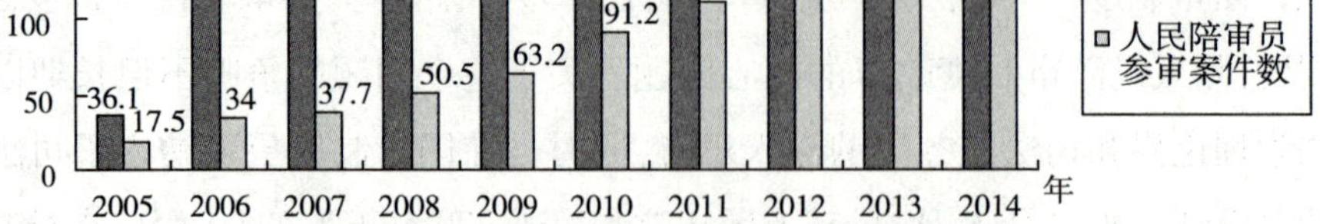

图2 近十年人民陪审员参审案件数量变化

① 资料来源:最高人民法院官方网页司法数据专栏。

（三）对舆论氛围的共同营造

笔者选取10件案件均因尝试“事实审”与“法律审”分离机制改革而在社会引起广泛关注。信息时代，任何一项司法改革都不能回避舆论的影响力，这也是近年来法院系统对民意与审判沟通极其重视的原因。

对于样本案件，社会舆论的典型反映为“陪审员法庭上竟然开口说话了”“陪审员不再是陪衬”，显示出大力支持态势。如媒体报道江北法院“大陪审制”审理一起证券案件称：“陪审员真正发挥了作用成了主力，而法官更像是一名主持人，4名陪审员连珠炮般地对原、被告发问。”这是“事实审”与“法律审”分离改革的正面效应。司法实践中，当事人和旁听群众一般仅能在法庭上见到人民陪审员，其在法庭上的表现是民众对于陪审工作的全部印象。强化人民陪审员事实认定权力，重视陪审员法庭权力，将提升陪审制度的社会公信力，引发民众对于司法改革的好感与支持。

三、君子之不同：纷杂探索表象下的价值权衡与博弈

“和”的价值依归，要在“不同”的追求下得以实现。对于“不同”的研究分析是求“和”的根本路径。回到制度本身，法院对于“事实审”和“法律审”分离探索的不同表象，源于对不同的制度借鉴与价值权衡。

（一）合议庭权力结构的不同抉择

世界范围内，陪审制度主要有英美的陪审团制和大陆法系参审制两种形式。英美陪审团制指在刑事审判中，[①]陪审员和职业法官存在明确职责分工，陪审员决定事实问题，职业法官决定法律问题的参审制度。[②] 陪审团成员在法官的法律指引下只享有事实认定权，不参与法律适用，使陪审员的职责与能力相对应。[③] 参审制（又称混合法庭制）指在刑事审判中，由陪审员和职业法官共同决定案件事实问题和法律问题的平民参与制度。[④] 法官对事实问题的制约有助于陪审员将日常生活中的常识转化为诉讼过程中认定案件事实的优势，不断反省自己的心证与这些

---

① 事实上，美国也在民事领域适用陪审团制。

② 施鹏鹏：《陪审制研究》，中国人民大学出版社2008年版，第127页。

③ Criminal Appeal Act，1995.

④ 施鹏鹏：《陪审制研究》，中国人民大学出版社2008年版，第160页。

标准之间的差距，从而达到一致评议。[①] 由此可见，两种制度以分工制和混合制为各自特点。

样本案件人民陪审员享有法律适用权的不同显示了对分工制和混合制的权衡与借鉴，笔者按照借鉴的取向和程度将审判权分权模式分为三种模式（见表2）。

表2　人民陪审员享有法律适用权的三种模式

模式	法律适用权	特点
绝对分工模式	陪审员不发表意见也不参与表决	借鉴陪审团制，陪审员对法律适用无影响
相对混合模式	多名陪审员形成一种意见并参与表决	借鉴参审制，但弱化了陪审员的法律适用权
相对分工模式	陪审员可发表意见但不参与表决	借鉴陪审团制，但陪审员对法律适用有一定影响

（1）绝对分工模式中，人民陪审员享有事实认定权，不享有任何的法律适用权力，但法官享有的事实认定权，分为两种情况：

一是路南法院、峄城法院、象山法院审理中采取的绝对分工模式，主要借鉴了英美的陪审团制，强调分工合作，但目前我国的证据规则不多、法律配套措施不健全，法官对事实认定作出法律引导是必要的，勇气可嘉，但过于激进，不是目前的最好选择。

二是江北法院采取的绝对分工模式，借鉴了陪审团制的优点，强调陪审员对于事实认定的主导权，又考虑到陪审员无法形成有效决议时法官享有事实决定权的特殊情况。但除了上述问题之外，这种模式存在固有缺陷。如果4名陪审员中，2人持A意见，其他2人中1人持B意见，1人持C意见，只有法官支持A意见时才可能形成多数。所以这个模式也并不理想。

（2）鼓楼法院的相对混合模式吸取了参审制下陪审员和法官相互制约的优点，也考虑到我国目前缺乏单独量刑程序，特别是有些案件类型事实与法律问题难以截然分开的特点，[②]有一定的现实需要。这种模式适合法律适用问题与日常生活接近并且较简单，“事实审”与“法律审”难以截然分开的案件。

---

① 彭小龙：《陪审团审理围观制衡机制考察——一个以美国为对象的分析实证视角》，北京大学出版社2007年版，第77页。

② ［英］肖恩·罗兰：《陪审团审判》，载［英］麦高伟、杰佛里·威尔逊主编：《英国刑事司法程序》，姚永吉等译，法律出版社2003年版，第357页。

(3)南长法院等五家法院采取的相对分工模式,以改造现有参审制的合议庭结构为主,人民陪审员和法官共同享有事实认定权,同时借鉴了陪审团制的优点,既考虑到了陪审员在事实认定方面的主导优势,又考虑到目前证据规则较少,法律配套措施缺乏的情况下,事实认定工作需要法律指引,法官参与事实认定的必要性。同时,人民陪审员可以对案件的法律适用问题发表意见,虽不参与表决,但也对法官造成说理压力。此模式对参审案件范围限制最小,具有较强的推广性。

(二)试点案件的不同选择

参审案件可以看作不同模式下陪审制度参审范围的体现。

在采取绝对分工模式审理的妨碍公务罪、盗窃罪、交通事故损害赔偿案以及证券服务合同案中,可以看出试点案件大多为刑事案件,因可能对被告人处以刑罚,法院谨慎地并没有赋予人民陪审员法律适用权,仅赋予陪审员事实认定权。

在采取相对混合模式审理的服务合同纠纷案中,鼓楼法院认为该案涉及群众利益、被当地媒体报道和本地群众关注,应适用人民陪审员制度。同时案件事实认定并不困难,法律适用问题也不复杂,所以赋予了人民陪审员一定程度的法律适用权。

采取相对分工模式的案件,包括售卖假烟案、保险合同案、故意伤害案、信息公开案、离婚案件、证券服务合同纠纷案中,包括了刑事案件、民商事案件、行政案件三种类型,类型最全。这与我国目前人民陪审员参审案件范围也基本一致。其中,保险合同、证券服务合同属于因为涉及专业知识,事实认定较为困难,需要专家陪审员参与的;故意伤害案、售卖假烟离婚案件距离百姓生活较为接近,事实认定比较容易,又无须太多法律专业知识;政府信息公开案件稍显抽象,距离百姓生活也较远。通过比较,相对模式可以参与审理的案件类型较多,适用范围较广。

(三)合议庭规模和结构的不同选择

虽然都对"事实审"与"法律审"进行了分离探索,但是法院却采取了不同的合议庭规模。鸡冠法院和南长法院采取了"1+2"的小合议庭制,峄城法院等8家法院采取大合议庭制。两种规模各有优劣(见表3)。

表3　合议庭规模的优劣比较

项目	组织难易	组织成本	决策效率	决策正确率
小合议庭	容易	低	高	低
大合议庭	困难	高	低	高

显然，对于不同的审判权适度分权模式，合议庭的规模和结构也应不同。目前，以大多数法院采取的相对模式为例，我们将法官人数设定为a，陪审员人数设定为b，需要满足下面三个要求：

(1)a < b(陪审员主导事实认定)；

(2)a + b = 奇数(事实认定少数服从多数)；

(3)a = 奇数(法律适用少数服从多数)。

下面检查采取相对模式的合议庭配置是否满足上述要求，结果如下(见表4)：

表4 相对模式下各种合议庭配置

合议庭结构	a < b	a + b = 奇	a = 奇数
1 + 2	√	√	√
1 + 4	√	√	√
2 + 3	√	√	×
2 + 5	√	√	×
3 + 4	√	√	√
4 + 5	√	√	×

经过验证，"1 + 2""1 + 4""3 + 4"的人员结构符合要求。"1 + 2"模式只有一名法官，成本低，组织简单，但容易引发评议中的"权威效应"。合议庭对事实认定意见不一致无外乎两种情况：一种为2人持A意见，1人持B意见的不一致；另一种为3人各持A、B、C意见的不一致。如实践中出现后者，案件一般移交至审判委员会处理。此时如果持B意见的合议庭成员是人民陪审员，与法官意见不一致，又得不到另一名人民陪审员的支持，容易屈从专业法官的权威而放弃己见。"1 + 4"模式中虽保证了陪审员事实认定的主导权，但法律适用只有一名法官，不能形成有效合议。

四、和而不同："事实审"与"法律审"分离机制实务出路

探索，既要实现探索最终目的，又要尊重事物探索规律。"君子，和而不同"，要在扬和之精神的基础上，容许勇于探索下的不同做法，探索"事实审"与"法律审"分离机制实务出路。

(一)"和"之提升——加强人民陪审员参审的法律引导

1. 民主权利的确定——借鉴《美国联邦宪法》第 3 条

《美国联邦宪法》第 3 条规定,"对于一切罪行的审判,除了弹劾案之外,均应由陪审团做出"。在美国几乎所有的宪法文件中,接受陪审团的权利往往排在首位。[①] 思想指导行动,然而理念的确立需要与实践中陪审员的地位互动,只有实践中陪审员的作用越来越重要,人民才可能逐渐认识到自己是最终审判者。这需要对陪审制在立法上不断完善,需要一个较长的过程。

2. 修改《人民法院组织法》中的相关规定

《人民法院组织法》是人民法院工作的"根本大法"。在新一轮的《人民法院组织法》修改中,要完善人民陪审员参审机制,调整参审职权。同时,应留出专门法律制定的空间,做出比较原则性的规定,相关细则留待专门法律进行规定。

具体来说,应对《人民法院组织法》第 37 条第 2 款进行改造,去掉该款中"同审判员有同等权利"的规定,同时增加两款"人民陪审员在人民法院执行职务期间,是他所参加的审判庭组成人员。人民陪审员应当全程参与合议庭评议,并就案件事实认定问题独立发表意见并进行表决。人民陪审员可以对案件的法律适用问题发表意见,但不参与表决。"

3. 人民陪审制度单独立法

探索实践的成果最终应上升为法律制度。要在 2 年至 3 年的试点探索期过后,对人民陪审制单独立法,将各大诉讼法中的陪审制度进行整合修缮,形成一个完整的立法体系。日本在 1923 年通过《陪审法》实施前 5 年进行了修改刑事诉讼法、增加陪审员名额等配套改革。同时进行广泛宣传,全国共开展了 3339 次讲演会,共发放资料 284 万份。[②] 我国可借鉴日本的做法,继续深化相关制度改革,同时注重社会舆论氛围的营造。

(二)尊重"不同"——人民陪审员参审权力差别化配置

1. 区分案件类型

《实施办法》第 12 条第 1 款确定"人民法院受理的第一审案件,除法律规定由法官独任审理或者由法官组成合议庭审理的以外,均可以适用人民陪审制审理"。

---

① See W. Forsyth, *A History of Trial by Jury*, 1971, Reprint from 1852, pp. 289 – 294.

② 王晓峰:《日本陪审法述要——日本移植西方改革审判制度的一次尝试》,载何勤华主编:《20 世纪外国司法制度的变革》,法律出版社 2003 年版,第 117 页。

司法实践中，为了陪审员制度发展，各地都制定了非常高的一审普通程序陪审率，甚至要求100%。多样的案件类型必然要求不同分权规模，笔者认为，在目前探索阶段不宜“一刀切”地划分，试点法院可以按照案件特点适用选择。

第一，对于大多数案件都可适用相对分工模式，特别是事实认定较为困难、法律关系比较复杂，陪审员以朴素的生活经验难以做出法律适用判断的案件。此时人民陪审员不享有法律适用权，可以对法律问题发表意见但不参与表决。

第二，作为相对分工模式的补充，可以选择性地适用相对混合模式。对于与日常生活联系紧密，不涉及专业法律知识，事实认定和法律适用难以截然分开的案件应赋予陪审员一定的法律适用权。具体说来，刑事案件中的交通肇事罪、危险驾驶罪、故意杀人罪、故意伤害罪、强奸罪、强制猥亵妇女儿童罪、绑架罪、拐卖妇女儿童罪、重婚罪、虐待罪、遗弃罪、拐骗儿童罪、抢劫罪、盗窃罪、抢夺罪、妨害公务罪、伪造公司企业事业单位人民团体印章罪、伪造变造居民身份证罪、寻衅滋事罪等；民事案件中的人格权纠纷、婚姻家庭纠纷、不当得利纠纷、无因管理纠纷、侵权责任纠纷中的监护人责任纠纷、饲养动物损害责任纠纷等。① 实践中可由法院自行决定。

2. 区分陪审模式

第一，大合议庭制主要参照大陆法系参审国家模式构造，适用于案件实施争议较大、社会影响较大，或涉及伦理、风俗、行业惯例等案件，特别在审理案情复杂、法律关系简单的民商事案件中发挥了突出优势。可根据案件事实复杂程度、影响力大小选择相应的模式。从表5可以看出，日本陪审制度“3+6”“1+4”模式与相对模式的配置几乎一致，可借鉴日本陪审制度改革中“3+6”或“1+4”的大合议庭配置，设置7~9人的规模（见表5）。

表5　主要参审制国家合议庭配置

项目		法官人数/人	陪审员人数/人
日本	不认罪案件	3	6
	认罪案件	1	4
法国	重罪一审	3	9
	重罪二审	3	12
德国	区法院参审法庭和地方法院二审	1	2
	地方法院一审	2~3	2

① 李玉华、张思尧、杨亮：《中国特色陪审制度的新发展》，中国政法大学出版社2014年版，第212页。

第二，未来可借鉴英美国家陪审团制，在配套制度成熟时可以考虑发展成为人民陪审团，参照英美法系陪审团构造，通常由 6～12 人组成，适用于社会影响重大、涉及群体性利益、当事人之间矛盾激化影响社会和谐稳定，人大代表、政协委员或媒体重点关注的案件，当事人多次申诉或重复上访的案件等。

第三，专家陪审制近年来在知识产权、医疗、保险、股权纠纷等专业技术性强的案件中得到广泛应用。事实上江北法院审理的股票合同服务合同中就选任了有炒股经验的人民陪审员。“个人只有通过最彻底的专业化，才有可能具备信心在知识领域取得一些真正完美的成就。”①尽管人民陪审员“精英化”存在代表性不足之嫌，但不可否认在破解“陪而不审”困境方面发挥了积极作用，已经成为全国法院系统未来发展的共识。今后可根据人民陪审员的专业背景等条件更加细化，建立陪审员资源库，组成合议庭时随机选取。

3. 区分启动机制

《实施办法》第 13 条赋予第一审刑事案件被告人、民事案件当事人和行政案件原告申请适用人民陪审制的权利，但是否适用，由人民法院决定。同时规定，对于原则上应当实行人民陪审员制审理的案件，当事人因为涉及个人隐私、商业秘密或者其他原因，申请不实行人民陪审员审理的，人民法院可以决定不适用人民陪审员制。作为代表人民参与司法审判实务的重要形式之一，在人民陪审制度的启动上赋予当事人话语权甚至决定权是应有之义。②

但事实上，笔者选取的 10 件试点案件全部都是法院依职权启动人民陪审制的。这是因为《决定》中的“当事人申请”规定因缺乏配套细则只能在实践中由法官酌情掌握。对此学术界提出诸多质疑，确须在今后的立法中得以完善。但笔者认为在试点探索阶段，考虑到《实施办法》对人民陪审员的参审职权作了较大调整，案件审理周期、沟通成本都将增加，人民法院在综合考虑各种因素之后，决定是否适用人民陪审制审理较为合适。

（三）他山之石——国外陪审员事实认定相关制度考察

“事实审”与“法律审”分离机制改革对司法能力带来全新考验，法官必须把握

---

① ［德］马克斯·韦伯：《学术与政治》，冯克利译，生活·读书·新知三联书店 1999 年版，第 21～23 页。

② 载中国法院网：http://www.chinacourt.org/article/detail/2015/05/id/1633821.shtml，最后访问日期：2015 年 6 月 17 日。

好尺度，既要引导人民陪审员对案件事实作出客观评判，又要避免妨碍人民陪审员独立判断。国外的成熟做法值得借鉴。

1. 问题列表制度——《俄罗斯刑事诉讼法典》第338条

问题列表的基本含义为，在有陪审员参加的刑事案件审判过程中，审判长依据法律规定将案件进行细化分解，制作一定数量的问题，要求陪审团对每个问题作出“是”或“否”的回答，以决定被告人行为是否构成犯罪，及应被判处何种刑罚。[①] 问题列表制度作为技术性手段，几乎无须配套制度，改革成本小，实行效率高，具有较强的实践意义。[②]

笔者以较为严谨的刑事案件为例进行设计。(1)设计时间应为开庭之前，问题列表制度的简单化趋向明显，不会占用法官太多时间造成程序延迟，[③]刑事诉讼中庭前全部移送案卷也为法官庭前设计问题提供充足材料。(2)问题具体设计，可参考《俄罗斯刑事诉讼法典》的规定，可以提出以下三个基本问题：“①行为的发生是否已经得到证明；②该行为人系受审人所实施是否得到证明；③受审人对该行为的实施是否存在罪过。”[④](3)问题列表交给人民陪审员的时间应为开庭后合议前，合议时陪审员按照对列表中事实问题的看法参与合议。

2. 审判长的致辞——《俄罗斯刑事诉讼法》第342条

《俄罗斯刑事诉讼法》第33条规定，陪审团退庭合议前，审判长应做提示，对证据资格、证据证明力、诉讼程序等问题进行必要的说明。可借鉴制定我国的庭审指示制度。一是庭审中发问的提示：“人民陪审员如有疑问，经审判长同意可以随时发问；审判长也可以视情况提示人民陪审员是否发问；在法庭调查结束以前，审判长应当讯问是否需要发问。”二是合议中的提示：“合议时，法官要先科学归纳案件事实争议焦点，提示人民陪审员围绕案件事实认定问题发表意见。法官应作如下提示：涉及的相关法律规定；法庭审查核实的主要证据；证据裁判原则以及非法证据排除原则等；其他陪审员要求提示的内容。”三是审判长还应就表决、判决等程序作出说明。

---

① 施鹏鹏：《陪审制度研究》，中国人民大学出版社2008年版，第119页。
② 李玉华、张思尧、杨亮：《中国特色陪审制度的新发展》，中国政法大学出版社2014年版，第237页。
③ 施鹏鹏：《陪审制研究》，中国人民大学出版社2008年版，第119页。
④ 《俄罗斯联邦刑事诉讼法典》，黄道秀译，中国政法大学出版社2002年版，第233~234页。

3. 特别评议规则——《日本裁判员法》

合议意见分歧处理不明确就不能保障人民陪审员充分参与陪审。如果在事实认定问题上陪审员与法官意见分歧,应当按多数人意见对案件事实作出认定,少数人意见应当写入笔录。当然,使用参审制的国家为慎重起见,对重罪案件确定了特别评议规则。《日本裁判员法》就规定,“合议庭多数意见判定被告有罪时,持多数意见者必须有一名是法官,否则只能按无罪处理”。①

可制定我国的特别评议规则:“对于可能判处无罪、十年以上有期徒刑、无期徒刑或死刑的刑事案件,以及社会影响力巨大的民事、行政案件,合议庭评议案件时,对与事实认定问题,要有过半数的陪审员持相同意见,持多数意见者必须有一名是法官。”

(四)杠杆效用——撬动中国法治建设的杠杆

在欧陆法史中,刑事诉讼的重大变革似乎经常以陪审制的改革为主轴和突破口。有人认为,在我国证据规则不发达、法律适用程序欠缺的背景下,西方国家较为成熟的“事实审”改革经验在我国有时可能是“南橘北枳”的。貌似有理,但却本末倒置。以证据法为例,在陪审团制度几百年的培育下,欧洲证据法于19世纪生根发芽,并长成为参天大树。正是陪审制度的萌芽和发展带动了证据法的发展。②

可预见近3年探索期我国证据规则的制定优化路径:(1)法院为人民陪审员事实认定拟定证据规则;(2)法官对陪审员容易采纳错误证据并分析原因,拟定优化的证据规则,提交立法机关;(3)立法机关确立证据规则,构成证据法的主要内容。如果法官们不懂证据法,无法指引陪审团去正确地认识事实和证据,陪审团就无法正确地判断事实。所以,在颁布证据法典之后,必须对法官们进行培训和教育。由管窥豹,人民陪审制度的深化改革对整个司法改革均有极强的辐射效力,是撬动中国法治建设的杠杆(优化路径见图3)。

---

① 载中国法院网:http://www.chinacourt.org/article/detail/2015/05/id/1633821.shtml,最后访问日期:2015年6月17日。

② 叶自强:《陪审制的分权机制与证据法的发展》,载《北京高院电子论文库》,最后访问日期:2015年7月7日。

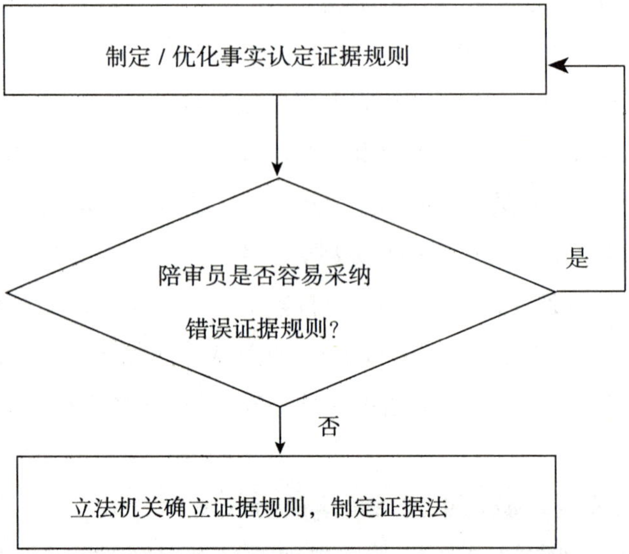

图 3　证据规则制定优化路径

五、结语

“君子，和而不同”是对探索改革中的纷杂现象的哲理阐释。要在“和”中把握改革的方向，坚持符合国情和遵循司法规律相结合，不做“中看不中用”的花样文章。更要在“不同”中经历从特殊到一般、从一般到特殊的探索规律，不断探索总结成功经验，推进“事实审”与“法律审”分离机制改革的健康有序发展。

共识的艺术:现代公共关系视角下法官正名制度构建

程新桐[*]

内容摘要:当前网络上对法官侮辱诽谤的现象频发,严重损害法院的司法权威与公信力,也导致法官尊荣感的缺失。目前法院为法官正名的方式存在信息传递滞后、处理方式简单、媒体效果偏轨、后续策划缺位等弊端,而造成法官正名制度运行不畅的根本原因是以公众与法院建立"理性共识"为根基的司法公信力缺失,因此应当以现代公共关系理论为视角具体构建法官正名制度。其一,将"重建共识"作为法官正名制度的基本原则;其二,围绕"共识"与"沟通"构建法官正名制度的具体规则,包括信息传递及时、分类设置议程、与媒体共舞、策划后续事件等方面;其三,从主体、发现、甄别、启动、澄清、追究、外部联动等程序对法官正名制度进行全方位的体系化搭建。

关键词:现代公共关系　司法公信力　法官正名　制度构建

子曰:名不正,则言不顺。言不顺,则事不成。

——《论语》

引　言

当前,网络上对法官侮辱诽谤的现象频发,严重损害了法院的司法权威与公信力,也导致法官尊荣感的缺失。2017 年 2 月出台的《人民法院落实〈保护司法

---

* 北京市东城区人民法院民七庭助理审判员。

人员依法履行法定职责规定〉的实施办法》第 13 条[①]对此现象进行了回应,但法院在实践中关于为法官澄清事实、消除不良影响、责任追究等仍存在不同程度的混乱。

因此,本文在司法改革的背景下提出构建科学完整的"法官正名制度",所谓"正名",辨正名分也,其制度内涵指法官因依法履职被利用信息网络等方式[②]实施侮辱诽谤的,其所在法院通过网络或新闻发布会等形式及时澄清事实,消除不良影响,并依法追究相关责任的制度。构建法官正名制度是推进法官职业保障的重要举措,也是完善和落实司法体制综合配套改革的现实要求。本文在剖析现状、分析成因的基础上,以现代公共关系为视角有针对性地探求思维指南与行动路径。

一、现状梳理:法官正名制度的运行分析

笔者选取近年两则正名事件进行考察,并就实践中法官正名制度暴露出的弊端进行分析。

(一)据以研究的事例

1. 律师称被法官殴打事件

2015 年 4 月 12 日,一条题为"北京女律师给全国媒体及律协的求援书"在网络上传播,内容为署名崔某的女律师声称在某基层法院办案过程中遭到法官和法警的殴打,该事件随后引起了媒体和公众的广泛强烈关注,舆论瞬时将矛头纷纷指向法官。市高级人民法院第一时间牵头组成联合调查组,对崔某反映的事件进行调查。4 月 30 日该事件联合调查组召开新闻发布会,公布调查结论:不存在法官、法警殴打崔某情况(见表 1)。

---

① 该条规定:法官因依法履职遭受不实举报、诬告陷害,或者被利用信息网络等方式实施侮辱诽谤,致使名誉受到损害的,其所在人民法院应当通过官方网站、微博、微信公众号或者新闻发布会等形式及时澄清事实,消除不良影响,维护法官良好声誉,并会同有关部门依法追究相关单位或者个人的责任。

② 实践中利用信息网络等方式实施的侮辱诽谤对法官产生的影响较大,易产生舆论热点现象;而通过信访举报进行侮辱诽谤,影响范围主要在法院等机关内部,对法官影响较小;若是在法庭上对法官侮辱诽谤,可直接适用法庭规则,故后两者不在本文讨论范围之内。

表 1　某律师称被法官殴打事件的历次通报内容

时　间	渠　道	内　容
4 月 12 日 18:03	新浪微博、公众号等	崔某发表“北京女律师给全国媒体及律协的求援书”，称在某基层法院办案过程中遭到法官和法警的殴打
4 月 13 日 18:12	新浪微博@通法微言	该基层法院发布《声明》：昨日，我院发现网上出现崔某律师投诉受到我院执行法官及司法警察殴打的信息。我院高度重视，决定成立由纪检监察部门牵头负责的专项调查组，由调查组对崔某律师投诉情况进行全面调查，调查结果将及时公布。在此，我院郑重声明，如查证属实，将严格依法依纪对有关责任人进行严肃处理，绝不姑息。同时，我院也了解到，北京市律师协会对此事高度关注，我院调查情况将及时向市律协进行通报。欢迎媒体及社会各界监督
4 月 15 日 19:36	新浪微博@京法网事	北京市高级人民法院发布《调查进展情况的通报》：4 月 13 日，某基层法院立即成立专项调查组，开展了一系列工作，封存了 4 月 2 日崔某律师来法院办事期间法院内部监控录像和法院干警执法记录仪记录录像，向事发期间相关目击人员了解情况并制作谈话笔录，向公安派出所了解核实崔某律师报案情况。为尽快查明事实真相，确保调查公开、公正、透明，成立由北京市高级人民法院牵头，北京市律师协会、通州区委政法委、通州区公安分局等单位共同参加的联合调查组，对事件进行全面深入调查，调查结果将及时向社会公布。欢迎社会各界进行监督
4 月 30 日 9：07 ~ 10:13	新浪微博@京法网事	北京市高级人民法院连续发布 8 条微博，分别介绍新闻发布会的第一项议程、公布该事件调查结果、联合调查组的工作情况、调查组确认的事实、调查组确认事实的依据、调查组的调查结论、新闻发布会现场播放的监控录像、新闻发布会现场照片及相关的视频截图链接。向社会公布最终的调查结果为：不存在某基层法官赖某殴打崔某和庭长杨某指使法警殴打崔某的情况

从表 1 可以看出，在法官被指打人后，法院 1 天后回应要全面调查，3 天后发布信息告知已展开的调查工作，18 天后公布调查结论。

2. 正在审理阶段的刺死辱母案

2017 年 3 月 24 日，《南方周末》网页版刊登《刺死辱母者》报道，一石激起千层浪，事件在各大网络迅速蔓延。一审法官量刑过重的声音较为突出，也有部分对一审法官出言不逊、侮辱的现象，另有不少网友不满当地公安出警未能阻止恶性事件的发生。济南公安官微在 3 月 26 日 9 时 20 分发布“情感归情感，法律归法律，这是正道！”的文字微博和暗含讽刺的“毛驴怼大巴”图片微博以回应网友，其中图片微博在 26 分钟内被转发 400 余次，评论 1806 条，多为网民愤怒声音。

（二）法官正名制度的运行弊端

通过对上述两则事例进行分析，发现法院为法官正名的方式存在以下弊端：

1. 信息传递滞后：未掌握传播规律而延误正名时机

根据“黄金 24 小时”理论，危机事件发生后，互联网上 2～3 小时后便会出现相关报道，6 小时后多家媒体就会转载该信息，24 小时后网络舆情便会到达峰值。因此，首次被披露的信息将会很大程度影响公众对于事实的认知。① 法院在危机事件发生 24 小时后仅说明成立调查组，在长达 18 天后才公布调查报告，导致媒体为了追求“新闻时效性”，最先向公众呈现了由崔某单方发布的信息，即公众第一时间接收到的就是对法院不利的信息，造成舆论走向背离法院预期，错失为当事法官正名的最佳时机。

同时，根据“管道效应”理论，在“信息管道”中，如果不用官方和正规的信息填充满，空隙的地方会滋生谣言和小道消息。② 在 18 天的“官方信息真空”时期，部分个人或媒体为追求自我利益，借此事件恶意诋毁法院、法官，造成公众在无法分辨真假的情况下，对法院的质疑声日益增强。即使法院日后公布了调查结果，其公信力也被进一步削弱，未能达到有效正名的效果。

2. 处理方式简单：未深度剖析事件而滋生舆论谣言

针对崔某事件，法院本着“事实胜于雄辩”的朴素价值观，只是简单公布涉事的监控视频和调查结果，就事论事地否认“法官打人”的谣言，没有再对此事件发生的背景、原因、谣言酿成的不良后果等对公众进行分析和阐述。对于公众来讲，事实真相仍是管中窥豹、盲人摸象，由此造成事态持续发酵，公众对于崔某的身份及个人背景众说纷纭，认为官方一直未对此进行正面答复的原因复杂，进一步加重了公众对于事实真相的疑虑和对司法行为的怀疑、抨击。后期甚至导致部分舆论走向为崔某的案件被法院一直久拖不执行，崔某情有可原等引发公众同情的趋势。

由此可以看出，法院整体应对方式欠缺对于社会环境及深层矛盾的把握，处理方式仍趋于简单化，在时机已经错过的情况下，未能深度剖析案件扭转局势，反而因回复不够深入全面，导致公众不理解、情绪与举报人共情，没能从根本上扭转此次事件对法院、法官造成的负面影响。

---

① 禹爱民、李明耀：《互联网时代下如何面对舆情危机》，载《人民法院报》2015 年 11 月 20 日。

② 唐钧：《应急管理与危机公关》，中国人民大学出版社 2012 年版，第 147 页。

3. 媒体效果偏轨：未正确使用传媒而导致矛盾激化

事例二中济南公安虽然不是法院，但同为司法系统，济南公安的表态仍有可分析之处。济南公安没有运用好媒体工具，在新浪微博的两次表态是官方话语失败的典型代表。一方面，在还没有得出官方调查结论的情况下就发表意见，表面上对公众舆论进行积极回应，实际上不做任何实质内容方面的推进和沟通；另一方面，用讽刺、训斥的口吻批评公众，属于典型的自上而下灌输式、压迫式的"官味"表达，最后，公众舆论不仅没有被官方话语"带节奏"，反而是官方"自乱阵脚"，双方矛盾激化。

4. 后续策划缺位：未对内外追责而引起公众不满

对内问责方面，虽然法官正名制度是建立在法官依法履职、被不实举报的前提下，但客观上，法官遭受举报后，法院只有经过调查才能确认法官是否依法履职，从而确定是否为法官正名。如果法官确实违法违纪，此时也应当对公众有所回应，避免后期依法履职的法官受到无故牵连。但目前法院对法官的处罚多局限在法院内部，笔者考虑可能是部分法院仍没有适应信息网络时代的节奏，认为对于"害群之马"应作为"家丑"习惯性隐藏。因此导致法院经过调查发现举报属实后，对法官问责过程本身是否纳入正名制度存在困惑。

对外追责方面，当法官因依法履职遭受不实举报时，对造谣、诬告陷害的举报人如何追责也存在制度缺位。在崔某事件中，最后关于崔某造谣法官打人一事也不了了之，崔某因为此事未承担任何法律责任。对此，相当多的法官、网民对此也反应强烈，要求对造谣者追责惩戒。

二、法理透视：公众与法院共识缺失的逻辑

通过梳理，我们发现造成上述情况最根本的原因是司法公信力的缺失。那么为何在法院、法官公正裁判的情况下，公众仍普遍不信任法院及法官行为？笔者认为，这是因为公众与法院之间没有达成"理性共识"，缺乏信任的基础。

（一）理性共识：司法公信力的基石

根据哈贝马斯的"理性共识"理论，当社会进入信息高速增长的时代，公众与法院之间形成一个"公共领域"，我们称为"无形的沟通平台"。公众乐于和善于参与此平台不是要瓜分法官或法院的审判权力，而是要改变权力的基础，即在该平台上对法官或法院的审判权力进行监督。一旦热门案件出现，公众在这个平台上就他们共同关心的问题展开自由讨论，从而保护他们的私人利益。在理想的沟通状

态下,法院、法官也会成为此平台的重要参与者,和公众一起就客观事实在此平台上经过大量的、真诚的沟通和争论,最后一定会达成“理性的共识”,这种共识是公众和法院都认可的价值和行为模式,会增强公众和法院之间的信任感和凝聚力,从而增强司法公信力。

(二)原因剖析:公众与法院共识缺失的三重因素

而现实生活中,此种共识是严重缺失的,公众不理解法院的价值和行为,法院也困顿于如何解析公众的负面冲击,那么为何会出现这种状况呢?笔者认为有如下原因:

1. 公众内部共识缺失:信息流通促使个人价值观多元化

哈贝马斯认为,社会的现代化过程就是个人理性化的过程。随着移动互联网技术的发展,信息传播速度获得革命式地提升,传播途径也多元化。之前被公众共识的某种价值观或理念因为社会形态的不同,被认为只是个人主观选择,而不同的人选择不同的价值作为行为理性或者道德的依据,由此形成了现代多元化的生活世界,也使公众个体之间共识的达成越来越难。公众一方面被紧紧吸入网络、嵌入关系,被动形成多个意识“群体”;而另一方面个体之间由于越来越剧烈的信息轰炸,导致每个个体愈加趋向独立、孤立。过多的自我意识、自我决策,冲击着群体一致性的形成,个体之间的认同就成为一件难事。① 公众内部都无法形成共识的前提下,公众与法院达成共识的可能性被客观降低。

2. 公众与法院共识缺失:“利益互惠”冲击“权威崇拜”

信息在重塑个体理性的同时也加强了个体的“自我认同感”,个体在经济生活中开始更习惯将“利益自我化”,更关注个人利益的明确和保护。日益增强的“自我认同感”使得公众不再依赖权威崇拜,而是依赖一些已经通过有效沟通达成的“共识”,诸如沟通的预设、论证程序以及抽象的基本价值理念等。这些先验的“共识”增加了民众独立判断的能力,使以法律为代表的传统规范的强制力受到质疑。而“利益自我化”的驱使下,公众的自我权利意识觉醒,他们更期望通过对客观事实的多次剖析,清晰地判断出私人利益在这些事实中是如何呈现的,以及通过“无形的沟通平台”达到私人利益与公共权力的互惠,以此来形成新的、微缩化的社会契约。

---

① 李晓辉:《信息权利研究》,知识产权出版社2006年版,第175~177页。

3. 公众与法院话语体系不同:沟通隔阂降低说理有效性

法院与公众之前的沟通一直处于“亚健康”状态,虽然法院通过信息公开、多渠道宣传等方式与公众进行“主动沟通”,但效果是可见的“糟糕”。原因在于法院传统话语体系仍以宣传为主体思路,而宣传不仅是一种公共话语,更是一种统治者与被统治者的联系,是一种自上而下的命令与灌输式话语,不以说理、论辩、沟通为目的。这样的公众话语体系与期待进行沟通并达成“共识”的欲望显然存在冲突。公众对法院或法官行为是没有预设任何理想的目标的。根据哈贝马斯的商谈理论,对公众来说,只要按照合理的程序进行商谈,其所得到的结果就是正义的。然而,当法院为法官进行正名时,仍带着诸如“普法”“宣传”等任务的色彩通过媒介向社会单向传输法律信息完成时,双方即产生了不可调和的冲突。哈贝马斯曾警告:如果只是满足自己欲望而去沟通,这便不是沟通行为。① 这种“非沟通行为”导致部分公众对此的不满投射到法官身上,进而对司法权威性和公信力缺乏认同感,令认同、尊重司法的社会氛围单薄。当公众不认可法官是司法权威的具象体现,并进而诋毁或妄加评议,法官也无法感受到自身身份所带来的尊荣感,笔者认为这是法官正名制度运行效果差强人意的根本原因。

(三)准确识途:“现代公共关系理论”的镜鉴

笔者认为,解铃还须系铃人,既然是公众与法院关系出现了碰撞,那么理应借鉴现代公共关系理论对法官正名制度进行审视。

1. 现代公共关系理论“核心技术”的引入

1952 年公关之父伯内斯将现代公共关系定义为:(1)告知公众信息;(2)说服以改变公众态度和行为;(3)整合组织与公众之间态度和行为的努力。② 他主张建立组织与公众之间的“双行道”,彼此适应,相互调整,以说服代替压服,形塑价值共识,促进公共之善。现代公共关系理论运用了传播学、舆论学、社会心理学、经济学和政治学等诸多技巧,核心技术包括信息传递、议程设置、策划事件、与媒体共舞等(见图 1)。

2. 现代公共关系理论与法官正名制度相容性分析

法官正名制度本质上属于法院维护法官名誉的制度保障,作为个体的法官名誉的生成土壤必然是依托在司法荣誉范畴之内。而司法荣誉的产生是司法公信力

① [德]哈贝马斯:《在事实与规范之间:关于法律和民主治国的商谈理论》,童世骏译,生活·读书·新知三联书店 2011 年版,第 282 页。

② [美]爱德华·L. 伯内斯:《舆论的结晶》,胡百精、董晨宇等译,中国传媒大学出版社 2014 年版,第 59 页。

图1　现代公共关系核心技术

不足的环境使然，公众与司法之间的和谐共进关系构成了司法公信力的内核。[①]正是由于目前司法公信力不足，扭转司法公信力孱弱的现状便成为法官正名制度构建的逻辑起源。

为了促使公众与法院之间和谐共进，现代公共关系作为理论工具便脱颖而出。现代公共关系能够为法官正名制度提供更为开放合理的逻辑链条和科学的行动指南，即在为法官正名的过程中，更加主动地告知公众关于法院的信息，以更为平等开放包容的姿态说服公众，努力协调、平衡公众与司法之间的利益，重建共识，进而最终促进社会公平正义、保障人民合法权益的战略目标。

三、进路探寻：现代公共关系视角下法官正名制度具体构建

鉴于上述分析，构建法官正名制度的路径在于：以重建公众与法院之间的共识为价值走向，用科学的现代公共关系理论，设计一套法官正名制度。

（一）重建共识：法官正名制度之原则

利益互惠和价值契合，这是现代公共关系的基本理念。哈贝马斯同样认为，解决现代社会的分歧在于人与人之间达成沟通理解，从而使社会重新建立共识。换言之，就是要达成公众与法院在思想和行动上的共识。赢得公众的信任是法院发挥司法功能的重要条件。如何建立这种社会信任呢？除了任命德才兼备的法官外，还必须建立法官正名制度与公众进行有关法院工作的理性沟通。

关于重建共识原则本身，笔者认为应包括司法公开与沟通对话两方面要求。

1. 司法公开：保障公民知情权

边沁在19世纪就曾批评过当时英国的司法秘密状态：没有公开，就没有正义。

---

① 李广德：《司法荣誉制度的法理逻辑与作用机制》，载《政法论坛》2018年第1期。

公开使司法处于公民的监督之下，从而能够斩击司法不公，维护司法正义。公民知情权是民主和法治的必然要求。知情权能够保障信息被便捷地获得、有效地控制，因此成为保障程序公开的必要手段。法律作为一种最典型的公众信息必须是公开的。那么知晓法律规定的执行情况就是社会主体的一种权利。① 因此，为法官正名的最佳方式，就是在网络上分享信息，即司法公开。司法公开有力揭开司法神秘主义面纱，是接受民意检验与舆论监督的制度保障，有利于公众感知法官在司法过程中的理性与智慧，形成尊重司法与法官的良好法治环境。

2. 沟通对话：培育权利商谈技术

信息社会下，人们之间的凝聚力是通过说服对方，并可能被对方所说服而达成的一种妥协。总而言之，是要培养一种能够在沟通、商谈和交流中说服他人以达成一致的权利商谈技术。对话的过程是平等的，依靠的是理论和逻辑的力量，而不是权威的压迫和权力的征服。论证是一个逻辑的过程，它旨在说理，并通过说理说服人，使人在意识上达到与制度的协调。在这个过程中，可进行价值宣传，努力让他人认同自己的观念。② 公众在网络上选择合适的信息沟通方式表达司法意见参与公共政治，进而在公共领域形成一种主流的司法民意，随着商谈民主程序在司法领域的普及，司法逐步将民意纳入公共理性的构建中，进而通过商谈民主程序树立司法的确定性和有效性。因此，在为法官正名的过程中，应当贯彻权利商谈技术，通过充分平等的对话实现民意与司法理性的互动融合。

(二) 优化整合：法官正名制度之规则

1. 信息传递及时：重视正名时机与数量

现代公共关系理论中的信息传递是指建诸高度发达的信息、分析和自我意识体系之上的治理，强调依靠信息传播进行公众对话。根据传播学理论中的“谣言公式”——谣言 = 事件的重要性 × 事件的模糊性，只有法院传播的信息越多，事件的模糊性就越下降，事件的重要性同时也凸显出来，这样一来谣言便不攻自破。所以，关于正名时机，召开新闻发布会要越快越好，只有第一时间传递，才能阻击谣言，引领舆论。关于正名数量，信息传递要做到时时可控，保证阶梯式、递进式的发布与传播，形成实时更新、信息密集。一般可以天为单位，紧急重大正名事件甚至以小时为单位进行信息发布（见表2）。总之，每次新闻发布会也好，最新的情况通

① 李晓辉：《信息权利研究》，知识产权出版社2006年版，第88页。

② 李晓辉：《信息权利研究》，知识产权出版社2006年版，第180～182页。

报也好,要做到信息的更新、深度上、广度上的不断深入,从而引导公众逐步消除高度的不确定性。在崔某称被法官殴打事件中,只有法院第一时间传递消息、公布视频,才能彰显法院的公正,打消公众疑虑。

表 2　2013 年美国波士顿爆炸案官方传递信息频率列表

4 月 15 日 14:50	马拉松赛现场发生连环炸弹袭击
2 小时后	警方召开发布会宣布逮捕一名嫌疑人,其在爆炸中烧伤,被医院控制和治疗中
3 小时后	总统奥巴马发布全国电视讲话,发誓全力追缉凶手;并致电当地市长、州长表达慰问
当天	美国国会大厦降半旗悼念死难者
4 月 16 日上午	FBI 发言人宣布发现嫌犯指纹、毛发等证据
4 月 18 日	FBI 举行新闻发布会,公布嫌犯照片
4 月 19 日	发布信息称美国警方已抓捕嫌犯,嫌犯已身亡

2. 分类设置议程:打出正名组合拳

当所有媒介日复一日地重复某个话题,这条信息的重要性便凸显出来,即新闻媒介在很大程度上设置了公众议程(见图 2)。议程设置理论描述和解释了新闻媒介在当今多数重要议题上对建立共识的作用。① 议程设置是公共关系工作的重要组成部分。为了迎合公众的兴趣,媒体总是挑选最新鲜有趣的话题进行报道,当法官处于媒体报道的浪尖上时,法院善用多种媒介途径将正名意图传递给公众既是机遇也是挑战。笔者结合司法职业特点,认为应区分法官卷入舆论的原因而分类设置议程。

图 2　大众媒介的议程设置作用

---

① ［美］马克斯韦尔·麦库姆斯:《议程设置:大众媒介与舆论》(第 2 版),郭镇之、徐培喜译,北京大学出版社 2018 年版,第 5、51 页。

第一,针对法官自身的侮辱诽谤,法院应设置“正面”信息议程。比如材料一中法官被指打人,法院仅简单否认谣言无效,可行的方案是要给公众正面信息。在官方调查长达十八天之久的真相空白期时,可以公布崔某当天去找执行法官所要解决的执行案件情况等背景信息,以让公众对产生争端的起因有所了解。具体做法上,可以针对崔某的执行案件进行深入浅出式的、配合图片等的背景介绍,告诉关心崔某的公众关于执行案件中的知识点,比如影响执行周期长的几种因素、法院关于执行手段的完善等,既解释了法院没有故意不执行,也就法院解决执行难的努力和成果进行了社会沟通。还可以整理法院近年来在为律师诉讼提供便利方面的措施,形塑社会上对法官与律师作为司法共同体的认同感。总之,借助热点事件,沟通效果会更好。

第二,针对法官因在审案件而遭受的侮辱诽谤,法院应设置议程将公众关注点引导到案件本身。比如事例二正在审理阶段的刺死辱母案,正名的难点在于如何平衡为法官正名与确保审判独立之间的关系,如何保证司法不受民意的扰动。面对方兴未艾的信息革命,法官真的应当因为正在审理的案件而在网络上发声吗?笔者认为不尽然,法官对于审判结果引起的民意反馈应负有容忍义务,只要没有造成明显的损害,不应贸然为法官正名,而是智慧地疏解公众负面情绪。一审宣判后,近四分之一的舆论认为一审判决不公,对一审法官进行辱骂(见图3)。

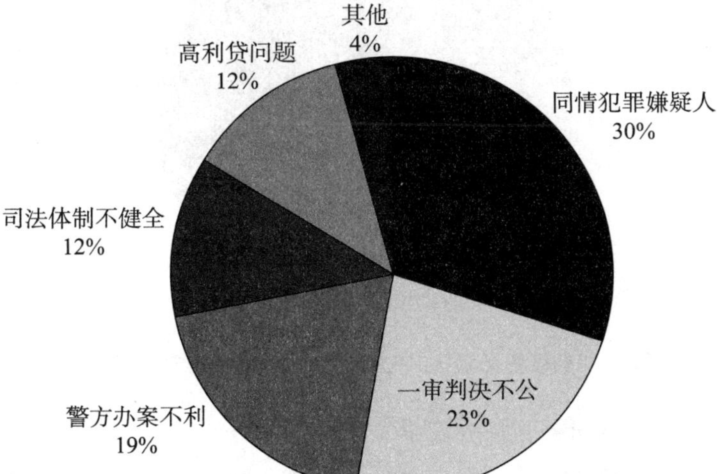

图3　“刺死辱母案”一审宣判后相关舆论观点所占比例

在舆论发酵期间,法院并没有急着为法官在网络上与网民争辩,而是与其他司法机关相继传递各种信息将公众关注点引导到案件本身(见表3),特别是二审的微博直播,把引发舆论热议的更多案件细节展现在公众面前,消除了一段时间以来的公众疑虑,让公众对案件的关注走入法治轨道,最后成功将对一审法官的关注热点降到最低(见图4)。

表3 法院等各方主体关于议程上的设置举措

法院	3月26日披露案情,公布合议庭成员
	5月27日二审开庭时,山东高院微博进行图文直播
	6月23日二审宣判时,山东高院微博直播宣判过程
检察院	3月最高检派员赴山东全面审查案件
	3月山东省检察院表态全面审查
公安	3月26日山东省公安厅对民警行为、案件办理情况核查
	5月23日至26日聊城警方通报打掉涉案黑社会犯罪团伙、苏某涉嫌非法吸收公众存款案成功破获

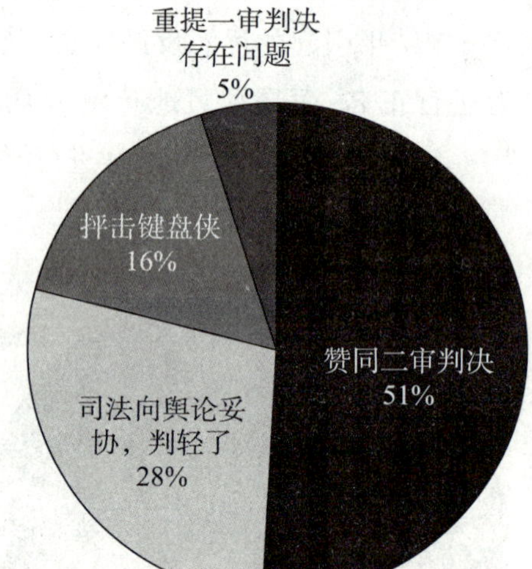

图4 "刺死辱母案"二审宣判后相关舆论观点所占比例

3.与媒体共舞:运用妙词讲好故事

哈贝马斯将新闻媒介称为社会公器,是全体公民参与公共事务讨论的阵地,在现代国家的公共领域中具有相当重要的地位。现代公共关系理论希望借助主流媒体(包括传统媒体和新媒体)来引导公众思考法院所面临的问题。因为仅通过司法公开,公众对于法院运行状况仍然一知半解,"门外汉"不可能像"行家"一般精读法院的裁判文书,即使法院在自己网站上迅速发表意见时,公众仍要依靠记者获得专业角度以外的通俗信息。这正是媒体发挥关键作用的地方,它俨然成为法院及其所服务人群之间的"中间人"。

第一,帮助媒体知晓法院日常运作情况及法官履职行为。为了保障报道的精确性,最高院可以定期召开记者招待会,研究如何完善报道方式、增强报道效果。可以借鉴加拿大法院新闻发言人通过主题词、注释等方式来总结裁判要点帮助记者准确报道,甚至在法院公布裁判前提前向记者提供有关信息,方便记者及时吃透材料。

第二,善于借助媒体讲好通俗故事。媒体擅长将信息进行加工和包装,处于浩瀚的信息汪洋之中,经过精心设计的视觉信息脱颖而出,成功影响人们的态度行为,且发生在潜意识层面,我们将之称为隐形说服力。要想将存在差异的公众进行整合,就必须找到所有群体中最重要的共同因素。比如,简单生动的海报、唤起人类共同心性中的最基本诉求:忠诚、公平、爱国。① 妙词技术可以让人感到安全、幸福、福祉、平等、自由、公平等更积极的感觉,这与人类对归属、安全、自尊、自主的需求相关,使用妙词能激发群众的特点需求②。因此,在为法官正名的杂志文章、媒体报道、微博公众号的内容里,可以配有生动有趣的插图,打造体验式、娱乐式、对话式的正名产品。

4. 策划后续事件:对追责机制进行补位

现代公共关系理论的策划事件是指,通过策划事件而制造新闻,新闻将会引出一种大众需求,这种需要与要推销的某种产品或潮流相契合。具体到法官正名制度,策划事件的目的只能是培育司法公信力,引导公众信任司法,建立司法公正的价值共识。因此,法官正名制度不能仅止于澄清事实,只有追究相关责任人才能达到消除不良影响、维护司法公信的正名目的。

对内问责方面,法官是代表国家和法院行使审判权的审判人员,代表的是国家法治和司法权威。法官应当具备独立、公正、正直、廉洁等职业品质。所以,当法官因违纪违法遭受如实举报,应当对其进行责任追究,且追究过程本身应纳入正名程序一并对外进行通报,譬如 2017 年永州"七错裁判文书"涉事法官被问责并向全社

① [美]爱德华·L. 伯内斯:《舆论的结晶》,胡百精、董晨宇等译,中国传媒大学出版社 2014 年版,第 130 ~ 133 页。

② [德]Marc Andrews 等:《隐形说服力:让你甘心掏钱的广告心理学》,蒲琮文译,旗标出版社 2016 年版,第 118 页。

会通报该后续事件。

对外追责方面,如果举报不实,则应根据侵权情节、后果轻重追究不实举报人相应的行政、民事或刑事责任。当然,为了确保公民敢于行使言论自由与社会监督权力,这种追责的启动必须以情节恶劣、造成较严重后果为前提,且应当经过严格的审批程序。但是,为了确保权利义务相统一,法院不能不追责,否则对于社会风气的净化不能起到导向作用,也会影响法官队伍的士气。

(三)科学运行:法官正名制度之程序

行文至此,问题尚未圆满解决。为了让法官正名制度真正落地,笔者尝试从体系化的角度整合上述具体规则,设计一套法官正名程序。

首先,关于法官正名组织,笔者结合《人民法院落实〈保护司法人员依法履行法定职责规定〉的实施办法》第9条关于法官权益保障委员会的人员构成、职能定位的规定,建议法官正名组织设在法官权益保障委员会下面,由院领导、新闻宣传部门及纪检监察部门代表和若干法官代表组成,其中应包括新闻发言人、网络评阅员、自媒体管理员、网站编辑员、法院意见领袖、业务庭通讯员和媒体专家咨询委员会等,定期加强专业队伍培训。

第一步,发现。各级法官正名组织成员利用信息化手段建立舆情监测机制,发现网络上出现法官名誉受损的舆情后,应当第一时间向本院及高院新闻宣传部门汇报,并填写《敏感、重大案(事)件舆情报告单》。

第二步,甄别。主要包括区分针对法官自身的侮辱诽谤和法官因在审案件而卷入舆论两种情况以及舆情等级划分等。

第三步,启动。根据舆情等级,当引起社会关注面大、传播速度快、对法官和法院形象可能造成较大不利影响的,立刻启动正名程序;反之不启动。

第四步,澄清。经过法院纪检监察部门调查后,发现构成侮辱诽谤的,按照预案演练程序,压缩请示汇报时间,第一时间通过官方网站、微博、微信公众号或者新闻发布会等形式向社会传递信息,保证信息阶梯式、递进式的发布。关于澄清内容,针对法官自身的侮辱诽谤,应深入分析争端起因,正面回应社会疑问;针对法官因在审案件而遭受的侮辱诽谤,发布的信息应将公众关注点引导到案件本身,但应注意不对在审案件发表个人意见或评论。

第五步,追责。为了消除不良影响,经过法院纪检监察部门调查后,若举报属实的,应当依法处罚涉事法官并向社会通报;若构成侮辱诽谤且情节恶劣、社会影响较大或造成不利后果的,则应当经过高院法官正名组织批准后对责任人进行追责。

最后,法官正名组织应建立外部联动机制。第一,法官正名组织应与公安机关、新闻主管、网络监管等部门建立与法官依法履职保护相关的预警、应急和联动机制;第二,还应与新闻媒体定期召开会议,善用媒体资源和技术。

四、结语

在公共领域的舞台上,法官正名制度正是这样一门让法院与公众作为参与者通过媒介重建共识而凝聚共舞的艺术。它是在我国司法改革背景下,一项旨在健全完善法官依法履行法定职责保护机制、提升法官尊荣感的微观改革。本文着眼于借助现代公共关系理论构建法官正名制度,从基本原则、具体规则及运行程序等方面对法官正名制度进行设计,以期维护司法权威和公信力。

正确运用“四种形态” 深化“两个责任”落实

——以东城法院落实“两个责任”为考量

孟德英*　庞　建**　薛莎莎***

内容摘要：“落实党风廉政建设责任制，党委负主体责任，纪委负监督责任”，这是中央根据党风廉政建设和反腐败工作形势任务提出的新要求，也是推进该项工作的重要抓手。为全面从严治党，加强“两个责任”的落实，中央进一步提出把“四种形态”运用在监督执纪的全过程。本文从分析监督执纪“四种形态”的内涵和意义入手，结合近两年东城法院运用监督执纪“四种形态”落实“两个责任”工作情况，对运用“四种形态”工作开展中存在的问题和面临的困难进行客观剖析，并从努力实现主体责任和监督责任相统一相促进、创新和拓展固有的执纪方式和监督举措、加强纪检监察干部素质建设等方面提出完善建议。

关键词：两个责任　监督执纪　四种形态

一、监督执纪“四种形态”的内涵和意义

“党内关系要正常化，批评和自我批评要经常开展，让咬耳扯袖、红脸出汗成为常态……”2015年9月，王岐山同志在福建调研时提出监督执纪“四种形态”，为把纪律和规矩挺在前面提供了实现路径。党的十八届六中全会审议通过的《中国共产党党内监督条例》第7条对“四种形态”重新进行了定义，提出党内监督必须把纪律挺在前面，运用监督执纪“四种形态”，经常开展批评和自我批评、约谈函询，让“红红脸、出出汗”成为常态；党纪轻处分、组织调整成为违纪处理的大多数；党纪重处分、重大职务调整的成为少数；严重违纪涉嫌违法立案审查的成为极少数。

---

* 北京市东城区人民法院党组成员、纪检组组长。

** 北京市东城区人民法院监察室副主任。

*** 北京市东城区人民法院监察室法官。

这是党内监督必须把纪律挺在前面的具体化。习近平总书记在党的十九大报告中提出“坚持惩前毖后、治病救人,运用监督执纪‘四种形态’,抓早抓小、防微杜渐。”党的十九大审议通过的《中国共产党党章》(修正案)在“党的纪律”部分新增“运用监督执纪‘四种形态’,让‘红红脸、出出汗’成为常态,党纪处分、组织调整成为管党治党的重要手段”。监督执纪“四种形态”的重要性在党的纲领性文件和党的根本大法中再一次得到体现。

(一)“四种形态”体现全面从严治党战略思维

监督执纪“四种形态”是对党的十八大以来党风廉政建设实践经验的科学总结,是着眼于落实全面从严治党作出的战略部署。反映了以习近平同志为核心的党中央对管党治党规律的深刻把握,体现了中央反腐败纲举目张、分类施策、逐级递进、统筹推进的战略考量。“四种形态”实立足于“从严”和“全面”的有机统一,既注重全面的“严”,执纪必严,用严明的纪律关注大多数,又注重执纪的“全”,不仅对“少数、极极少数”重拳出击,而且对“大多数”常态教育。

(二)“四种形态”为落实“两个责任”标明路径

监督执纪“四种形态”是“两个责任”在纪律建设中的具体体现。党委要把运用监督执纪“四种形态”作为落实主体责任的重要方式,作为爱护干部的必要手段,支持纪委开展工作。纪委监督责任是保障,纪委要落实全面从严治党的监督责任,更需要自身战线前移、主动作为,把运用“四种形态”作为落实监督责任的检验标杆,聚焦主业严肃执纪问责,为党委主体责任的落实提供坚强的保障。

(三)“四种形态”是一个逻辑严密而辩证的体系

落实“四种形态”,用好第一种形态是关键。第一种形态是后三种形态的基础,只有把党内政治生活严肃起来,在咬耳扯袖、红脸出汗常态化中让监督无处不在,才能防止党员破纪进而破法,夯实全面从严治党基础。强调用好第一种形态绝不意味着放松后三种形态。后三种形态是第一种形态的保障,不放松后三种形态尤其是第四种形态,坚决查处严重违纪涉嫌违法的党员,有利于彰显党纪国法的严肃性,强化震慑、不敢的氛围。同时第一种形态还可以与后三种形态特别是第二种形态相互转化,如用第一种形态对党员干部进行批评教育、谈话函询过程中,发现有违纪甚至违法现象的,则必须向后三种形态转化;对党的十八大以后依然不收敛不收手、不知耻不知止的,应转化为下一种形态从严从重加以处理。

二、东城法院近两年落实“两个责任”运用“四种形态”基本情况

东城法院为认真贯彻落实党的十八大以来有关党风廉政建设和反腐败各项会议精神,近年来不断强化主体责任意识和监督责任意识,积极践行监督执纪“四种形态”职责,确保党风廉政建设和反腐败工作任务落实落细。

(一)创新体制机制,织密制度笼子,让责任落实制度化

一是明确内容,构建全方位责任落实体系。抓住领导干部这个关键,通过班子成员集中学习中央、市委、市高院、区委等各级关于“两个责任”的文件精神,增强领导班子成员责任意识。及时召开党组会认真贯彻落实上级机关的部署要求,研究制定本院党风廉政建设工作计划、目标要求和具体措施。结合工作实际制定《关于全面落实党风廉政建设主体责任和监督责任的实施细则》和《党风廉政建设主体责任和监督责任责任清单》,进一步明确责任内容,督促领导干部担责、尽责。分别制定党组其他成员、各支部落实党风廉政建设责任书,由院党组书记、院长亲自与党组成员、支部负责人签订责任书。同时下发履行主体责任情况记录本,把压力层层传导到位,确保党组织内主体责任的层层落实。

二是完善制度,建立“不能腐”制度体系。创新惩治和预防腐败工作机制,探索建立加强法院审判权运行监督的“三项机制”:快速解决当事人反映问题并通报情况工作机制,及时化解矛盾纠纷;聚焦突出问题主动调查工作机制和介入重要事件调查并通报情况工作机制,加大对涉嫌违纪问题、舆情事件的监督查处力度。严格落实建立领导干部干预司法活动、插手具体案件处理的记录、通报和责任追究制度,结合集中整治“三案”问题活动出台《关于严禁插手过问他人办理案件的规定》《关于严禁泄露审判工作秘密的规定》两项制度,用制度约束行为,设立不能触碰的纪律红线,最大限度地压缩“三案”的形成空间。出台《关于过问案件卷宗留痕的工作办法(试行)》,对《关于严禁插手过问他人办理案件的规定》进一步细化和补充,重点对院庭长过问案件进行严格规范,明确过问案件卷宗留痕的具体要求。同时制定出台《关于合议庭工作的规则(试行)》《关于院庭长监督指导审理案件的规定(试行)》两项规定,并根据北京市高级人民法院出台的“四项制度”①对相关规定进行修订、细化和补充,制定相关“补充意见”。上述规定共同构成规范审判权

① 北京市高级人民法院“四项制度”是指《关于建立专业法官会议制度的意见》《关于院长、庭长办案工作的规定》《关于院长、庭长审判管理监督权责清单的规定》《关于完善审判委员会工作规则的意见》。

运行系列制度，成为东城法院推进司法改革、落实“两个责任”的制度体系。

三是细化规定，夯实内部管理基础。严肃工作纪律，制定修订多项院内管理制度，从考勤、着装、就餐等多角度强调工作纪律，将日常监督管理精细化。严格考核奖惩，制定《关于聘用制审判辅助人员解聘的工作细则》《关于审务督察工作考核规则（试行）》《纪检监察信访举报考核规则（试行）》，进一步明确工作纪律要求，强化干警责任意识、纪律意识。加强因私出国（境）管理工作，严格考核中层以上领导干部因公（私）离京外出请销假报批、备案手续，对领导干部和广大干警执行党的民主集中制及党内生活制度、请示报告制度等情况严格管理，确保干警队伍严格执行“铁规铁纪”。严格执行公务接待、公务出差、报销审批制度，出台《公务接待用餐管理办法》，对接待范围、审批流程、接待标准进行严格控制；出台《公务车管理办法（试行）》对公车使用、外出报批、财务报销、封存等问题做出严格规定，驰而不息纠正“四风”。

（二）加强监督提醒，注重抓早抓小，让第一种形态常态化

一是在抓“前”上下功夫，做到自警自省。将严明党的政治纪律和政治规矩作为工作重点，通过召开党风廉政建设大会、队伍建设大会，印发文件等形式多次在全院范围内强调严明政治纪律和政治规矩的重要性。组织全院各部门及时传达学习贯彻《中国共产党廉洁自律准则》《中国共产党纪律处分条例》《中国共产党问责条例》等党内新规，增强干警的政治觉悟和纪律意识。在全院范围内开展各种专项警示教育，通过“人情案、关系案、金钱案”“借公务之名旅游和严禁在公务活动中赠送或接受礼品等问题”的整治，以及“公车私用清理整顿”“为官不为、为官乱为问题专项治理”“严肃查处群众身边的不正之风和腐败问题”等活动引导干警讲规矩、守纪律、明底线，凝聚知纪、懂纪、遵纪、守纪共识。通过节日期间发送廉政提示、院网首页醒目位置推出反腐倡廉时讯专栏“警钟”、组织新任职领导干部廉政考试和参观反腐倡廉教育基地、组织新录用研究生开展岗前廉政教育、组织学习《廉政提示手册》等活动，不断强化干警的自律意识，让思想自觉引导行动自觉、让行动自觉深化思想自觉，促使党员干部强化自我监督，把他律要求转化为内在追求，校准思想之标，调整行为之舵，绷紧作风之弦，“见贤思齐，见不贤而内自省”。

二是在抓“早”上下功夫，做到动辄则咎。党组织对党员干部身上存在的问题早发现、早提醒、早处置，防止把小问题拖成大问题，是对干警最大的关心爱护。东城法院通过探索建立“快速反应并通报、介入调查并通报、聚焦突出问题并通报”三项机制，推动了监督关口前移，将从举报投诉信件、舆情反应事件等渠道发现的

问题线索，主动介入调查，对发现的问题进行通报，实现防控式监督。对干警涉嫌违反审判纪律和工作纪律问题，及其他公共事件介入调查，全面核查问题和事件的起因、经过、责任，分不同情况分别形成纪检监察通报或提出警示性建议。通过召开廉政约谈会议等形式约谈领导干部，通报存在的履职记录、信访投诉、因私出国(境)等方面问题，强化各部门主要负责人党风廉政建设主体责任意识。

三是在抓“小”上下功夫，做到防微杜渐。小洞不补，大洞吃苦。任何违纪违法问题的发生，都是从小问题逐渐发展起来的。东城法院注重延伸监督触角，加强日常监督管理，以明察暗访、专项检查、随机抽查等多种形式经常开展审务督察工作，在春夏季节变换的时间节点，开展着装规范情况专项检查；在重要敏感时期，开展以安全保卫、窗口部门工作作风为重点的审务督察；对开庭规范集中视频抽查，随机抽取考勤情况进行集中检查，对发现的问题及时进行通报。规范举报排查、线索处置等纪检监察工作业务，畅通投诉举报渠道，主动发现案件线索，及时核查、及早处置。凡是反映违纪的问题线索，都纳入处置范围，及时发现苗头性问题。注重对决策管理权的监督，规范干部任用权，监督副科级领导职位竞争上岗、新录用人员面试等工作，举办廉政考试，防止和纠正选人用人上的不正之风。注重对落实公车改革和财务管理制度的监督管理，对公务用车改革落实情况以及财务管理工作进行专项检查，督促查缺补漏，筑牢廉政风险防控堤坝。

(三)盯住关键少数，严格责任追究，让第二、三种形态运用严肃化

一是综合运用重点突破，释放越往后执纪越严的强烈信号。综合运用监督执纪“四种形态”，就要依据不同的违纪情况，采用不同处置方法。在实践“四种形态”过程中，东城法院不仅注重“抓早抓小”，更注重把握好“快查快结”和“处理形式多样化”，综合考量各种情况，依纪依规提出不同种类的纪律适用意见，实现惩处极少数，教育大多数的效果。针对个别中层干部为当事人说情打招呼，不执行卷宗留痕等违反审判纪律的行为，东城法院依据《人民法院工作人员纪律处分条例》分别对3名涉案违纪人员给予了通报批评、警告和记过处分。对干警习以为常的说情打招呼行为，以及对卷宗留痕制度缺乏足够重视问题的严肃处理，释放了越往后执纪越严、处理越重的强烈信号，促使全面从严治党、从严治院的精神得到落实。

二是剑指问题深度发力，昭示新阶段全面从严治党的决心。运用监督执纪“四种形态”，东城法院坚持纪法分开、纪严于法，加大纪律审查力度，用党规党纪衡量党员干部的行为，体现纪律思维和执纪特色，实现由只查违法、盯大案向动辄则咎、盯违纪的转变。同时坚持以纪律为尺子，以事实为依据，坚持惩戒与教育相结合，

做到不偏不倚、不枉不纵。针对一名违反生活纪律的法官,给予行政降级及党内严重警告处分,并在全院开展针对性警示教育活动,对违纪案例进行通报,在通报中分析发生违纪问题的主要原因以及应当汲取的教训,要求干警结合案例,重新学习《中国共产党纪律处分条例》《人民法院工作人员处分条例》等纪律规定,对纪律心存敬畏,把纪律规矩刻印在心里,真正做到明底线、知边界。

三是正面交锋敢"啃硬骨头",体现严格执纪的高压态势。监督执纪"四种形态"是为了惩前毖后、治病救人,需要以纪律为尺,做到宽严相济、分类施治。东城法院在处理违纪案件时,坚持把纪律挺在前面,根据违纪人的不同违纪事实"对症下药",努力达到惩处极少数、教育大多数的效果。同时审慎把握"四种形态"之间的转化,严格遵守各形态转化的前提和条件,对态度恶劣、毫无认错、悔错、改错态度的违纪人员,坚持严格执纪高压态势。在立案审查一起违纪案件中,违纪人员始终没有摆正自己的位置,在历次调查谈话中不仅以法官开庭的姿态对待组织调查,而且对调查工作横加指责,始终拒绝说明问题,拒绝组织帮助。东城法院综合考量违纪人员的违纪情节、态度等因素给予行政开除处分,强化震慑和警示作用。

三、正确运用"四种形态"落实"两个责任"存在的问题和困难

(一)思想认识上还需进一步提高

随着"两个责任"的深入推进,法院各级领导的主体责任意识在不断深化,法院干警对"两个责任"的认识也在逐步提高,纪检监察工作人员的监督执纪能力也在"三转"要求中得到锻炼和提升。但不能回避的问题是,无论是党组、各党支部,还是纪检监察工作人员对"两个责任"的落实,与中央对落实"两个责任"的整体要求相比,仍存在一定差距,实践"四种形态"在思想认识上还需要一个深化提高的过程。

(二)工作机制上还需进一步完善

把握运用"四种形态",在线索处置、纪律审查、执纪审理等方面都有很多新要求、新标准。但日常实践中运用"四种形态"还存在诸多问题需要逐步解决。一是对各形态的概念理解上不全面,适用第一种形态的范围和程序不够规范,落实"四种形态"的协作机制还不够完善。二是对第一种形态的战略意义认识不深入,谈话制度适用频率、覆盖范围都很有限;问题线索来源渠道比较单一,被动接收多,主动出击少,组织处理措施运用较少。三是存在运用"四种形态"责任部门落实不到位

问题,除纪检监察部门之外,应由其他工作部门承担的工作职责虽有落实,但落实的规范性以及统计考核方面还需进一步完善和强化。

(三)队伍建设上还需进一步加强

虽然近年来加大了纪检监察干部培训力度,但总体来看,纪检监察队伍的能力与适应“四种形态”的新要求还存在差距,特别是政策把握能力、思想政治工作能力、案件查办和谈话能力亟待提高。另外,现行的纪检监察部门队伍人员配备和职级待遇等问题随着法院司法改革的推进越发凸显,而纪检监察工作量却在不断增加,纪检监察干部的工作压力在不断增大,这些对工作积极性带来不同程度的影响,势必影响监督执纪工作效果。

四、深化“两个责任”落实,加强“四种形态”运用的对策建议

要让“四种形态”落地生根、结出更加丰硕的成果,最根本的前提是要扎实落实党风廉政建设主体责任和监督责任。第一种形态强调的是党委的主体责任,第二、三、四种形态强调的是党委主体责任和纪委监督责任的结合。只有从严从实把“两个责任”落到实处,“四种形态”才会践行和运用地更好,成效才会更加明显。同时,落实“两个责任”就要奔着纪律去、冲着责任去,对于落实“两个责任”不力的,就要运用监督执纪的“四种形态”去问责、追责,使落实“两个责任”和践行“四种形态”互相促进,形成良性“互动”。

一是努力实现主体责任和监督责任相统一、相促进。要深刻认识“四种形态”既是对纪委(纪检组)监督责任的要求,也是对党委(组)主体责任的要求。同时要深刻认识“四种形态”不是在数量层面放缓反腐败的节奏,它凸显的是对违纪行为“零容忍”的态度。因此要把运用“四种形态”履行监督责任和主体责任贯穿于党的政治、组织、廉洁、群众、工作、生活纪律的方方面面。要健全责任追究制度体系,对职责范围内发生严重违纪违法案件的,要严肃问责;对组织涣散、纪律松弛、对苗头性、倾向性问题失察失管的,也要进行责任追究。问责追究要综合运用批评教育、诫勉谈话、组织处理、纪律处分等措施,让“四种形态”贯穿于监督执纪问责全过程。当前,要以学习贯彻党的十九大精神为契机,全面把握党中央关于全面从严治党的部署和要求,进一步学习和掌握《中国共产党章程》《中国共产党廉洁自律准则》《中国共产党纪律处分条例》《中国共产党问责条例》《中国共产党党内监督条例》《中国共产党党内生活准则》等各项党纪党规,不断深化对“两个责任”的认识。

二是要创新和拓展固有的执纪方式和监督举措。监督执纪“四种形态”是“两

个责任"在纪律建设中的具体体现,不但需要纪委在纪律审查方面积极作为,更需要党委在从严治党中主动担当。各级党组织要把履行主体责任的要求,贯穿于日常监督管理的全过程,带头执行党的各项纪律,切实用纪律和规矩管住大多数党员干部。纪检监察部门要明确执纪重点,规范执纪标准和流程,在信访举报受理、问题线索管理、纪律审查和案件审理等环节,严格按照"四种形态"标准分类处理。党的工作部门要积极探索对抓早抓小的量化考核办法,使"四种形态"考核既有总体判断,又有细节评价和量化标准。要加强分析研判,通过对运用"四种形态"呈现的结构特点的梳理,发现问题和薄弱环节,找准有效对策举措。

三是强化担当意识,加强纪检监察干部素质建设。践行"四种形态"是对纪检干部履行监督责任的新挑战新考验,务必要深刻领悟"四种形态"对纪律检查工作转型的方向指引,即由从原来的重点盯违法、盯少数转变为盯违纪、管全体,既要治"病树"、拔"烂树",又要保护"森林"。纪检监察干部必须增强"四个意识",注意准确把握不同形态之间的转换条件和目的,增强实践"四种形态"的担当精神和履职能力,树立信心、克服困难,以担当诠释忠诚,以崇高的责任感和光荣的使命感,认真履行监督执纪问责的职责,把监督执纪问责工作做深做细做实,实现惩处极少数、教育大多数的政治效果。

我国法官惩戒制度的司法评价及改革完善

刘虹蕴*

内容摘要：法官惩戒制度的构建完善是我国当下司法体制改革的重要组成部分。科学合理的法官惩戒制度对于推进法官队伍建设、规范法官审判权运行、维护司法公平正义具有重要作用。本文一共分为四大部分，第一部分以我国现阶段关于法官惩戒制度的法律法规的规定为依据，主要集中在《中华人民共和国法官法》《中华人民共和国法官职业道德基本准则》《人民法院工作人员处分条例》《最高人民法院关于完善人民法院司法责任制的若干意见》，同时以具体案例为导入，概括出法官惩戒制度的内涵；第二部分具体结合上述规定和司法实践，分析得出当前我国法官惩戒制度存在惩戒主体相对分散、惩戒事由繁多庞杂、惩戒程序偏行政化、惩戒措施机械单调、法官履职保障机制不健全的突出问题；第三部分通过对美国、日本、法国法官惩戒制度的比较分析，归纳总结了域外各国在惩戒主体、惩戒事由、惩戒程序、惩戒措施以及保障机制方面的优秀经验和前瞻性做法；第四部分结合我国当前司法规律和司法实践，归纳得出我国法官惩戒制度所应遵循的原则，即坚持惩戒法定原则，坚持责任与保障相结合的原则，坚持处理好全面监督与专业惩戒之间的关系，坚持教育与惩戒相结合原则，并在此基础上提出了明确惩戒主体职能、规范惩戒事由、健全法官惩戒程序、完善惩戒措施、强化法官职业安全保障等契合我国司法改革背景的法官惩戒制度改革方案，以期为推动我国司法体制改革探索一条可供参考、可资借鉴的路径。

关键词：法官惩戒　改革完善

法官是一国司法权的行使者，法官司法权力的行使直接关系公民的生命、自由、财产，关系国家利益和社会公共利益，因此，法官享有权力的同时必然要受到一

---

* 北京市东城区人民法院民五庭法官。

定的监督和约束。同时,作为一名法官,应具备独立的人格、理性的思维、客观的思考,并最终实现公正的裁判,而这一切都需要确保法官能够在独立、自由的前提下正当行使审判权。法官群体的职业保障和身份保障也是实现法官独立公正行使司法权的应有之义。综上,一国法官制度的构建,离不开对法官行为的规范、监督和保障,而关键在于法官惩戒制度的构建。本文拟从我国法官惩戒制度的现状切入,以现阶段我国法官惩戒制度的惩戒主体、惩戒事由、惩戒程序、惩戒措施以及法官职业保障为重点考察对象,通过对域外法官惩戒制度的比较借鉴,提出符合我国当下司法体制改革的法官惩戒制度完善措施。

一、问题:法官惩戒制度的内涵及表现

我国现有法律体系中并没有“法官惩戒法”专项立法或制度规定,现阶段对法官惩戒的主要制度性规定集中体现在最高人民法院先后制定的各种规定中。具体说来,《中华人民共和国法官法》(以下简称《法官法》)规定了包括贪污受贿、徇私枉法、滥用职权等 13 项法官禁止实施的行为。《法官职业道德基本准则》中指出,法官职业道德的核心是公正、廉洁、为民。基本要求是忠诚司法事业、保证司法公正、确保司法廉洁、坚持司法为民、维护司法形象。2010 年最高人民法院发布的《人民法院工作人员处分条例》(以下简称《处分条例》)则从违反政治纪律、违法办案纪律、违反廉政纪律、违反组织人事纪律、违反财经纪律、失职行为、违反管理秩序和社会道德六大方面较为翔实地规范了法官的行为。2014 年党的十八届四中全会通过的《中共中央关于全面推进依法治国若干重大问题的决定》(以下简称《决定》)中指出:“明确各类司法人员工作职责、工作流程、工作标准,实行办案质量终身负责制和错案责任倒查问责制,确保案件处理经得起法律和历史检验。”2015 年最高人民法院出台的《关于完善人民法院司法责任制的若干意见》(以下简称《若干意见》)中规定,“法官在审判工作中,故意违反法律法规的,或者因重大过失导致裁判错误并造成严重后果的,依法应当承担违法审判责任。法官有违反职业道德准则和纪律规定,接受案件当事人及相关人员的请客送礼、与律师进行不正当交往等违纪违法行为,依照法律及有关纪律规定另行处理”。2016 年,“两高”发布了《关于建立法官、检察官惩戒制度的意见(试行)》[以下简称《惩戒制度意见(试行)》],规定法官在审判工作中违反法律法规,实施违反审判职责的行为,应当依照相关规定予以惩戒。综合上述各项法律法规以及相关决定,可以看出,当前我国的法官惩戒制度大致存在三种表现形式:错案责任追究、违法审判责任和法官违

反组织纪律及职业伦理责任。下面我们来看六个案例：

案例一：2012 年 3 月 6 日，河南省陕县人民法院法官水某出具了陕县人民法院刑事判决书，该判决认定被告杨某的行为已构成交通肇事罪，判处有期徒刑 2 年。后该案经再审，认定原审判决在事实查明和法律适用均存在严重错误，最终撤销了对肇事司机杨某获有期徒刑 2 年的错误判决，改判其有期徒刑 3 年 6 个月。据查，该法官已因涉嫌受贿被移交司法机关，成为河南出台错案终身追究制后首个被追责的法官。①

案例二：河南省周口市川汇区人民法院审判员王某在办理于某某诈骗案件时，对于某某作出判处有期徒刑 10 年、并处罚金 2 万元的刑事判决。后该案经河南省周口市中级人民法院经过再审判决于某某无罪。故河南省舞阳县人民检察院以被告人王某犯玩忽职守罪将其提起公诉，被告人王某辩称，其作为案件主审人员，依法对公诉机关移送卷宗进行审查，在审理过程中不存在程序违法之处，在判决过程中依法进行了合议，向主管院长进行了汇报，并经审委会讨论，后又向市中院请示，且根据中院的书面答复又重新进行合议、汇报、审委会讨论，最终依据审委会决议予以判决，其认真履行了审判职责，不存在违法审判之处。后河南省舞阳县人民法院判决认定王某身为国家机关工作人员，工作中严重不负责任，对证据和事实审核错误而过失犯罪，致使国家和人民利益遭受重大损失，其行为已构成玩忽职守罪，判处有期徒刑 1 年 9 个月。②

案例三：河南省周口市中级人民法院执行一庭原副庭长赵某涉嫌滥用职权、受贿案。2009 年以来，赵某利用职务之便，在办理周口市城市信用社申请执行某商务酒店一案中，涉嫌受贿 25 万元；执行判决超越职权，滥用财产保全措施，造成企业停业 6 个月；擅自使用扣押车辆。目前，赵某已被依法移送司法机关处理。③

案例四：湖北省高级人民法院刑事审判三庭原庭长张某违纪案。2010 年以来，张某多次与律师王某发生不正当两性关系，多次收受下级法院所送礼金 1.5 万元，向该省两位律师借款 50 万元用于个人购房（已于案发前偿还）。目前，张某已

---

① 《不是“眼花”是枉法——河南“眼花法官”事件追踪》，载新华网：http://news.xinhuanet.com/politics/2012-04/27/c_111853109.htm，最后访问日期：2016 年 6 月 3 日。

② 参见河南省漯河市舞阳县人民法院（2011）舞刑初字第 167 号刑事判决书。

③ 《中央政法委通报 12 起政法干警违纪违法典型案件》，载中国长安网：http://www.chinapeace.gov.cn/2014-07/09/content_11126891.htm，最后访问日期：2016 年 6 月 3 日。

被开除党籍、开除公职。[①]

案例五：浙江省金华市婺城区人民法院法官胡某在接待当事人徐某过程中，因徐某多次以胡某个人及其家人人身安全进行言语威胁，胡某遂在法院走廊内将徐某掀倒在地。后该院纪检组就此事件作了通报，对胡某的不理智行为作了严厉的批评和教育，并责成胡某作出了深刻的书面检查。该院同时表示，就此事件，该院将视公安机关处理结果作出相应处理。[②]

案例六：2015 年 4 月，北京一律师崔某称自己在通州法院办案时先后两次被法官和法警殴打，导致眼部和周身多处挫伤，其求援书在网络流传后引发关注。经北京市高级人民法院、北京律协、通州政法委、通州公安分局共同组成的联合调查组就崔某律师反映被法官和法警殴打一事进行全面调查后得出结论：不存在通州法官赖某殴打崔某和庭长杨某指使法警殴打崔某的情况。[③]

上述六个案例中，案例一和案例二均是法官因错案而被追究责任。两者不同之处在于，案例一中的法官涉嫌受贿而枉法裁判，案例二中的法官王某则因采纳伪证导致错判被追究刑责，此案夹杂了上级法院指导、审委会定案等因素，更具争议性。案例三和案例四均来源于中央政法委对政法干警违法违纪典型案件的通报，案例三中法官赵某涉嫌滥用职权执行判决、滥用财产保全措施、受贿等一系列违法审判行为，案例四中法官张某多次与律师王某发生不正当两性关系等行为已经明显违背了法官组织纪律规定和职业道德准则。案例五中的法官胡某在法庭内遭到当事人对法官本人及其近亲属人身和财产安全的恐吓、威胁，案例六则体现了法官因依法履职而遭受不实举报、诬告陷害。上述六个案例从不同侧面反映出当下我国法官惩戒制度的具体表现，即错案责任追究制、违法审判责任制和法官违反组织纪律和职业伦理责任制三种形态。结合我国法律法规的规定以及司法实践中出现的惩戒事由，具体到本文拟探讨的法官惩戒制度上来，笔者认为法官惩戒制度的内涵应理解为：法官惩戒制度，是指因违反法官应共同遵守的审判制度、纪律规则、职业道德和行为规范而滋生的违法犯罪行为、渎职失职行为、一般违纪行为，按照既

---

① 《中央政法委通报 12 起政法干警违纪违法典型案件》，载中国长安网：http://www.chinapeace.gov.cn/2014-02/11/content_10340283.htm，最后访问日期：2016 年 6 月 3 日。

② 《婺城区法院关于徐某投诉庭长打人事件情况的通报》，载金华市婺城区人民法院网：http://wucheng.zjcourt.cn:88/art/2015/8/28/art_261_233483.html，最后访问日期：2016 年 6 月 3 日。

③ 《崔慧事件调查结果公布：法官、法警没有打人》，载中国法院网：http://www.chinacourt.org/article/detail/2015/04/id/1606533.shtml，最后访问日期：2016 年 6 月 3 日。

定程序和规制标准所进行的刑事追诉制度和内部惩处制度。同时,在此必须明确的是,法官职业保障亦是法官惩戒制度构建不可或缺的内容,它应包含两方面内容:一是法官履行法定职责的保护机制,二是法官及其近亲属的人身财产安全保护机制。

二、评价:我国法官惩戒制度的现状及评价

法官惩戒制度的核心内容,主要包括惩戒主体、惩戒事由、惩戒程序、惩戒措施和法官职业保障五大方面。下面将结合我国现阶段关于法官惩戒制度的相应规定,从五方面进行分析和评价。

(一)惩戒主体相对分散,惩戒效用难以有效发挥

我国目前的法官惩戒制度分为内部监督和外部监督,相对应的惩戒主体也分为内部主体和外部主体两大方面。具体说来,内部监督主体既包括各级法院内部的院长、政治部门、纪检监察部门(包括审务督察员)、组织人事部门、审判监督部门、审判管理部门,又包括上级法院的司法巡查组。作为法院内部的监督主体,各级法院的政治部门和纪检监察部门有权要求并督促本院法官遵守法官行为规范的相关规定,各级法院的监察部门有权对法官违法违纪行为进行立案调查并出具处分意见,各级法院的院长、审判监督部门和审判管理部门有权对需要追究违法审判责任的法官提出初步意见,各级法院组织人事部门有权按照干部管理权限和程序依法给予相应处理。上级法院的司法巡查组有权对被巡查法院党组成员违反廉洁自律规定、涉嫌严重违纪违法的问题进行监督并报告;外部监督主体主要是指各级人民代表大会及其常务委员会基于对法官的任免权,能够从外部对法官进行监督。

2015 年,最高人民法院发布了《关于全面深化人民法院改革的意见——人民法院第四个五年改革纲要(2014 ~ 2018)》(以下简称《纲要》)。该纲要中明确指出,要在国家和省一级分别设立由法官代表和社会有关人员参与的法官惩戒委员会。《若干意见》中也规定,对于法官违法审判责任的追究,应由法官惩戒委员会根据查明的事实和法律规定作出无责、免责或者给予惩戒处分的建议。此后,北京、上海、吉林、河北等省区市相继设立了由入额法官、资深法学专家、业务专家、律师代表等组成的法官惩戒委员会。2016 年"两高"发布的《惩戒制度意见(试行)》规定法官惩戒工作由人民法院与法官惩戒委员会分工负责。人民法院负责对法官涉嫌违反审判职责行为进行调查核实,并根据法官惩戒委员会的意见作出处理决定,由此可见,法官惩戒委员会不同于纪检监察机关,它主要是从专业的角度对法

官的违法审判行为作出鉴别。

综合上述分析可以看出,法院内部享有法官惩戒权力的部门其职能多有交叉,由法院内部工作人员对本院法官进行惩戒始终难逃"自我监督"之窠臼,其中立性往往大打折扣,难以发挥有效的惩戒作用。作为外部监督主体的各级人大及其常委会并无专门机构从事法官惩戒工作,其对法官的惩戒方式仅为享有罢免权,而罢免权的行使须由法院提请,且受到人民代表大会会议制度和工作方式的制约。故在我国,各级人大及其常委会只是形式上的法官惩戒机构,难以发挥较强的监督力度。法官惩戒委员会作为我国司法改革新生事物,尚处于起步阶段,其职能行使、运作规范等尚有待进一步规制。

(二)惩戒事由繁多庞杂,责任标准尚待明晰统一

我国目前法官惩戒事由种类繁多,涵盖范围较广,主要包括以下两方面:一是法官因违法审判而被追究责任(如上文案例三)。《若干意见》规定法官在审判工作中,故意违反法律法规的,或者因重大过失导致裁判错误并造成严重后果的,依法应当承担违法审判责任。同时列举了包括贪污受贿、制造虚假案件等7项应予追究法官违法审判责任的具体行为;二是法官因违反法官行为规范、法官职业道德基本准则以及各项纪律性规定,而应受到相应处分(如上文案例四)。《处分条例》规定了法官违反政治纪律、违反办案纪律、违反廉政纪律、违反组织人事纪律、违反财经纪律、失职行为、违反管理秩序和社会道德共计七大类行为而应予受到相应处分;三是法官因"错案"而被追究责任(如上文案例一、案例二)。《决定》中明确提出了"错案责任倒查问责制",虽然《若干意见》中规定了因8项具体原因而导致案件按照审判监督程序提起再审后被改判的,不得作为错案进行责任追究,但长期以来以实体裁判结果作为衡量案件对与错的标准在我国司法实务界盛行,因裁判结果的对错是最为直接明显的"指示标",故在部分法治水平落后的地区和法律意识淡薄的群体中,该标准的适用现今仍具有相当大的社会基础和群众基础。

从上述内容不难看出,现行法官惩戒制度中的惩戒事由种类繁多冗杂,各事由之间的逻辑关系和内涵外延并不明确清晰,部分行为究竟应落入行为意义上的"违法审判责任",还是结果意义上的"错案责任追究",往往存在较大争议。因上述各惩戒事由而带来的惩戒结果中,除因触犯刑法构成犯罪之外,其他违纪行为中最重的处分均可达到撤职、开除。庞杂的惩戒事由以及严苛的惩处措施,令法官群体如履薄冰,不得不时刻保持小心谨慎,这就会在一定程度上抑制法官群体从事司法审判工作的主动性、积极性和创造性。

（三）惩戒程序偏行政化，损害法官职业的独立性和稳定性

我国目前并没有专门的法官惩戒程序性规定立法，《若干意见》以及《惩戒制度意见（试行）》中仅对违法审判责任追究程序进行了规定，其他诸如法官违纪而受到惩戒所应遵循的惩戒程序，散见于《人民法院监察工作条例》《人民法院监察部门查处违纪案件的暂行办法》等规定中。依据上述规定，法官惩戒程序大致分为立案、调查、审理、处理、申诉、复查阶段，而上述程序明显带有强烈的行政监察色彩，缺乏针对性和专业性。当前的法官惩戒程序实际上更多的是依赖法院系统内部的政工部门，其在适用上易受到行政力量的干预。

（四）惩戒措施机械单调，带有强烈的行政化色彩

《法官法》第34条和《处分条例》第6条都规定了对法官的处分，具体是指警告、记过、记大过、降级、撤职、开除六种处分类型。而《公务员法》第6条亦规定，公务员的处分种类亦分为警告、记过、记大过、降级、撤职、开除六类。这就造成了对法官的惩戒与对公务员的行政处分完全等同，但法官职业的特殊性又决定了其在职责范围、行为规范等方面应完全有别于普通公务员，相应地对法官的惩戒措施也应体现出差别性。法官是一国审判权的执掌者，对于法官的惩戒应有别于单纯的行政处分，而应该体现出司法惩戒的专业性、针对性和实效性。

（五）法官履职保障机制不健全，法官惩戒配套管理制度有待完善

法官履职保障是法官惩戒制度构建不可或缺的部分，它应包含两方面内容：一是法官履行法定职责的保护机制；二是法官及其近亲属的人身财产安全保护机制。《法官法》规定，非因法定事由、非经法定程序，法官不被免职、降职、辞退或者处分。法官对办案质量终身负责的同时，法官也应享有一定的履职豁免权和独立审判的职业保障。《纲要》中明确规定了要健全法官履行法定职责的保护机制，《若干意见》中也规定，在人民法院监察部门对法官是否存在违法审判行为进行调查的过程中，当事法官享有知情、辩解和举证的权利。在高级人民法院监察部门向法官惩戒委员会通报当事法官的违法审判事实及拟处理建议、依据时，当事法官有权进行陈述、举证、辩解、申请复议和申诉。同时，对加强法官的履职保障亦设有专章对此进行规定。但上述规定仍属于原则性规定，多采用“及时惩治”“依法保护”“依法追究”等字眼，尚缺乏具体可操作性的细则性规定。近年来，法官因“错案”而被判刑入狱，或因依法履职遭受不实举报、诬告陷害（如上文案例六），或法官及其近亲属的人身和财产安全受到威胁恐吓（如上文案例五）等情形频繁见诸媒体，而北

京市昌平区法院马彩云法官被案件当事人残忍枪杀的事件更加激起了法官群体及社会公众对于加强法官职业安全保障的热烈探讨和殷切期待。研究完善法官惩戒制度的配套管理制度，推动相关法律的修改完善，仍然任重道远。

三、比较：域外法官惩戒制度的经验及总结

法官惩戒作为一项重要的司法制度，在世界各国都得到高度重视，法治发达国家无不建立了适合本国国情和本国法治建设需要的法官惩戒制度。合理借鉴域外国家法官惩戒制度的优秀经验和前瞻性做法，对于现阶段司法改革背景下完善我国法官惩戒制度的构建具有重要意义。笔者在此拟选取美国、日本、法国三国法官惩戒制度进行介绍，以期通过比较借鉴对我国法官惩戒制度改革助力。

（一）美国

1960年以后，美国联邦法院、所有50个州以及哥伦比亚特区都实行了法官惩戒、法官免职、强制退休等法官管理制度，而这些制度的“主角”就是各种形式的惩戒委员会、特别惩戒法庭，或者兼而有之。这些机构由各占一定比例的法官、律师和平民组成，就对于法官的不当行为提出的指控进行调查和正常的听审（听证），然后根据各辖区的不同规定，或者向最高法院提交他所认定的事实和惩戒建议，由最高法院作出惩戒决定；或者由惩戒委员会直接作出具有拘束力的决定，对这样的决定，当事人可以向最高法院上诉。[①]

从法官惩戒的事由来看，美国州法院系统对于司法惩戒制度多采纳美国律师协会制定的《法官纪律惩戒程序示范规则》，该示范规则规定惩戒的原因包括：（1）违反司法行为准则或律师执业行为准则或其他相应执业道德准则的行为；（2）故意违反最高法院或委员会各庭在根据本规则进行的活动中作出的有效的命令，或故意不按要求出庭，或故意对惩戒机构的合法命令不作答辩。在该规范的术语解释中，不当行为（Misconduct）即被解释为法官所实施的可导致惩戒的行为。[②]此外，该示范规则第372条亦规定，“任何人均可控告巡回区法官、地区法官、破产法官或治安法官实施了有损于司法的有效与迅速运转的行为，或者控告上述法官或治安法官因精神或身体残疾而无力履行司法职责……”可见，不当行为是美国州

---

① 怀效锋：《司法惩戒与保障》，法律出版社2006年版，第162页。

② 蒋银华：《法官惩戒制度的司法评价——兼论我国法官惩戒制度的完善》，载《政治与法律》2015年第3期。

司法惩戒的基础性标准。

美国的法官惩戒程序分为调查、审理、建议、决定四个步骤,各步骤的职能分工也比较明确,不同职能由不同机构分别行使。在联邦法院系统的惩戒制度中,调查职能和听证职能赋予一个临时调查小组,其成员由有关巡回区首席法官从地区法官和巡回法官中任命,而首席法官是小组当然成员。决定职能则由该巡回区的"司法委员会"行使。如果需要对该法官科以短期停职的惩戒,司法委员会则将事项提交给"美国司法会议"。决定职能由美国司法会议行使。如果根据美国司法会议的建议需要进入弹劾程序,则免除法官职务的决定权由国会行使。① 在绝大部分实行单轨制的州,调查、审理和建议职能由惩戒委员会行使,决定职能由最高上诉法院行使;在实行双轨制的州,通常的模式是调查职能由一个机构行使,审理和决定职能由另一个机构即一个常设的特别惩戒法庭行使。②

在惩戒程序进行过程中,被调查的法官通常享有以下权利:(1)出席调查场合,在委员会决定是否可能存在提起正式指控的理由之前提交反驳证据;(2)被投诉法官享有面对投诉人并对指控进行答辩的权利;(3)法官享有"不能自限于罪"的权利,有权依据该理由拒绝回答问题,且并不得因此而推定其有过错;(4)法官享有一定的职业豁免。如果对法官的投诉是关于裁判的实质性问题的,这种投诉就会被驳回。此外,各辖区的宪法和法律多规定惩戒程序的时效,即确定法官在哪段时间内的行为不构成惩戒的理由。

美国的法官惩戒措施通常包括公开警告、批评、训诫或严重警告、罚款、停薪停职、免职。每年都有许多针对法官的投诉通过非正式或私下的方式得到解决,如辅导、警告信、私下训诫或法官行为委员会谈话。同时,有一些辖区的惩戒委员会或立法机构已经制定了一些补救性的替代解决办法,作为对被投诉法官在审理前的非正式处理,例如,私下补救、告诫该法官如继续其不当行为则会受到惩戒、为该法官提供专门的劝告或者为法官以后的行为限定条件等。③

综上可以看出,美国法官惩戒制度体现出如下特点:(1)惩戒主体集中、专业,惩戒委员会和特别惩戒法庭是法官惩戒程序的主导者。美国的法官惩戒制度中,各州的惩戒委员会享有调查、审理、建议抑或包括决定在内全部四项职能,其作为

① 怀效锋:《司法惩戒与保障》,法律出版社 2006 年版,第 163 ~ 164 页。
② 怀效锋:《司法惩戒与保障》,法律出版社 2006 年版,第 163 页。
③ 怀效锋:《司法惩戒与保障》,法律出版社 2006 年版,第 166 页。

主导法官惩戒程序的当然甚至是唯一主体，具备较强的专业性。(2)惩戒事由系以“不当行为”为核心，严格区分法官所做判决的对错与法官行为的失当与否。美国所构建的以“不当行为”为核心的法官惩戒机制，侧重点在对法官的行为失当与否进行评价，而非针对裁判的实质性内容，也即法官所做裁判的对错无关乎对法官的惩戒。(3)法官履职保障机制健全。在美国法官惩戒机制下，被投诉法官享有举证、答辩的权利，为法官提供通知和提交证据的机会亦被写入惩戒委员会的规则之中。在审理过程中，亦赋予被投诉法官相应的诉权保障。美国法官享有一定的职业豁免，在开始任职时一定年限之前的行为将不构成惩戒事由。(4)惩戒措施种类多元，体现了对法官群体的人文关怀。对于不当行为的性质和情节较轻的法官，多采取补救性的替代解决办法，如告诫、劝告、私下补救等。

(二)日本

由于法官惩戒案件的处理关系司法独立原则的实现，所以《日本宪法》第 78 条明确规定，法官违反职务上的义务时，对其进行惩戒处分的机关不是行政机关，而是由司法机关自行处理。对于法官惩戒的事由，则是指法官违反职务上的义务或消极地不履行义务或有损其法官品位的行为。法官惩戒的程序则是指由受投诉法官所在的法院提起起诉，日本最高法院和高等法院均组成合议庭进行审理，且被诉法官所在的法院须指定 1 名法官代表法院出庭支持起诉，被起诉法官亦当然有权出庭。惩戒措施则包括告诫或 1 万日元以下的罚款。对于惩戒决定不服，被起诉法官以及受惩戒法官本人均可以向最高法院提出上诉。如果法官的行为非常严重，需要罢免其职务，则是根据宪法所规定的法官弹劾程序来审理、裁判。①

综上可以看出，日本法官惩戒制度体现出如下特点：一是法官惩戒制度带有浓厚的司法性质，行政干预的痕迹为零。整个惩戒程序的运行完全是在法院系统内部进行，除高等法院和最高法院之外，其他任何机关都无权对法官科以惩处。在对被投诉法官进行审理时，合议庭组成人员也全部都是法官。二是法官惩戒带有明显的内部效应，其具备较强的独立性、专业性，却缺乏公开透明度。这种完全由法院的法官来判定应否对被投诉法官进行惩处的模式，能够保证其审理的独立性和专业性，但这种制度同时亦存在缺乏其他机构、相关团体以及社会公众的监督，其公开度和透明性颇受质疑。三是惩戒措施较轻。对于应受惩戒的法官，仅科以告诫或 1 万日元以下的罚款，该惩戒措施并不严厉。同时，日本的法律法规中也鲜有

---

① 怀效锋：《司法惩戒与保障》，法律出版社 2006 年版，第 172 页。

被弹劾或被惩戒法官权利救济的相应条款。

（三）法国

法国的法官惩戒机构是典型的设在法院系统外的惩戒组织，即最高司法委员会。该委员会由法国总统担任主席，由司法部长担任副主席，下设法官事务部门和检察官事务部门，分别负责法官和检察官的任命、处分。其中，法官事务部门由5名法官、1名检察官、1名国家行政法院指定的顾问、3名不属于议会或司法部门的知名人士组成。法国法律规定，法官违背职责、违背尊严、违背荣誉和违背高尚原则的行为都要受到惩罚。禁止法官对共和国政府的原则和组成表示敌意或采取与其职责和身份不相符合的政治活动。[①] 法国最高司法委员会在最高上诉法院开庭我审理惩戒案件，其被视为一个专门行政法庭。不服处分的法官有权向国家最高行政法院上诉。法国的法官惩戒措施包括初步的惩戒程序、警告以及正式处分。初步的惩戒程序是指通过两年一次的工作考评对法官的不当或错误行为进行纠正。当法官因其不良行为而受到指控的，上诉法院院长有权对该法官提出警告。而正式的处分则包括强行调动职位、停止部分职责、降级一等、降职、强制退休、罢免等。

法国在法院系统外设惩戒组织能够有效保证司法独立。最高司法委员会组成人员的选任程序极为严格，法官事务部门的法官代表分别来自最高上诉法院、上诉法院、高级初审法院等各级法院，另两名法官则经过双阶段选举大会选出。其涵盖范围广、专业性强，具有较高的权威性和公信力。

四、改革：司法改革背景下我国法官惩戒制度的完善

在当前全面推进司法改革的大背景下，完善我国法官惩戒制度应充分考虑我国法治化建设和发展的基本国情，探索符合司法规律、契合司法实践的改革方案。应在总结和发扬既往优良做法的基础上，充分借鉴域外国家法官惩戒制度的优秀经验和前瞻性举措，不断健全我国法官惩戒机制建设。

（一）我国法官惩戒制度改革应遵循的基本原则

1. 坚持惩戒法定原则

我国《法官法》明确规定，非因法定事由、非经法定程序，法官不被免职、降职、辞退或者处分。上述规定在《决定》以及《纲要》中亦进行了重申和强调。法官是

---

① 李贤华：《域外法官惩戒组织的设置及其运行》，载《人民法院报》2015年7月3日，第8版。

一国司法权的行使者，其职业群体的特殊性决定了对其科以相应惩戒应有明确的法定事由和法定程序，坚决杜绝随意性、武断性、推测性和不确定性。

2. 坚持责任与保障相结合的原则

《若干意见》中对推进审判责任制改革，规定了人民法院应当坚持责任与保障相结合的原则。违法审判责任制是现阶段我国法官惩戒制度的一个重要组成部分，对法官存在违法审判行为绝不姑息，但法官依法履行审判职责更应受到法律保护。在当下司法改革背景下，法官群体既是改革的践行者，亦是改革的见证者，背负着司改的使命和社会公众的期待，压力不可谓不大。一味地强调对法官的责任追究而忽视对法官的权益保护，则会大大打击法官参与改革的积极性和主动性，无疑会阻碍改革的前进步伐。在法官惩戒制度改革中，应高度重视法官的权利保障，坚持责任追究与权益保护相结合。

3. 处理好全面监督与专业惩戒之间的关系

我国目前既有的法官惩戒制度是内部监督和外部监督共同作用的结果，来自法院系统内部机构、人大、政协、媒体和社会全方位多角度的监督对于法官惩戒具有重要作用。但全面监督的同时，应进一步加强享有法官惩戒权力主体的专业性，只有以高度专业的责任追究机制来对法官进行惩戒，才能真正体现出司法机关的权威性，也才能更好地保障法官的合法权益。

4. 坚持教育与惩戒相结合原则

法官惩戒的目的重在"戒"而非"惩"，惩处是为了警醒法官，从而认真反思过去，更好地启迪未来。惩处手段即便再严厉，若不真正从内心唤起法官对审判纪律、职业尊荣、公平正义的坚守和敬畏，则惩戒就失去了其根本意义。在我国法官惩戒制度的改革设置中，应坚持寓教于惩、惩教结合，以更灵活的惩戒措施体现出更多的人文关怀。

（二）我国法官惩戒制度改革的具体措施

1. 明确各惩戒主体的职能划分，增强惩戒主体的专业性

现阶段，在我国享有法官惩戒权力的主体包括以法院监察部门为代表的内部监督主体，以及享有法官任免权外部监督主体各级人大及其常委会。此外，还包括《惩戒制度意见（试行）》规定的法官惩戒委员会。笔者认为，对于上述三者享有法官惩戒权力的主体而言，应明确划分其职能权限。一方面，各级人大及其常委会对法官的任免权力应予保留，其享有对法院及法官的监督权；另一方面，法院内部的监察部门可以通过纪检监察、审务督察、司法巡查、信访投诉以及案件评查等多种

方式启动法官惩戒程序,并享有初步调查核实、全面审查判断、提出惩处建议、部分情况下可以直接作出惩处决定以及适用非正式惩处措施(补救性替代解决办法)的权力;还有一方面,在省一级建立法官惩戒委员会。法官惩戒委员会的组成人员应囊括各级人民法院法官代表、律师代表、法学专家学者以及人大代表等。法官惩戒委员会的主要职能包括:一是负责审议各级法院监察部门报送的惩戒建议,同时法官惩戒委员会根据查明的事实和法律规定作出无责、免责或者给予惩戒处分的决定;二是对人民法院监察部门作出的惩戒决定进行监督。

2. 规范法官惩戒事由,坚持主观过错与客观行为相结合

从域外法官惩戒的经验做法来看,一般不以实体裁判结果的对错作为惩戒法官的直接依据,因为它从根本上破坏了法官依法独立行使审判权所应享有的履职保障和法官基于理性、良心与自由而作出的裁判。美国以"不当行为"作为对法官进行评价和惩戒的核心依据,而非针对裁判的实质性内容。我国的法官惩戒制度构建也应进一步明确惩戒事由,摒弃单纯以结果论的错案责任追究制,原则上应以行为的违法性作为追究法官责任的出发点,同时兼顾错案这一结果。在惩戒事由的确定上,可以进一步划分为职务内行为和职务外行为两大类,对于因贪污受贿、徇私枉法、滥用职权等触犯审判纪律的行为归为职务内行为;对于违反组织人事纪律、违反管理秩序和社会道德、一般作风问题等行为,划归为职务外行为,因不同类型的行为而确定不同的惩戒主体进行调查惩处。同时,对于既违反职务内行为,又违反职务外行为抑或既违反纪律又违反法律的行为,应择较重行为进行惩处。

3. 健全法官惩戒程序,提高惩戒效率确保惩戒公正

法官惩戒程序应包含受理、调查、审理、决定、复议五个阶段。对于法官职务外的不正当行为的受理、调查,应由法院内部监察部门来行使,其可以通过纪检监察、审务督察、司法巡查、信访投诉以及案件评查等多种方式启动法官惩戒程序。对于法官职务内的不正当行为的受理、调查,原则上由法院内部的监察部门来行使,但对于有重大社会影响或情节较为复杂、严重的行为,可以尝试赋予法院内部监察部门报请法官惩戒委员会进行调查、核实的路径选择和通道机制。因职务内的不正当行为往往与案件的审理密切相关,对此类别中有重大社会影响或情节较为复杂、严重的行为,赋予法官惩戒委员会进行受理、调查的权力能够更好地实现对该类行为惩处的专业性、客观性和公正性。在法官惩戒的具体审理方面,可以采用书面审理的方式,亦可参照行政处罚的听证程序来进行。对于由法院内部监察部门启动的惩戒程序,由监察部门作出初步处理建议,上报法官惩戒委员会审议,并由法官

惩戒委员会作出决定。

4. 完善惩戒措施,推进非正式措施和正式措施相结合

根据《人民法院工作人员处分条例》的规定,现阶段对法官的处分分为警告、记过、记大过、降级、撤职、开除。其中,记过、记大过等处分带有浓厚的行政化色彩,在一定程度上与法官惩戒所应具备的司法性相悖。改革完善法官惩戒的措施,可以考虑将警告的处分权力依然保留给法院内部监察机关。一方面可以适当增加处分的类型,引入域外国家的经验性做法,增设罚款、通报批评、暂停部分职责等,逐步废除行政色彩较为浓厚的处分种类;另一方面整合惩戒措施,以警告类、经济类、资格类措施分别惩戒法官的不正当行为。上述三类措施在适用上是递进关系,对于情节轻微、影响不大的行为,可以通过警告、通报批评等方式进行惩处。其上可以适用罚款等经济制裁手段,通过对法官科以罚金的形式来惩戒其行为。再其上应当适用更为严厉的降级、撤职、暂停部分职责、开除等惩戒措施。应当强调的是,资格类措施作为最为严厉的一种惩戒手段,在实践中应严格谨慎适用,非穷尽其他惩戒措施尚不能合理规制法官不正当行为的情形下,不应随意作出此类惩戒措施。这既是与"非因法定事由、非经法定程序,法官不被免职、降职、辞退或者处分"的要求相呼应,也是"警戒为体、惩处为用"的必然要求;最后,应探索建立非正式惩戒措施和正式惩戒措施相结合的机制,增设简易惩戒程序,对于情节较为轻微,危害程度不大的行为,可以借鉴美国法官惩戒制度中的"补救性替代解决办法",如采用口头告诫、书面劝告等非正式惩戒措施。对于情节较为严重、危害程度较大的行为,依据上述法官惩戒程序,由法院内部监察部门调查、审理,并交由法官惩戒委员会作出处理决定。

5. 强化法官职业安全保障,筑牢法官惩戒制度的保障防线

强化法官职业安全保障,应着重从两方面进行构建:一是构建并完善法官履行法定职责的保护机制;二是构建并完善法官及其近亲属的人身财产安全保护机制。

对于法官履行法定职责保护机制的构建,一方面可以考虑基于法官职业的特殊性,给予法官一定的责任豁免;另一方面应在法官惩戒程序中为法官设定明确的救济程序,保障法官享有的权利。应从法律层面上考虑建立法官责任豁免制度,明确法官依法履行审判职责受法律保护,保障法官对案件事实认定和法律适用享有独立发表意见的权利,法官在履行审判职责时非因故意或重大过失不负赔偿责任,造成当事人的损失亦不受惩戒处分及不受刑事追究。在法官惩戒程序中,充分保障当事法官享有知情、辩解和举证的权利。对于作出的惩戒决定,法官享有申请复

议和申诉的权利。

对于法官及其近亲属的人身财产安全保护机制的构建，可以考虑从立法层面增加对法官特别保护的法律规定，将在法庭内外恐吓、威胁、侮辱、跟踪、骚扰、伤害法官及其近亲属等情节严重行为单列入刑，加大对妨碍法官依法行使审判权、诬告陷害法官、藐视法庭权威、严重扰乱审判秩序等违法犯罪行为的惩罚力度。对法官及其近亲属个人信息应严格保密，建立对法官人身安全保护的预警机制和应急处理机制，对于法官及其近亲属人身安全可能受到潜在威胁的，应及时启动保护预案，对于法官及其近亲属人身安全受到明确威胁的，应及时启动应急预案。强化司法警察的保护职能，延伸适当职能，给予法官工作时间内、工作时间外全方面的预警和保障。引入法官职业保障金制度，通过给法官投保人身意外伤害险等预防措施，不断强化对法官职业安全的救济和保障。

五、结语

法官惩戒制度的构建完善是我国当下司法体制改革的重要组成部分。改革不是一蹴而就，法官惩戒制度的构建亦应避免急躁冒进。应在结合我国司法体制的基础上，逐步探索符合司法规律、契合司法实践的法官惩戒制度改革方案，重点推进惩戒主体、惩戒事由、惩戒程序、惩戒措施的改革，不断强化法官职业保障。让法官——这一法律帝国里的王侯，能够真正地发挥其司法职能，助力我国司法体制改革日益完善。

网络舆论影响司法审判的检视及应对

——基于52个案例为研究样本的实证分析

傅　雯*

内容摘要:随着互联网信息技术的发展,网络舆论对司法审判产生的影响愈加重大,如何有效控制和消除网络舆论的负面影响,又引导网络舆论充分发挥其积极作用,成为一个值得研究的课题。

本文首先以典型个案切入,全面展现了网络舆论影响司法审判的现状,随后采取社会学实证研究的方法,从凤凰网官方微博抽取了52个案例作为研究样本进行统计分析,找到了网络舆论影响司法审判的特点和规律,并以此为依据提出了应对网络舆论的三原则和五策略。

关键词:网络舆论　司法审判　司法应对　实证分析

网络舆论是网民在互联网上表达、传播对某一社会现象或焦点问题所表现出的多数人的、具有相当影响力的、带有倾向性的意见、言论的综合,对社会发展及有关事态的进程产生一定影响。①

21世纪以来,互联网技术不断成熟和发展,公民意识逐渐苏醒,网络舆论与司法审判的互动日益增多,网络舆论对司法审判影响产生了诸多影响。对于如何开展司法应对,学术界百花争鸣。笔者认为,应对的方法应当立足于我国网络舆论与司法审判互动的现状,根据特点和规律入手,才能行之有效。因此,以社会学实证研究方法开展了统计分析,据此提出切实可行的建议,以期为网络舆论的司法应对提供借鉴。

---

* 北京市东城区人民法院审管办法官。

① 杨发坤、邱荣利:《谈公共危机事件中政府对网络舆论的引导》,载《行政与法》2010年第7期。

一、个案解读:网络舆论影响司法审判的现状

本文以 2013 年轰动全国的未成年人李某某强奸案切入,分析网络舆论影响司法审判的现状。该案引起网络舆论的广泛关注,并对司法审判造成较大的影响,具有一定代表性。

(一)事件进程

1. 2013 年 2 月 19 日,北京市公安局海淀分局接到一女子报警,称与李某某等人在酒吧喝酒后,被带至一宾馆轮奸。

2. 3 月 7 日,李某某等人因涉嫌强奸被依法批捕。

3. 7 月 8 日,检察院将依法提起公诉。

4. 9 月 26 日,海淀法院开庭审理该案,李某某被判处 10 年有期徒刑,两被告上诉。

5. 11 月 27 日,二审宣判,维持原判。

(二)网络舆情和司法回应

事件发生后,立即成为舆论关注的焦点,各大网站、微博、报刊、电台争相报道,案件进展、当事人现状、律师言谈、法定代理人举措等全部细节都被放在了镁光灯下。网络舆论"一边倒"地对李某某进行谴责,一起法律意义上的普通刑事案件很快成为轰动全国的公共事件。

网络舆论中流言不绝,比如另几名共犯有家庭背景,比如李某某的法定代理人表示此案受到军方关注,比如李某某实际已满 18 周岁,其身份证上的年龄是虚假的等。

对此,司法机关作出了积极回应。北京市公安局法制办针对另几名共犯有家庭背景的传言表示,上述传言不是事实,警方在侦办过程中始终严格依法进行,并提示公众,网络社会是法治社会,编造传播虚假信息扰乱社会治安的行为将依法承担法律责任。北京法院系统的舆情应对也较为成功,针对公众关注的焦点,法院通过微博直播宣判、新闻通报会以及网络访谈作出了积极回应,有效引导了沸腾的民意,最大限度降低了舆论对司法审判的不利影响。

(三)网络舆论对司法审判的影响

该事件中,网络舆论对司法审判带来了巨大的负面影响:

第一,网络舆论事先"披露"案情、犯罪嫌疑人信息甚至犯罪嫌疑人过往劣迹,

引发公众集体愤怒，使该案在尚未进入司法程序之前就已经被网络舆论定性为必须严惩不贷的恶性刑事犯罪，出现“媒体审判”，[①]严重干扰了司法审判。

第二，网络舆论给当事人和代理人带来巨大的心理压力，使其不能在正常心态下充分行使诉讼权利。因本案犯罪嫌疑人家庭的特殊身份，案件发生后，各路媒体对其法定代理人围追堵截，各种报道和评论铺天盖地，严重影响了代理人诉讼心理，委托代理人将庭审情况以微博、博客和向媒体披露的方式公之于众，6 名律师因违反律师职业规范被处分。

第三，网络舆论对案件的关注超出道德谴责和价值判断，而直接延伸到对案件事实认定、证据采信和法律适用等方面，而因为对案件信息掌握的不充分和愤怒情绪的牵引，网络舆论在法律适用层面探讨反而破坏了公众对司法机关的信任，如李某某年龄是否造假的问题。

第四，网络舆论对一些未经证实的信息的传播引发公众对司法独立的担忧，弱化了司法权威。比如有媒体报道，李某某的法定代理人曾表示，“军方对本案有关注”。报道一出，再次掀起轩然大波。网络舆论纷纷揣测会有军方高层领导干预司法审判，帮助李某某洗脱罪名或减轻刑罚，同时引发了公众对现有体制下法院能否独立司法的怀疑和热议。

二、根源探究：网络舆论困扰司法审判的原因

舆论对司法审判进行监督是其与生俱来的天性。但进入互联网时代，网络舆论对司法审判的影响较过去加之数倍，对审判权独立、公正行使带来了巨大困扰。本文认为，其原因主要有三方面：

（一）网络时代的到来拓展了舆论传播维度

根据 2016 年 1 月 22 日中国互联网信息中心 CNNIC 发布的第 37 次《中国互联网络发展状况统计报告》，截至 2015 年 12 月，中国网民规模达 6.88 亿，互联网普及率为 50.3%；手机网民规模达 6.2 亿，占比提升至 90.1%，无线网络覆盖明显

① 媒体审判是指：“公共传播媒体及其从业人员在行使言论（新闻）自由权利来报道或评论司法时，因为超越了合理的界限而不当地侵入司法权专属管辖领域，从而形成或可能形成以‘舆论审判’来影响或引导司法裁判的现象。”其主要特征是：超越司法程序抢先对案情做出判断，对涉案人员作出定性、定罪、量刑以及胜诉或败诉等结论。参见张英霞：《“媒体审判”的防治》，载《法制与社会发展》2008 年第 5 期。

提升,网民 WiFi 使用率达到 91.8%。[①]

互联网的普及使网络舆论成为舆论的重要生态。在互联网技术下,舆论传播实现了四大突破:一是传播载体的突破,论坛、微博、微信、虚拟社区等媒介不断兴起,全面突破了传播载体时间、空间上的局限性;二是传播主体的突破,每一个人都可以成为信息的制造者、接受者和传播者,挑战了过去精英人士的话语中心地位;三是传播内容的突破,图片、声音、影像等信息传播技术的发展,网络舆论涵盖的信息量呈"井喷式"出现;四是传播方式的突破,从单项传播到即时双向传播,社会公众可以随时在自己感兴趣的话题上发表自己的看法,并与发帖者、其他跟帖者进行互动,且没有任何时间差。

网络时代的到来全面拓展了舆论传播的广度和速度,使任何一起公共事件都有可能在短时间内掀起舆论的狂风暴雨。

(二)社会转型期公民意识的觉醒加大了网络舆论的影响力度

网络在中国快速发展的这几年,正是中国社会转型和改革艰难推进的几年。期间社会阶层固化、贫富差距拉大、社会不公正现象严重、社会矛盾尖锐。与此同时,社会公众的法治意识和公民意识不断增加,更加积极、主动、自觉地参加公共生活。

近年来,网络舆论对司法审判的关注可以明显看到,网络舆论的关注点并不是简单的道德争议,而已经延伸到证据采信、法律适用、程序正义等各个方面;网络舆论的观点不再是简单的几点吁求,而是横跨物理、生物、化学、社会学、法律等多个学科的有充分科学依据的观点;网络舆论的呼声不是简单的情绪发泄,而是上升到了公民权利和公民义务层面的探讨。

互联网环境下,舆论对社会管理的影响力度早已不容小觑。

(三)道德和法律约束的欠缺使网络舆论给司法审判带来负面影响

随着互联网技术的发展和公民意识的苏醒,网络舆论"井喷式"发展,并给司法审判带来诸多负面影响。其主要原因在于互联网平台上,来自不同地域、不同职业、不同身份的人以隐匿的身份聚集在一起,网民发表言论时不受任何政治、意识形态、技术、文字、逻辑能力等方面的审查,所以讨论时常常"空山不见人,但闻人语响"。

---

① CNNIC:《中国互联网发展状况统计报告》,载中国互联网信息中心:http://m.askci.com/chanye/10048.html,最后访问日期:2016 年 6 月 5 日。CNNIC 始于 1997 年 11 月,是由中国互联网信息中心发布的最权威的互联网发展数据的报告之一。

互联网的这一特性往往使网民感觉自己处于虚拟空间,不受法律和道德约束,因而在发表言论时更容易受情绪的牵引,未经深思熟虑就肆意发帖、跟帖,言论也比现实评论更加激烈。另外,也有一部分别有用心的人,利用了网络和普通网民的特性,在网络中散布虚假消息,推波助澜,使网络舆论极端化,阻碍事件的正常处理。如杭州"5·7"飙车案①中,在案件宣判的第二天就有一网名以"刘逸民"的身份在网上捏造"飙车案主犯胡斌只是替身"的言论,声音一出,立刻引起强烈反响。大批网民觉得受到司法机关的欺骗难以接受,内心极度的不满,瞬间该帖的点击率和评论剧增,大家齐声讨伐司法机关。虽然经过有关机关的调查后真相大白,言论的捏造和发布者也受到应有的行政处罚,但是这样的闹剧还是给司法机关公平正义的形象蒙上了一层阴影,使司法机关的公信力降低。②

三、深度调查:网络舆论及司法应对的实证研究

为尽可能客观地考察网络舆论影响司法审判的情况,笔者采取了社会学实证分析的方法,用整群抽样法抽取了52个样本进行了研究。

抽样范围:时间为2015年6月1日至2016年6月1日,网络载体为凤凰网官方微博,样本性质为报道时已经进入司法审判程序的案件或与此类案件密切相关③的事件,案件发生地为我国大陆。根据以上抽样标准,共抽取样本52个。设置了所属部门法、案由、发生地、舆论关注的问题、舆论关注案件时间起点、对司法审判结果的期待、对司法及社会管理的影响等7个变量。由于条件限制,本次调查采取的主要是文献调查的方法,可能存在一部分误差。

(一)部门法和案由

从所属部门法来看:刑法案件共37件,占71.2%,民商经济法案件共12件,其他类型案件3件。

从案由来看:52起案件共涉及23个案由,其中分布最集中的是故意杀人罪10件、受贿罪6件、故意伤害罪4件、诈骗罪4件,都属于刑法案件(见图1)。

---

① 发生于2009年5月7日,浙江杭州一起改装三菱车超速驾驶撞死人的事件,肇事者为富家子弟,逝者为普通家庭出身的年轻知识分子,警方提及车速70码引发舆论不满。

② 刘彬、杜海春:《浅析网络舆论与司法审判的关系》,载《政法学刊》2012年第2期。

③ 如对已生效案件申请再审、生效裁判文书出现错误等与司法审判密切相关的事件。

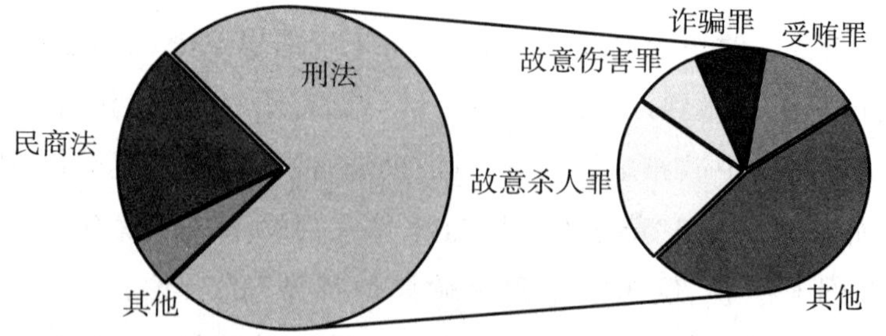

图 1　部门法、案由分布

从案件类型来看,网络舆论关注的焦点主要集中在刑事案件方面,其中最主要的是与公民人身权益密切相关的故意杀人、故意伤害、强奸、抢劫等恶性刑事犯罪。与普通社会民众生活联系不太紧密的领域比如行政法、经济法领域的案件较少,本次统计中没有此类案件。

(二)发生地

从发生地来看:52 起案件分别发生在全国 19 个省、自治区、直辖市,其中案件最集中的是北京 11 件、江苏 5 件、浙江 4 件、广东 4 件,安徽 4 件(见图 2)。

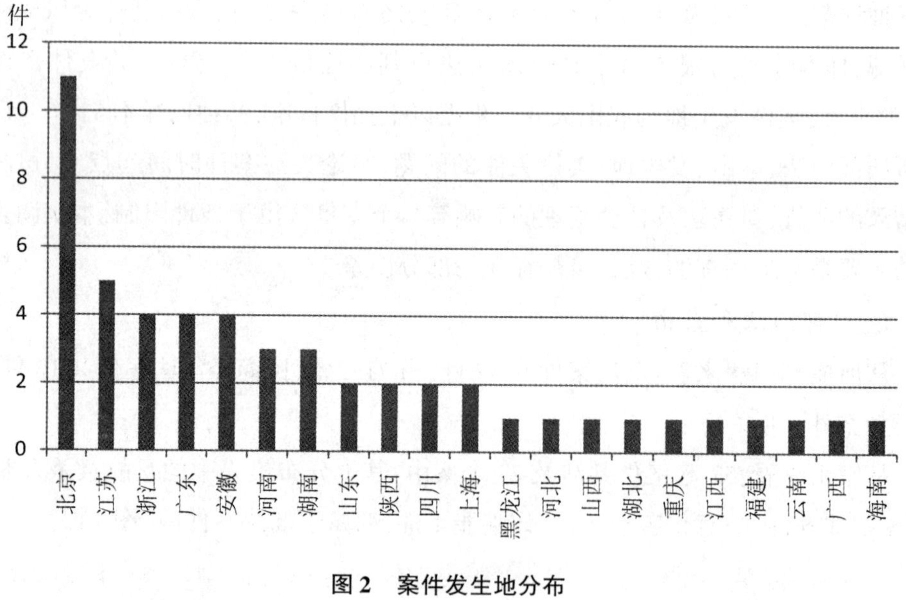

图 2　案件发生地分布

从图 2 可以清晰地看到,案件分布地域整体分散、相对集中。引发网络舆论重点关注的事件发生地主要集中在我国的政治中心北京和东部经济发达地区,西部地区和东北地区相对较少。

从具体案件的比较来看,北京的案件虽然最多,但大部分是权力阶层贪污受贿类案件和涉名人类案件,对司法审判的负面影响较小。其他各地发生舆情的案情性质没有明显规律,个别案件对司法审判的影响较大。

(三)关注的领域

从网络舆论关注的领域来看:网络舆论关注的主要是以下几个方面:一是道德问题(11 件),包括违背基本道德的现象(5 件)和引发道德争议的现象(6 件);二是严重侵犯公民人身权益的犯罪(10 件);三是权力阶层违法犯罪(7 件),主要是贪污受贿罪;四是青少年教育问题(6 件);五是涉及名人的事件(5 件);六是涉及司法问题的事件(4 件),如司法不公、司法行为不当等。其中,个别案件受到舆论关注的原因是多样的,如湖南弑师案,涉及道德问题、严重侵害公民人身权益问题、留守少年的教育问题等多个方面(见图 3)。

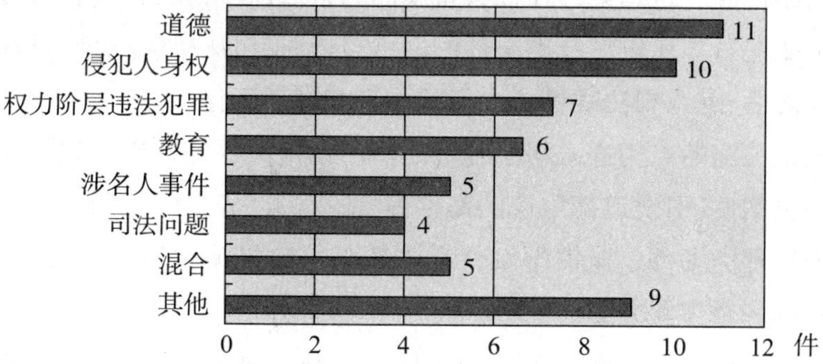

图 3　网络舆论关注的领域分布

从数据分析来看,网络舆论关注的领域比较集中。针对一些涉及多方面领域的案件,尤其是横跨道德问题、侵犯公民人身权益、名人等多个重点领域的案件,受网络舆论关注的深入程度和时间长度都比其他案件要突出。

由此可见,网络舆论虽然十分松散,但并非没有规律可循。司法机关在应对网络舆论时完全可以对症下药,在掌握规律的基础上总结经验教训,做好预警工作。

另外,在对网络舆论关注的领域进行研究的过程中,笔者发现网络舆论的一个重要特点,就是一个时期内对相同性质案件的集中关注。比如,本次研究中有 4 起案件在被告人身份、被害人身份、犯罪性质方面有高度相似性：复旦林某投毒案、高中生周某被烧伤案、川大卢某被杀案、北外女生遇害案。2013 年也曾出现该现象，网络舆论对性侵犯未成年人系列案件高度关注：安徽教师杨某强奸猥亵儿童案、广东官员猥亵男童案、海南校长陈某强奸幼女案、河南官员强奸 11 名未成年少女案。此类案件往往是因为其中一起案件受到舆论关注，从而牵引出其他相似案件，从而进一步推动舆论发酵，最终共同对司法产生影响。对此，司法应对时可以有所参考。

（四）引发舆论关注的时间始点

从舆论关注的时间始点来看：23 起案件引发舆论关注的时间始点是在案件进入司法审判程序之前；24 起案件引发舆论关注的时间始点是案件进入司法审判程序之后；3 起案件引发舆论关注的时间始点是司法审判程序结束之后；另外 3 起案件为与司法审判密切相关但其本身没有进入司法审判程序的案件。

从调查结果来看，引发舆论关注始点为进入司法审判程序之前的案件主要是涉及名人类案件、严重侵犯公民人身权益类案件、权力阶层违法犯罪类案件、违背基本道德的案件等。这些案件往往具备新闻的特点，容易吸引人们的注意，且占全部案件的 1/2 左右。在应对此类案件的网络舆情时，司法机关完全可以未雨绸缪，在事件发生之后、进入司法程序之前做好预判和准备工作。

引发舆论关注始点为进入司法程序之后的案件主要是普通侵犯公民人身权益或财产权益类案件、引发道德争议的案件等，还有一部分是与此前舆情关注的事件性质接近的同种类案件。该类型案件大多数是司法机关主动公布的，属于网络舆情司法应对的一个重要方面。

司法程序结束后引发舆论关注的案件基本都是再审类案件，大多涉及司法不公的问题。

其他 2 起案件是与司法审判案件密切相关但其本身未进入司法程序的案件，分别是判决文书差错事件、恶意怀孕逃避收监事件。

（五）对审判结果的期待

从网络舆论对司法审判结果的期待来看：52 起案件中，网络舆论对多数案件的关注停留在对案件事实的关注、道德争议等层面，对审判结果并没有特别的期待。此类案件共 31 件，占 59.6%。例如，对于夫妻双双出轨导致离婚的案件，网络舆论对此类案件的关注往往出于猎奇、围观的心态，对案件法律适用、判决结果没有一致的期待，因而对司法审判的影响也比较小（见图 4）。

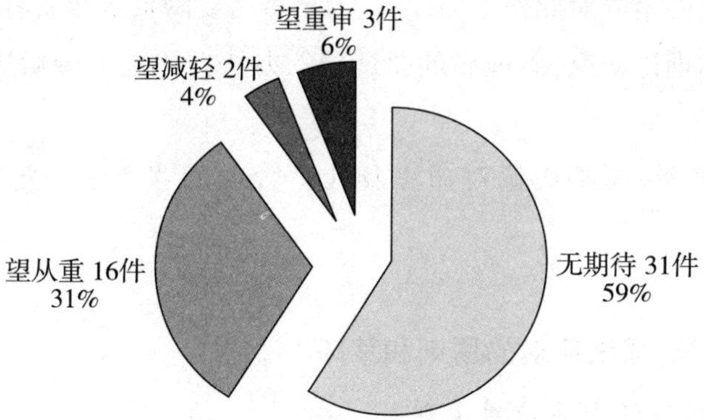

图 4　对审判结果的期待案件类型分布

21 起案件中，网络舆论对判决结果有较为一致的期待，占全部案件 40.3%。这些案件从类型来看主要是违背基本道德类案件、严重侵犯公民人身权益类案件、涉嫌司法不公的再审类案件以及危害公共安全类案件。

在这 21 起案件中，16 起案件的网络舆论期待司法能够严惩罪犯，如周某案，少女周某拒绝求爱被重度烧伤，网络舆论一致同情周某的遭遇，认为被告罪有应得，且民事赔偿数额还应当大幅增加。2 起案件的网络舆论期待司法能够对罪犯从轻判决，如黎某杀恶子案，黎某之子危害乡里，黎某忍无可忍将其杀害，村民联名吁求从轻判决。另有 3 起案件涉及重审问题，网络舆论一致倾向于启动再审程序，还被告清白，并希望司法机关相关责任人受到应有的惩处。

从调查来看，网络舆论对判决结果有较为一致的期待的案件中，网络舆论对司法审判不同程度产生了影响。

（六）对司法及社会管理产生的影响

对司法及社会管理的影响：从目前掌握的资料来看，案件发生后因社会舆论牵引直接或间接对司法及社会管理产生影响的案件有 1 件，即问题疫苗事件。

问题疫苗事件一爆发，国务院总理李克强便主持召开国务院常务会议，会议审议通过了《疫苗流通和预防接种管理条例》的决定（草案）；当日国家卫计委亦出台新规：第二类疫苗由省级疾病预防控制机构组织集中采购，接种单位不得直接向疫苗生产企业购买第二类疫苗，同时加强疫苗冷链管理，推进疫苗全程追溯体系建设，建立完善预防接种异常反应补偿保险机制等。

此外，在本次研究范围内有一批未成年人违法犯罪案件，这批案件引发舆论对未成年人刑事年龄的关注。网络舆论中有观点认为，应当降低未成年人刑事责任年龄。最高人民检察院对此作出回应,认为是否需要降低刑事责任年龄,应经过大量的实务论证和理论研究,单纯靠刑罚惩罚的办法并不能有效解决未成年人犯罪问题。

从总体上来看,网络舆论对司法及社会管理能够产生一定影响,但仍属于少数。

四、对策研究:司法应对的原则和策略

(一)网络舆论的司法应对原则

1.保障言论自由,宽容网络舆论

言论自由,是法治国家的基本人权,如果为了避免网络舆论带来的负面影响限制言论自由,无异于因噎废食。而在当代中国特殊的社会背景下,宽容舆论更有特殊的意义。

一方面,我国的司法审判的确存在权力部门法外干预的现象,司法独立并不能完全实现,从调查来看,网络舆论在一些案件中确实起到了促进司法公开,排除法外干预的积极作用;另一方面,我国当前正处在社会转型期,各种矛盾冲突层出不穷,社会公众积蓄了大量的不满情绪,通过舆论开放,这些不满情绪可以合法地表达,并在良性互动中逐渐得到缓解,这也是社会学家科赛提倡的一种冲突解决机制即"社会安全阀"机制。①

2.坚持司法独立,排除法外干扰

1994年,美国"世纪大审判"辛普森案进行宣判,当几乎所有的证据和大多社会舆论都指向杀人凶手是辛普森时,法院最终出人意料地当庭宣判辛普森无罪。被害人家属面对媒体的镜头,说了这样一番话:"今天,正义受到了践踏,人权受到了践踏,但是我们尊重法院的判决。"②

这是中国法官的法治理想,但很难实现。由于长期以来人治观念的影响,我国的社会公众在遇到司法不公的可能时,更愿意借助网络舆论,寻求更高层的权力关注来实现自己的诉求。实际上,这就陷入了一个悖论,公众不信任司法独立,求助于法外因素干预司法,司法更不能独立,公众更不信任司法。

---

① 科塞认为,通过释放被封闭的敌对情绪,冲突可以起到维护社会关系的作用。社会系统往往为人们提供排泄敌对情绪和进攻性情绪的制度,即"安全阀"制度。

② 仇慎齐:《尊重法院的判决》,载《人民法院报》2014年7月25日,第6版。

所以，要树立法律权威，就必须排除干扰、独立审判，尤其在舆论与事实和法律偏离的情况下，司法机关更要坚持“以事实为依据，以法律为准绳”，绝不能迁就网络舆论来判决。司法越独立，公众对司法越信任，越不会求助法外因素干预司法，也越容易实现司法公正。如本次调查的样本之一李某某案，海淀法院力排众论独立司法，最终得到了舆论的高度认可，也促进了法院依法公正行使职权。

3. 加强司法公开，提高司法公信力

近年来，我国司法公开的范围和方式日趋完善，2004 年以前是庭审公开时期、2004～2008 年是有限司法公开时期、2009 年以来进入全面司法公开时期。① 值得一提的是，2013 年薄熙来案审理时，济南中院进行了微博直播，使世界各地数亿人得以“围观”庭审实况，让国外许多媒体都大为惊叹。

目前，我国发布了关于立案公开、庭审公开、执行公开、听证公开、文书公开和审务公开 6 项公开的规定，建立了新闻发布会制度、互联网公开裁判文书制度、直播录播庭审直播制度等，司法公开的内容具体明确，可操作性强，这在全世界都有开创性和标本性意义。

（二）网络舆论的司法应对策略

1. 主动“喂料”，在互动中占据先机

本次调查发现，网络舆论主动关注司法审判这一特征十分明显。调查数据显示，42.3% 的案件在尚未进入司法审判程序之前就已经受到网络舆论的关注，其余案件大部分是在审理过程中被媒体报道并引起网络舆论的兴趣，只有极小部分是司法机关主动公布的。

此外，网络舆论主动关注司法审判的案件中，网络舆论施加的影响远远大于司法机关主动公布的案件，最重要的一个原因就是网络舆论首先发声，引导了舆论走向，使司法机关处于被动。

因此，建立和施行司法信息主动披露制度势在必行。建议司法机关设置专门的机构或人员定期适时地发布司法活动的信息，主动给媒体“喂料”，让媒体在第一时间发出权威报道。② 发布的案件应当具备一定的新闻价值、舆论价值和宣传价值，一方面满足公众的知情权，加强社会公众对司法公正性和中立性的信心，另

① 高一飞：《走向透明的中国司法——评中国司法公开改革》，载《中州学刊》2012 年第 6 期。

② 张洪斌：《浅谈舆论监督与司法公正的冲突及平衡》，载《河北法学》2012 年第 10 期。

一方面可以通过这样的“议程设置”[①]把公众的视线引到特定的方向，从而把握网络舆论的走向。

2. 把握规律，通过舆情监控科学预测舆情

开展网络舆情监控，科学预测有可能出现的舆情，做好预警和准备工作，这是司法应对的重中之重。

从本次调查来看，网络舆论的规律十分明显。第一，网络舆论的关注领域有规律，主要集中在道德问题、严重侵犯公民人身权益犯罪、权力阶层违法犯罪、涉名人类案件等方面；第二，引发网络舆论关注的案件发生区域有规律，我国政治、经济中心和东部发达地区的案件发生频率更大，且不同区域发生的案件性质也有一定区别；第三，影响司法审判的程度有规律，网络舆论主动关注的案件，如违背基本道德类案件、严重侵犯公民人身权益类案件对司法审判的影响最大，要引起特别重视。

司法机关应当充分研究和掌握网络舆论的规律，建立健全网络舆情预警机制，根据本辖区的特点和多发案件类型，全面监控舆论走向，科学预测有可能出现的舆情，为积极应对做好前期准备。同时，对不同案件的特性和共性进行提炼、总结，并建立档案，为今后采取措施提供预警和参考。

3. 应急反应，以实情改变舆情

网络舆论的特点是时效性强、传播速度快、波及面广，不受时空限制。事件发生后，网民因为缺乏准确的信息而心生疑惑，也容易被别有用心的人误导，如果司法机关此时反应迟缓，自然导致谣言四起，动摇人心。如果等到事件闹得沸沸扬扬再出面发布实情，就很难再扭转局面了。

因此，建议建立应急反应机制，安排专门机构监控和应对突发网络舆情，“第一时间”发现舆情，“第一时间”发布信息、回应质疑，变被动为主动，用实情改变舆情。比如大学生掏鸟事件就是一个很好的例子。[②] 在一些情况下，案件的真实情况往往难以在短时间内查清，第一时间发布信息有很大的难度和风险，对此，可以将已知的和可公开的信息及时发布，如果等事件清晰了再公开，往往已经错失引导

---

① “议程设置”是美国传播学家麦库姆斯等人提出的关于大众传播理论的一个重要假设，认为大众传播具有“议事日程”的功能，媒体的新闻报道和信息传达活动以赋予各种“议题”的不同重要程度的方式来影响人们对大事的判断。

② 河南两名大学生掏鸟分别被判有期徒刑10年和10年半，网络舆论认为司法不公。新乡市中级法院及时向社会通报案情和判决依据，不仅平息舆论风暴，更普及了法律，起到了法制宣传教育的积极作用。

网络舆论的先机。[①]

快速反应和及时发布信息是对公众知情权的尊重,容易得到公正的信任、理解和支持,可以有效消除误解和矛盾,避免网络舆论的负面影响。

4. 重视司法建议,主动回应社会关切

网络舆论的司法应对除了要最大限度控制和消除网络舆论的负面影响,更重要的是通过对个案应对,广泛传播法律知识和法治观念,培植公众法治意识。除了传统的召开新闻发布会,司法建议也是一条重要的途径。

司法建议是法院针对案件有关单位或部门在制度、工作上所存在的问题提出的健全规章制度、堵塞漏洞、科学管理的建议。司法建议可以针对网络舆情关注的焦点问题给予针对性的回应,但实践中司法建议适用对象比较局限,通常只针对具体单位或组织。在应对网络舆情时,法院可以尝试将焦点问题的回应和评价,反映在司法建议中,除向具体单位或组织送达外,也向社会公众、媒体公开,使司法建议取得更为广泛的社会效果,并形成示范效应,回应社会公众急切的司法需求。[②]

5. 适当调整法律和政策,形成良性互动

"法,国之权衡也,时之准绳也。权衡所以定轻重,准绳所以正曲直。"[③]如果法律与社会现实脱轨,就不能一味追求法律的稳定性和权威性,否则会导致网络舆论与司法审判之间的冲突愈演愈烈,反而损害法律的权威。

从本文的调查来看,我国当前网络舆情对相关法律、政策产生影响的十分有限。对此,笔者认为,除了要求审判机关积极回应社会关切,做好判后释法、科学普法工作以外,立法机关也应当积极面对网络舆情与司法审判的冲突,根据网络舆情诊断法律施行中存在的偏差,在保持法律制度整体稳定的情况下适时进行必要的调整和修改,从而形成网络舆论与司法审判的良性互动,共同推动我国的法治进程。

五、结语

网络信息时代下,网络舆论对司法审判的影响不容小觑。本文通过社会学实证研究的方法,抽取了网络舆论影响司法审判的52个具体案例进行统计分析,从

---

① 李雪慧:《新媒体时代检察舆论引导工作之路径解析》,载《人民检察》2015年第11期(上)。

② 余亚宇:《影响性诉讼及司法应对》,载 http://193.3.0.4/iweb/minfo/index.jsp? DMKID = 70,最后访问日期:2016年6月20日。

③ (唐)代吴兢:《贞观政要·公平》。

中摸索网络舆论的特点和规律,并以此为基础,提出了司法应对的原则和策略。这一探讨的过程虽然艰难,但不乏意义,期望能够为我国网络舆论的司法应对提供现实依据和参考,为我国在法治道路上的行进贡献绵薄之力。

浅议热点案件中的“叙事对抗”

——兼论裁判文书的叙事技巧

李紫来*

内容摘要:本文中的“叙事对抗”,是指针对舆论关注的热点案件,公众对人民法院裁判文书中认定的事实不信服,并提出与之相异的“故事”版本进行对抗的社会现象。近年来,“叙事对抗”现象在彭某案、崔某案、邓某案、夏某案等案件的网络讨论中频频发生,一些法律学者、律师也参与其中,严重损害了人民法院的司法公信力。

“叙事对抗”不仅是公众对司法不满情绪的非理性宣泄,而是其运用修辞技巧和法律知识对法官通过证据构建案件事实的思维过程进行解构——证据所反映的信息往往是非文字性、非叙述性、碎片化的,案件事实不是证据的堆砌,它需要法官通过推理、判断等思维活动将证据信息进行演绎,并运用修辞手段转化为裁判文书中具有法律意义的语言文字。“叙事对抗”现象暴露出我国司法实践领域对案件事实与证据的关系认识不深,对心理学、修辞学在事实认定过程中的影响缺乏足够重视。在这一方面,美国学者提出的“故事模型”理论可资借鉴。

“叙事对抗”可大致区分为“证据对抗”“逻辑对抗”“修辞对抗”三种类型,分别对应法官思维活动的不同阶段。“叙事对抗”往往也反映了公众的某种心态或诉求。洞悉公众心理,并采取不同策略提高裁判文书的叙事技巧,对消解“叙事对抗”具有积极作用。

关键词:叙事对抗　故事模型　修辞

近年来,社会舆论对人民法院所审理的一些社会热点案件始终保持高度关注,其中不乏质疑之声,互联网上甚至流传多种与判决书认定事实大相径庭的“事实”

---

* 北京市东城区人民法院民四庭法官。

版本,其中一些逻辑严谨,结构精巧,故事性强,与人民法院裁判文书形成鲜明对抗。笔者认为,在最高人民法院大力提倡司法公开,积极推进裁判文书上网工作之际,有必要对“叙事对抗”现象进行深入分析,对当前司法实践中的薄弱领域进行补强,切实提高裁判文书的说服力和人民法院的司法公信力。

一、受质疑的事实——法庭叙事与“网络叙事”的对抗

在针对彭某案、崔某案、夏某案、邓某案等热点案件的网络讨论中,公众[①]对判决书中叙述的事实非但不信服,甚至刊载出截然相反的叙事版本。本文所讨论的“叙事对抗”正是指公众对人民法院所认定事实的不认同这一现象。法庭叙事与“网络叙事”的对抗,不仅是公众对社会现实不满的情绪宣泄,它暴露出司法实践领域一个严重的短板,忽视了法官审判活动中一个重要思维过程的研究——从“客观证据”到“法律事实”的提炼与飞跃。“叙事对抗”实质是公众试图用法律思维与修辞学方法解构法官认定事实的过程,一旦被找出漏洞,必会动摇裁判结果的合理性,进而对人民法院的司法权威造成极大损害。

笔者认为,法官通过证据认定事实通常分为三个思维阶段:一是筛选有效证据,剔除无关或无效证据;二是通过证据厘清思路,推理案件事实;三是将案件事实用法律语汇进行叙事。对应这三个阶段,热点案件的“叙事对抗”可分为三种类型。

(一)证据对抗

证据对抗,是指法庭与公众因对证据的采纳不同而产生事实认定方面的对立,以夏某故意杀人案为代表:沈阳小贩夏某因占道经营被城管队员带回办公室接受调查时,在办公室内用随身携带的小刀刺死2名城管队员,刺伤1人。夏某辩称其被城管队员殴打而被迫自卫杀人。沈阳市中级人民法院及辽宁省高级人民法院经一审、二审后,认定被告人夏某在与城管执法人员因摆摊占道问题发生争执后,持刀在被害人办公室行凶,造成2人死亡、1人受重伤,其犯罪手段特别残忍,情节极其恶劣,后果极其严重,应依法严惩,故认定夏某犯故意杀人罪并判处死刑。宣判后,夏某一方称有6名证人能够证明其遭受殴打,但均未获法庭批准出庭作证,引来网络舆论的极大同情,对法院未采信“正当防卫”提出质疑。最高人民法院进行死刑复核后答记者问时说明了6名证人的证言不被采信的依据,包括证人无法联

---

① 本文所称的“公众”,是指关注案件审理情况,且能形成一定社会影响力的不特定人群,而不是指代全体公民或全体公民中的大多数。

系、伪证等原因,并否定了夏某自卫的说法。①

(二)逻辑对抗

逻辑对抗,是指公众对法庭认定案件事实的逻辑推理提出质疑,进而提出相反事实。以彭某案、许某案为典型:

在彭某案中,一审法院按照"如果没撞人,就不必送人去医院,也不必垫付医疗费"逻辑,认定彭宇撞人。② 这种违背中华民族传统美德的冷漠逻辑受到舆论的强烈批评。

在许某案中,一审法院未能查明违章翻越道路护栏的老太是否因为汽车撞击而受伤,于是认定"即使没有撞击,也会被驶来的汽车吓倒而受伤",从而认定许某与老太发生了交通事故,被网民讥笑为"吓倒老太也要赔"。

(三)修辞对抗

修辞对抗,是指公众利用与法庭认定相同的证据,以不同的语言加以描述和解释,从而形成与裁判文书不同的叙事版本,以崔某案为代表。该案证据十分明确(甚至包含了城管执法视频),控辩双方及公众均无异议,对崔某刺死城管队员的事实亦无异议,但针对相同的证据,法庭与公众却给出了大相径庭的事实版本:

北京市第一中级人民法院刑事判决书中认定:"被告人崔某于 2006 年 8 月 11 日 17 时许,在北京市海淀区中关村一号桥东南路边无照摆摊经营烤肠食品时,被北京市海淀区城市管理监察大队的执法人员查处,崔某对此不满,以持刀威胁的手

---

① 夏某案始末参见《沈阳小贩刺死城管终审判死刑 法院未采纳"自卫杀人"说》(http://news.xinhuanet.com/legal/2011-05/10/c_121396426.htm)、《夏俊峰是否还有一线生机》(http://paper.people.com.cn/jhzk/html/2011-07/01/content_961689.htm?div=-1)、《舆论的天平:该倾向司法还是倾向夏俊峰》(http://www.cq.xinhuanet.com/2013-09/28/c_117546043.htm)、《最高人民法院刑一庭负责人就夏俊峰案答记者问》(http://www.court.gov.cn/xwzx/tt/201309/t20130930_188598.htm)等文章。

② 案例详见南京市鼓楼区人民法院(2007)鼓民一初字第 212 号民事判决书。南京市鼓楼区人民法院一审认定:"如果被告是见义勇为做好事,更符合实际的做法应是抓住撞倒原告的人,而不仅仅是好心相扶;如果被告是做好事,根据社会情理,在原告的家人到达后,其完全可以在言明事实经过并让原告的家人将原告送往医院,然后自行离开,但被告未作此等选择,其行为显然与情理相悖……被告在事发当天给付原告两百多元钱款且一直未要求原告返还。原、被告一致认可上述给付钱款的事实,但关于给付原因陈述不一:原告认为是先行垫付的赔偿款,被告认为是借款。根据日常生活经验,原、被告素不认识,一般不会贸然借款,即便如被告所称为借款,在有承担事故责任之虞时,也应请公交站台上无利害关系的其他人证明,或者向原告亲属说明情况后索取借条(或说明)等书面材料。但是被告在本案中并未存在上述情况,而且在原告家属陪同前往医院的情况下,由其借款给原告的可能性不大;而如果撞伤他人,则最符合情理的做法是先行垫付款项。被告证人证明原、被告双方到派出所处理本次事故,从该事实也可以推定出原告当时即以为是被被告撞倒而非被他人撞倒,在此情况下被告予以借款更不可能。综合以上事实及分析,可以认定该款并非借款,而应为赔偿款……"

段抗拒执法，当执法人员将崔某经营烤肠用的三轮车扣押并装上执法车时，崔某进行阻拦，后持刀猛刺该城市管理监察大队海淀分队的现场指挥人员李某（男，殁年36岁）颈部一刀，致刀柄折断，后逃离现场。李某因被伤及右侧头臂静脉及右肺叶上叶，致急性失血性休克死亡。"①

随着媒体的不断深入报道，同情崔某的公众则逐渐倾向于相信另一个叙述版本，大致可归纳为：河北省保定市阜平县平阳镇各老村农民崔某，家境贫寒，在北京市中关村科贸大厦某娱乐场所充当保安。2006年4月起，因雇主拖欠四个月工资，崔某生活窘困，遂借钱购买了三轮车，摆摊贩卖烤肠。2006年8月11日下午，海淀区城管巡查队以崔某无照经营为由予以查处并没收其经营工具。因城管队员没有穿制服，也没有出示证件或任何文件，崔某误以为遇到抢劫或勒索。崔某恳求将三轮车留下，城管不予理睬，崔某哀求无果便离开现场。后崔某为了寻找一同摆摊的女孩赵某而回到现场，正看见三轮车被装上卡车，崔某尝试再次夺回自己的财产，在跑向卡车时遭遇城管队员的阻拦，混乱之中顺手将手中切香肠的小刀向身边一划，刺伤了海淀区城管队副队长李某，李某被送到医院后死亡。②

在法庭叙事中，崔某被描绘为一个暴力抗法的犯罪者；在"网络叙事"中，崔某则被描绘成一个为贫困所迫的悲剧式人物，甚至是舍身抗争恶吏的英雄。正如网络上的流行语"一个人为钱犯罪，这个人有罪；一个人为面包犯罪，这个社会有罪；一个人为尊严犯罪，世人都有罪"，③尽管法庭叙事与网络叙事均承认崔某杀人的事实，但不同的修辞使二者产生了巨大的道德分歧。

二、客观证据与主观故事——"叙事对抗"产生的原因

上述案件的"叙事对抗"中，"网络叙事"文本或与法官使用相同的证据，或同样依照经验、逻辑进行推理，却得到了两种内容截然不同但看似都具有合理性的事实版本——这正是"叙事对抗"中隐藏的法律问题。

（一）案件事实研究的缺陷——证据与事实的鸿沟

在现代法学理论中，证据是构筑案件事实的"材料"，程序法（特别是证据法）

---

① 案例参见北京市第一中级人民法院（2006）一中刑初字第3500号刑事判决书。

② 刘燕：《法庭上的修辞——案件事实叙事研究》，光明日报出版社2013年版，第33、34页。另参见《南方周末》中《城管副队长之死》一文（http://www.infzm.com/content/6400）、夏霖：《崔英杰案一审辩护词》（http://xialinblog.blog.sohu.com/128965007.html）、罗锦祥：《故意之前的错误——崔英杰的假想防卫辩护》（http://www.lawyerluo.com/law/309.html）等文。

③ 参见百度搜索，相关结果约有94万个。

是查明事实的方法。只要证据是真实的,程序是合法的,就能得出法律意义上公正的结论(尽管现代法学理论承认人们认识上的局限性,并允许法律事实与客观事实之间存在差异)。我国司法实践领域一直强调证据的作用,许多法律工作者都认为,认定了证据就等于查明了事实,却忽略了证据与事实之间隐藏的鸿沟。目前,我国对证据法的研究,更多侧重于证据的形态、证明力的高低、质证规则的构建等领域,但忽略了证据内容的叙事性解读,以及裁判者如何根据证据构建事实叙事这一思维过程。“在大学的法律教育中,书面上(在试卷和家庭作业中)反复出现的事实被假定为完整且切合实际的。因此,学生只需要对它们进行评价就行了。但在实践中情况却截然不同。”①在刑事案件中,证据可能是现场的凶器或痕迹;在民商事案件中,则可能是单据、照片等。在诉讼实践中,大量证据往往是以非语言、非叙事的形态彼此孤立地呈现在法官与当事人的面前。即使如合同、录音、证人证言等证据,虽然以语言或文字为载体,但仍无法直接以符合诉讼活动要求的叙事性形态展现案件事实。除了上述热点案件外,即使在人民法院日常审理的普通案件中,也经常出现双方当事人根据自身立场和利益,针对同一份证据进行不同解读的情况。由此可见,证据中隐藏的事实及其法律意义并非不证自明,从证据中提炼事实,再转化为裁判文书中的叙事性表述,必须经过一个复杂的思维过程。法官与公众在这一思维过程中出现分歧,正是“叙事对抗”产生的表面原因。

(二)“故事模型”理论——先有证据,还是先有事实?

在案件审理过程中,裁判者如何跨越证据与事实之间的鸿沟?面对个案证据之中各种非常细节化、具体化的现实问题,仅靠抽象的、笼统的程序性规则显然无法解决。

美国学者潘宁顿(Nancy Pennington)与海斯提(Reid Hastie)在研究英美法系刑事案件陪审团的裁判心理时提出“故事模型”认知理论,对从证据到“事实”的认知过程提出了具有较高认可度的解释。“故事模型”理论的基本观点是:“并非像人们想象的一样,案件证据与事实的认识顺序是单向的、由证据到事实的线形过程,先对证据材料进行观察、思考和分析,发现证据与证据之间的关系,然后逐渐得到一个完整的事实——这种传统的想象是不正确的。现实情况是,当人们了解到案件的大致信息,并浏览了呈现的证据之后,会在头脑中形成一个关于案件基本面貌的叙事式故事,接着以这个案情故事为指导,再去观察和整理证据。也就是说,

---

① [德]伯恩·魏德士:《法理学》,丁小春、吴越译,法律出版社 2003 年版,第 298 页。

如何理解证据所显示的信息,很大程度上是由先前在审理者头脑中形成的那个故事来决定的。而故事的具体形态是什么样子,则取决于审理者的个人经历、文化背景等因素……故事的组织在整个审理过程中不是一成不变的,有可能出现不止一个文本,并且在回头看证据时,可能发现验证不通的情形,于是修正故事……故事模型理论由三个部分构成:(1)通过故事建构来评价证据;(2)考察陪审团审理规则之后将待选的结果列出;(3)找出最合适、最匹配的故事与规则结合得出裁判结论。……一个有关案情的故事,必定包含三部分知识:(1)庭审时出现的当前案件的信息,如各种证据、证人证言和当事人的法庭供述等;(2)审理者脑海中的与正在审理的案件内容相似或相关的故事,比如以往发生在审理者所属社区的类似案件;(3)人们对于一个情节完整的故事的普遍期待,比如要有始有终、能自圆其说等。”①

审判者预先在头脑中构建案情故事,再进行证据审查,这似与现代司法理论中强调的“法官不应有先入为主的偏见”存在矛盾。然而法官预先设想案情的情况在司法实践中确是广泛存在的,正如法官首次阅卷时,没有人会跳过起诉书而直接浏览证据。实际上,法官或通过亲自办案,或通过经验交流,或通过书本学习,在漫长的职业生涯中早已积累了大量案情故事,在审理案件时必然会下意识地进行对照。同样地,公众在阅读裁判文书,评判案件结果时,往往也会结合故事进行判断,只不过他们的故事与法官所讲述的未必相同。

在上文所述的三种“叙事对抗”中,因修辞对抗所使用的大多是经过法庭质证认定的证据,故以修辞对抗最为典型。笔者仅以崔某案为例对“故事模型”理论进行分析——法官与城管队员同为公务员,在社会生活中具有一定的尊荣,作为社会管理者和法律秩序维护者,与城管队员具有相似的执法者立场,在工作中经常遭遇各种违法、抗法事件,因此首先构建起一个暴力抗法的故事模型;网民往往在公权力体系中缺乏话语权,在社会管理中处于被管理者的地位,与作为弱势群体的崔某容易产生共鸣,受到个人社会地位、经济地位、生活经历(自己与亲友可能遭遇过暴力执法)与媒体频繁报道的城管暴力执法事件影响,则很容易构建了一个贫苦农民为生活所迫摆摊,遭遇城管暴力执法,奋而反抗失手杀人的故事。因故事构建不同,法官与公众在部分证据的解读方面也产生了极大的分歧,例如,崔某生活贫寒、受害城管队员未穿着制服亦未出具行政处罚决定书等事件未被法庭叙事所采纳,

---

① 刘燕:《法庭上的修辞——案件事实叙事研究》,光明日报出版社2013年版,第96~98页。

却在“民间叙事”中予以强调；崔某手持小刀的动机是持刀威胁执法者还是正在切香肠忘记放下；崔某返回现场的动机是报复杀人还是寻找失散的伙伴等。

按照“故事模型”理论进行分析，上述三种“叙事对抗”产生的原因虽有区别亦有共性。区别在于：证据对抗主要是公众对法院如何适用证据法选择证据而提出异议；逻辑对抗主要是因为公众对法官推导事实所使用的经验、逻辑提出异议；修辞对抗主要是公众对法庭叙事所传达的道德评判提出异议。共性在于：公众与法官（以及法官所代表的公权力）因生活经历、执法经验、社会立场不同而构建了不同的案情故事，这正是“叙事对抗”产生的深层次原因。

（三）修辞的“魔力”——叙事文本的说服效果

修辞学是研究提高语言表达效果的学科，即如何依据题旨情境，运用各种语文材料、各种表现手法，来恰当地表达思想和感情，揭示修辞现象的条理、修辞观念的系统，指导人们运用和创造各种修辞方法恰当地表现所要传达的内容。[①] 古希腊学者认为，修辞学并不属于“真理”，而是说服他人接受真理的技巧。在司法实践中，修辞并不能左右案件事实，却可以影响叙事的说服效果。在司法实践中，修辞效果更好的“故事模型”往往更具有说服力。

以崔某案的法庭叙事与“网络叙事”进行对比，除了时间、地点等必要叙事要素之外，二者在修辞方面主要存在以下区别：一是背景（起因）描写，“网络叙事”详细介绍了崔某违章摆摊的原因——家境贫困又被欠薪，巧妙地暗示崔某本性并不邪恶，即便贫穷又被欺凌也依然通过辛勤劳动谋生，判决书却直叙崔某违规摆摊的事实，直接将其定义为违法者。二是情境描写，“网络叙事”强调了城管队员执法时未穿制服未出具行政处罚决定书的细节，既暗示崔某可能未辨识城管队员的身份，误以为遭遇“社会人”的勒索，又暗示城管队员可能存在工作作风问题，判决书对这一细节却完全没有体现。三是心理描写，“网络叙事”通过“误以为”“哀求”“尝试夺回”等词语，细致刻画了崔某的心理变化，暗示其持刀伤人是无奈无心之举，判决书中只有“持刀猛刺”一语，显得动机模糊。

上述对比可见，“网络叙事”在构建一个完整叙事结构（时间、地点、人物、起因、经过、结果俱全）的同时，还刻画了一个丰满的人物（生活背景、行为、心理），使读者感觉崔某是每个人现实生活中都可能遇见的“真人”，这个故事是现实生活中

---

① 参见词条“修辞学”，载百度百科：http://baike.baidu.com/view/468992.htm? fr = aladdin，最后访问日期：2014 年 6 月 25 日。

随时可能发生的“真事”。法庭叙事不仅信息量较少,人物刻画也简单片面,仿佛崔某是一个凭空出现的违法者,不知出于何故出手杀人,这样的叙事无法令读者感到真实。相比之下,运用了丰富修辞手段的“网络叙事”对作为普通人读者更具有说服力。

综上所述,按照“故事模型”理论进行分析,“叙事对抗”产生的原因有三点:一是热点案件大多涉及当前社会转型时期的敏感问题,如贫富差距、阶层分化、道德滑坡、城市管理等社会反映强烈的问题,公众往往各具立场,基于自身生活经历与利益诉求,往往建立了有倾向性的“故事模型”,这是“叙事对抗”产生的最根本原因;二是因公众与审判者构建的“故事模型”不同,导致选择证据、解读证据的过程出现分歧,这是“叙事对抗”产生的直接原因;三是法庭叙事欠缺修辞技巧(甚至存在错误),缺乏说服力,不足以推翻公众心中的“故事模型”,这是“叙事对抗”难以化解的重要原因。

三、叙事对抗的避免与缓解

即便在具有更为悠久的现代法制传统的西方国家,公众对法院判决提出质疑的事件也屡见不鲜。英美法系国家较早的认识到作为“精英”阶层的法官与一般民众在法律理解、价值观念等方面的差异,故而推行陪审团制度以消除对抗。陪审团制度是审判机关吸收法官以外的公众代表参与审判的制度,它使人民分享到审判权力,抵制了“精英”政治,削弱了“精英”的权力,也使案件的审判不局限于法官一人的观点,而是由多名公众代表共同决定,增加了裁判的公信力。

我国并无陪审团制度,潘宁顿与海斯提针对陪审团心理而提出的“故事模型”理论虽在英美法学界得到较高认可,但在国内亦未得到重视或承认。究其原因,“故事模型”理论暗示出一种情景——同一套证据可能对应多种事实版本,审判者能够按照主观意愿进行取舍——这无疑会动摇司法裁判的客观性、公正性基础。然而在司法实践领域,通过经验等主观性因素判断案件事实的情况则十分常见。最高人民法院《关于民事诉讼证据的若干规定》第 64 条规定:“审判人员应当依照法定程序,全面、客观地审核证据,依据法律的规定,遵循法官职业道德,运用逻辑推理和日常生活经验,对证据有无证明力和证明力大小独立进行判断,并公开判断的理由和结果。”该条明确赋予法官依据逻辑推理及生活经验排除可疑证据职权。不仅在排除证据方面,“故事模型”理论还进一步指出,在如何解读证据并将彼此孤立的证据串连为具备完整叙事要素[①]的事实文本的过程中，审判者的主观因素同样发挥着作用。因此，尽管我国的国情和司法制度未必适合全盘吸纳“故事模型”理论，但其关于事实认知过程的研究对避免或缓解“叙事对抗”颇具启发。

笔者认为，“叙事对抗”并不单纯是公众负面情绪的宣泄或者网络上随处可见的泛政治化的站队表态，而是民间社会在互联网领域向司法公权力机关争夺话语权的挑战。当前，法院与法官因为审判工作的保密性要求以及谨言慎独的职业操守约束，在互联网论战中往往反应滞后甚至沉默失语。裁判文书上网公开为人民法院创造了一个权威有力的发声平台。充分借鉴“故事模型”理论，可以有效提高裁判文书的叙事技巧，构建对公众具有更强说服力的事实文本，避免“叙事对抗”的产生。

（一）证据对抗——慎重排除证据，详尽说明理由

在夏某案中，因为媒体的报道及辩护人的炒作，公众心中已经形成了一个法院与城管“官官相护”，对无罪证据置若罔闻的故事模型。法庭只有高度重视证据公开，才能有效修正公众心中的故事模型。证据公开不仅包括被法庭所采信的定案证据，也包括辩护人一方极力主张但未被采信的证据。当前，我国法官撰写裁判文书时，往往忽视举证质证环节，即便是一些刑事判决书，对辩护人证据为何被排除也语焉不详，极易导致当事人不服判决，上诉、信访甚至闹事、炒作。只有将这些证据不被采信的理由（如伪证等）予以详述，才能使当事人和公众准确了解事实和证据的全貌，破除对法院公正性的怀疑和抹黑，增强裁判文书的可信度。

（二）逻辑对抗——正确运用生活经验，积极回应公众期待

在彭某案、徐某案中，法官运用的错误逻辑显而易见。或许法庭上的蛛丝马迹让法官确信彭宇、许某确实撞倒了老太，[②]确苦于缺乏证据，只能通过扭曲的逻辑推理满足实质正义。而恰是这扭曲的推理，引发了公众的对抗。因此，为了避免产生逻辑对抗，法官必须首先提高自身修养和素质，既要具备正确的人生观、世界观、价值观，又要具备丰富的知识、社会阅历、生活经验，能够敏锐洞察当事人真实诉求、公众心理、舆论走势，正确运用法律条款以及公众普遍接受认可的逻辑、经验，有效回应公众期待。

---

① 叙事要素，是指“时间、地点、人物及事件的起因、经过、结果”。

② 2012 年，南京市政法委书记刘志伟接受媒体采访时披露，彭某当时的确与徐老太相撞。参见《“彭宇案”真相再调查》（http://focus.news.163.com/12/0116/11/7NSSBBEV00011SM9.html）等文章。许某案二审重新进行司法鉴定，认定王老太腿部伤情单纯摔伤难以形成，车辆撞击可以形成。

（三）修辞对抗——加强修辞与说理，避免涉入敏感领域

裁判文书作为一种应用文体，其叙事的功用性远高于文学性。裁判文书叙述案件事实的目的，是证明判决结果的合理性、正义性。因此，尽管裁判文书的叙事不像寓言故事一般蕴含深意，但同样要发挥出道德评判、价值评价的功能，使读者阅读之后能够区分当事人行为的对与错，进而认同审判结果。当前，我国法官在撰写"本院经审理查明"的事实叙述部分时，往往忽视叙述的完整性、隐喻性，也不注重修辞的作用，主要表现为事实叙述的碎片化——零散而缺乏中心思想，甚至仅仅简单罗列证据，使读者难以明确了解当事人行为的动机、意图。笔者认为，法官撰写裁判文书，必须客观、中立，忠实于事实，不能"添油加醋"，但应当借鉴修辞学的一些理论，至少应当叙事要素俱全，使读者通过阅读裁判文书对案件事实形成明确判断。

但值得注意的是，裁判文书的叙事并非越全面越好，一些无关事件不必记载，否则容易湮没事实焦点，一些敏感事件不能记载，否则被别有用心之人利用，可能引发更大的舆论争议。例如，在崔某案中，法官对辩护人极力强调并经媒体证实的证明崔某生活贫困的证据均予排除。笔者认为，这不仅是裁判者依据证据规则对无关证据不予采信，更是有意回避案件可能涉及的社会敏感领域。如今部分人群的过度贫困、城市管理执法问题均是社会转型时期的敏感问题。辩护人希望把案件引入这些话题，试图证明是贫困与城管队员的野蛮执法导致了案件发生。然而，这些社会现象本不属于人民法院的管辖范围，人民法院也无权力认定这些社会现象是否存在，法官的政治立场更不允许其在裁判文书中认定这些现象存在。虽然，与运用各种修辞手段而显得"绘声绘色"的民间叙事相比，法庭叙事往往显得片面而简略，不似民间叙事一般有着形象鲜明的人物与悲剧式的故事情节，在感染力上逊色于民间叙事。但是，法庭叙事的特点在于辩法析理，它可以通过法律的理由与规定排除相关证据，如在崔某案中，贫困并不能成为犯罪的理由，也不能成为减轻刑罚的理由，强化法律说理，可以将公众的认知引领回理性与法律的领域，避免因为同情或偏见而产生对抗。

四、结语

在媒体与舆论高度发达的今天，人民法院审理案件已不应仅针对事实和法律问题进行裁判。公众可以从各种渠道了解热点案件的"事实"，并怀有期待地构建"故事模型"。如果法庭认定的事实与其不一致，则可能在网络世界产生叙事冲

突。因此,人民法院在审理案件的过程中,应当在法律允许的限度内适时发布信息,影响公众对案件结果产生正确预期。同时,裁判文书的叙事应当摒弃“不管你们信不信,反正我信了”的傲慢,将当事人与公众视为需要耐心说服的对象,在避免案件卷入敏感的非法律领域同时,增强裁判文书的叙述技巧,加强证据采信、逻辑推理、道德评价、法律适用等方面的说理性,减少叙事冲突,提升司法公信力。

第五章　专业审判领域热点问题

检视与重构:当事人陈述证据价值之激活

刘蔚雯*

内容摘要:当事人陈述作为我国法定证据形式之一,其证据功能在审判实务中并未得以真正实现。本文在全面分析当事人陈述制度的现实困境之后,对其形成原因进行了剖析,进而从路径选择、完善促进和保障机制、构建审方论证模式三方面对当事人陈述证据价值之实现提出构想。

全文共分为三个部分:

第一部分:提出问题。首先明晰了当事人陈述的证据功能,在现行立法框架下,其功能应从消极层面考量,将其限定于"不得妨碍法官形成对案件事实的正确认识",随后全面考察了作为证据的当事人陈述长期被边缘化的现实困境。

第二部分:分析问题。由于法律概念的模糊、程序规则和证据规则的缺失、促进和保障机制的缺位,使其在民事诉讼审判中形同虚设。

第三部分:解决问题。基于上述分析,从路径选择、完善促进和保障机制、重构审方论证模式三方面对完善我国当事人陈述证据制度提出建议。设立特定的询问当事人程序规则,将作为证据的当事人陈述和其一般的诉辩意见相区分。强化当事人的出庭义务和真实陈述义务,探索建立多元化的惩罚机制,从而一定程度上保障当事人陈述的真实性。同时,考虑借鉴"图尔敏法学论证模式",强化当事人陈述作为证据的证明力,从而实现当事人陈述证据价值的激活。

关键词:当事人陈述程序规则　图尔敏模式

当事人的陈述作为我国民事诉讼法定证据形式之一,其证据功能相较于书证、物证、证人证言等其他证据形式而言,并未得以充分的发挥。1991 年《民事诉讼法》将当事人的陈述作为七种法定证据形式之一进行规定,我国现行《民事诉讼

---

* 北京市东城区人民法院民五庭法官助理。

法》将当事人的陈述置于八种法定证据形式的首位。2015 年最高人民法院《关于适用〈中华人民共和国民事诉讼法〉的解释》(以下简称《民诉法解释》)首次在立法层面上对当事人陈述的真实性提出要求,同时对虚假陈述的不利后果进行了初步的规制。然而,立法的逐步完善并未改变司法实务中作为证据的当事人陈述被边缘化的尴尬处境,从立法理论到司法实践的转化,不仅需要一般的宣示性规定,更需要制度功能与程序设计的逻辑自洽,否则将带来法律体系内的混乱,难以实现预期的效果。本文将从当事人真实陈述义务的实施困境、原因分析以及路径选择、论证模式等方面对我国当事人陈述制度进行深入分析,以期对该制度的完善有所助益。

一、实践考察:当事人陈述证据功能发挥的现状

(一)当事人陈述证据功能之再界定

当事人作为与纠纷处理结果具有直接利害关系的人,其陈述往往虚实并存,作为"证人"是否适格曾备受质疑。然而,民事纠纷之纷繁复杂不容回避,当事人的陈述作为一种包含丰富诉讼信息的有形载体,通过特定的程序规制,对案件事实的证明价值是不容忽视的。随着"发现真实""保证实体权利的公平实现"等诉讼价值理念的回归,各国逐步认可了当事人陈述的证据能力,并通过设计合理的当事人作证程序来发现和防范当事人的不实陈述。在辩论主义的诉讼模式之下,并未对当事人课以真实陈述的义务。近年来,随着协同主义诉讼观的兴起,当事人的真实陈述义务才逐步得以确立。其主要功能在于帮助法官形成对于案件事实的正确认识。然而,从我国现行立法对当事人真实陈述义务的规定来看,并未要求作为证据的当事人陈述具有积极成就法官心证的功能,出庭应诉、积极陈述并非当事人之诉讼义务,当事人不出庭陈述并不会因此承担不利的法律后果。① 因而,在现行立法框架之下,我国当事人陈述之证据功能应从消极层面予以考量,即"当事人不得妨碍法官形成对案件事实的正确认识"。

(二)现实困境:当事人陈述之证明功能极弱

在民事审判实务中,几乎难以找到法院采纳当事人陈述作为定案依据的案例,当事人陈述的证据功能并未得以充分的发挥。主要表现为以下两个方面。

1. 当事人不出庭陈述和虚假陈述的情形较为普遍

司法实践中,当事人委托代理人参加的诉讼案件逐渐增多,导致当事人本人不

---

① 《德国民事诉讼法》第 138 条第 1 款规定:"当事人应就事实情况为完全而真实的陈述。"

出庭成为常态，由此可见，作为证据形式之一的当事人陈述便无从实现其证明功能。另外，尽管《民诉法解释》第110条已经初步构筑了当事人真实陈述义务的规则框架，但是，促使当事人履行真实陈述义务的程序规则与制度保障明显滞后，当事人虚假陈述的情况层出不穷，司法实务中最常见的有以下两种类型：

(1)故意陈述虚假的、于己有利的案件事实。

案例一：原告甲诉请被告乙给付货款，向法庭提供了一份被告乙出具的货款欠条。第一次庭审中被告乙未到庭应诉，法官询问原告欠条出具后被告有无还款，原告陈述"一次都没有"。第二次开庭时，被告代理人到庭并提供若干收款、收条及退货单等证据，原告对其中一张收条及退货单予以否认，后经法庭核实均为真实。①

(2)虚假否认，表现为在对方当事人提交了充分的证据证明或是经过法官调查取证后，仍然予以抵赖。

案例二：甲以乙未给付部分货款为由诉至法院，请求判令乙付款，被告乙以原告甲所供货物存在质量问题为由拒付货款。庭审中，原告甲提供了一份《催缴函》邮政快递回执的复印件，证明被告乙从未就货物质量提出异议。乙收到货物后，甲曾发函"若存在质量问题请于3日内回函以便检修"，乙签收了该函但未予回函。因邮递时间已超1年，甲未能提供加盖邮政部门公章的查询单据，故申请法院依职权调取证据，甲当庭只提交了回执的复印件。乙主张其从未收到过该函件，且对无原件核对的复印件不予质证。经法庭多次询问乙有无收到该函件，乙均予以否认。庭后，经向邮政部门调查，查实乙确收到该函件，当庭陈述为虚假陈述。②

上述两个案例中，前者当事人先故意陈述虚假事实，后又对对方提交的直接证据予以否认；后者表现为当事人对于对方提交的证据虚假否认，两者的行为均对法庭查明案件事实造成了严重障碍，使法官游离于真实与虚假的判断之中，影响了审判活动公正和效率的实现。

2. 法官在审判实践中对作为证据的当事人陈述未给予足够重视

司法实践中，囿于固有证据模式与职业风险的考量，法官对分散于民事诉讼程序各个阶段中的表现形式多样、难以确定真伪的当事人陈述抱有天然的警惕，在案件事实真伪不明时，宁愿适用证明责任，也不会采用当事人陈述作为认定案件事实

---

① 《虚假陈述：法律很生气　后果很严重》，载人民法院网：http://rmfyb.chinacourt.org/paper/2013-11/03/content_72332.htm，最后访问日期：2016年6月3日。

② 《当事人在民事诉讼中提供虚假陈述应予制裁》，载江苏法院网：http//www.jsfy.gov.cn/xwzx2014/llyi/dybg/2013/09/09/0514273376.html，最后访问日期：2016年6月3日。

的依据。具体表现为：

(1)在庭审过程中忽视当事人陈述，表现为在法庭举证、质证阶段，鲜有法官对作为证据的当事人陈述组织质证，而是直接在判决书中对其证明力予以认定。

(2)在裁判文书中忽视当事人陈述，一方面表现为作为证据的当事人陈述与当事人一般诉辩意见混同。[①] 在多数判决书中法官未对两者进行区分，只在采信的证据中简单列举当事人陈述，至于哪些陈述是具有证明力的证据，则没有予以区分和说明。另一方面表现为裁判文书中极少对当事人陈述是否具有证明力及其证明力大小进行分析和判断。即使在少数案件中有所回应，也多用“符合常理”或“与常理不符”等表述一笔带过。

二、追根溯源：当事人陈述被边缘化之原因剖析

(一)法律概念模糊

现行法并未对当事人陈述从功能上加以区分，对其内涵外延界定不清，在民事诉讼中，作为陈述主体的当事人既是诉讼主体，同时又是“证人”或证据方法。我国立法虽肯定了当事人陈述的证据属性，但是，没有对当事人的“诉辩意见”和“证据性陈述”进行区分，导致了实务中作为证据的当事人陈述与当事人的主张、辩论等融为一体，不利于其证据功能的发挥。

(二)程序规则和证据规则缺失

一是程序规则缺失。庭审过程中，将作为证据的当事人陈述从其一般的诉辩意见中剥离出来，不仅需要法官具有相应的证据意识，更需要依靠一整套完善的程序设计。民事诉讼中，当事人以自己的陈述作为证据时，其角色就从诉讼主体转换成证人。《民诉法解释》对当事人这一程序角色的转换制定了相应的规则，如签署保证书的规定等，但是并未使之体现于特定的程序中，没有对当事人在何种程序进程中得以陈述案件事实作证进行规定。

二是证据规则缺失。现行立法并未对当事人的真实陈述义务进行规制，同时也没有制定出具体的证据规则来指导该证据制度在实践中的操作和落实。将当事人的陈述作为证据时，其在案件中就具有“双重身份”，当事人陈述是否具有真实性、合法性、关联性直接影响该证据是否具有证据能力及其证明力的实现，因而需要制定出相应的证据规则，一方面促使当事人作出真实陈述，另一方面使该证据的

---

① 最高人民法院民事诉讼法调研小组：《民事诉讼程序改革报告》，法律出版社2003年版，第115页。

收集和表现形式相对明确和固定,从而保证当事人陈述作为证据的真实性和合法性。

(三)促进和保障机制缺位

一是未明确当事人拒绝到庭、拒绝陈述的法律后果。在我国现行立法中,当事人不会因为不出庭陈述而直接承担诉讼上的不利益,法律也未对当事人消极应诉的行为能否纳入法官自由心证的范围予以明确。法官不能依职权要求当事人出庭陈述,因而当事人陈述这一证据形式能否发挥作用、发挥多大作用完全取决于当事人的意志,具有极大的偶然性和不确定性。

二是现行立法未明确规定当事人虚假陈述的法律后果。如当事人进行虚假陈述,其是否应当承担法律责任,应承担何种法律责任,在哪一诉讼程序和诉讼进程中追究其法律责任等问题均未予以明确。

三、我国当事人陈述证据制度的重构

(一)进路一:确立询问当事人的程序规则

在大陆法系国家中,实现当事人陈述的证明功能主要是通过询问当事人的诉讼制度来完成的。虽然我国《民诉法解释》第110条规定了法院可以根据审理案件的需要询问当事人,但该规定对于启动询问当事人的主体、对象、条件、询问的范围等方面均未作出规定,指导性不足。笔者认为,当事人陈述证据功能的发挥,有赖于完善的程序设计。因而,借鉴域外民事诉讼制度中的合理因素,构建询问当事人程序,对于当事人陈述证明功能的充分发挥具有重要意义。

首先,启动询问当事人程序的主体应仅限于法院。法官在证据调查的任何阶段均可根据事实查明的实际需要决定是否询问当事人。同时,对待证事实负有证明责任的当事人可申请法院就该项事实的真伪询问对方当事人,是否许可由法官综合现有证据查明的事实自由裁量,之所以不赋予当事人直接启动该程序的诉讼权利,主要是出于诉讼效率的考量。再者,查明案情也是法官职责之所在,将启动该程序的权力限制于法官的诉讼指挥权项下,既能够保障案件事实的查明,也能够防止诉讼拖延,同时在一定程度上避免当事人诉讼义务的无限扩张。

其次,询问对象应仅限于具有完全诉讼行为能力的当事人本人。如当事人本人是无诉讼行为能力人或限制诉讼行为能力人,则其接受法庭询问,对案件事实所作出的陈述不具有证据能力,当然更不能作为认定案件事实的依据。

再次，明确询问当事人程序的适用条件。《民诉法解释》只规定了"有必要时"可以询问当事人，这一规定过于模糊，不利于制度在实践中的运用，有必要对其加以明确。笔者认为，在我国诚信缺失的社会大背景之下，当事人陈述与其他证据形式相比，存在虚假的可能性较大，对待证事实的证明力较弱。因此，仍应坚持补充性原则，即只有在依据现有证据尚不足以使法官形成对案件事实的确定性认识，且待证事实也能为当事人所亲自感知的情况下，法庭方可启动该程序。

最后，限定询问当事人的内容和范围。询问当事人必须严格遵循辩论原则，法官只能在当事人提出的事实主张和证据材料的范围内对其进行询问，否则有可能造成对当事人诉讼权利的不当干预。

（二）进路二：完善促进和保障机制

1. 强化当事人的出庭义务和陈述义务

现行民诉法和司法解释对当事人出庭义务的软化处理，客观上使作为证据的当事人陈述被采纳的可能性大大降低。因而，立法应当对当事人的出庭义务予以明确规定。司法实践中，当出现原、被告对案件的基本事实争议较大时，或是证据存在瑕疵并有可能影响案件事实认定的，或者是涉及当事人个人亲历，需要当庭亲自陈述等情形时，法官会要求原、被告本人到庭接受询问。当法院启动询问当事人程序时，当事人无正当理由拒不出庭，待证事实也无其他证据予以证明，则其拒绝到场或拒绝陈述的行为应遭受事实认定上不利益之评价。另外，在我国民事诉讼中，当事人拒绝陈述的，并不会因此承担任何的不利益，客观上也限制了法官利用当事人陈述进行裁判的机会。为求当事人陈述证据功能的充分发挥，民事诉讼程序应当致力于促进当事人积极陈述与辩论。一方面，应对当事人作出的"不知"陈述进行规制，如果当事人对自己知道或是应当知道的事实，以"不知道"或是"不清楚"、"不记得"等进行回答，并且不能做出合理说明的，法官在综合考量案件的整体事实后，可以考虑将该种陈述视为自认。另一方面，当事人无正当理由拒绝接受询问的，经法官就法律后果进行释明后仍拒不陈述，待证事实无其他证据予以证明时，法官可以作出不利于该当事人的推定。通过上述规定，当事人在诉讼中积极地就其了解的案件事实作出陈述，在此前提下，探讨当事人陈述证据功能的发挥才有实际意义。

2. 探索建立我国的多元化惩罚机制

通过多元化惩罚机制的建立，以制度化促进、保障当事人在诉讼中真实陈述。笔者认为，应从以下三个方面来完善对当事人虚假陈述的法律规制。

第一，适当扩大虚假陈述规制对象的范围。在司法实践中，诉讼代理人教唆当事人虚假陈述的现象屡见不鲜，严重干扰了法官对案件事实的查明和认定，因而，将虚假陈述的诉讼代理人纳入规制范围中，必要时法院应向其行业组织发出司法建议，促使其加强行业惩戒措施，从而更好地保障当事人陈述的真实性。

第二，在个案处理上，加大对虚假陈述的惩罚力度。首先，法官在审查当事人为进行诉讼活动支出的合理费用时，可将当事人虚假陈述纳入评价范围，因其虚假陈述使对方支付了额外的取证费、鉴定费等费用时，即使虚假陈述方胜诉，也应由其承担上述额外的诉讼费用；其次，适当加重虚假陈述的当事人的证明责任，提高就某一待证事实进行证明的证明标准；最后，允许法官将当事人虚假陈述的行为纳入自由心证的范围，由于其违背事实的陈述和证明行为，法官对于该当事人的可信性产生怀疑，从而影响法官有利的心证形成，最终可能对案件的事实认定产生直接的负面影响，因此直接抑制当事人进行虚假陈述，促使当事人在诉讼中遵守诚实信用原则。

第三，丰富惩罚机制和救济途径。如果一方当事人的权益在诉讼中因为对方的虚假陈述行为而受到损害，应允许其另案提起侵权之诉，要求虚假陈述的当事人赔偿损失。同时，可以借鉴国外立法经验，在刑法中增加藐视法庭罪，将当事人违反真实陈述义务的行为，纳入刑法的调整范围。一方面丰富了制裁措施，实现与其他法律制度相配套；另一方面通过不同的诉讼程序追究责任，可以有效避免处理民事纠纷的法官在本案中对虚假陈述的当事人直接追责而可能产生的角色混乱、权力界限不清等问题。①

（三）进路三：借助“图尔敏模型”重构论证模式

本文借助“图尔敏模型”构建作为证据的当事人陈述的审方论证模式。图尔敏模式的基本构造是：证据材料基于保证及支援的支持，使带有模态限定词的主张得以成立，除非可能存在特定的反驳推翻该推理。证据材料作为主张成立的理由，是论证的起点之一。② 当事人就其所亲身经历的案件事实接受法庭询问作出的陈述即是证据材料。保证是从证据材料出发得出主张的根据，是连接证据材料与主

---

① 纪格非：《我国民事诉讼中当事人真实陈述义务之重构》，载《法律科学》2016 年第 1 期。

② 熊明辉：《诉讼论证》，中国政法大学出版社 2010 年版，第 127 页。

张的纽带。[1] 支援则是为保证提供进一步的支撑,是支撑保证的其他证据材料或者推理。[2] 模态限定词则是为了使主张表述更加的准确、贴切而使用的类似于“通常”“若无意外”等限定性量词。反驳是指对方提出的反证或是合理的疑点。可用图1来表征图尔敏模型的基本构造:

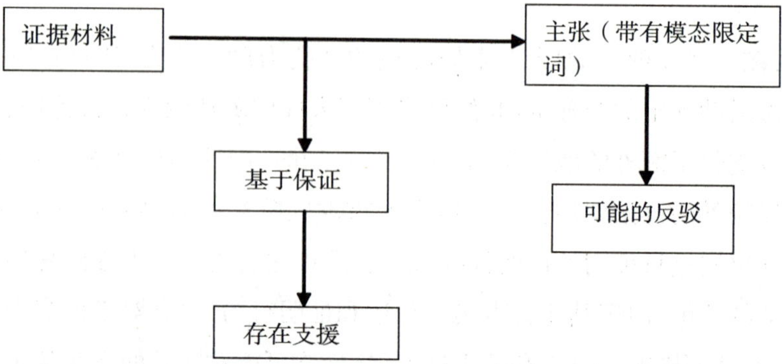

图1 图尔敏模型的基本构造

图尔敏理论中对于处理保证、支援之间关系的设想,是该模型同传统论证模型的主要不同,[3]其本质上是一个不同于“前提—结论”式的、更加贴近真实论证的论证评价模型。当事人陈述存在虚实并存、不稳定等诸多弱点,其对于案件事实的证明需要“保证”和“支援”两个因素的共同支持。本文借助图尔敏模型,试图为法官审查、判断当事人陈述提供一个论证框架,通过构建当事人陈述证据制度中的审方论证模式,以期为法官作出公正、合理的裁判有所助益。

1. 保证

保证在不同的科学领域中体现为不同的表现形式。在司法审判实务中,“保证”主要是体现为法律规则或是证据规则,通常被称为“法律依据”。[4] 现行法对当事人陈述证据制度的规定存在诸多模糊、空白之处,未能对当事人陈述证据制度的实施给予强有力的保证,在审判过程中,法官无从判断当事人是否已经完全履行真实陈述义务,也没有相应的证据规则指导和规范取证过程,应从以下两个方面予以完善。

---

① 黄金华:《法庭证人询问中的推理研究》,知识产权出版社2014年版,第93页。
② 黄金华:《法庭证人询问中的推理研究》,知识产权出版社2014年版,第95页。
③ 熊明辉:《诉讼论证》,中国政法大学出版社2010年版,第129页。
④ 黄金华:《法庭证人询问中的推理研究》,知识产权出版社2014年版,第92页。

(1)明晰当事人真实陈述义务之内涵。

《民诉法解释》在立法层面对当事人陈述的真实性提出了要求,但该规定并没有统摄真实陈述义务的完整内涵。因而,理论界与实务界就当事人是否履行真实陈述义务的判断标准产生了分歧。在大陆法系国家中,德国理论界通说认为应对《德国民事诉讼法》第138条第1款进行限缩性解释,即不允许当事人为加重对方负担而主张自己明知不真实或不确信的事实;不允许他辩驳对方当事人的主张,如果他知道或确信该主张是正确的。当事人可以主张他所不知道的事实,只要不是明知其为不真实;当事人即使相信对方主张可能是真实的也可以辩驳,①即坚持主观真实标准。笔者认为,应从主观和客观两个方面界定当事人真实陈述义务之范围,考虑到作为证据的当事人陈述长期被边缘化的现实,不应矫枉过正、过于超前地强调和扩大真实陈述义务的范围,否则不仅无助于制度在审判实务中的适用和落实,更会导致规则之间的矛盾和混乱。具体而言,当事人是否履行真实陈述义务,需从主客观两个层面进行考量:

首先,坚持主观真实的判断标准,淡化真实陈述义务中的完全义务。当事人真实陈述义务是诚实信用原则在诉讼中的具体要求之一。换言之,只有当事人主观上有虚假陈述的故意,违反了"诚信""善意"的基本要求,法律对其行为进行否定性评价才有了正当性。如果将真实陈述义务的理解和适用扩大到要求当事人对其主张的真实性进行仔细详尽的调查,没有调查就构成对真实陈述义务的违反,则是将法院查清案件事实的职责转移到当事人,使当事人在诉讼中承担了过重的探明事实的责任,不利于其诉讼利益的保护。同时,应当淡化真实陈述义务中的完全或是完整的义务要求,②一方面,完全义务突破了辩论原则,在辩论主义仍居主导地位,协同主义尚未得到立法支持的现实背景之下,完全义务与现有的诉讼制度相冲突;另一方面,完全义务的要求不具有可操作性,当事人只有将自己对事实的全部认识提供给法院,才算履行了完全陈述义务。然而诉讼中的争议多存在于事实层面而非法律层面,实际纠纷处理过程中当事人不可能完全不考虑自己的利益而将自己所知晓的全部事实均提交于法庭之上。如果要求当事人承担"完全义务",则"民事诉讼作为一项解决纠纷机制仅存的制度规范就只有当事人自认,而且是必须

---

① 纪格非:《我国民事诉讼中当事人真实陈述义务之重构》,载《法律科学》2016年第1期。

② 我国有学者主张当事人必须将自己对于事实的全部认识提交到辩论中,不能有所隐瞒和保留。

自认”[①]，再者该义务的履行结果将使双方当事人就案件事实再无争议，司法实践中这样的情形极其少见。所以，弱化完全义务的要求，更符合审判实践的现实要求，有助于真实陈述义务的操作和落实。

其次，从客观方面考量当事人不履行真实陈述义务对于法官认定案件事实的影响。如果当事人故意作出虚假陈述或是虚假否认，足以影响法官对整个案件事实的认识，进而影响裁判结果时，才应当被认定为违反真实陈述义务。反之，虽然当事人刻意隐瞒其所了解的部分不利于己的事实或是对此作出虚假陈述，但是并不足以危及法官对案件主要事实的正确理解和认识，则不应被认定为违反真实陈述义务。

(2)设计特定的证据规则。

法官启动询问当事人陈述程序之后，当事人的诉讼角色也发生了相应的变化。接受询问之初，当事人应当具结承诺其陈述的真实性。通过具结，一方面使当事人明确其之后所做出的陈述已具有证据属性，形式上区分了作为诉辩意见的陈述与作为证据的陈述；另一方面在一定程度上保证其陈述的真实性。法官在询问当事人时可以准用询问证人的规则。具体规则可作如下设计：法庭启动询问当事人程序之后，接受询问的当事人走上证人席，签署保证书，具结承诺其所作陈述均为真实；法官就待证事实对当事人进行询问，在法官询问之后，经许可，对方当事人也可就待证事实自行向作证的当事人进行询问；询问过程中不得存在重复、诱导、威胁等不当情形；询问完毕后，对方当事人对该当事人作出的陈述发表质证意见。

2. 支援

“保证”需要“支援”来进一步支持，在判例法体系中，支援主要是指先例[②]，在我国现行法语境之下，支援指的是支持保证的其他证据事实或推理。在审查当事人陈述之真实性时，支援的处理格外重要。换言之，作为证据的当事人陈述与其他书证、物证相比，证明力较弱，需要“保证”同“支援”一起支撑从证据材料到主张的链接。实务中，法官可以从以下问题入手，全面审查和判断是否存在支援及支援的强弱，进而展开对当事人陈述是否具有证明力的论证。

问题1：当事人就待证事实的陈述是否存在其他证据予以佐证？

问题2：当事人的陈述是否与在案其他证据已经证明的案件事实相一致？

---

① 徐昕：《英国民事诉讼与民事司法改革》，法律出版社2002年版，第103页。

② 熊明辉：《诉讼论证》，中国政法大学出版社2010年版，第126页。

问题3:当事人的陈述是否具有内在一致性?

问题4:当事人的陈述是否具有可信性?

问题1的提出即是在对当事人陈述的证明力进行审查判断时,考察有无其他证据佐证其陈述。当事人作为与案件有直接利害关系的主体,其陈述不能单独作为认定案件主要事实的依据,须与其他证据相互印证,形成完整的证据链,才能据以认定案件事实。因此,存在其他证据佐证为审查当事人陈述是否具有证据能力和证明力提供了重要支援。问题2则是判断案件事实是否具有一致性,如果出现不一致的情况,法官应对已经证明的案件事实进行重新调查,对涉及的证据重新审查和判断,对其证明力依据优势证据规则来予以认定。如果作为证据的当事人陈述与通过其他证据证明的案件事实具有一致性,则可为其陈述的真实性提供一定支援。问题3帮助法官发现当事人陈述中的矛盾之处。司法实践中,当事人常常会对待证事实作出前后不一致的陈述,法官在对其陈述进行审查时,应全面综合考量其陈述的准确性、确定性、稳定性,从而判断当事人的陈述是否符合证据真实性的要求。问题4的提出在于考察当事人的陈述是否违反了经验法则和伦理法则。作为证据的当事人陈述是当事人对其亲历的案件事实发生过程的重述,其陈述本身即可能存在肯定或是否定自我的内在因素,因此,在判断其真伪时,运用日常生活中的经验法则和伦理法则就尤为重要。当前,法官在审理案件中对于经验法则和伦理法则的运用往往采取消极态度,出于职业风险的考量不敢轻易运用经验法则来认定案件事实。然而,民事诉讼包罗万象,法官在裁判中不仅要严格依据法律法规,更要以普通大众的"常识""常情""常理"为出发点和落脚点,方能取得较好的效果。[①] 具体到对作为证据的当事人陈述进行审查时,需要法官运用日常生活经验法则、商业交易习惯、伦理法则等一系列规则,综合判断当事人作出的陈述是否真实和合理。由于经验法则自身的不确定性,就能否直接适用经验法则证明待证事实以及在证据的证明力审查上,经验法则通常指经过长期的验证,代表了一类事物发展规律且普通人即使不具备任何专业知识也能够在日常生活中有所认识和掌握的一般经验法则。如果当事人对于案件事实的描述经过推演和再现,合乎一般生活经验和伦理规则,则在一定程度上可以证明其真实性。

基于上述分析,可以得出审查作为证据的当事人陈述是否具有证明力的论证模式如下。

---

① 陈忠林:《刑法散得集》,法律出版社2003年版,第37页。

证据材料：当事人就待证事实出庭接受法庭询问，并向法庭做出陈述：待证事实是真的（或是假的）。

基于保证：法院启动询问当事人程序后，当事人有出庭并做真实陈述的义务。接受法庭询问之前当事人通过签署保证书具结承诺，法庭依据证据规则对其展开询问。

存在支援：作为证据的当事人陈述有其他证据加以印证，与已知的其他证据证明的案件事实并无矛盾或冲突，并且符合经验法则和伦理法则，具有内部一致性。

主张：通过对“保证”和“支援”两个要素的论证，作为证据的当事人陈述可作为认定案件事实的依据，除非存在相反的证据。

四、结语

当事人陈述证据价值的激活，有助于案件事实的查明，保障审判活动公正和效率的实现。在立法上，应当进一步明确当事人真实陈述义务的内涵与范围，通过设置特定的程序规则将当事人作为证据的陈述从其一般性主张和辩论中分离出来，并通过强化当事人的出庭和陈述义务，探索建立多元化的惩罚机制，为当事人作出真实陈述设置事前、事中、事后的促进和保障机制。在审判实务中，作为证据的当事人陈述对待证事实的证明力较弱，因而需要区别于其他证据，重构审方论证模式，借助图尔敏论证模式中的“保证”和“支援”来说明并强化当事人陈述的证明功能。通过设立询问当事人程序、完善促进和保障机制和构建新的论证模式，激活当事人陈述的证据价值，使其证据功能得以充分发挥和实现。

论用工者替代责任的适用进路

——以“专车”司机交通事故案展开

王志刚*

内容摘要：学术界关于替代责任的讨论一直都未停止，替代责任的概念、构成要件、价值判断以及立法选择都是学术界关注的焦点问题。我国《侵权责任法》对替代责任做出了较为明确的立法选择，但因立法的抽象性以及法官对替代责任的主体、职务行为认定的标准存在不同的理解导致司法实践中裁判结果的不一。本文笔者以一起“专车”司机交通事故案为例展开，通过对现有立法体例的深入分析，以实践中最为常见也最难认定的“用工者替代责任”为研究对象，尝试提出替代责任的构成要件以及认定时应考量的因素，旨在有效解决审判实践中这一疑难问题。

关键词：“互联网+”　专车司机　用工者替代责任

呆板的公平其实是最大的不公平。

——托马斯·福勒

理解法律，特别是要理解法律的缺陷。

——边沁

一、引言：一桩“专车”司机肇事案引发的写作动机

当下“互联网+”的模式正改变着人们的生活和工作，其中“专车”这一新型交通模式，以便捷性、实用性改变了很多人的出行方式。正是由于专车覆盖的广泛性，各类媒体在发布有关专车的讨论时通常会引发热议：专车司机实施不法抢劫、专车司机性侵乘客、搭乘专车的乘客因交通事故受伤后无人负责等。笔者在不久

---

* 北京市东城区人民法院民专庭法官。

前审理了一起专车司机机动车交通事故责任纠纷案,引发了笔者对《侵权责任法》中替代责任的思考。简要案情如下:专车司机在未接收到网络约车信息的情况下驾驶专车超出营运地域范围接送亲属,在路上发生交通事故后逃逸,产生致使他人死亡的损害后果。受害者家属及专车司机出于各自目的均认为事发时司机履行的是专车公司的职务行为,应当由专车公司替代司机承担侵权赔偿责任。为能更好地理解适用替代责任,进而作出合法、合理、公平的裁判,笔者搜索相关案例、查阅各种教材、文献及论文后发现学术界对于侵权法上替代责任的概念、性质、构成要件、归责原则、价值判断以及立法选择的激烈讨论并未随《侵权责任法》的颁布实施而停息,司法实践中法官对于替代责任的理解也存在差异,又因无相对细化且统一的裁判标准或考量因素的指引导致裁判结果不一。本文旨在通过分析现有《侵权责任法》第34、35条及相关司法解释中关于替代责任的立法体例和价值追求,尝试提出认定替代责任的裁判要点,以解决实践中遇到的疑难问题。

二、拨云见日:现行替代责任立法体例及相关概念分析

(一)现行替代责任的立法体例

我国《民法通则》第121条规定,国家机关或者国家机关工作人员在执行职务中,侵犯公民、法人的合法权益造成损害的,应当承担民事责任。最高人民法院《关于审理人身损害赔偿案件适用法律若干问题的解释》(以下简称《人身损害赔偿司法解释》)第8条规定,法人或者其他组织的法定代表人、负责人以及工作人员,在执行职务中致人损害的,依照《民法通则》第121条的规定,由该法人或者其他组织承担民事责任。上述人员实施与职务无关的行为致人损害的,应当由行为人承担赔偿责任。第9条规定,雇员在从事雇佣活动中致人损害的,雇主应当承担赔偿责任;雇员因故意或者重大过失致人损害的,应当与雇主承担连带赔偿责任。雇主承担连带赔偿责任的,可以向雇员追偿。前款所称"从事雇佣活动",是指从事雇主授权或者指示范围内的生产经营活动或者其他劳务活动。雇员的行为超出授权范围,但其表现形式是履行职务或者与履行职务有内在联系的,应当认定为"从事雇佣活动"。

《侵权责任法》第34条规定:"用人单位的工作人员因执行工作任务造成他人损害的,由用人单位承担侵权责任。劳务派遣期间,被派遣的工作人员因执行工作任务造成他人损害的,由接受劳务派遣的用工单位承担侵权责任;劳务派遣单位有过错的,承担相应的补充责任。"第35条规定:"个人之间形成劳务关系,提供劳务

一方因劳务造成他人损害的，由接受劳务一方承担侵权责任……”

《侵权责任法》颁布实施前关于替代责任的主体称谓并不统一，而随着我国经济体制不断向市场经济转变，劳动法律制度的逐渐完善，尤其是《劳动法》和《劳动合同法》的颁布实施，体现所有制形式的称谓已不合时宜，《人身损害赔偿司法解释》中所称的雇主责任是广义的雇主责任，既包含了劳动关系中的用人单位的责任，又包括了劳务关系中的雇主责任。① 因此，《侵权责任法》将原有的雇主责任分为两种情况，即用人单位责任和接受劳务者责任两种情况，统一了主体称谓，故应以新法确定的称谓为准。同时，笔者认为“劳动”系建立替代责任关系的决定性因素，用人单位或接受劳务者均是通过使用他人的“劳动”得以拓宽工作范围、增加获利机会，其本质非“劳动力”而是“劳动”或“工作”本身，故本文采用“用工者替代责任”而非“用人者替代责任”或“雇主责任”来概括上述两种责任，其中，用人单位及接受劳务者统称为“用工者”，提供劳动者称为“工作人员”。

（二）替代责任的概念

替代责任，因不同法系也被称为优势责任、被强加的过失责任、间接责任或者因他人的行为承担的侵权责任。根据《布莱克法律词典》的解释，替代责任是指无过错的责任人基于特定的关系而承担本应由行为人承担的民事责任。② 这里的“替代”指的是侵权责任，而非侵权行为。替代责任的本质特征是侵权行为主体与责任承担主体相分离，这与侵权法中“自己责任”的基本理念完全不同，之所以有此立法创造，其价值追求就是保护被侵权人的合法权益。替代责任的适用前提系责任主体与侵权行为实施者之间存在特定关系，这种特定关系分为身份关系和合同关系。合同关系主要包括劳动关系、劳务关系、代理关系等提供劳动型的关系，身份关系主要包括无民事行为能力人或限制民事行为能力人与其监护人的监护关系等。

（三）用工者替代责任的构成要件及归责原则

本文的主要研究对象为《侵权责任法》第34、35条规定的用工者替代责任，下面就其构成要件及归责原则进行分析。

1. 构成要件

用工者替代责任的构成要件包括：(1)工作人员对第三人存在侵权行为，应承担侵权责任；(2)工作人员与用工者之间存在特殊关系，工作人员提供劳动，用工

---

① 王利明等主编：《侵权责任法裁判要旨与审判实务》，人民法院出版社2010年版，第231页。

② 郑晓剑：《揭开雇主“替代责任”的面纱》，载《比较法研究》2014年第2期。

者接受劳动，工作人员受用工者的支配及管理；(3)工作人员实施侵权行为时系在履行职务行为；(4)用工者承担侵权责任。

另外，劳务派遣的情况，劳务派遣单位对于工作人员的侵权行为有过错的需承担相应的补充责任。适用该条款时应当注意：(1)劳务派遣单位在派遣工作人员方面存在过错，该过错主要是指对工作人员的选任、培训等方面未尽到必要的注意义务；(2)用工单位为第一顺位责任人，只有在用工单位无法全部赔偿的情况下，剩余部分才由劳务派遣单位来承担。[①]

2. 归责原则

替代责任的归责原则体现法律价值判断，即法律应以行为人过错还是以损害赔偿作为价值判断标准。选择损害标准是重视侵权法的赔偿功能，选择过错标准是重视侵权法的惩戒和教育功能。[②] 我国采用无过错责任的归责原则，即用工者不能通过证明在选任、监督、指示、控制、管理方面不存在过错来免除侵权责任。该立法选择不以过错为标准而以损害后果为标准，体现了我国侵权法填补受害者损害后果的价值追求，更多意义上是基于社会公平正义之理念中成长起来的，是典型的实用主义原则。[③]

3. 追偿权的立法选择

《侵权责任法》在立法过程中受限于立法的技术与社会实践的复杂性并未规定用工者在承担替代责任后对侵权行为人的追偿权。有学者认为，单位承担责任的能力较个人强得多，对于大多数普通劳动者而言如果对其行使追偿权不利于生活和工作的积极性；有学者认为，出于公平的考量，如果侵权人是故意或重大过失并且行为超出了法律或用人单位授予权限的，当用人单位主张其追偿权应当获得认可。[④] 根据立法机关的立法释义：如果对追偿权作出明确规定，有的用人单位可能利用该条规定，将本应承担的责任转嫁给工作人员。不同行业、不同工种和不同劳动安全条件，其追偿条件应有所不同，因此未对追偿权的问题作出规定。[⑤] 故笔者认为，用工者可以根据双方的约定作出内部追偿或者投保责任保险等方式降低

---

① 王胜明主编：《中华人民共和国侵权责任法释义》，法律出版社 2010 年版，第 174 页。

② 林玲：《雇主替代责任新诠》，载《濮阳职业技术学院学报》2013 年 10 月。

③ 姚阿敏：《雇主替代责任初探》，载《法制与社会》2015 年第 3 期(下)。

④ 齐远松：《替代责任法律问题实证调查研究——以用人单位替代责任为例》，载《中共山西省直机关党校学报》2016 年第 1 期。

⑤ 王胜明主编：《中华人民共和国侵权责任法释义》，法律出版社 2010 年版，第 172 页。

员工侵权行为所带来的经营风险，法院对此不应作出处理。

三、用工者替代责任的适用进路

上述立法选择仅为司法实践提供了原则性的适用依据，对于法官审理纷繁复杂的具体案件而言立法机关限于立法技术或者争议较大等原因还未能提供较为细化的适用指引，但现实是法院仍在受理大量的此类案件。为此，笔者下面从司法者的角度尝试提出用工者替代责任的适用进路。

（一）身份条件

用工者替代责任的前提条件系侵权人与责任人之间存在某种特殊关系，根据《侵权责任法》的规定承担用工者替代责任的主体表述有两种，一是用人单位，二是接受劳务者。对于如何界定上述主体的范围，司法实务界与学界观点并不一致。

1. 用人单位

有观点认为，此处的用人单位包括企业、事业单位、国家机关、社会团体，也包括个体经济组织。[①] 杨立新教授认为，用人单位是指依法成立的法人以及没有法人资格的其他组织。但凡不是个人劳务的私人雇工关系，也不是劳务派遣关系，就都是本条所指的用人单位。[②] 随着社会分工的不断细化，用工形式日趋复杂，如果仅以劳动法领域的主体范围对承担替代责任的主体做限缩解释，则无法涵盖社会生活中的全部用工主体，故笔者赞同杨立新教授的观点，应当对用人单位作广义理解，不仅包括劳动法领域的用人主体，还应包括与公务员、参照公务员管理的事业单位工作人员相对应的国家机关、事业单位、社会团体，另外筹备期的企业、聘用已退休人员的单位、注销后继续经营的企业等一切用工的组织，都属于用人单位的范围。只有这样才不会遗漏侵权责任承担的主体，体现保护被侵权人合法权益的立法价值追求。

2. 接受劳务者

其主要是基于自然人与自然人之间形成的以提供一定劳务为合同内容的法律关系来确定的。实践中，包括家庭或个人与家政服务人员的关系，个体工匠与帮工或学徒之间的关系，农村承包经营户与雇用的工人之间的关系等，主要特点就是接受劳务者接受自然人的劳动，对提供劳务者的工作内容具有指示、支配能力。笔者赞同郑玉波教授的观点，雇员身份的认定应当以指示权为标准，不应当考虑劳动合

---

① 王胜明主编：《中华人民共和国侵权责任法释义》，法律出版社 2000 年版，第 169 页。

② 杨立新：《侵权责任法》，法律出版社 2012 年版，第 251 页。

同、委托合同等是否存在,也不应考虑合同是否有效,是否约定有报酬。①

3. 劳务派遣

劳务派遣纯属劳动法上的概念,又称人才派遣、劳动力租赁,是指由劳务派遣机构与派遣劳动者订立劳动合同,由派遣劳动者向用工单位给付劳务,劳动合同关系存在于劳务派遣机构与派遣劳动者之间,但劳动力给付的事实则发生于派遣劳动者与用工单位之间。劳务派遣的最显著特征就是劳动力的雇用和使用分离。作为侵权法中承担替代责任的主体,笔者认为劳务派遣单位亦应同上述主体一样作广义理解。因为现实社会中,国家机关上下级或同级之间相互借调工作人员、上级公司委派工作人员到下级公司工作的情况较为普遍,而劳动关系并不发生转移,故形式上与劳务派遣较为相似,故委派、借用工作人员到其他单位进行临时性工作的情况也应纳入侵权责任法中的"劳务派遣"范围,以应对用工领域的复杂情况。

4. 工作人员

与用人单位、接受劳务者、劳务派遣单位相对应的为"工作人员",是指受用工者的支配和管理,为用工者提供劳动的自然人。同样,侵权法领域的"工作人员"不限于劳动法和劳务合同领域规定的主体范围,其涵盖范围广泛,不仅包括劳动法领域的"劳动者"、公务员、事业单位工作人员、劳动合同中受雇人员,还包括非法用工中的未成年人、退休人员等一切被用工者支配、管理并提供劳动的自然人。

(二)工作人员的行为构成侵权行为

《侵权责任法》中的表述为"造成他人损害",并未直接表述为工作人员构成侵权行为,而造成他人损害仅是侵权责任的构成要件之一。有学者认为,因对替代责任、侵权行为的概念还未达成统一意见,故我国侵权责任法没有使用"构成侵权行为""替代责任"的概念,以避免理论争议。② 笔者认为用工者承担替代责任的前提应为工作人员业已存在侵权行为,产生侵权责任,进而才发生用工者替代其承担侵权责任,因此工作人员具有侵权行为是用工者承担替代责任的前提要件。如何认定工作人员构成侵权,应按照侵权责任法中的具体规定予以适用,与用工者替代责任实属不同的侵权责任类型。

(三)工作人员执行职务行为

立法机关为限制无条件的突破"自己责任"的范围,在立法中规定因"执行工

---

① 郑玉波:《民法债编总论》,中国政法大学出版社2004年版,第158页。

② 蔡宏伟:《论侵权替代责任》,载《忻州师范学院学报》2013年第2期。

作任务”或“提供劳务”时发生的侵权行为才由用工者承担替代责任，这两种表述方式统称为“执行职务行为”。执行职务行为被认为是认定用工者替代责任的根本性条件。

关于职务行为的认定一直都是最为复杂、最具争议的法律难题之一，其主要观点有三种：(1)主观说。该说认为，界定工作人员的活动是否属于执行职务行为，应当以当事人的意思的内容出发加以判断。(2)客观说。该说认为，从行为的外观判断之，凡工作人员之行为外观具有执行职务之形式，或客观上足以认定其为执行职务者，就应认定为职务行为，其为滥用职务行为、怠于职务行为或利用职务上之机会及执行职务时间或处所有密切关系之行为，亦应涵摄在内。① (3)折中说。该说可以分为两种观点，一种认为应以主观说中的工作人员意思说为原则，例外情形下采用客观说；另一种观点认为应以客观说为原则，同时结合用工者及工作人员双方的主观意志及执行职务有关的一切事项作出综合的判断。② 主观说被普遍认为存在一定的弊端，因世界上最难猜测的就是人的复杂多变、难以琢磨的主观想法，且发生侵权行为后用工者与工作人员普遍具有将责任归咎于对方的主观心理动机，因此法官很难把握。采用客观说，法官可以根据查明的事实作出相对较为客观的认定。因此，各国学界和司法界普遍认同客观说。德国法中对职务行为的认定标准是“内在的关联性”，指从受委托事务的目的和方式来看，雇员的致害行为与受委托事务之间具有紧密或直接的内在联系。而英国法中认为只要与执行职务有合理程度的关联性，可视为执行职务，考虑的因素包括行为的场所、时间、行为的动机、形态等。③ 我国《侵权责任法》中未对执行职务行为的认定标准作出明确规定，但根据《人身损害赔偿司法解释》第9条的内容可以得出：工作人员从事用工者授权或者指示范围内的生产经营活动或者其他劳务活动，或虽工作人员的行为超出授权范围，但其表现形式是履行职务或者与履行职务有内在联系的，应认定为职务行为。该司法解释的立法目的体现了我国倾向于客观说的价值判断，可以作为法官裁判时的参考依据。

之所以法官在判断职务行为时感觉棘手，是因为职务行为的认定直接关系到侵权法中两个基本的价值利益问题，即行为的自由与受害者权益的保护，在协调两

---

① 黄立：《民法债编总论》，中国政法大学出版社2002年版，第314页。

② 福建省高级人民法院民一庭：《雇主责任若干法律问题之思考》，载最高人民法院民事审判第一庭编：《民事审判指导与参考》(总第16集)，法律出版社2004年版，第94页。

③ [日]望月礼二郎：《英美法》，郭健、王仲涛译，商务印书馆2005年版，第233～234页。

者关系时，立法机关仅规定了抽象的条文，更多需要法官在充分理解侵权法价值追求的前提下根据个案情况进行利益平衡。[①] 从理论的角度来说，执行职务具有浓厚的法政策判断色彩，法官应当坚持个案判断的原则，从法政策角度考量，进行综合判断，兼顾用人者利益和受害人利益，从而妥当认定是否属于职务行为。[②] 司法实践中对于如何认定职务行为并不统一，例如，(2014)泰中民终字第0487号民事判决中，一审法院认为，工作人员驾车回家吃饭后返回工地的行为构成职务行为，二审却持不同观点，认为明显不属于因执行职务行为造成他人损害的情形，因此对一审予以改判。(2013)川民申字第1159号民事裁定书中认为雇主雇用的驾驶员搭乘他人的行为，虽超出雇主授权范围，但就一般经验而言，仍与履行职务有内在联系，属于执行职务行为。现有法律未为法官指明认定职务行为的进路，但法官在审理此类案件时都面临这一问题的困扰，笔者在深入理解立法价值追求、总结学者的各种观点后尝试提出如下认定职务行为时应当考量的因素，以供法官同人借鉴与批判。

1. 行为的时间、地点、场合

主要是指工作人员按照用工者要求、授意的时间、地点、场合、形态执行工作任务。工作人员与用工者的本质关系是用工者通过对工作人员必要的支配和管理进而实现用工者的经营或工作目的。通常情况下，支配和管理的主要内容就是用工者在法律强制规定的范围内对工作时间、地点、场合等内容作出规定，工作人员按照规定工作。然而现实社会中工作的方式千差万别，许多行业的工作时间、地点以及场合具有不确定性，如长途运输、代驾、网络外卖送餐等，法官需对不同的工作领域进行深入研究、积累社会经验，根据查明的事实以及日常经验判断工作人员侵权时是否在工作的时间、地点和场合。以上文中的“专车”司机交通事故案为例，与日常巡游的出租车不同，专车司机通过互联网专车约车软件接收到客户信息后才开始提供运输服务，工作时间系从接收到客户信息开始至将乘客送到约定地点为止，工作地点为接收信息所在地至客户要求到达之地车辆所行经的路线。而专车司机在未接收信息的情况下驾驶专车超出服务范围的驾驶行为，已明显超出必要的限制，应认定为超出工作时间和地点的行为。另外，在判断是否为工作时间和地点的过程中也不能拘泥于双方的约定，还需结合具体工作内容和场合做出理性判

① 梁慧星教授认为，根据利益法学的观点，法官有补充法律漏洞的权限，但不能仅凭法官自己的价值判断，而应受立法者各种意图的拘束。

② 周友军：《侵权责任法专题讲座》，人民法院出版社2011年版，第678页。

断，如某企业员工因工作需要临时出差外地，在休息日与客户谈判过程中造成他人损害，侵权行为发生的时间和地点都不符合双方劳动合同的约定，但该员工根据企业的指示到工作地点以外的地方出差，利用休息日与公司客户谈判属于本职工作内容的延伸，应认定为在工作时间和地点执行工作任务。

2. 行为的内容与用工者意志的关联性

主要是指执行职务行为的内容系用工者明确授意、指示或虽未明示但属于用工者经营活动、正常工作的必要组成部分，是用工者明示或默许的行为。如餐厅工作人员在批发市场购买原料的行为，汽车维修店工人维修车辆的行为等。对于常规的工作内容较易理解，实践中争议较大的是执行工作前必要的准备工作和辅助性工作是否属于执行职务行为。实践中有这样的案例，公司司机为接领导上班骑自行车到公司取车，取车途中撞倒行人致行人受伤。有观点认为，司机骑自行车的目的是取车接领导上班，该行为与其工作内容（接送领导上下班）具有一定的关联性，根据工伤认定办法上下班途中发生事故也被认定为工伤，故应认定为职务行为。但笔者认为，骑自行车取车的行为与其工作内容虽具有一定关联性，但显然该关联度较弱，并非紧密、直接的联系，不应认定为职务行为。之所以能被认定为工伤主要出于劳动法保护劳动者的立法目的，并非侵权法领域认定职务行为的依据，劳动法与侵权法的价值追求不同。如果此时认定为职务行为由用工者承担替代责任有失公平，将会给用工者带来不可预期的成本。

另外，超越职责行为、擅自委托行为、违反禁令行为以及借用机会行为是否属于执行职务行为，学术界和实务界都有较大的争议，有学者根据客观说的原理认为上述行为不属于执行职务行为。① 笔者并不能完全赞同。因为在当前复杂的用工形式中，工作人员并非完全按照也不可能完全按照劳动合同、用工者的授意完成工作内容，劳动的过程本身就是一种创造性的活动，超越职权范围的工作时常发生，因此不能一概认定不属于职务行为，还需法官根据个案具体分析侵权行为与工作内容以及用工者意志的关联程度，判断两者是否具有相当的关联度，再结合其他因素认定是否为职务行为。"专车"案中，专车司机在未接收信息的情况下超范围的驾驶行为系专车公司的许可或默许行为（至少在车辆定位系统能够确定车辆具体位置的情况下未加以制止），虽发生交通事故非专车公司所意愿，但系专车运营过程中必然存在的风险，故应认定司机的行为与用工者意志具有一定的关联性。

---

① 张新宝：《侵权责任法原理》，中国人民大学出版社 2005 年版，第 304 页。

3. 第三人以及社会共同经验对工作人员行为的外观与用工者关联性的认知程度

即从客观角度足以使第三人相信行为人在履行职务。实践中,大部分的职务行为,社会公众都可以通过行为的外观判断是否以用工者的名义对外执行职务行为,例如着制服的出租车司机驾驶喷涂公司名称出租车的行为。"专车"案中,因专车没有喷涂所属公司以及用于营运目的的标识,故车外第三人(包括受害者)无法从车辆外观以及司机驾驶行为的外观获取司机驾驶专车从事营运活动的信息,进而无法得出司机在为专车公司工作的结论。而网络送餐"骑手"身着印有"某某外卖"标识的服装通过电动车送餐的行为,公众依据社会共同经验从其外观就足以相信该骑手在履行外卖送餐公司的职务行为。此项内容法官可以从第三人以及社会共同经验的角度出发,通过双方举证或调取证据的方式予以认定。

4. 行为的受益人

工作人员行为的目的在客观上系为用工者利益而为之,若出于行为人个人之目的,则不宜认定为职务行为。根据替代责任的报偿理论,用工者通过他人的劳动为自己服务,扩展活动空间、拓宽业务领域、增加获利机会,享受到了社会分工带来的好处,风险与收益相伴而生,因他人行为享受利益的同时也应承担相应的风险。[①] 医生的诊疗行为给医院带来经济效益,科研工作者的科研行为使科研机构受益,企业员工的生产加工行为为企业带来经济效益。上文"专车"案中,司机驾驶专车接送亲属过程中,亲属并未通过网络支付平台支付乘车费用,其受益人显然不是专车公司,而是司机及其亲属本人。对于谁为受益人的判断通常情况下较为容易,但是由于社会分工越来越细化,尤其是"互联网+"模式下信息提供者亦从工作人员的工作中获取相应的利益,故对于认定受益者在实践中并非易事。例如,快递员为能够多投递货物超载运输导致事故发生并造成他人受伤,超载行为与他人的损害后果具有因果关系,有观点认为,超载运输虽不符合快递公司的内部规定,但客观上的受益人为快递公司,故应当认定为职务行为;也有观点认为,快递员出于追求个人利益的目的(计件工资)违规超载运输,属于为个人利益而行为,不应认定为职务行为。笔者认为,虽客观上快递公司从超载行为中获得利益,但若根据快递公司的工资发放规定快递员从超载行为中能获取的收益远超过公司,且超载行为系公司客观上明令禁止的行为而非默许行为,此时就不宜认定公司为受益

① 程啸:《侵权责任法》,法律出版社2015年版,第402页。

人。又如，网络送餐员的送餐行为，其受益者客观上包括配餐商家、网络运营服务商、劳务派遣公司、订餐者及送餐员个人，显然我们不能将上述全部受益者都列为承担替代责任的用工者范围。笔者认为，判断是否为用工者利益，应当把握一定的判断尺度，根据社会共同经验或一般理性人认为的受益程度结合不同的用工形式具体分析，不宜对“受益者”作广义的理解。

上述因素只是认定职务行为需要考量的因素，并非必须全部满足才被认定为职务行为，司法裁判中还需要结合上述因素对具体案件综合分析、判断。以专车案为例，笔者综合上述考量因素后最终认定：即使司机与专车公司之间存在劳动关系，司机驾驶车辆进而发生交通事故的行为与专车公司之间存在一定的关联性，但因司机的驾驶行为不在营运时间，且事故地点已超出合理的营运范围，受害者及社会共同经验无法从司机的驾驶行为外观上判断履行的系专车公司的职务行为，驾驶行为的受益人为司机及其亲属，故综合判断司机的行为不属于履行专车公司的职务行为，应由司机承担侵权责任。另外，法官在适用替代责任过程中应合理分配举证责任。若受害者或其近亲属认为侵权人履行的系用工者的职务行为，应由其提供基本的证据证明侵权人在为用工者工作过程中发生侵权行为。若侵权人本人主张履行职务行为，则举证责任应分配给侵权人，由侵权人举证证明其主张。

四、结语：法官通过衡平裁判体现法律要旨

我们通过对用工者替代责任的概念以及现行立法体例的分析明晰了我国立法的实然状态，进而提出了认定替代责任时的考量因素，但同时也发现在司法认定中即使有了上述考量因素也不能像数学公式一样得出明确的答案，毕竟呆板的公平是最大的不公平，法律的抽象及缺陷应当由法官的裁判说理过程来弥补，法官的自由心证充满了各种经验判断、法律判断、价值判断及观点的强烈碰撞，需要衡平与取舍，这也许就是“替代责任”法律问题一直被关注的魅力所在！借用我的法官同人丁宇翔的一段话作为结语：裁判者通过解决具体的纠纷向具体的人阐述法律上的价值判断，这就是司法判决。法官总是被束缚在涉及具体问题的具体案件中，但必须对这些具体问题（通过判决）给出答案，人民、社会甚至国家都通过这些判决感受和体验到法律的要旨、善恶和尊严。①

---

① 丁宇翔：《司法裁判为何是法治的基石》，载《人民法院报》2016 年 4 月 22 日，第 5 版。

嵌入式“对物之诉”：刑事涉案财物处理的进路探析

张若枫*

内容摘要：规范刑事涉案财物处理体现了尊重和保障人权的宪法原则，是司法改革和建设法治国家的重要课题之一。但我国刑事诉讼中长期存在“重人轻物”的观念和做法，笔者通过实证研究，发现并总结了刑事审判中涉案财物处理的突出问题，基于对涉案财物的属性分析及诉讼法学的理论，提出嵌入式“对物之诉”的设想：以成本控制及与原程序的兼容为出发点，通过案件分流、诉前审查等途径设定“对物之诉”的适用门槛；基于证明机理和诉讼主体类型设定“对物之诉”嵌入庭审的时机和方式，实现“对物之诉”与“对人之诉”的弥合与协同。

关键词：对物之诉　刑事涉案财物　刑事诉讼程序

引　言

刑事诉讼中的涉案财物处理问题由来已久。近年来，随着司法改革的深入推进，这个问题逐渐引起中央及各级的重视和社会各界的关注。从根本上解决这个问题，对于刑事诉讼的顺利进行，保障当事人的合法权益，确保司法公正，具有十分重要的意义。2012年《刑事诉讼法》增设了犯罪嫌疑人、被告人逃匿、死亡案件违法所得没收程序，之后“两高”专门出台司法解释，具体规定了此特别程序的适用范围、司法认定、操作程序、证明标准等问题，被称为“对物之诉”①。但是这种特别程序的适用率极低，司法实践中更普遍的是被告人在案的刑事案件，本文拟就这些一般刑事案件中的涉案财物处理问题探寻解决之道，以求教于大方之家。

---

* 中国人民公安大学在读博士生，北京市东城区人民法院刑一庭助理审判员。

① 戴长林：《依法规范刑事案件涉案财物处理程序》，载《中国法律评论》2014年第2期。

一、管窥:刑事涉案财物处理的现状及问题

按照我国《刑法》的相关规定[①],刑事涉案财物应为一切有待裁判的,与刑事犯罪及诉讼活动有关的财物,具体包括违法所得、供犯罪所用的本人财物及违禁品。目前我国立法中已有一些对刑事涉案财物处理的程序性规定,比如法院应当调查涉案财物的权属情况,并审查案外人提出的权属异议[②],涉案财物处理的事实需要运用证据证明[③],应当在判决书中写明涉案财物的处理方式[④]等。实践中的做法如何? 笔者选择了中国司法案例网(通过最高人民法院官网路径进入)作为数据库,将检索条件设置为 2014 年 11 月 6 日(《最高人民法院关于刑事裁判涉财产部分执行的若干规定》开始实施)以来裁判的刑事案件,共获得 81 条大数据案例,排除其中 3 条重复无效案例,最终选取 78 件典型案例作为研究样本。样本涉及 20 多个罪名,包含全国多省市 3 个层级法院审理的一审、二审及再审刑事案件,比较具有代表性。通过对样本的统计分析,我国刑事诉讼中涉案财物处理的现状与问题可见一斑。

(一)涉案财物处理恣意性依然存在

《刑法》第 64 条规定,涉案财物的处理结果包括没收上缴国库和返还被害人,分别适用追缴和责令退赔两种执行方式。在研究样本中,有 33 个案件的判决主文做出涉案财物处理决定,占样本 42.3%,具体的财物类型和处理方式分布情况如图 1 所示。

通过对裁判文书进行分析研究发现,判决主文的漏洞是导致财物处理随意性的源头和症结所在:其一,个别案件未在判决主文中对涉案财物做出处理。有的案件应当判决责令退赔财物,而未在主文中体现出来;[⑤]有的案件对在案查封、扣押、冻结的财物没有处理结论;[⑥]有的再审案件改判无罪,但忽略了对原审判决已没收

---

① 《刑法》第 64 条:犯罪分子违法所得的一切财物,应当予以追缴或者责令退赔;对被害人的合法财产,应当及时返还;违禁品和供犯罪所用的本人财物,应当予以没收。没收的财物和罚金,一律上缴国库,不得挪用和自行处理。

② 最高人民法院《关于适用〈中华人民共和国刑事诉讼法〉的解释》第 364 条。

③ 最高人民法院《关于适用〈中华人民共和国刑事诉讼法〉的解释》第 64 条第 8 项。

④ 最高人民法院《关于适用〈中华人民共和国刑事诉讼法〉的解释》第 365 条。

⑤ 广东省肇庆市鼎湖区人民法院(2016)粤 1203 刑初 48 号判决书、山东省宁阳县人民法院(2016)鲁 0921 刑初 44 号判决书、江苏省徐州市中级人民法院(2015)徐刑二终字第 6 号裁定书。

⑥ 浙江省兰溪市人民法院(2015)金兰刑初字第 427 号判决书、广东省深圳市中级人民法院(2015)深中法刑二终字第 101 号判决书。

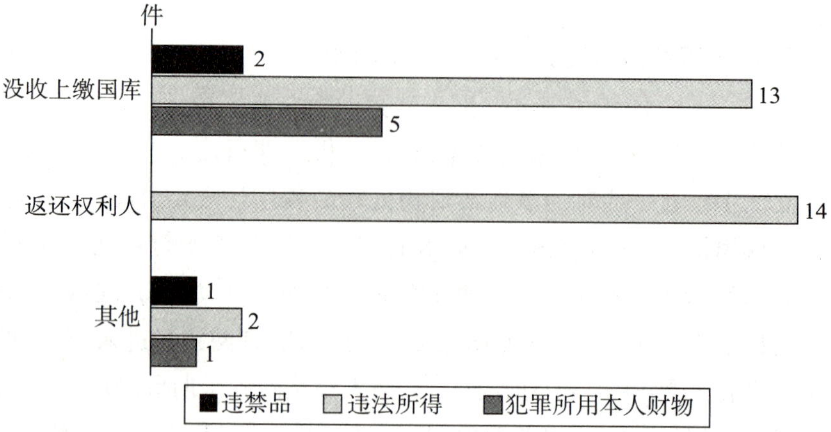

图1　刑事涉案财物处理的类型

的财产重新作出处理。[①] 其二，部分案件对于涉案财物的裁判不明确、不具体。有的案件在判决主文中以“继续追缴赃款、赃物”等笼统的表述方式处理涉案财物，没有列明具体的财物、金额和处理方式，给执行工作留下疑惑。[②] 其三，部分案件判决由公安机关全权处理涉案财物或者对公安机关的审前处理行为没有评判。图1中以“其他”方式处理财物的有4件案件，除了其中1件判决将作案工具手机留档备查，其余3件在主文中的判决均是“由扣押机关依法处理”[③]，对于财物的权属和具体处理方式没有裁判结论，将处置权完全交给扣押机关，很可能导致随意处置。此外，样本中有4件案件[④]在审前对涉案财物做出返还处理，虽有利于及时挽损，但毕竟是应急之策，应当经过审判程序的审查并在判决中予以认可，以确认审前处置行为的合法性。

（二）涉案财物处理过程中控、审职能缺失

按照现有立法设计，涉案财物处理的事实应当由控诉方提供证据证明，法院经过调查后作出裁判。但是多数判决书文本并未反映出这种程序逻辑。首先，起诉

① 内蒙古自治区巴彦淖尔市中级人民法院(2017)内08刑再1号判决书。

② 河南省济源市人民法院(2015)济刑初字第312号判决书、江苏省无锡市中级人民法院(2015)锡刑二初字第00012号判决书、河南省郑州市金水区人民法院(2013)金刑初字第972号判决书。

③ 湖北省武汉市中级人民法院(2015)鄂武汉中刑初字第00179号判决书、辽宁省沈阳市和平区人民法院(2016)辽0102刑初字第00064号判决书、北京市第一中级人民法院(2014)一中刑初字第3037号判决书。

④ 江苏省苏州市吴江区人民法院(2016)苏0509刑初1058号判决书、湖南省长沙市雨花区人民法院(2015)雨刑初字第00975号判决书、重庆市永川区人民法院(2015)永法刑初字第00329号判决书、江苏省苏州市中级人民法院(2014)苏中刑终字第00310号裁定书。

书仅围绕定罪和量刑提出意见，对如何处理涉案财物几乎只字不提。虽然公诉机关提供的证据能够体现涉案财物的特征及权属，依据起诉书指控的事实及罪名也能够推论出对财物处理的控诉主张，但法院在缺乏相应起诉意见的情况下作出裁决，依然有违不告不理的原则。其次，仅有72.7%的案件在认定事实部分交代了在案财物的情况。判决认定的事实，应当是基于证据对案件的全面认识。对于被告人到案的方式、时间、地点等具体情况均有详述，但对于财物的处置状态，如何查获，是否扣押冻结在案等情况却语焉不详。最后，对于涉案财物的处理结论缺乏论理支持。研究样本中，仅有4个案件[①]在判决论理部分阐释了处理涉案财物的依据，大部分裁判文书缺失了依据事实和证据对涉案财物如何处理所应作出的法律评价。

当然，以上问题很可能在庭审过程中经过了控诉和审查，或者在合议庭评议时进行了充分考量，只是没有体现在裁判文书中。但裁判文书是司法公开的重要方式，应当向公众展示每一个重要的诉讼环节，甚至包括法官形成心证的思维过程，这是程序正义的外观要求。否则，即使实体结论无懈可击，也难免引起公众对诉讼过程和结果的质疑。

（三）对于涉案财物的处理难以形成有效抗辩

在研究样本中，48.5%的案件曾有辩方（被告人或辩护人）对涉案财物处理提出异议，也不乏该主张得到法庭支持从而影响处理结果的情况。但此类抗辩大多是围绕与定罪量刑有关的事实而展开，比如对罪与非罪、犯罪数额、毒品数量的争论等，即使有的案件存在纯粹的权属争议，也被置之不理或不了了之。比如，有的案件在审理过程中存在犯罪同伙对分赃数额的争议，法庭却以不影响案件定性为由不予深究。[②] 有的案件在审理中，控辩双方对涉案房屋建造时的投资比例存在争议，最终因证据不足，而搁置了对此项房产的处理。[③]

另外，样本中39.4%的案例存在与涉案财产相关的案外人，比如，在组织、领导传销活动案件中，在案冻结了非被告人的账户，并判决作为被执行的财产；[④]又如，

---

① 江苏省高级人民法院（2015）苏刑二终字第00026号判决书、北京市高级人民法院（2014）高刑终字第399号裁定书、北京市朝阳区人民法院（2015）朝刑初字第1189号判决书、河北省枣强县人民法院（2014）枣刑初字第131号判决书。

② 北京市高级人民法院（2014）高刑终字第380号裁定书。

③ 河北省枣强县人民法院（2014）枣刑初字第131号判决书。

④ 江苏省徐州市中级人民法院（2016）苏03刑终379号裁定书、江苏省新沂市人民法院（2016）苏0381刑初34号判决书。

某国家工作人员以报销形式贪污公款,该笔款项实际由案外的某公司所占有[①];再如,某受贿人已于案发前将贿赂财物退回行贿人(行贿人未被追诉)[②]。以上涉案财物的处理势必影响这些案外人的财产权利,但裁判文书中并未记载他们曾对财物处置提出过主张或异议。是因为这些案外的利害关系人不知道自己享有提出异议的权利?还是提出主张的渠道不畅?或者对提出的异议没有进行实际审查?这些在判决书中都无从得知。

二、思辨:刑事案件"对物之诉"的理论基础

(一)"物"的属性分析

在刑事诉讼视域下,对涉案财物的接管、裁判、执行所要关注的应当是以下三个"物"的属性:第一,证据属性。证据属性是涉案财物的第一属性,即它应当首先服务于刑事诉讼惩罚犯罪的目的,随时准备参与辨认、鉴定、质证等司法程序。审前阶段采取的扣押、查封、冻结等强制性侦查措施实际上是一种固定证据的方式,追求涉案财物流转链条的完好也是出于保证证据真实性的考量。第二,财产属性。涉案财物的经济价值不容忽视,尤其随着近年来经济犯罪案件骤增,犯罪数额不断刷新,涉案财物的追缴和处置与公私财产权利密切相关,是重要的裁判内容,理应纳入诉讼程序。第三,争议属性。刑事诉讼中控辩双方的对抗无处不在,无论对作为证据的"物"的合法性、真实性、关联性,还是对作为财产的"物"的归属权,都有可能存在争议。甚至这种争议会超出控辩的范围,引入来自案外利害关系人的主张。

如图2所示,刑事诉讼中"物"的三重属性,在有的案件中可能仅具其一,有的则可能兼而有之,属性决定了"物"在诉讼中的价值、流转方式和处理程序。比如,依法扣押的现金,除非货币上有明显特征,一般仅具有财产属性,通常存入银行以支票方式流转,虽不需要接受质证,但可能作为权属争议的对象。再如,作为杀人工具的砖头,虽然一文不值,但却因附着其上的血迹指纹而具有很高的证据价值,应以严密的

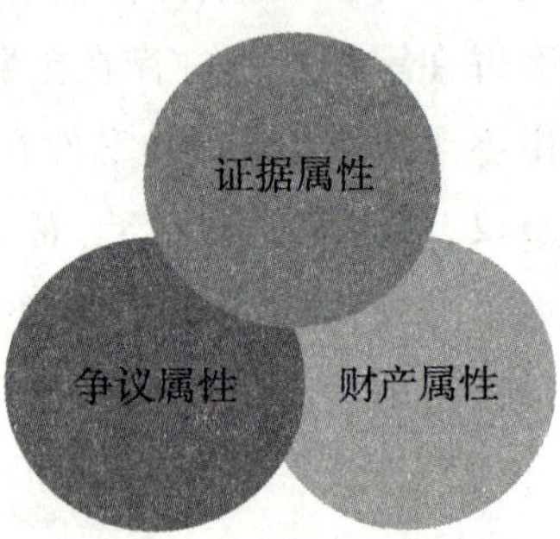

图2 涉案财物的属性

---

① 北京市高级人民法院(2015)高刑终字第352号裁定书。

② 福建省福州市中级人民法院(2016)闽01刑初150号判决书、江苏省无锡市中级人民法院(2015)锡刑二初字第00012号判决书。

转接、鉴定、辨认、质证程序对待之。

属性之间的交叠重合可能产生价值冲突。倘若该“物”仅具有财产属性而没有证据价值或争议性，则完全可以以“及时处理”为原则，甚至在审判前就能实现权属归位。但在三性合一的情况下，就需要在效率与公正，实体与程序之间做出权衡。

（二）“诉”的必然性

1.“对物之诉”的实体价值

为什么选择以诉讼的形式处理涉案财物？“物”的财产属性决定了对其占有、使用、收益和处分能够获得相当的经济利益，即使其与犯罪有关、被牵连刑事诉讼中，也无法抹灭所有权人对物的权利，无法阻隔权利人在利益驱动下提出主张。这些权利人可能是案件的被害人、被告人，也可能是案外的利害关系人，甚至国家。一旦各权利主体间产生利益冲突，必然需要“诉”之于中立方，由他在充分听取争辩理由后做出公正裁决，这就是诉讼活动的缘由，是一种由法官作为中立方解决各利益主体之间纠纷的司法途径。从神明裁判开始人类就在追求结果公正的道路上不断探索，诉讼程序和证据规则逐步建立和完善，如今已经形成一套成熟体系，能够最大限度地保证实现实体公正。

诚然，刑事诉讼审前阶段、执行阶段，甚至申诉信访过程中都可以对“物”做出处理决定，但均有二元性、行政性、封闭性的特征，是国家机关对相对人的单向行为，这种行为方式会使结果的正确性大打折扣。即便在审理程序中，如果没有形成有效的抗辩形式，也有可能导致自由裁量权的过度膨胀，妨碍公正。真正意义的诉讼则具有中立性、公开性、法定性等特征，在保证结果公正上具有独特优势。

2.“对物之诉”的程序价值

“正义要以看得见的形式实现。”“对物之诉”不仅能够最大限度保证对“物”的处理结果公正，更大的价值在于这种程序本身的信服力。结果如何暂且不论，过程本身展示的就是一个权威的、可接受的外观：权利人均能获得与之匹配的诉讼主体地位，被赋予知悉权和发表意见的权利，并接受其他主体的制衡。这就是所谓程序正义的理念，程序不仅是实现实体公正的工具，其本身就是独立的正当性的源泉。“对物之诉”的价值不仅在于公正地判断“物”上权利归属，更加深远的意义在于它倡导和指引的是一种法治化的纠纷解决方式，能够完善刑事诉讼的程序设计，培养公众信赖法治、以法制途径解决矛盾的意识。

(三)“对物之诉”与“对人之诉”

“对物之诉”与“对人之诉”的分类源于罗马法,影响至今。所谓“对人之诉”,解决的是对特定相对人的权利义务关系,具体到刑事诉讼中可以解释为以对被告人定罪量刑为目的的诉讼活动。所谓“对物之诉”,解决的是能够抗辩一切不特定的人的绝对所有权,延伸到刑事诉讼中可以解释为对与案件有关的财物归属的确定或改变,这种对物权的裁判具有对抗任何人的效力。在刑事诉讼中,很多被害人、利害关系人关心的并不是对罪犯科以惩罚,而是自己遭受的损失能否得到弥补。因此,刑事诉讼的目的不应囿于惩罚破坏社会秩序的行为,还应同时关注如何恢复受损的权利,力求恢复犯罪前的财产权属状态。

“对人之诉”与“对物之诉”共同存在于刑事诉讼之中,二者既相互关联,又各自独立。供犯罪所用之物是定罪的重要证据,犯罪所得之物的价值关系是否入罪及量刑标准,所以长期以来“对物之诉”一般以依附“对人之诉”的形式存在,在定罪量刑过程中附带进行审查和裁判。但是,“对物之诉”同时具有独立属性,比如,既然“对物之诉”的裁决具有对抗一切人的效力,那么是否可能触碰与犯罪无关的案外人的利益?再如,犯罪所得之物的孳息虽然并非构成犯罪需要评价的对象,但对于孳息的处理结果是否会影响国家和被告人的财产权利?这些问题都与定罪量刑无关,但却应当成为刑事诉讼解决的内容。

本文以“对物之诉”为研究对象,并非只看到了其独立属性,也并非企图建立一个完全独立于“对人之诉”的诉讼程序。而是在认识到其与“对人之诉”不可分的基础上,试图勾画一种既不偏废其一,又能完美弥合的机制。

三、求索:嵌入式“对物之诉”的构想

如前所述,“对物之诉”意义重大、势在必行,但如果所有刑事涉案财物均以独立、完整的“诉”的方式处理,会使有限的刑事审判资源不堪重负,显然不切实际。正义的实现不能不计程序成本,效率也是刑事诉讼追求的价值之一。笔者设计了一种嵌入式的方案,试图为对物之诉找到一种现实可行的路径。

嵌入式是一个计算机技术领域的概念,一个嵌入式系统是完全嵌入受控器件内部,为特定应用而设计的专用计算机系统。比如,汽车产品在应用过程中逐渐产生了导航和定位的需要,车载导航仪就是应运而生的一种嵌入式系统,帮助实现对汽车的辅助功能。如果把原有的刑事诉讼程序类比为初始产品,其在实施过程中会不断产生增添新的辅助性功能的需要,比如,为了保证证据合法性,需要增添非

法证据排除程序；为了先行解决程序性问题，提高庭审效率，需要增添庭前会议制度。嵌入式程序是解决新需求、拾遗补阙的有效方式，除具有一定功能性外，还有一个特点就是可裁剪性：多数情况下处于备而不用的状态，不影响主程序的运行，仅在必要时方才启用。将“对物之诉”作为嵌入式程序编入主程序中，既能够实现其独立功能，又可以在必要时与主程序兼容协作。

（一）“对物之诉”的准入门槛

改革需要动力来源，只有剔除对无争议问题的成本消耗，才能增大审判资源的余量，用于投入到对争议焦点的审理中，这也是嵌入式程序“可裁剪性”的优势，是“对物之诉”必要性和可行性矛盾的化解之道。笔者在此粗绘了刑事诉讼程序流程图，用于演示案件分流的过程（见图3）。

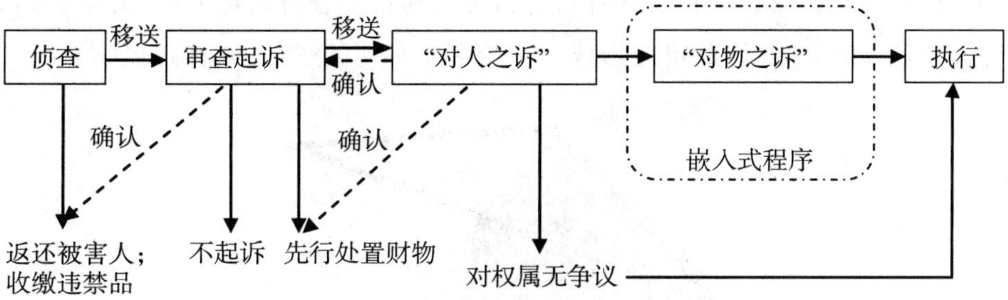

图3　刑事涉案财物处理分流

如前文所述，在刑事诉讼审前程序中处理涉案财物，可能导致行政权恣意行使，有违公正，但效率价值与公正价值博弈的结果是，这种例外情况应当允许，而条件是严苛的：第一，权属毫无异议。范围可以扩大到一切应当及时返还或收缴的违禁品，比如当场起获的扒窃物品，搜查居住地时扣押的毒品等。第二，不影响刑事诉讼顺利进行。对于具有证据属性的财物，应当通过拍照、鉴定、制作扣押及发还清单等方式附卷备查。第三，通过审判程序予以确认。行政权代为行使司法处分权的行为也应当在审判中接受审查，并在裁判文书中予以确认。

基于上述原则，侦查和审查起诉阶段均可能对财物做出没收或返还的处置（见图3），这部分财物在审前阶段就通过分流程序退出刑事诉讼，其他财物随案移送。这里所称“移送”，可以是实物的流转，也完全可以是法律拟制的“移送”，即对实物统一保管，仅移送记载实物特征的证据材料、法律手续。

进入法院审理阶段后，对于大部分被告人认罪认罚或对指控事实无异议的案件，法官经审查确认涉案财物权属明晰，则不需要启动专门的“对物之诉”，此为案件在审理中的又一次分流。只有当辩方或者案外利害关系人对涉案财物处理提出异议，需要单独对物的权属进行实质审理时，才去激活“对物之诉”这个嵌入式程序。可以预见，经过层层分流，“对物之诉”实际适用的概率应当在目前司法资源可承受范围之内。

（二）“对物之诉”的诉讼构造

刑事诉讼构造，是指刑事诉讼法所确立的进行刑事诉讼的基本方式及控诉、辩护、裁判三方在刑事诉讼中形成的法律关系的基本格局。① 目前，各国刑事诉讼法对于“裁判者中立，控辩平等对抗”的等腰三角形结构已经达成了普遍共识，在此不再赘述。对于嵌入于刑事诉讼中的“对物之诉”也应当满足这种结构，即由控方首先提出对涉案财物的处理意见，被告人、被害人②或者案外利害关系人若有异议，则与控方分别占据三角形的两极，进行平等对抗。公诉人可能面临的是来自任何利害关系人的挑战，因此可能形成一个或多个平行的三角形结构（见图4）。

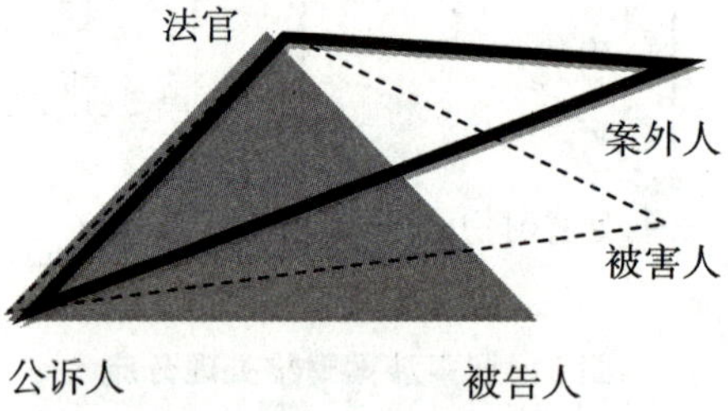

图4 “对物之诉”的诉讼构造

从图4中展示的是“对物之诉”的理想模型，如何实现这种稳定的、平等对抗的结构，则需要配套的、系统性的制度和程序设计提供支撑。笔者选择了在立法中基本确立“对物之诉”的美国和德国作为研究对象③，同时节选了我国刑事诉讼法中有关逃匿、死亡案件违法所得没收程序中的相关内容作为“对物之诉”的本土范本。在中外比较的基础上建构我国刑事诉讼中“对物之诉”的制度雏形。

经比较归纳（见表1）可以看出，各国刑事诉讼法在关键问题上的规定可谓异曲同工、殊途同归，这是基于刑事诉讼的基本原理做出的必然选择。由此可见，我国一般刑事案件“对物之诉”的流程和样态已经呼之欲出。

① 宋英辉：《刑事诉讼原理》，北京大学出版社2014年版，第151页。

② 虽然被害人的财产权利一般由公诉人代为主张，但其本身也具有当事人的主体地位，可以独立参加诉讼，可能提出不同于控方的意见。

③ 资料来源：《世界各国刑事诉讼法》，中国检察出版社2016年版。

表1　中、美、德相关法律比较

	我国《关于犯罪嫌疑人、被告人逃匿、死亡案件适用违法所得没收程序若干问题的规定》	《美国联邦刑事诉讼规则》	《德国刑事诉讼法》
申请	由人民检察院向法院提出书面申请,并列明利害关系人的信息(第8条)	政府寻求对特定财产进行没收[第32.2条(b)款第(1)项]	根据侦查结果预期将予以财产没收的,检察院、自诉人可以提出申请(第440条)
公告与送达	人民法院在受理后15日内发布公告,公告期为6个月。对于掌握联系方式的,应当直接送达(第11条、第12条)	政府应当就没收特定财产的命令发布通知,并送达任何在附加程序中有资格提出争议的潜在请求权人[第32.2条(b)款第(6)项]	命令参与没收:标的物属于被诉人之外的其他人或者其他人对标的物享有权利的,则法院命令其他人员在涉及没收的程序范围内参与程序(第431条第1款)
启动条件	利害关系人申请参加诉讼的,应当提供与主张涉案财产权利有关的证据材料(第13条)	法庭可以根据动议驳回没有根据的、未说明主张事项或其他法定理由的申请[第32.2条(c)款第(1)项]	在准备程序中,如果有依据表明某人可能成为没收参与人的,应当对其进行听审(第432条第1款)
诉讼程序及权利	在开庭审理中,由检察人员宣读没收违法所得申请书,并对相关事实出示证据。利害关系人可以提出意见,应当出示相关证据证明自己的权利主张(第14条、第15条)	第三方提出对被没收的财产拥有权利的主张的,法庭应当进行附属程序,进行证据开示、举行听证并在考虑第三方权利的基础上作出最终没收决定[第32.2条第(c)款]	自审判程序开始起,没收参与人具有被告人所有具有的权利(第433条第1款)
证据规则	符合"具有高度可能"标准,即应当认定为属于违法所得(第17条第1款)	法庭应当判定政府是否已经证明该财产与犯罪之间的必然联系[第32.2条(c)款第(1)项]附属程序根据《联邦民事诉讼程序规则》[第32.2条(c)款]	对证据调查的结果,由法庭根据它在审理过程中建立起来的自由内心确信而决定(第261条)
救济途径	对第一审裁定有异议,权利人可以上诉至二审法院(第21条);向执行法院提出书面异议(第14条);通过审判监督程序处理(第15条)	在判决宣布后,被告人或政府可以就没收命令或法庭未发布命令而进行上诉[第32.2条(b)款第(4)项] 如被告人就有罪判决或没收命令提出上诉,法庭可以在适当的期限内中止没收命令以确保该财产可以保留以供上诉审查[第32.2条(d)款]	在法律救济程序中审查对没收参与人的没收是否正当(第437条) 已经发生法律效力的命令对标的物予以没收后,某人以一定事实证明其对没收标的物拥有权利,且未能参与第一审程序或上诉程序无可自我罪责的,可以在后续程序中提出没收对其无正当理由(第439条)

1. 启动前的准备:控诉、告知与审查

根据“不告不理”、国家追诉的原则,由公诉机关首先提出财物处理方案理所当然,其意义不仅是一个程序性启动环节,还在于能够以此倒逼侦、控机关在审前阶段重视涉案财物的权属调查工作。以非法集资类刑事案件为例,起诉书往往不提出涉案财物的具体返还方案,对于在案财物的权属状况不做调查,甚至以约数表述指控的吸资数额,但这些都是裁判的对象和依据,也是引发不稳定因素的隐患。

根据程序参与原则,可能受到判决影响的个体均有权利通过参与诉讼的方式影响裁判结果。对涉案财物享有权利的利害关系人,理应享有知悉权,以便有机会参与诉讼,主张自己的权利。在美国,法庭作出初步没收命令后,由政府发布通知,并送达任何潜在的请求权人。在德国,则是由法院命令其他权利人参与没收程序。而我国的违法所得没收程序中则是以公告和送达的方式保障利害关系人享有知悉权。笔者认为,考虑到及时效率原则和诉讼期限要求,设立数月的公示期并不适用于一般刑事案件。事实上,侦查工作完全能够收集充足的信息用以发现可能存在的利害关系人,在诉讼各阶段均应以直接送达的方式告知参与“对物之诉”的权利。

为了避免诉权滥用和司法资源过度耗费,“对物之诉”不能仅凭申请而启动,还应当同时施加给利害关系人基本的证明负担,即证明其主张的证据或线索,用以完成启动前的初步审查。如在非法集资类案件中,投资人众多,如果他们均以利害关系人的角色进入诉讼显然会让审判不堪重负。初步审查程序恰好能够化解这一矛盾:如果投资人所提主张和证据已经作为公诉机关控诉的依据,则不能视为“异议”,而应在初步审查程序中直接驳回参与诉讼的申请。

2. 过程中的规则:权利、程序与证明

在“对物之诉”中,只有赋予利害关系人与控方同等的诉讼权利,才能保证三角形诉讼结构的稳定。为此,当事人的诉讼地位,以及举证权、发表意见权、委托代理权都是题中应有之义。程序中的具体操作完全可以借鉴我国逃匿、死亡案件没收程序的相关规定。对于诉讼中的证据规则,笔者认为逻辑起点应当是证明对象的性质。“对物之诉”的证明对象是涉案财物的权属,这本质上是个民事法律关系问题,因为与犯罪有关才被牵涉到刑事诉讼中来解决。证明对象决定证明责任和证明标准,对于有关犯罪事实的问题,应当要求控方采用最严格的证明方法、受最苛刻的证据排除规则限制,并确立最高的证明标准。但涉案财物的权属远不及生命刑或自由刑的严重程度，完全可以适用自由证明[①]。美国对此采用的就是优势证据标准[②]。此外，虽然"对物之诉"可以参照民事诉讼的证据标准，但也应当考虑到诉讼双方的取证能力，在证明责任的分担上可偏向于利害关系人。

3. 判决后的救济：执行异议、上诉与申诉

目前，在我国立法缺失"对物之诉"相关制度规则的情况下，利害关系人的救济途径仅包括执行行为异议[③]和申诉[④]。"对物之诉"一经建构，不仅是平添了一道主张权利之门，同时也是对多元救济途径的一种整合与规范（见图5）。"对物之诉"中被遗漏的利害关系人，仍可就财物执行提出实体异议，申请以当事人身份重新参与审理，法院经审查认为符合条件的应当另行立案；对已作出判决中的财物处理决定不服，当事人理应有权在法定期限内提出上诉；对已生效判决中确认的财物权属事实及处理意见，当事人及案外人仍有权申请启动审判监督程序，认为执行行为违法的，可以提出程序性异议。以上救济程序不应影响"对人之诉"的生效与执行。

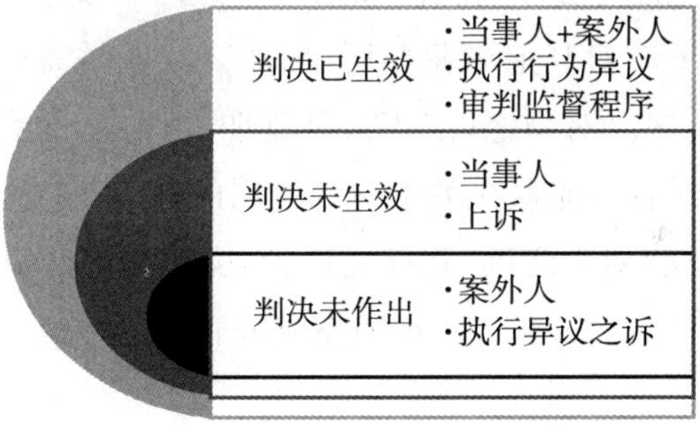

图5 "对物之诉"的救济途径

（三）"对物之诉"的嵌入方式

如何把"对物之诉"嵌入到刑事审判的主程序中是一个重要的可操作性问题，嵌入的节点位置、与主程序是否协同和兼容，都会严重影响整个审判工作的效果。研究这一问题还是要基于"对物之诉"的证明机理（见图6）。

---

① 自由证明，即用较为自由的方式进行证明，一般适用于各类程序性争议事实。参见［德］罗科信：《刑事诉讼法》，吴丽琪译，法律出版社2003年版。

② 美国证据法则和证据理论中，将证明的程度分为九等，依次为：绝对确定、排除合理怀疑、清楚和有说服力的证据、优势证据、合理根据、有理由的相信、有理由的怀疑、怀疑、无线索。

③ 《最高人民法院关于刑事裁判涉财产部分执行的若干规定》第14条。

④ 《最高人民法院关于适用〈中华人民共和国刑事诉讼法〉的解释》第371条。

图 6 “对物之诉”的证明机理

公诉机关的目的是说服法庭采纳其处理涉案财物的诉讼主张，这个主张依据的事实就是证明的对象，也被称为待证事实。证明的逻辑顺序应当是，涉案财物与犯罪有关（是犯罪所用之物或者违法所得、违禁品），该财物的所有权应当属于谁（国家、被害人或者利害关系人）。如果涉案财物与犯罪无关，对其所有权的讨论也就失去了必要，因此，“与犯罪有关”是“对物之诉”司法证明的逻辑前提，恰好这也是“对人之诉”的待证事实中不可回避的内容。“对人之诉”（主程序）与“对物之诉”（嵌入程序）之间可协同的理由就在于两者依据的待证事实有交叉和重叠，甚至可能完全一致。如在受贿案件中，公诉机关需要证明被告人利用职务便利为他人谋取利益，收受财物的事实，证实了犯罪事实中钱款的数额及流向，也就完成了“对物之诉”待证事实的司法证明。但如果被告人以案发前已将钱款退还行贿人为由提出抗辩，主张不应对其追缴犯罪所得，那么这就是需要通过“对物之诉”单独解决的问题了。显然，“对物之诉”不必从证明的原点开始，它是在“对人之诉”的基础上进行的，同时有可能存在关于财产权属的独立事实和证据，那么“对物之诉”嵌入的位置应当在“对人之诉”程序之后，判决作出之前。以美国为例，确立了一种分离式的审判格局，法官或者陪审团完成定罪裁定之后，在量刑程序中对没收问题进行审判。①

那么具体而言，应当在庭审的哪个环节嵌入？笔者认为可以分情况而论（见图7）。对于诉讼主体一致的，即对“物”提出权属异议的为被告人时，可以将“对物之诉”的法庭调查和辩论分别置于“对人之诉”的相应阶段之后。这样既可以与“对人之诉”紧密对接，又不影响庭审程序的阶段性。当有案外利害关系人参加诉讼时，其所主张的诉求仅与涉案财物的权属有关，与犯罪事实无关，他们可以在“对人之诉”结束之后再进入庭审，于合议庭评议前系统的进行“对物之诉”的调查和辩论。以上这两种方案或能为嵌入式“对物之诉”与原有刑事诉讼程序的弥合提供可行性路径。

① Heather J. Garretson, “Federal Criminal Forfeiture: A Royal Pain in the Assets”, 18(1) Review of Law and Social Justice 45, 2008, p. 52.

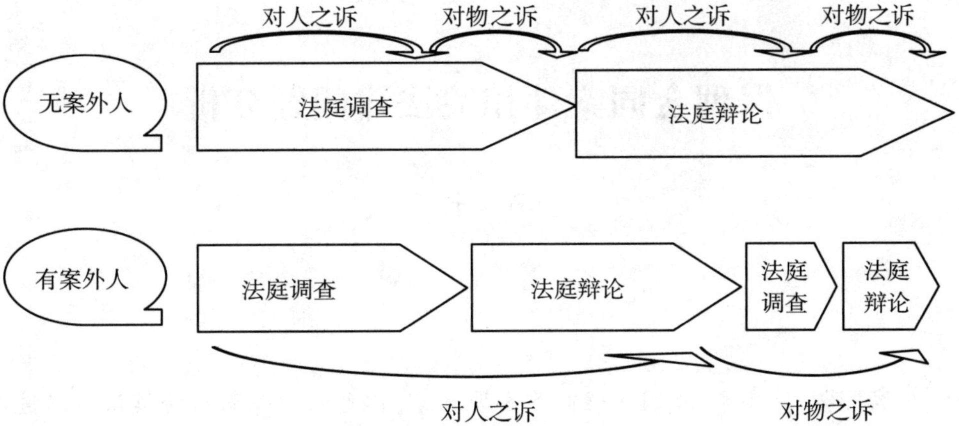

图7 “对物之诉”的嵌入方式

四、结语

“规范处理涉案财物程序”最重要的是从制度上构建“对物之诉”,非此不能破除“重人轻物”的窠臼,形成涉案财物处理的新机制。但改革必须以可行性为前提,充分考虑司法实践的现实状况。笔者所提出的嵌入式“对物之诉”的设想,重点不在“诉”,而在“嵌入”,关注的是“对物之诉”的具体实施、与原有程序的协同,将审判资源整合并集中在解决有争议、有价值的问题上。

保理合同案件相关法律问题分析

冯　宁*

内容摘要：近年来，我国保理业务发展迅速，各类保理合同纠纷诉讼不断进入法院。但由于立法的相对滞后，审判实践中对保理相关法律问题的理解和认定尚不统一，亟须研究和明确。本文结合审判实践，对保理的概念类型、保理合同①关系的认定、应收账款转让和保理合同案件相关程序问题进行了初步探讨，并提出了一些具体建议。

关键词：保理　保理合同　应收账款　诉讼主体　法律适用　管辖

保理业务（Factoring）发源于18世纪的英国，并逐渐在欧美等国家发展成型。作为商业贸易活动中一种新型的融资服务方式，保理业务进入我国比较晚，自1992年中国银行在国内率先开办国际保理业务以来，保理业务在我国得到迅速发展。2002年至2008年，我国保理业务量年平均增长率达77.6%，截至2009年年底，我国大陆地区已有18家银行成为国际保理联盟（FCI）的成员②。2012年，商务部下发了《关于商业保理试点有关工作的通知》，同意在天津滨海新区、上海浦东新区开展商业保理试点，允许设立商业保理公司，为企业提供贸易融资、应收账款管理、信用风险担保等服务，进一步拓宽了保理业的发展空间。中国银行业协会保理专业委员会发布的《中国保理产业发展报告（2013）》显示，2013年我国保理业务量达5219亿美元，同比增长15%。目前，随着经济转型，增速放缓，各类保理合同纠纷案件呈不断上升趋势。由于保理业务在我国发展历程较短，相关法律法规欠缺，审

---

* 北京市东城区人民法院民三庭审判员。

① 依据我国《合同法》的规定，保理合同应属无名合同，审判实践中一般以合同纠纷或者其他合同纠纷作为案由进行审理。本文中，为了方便探讨，以保理合同作为保理商与供货方、购货方、担保人之间形成的一系列合同组合的特定用语。

② 数据转引自江苏法院网：http://www.jsfy.gov.cn/llyj/xslw/2012/11/06171454419.html。

判实践中对保理相关法律问题的理解和认识尚不统一,亟须研究和明确。

一、保理基础法律问题

(一)保理的概念

对于保理的概念,在我国法律中没有规定。依据国际统一私法协会1988年制定通过的《国际保理公约》,保理是指以货物贸易合同或服务贸易合同所产生的应收账款的转让为前提,由该应收账款的受让方为转让方提供融资、账户的管理、收取应收账款及保护转让方不受债务人拖欠的影响等至少两项服务,而且该应收账款的让与通知应送交债务人。《国际保理通则》[①]规定,保理合约意指一项契约,据此,供应商可能或将要向一家保理商转让应收账款,无论其目的是否为融资,至少需要满足账款分户管理、账款催收、坏账担保职能之一。中国银监会《商业银行保理业务管理暂行办法》第6条将银行保理业务界定为以债权人转让其应收账款为前提,集应收账款催收、管理、坏账担保及融资于一体的综合性金融服务。债权人将其应收账款转让给商业银行,由商业银行向其提供应收账款催收、应收账款管理、坏账担保与保理融资服务中至少一项的,即为保理业务。

综上可见,保理业务涉及基础贸易、资金融通、信用担保等一系列法律关系,并非一个单一的法律概念,对保理概念的界定应着眼于它的关键点和综合性。所谓关键点即保理是指以货物或服务贸易等基础合同所产生的应收账款即债权的转让为前提。综合性是指受让方(保理商)基于该应收账款的转让为转让方提供保理融资、账户管理、坏账担保等多项综合性金融服务。实践中,当事人之间的法律行为只有同时具备上述两点特征,才可能构成保理。同时,根据当事人协议选择的金融服务类型的不同,形成了不同的保理合同组合,也相应产生了不同的保理类型,从而决定了权利义务在当事人之间的不同分配。

(二)保理的类型

根据国内保理实践和相关规章、行业规范,笔者将常见的几种保理类型作一个简要的归纳。

(1)根据应收账款的债务人与债权人是否在同一个国家,可分为国际保理和国内保理。债权人和债务人中有一方在境外(包括保税区、自贸区等境内关外地

---

① 由国际保理联盟(FCI)制定,简称GRIF,其前身为《国际保理业务惯例规则》,2002年7月更名,现行规则为2007年11月修订。

区)的保理业务即为国际保理。(2)根据保理商对应收账款转让方是否享有追索权,或称为保理商是否提供坏账担保,可分为有追索权保理和无追索权保理。有追索权保理是指保理商不提供坏账担保,即不承担应收账款债务人的信用风险,仅提供包括融资在内的其他金融服务。无论应收账款因何种原因不能收回,保理商都有权向转让方追索已付融资款项,或者要求债权人回购应收账款。实践中,有追索权保理也称为回购型保理。无追索权保理则是保理商提供坏账担保,应收账款债务人因经营状况恶化、破产发生信用风险,不能按基础合同约定按时足额支付应收账款时,保理商不能向转让方即债权人追索,实践中又称为买断型保理。需要指出的是,当债权人存在欺诈行为或者债务人对基础合同项下的商品、服务等提出异议的,无追索权保理的保理商有权追索已付融资款并不承担坏账担保义务。(3)根据是否公开保理商的名称,可分为公开型保理和隐蔽型保理,实践中又称为明保理和暗保理。公开型保理,是指在签订保理合同或在保理合同项下每笔应收账款转让时立即将债权转让事实通知债务人,该事实即对债务人产生约束力。隐蔽型保理,是指保理合同签订后,保理商或债权人都未将应收账款转让事实通知债务人,或仅在约定期限届满或约定事由出现后,保理商可将应收账款转让事实通知债务人。(4)按照参与保理服务的机构个数,分为单保理和双保理。单保理是由一家保理商单独为买卖双方提供保理服务。双保理是由两家保理商分别向买卖双方提供保理服务。实践中,对于保险公司承保基础合同买方信用风险的,视同双保理。

二、保理合同法律关系分析

作为一种新型的金融服务合同,保理合同关系贸易结算的各方,其是保理商与基础合同的卖方,所达成的该合同卖方向保理商转让因基础合同而产生的对合同债务人的应收账款,并要求保理商为其提供保理融资、账户管理、坏账担保等综合性金融服务,而由保理商收取相关费用的协议。

保理合同是系列合同的组合,其具有保理商、基础合同的卖方、基础合同的买方、担保人等多个权利义务主体,其涉及的合同关系主要包括基础合同买方与卖方之间的商品(服务)买卖关系,保理商与基础合同卖方之间的债权转让与融资服务关系,保理商与基础合同买方之间的继得债权债务关系,保理商与基础合同卖方、其他第三方之间担保关系等。审判实践中,对保理合同法律关系的理解尚不统一,有的将应收账款的转让视为保理的对价,将保理合同关系割裂开来,分别作为借贷关系与债权转让关系予以处理。这种做法不符合保理业务的实质,违背了商事规律,也增加了当事人的诉累。

对于保理合同关系的认定,应当综合考察以下几点:

(1)保理商需经国家主管部门批准可以开展保理业务。目前,在我国可以从事保理业务的主要为商业银行和依法设立的商业保理公司。未获得保理从业资格,而开展保理业务的,属于违反金融管理秩序的行为,将导致保理合同存在瑕疵。

(2)应当以应收账款的转让为前提。若缺失了应收账款转让这个前提,仅是向保理商申请融资或坏账担保,则分别构成了借款关系和债务担保关系。故保理业务实际履行中未完成应收账款转让的,不构成保理法律关系,应当按照其构成的实际法律关系处理。

(3)保理商应当提供且实际提供了保理融资、应收账款管理、应收账款催收、坏账担保等至少一项服务。

当然,除此之外,对于保理合同成立、履行与违约责任的确定以及保理合同关系中涉及的债权转让、通知、担保等其他法律关系的认定,还应当依据合同法、担保法等相关法律规定予以综合判断。

在保理合同关系的履行过程中,要对基础合同予以充分关注。基础合同本身的效力情况,直接影响应收账款的可实现性,进而影响保理合同当事人权利义务的承担。对于基础合同的修改问题,在应收账款转让并通知债务人之前,基础合同当事人可以协议修改合同。在应收账款转让并通知债务人之后,应收账款转让方与债务人对基础合同的修改行为无效,除非保理商予以追认。基础合同债务人在收到应收账款转让通知后,其对债权人的抗辩权和抵销权得对保理商行使。

三、应收账款转让问题

保理是以应收账款转让为核心的商事交易行为,应收账款及应收账款的转让是保理合同关系的关键所在。

(一)应收账款的界定

应收账款实质上属于一般债权,[①]是基于当事人之间的商品、服务买卖或资产出租等法律行为所产生的金钱债权,其权利范围一般包括销售商品产生的债权、提

---

① 全国人大常委会法制工作委员会编写:《中华人民共和国物权法释义》,法律出版社 2007 年版,第 481 页。

供服务(包括提供贷款或其他信用)产生的债权和出租资产产生的债权。需要注意的是,《商业银行保理业务暂行办法》第 8 条将因票据或其他有价证券而产生的付款请求权排除在应收账款之外。2014 年 11 月 20 日天津市高级人民法院发布的《关于审理保理合同纠纷案件若干问题的审判委员会纪要(一)》中,将公路、桥梁、隧道、渡口等不动产收益权让渡产生的债权纳入应收账款的范围。实践中,也存在以污水处理费等固定期限收费权作为应收账款叙做保理的情况。

应收账款应当是合法、有效的债权,不合法的基础合同产生的债权及虚假债权的转让不发生保理法律效力。基础合同本身涉及无效或可撤销的,亦会造成应收账款的瑕疵。实践中,应收账款主要以基础合同和该合同卖方开具的发票为主要表现形式,在认定保理合同法律关系时,应重点考察基础合同的性质、效力和发票的真伪。如基础合同名为买卖合同、实为寄售或代销的,其基础法律关系为代理,商品的所有权在买卖双方之间不发生转移,改变的只是占有状态,故不存在所谓的应收账款。如笔者审理的一起保理案件[①]中,基础合同卖方通过伪造、变造增值税专用发票虚构债权并转让给保理商申请融资,其行为已经超出了民事法律关系的范畴,涉嫌经济犯罪。实践中,这种虚构债权骗取保理融资的行为并不鲜见,[②]应予以重视,严格证据审查。另外,商业银行从事保理业务的,为了控制经营风险,将权属不清的应收账款也排除在可以叙做保理的范围之外,认为应收账款应当合法有效且毫无争议(债务人不会提出抗辩和反索),这一观点也已为审判实践所支持。[③]

关于未来应收账款问题。未来应收账款,是指基础合同项下卖方义务未履行完毕的预期应收账款,《国际保理公约》与《国际保理通则》都确认了未来应收账款的可转让性。实践中,大量存在以未来应收账款转让叙做保理的情况,尤其批量保理业务大多是以核准范围内的未来应收账款转让为前提的。然而,不能回避的是,《商业银行保理业务暂行办法》第 13 条将未来应收账款排除在可申请保理融资业务之外,有的观点认为,以未来应收账款叙做保理的,《商业银行保理业务暂行办

① 参见北京市东城区人民法院(2014)东民(商)初字第 09166 号民事裁定书。

② 参见安徽省蚌埠市蚌山区人民法院(2015)蚌山刑初字第 00158 号刑事判决书、山东省新泰市人民法院(2015)新刑初字第 76 号刑事判决书、江苏省无锡市锡山区人民法院(2015)锡法刑二初字第 00057 号刑事判决书等。

③ 参见云南省高级人民法院(1997)云高经终字第 39 号民事判决书。

法》的规定不能作为判定保理合同是否有效的依据。[①] 笔者认为,商业实践是常新的,以未来应收账款转让叙做保理,有利于促进交易,但是,以未来应收账款转让叙做保理与前述有关保理合同法律关系的分析存在一定出入。其本质上属于附期限并附条件的债权转让,一旦卖方未全面履行基础合同义务,则该预期债权无法成为现实债权,故其转让效力无法及于债务人,该合同仅约束保理商与未来应收账款转让方,其实质上是以预期债权为担保的借款或者他法律关系,不属于保理合同法律关系。

(二)应收账款转让禁止问题

应收账款的转让本质属于合同债权的转让,[②]应当适用的合同法的相关规定。我国《合同法》第 79 条规定:"债权人可以将合同的权利全部或者部分转让给第三人,但有下列情形之一的除外:(一)根据合同性质不得转让;(二)按照当事人的约定不得转让;(三)依据法律规定不得转让。"关于依据合同性质和法律规定不得转让的情形,较易理解和判别。对于违反合同中禁止转让的协议,其转让效力如何认定的问题,目前存在一定分歧。有的认为转让有效,只是让与人要承担相应违约或损害赔偿责任,如《国际商事合同通则》第 9 条、《美国第二次合同法重述》第 322 条;有的认为转让无效,应当严格遵照合同的约定,如《德国民法典》第 399 条、《瑞士债务法》第 164 条;有的则认为,有关禁止或限制债权让与的约定有效,但是不得对抗善意的第三人,如《日本民法》第 466 条、我国台湾地区"民法"第 294 条。虽然我国《合同法》第 79 条规定了当事人约定不得转让的除外情形,但对于违反约定转让的效力未作明文规定。学理上和实务中基本同意上述第三种观点,按照保护善意第三人交易安全的精神,该转让行为有效,第三人成为新的债权人,转让行为造成债务人利益损失的,原债权人应承担违约责任。笔者认为,第三种观点综合了合同自由、财产处分自由和保护交易安全的精神,对当事人各方的利益做出了均衡的安排。由于债权转让缺乏公示性,要求第三人知晓他人之间的全部合同约定过于苛刻,善意第三人的信赖利益应予以保护。故保理合同纠纷中,认定应收账款转让的效力,要综合分析基础合同中禁止转让的约定情况和第三人的善意。

(三)应收账款转让的权利冲突

我国《合同法》规定,债权的转让依当事人之间的协议进行,并根据通知发生

① 田浩为:《保理法律问题研究》,载《法律适用》2015 年第 5 期。
② 曾洋:《保理及保理合同法律关系初探》,载《法律评论》2003 年第 1 期。

效力，不需要登记公示。现实中存在应收账款重复转让或者质押的情况，由此产生的权利冲突问题应当引起注意。《物权法》在权利质权部分对应收账款质押进行了明确规定："以应收账款出质的，当事人应当订立书面合同。质权自信贷征信机构办理出质登记时设立。"目前，我国的信贷征信机构是中国人民银行征信中心[①]，该中心建立了覆盖国内所有金融机构的全国动产融资统一登记平台系统。该系统除了依照中国人民银行《应收账款质押登记办法》办理应收账款出质登记以外，目前还提供应收账款转让登记公示服务。[②] 但是，需要明确的是，该系统对于应收账款转让的登记，不做实质性审查，不是应收账款转让的必要程序和效力依据，不具备优先和排他效力，仅能作为判定受让第三人是否善意的参考。另外，该应收账款转让的登记，不能替代合同法规定的债权人对债务人的通知，经登记而未通知的，该转让对债务人不发生效力。[③] 故对于重复转让应收账款叙做保理的，应按照合同法规定的"通知主义"生效原则判断其转让的效力及顺位，未经登记公示的，一般不能对抗善意的第三人。对于已经办理出质登记的应收账款，不能再行转让并叙做保理。

四、保理合同案件的法律适用、诉讼主体和管辖问题

（一）保理合同案件的法律适用

国际保理合同纠纷案件，即基础合同债权人、债务人中至少有一方在境外的保理合同案件，当事人之间的保理合同关系属于涉外民事法律关系，应当依据《民法通则》第八章、《合同法》第126条及涉外民事关系法律适用法的规定来确定法律的适用。目前，国际统一私法协会制定通过的《国际保理公约》与联合国国际贸易法委员会拟定的《国际贸易中的应收账款转让公约》在我国尚未生效，不能直接在案件审理中适用。对于《国际保理通则》等国际通行的从事保理业务的国际惯例，当事人约定适用的，在不违背我国社会公共利益的情况下，是可以适用的。

对于国内保理合同纠纷的法律适用问题，应当以合同的约定作为判定各方当

---

① 全国人大常委会法制工作委员会民法室：《中华人民共和国物权法精解》，人民出版社2007年版，第397页。

② 中国人民银行征信中心《中征动产融资统一登记平台操作规则》第14条规定，登记平台支持应收账款质押登记、应收账款转让登记、租赁登记、所有权保留登记、租购登记、留置权登记、存货/仓单质押登记、保证金质押登记、动产信托登记等业务类型。

③ 上海市第二中级人民法院作出的（2012）沪二中民六（商）终字第147号民事判决书亦持此意见。

事人权利义务的主要依据。保理合同作为无名合同,适用合同法有关无名合同的规定,亦可以参照合同法分则或者其他法律最相类似的规定。司法实践中,对于商业银行办理的保理业务,应当适用《商业银行保理业务管理暂行办法》。对于依法设立的商业保理企业办理的保理业务,在相应管理办法出台以前,笔者认为可以参照适用《商业银行保理业务管理暂行办法》。

(二)保理合同案件诉讼主体地位

保理合同纠纷中当事人的诉讼主体地位因原告起诉选择和保理类型的不同而异。

在有追索权保理中,保理商可以起诉债权人回购债权,也可以直接要求应收账款债务人偿还到期应收账款,还可以合并一起提起诉讼,[①]要求债务人清偿到期应收账款的同时要求债权人对债务人不能清偿的部分承担回购责任。但是,保理商不能同时既向债权人主张回购债权又向债务人主张清偿该笔应收账款。[②] 若保理商仅以债权人为被告提起诉讼,如果需要查明基础合同关系或者应收账款转让通知等事实,必要时可以追加债务人作为第三人参加诉讼。如果保理商与债权人仅就保理合同的权利义务产生争议,如要求支付保理费、承担逾期利息等,不涉及基础合同,可以不追加债务人参加诉讼。保理商仅以债务人为被告提起诉讼的,债务人就债权人的履行瑕疵或应收账款转让通知的事实提出抗辩,或者主张抵销,需要查明事实的,应当追加债权人作为第三人参加诉讼。

在无追索权保理中,保理商承担信用风险,其仅能向债务人主张债权。若债务人就债权人履行瑕疵或应收账款转让通知的事实提出抗辩,需要查明事实的,应当追加债权人作为第三人参加诉讼。另外,在无追索权保理中,保理商承担的信用风险一般仅包括债务人经营恶化无力支付或破产的情况,具体情形依据当事人的约定。对信用风险以外的情形导致债务人不能清偿到期应收账款的,例如,因基础合同争议而导致应收账款不能收回的,笔者认为,保理商对债权人仍享有追索权,可以对债权人提起诉讼。

(三)保理合同案件的管辖

保理商与债权人因保理合同的签订、履行等发生纠纷,仅以债权人为被告提起诉讼的,按照双方签订的保理协议确定管辖。存在约定管辖条款的,由约定管辖法

---

① 参见内蒙古自治区高级人民法院(2011)内民二终字第 30 号民事判决书。

② 北京市高级人民法院(2014)高民(商)终字第 4943 号民事裁定书亦持此意见。

院管辖。无约定管辖、约定管辖不明或约定管辖无效的，应由被告住所地或保理合同履行地法院管辖。关于保理合同的履行地，应当按照最高人民法院《关于适用〈中华人民共和国民事诉讼法〉的解释》第 18 条等规定予以确定。保理合同是以基础合同债权转让为前提的，债权的转让不改变基础合同中的管辖约定。支持这一观点的，有最高人民法院《关于适用〈中华人民共和国民事诉讼法〉的解释》第 33 条中规定的“合同转让的，合同的管辖协议对受让人有效”；还有最高人民法院《关于审理涉及金融资产管理公司收购、管理、处置国有银行不良贷款形成的资产的案件适用法律若干问题的规定》第 3 条中规定的：“金融资产管理公司向债务人提起诉讼的，应当由被告人住所地人民法院管辖。原债权银行与债务人有协议管辖约定的，如不违法法律规定，该约定继续有效。”结合上述司法解释精神，笔者认为，保理商仅以基础合同债务人为被告提起诉讼，要求清偿到期应收账款的，应当根据基础合同确定管辖。同时，还应当保护不知情且善意当事人的诉讼利益，并尊重当事人的约定，对应收账款转让时保理商不知道基础合同中有管辖协议，或者转让时另有约定且债务人同意的应当分别处理。保理商同时起诉债权人、债务人和担保人，一并主张权利的，为了平衡各方当事人的诉讼利益，除债务人在债权转让时同意排除适用基础合同的管辖或者保理商、债权人与债务人另行约定了管辖的，应当依据基础合同确定案件的管辖。保理商不能依据其与债权人的管辖约定而排除基础合同中的债权人与债务人的管辖约定。

“一带一路”视野下信用证欺诈纠纷相关法律问题分析

冯　宁[*]

内容摘要：信用证欺诈是个老问题，最高人民法院《关于审理信用证纠纷案件若干问题的规定》出台也已经十多年了，学者相关理论著述颇丰，但多集中在司法解释出台前后。另外，在已有的著述中，审判实务类观点与声音缺失，是因为信用证案件基数小，司法经验积累薄弱，更重要的是信用证欺诈司法认定的不统一。本文在对信用证纠纷相关裁判文书统计分析的基础上，以审判实践为视角，对信用证欺诈纠纷的法律适用、管辖、信用证欺诈的证明标准、认定标准、第三人欺诈以及信用证欺诈例外原则的例外之适用作出了具体分析，提出了解决进路。

关键词：信用证　信用证欺诈　欺诈例外

信用证作为国际贸易中一项重要的支付结算手段和担保方式，被誉为国际贸易的生命之血。据国际商会统计，2015 年我国成为世界上出口使用 SWIFT[①] 信用证最多的国家，同时也是进口使用 SWIFT 信用证前三位的国家。随着全球经济复苏乏力，风险因素不断聚集，国际贸易违约增加，信用证纠纷案件不断增加。由于信用证交易的国际化和专业化，以及信用证运作规则的独特性，信用证纠纷尤其涉信用证欺诈的案件相应成为专业知识需求量较高的一类案件。司法实践中对信用证及信用证欺诈相关法律问题的理解与掌握尚不统一，以致理论界夸张地称“司法判决是信用证的天敌”。[②] 当前，我国“一带一路”倡议提出以“政策沟通、设施联

---

* 北京市东城区人民法院民三庭法官。

① 环球同业银行金融电讯协会建立的全球金融电讯网络系统即 SWIFT 系统，使用 SWIFT 开立及通知的信用证为国际贸易中通用的信用证。

② 高祥：《信用证法律专题研究》，中国政法大学出版社 2015 年版，第 60 页。

通、贸易畅通、资金融通、民心相通”为主要合作内容,信用证这一国际贸易通用结算手段正是“贸易畅通、资金融通”的关键一环。本文旨在通过对信用证欺诈相关法律问题的梳理分析,尝试厘清信用证欺诈认定标准,推动信用证欺诈纠纷司法尺度的统一,为“一带一路”建设营造良好法治环境。

一、信用证欺诈纠纷基础法律问题

国际商会《跟单信用证统一惯例——2007 年修订本,国际商会第 600 号出版物》(以下简称 UCP600)规定,信用证是指一项不可撤销的安排,无论其名称或描述如何,该项安排构成开证行对相符交单予以承付的承诺。信用证的独特性及优越性就在于信用证交易中坚持的独立性原则与严格相符原则(以下简称“二原则”),此“二原则”的核心就是银行以单据一致作为付款的唯一条件,其只审查单据,[①]无须审查基础合同,也不关注货物本身,只要单证相符,即可付款。此“二原则”保障了国际贸易支付的高效与便捷,但其以单据交易代表货物交易的特征也为信用证欺诈大开方便之门。所谓信用证欺诈,即“利用信用证机制中单证相符即予以支付的规定,提供表面记载与信用证要求相符,但实际上不能代表真实货物的单据,骗取货款支付的商业欺诈行为”。[②]

(一)信用证欺诈与信用证欺诈纠纷

关于信用证欺诈,实务中有买方欺诈、卖方(受益人)欺诈与买方卖方串通欺诈等几类。买方欺诈主要表现为基础合同买方通过伪造信用证或利用信用证“软条款”骗取卖方(受益人)货物或款项;买方卖方串通欺诈,主要为双方虚构基础交易,买方开立信用证后由卖方交单索付骗取银行款项;卖方(受益人)欺诈主要包括伪造变造单据、不交付货物或交付货物偷梁换柱,即虚假单据欺诈与基础交易欺诈,司法实践中常见的多为此类,本文也以受益人欺诈为主要分析对象进行阐述。其中,虚假单据欺诈,包括伪造单据与变造单据;基础交易欺诈,有的学者也将其称为“欺骗性陈述单据”,[③]实指基础合同履行中的交货不符欺诈,比如完全不交付单证项下的货物或交付的货物不具有价值。值得指出的是,信用证欺诈与一般民事欺诈相比,范围较窄,必须要利用信用证独立性原则即交单相符即可付款的运作机

---

① UCP600 第 34 条规定,银行对任何单据的形式、充分性、准确性、内容真实性、虚假性会法律效力……概不负责;银行对任何单据所代表的货物、服务或其他履约行为的描述……也概不负责。

② 郭瑜:《国际货物买卖法》,人民法院出版社 1999 年版,第 283 页。

③ 徐冬根:《信用证法律与实务研究》,北京大学出版社 2005 年版,第 342 页。

制进行欺诈。比如,买方使用伪造信用证进行欺诈的,其本质上未利用信用证交单付款的机制,不属于严格意义上的信用证欺诈。

信用证欺诈纠纷是指信用证交易中是否存在欺诈,以及在欺诈的情况下当事人之间的法律关系如何处理的纠纷。[①] 因信用证交易涉及多重法律关系与多方商事主体,信用证欺诈纠纷中,除了作为被告的欺诈方外,还可以将与案件有关的开证行、议付行或者其他信用证法律关系的利害关系人列为第三人。信用证欺诈纠纷的提起具有时间特征,一般应在开证行或其授权银行承兑、付款之前提起。在承兑、付款之后,即使存在欺诈,当事人无法再行通过提起信用证欺诈纠纷之诉予以救济(除非有充分证据证明银行的承兑、付款存在恶意),只能采取普通救济方式,即提起基础合同纠纷或采取刑事救济手段。[②]

（二）信用证欺诈的救济

按照 UCP600 的规定,银行具有独立的审单权和不受开证申请人干涉的付款或拒付的决定权。一旦发现欺诈,停止付款的急迫性尤为突出,而提起信用证欺诈纠纷诉讼是目前对抗信用证欺诈的最为有效手段。[③] 最高人民法院《关于审理信用证纠纷案件若干问题的规定》(以下简称《信用证纠纷规定》)第 9 条、第 10 条与第 15 条规定,开证申请人等发现欺诈情形,并认为将会给其造成难以弥补的损害时,可以向有管辖权的法院申请中止支付信用证项下的款项。经审查认为存在信用证欺诈情形的,“裁定中止支付”;实体审理后,认定构成信用证欺诈的,“判决终止支付”。对于上述规定中法院“裁定中止支付”的做法,目前理论界与实务界均存在一定误解,有的学者认为该规定为具有财产保全的属性,实践中法院还是依靠冻结账户来实现。[④] 笔者在中国裁判文书网上进行了检索,发现有一定数量申请中止支付信用证项下款项的案件文书是以财产保全裁定的形式作出的。[⑤] “裁定中止支付”手段,是参照我国《民事诉讼法》关于财产保全的规定设置的,同时根据

---

① 奚小明:《民事案件案由规定理解与适用》,人民法院出版社 2011 年版,第 494 页。

② 《刑法》第 195 条规定了信用证诈骗罪,该罪为行为犯,只要行为人作出该条所列举的行为即构成该罪。

③ 实践中,开证申请人发现欺诈还可以申请开证行拒付,但由于拒付是开证行的权利而非义务,银行一般不愿承担拒付的风险,所以向法院提起诉讼是目前最为便捷且有效的对抗信用证欺诈的手段。

④ 余博汝:《论信用证法上的“实质性欺诈”标准》,载高祥主编:《信用证法律专题研究》,中国政法大学出版社 2015 年版,第 261 页。

⑤ 如北京市第一中级人民法院(2008)一中民保字第 15770 号民事裁定书。

信用证纠纷案件的特殊情况，在裁定的当事人、复议法院、复议方式等方面作了变通，[①]其与财产保全有较大区别，属于信用证特有的司法救济手段。“裁定中止支付”属于对银行支付行为的禁止，具有行为保全性质，类似于美国法院的“初步禁令”，而“判决终止支付”属于实体审理结果，生效后具有终局意义，对此应有明确的认识。

(三)信用证欺诈纠纷的法律适用

国际商会《跟单信用证统一惯例》的历次修订均未对信用证欺诈问题进行规定，“国际商会统一惯例是最好的银行实务操作规范，而不是法律规定”，欺诈问题应适用法律通过法庭解决，[②]即留给各国国内法加以解决。我国目前没有专门的信用证立法，主要是最高人民法院的司法解释和相关指导意见。最高人民法院1988年《全国沿海地区涉外、涉港澳经济工作座谈会纪要》首次提及有证据证明欺诈可以冻结信用证项下的款项。1995年《全国海事审判工作(宁波)研讨会纪要》对信用证的法律性质予以明确，指出保全措施应持谨慎态度，严格控制冻结信用证项下的货款。最高人民法院《信用证纠纷规定》是目前关于信用证欺诈与救济的专门司法解释，在信用证欺诈纠纷审判实践中地位举足轻重。另外，值得指出的是，2016年10月8日施行的中国人民银行、原中国银监会《国内信用证结算办法》及2016年12月1日施行的最高人民法院《关于审理独立保函纠纷案件若干问题的规定》均对欺诈与救济的问题有新的表述，在审判实践中应当予以关注和参考。

信用证纠纷多为涉外案件，涉及准据法的确定问题，在支持当事人约定法律适用的基础上，要严格依照《涉外民事关系法律适用法》及《信用证纠纷规定》中的冲突规范来确定案件审理的准据法。其中，对于信用证欺诈的认定处理，由于UCP600等国际惯例没有规定，要依当事人明示选择适用的某国国内法律进行认定。在当事人选择缺失的情况下，可依据密切联系原则加以确定。在双方当事人均援引我国法律进行起诉与答辩的情况下，可视为选择适用我国法律。

在适用我国法律审理信用证欺诈纠纷时，除了适用《信用证纠纷规定》外，还要对审判实践中援引民法通则、合同法中有关诚实信用、欺诈等规定的通常做法予以重视和坚持。另外，对信用证单据的认定，涉及国际惯例的适用问题，当事人约

---

① 参见《最高人民法院〈关于审理信用证纠纷案件若干问题的规定〉的说明》。

② Goode, Roy, “Abstract Payment Undertakings and the Rules of the International Chamber of Commerce”, *Saint Louis University Law Journal* 39, p. 727.

定适用相关国际惯例或者其他规定的，一般从其约定；当事人没有约定的，应适用UCP600或者其他相关国际惯例，如《关于审核信用证项下单据的国际标准银行实务》（ISBP）、《跟单信用证项下银行间偿付统一规则》（URR725）及《跟单信用证统一惯例关于电子交单的附则》（eUCP）等。

（四）信用证欺诈纠纷的管辖

信用证欺诈纠纷，应按照《民事诉讼法》第二章及第二十四章的规定确定管辖。在当事人没有约定管辖的情况下，由被告住所地或者合同履行地法院管辖，对在我国领域内没有住所的被告提起诉讼的，可以由合同签订地、合同履行地、诉讼标的物所在地、可供扣押财产所在地、侵权行为地或者代表机构住所地人民法院管辖。同时，涉外信用证欺诈纠纷在确定具体的管辖法院时，还要根据最高人民法院《关于涉外民商事案件诉讼管辖若干问题的规定》与《关于加强涉外商事案件诉讼管辖工作的通知》及经最高人民法院授权的广东省和各直辖市高级人民法院的具体指定管辖文件来确定。

另外，按照《信用证纠纷规定》，人民法院审理信用证欺诈案件，必要时可以将信用证纠纷与基础交易纠纷一并审理。这里的基础交易纠纷，是指将争议信用证作为支付手段的国际买卖合同纠纷或国际服务合同纠纷。因此，还可以根据基础交易纠纷的管辖来确定信用证欺诈纠纷的管辖。① 对于基础交易中约定仲裁的，能否排除法院对信用证欺诈纠纷的管辖？笔者认为，信用证一旦开出即独立于基础合同，信用证欺诈是由信用证关系衍生出来的，基础合同中的仲裁协议无法拘束信用证欺诈案件的管辖。

二、信用证欺诈的司法认定

有关信用证欺诈的认定，最高人民法院《信用证纠纷规定》颁布前后，学者相关著述颇丰，然而，由于此类案件基数较小，一段时间以来审判实务观点尚未统一。随着此类案件裁判经验的积累，笔者认为，信用证欺诈的认定主要涉及证明标准、认定标准与第三人欺诈等问题，其中，对于上述问题的判断又离不开对单证相符情况、基础交易履行情况的审查。

（一）信用证欺诈的证明标准

按照“谁主张，谁举证”的原则，信用证申请人提起信用证欺诈诉讼并要求不

① 参见最高人民法院（2000）经终字第155号民事裁定书。

予支付信用证项下款项的，该当事人应当举证证明受益人存在信用证欺诈情形。目前，司法实践中对“举证证明存在欺诈”的证明标准的认识尚不统一。有的认为应以《信用证纠纷规定》第 8 条为根据，当事人能拿出证据证明受益人存在该条规定的欺诈情形即可。有的认为，依据最高人民法院《关于适用〈中华人民共和国民事诉讼法〉的解释》第 109 条的规定，当事人对欺诈、胁迫等事实的证明，应达到排除合理怀疑的证明标准。笔者认为，上述观点均有一定的合理性，但都忽视了一个重要事实，即信用证欺诈诉讼是一个过程，要区分不同审判阶段的证明标准。审判实践中，中止支付的申请一般在诉前提出，法院在这一阶段要求当事人举证证明欺诈存在的证明标准可以是初步的或表面的，因为诉前中止支付裁定的作出是需要当事人提供可靠且充分的担保，此种情况下，对欺诈采用初步证明标准并不会影响另一方当事人的利益。而在信用证欺诈诉讼实体审理阶段，对于信用证欺诈的证明标准应当是严格的，当事人必须有充分的证据证明存在《信用证纠纷规定》第 8 条中的欺诈情形，并且该证明需要使法官确信欺诈事实存在的可能性能够排除合理怀疑，只有达到此种证明标准，才可以最终判决终止支付信用证项下的款项。这种严格的证明标准，是符合信用证国际司法惯例的，①毕竟信用证是支付的工具，不是拒付的工具。

此外，信用证欺诈诉讼中，如果开证行以欺诈为由拒付，也需提供明确的证据，且达到上述证明标准，不应降低银行的证明标准，不宜对开证行和申请人施行双重的证明标准。

（二）信用证欺诈的认定标准

信用证欺诈的认定是一个主客观方面综合判断的过程，各国司法界均有不同的把握标准。目前，较为著名的是美国《统一商法典》（UCC）规定的“实质性欺诈”（Material Fraud）标准。对于什么是“实质性欺诈”，本身也比较抽象，美国也是通过大量的判例总结出来的②。我国信用证司法实践中，认定信用证欺诈，主要依照最高人民法院《信用证纠纷规定》第 8 条，即存在下列情形之一的，应当认定存在信

---

① 美国法院处理信用证欺诈案件的一般原则是不签发禁令（No injunctiong），UCC 正式评论中也确定了申请签发禁令的高标准，申请人必须有充分的证据而非仅仅控诉。

② UCC 第 4 条的官方评论中列举了一些体现“实质性欺诈”的判决，同时，还举了一个例子帮助理解“实质性欺诈”：假设受益人签订了一个交付 1000 桶色拉油的合同，受益人明知只交付了 998 桶，提交的单据却显示是 1000 桶。如果 1000 桶差 2 桶是非实质性的违约，受益人的行为即使构成欺诈，也并不是实质性的。相反，如果受益人只交付了 5 桶油，却提交显示交付 1000 桶的单据，此种行为即为实质性欺诈。

用证欺诈:(1)受益人伪造单据或者提交记载内容虚假的单据;(2)受益人恶意不交付货物或者交付的货物无价值;(3)受益人和开证申请人或者其他第三方串通提交假单据,而没有真实的基础交易;(4)其他进行信用证欺诈的情形。该条规定采用列举加兜底的方式明确了信用证欺诈的情形,既包括信用证交易中的单据欺诈,也包括基础交易中的欺诈。但该规定对"欺诈"的界定总体上还是比较粗线条,至于出现什么程度的行为会被认定为欺诈,什么样的欺诈能导致法院决定中止或终止支付信用证项下的款项,在很大程度上还是依赖法官的自由裁量。

笔者通过梳理122篇信用证欺诈相关裁判文书,[①]初步总结出我国司法实践中认定信用证欺诈所考量的几个因素:一是受益人有欺诈的故意;二是有证据证明存在现实的欺诈行为;三是欺诈对基础合同目实现的影响程度。[②] 值得指出的是,在笔者搜索出的文书中,有29篇均明确援引了"实质性欺诈"的概念作为说理的理由,该概念即舶来自上述美国《统一商法典》及美国法院相关判例,最高人民法院在(2000)经终字第155号民事裁定书首次使用该概念。该概念在我国司法实践中的运用与发展,充分体现了信用证司法认识的国际化,但必须明确的是,美国"实质性欺诈"标准基本上类似于上述笔者总结的考量因素之后两点,不涉及受益人的主观故意方面的考量。实践中援引该概念的案例,也并不是简单意义的照搬,而是综合了受益人主观故意方面的认定。[③] 简言之,我国司法实践中对信用证欺诈的认定,主要关注两个方面,一是受益人存在欺诈的主观故意,二是受益人存在客观方面的实质性欺诈行为。二者之间,尤其对受益人的主观方面给予了特别重视,"认定是否构成信用证欺诈,不仅要从行为本身考察,更重要的是考察行为人是否具有主观恶意……"[④]

同时,个案中对于信用证欺诈的认定,不能机械地依司法解释规定的欺诈情形镜像相符认定,而应在受益人主观方面与信用证"二原则"的大前提下,具体问题具体分析。比如,受益人提交的单据中存在轻微的不实之处,英文的拼写错误、发

---

① 笔者在北大法宝中国法院裁判文书库,截至2017年5月22日,以"信用证欺诈"作为关键词搜索出信用证案件裁判文书122件。

② 厦门市中级人民法院(2004)厦民初字第352号民事判决书,因受益人交付的货物存在严重短缺,影响合同目的的实现,最终法院认定构成实质性欺诈,判决终止支付信用证项下的款项。

③ 如最高人民法院《关于连云港口福食品有限公司与韩国中小企业银行信用证纠纷一案的请示的复函》,(2003)民四他字第33号。

④ 最高人民法院民四庭:《关于当前国际金融危机下人民法院审理信用证案件面临问题及其对策的调研报告》,载《人民法院报》2009年5月28日。

票货物名称漏写或者码头收据日期的倒签以及基于赶期需要而倒签提单、预借提单,只要这些瑕疵不是基于欺诈的故意,没有造成实质损害,是不应当影响受益人获得偿付的。再如,基础交易中的一般违约行为,如货物包装瑕疵或轻微短缺,但未影响基础合同目的的实现,一般也不应当认定构成欺诈。另外,实践中还应当把握好信用证欺诈与一般民事欺诈以及信用证诈骗犯罪的界限。对于未利用信用证交单相符独特机制进行欺诈的,应按一般民事欺诈处理。对没有真实基础交易非法进行信用证融资,包括利用在国外注册的空壳公司与国内控制的公司、银行人员串通,虚拟交易,用信用证套现的,要及时移送公安机关处理。

(三)第三人欺诈问题

信用证交易中,有条件、有可能实施欺诈的,不仅限于受益人,还包括信用证交易中的第三人,如承运人等。对受益人及受益人与第三人串通欺诈的认定,目前司法界不存在争议。而对于第三人单独实施欺诈是否影响受益人索偿的问题,目前没有定论,我国司法实践中也尚未遇到此类问题,但理论界对此问题的争鸣值得关注。有的学者认为,受益人提交了第三人伪造的单据,即使受益人没有意识到此种伪造或欺诈,也应视为受益人欺诈。[①] 有的学者认为,如果虚假单据或欺诈是第三人实施的,受益人对此并不知情,则当受益人向开证行交单索付时,银行有义务承付。[②] 对于这两种观点,在国际信用证司法中均有先例,其中,美国“Prutscher v. Fidelity International Bank”案与加拿大“Henderson v. Canadian Imperial Bank of Commerce”案均持前种观点,英国“United Ctiy v. Royal Bank”案则采后一种观点。综上所述,两种观点的共识是,在受益人明知或参与了第三人的欺诈时,应认定受益人欺诈,对此笔者亦不持异议。而对于善意且不知情的受益人,第三人实施的欺诈是否当然影响受益人的索偿呢?笔者认为,作出何种选择,反映司法的价值取向。以欺诈的存在对抗信用证的支付应该受到严格限制,是国际信用证司法的通识。如果不考量欺诈的主观意图,以欺诈为由而不予支付的例外难免过于宽泛。目前,我国信用证司法实践中还是应当坚持过错原则的标准,慎重认定受益人欺诈。在受益人不知情且无过错的情况下,不宜认定受益人构成欺诈。在受益人不知情但存在过失或放任的过错时,[③]可以认定受益人构成欺诈。开证申请人或受

① 谢可训:《关于信用证欺诈及救济问题研究》,载《武汉大学学报》2001 年第 5 期。

② 牛琨:《信用证欺诈法律问题研究》,中国政法大学经济法学 2004 年硕士学位论文。

③ 有的学者认为,在第三人欺诈且受益人不知情的情况下,买卖双方都是无辜的善意的受害人,应选择更有利于防范欺诈的一方作为后果的承担者。

益人因第三人欺诈遭受的损失，可以依据《合同法》第 121 条规定的原则加以救济。另外，对主张存在基础交易欺诈的案件，在审查基础合同履行情况时，如果是采用国际商会贸易术语（DES、DEQ 或 FOB、FCA）签订的基础合同，还可以在客观方面尝试依据基础合同中标的物风险责任期间的约定，来确定相应期间第三人的欺诈是否导致受益人构成欺诈的问题。

三、信用证欺诈例外原则的司法适用

信用证独立性原则确保了信用证交易的商业活力，但“银行信用证项下的义务的独立性不应扩展到保护不道德的卖方”，[①]基于维护商业交易公平的需要，信用证欺诈例外原则作为信用证独立性原则的例外应运而生，并为包括我国在内的各国司法界所认可。一旦发生信用证欺诈，受益人将不再受到信用证独立性原则的保护，法院可以依申请禁止信用证下款项的支付。然而，法院对于欺诈例外的运用，应当有严格的条件，放任或扩大将导致司法对信用证的过度干预，甚至会“毁掉信用证这一极具价值的商业工具的有效性”。[②]

（一）欺诈例外原则的适用条件

信用证交易中，支付是原则，不予支付是例外，因欺诈导致的不支付是例外中的一种。[③] 在严格认定哪些行为构成信用证欺诈的基础上，对于欺诈例外原则的适用，应当严格且明确。最高人民法院《信用证纠纷规定》第 11 条明确了适用欺诈例外原则的五项具体条件，如申请人提供证据材料证明存在本规定第 8 条的欺诈情形、不采取中止支付信用证项下款项的措施将会使申请人的合法权益受到难以弥补的损害、提供了可靠充分的担保等。只有在满足条件的情况下，才能启动欺诈例外原则的适用。该条规定提高了适用“信用证欺诈例外”的门槛，防止司法的不当干预阻碍信用证制度在我国的发展。[④] 在欺诈例外原则的具体适用时，还应当注意《信用证纠纷规定》第 10 条中的下列情形除外：（1）开证行的指定人、授权人已按照指令善意地进行了付款；（2）开证行或者其指定人、授权人已对信用证项下

---

① 美国信用证欺诈经典案例 Sztejn 案，被理论界称为欺诈例外原则的确立之案，参见 Sztejnv. j. Henry Schroder Bankding Corporation，31NYS 2d 631（1941）。

② Asbury Park & Ocean Grove Bank v. National City Bank，35 NYS 2d 985（Sup. Ct. 1942），aff' d mem，268 AD 984，52 NYS 2d 583（1944），p. 989.

③ 在国际信用证司法中，还有违法行为例外、显失公平例外等例外的存在。

④ 参见《最高人民法院〈关于审理信用证纠纷案件若干问题的规定〉的说明》。

票据善意地作出了承兑；(3)保兑行善意地履行了付款义务；(4)议付行善意地进行了议付。为了保护善意第三人的利益，在此四种情形下，即使认定构成信用证欺诈，也不再遵循“信用证欺诈例外”原则，不再通过司法手段干预信用证项下的付款行为。

实践中，由于对《信用证纠纷规定》的理解认识不同、对国际惯例的认知不充分以及地方保护主义的干扰等因素，信用证欺诈例外原则的适用较为混乱，止付信用证的随意性较大，存在滥用的嫌疑。笔者在北大法宝中国法院裁判文书库及北京法院裁判文书系统中收集到 2006 年以来信用证欺诈案例 27 件，其中认定构成信用证欺诈的 12 件，法院适用欺诈例外原则的比例达 44%。统计中，由于获取的样本较小且覆盖地域不全，数据可能存在一定的偏差，但从侧面也可以看出信用证欺诈例外的司法适用确有些宽松。另外，笔者通过对这些案例的分析，发现欺诈例外原则司法适用中还存在以下几个方面的问题：一是国际惯例认知模糊，对 UCP 等国际惯例缺乏系统认识，援引较少；二是法律适用混淆，对一般民事欺诈与信用证欺诈经常没有做有效区分；三是适用标准随意，对适用欺诈例外所要求的欺诈程度等没有界定，对善意第三人的保护不够。对于上述共性问题，有赖于在信用证司法裁判尺度逐渐统一的同时，进一步研究与反思。

(二)例外的例外——善意第三人的问题

UCP600 对信用证欺诈例外及其衍生的欺诈例外之例外均未作出规定，留给各国国内法自行解决。上述《信用证纠纷规定》第 10 条即是对“欺诈例外原则之例外”的规定，该条主要涉及对开证行的指定人、保兑行、议付行等善意第三人的保护问题。为什么要对善意第三人提供例外保护呢？允许第三人参与信用证的付款过程是信用证交易的一大特点，第三人可以对信用证下受益人的汇票或支付命令进行承兑、购买或贴现，或安排其他方式对基础交易进行融资。第三人做这一切的前提，是基于对开证行付款承诺及信誉的信赖，一旦欺诈发生，若由不知情的第三人承担后果，显然会损害信用证的商业价值。基于此，善意第三人免受欺诈例外抗辩，就显得尤为重要。

在“欺诈例外原则之例外”具体适用中，第三人的主观方面应当是善意的，只要是诚实的进行，无论是否存在疏忽，都应该视为是善意的操作。善意与否主要取决于当事人的主观意图，即是否“故意”或“明知”。在不知情的情况下，支付了对价，即可认定为善意。对第三人的主体，主要审查该第三人是否获得了开证人的指示或授权，或者信用证中是否存在其可议付的相关协议。对第三人的客观方面，即必须根据信用证的规定支付了对价(付款)或对信用证下的票据作出了承兑。

值得指出的是,《信用证纠纷规定》第10条中"对信用证项下票据善意地作出了承兑"的第三人适用"欺诈例外原则之例外",即发生欺诈,亦不能止付信用证项下已承兑的票据(一般为远期汇票)。笔者认为,此条忽略了票据法中有关汇票承兑付款日期的相关规定[①],在票据承兑后付款前,若认定发生信用证欺诈,应否止付该承兑汇票,值得探讨。

(三)互惠原则与免除丧失上诉权的问题

由于信用证欺诈纠纷多为涉外案件,而目前国际公约、国际惯例对信用证欺诈的规范缺失,加之信用证欺诈认定主观性较强,各国法院认定处理信用证欺诈的标准不尽统一。在处理涉外信用证欺诈纠纷时,要注意了解相关国家信用证欺诈的规定及司法判例,在个案的处理中可以灵活运用国际普遍公认的互惠原则(也称对等原则)。假设我国出口商在某国屡遭宽松且不公平的受益人欺诈认定时,该国当事人在我国法院有类似的诉讼时,可以尝试按互惠原则对信用证欺诈等问题作出认定处理。当然,互惠原则的运用,还依赖于我国个人、企业在国外法院进行信用证诉讼案例的积累与分析,以及外国法的查明等问题,目前这一块的资料和研究还比较稀少。另外,涉外信用证欺诈纠纷案件中,有一定比例的案件外方被告无法送达,最终缺席判决。1991年3月2日,我国加入《关于向国外送达民事或商事司法文书和司法外文书公约》,该公约第16条规定,未出庭被告非因自己的过失,未能在足够的期间知悉传票或判决等文书,且被告对该案的实质问题提出表面可以成立的答辩理由,法官有权根据未出庭被告在合理期间提出的申请,使该被告免于判决因上诉期届满所产生的丧失上诉权的效果。我国全国人大常委会《关于批准加入〈关于向国外送达民事或商事司法文书和司法外文书公约〉的决定》第5条的保留声明,将未出庭被告要求免除丧失上诉权效果申请的"合理期间"界定为1年,否则不予受理。该公约对未出庭被告的上诉权给予特别保护,在涉公约成员国的相关诉讼中具有法律效力,审判实践中应当引起重视。审判实践中,遇到上述情形的机会可能较少,但应当注意的是,在"一带一路"建设的大背景下,人民法院审理涉外民商事案件时要重视对国际公约、条约、惯例的学习与理解,确保准确适用,增强裁判的国际公信力,为"一带一路"建设提供更加专业、高效的司法保障。

---

① 《票据法》第38条。

解构无效行政行为的判定标准

马媛婧*

内容摘要：依据《行政诉讼法》第75条的规定，人民法院判决确认行政行为无效的标准为“行政行为有重大且明显违法情形”。但由于“重大且明显违法”的原则概括性和主观抽象性，加之第75条仅列举了“行政行为实施主体不具有行政主体资格”和“行政行为没有依据”两类情形，导致法条拿捏不到位，具体适用难度高。本文结合现行有效的国内外立法和新法实施1年内的生效案例，解构无效行政行为的判定标准，以期为司法审判实践提供借鉴。

关键词：重大且明显违法　行政诉讼主体资格　行政行为没有依据　无效行政行为

重大且明显学说理论认为，当某行政行为的瑕疵在内部呈现为“重大”，在外部表现为“明显”，且内外二要素兼备的情况下，即构成无效行政行为。该行为自始、当然、确定地不发生法律效力。其中“重大”是指行政行为的瑕疵给相对人合法权益造成了不可逆的、彻底的破损且无法通过变更、补正和转换手段等方式使瑕疵得以纠正。“明显”是指行政行为的瑕疵显而易见、一目了然，“在某种程度上犹如写在额头上般”，①一般理智、典型的公民而非法律或其他专业人士即可作出是否违法的准确判断。

上述理论虽然受到众多学者的推崇，但由于“重大且明显违法理论”的高度原则概括性，仍是主观、抽象的标准，加之第75条无效行政行为情形列举项简缺，司法实践操作难度大，易诱发如下风险：一是无效诉请没有起诉期限的限制，一旦得到支持，行政相对人利益即可实现最大化，易形成“滥诉”。新法实施1年内全国确

---

* 北京市东城区人民法院行政庭法官。

① 翁岳生：《行政法》，台北：翰芦图书出版社2000年版，第608页。

认行政行为无效为诉请的案件 392 起,其中判决确认无效的 174 件,未予支持原告诉请的案件过半,且随着新《行政诉讼法》的实施,此类案件滥诉比率和数量将会呈双增态势。二是法官自由裁量空间大,加之行政机关的干扰,将确认无效判决变通折抵为撤销或确违判决,背离"司法公信"。三是我国幅员辽阔,民风民俗复杂多样,对客观实际认知、态度偏差较大,以"一般理智、典型公民的认识"作为"明显违法"的评定标准,导致"同案不同判"。因此,无效行政行为"重大且明显违法"标准的概念解释应尽量避免不确定词汇的引入,可从行政行为主体资格、事实依据、法律依据、作出程序、表现形式和意思表示等要素是否欠缺、合法来确定"重大",从法律法规是否有明确规定来确定"明显"。

我国现行有效法律条款中不乏关于无效行政行为情形的表述,大致可分为采用"无效"二字直接予以确定或宣告①和以沉默的、消极的"行政相对人有权拒绝"间接实现"无效"的效果②两者模式。但这些碎片式条款基本系结果上的广义无效,效力性质上等同于可撤销的行政行为,并非《行政诉讼法》第 75 条所规定的无效情形。故而无效行政行为判定标准的确定需要详细阐释第 75 条的两大列举情形,并结合新法实施一年内确认无效判决案例,归纳完善切合我国实际的重大且明显违法情形。

一、如何理解"行政行为实施主体不具有行政主体资格"

行政行为"实施主体不具有行政主体资格"依违法严重程度可逐级递减为如下四类:一是行政行为的实施主体在性质上不属于"行政机关或法律、法规、规章授权的组织";二是虽系《行政诉讼法》第 2 条所规定的行政主体,但其所实施的行政行为超越了法定专属职权;三是虽未超越法定专属职权,但其所实施的行政行为超越了其所具有的种类职权;四是虽未超越种类职权,但其所实施的行政行为超越了其具有的幅度范畴。

上述四类情形中,第一类因行政行为主体不具有行政公权力、无公行政主体资格,确定清晰地属于第 75 条所规定的"行政行为实施主体不具有行政主体资格",常见的有如下三种:一是实施主体未在本市机构编制委员会发布的机构设置及人员编制之列,无行政主体执法资格证明,如舞蹈社团、医疗协会等民间自治组织;二

① 参见《行政处罚法》第 3 条第 2 款、《税收征收管理法》第 33 条第 2 款、《土地管理法》第 78 条、《专利法》第 48 条、《草原法》第 63 条第 1 款、《海域使用管理法》第 43 条。

② 参见《农业法》第 67 条、《行政处罚法》第 49 条和第 56 条。

是行政机关内设机构在既无法律授权又无委托情况下作出的行政行为，如乡镇政府内设机构建设管理服务所下发的违章建设拆除通知无效；[①]三是非行政机关工作人员实施的假象职务行为，如林业局离职人员填写颁发的林权证无效。[②] 第三类情形属于《行政诉讼法》第 70 条第 4 项所规定的因“超越职权”而判决撤销情形，如派出所作出拘留处罚决定。第四类情形视各地裁判掌握尺度，有依据第 70 条第 4 项判决撤销的，也有经审查在事实清楚、程序合法的基础上依据第 69 条判决驳回原告诉讼请求的，如派出所作出 1000 元罚款决定。

争议主要集中于第二类情形，即是否只要行政行为实施主体超越专属职权就属于第 75 条规定的“没有行政主体资格”？行政机关专属职权分为专属业务职权和专属地域管辖职权两类。目前大陆法系对超越专属业务职权的基本持肯定态度，如意大利《行政程序法》第 42 条、奥地利《行政程序法》第 68 条第 4 款第 1 项、葡萄牙《行政程序法》第 133 条第 2 款第 1 项和第 2 项、澳门《行政程序法》第 114 条第 2 款第 1 项和第 2 项、西班牙《行政程序法》第 62 条第 1 款第 2 项及我国台湾地区“行政程序法”第 111 条第 6 项。我国目前审判实践中也不乏行政行为实施主体因超越专属职权进而被法院判决行政行为无效的案例，如城乡建设局行使专属于土地行政主管部门才具有的土地征收补偿安置职责，导致其签署的土地征收补偿协议无效；[③]乡镇政府因无批准和划拨土地的职权致其签署的拆迁协议中有关土地划拨部分的条款无效；[④]巡警大队行使交警大队的道路处罚职权，致其下发的交通处罚通知书无效；[⑤]公安机关在治安案件调解协议书中加注证明欠条无效，加注证明行为无效；[⑥]国土资源局注销县政府颁发的集体土地建设用地使用证的行政行为无效；[⑦]社保局代社保中心作出的参保人员缴费年限确认单无效。[⑧]

但笔者认为超越专属业务职权并不必然是无效行政行为，理由为第 75 条判定行政行为无效的本质标准系“重大且明显违法”，“超越专属业务职权”虽系“重大”事项，但由于有的行政部门之间业务范畴存在交叉、职能界限不清，如食药局、质监

---

① 江苏省江阴市人民法院（2015）澄行初字第 44 号行政判决书。
② 河南省南召县人民法院（2015）南召行初字第 16 号行政判决书。
③ 湖北省南漳县人民法院（2015）鄂南漳行初字第 9 号行政判决书。
④ 陕西省淳化县人民法院（2015）淳行初字第 2 号行政判决书。
⑤ 甘肃省金昌市中级人民法院（2015）金中行初字第 22 号行政判决书。
⑥ 河南省驻马店市驿城区人民法院（2015）驿行初字第 43 号行政判决书。
⑦ 河北省迁西县人民法院（2014）迁行初字第 3 号行政判决书。
⑧ 杭州市下城区人民法院（2015）杭下行初字第 19 号行政判决书。

局、工商局三者对于食品的监管职责及区县政府、规划委、城管大队对于违建的查处职责，即使审判经验丰富的一线办案法官也难于第一时间一眼辨清，需要向被诉行政机关加以咨询抑或向上级法院讨论汇报才可确定，故超越专属业务职权并非在任何情形下均系“明显”，需要结合个案情形予以认定。

关于“超越专属地域管辖职权”是否必属无效行政行为，大陆法系国家基本持肯定态度，但德国随着行政程序法的实施由肯定态度转变为附条件的否定态度。[①]笔者赞同德国的做法，即行政机关或法律法规授权的组织在未超越业务管辖权的情况下，即使超越了地域管辖权，也不会导致其实施的行政行为无效。理由如下：一是专属地域管辖概念产生于诉讼管辖制度，是为方便查清案件事实和当事人诉讼，故规定涉及不动产的案件由不动产所在地法院管辖，但是按照现行的行政管理原则，行政机关对本辖区范围内属于自身业务范畴的事件均可予以管理，加之行政相对人的高度流动性、部分不法行为的实施地、结果发生地的不一致，设定专属地域管辖不符合行政管理实际；二是行政主体资格在法律本质上是对行政行为实施主体执业资质抑或业务能力的评价，类似于公民个人的司考证、会计证，行政机关违反行政区划管理原则在性质上更近似于第70条第5项所规定的行政主体滥用职权情形。因此，建议将“行政行为实施主体不具有行政主体资格”细化解释为：行政行为的实施主体非行政机关或法律、法规和规章授权的组织，或其实施的行政行为明显超越法定专属业务职权的，应当判决确认无效。

二、如何诠释“行政行为没有依据”

与最高人民法院《关于执行〈中华人民共和国行政诉讼法〉若干问题的解释》（以下简称《行政诉讼法解释》）第95条裁定不予执行情形相比，第75条在“行政行为没有依据”前没有附加“明显”二字，那么是否只要“行政行为没有依据”，不需再对行政行为违法情形是否“明显”加以分析，即可直接认定被诉行政行为系无效行政行为？笔者认为，从第75条的条文设计来看，“没有依据”是“重大且明显违法”明确列举情形之一，以用来为“等”情形的确定做参照；同时此处的“没有依据”是对依据“质”的判断，即事实依据或法律依据为“零”，而第70条判撤情形的“证

① 1966年德国《行政程序法》第34条第2款第3项规定，官署对非在其管辖区域内之不动产，或对有关非在其管辖区域内之权利或法律关系，未经授权，而为行政处分者，不论是否存在重大且明显违法情形，行政处分无效；但是在1976年《行政程序法》第44条第3款第1项规定，行政行为不因未遵守地方管辖权的规定而无效，但超越专属业务管辖权的除外。

据不足”“法律规范适用错误”是关于依据“量”上的评判，因此第75条“行政行为没有依据”同“行政行为实施主体不具有行政主体资格”不同，内涵是确定清晰的，不需要附缀“明显”条件限制。

结合司法实践，“行政行为没有依据”的具体情形可归纳为如下四种。

一是行政相对人提供材料不真实，导致行政行为认定的法律事实与客观事实严重错位，进而以行政行为“没有事实依据”判决确认无效。如婚姻登记案件中，结婚登记申请人故意冒用他人身份信息、捏造虚假身份材料[①]或隐瞒双方已经离婚的客观事实，[②]导致婚姻登记机关作出的结婚登记行为严重背离现实婚姻关系。但在此种依申请行政行为中，常涉及善意第三人，如X房屋本属A所有，B携虚假房屋买卖合同和委托手续骗取了Y市国土局的不动产登记，后C以市场价格从B处购买X房屋并依法办理了过户登记，那么Y市国土局为B办理的不动产登记是否构成无效行政行为？笔者认为不构成，理由如下：房屋登记行为调整的不仅仅是房屋登记机关与申请人之间的关系，也调整申请人与原产权人甚至此后可能购买涉案房屋的不特定公民之间的相互正义关系，需要在相对人既得权益、第三人信赖保护、法律安定性及效率必要性之间做出抉择。如首次过户登记行为被确认无效，

---

① 安徽省当涂县人民法院(2015)当行初字第11、12号、旌德县人民法院(2015)旌行初字第4号、阜南县人民法院(2015)南行初字第52号、郎溪县人民法院(2015)郎行初字第1号、宁国市人民法院(2015)宁行初字第23号、(2015)界行初字第23号；山东省济宁高新技术产业开发区(2015)济高新区行初字第73、74号、泰安市岱岳区人民法院(2015)岱行初字第51号；重庆市渝北区人民法院(2015)渝北法行初字第80、87号、北碚区人民法院(2014)碚法行初字第68号、渝中区人民法院(2015)中区法行初字第163号、綦江区人民法院(2015)綦法行初字第136号、潼南区人民法院(2015)潼法行初字第37号；江西省贵溪市人民法院(2015)贵行初字第6号、宜春市袁州区人民法院(2015)袁行初字第19、23号、万安县人民法院(2015)万行初字第4号；浙江省苍南县人民法院(2015)温苍行初字第38号、杭州市西湖区(2015)杭西行初字第304号；广西壮族自治区宁明县(2015)宁行初字第8号、象州县人民法院(2015)象行初字第13号、永福县人民法院(2015)永行初字第10号；平果县人民法院(2015)平行初字第11号、钟山县人民法院2015)钟行初字第9号；四川省苍溪县人民法院(2015)苍溪行初字第15号、广安市前锋区(2015)前锋行初字第126、143号；河北省承德县人民法院(2015)承行初字第4、23号、(2016)冀0821行初17、18号；江苏省扬州市邗江区人民法院(2015)扬邗行初字第28号、泰州市海陵区人民法院(2015)泰海行初字第14号；河南省林州市人民法院(2015)林行初字第28号；辽宁省沈阳高新技术产业开发区人民法院(2015)沈高开行初字第714号、盘锦市兴隆台区人民法院(2015)兴行初字第00017号；湖北省京山县人民法院(2015)鄂京山行初字第00020号；湖南省汉寿县人民法院(2015)汉行初字第18号、湘潭县人民法院(2015)潭行初字第35号；吉林省通化县人民法院(2015)通行初字第19号行政判决书。

② 北京市昌平区人民法院(2015)昌行初字第59号、洛市商州区人民法院(2014)商州行初字第14号；江西省宜春市袁州区人民法院(2015)袁行初字第23号、(2015)沙行初字第37号；辽宁省沈阳市铁西区人民法院(2015)沈铁西行初字第106、138号、大东区人民法院(2015)大东行初字第58号、浑南区人民法院(2015)浑南行初字00101号、大连市沙河口区人民法院(2015)沙行初字第37号；山东省烟台市芝罘区人民法院(2015)芝行初字第53号、泰安市岱岳区人民法院(2015)岱行初字第19号行政判决书。

虽可维护 A 的合法权益，但由于无效行政行为的自始无效性，会导致后续过户登记行为的无效，将损害善意第三人 C 的合法权益，降低公民对政府的合理信赖及法律安定性，与市场经济发展和法治政府建设相抵触，故建议：行政主体因申请人故意隐匿事实、提供虚假材料或陈述致使行政行为违背客观实际的行政行为无效，但涉及善意第三人的除外。

二是行政行为作出的基础依据客观上不存在或被有权机关撤销。如土地使用证的颁发时间早于现持证人与涉案地块产生利害关系的时间，土地使用权证无效；[①]涉案林地历史上只曾登记从未颁证，林权证无效；[②]房屋征收主管部门在被征收人未提供有效权属证明的情况下与其签订补偿安置协议[③]或双方签订补偿安置协议的基础批复被行政复议决定予以撤销，征收补偿安置协议无效。[④] 另外，在北京市法院推行判决撤销房屋所有权登记行为的同时确认房屋所有权证无效的做法，[⑤]这样有利于根本上一次性解决行政争议，但是需要说明的是文书在法律上只援引第 70 条未引用第 75 条，而第 70 条只规定了判决撤销的法定情形，导致判决主文中"房屋所有权证无效"师出无名，故笔者建议加引第 75 条。

三是行政行为的责任主体确认错误。如水利处罚通知书的抬头为"许甲"但实际下发对象为"许乙"且水利局无证据证明许乙实施了被处罚行为[⑥]，故相对人姓名错误且非笔误，处罚通知书无效。

四是行政行为违反法律法规的强制性规定或实施该行政行为会构成犯罪。如征收补偿安置协议书对违法建设补偿方式和数目的约定；[⑦]结婚登记的一方构成重婚；[⑧]农村宅基地流转批准单颁发给不属于同一农民集体经济组织成员之间；[⑨]

---

① 河南省周口市中级人民法院（2014）周行终字第 47、49 号、安阳市中级人民法院（2015）安中行初字第 8 号行政判决书。

② 广西壮族自治区田东县人民法院（2015）东行初字第 9 号行政判决书。

③ 安徽省滁州市中级人民法院（2015）滁行初字第 5、8、10、12、15 号；河北省唐县人民法院（2015）唐行初字第 53、54 号；甘肃省兰州市城关区人民法院（2015）城行初字第 12 号；内蒙古自治区阿荣旗人民法院（2015）阿行初字第 13 号行政判决书。

④ 浙江省奉化市人民法院（2015）甬奉行初字第 21—23 号行政判决书。

⑤ 北京市丰台区人民法院（2010）丰行初字第 205、220 号、东城区人民法院（2015）东行初字第 181 号行政判决书。

⑥ 河南省鹿邑县人民法院（2015）鹿行初字第 25 号行政判决书。

⑦ 安徽省滁州市中级人民法院（2015）滁行初字第 14 号行政判决书。

⑧ 河南省淅川县人民法院（2015）淅行初字第 90 号行政判决书。

⑨ 湖南省桑植县人民法院（2015）桑行初字第 84 号行政判决书。

国土局将附着于“非净地”之上的国有建设使用权挂牌出让；[①]区县政府征用土地的实际面积超过市政府的审批面积，超批准面积的约定无效；[②]住建委与房地产公司签订的《××小区配建廉租住房合同书》中的30套房屋系未取得规划许可、预售许可等手续的违章建筑物。[③]

三、如何判断“重大且明显违法的形式瑕疵和程序瑕疵”

（一）形式瑕疵

进入法官审查视野的行政行为均系已发生的过去式行为，法官只能依据现有记录载体作为判定行政行为是否合法有效的依据。记录载体的形式是否存在瑕疵是显而易见的，关键在于是否构成“重大”。笔者认为，主要存在如下情形：

一是载体的呈现形式违反了法律强制性规定，如给予相对人财产罚时未按照《行政处罚法》第49条、第56条的规定出具制式罚款收据或没收财物清单；二是将内部过程性文件作为处分相对人权益的行政行为，如以会议纪要的形式而非征地补偿安置方案来确定是否给予被拆迁人安置、[④]将事故调查阶段的《事故调查报告》作为处理阶段的《事故调查结论》送达给事故双方；[⑤]三是未加盖填发机关公章[⑥]或所加盖公章非专用章，如《建设工程规划许可证》所盖的公章为“×县住房和城乡建设局非税收入专用章”而非“×县住房和城乡建设局行政审批专用章”；[⑦]四是相对人信息缺失导致无法确定行政相对人，如处罚决定书中被处罚人一栏空白；[⑧]结婚证书中未填写一方身份证号码。[⑨]

（二）程序瑕疵

根据《行政诉讼法》第74条第1款第2项、第70条第3项及第75条的规定，程序瑕疵可分为三档，即“程序轻微违法，但对原告权利不产生实际影响”的判决确认违法持续有效；“违反法定程序”的判决撤销，撤销判决生效之日起无效；“程

① 安徽省歙县人民法院(2015)歙行初字第12号行政判决书。

② 河南省信阳市中级人民法院(2015)信行初字第60号行政判决书。

③ 河南省南阳市宛城区人民法院(2015)宛行初字第12号行政判决书。

④ 山东省高级人民法院(2016)鲁行终23、41号行政判决书。

⑤ 湖南省沅江市人民法院(2015)沅行初字第16号行政判决书。

⑥ 内蒙古自治区翁牛特旗人民法院(2015)翁行初字第60号、湖南省隆回县人民法院(2015)隆行初字第27号行政判决书。

⑦ 广西壮族自治区象州县人民法院(2015)象行初字第17号行政判决书。

⑧ 长春市二道区人民法院(2015)二行初字第8号行政判决书。

⑨ 湖南省隆回县人民法院(2015)隆行初字第27号行政判决书。

序重大且明显违法”的判决确认无效，自始不发生效力。[①] 笔者认为，法定程序是指由法律明确规定，行政主体在实施行政行为过程中必须严格遵守的程序，是受法律规范固定羁束并法律化了的行政程序，[②]其是否存在瑕疵是“明显”的，需要加以剥离、分辨的是“严重程度是否构成重大”。

笔者建议借鉴日本行政法的做法，将行政程序按照其设置目的和所保护利益的不同分为“公益最大化”程序和“私权不受侵害”程序，当行政行为违反的程序属于后者且给利害关系人合法权益造成了不可逆、难以弥补的损失时构成无效行政行为。如房管局明知涉案房屋原有抵押登记未解除却没有向后抵押权人予以释明，在申请人未按照《房屋登记办法》第43条规定提供全面材料之时即作出的抵押登记无效；[③]村民小组与政府签署《征地协议书》前没有依照《村民委员会组织法》第28条规定召开村民小组会议讨论决定涉及关系村民重大利益即涉案集体所有土地的被征用、补偿等事项，征地协议无效；[④]镇政府在没有符合法定条件业主提议的情况下，组织对原业主委员会成员进行信任及罢免表决，依据该表决活动结果发布的任免公告无效；[⑤]人保局违反《社会保险缴费举报投诉办理工作规程》第24条规定，在没有确认原告与用人单位劳动关系是否存续情况下即作出的《不予受理决定》无效；[⑥]行政机关在原告不在场且未提供证据证明原告下落不明或通过其他方式无法送达的情况下，将《处罚告知书》采取张贴留置的方式为无效送达，视为未依法向被处罚人告知给予处罚的事实、理由和依据，违反了《行政处罚法》第41条的规定，处罚决定无效。[⑦]

四、如何把握“其他重大且明显违法情形”

一是行政行为前后矛盾，确认后行政行为无效。如某区县政府将同一土地，在确权给A集体经济组织后又登记承包给B集体经济组织，两行为前后相互矛盾，

---

① 章志远：《新行政诉讼法实施问题研究》，载《政治与法律》2016年第1期。

② 蔡小雪、甘文：《行政诉讼实务指引》，人民法院出版社2014年版，第463～465页。

③ 广西壮族自治区那坡县人民法院(2015)那行初字第10号行政判决书。

④ 广东省海丰县人民法院(2014)汕海法行初字第3号行政判决书。

⑤ 贵州省遵义县人民法院(2015)遵县法行初字第20号行政判决书。

⑥ 天津市北辰区人民法院(2015)辰行初字第35号行政判决书。

⑦ 吉林省白城市洮北区人民法院(2015)白洮行初字第5号、湖南省汨罗市人民法院(2016)湘0681行初1号行政判决书。

后行政行为系重大且明显违法情形，故被确认无效；[①]某区住房保障和房屋管理局未经法定程序，将已被法院生效判决确认的征收协议随意废止，其重新签订的征收协议依法被确认无效。[②]

二是原行政行为被撤销，原告在诉讼请求中未要求撤销涉案复议维持决定，依据《行政诉讼法解释》第 53 条第 1 款“复议决定维持原具体行政行为的，人民法院判决撤销原具体行政行为的，复议决定自然无效”的规定，判决确认复议维持决定无效，如山东省菏泽市中级人民法院即有此类判例 9 个。[③]《行政诉讼法》第 26 条确定了复议维持双被告，当原告只起诉原行政行为时，法院应依职权追加作出复议维持决定的复议机关为共同被告，对原行政行为和复议决定一并审查。经法官释法，绝大部分原告能够理解法律规定并表明对复议决定的处理意见，但是也有部分原告坚持只起诉原机关不同意追加复议机关为共同被告，且拒绝说明对复议维持决定的处理意见。在后种情形下，当原行政行为被判决撤销或确认违法，复议决定应如何处理？笔者认为，根据第 75 条的规定，确认无效判决作出的前提是原告提起无效诉请之诉，并未赋予法院依职权直接判定行政行为无效的司法权力。且上述司法解释规定“原行政行为被判决撤销，复议决定自然无效”是在新行政诉讼法未颁布之前，其理论缘由在于在旧行政诉讼法法律体系中，当相对人对复议维持决定不服时只能就原行政行为提起诉讼，一旦原行政行为被法院判决撤销，复议维持决定的作出基础即不存在，加之其当时尚未纳入行政审判范畴之内，亟须司法解释弥补立法漏洞。但现在复议维持决定已经纳入行政审判范畴之内，援引《行政诉讼法解释》第 53 条第 1 款的基础已不存在。故复议维持决定虽然是复议机关对原行政行为是否合法合理的判断，但是作为一项独立行政行为，同样具有事实和程序两大方面，不能因原告是否就复议维持决定明确诉讼请求就同样情形的复议维持决定作出无效、撤销两种不同的判决结果，其是否无效应依据《行政诉讼法》第 75 条的规定予以评判。

三是行政协议内容非合同双方的真实意思表示。根据《行政诉讼法解释》第 15 条第 2 款和《合同法》第 52 条第 1 项、第 2 项的规定，行政协议一方以欺诈、胁迫的手段订立合同且损害国家利益的，判决确认协议无效并根据合同法等相关法律规定作出处理。如国土局利用其土地出让中的支配地位迫使原告签订《收储补偿

---

① 贵州省江口县人民法院（2015）江法行初字第 5、6、9、11、13～15、17 号行政判决书。

② 上海市虹口区人民法院（2015）虹行初字第 217 号行政判决书。

③ 山东省菏泽市中级人民法院（2015）菏行初字第 61、71～77、107 号行政判决书。

协议》交出用地，其收地行为无效；[①]如合同代理方王某未经原告的委托授权以原告代理人的名义与政府签订征收补偿安置协议，事后也未得到原告韩某某的追认，系无权代理，征收补偿安置协议不能体现原告的真实意思，协议无效。[②]

四是事实不能。吴尔夫提出的"不可能理论"认为行政处分所规制内容倘属事实不能，或无须观察其所规范的事实，其本身即抵触法律时，应为无效。新法颁布实施一年内尚无此类案例。但在国外，基本将"事实不能"作为无效行政行为的判定情形之一。如 1955 年意大利《行政程序法》第 42 条第 2 款"客体为不可能之行为"；1976 年德国《行政程序法》第 44 条第 2 款第 4 项"基于事实理由不能实施的行政行为"；1991 年葡萄牙《行政程序法》第 133 条第 2 款第 3 项"标的属不能、不可理喻或构成犯罪的行为"；1991 年奥地利《行政程序法》第 68 条第 4 款第 3 项"事实上不能执行者"；1994 年中国澳门特别行政区《行政程序法》第 114 条第 2 款第 3 项"标的属不能、不可理喻或构成犯罪的行为"；1999 年中国台湾地区"行政程序法"第 111 条第 3 项"内容对任何人均属不能实现者"；1999 年西班牙《行政程序法》第 62 条第 1 款第 3 项"含有不可能内容的行为"。

五、完善无效行政行为判定标准的司法解释建议

《行政诉讼法》第 75 条规定的行政行为"实施主体不具有行政主体资格"是指行政行为的实施主体非行政机关或法律、法规和规章授权的组织，或其实施的行政行为明显超越法定专属业务职权。

《行政诉讼法》第 75 条规定的行政行为"没有依据"主要指：

1. 行政相对人故意隐匿事实、提供虚假材料或陈述致使行政行为认定的法律事实与客观事实严重错位，但涉及善意第三人的除外；

2. 行政行为作出的基础依据客观上不存在或被有权机关撤销；

3. 行政相对人错误且非笔误；

4. 行政行为内容违反法律法规的强制性规定或实施该行政行为会构成犯罪。

除上述两大情形外，下列情形亦属《行政诉讼法》第 75 条所规定的"重大且明显违法情形"，应依法判决确认无效：

1. 不能由行政行为确定行政主体或行政相对人；

---

① 安徽省安庆市中级人民法院(2015)宜行初字第 15 号行政判决书。

② 内蒙古自治区牙克石市人民法院(2016)内 0782 行初 8 号行政判决书。

2. 行政行为未加盖公章或所加盖公章非专用公章；

3. 行政行为未按法定强制载体形式作出；

4. 行政行为程序违反法律法规的强制性规定，给相对人的合法权益造成了不可逆的损失，无法通过变更、补正或转换等方式得以弥补；

5. 行政行为前后矛盾，前行政行为合法有效的确认后行政行为无效；

6. 行政协议内容非双方真实意思表示；

7. 事实上不能实施的行政行为。

起诉权不可任性:关于甄别和惩治行政诉讼中无理缠诉行为的制度构想

邹　密*

内容摘要:长久以来,“民告官”的行政诉讼中存在“立案难”的诟病。2015年5月1日起,随着立案登记制改革和新修订的《行政诉讼法》的施行,行政案件“立案难”问题成为历史。然而,在立法和司法侧重于保护原告方诉权的同时,若缺少了必要的监督管理,那么权利的赋予也势必会导致权利的滥用。实践中出现的少数当事人滥用诉权、无理缠诉的问题,虽不是行政诉讼的主流,但也不容忽视。

《中共中央关于全面推进依法治国若干重大问题的决定》(以下简称《决定》)明确指出,“加大对虚假诉讼、恶意诉讼、无理缠诉行为的惩治力度”,可见,党中央在立案登记制改革顶层设计时已经对此加以考量。目前,对于虚假诉讼的惩治立法已经落到实处,《民事诉讼法》《刑法》均有相应规定,但对于恶意诉讼和无理缠诉如何惩治,仍没有立法层面的规定。

本文主要针对行政诉讼领域中多发的无理缠诉现象进行研究,通过分析无理缠诉行为的表现形式、危害后果,指出了甄别认定无理缠诉行为的方法,并提出了防范和惩治无理缠诉行为的现实路径,以期对探索建立对无理缠诉行为人的惩戒机制贡献绵薄之力。

关键词:无理缠诉　滥用诉权　甄别　惩治

一、无理缠诉的表现形式

(一)虚假诉讼、恶意诉讼和无理缠诉的概念和区别

根据党的十八届四中全会《决定》“加大对虚假诉讼、恶意诉讼、无理缠诉行为

---

* 北京市东城区人民法院立案庭副庭长,法官。

的惩治力度”的提法，虚假诉讼、恶意诉讼和无理缠诉属于三个并列的概念。大多数学者认为，这三种行为均属于典型的滥用诉权行为。

1. 虚假诉讼

根据《民事诉讼法》第112条的规定，指的是当事人之间恶意串通，以诉讼为手段侵害他人合法权益或谋取非法利益的行为。即原被告双方的“手拉手”诉讼。而《刑法》第307条对虚假诉讼罪的规定，将虚假诉讼描述为“以捏造的事实提起民事诉讼，妨害司法秩序或者严重侵害他人合法权益的”行为。除“手拉手”诉讼以外，该概念还包括原告单方面以虚构的事实提起诉讼的行为。如民间借贷中，甲在乙已经还钱的情况下，由于欠条未销毁也未出具收条，甲仍持欠条起诉乙还钱。

2. 恶意诉讼

学界对此众说纷纭，广义的恶意诉讼与滥用诉权概念相同。作为与虚假诉讼并列的概念，恶意诉讼主要指原告方以损害对方利益为目的恶意提起诉讼，以谋取自身不正当利益。例如，原告在知晓其即将败诉时便撤诉，之后又屡次起诉、撤诉，其目的只是为将被告拖入诉讼中、给被告造成困扰。恶意诉讼与虚假诉讼都是原告方出于损害被告方或案外人利益等非法目的而起诉，但区别在于恶意诉讼中，原告方不存在虚构、捏造事实的情形。

3. 无理缠诉

最高人民法院文件出现“无理缠诉”一词是在2004年6月下发的《关于加强涉农案件审判工作为农村经济发展提供司法保障的通知》（法〔2004〕124号）中提到“无理缠诉的上访老户”，该提法更多是从信访的角度而言。从滥用诉权的角度定义，无理缠诉包括“无理”和“纠缠起诉”两方面的要素，一方面，表现为原告的起诉缺乏法律上的正当理由或为了满足自身无理、过分的要求；另一方面，表现为久诉不息浪费司法资源。无理缠诉与虚假诉讼的区别在于前者系真实的诉讼，后者系虚构、捏造的诉讼。无理缠诉与恶意诉讼比较相似，两者的起诉目的均存在恶意，但区别在于恶意诉讼的意在通过诉讼损害被告方或案外人的利益，而无理缠诉意在凭借大量的、纠缠型的起诉，满足自身无理、过分的要求。此外，虚假诉讼、恶意诉讼的主要危害后果为利用司法机关、损害被告方或案外人的合法权益，而无理缠诉的主要危害后果为浪费司法资源。

（二）无理缠诉行为多发于行政诉讼中

在行政诉讼中，由于被告是行政机关，故基本上不可能会有公民、法人或其他组织与行政机关恶意串通、虚假诉讼的情况。此外，因原告方与行政机关在行政程序中有过交涉,故原告方单方虚构、隐瞒事实起诉行政机关的可能性也不大。因此,行政诉讼中不太可能出现虚假诉讼的情形。就恶意诉讼而言,原告方出于直接损害行政机关利益为目的起诉的可能性也不大,故行政诉讼中也不太可能出现恶意诉讼的情形。但行政诉讼中,无理缠诉行为是较为多发的。行为人出于"解决问题"或满足无理诉求等目的,反复、大量、纠缠起诉行政机关,大量"制造"案件的现象屡见不鲜。

以某直辖市法院为例:

案例一:当事人陈某某因对拆迁不满,2010 年至 2017 年 10 月,其以房管、土地、规划、公安等各行政机关为被告提起行政诉讼,北京各法院办理其为原告的行政案件 117 件。

案例二:李某某因不满某司法鉴定中心的鉴定结论,要求该鉴定中心所在地的区公安分局追究鉴定人员伪证罪的刑事责任,并多次以该分局为被告提起行政诉讼,要求履行信访答复或查处鉴定人员等职责。李某某还起诉市公安局和公安部,要求履行信访复查或查处该分局"不作为"等职责。或以信息公开为由要求行政机关进一步答复。据统计,2012 年至 2017 年 10 月,李某某基于纠正鉴定结论、刑事制裁鉴定人员等无理诉求,发起的一审、二审、再审的行政案件多达 904 件。

案例三:宋某某从 2010 年起至 2017 年 10 月,反复以某区政府为被告向某中院提起 2000 余次行政诉讼,其一审、二审、申请再审行政案件多达 3240 件。

以上三个案例中的数据主要通过在北京法院的立案信息系统中通过输入当事人姓名、身份证号码等身份信息,并进一步检索同样当事人在北京法院的全部行政案件。这些案件中,除极个别案件以判决方式结案外,其他案件均以裁定不予受理、裁定驳回起诉方式结案。

(三)行政诉讼中无理缠诉的特点

通过分析相关法律文书,行政诉讼中无理缠诉行为的特点为:

(1)除了行为人最初起诉的几件案件存在实质的行政争议以外,之后的绝大多数的案件都是人为"制造"出来的。主要有以下几种"套路":一是"履责申请+诉答复",即行为人反复给被告行政机关寄信,申请该机关履行某"法定职责",若行政机关给予答复,则诉该答复,甚至将该答复一句话一句话地拆分开来制造多个起诉,或是认为答复的文号、格式不符合公文要求、存在错字等而提起诉讼。二是"履责申请+诉不作为",也是反复给被告行政机关寄信,申请该机关履行某"法定职责",若行政机关超期不予答复或告知此问题已经答复、现不再重复答复或拒绝收信,则诉行政不作为。三是“信息公开申请 + 起诉”,即申请行政机关公开某文件,或以信息公开的名义,申请公开某答复或某文件的依据,无论行政机关作出何种处理(哪怕是公开相关信息),都会在后续提起行政诉讼。在新《行政诉讼法》施行后,行为人往往在上述过程中穿插了行政复议程序,但即便复议机关撤销原行政行为或责令被申请人履行某职责,行为人还是会起诉。

(2)行为人反复提起行政诉讼持续的周期长(动辄上 10 年)、频率高(每周或每月提起几件行政诉讼)、数量庞大。一方面,《政府信息公开条例》《行政诉讼法》的规定为行为人提供了制度间隙,使无理缠诉行为穿上了形式上可诉的外衣。在三种“套路”下,行为人可绕开实质性争议中关于原告主体资格、起诉期限等限制,只要有新的申请,就可大量制造各种“新的行政争议”,继而无限延续其无理缠诉行为。另一方面,立案登记制的实施让无理缠诉的行为从隐性变成显性。在立案登记制实施前,立案法官往往口头告知便可将此种无理之诉挡在法院大门之外,而在立案登记制实施后,要么立案、要么出具书面裁定成了非黑即白的选择,故所有的“起诉”均以案件的形式加以呈现。

(3)行为人的行政申请和行政诉讼呈现出无理的状态,主观上与行政机关和法院纠缠的意图明显。无论行政机关和行政复议机关如何答复,哪怕是对行为人有利的答复,其仍会提起行政诉讼。行为人的起诉被法院裁定不予受理或裁定驳回起诉后,法院的裁判结果对其没有任何触动,其故意地、持续地提起大量类似的、甚至内容相同的申请和起诉。甚至出现所有证据、事实、理由完全一样的重复起诉,可推断,海量的申请和诉讼致使原告自身都无法判断哪些是已经经过行政机关和法院处理过的,哪些是未经处理的。

(4)行为人往往存在其他实质性争议,通过信访、最初的行政诉讼无法获得满意的“解决”,进而希望通过大量骚扰型的起诉,引发行政机关和法院的关注,促进其实质争议的解决。

(四)域外的情况

在域外的行政诉讼领域中面临同样反复申请、无理缠诉的问题。例如,英国《信息自由法 2000》第 14 章节中是关于“纠缠申请”(Vexatious or Repeated Requests)的规定。其规定:1. 如果一个信息公开申请属于纠缠申请的,政府当局可以不必遵守该法案进行处理;2. 在政府当局已经依照该法案的规定对某个人的信息公开申请作出处理后,政府当局便没有义务对该人相同或实质上相似的申请再次作出处理,除非以前的申请和当前的申请之间存在合理的时间间隔。[①] 对“纠缠申请”的解释适用,目前最重要的援引判例是 2015 年 5 月 14 日 Wikeley 法官判决的上诉人德兰斯菲尔德、上诉人德文郡信息委员会一案(Information Commissioner v. Devon County Council & Dransfield)。在该案中,Wikeley 法官提及认定“纠缠申请”需要考虑的四个宽泛主题:1. 申请对公共机构及其职员造成的负担;2. 申请者的动机;3. 申请的价值或严肃目的;4. 申请对公共机构职员造成骚扰或困境。而英国政府信息专员进一步将法院判例法体现出来的考虑因素写入其指南中,例如,1. 大量的申请和书信,致使公共机构耗费资源、分散精力,给其造成重大负担;2. 公共机构对申请的处理使其严重偏离了核心职责的履行;3. 书写冗长而繁细的申请、向公共机构多个雇员提交相同申请或者在收到答复前重复申请;4. 申请已经获得和拥有的信息;5. 申请的信息与公共机构早已同申请人议论过的事项有关;6. 任何答复都不可能让申请人满意,只可能带来进一步的申请和书信;7. 申请人在申请和书信中使用“有偏见的语言”、“高谈阔论的语气”或者“侵略性、遣责性和骚扰性的语气”;等等。[②]

二、无理缠诉的违法性

无理缠诉本质上是一种滥用诉权的行为。诉权是一项请求权,是权利主体请求司法机关受理其起诉,以获得法院裁判保护自身合法权益的权利。然而,世界上从来不存在什么绝对的、不受任何限制的自由和权利。我国《宪法》第 51 条即对禁止权利滥用进行了规定:“中华人民共和国公民在行使自由和权利的时候,不得损害国家的、社会的、集体的利益和其他公民的合法的自由和权利。”若行使诉权侵害了国家的、社会的、集体的利益和其他公民的合法的权利,就构成滥用诉权,而且属于违反宪法、法律规定的违法行为。行政诉讼无理缠诉行为损害国家、社会利益主要表现在以下三个方面:

(一)浪费司法资源,扰乱庭审秩序

在我国,“案多人少”的矛盾一直存在。在 2016 年 9 月 13 日最高人民法院召开发布《关于进一步推进案件繁简分流优化司法资源配置的若干意见》的新闻发

---

① 载 http://www.legislation.gov.uk/ukpga/2000/36/section/14,最后访问日期:2017 年 6 月 4 日。

② 沈岿:《信息公开申请和诉讼滥用的司法应对——评“陆红霞诉南通市发改委案”》,载《法制与社会发展》2016 年第 5 期。

布会上,最高人民法院司改办主任胡仕浩表示,目前中国法官的配置比例大概是每10万人有14.3名法官,世界排名30多位,比德国、日本、俄罗斯要低,甚至比邻居蒙古国也要低很多。① 因此,司法资源无疑具有一定的稀缺性。无理缠诉引发的案件挤占了原本就有限的司法资源,使本就紧张的人案矛盾进一步激化。以北京某基层法院为例,2016年该法院受理行政案件1215件,行政法官6人,人均结案202件。李某一人起诉的案件达60件(其中56件案件被裁定驳回起诉,4件案件经合法传唤拒不到庭按自动撤诉处理),占全部行政案件收案数的4.9%,占行政法官人均结案数的29.7%。由于行为人的起诉无任何道理,即便立案结果往往也只是被裁定驳回起诉,除加剧行政诉讼程序空转现象外,无任何实际意义。在诉讼过程中,一些无理缠诉行为人法律意识淡薄、性格偏执,存在滥用回避申请权、滥用庭审陈述权等行为,恶意消耗庭审过程。比如,不少征地拆迁类"老面孔"开庭时以"暂不申请回避"作为悬在法官头上的"利剑"。一旦于庭审中审判人员打断其长篇攻击性发言或依职权稍作法庭引导,则以"审判人员法律素质极低""法官偏袒被告""法官有判决原告败诉之前科"等理由,立即申请审判员回避并复议,穷尽回避申请之全部程序性权利。② 一些行为人将法庭作为发泄其不满情绪的舞台,作离题万里的陈述,一旦法官稍加制止和引导,则大肆攻击法官。这些行为严重扰乱了庭审秩序。

(二)加重政府机构负担,影响社会公共利益

无理缠诉行为人一人起诉多个案件,且明知无事实根据和法律根据仍不断地起诉,必然会使行政机关应诉的成本、频次、难度、数量呈上升态势,消耗大量的人力、物力、财力。③ 除应诉成本外,行政机关在行政程序中处理无理缠诉行为人的履责、信息公开、行政复议申请等,亦付出了大量行政成本。而政府机构的运转由财政保障,实质上是由全体纳税人为行为人的行为"埋单",故无理缠诉行为实质是一种恶意消耗公共资源、损害公共利益的行为。

(三)损害司法权威,影响法治社会的建立

美国联邦最高法院杰克逊大法官曾说过,"不是因为我的判决正确才具有终局

① 王梦遥:《最高法再谈"案多人少":人案增速不同步、配比不合理》,载新京报网:http://www.bjnews.com.cn/news/2016/09/13/416808.html,最后访问日期:2017年6月3日。

② 刘平:《谨慎地拒绝:政府信息公开之诉权滥用及立法规制——以"诉的利益"为内核破局》,载贺荣主编:《尊重司法规律与刑事法律适用研究(上)——全国法院第27届学术讨论会获奖论文集》,人民法院出版社2016年版,第744页。

③ 余德厚、宋万忠:《立案登记时代行政无理缠诉行为的规制》,载《人民法治》2016年第9期。

性，恰恰相反，是因为我的判决具有终局性所以才正确"。这句名言指出了司法在社会生活中所处的令人信从的地位和力量，即维护司法权威的重要性。无理缠诉行为人在最初的诉讼中败诉后，就开始了后续的不断试错式的纠缠起诉，其目的往往有着通过后续的大量诉讼间接改变最初判决结果之意。这种无视生效判决终局性的连环诉讼行为，不仅浪费了司法资源，而且严重损害了司法权威。党的十九大报告指出，"必须坚持厉行法治，推进科学立法、严格执法、公正司法、全民守法"，可见，深化依法治国实践，立法、执法、司法和守法是相辅相成的，全民守法与公正司法同样重要。若对无理缠诉行为人的行为听之任之，势必给其他当事人造成负面的示范效应，不利于全民守法观念的形成和法治社会的建立。

三、无理缠诉的甄别认定

所幸国家在推行立案登记制改革之初，即敏锐地意识到了随之可能产生的滥用诉权问题。党的十八届四中全会决定中明确指出，要"加大对虚假诉讼、恶意诉讼、无理缠诉行为的惩治力度"，以平衡诉权保障与有效利用司法资源之间的关系。惩治无理缠诉行为的前提，是有效地甄别和认定此类行为。对此，应侧重"无理"和"纠缠"两方面要素。

（一）是否无理

"无理"主要考察行为人的主观恶意，要与行为人系因主观认识不足造成的错误起诉相区分。可从以下几方面入手。

1. 起诉人

司法实践中，无理缠诉行为人的数量虽不多，但都是"老面孔"。故通过法官的经验、记忆即可识别出重点嫌疑对象。一方面，"老面孔"的起诉人来院起诉的，法院应对其起诉严格加以审查；另一方面，行为人若频繁来院起诉，且相关案件达到一定数量，法院就可以将其作为重点人予以关注。在信息化时代，还可以借助法院信息系统标记和识别重点起诉人，如对起诉达到一定数量的行为人进行预警，精确检索其为原告的全部案件，并借助人工智能、大数据分析等手段，自动识别其是否构成无理缠诉。

2. 起诉的内容

主要是拿行为人的此次起诉与其以往生效裁判的起诉相对比，以甄别此次起诉与既定裁判之间是否具有明显的相似性。包括甄别：(1)原被告是否相同。应注意行为人强拉其他主体作为共同原告或共同被告，人为制造不同点的情况。对于不适格的原被告,不认为构成原被告不同。(2)申请事项是否相同或实质上相似。主要审查行政程序中行为人给被告行政机关的书面申请事项是否与以往案件中的申请事项相同或者实质上相似。(3)诉讼标的是否相同。若诉讼标的相同,应进一步审查该标的是否已经为生效裁判的效力所羁束。(4)事实根据是否基于已处理过的行政争议。主要看起诉状事实理由部分对争议事项的描述,是否与以往案件相同或近似。

3. 起诉的目的

看行为人的起诉在主观上是否存在恶意纠缠的故意或其他不法目的。对此,可以通过以下方式加以辅助判断:

(1)行为人起诉是否为了解决有司法裁决价值的行政争议。若行为人起诉的理由仅仅是该行政机关的答复中存在无关紧要的错别字、格式上没有遵照公文制作相关规定、没有交代诉权诉期等,则可以直接认定该起诉不具有司法裁决价值。

(2)行为人是否明知或应知此次起诉的结果。若法院已就其争议事项作出过不予受理或驳回起诉的裁定,其仍以相同或近似的理由再次起诉,则可以断定行为人对此次起诉的裁判结果是明知或应知的。在经法官释明其仍然坚持起诉的,可以断定行为人具有无理缠诉的故意。

(3)行为人的起诉是否具有正当性、是否具有诉的利益、是否符合诚实信用原则。在最高人民法院指导案例陆红霞诉南通市发展和改革委员会政府信息公开答复案中,将三者作为判断依据。该案的裁判要旨指出,"当事人反复多次提起琐碎的、轻率的、相同的或者类似的诉讼请求,或者明知无正当理由而反复提起诉讼,人民法院应对其起诉严格依法审查,对于缺乏诉的利益、目的不当、有悖诚信的起诉行为,因违背了诉权行使的必要性,丧失了权利行使的正当性,应认定构成滥用诉权行为"。如果行为人将诉讼作为向政府和法院施加压力、谋求私利的手段,那么此种起诉已经背离了《行政诉讼法》对受到侵害的合法权益进行救济的立法目的,不具备正当性。而骚扰、泄愤、盲目、重复、琐碎性质的起诉则不符合诚实信用原则的要求。

(二)是否"纠缠"

无理缠诉应是一种长期持续状态,行为人的反复起诉需达到一定的数量和频次,才能构成"纠缠起诉"。这就犹如刑法的规范中,诸多行为构成犯罪都需要满足"情节严重"的条件。如果仅仅是数量不多的反复起诉,即使本诉与之前诉讼在内容上相同或相近,也不能构成无理缠诉。对此,域外已经有了相应的样本可供参考。例如,美国《加利福尼亚州民事诉讼法典》第 391 条规定:"'恶意的诉讼当事人'满足以下条件之一:(1)在持续的前七年已经起诉或者针对固有的当事人至少已经提起了5次诉讼均未被受理……"从我国行政诉讼的实际情况看,考虑到原告方因行政诉讼专业知识欠缺导致的错误起诉大量存在,对构成无理缠诉在起诉数量和持续时间上的界定可以适当宽松一些。可考虑在1年内无理起诉被裁定不予受理或驳回起诉超过10次的,方认定为无理缠诉,10次以下的,不可认定。

四、无理缠诉的防范惩治

2017年5月18日,最高人民法院举办人民法院立案登记制改革两周年新闻发布会,宣布将出台"关于防范和惩治恶意诉讼、无理缠诉若干问题的规定"司法解释,全面加强诉讼诚信建设,规范公民、法人和其他组织依法行使诉权,依法惩治恶意诉讼、无理缠诉等行为,保障立案审判效率,维护司法权威,保障立案登记制有效实施。然而,由于法律层面对防范和惩治无理缠诉行为缺乏规定,司法解释无法在法律框架以外创设新的制度,该司法解释尚未出台。2017年8月31日,最高人民法院以文件(而不是司法解释)的形式发布了《关于进一步保护和规范当事人依法行使行政诉权的若干意见》(法发〔2017〕25号),该意见第一部分重申了保护行政当事人诉权的相关要求,第二部分详细规定了如何"正确引导当事人依法行使诉权,严格规制恶意诉讼和无理缠诉等滥诉行为",对于恶意诉讼和无理缠诉的当事人,明确了行政诉讼法规定的不予立案的处理方式。同时,该意见在最后指出,"对于属于滥用诉权、恶意诉讼的当事人,要探索建立有效机制,依法及时有效制止",将惩治滥用诉权、恶意诉讼、无理缠诉当事人的制度机制留待实践探索。本文认为,对于滥用诉权、无理缠诉的行为人,仅仅不予立案是无法达到惩治之目的的。面对无理缠诉行为在行政诉讼中愈演愈烈的趋势,必须构建一整套相应制度予以防范和惩治。对此,需针对无理缠诉的原因施以对策。

无理缠诉现象滋生的原因主要在于:一是诉讼成本低。根据《诉讼费用交纳办法》,除商标、专利、海事行政案件外,一般行政案件的案件受理费为50元。只要当事人想诉,就可以以低廉的费用启动司法程序,而且裁定不予受理的,预收的案件受理费还需退还给当事人。这就使无理缠诉行为人的起诉、败诉呈现低成本甚至"零成本"的状态。二是行为成本低。由于现行法律法规没有关于规制无理缠诉行为的相关规定,即便是法院认为行为人的行为已经构成无理缠诉,也无法采取其他任何制约手段,这就使无理缠诉行为人的违法成本为零。三是无任何不利后果。行政诉讼与民事诉讼最大的不同在于被告恒为行政机关,行政机关不能提出反诉,也不可能私下与行为人计较，因此行为人无理起诉行政机关，除了被法院裁定不予立案、驳回起诉外，没有其他任何不利后果。因此，防范和规制无理缠诉行为必须对症下药，让行为人为其不当行为付出一定的代价。

（一）预防之策——提高经济成本

通过制度设计让无理缠诉行为人“不想为”，此乃事前之策。最重要的是发挥诉讼费用的杠杆作用，以经济的手段加以调节。按照现行的《诉讼费用交纳办法》，当事人在符合起诉条件、有真实的行政争议需要解决的情况下提起行政诉讼，若其败诉，案件受理费由其承担，而当事人在不符合起诉条件、不当甚至滥用起诉权的情况下提起行政诉讼，因为被裁定驳回起诉，预收的案件受理费还可以退还。这就造成了一个明显的悖论：符合起诉条件当事人有诉讼成本，不符合起诉条件乃至滥用诉权、浪费行政和司法资源的当事人却无须支付诉讼成本。①

因此，建议修改《诉讼费用交纳办法》中关于裁定驳回起诉、上诉不交纳案件受理费的规定，将其修改为裁定驳回起诉、上诉的，按件交纳案件受理费，或按件减半交纳案件受理费，使无理缠诉行为人每被法院裁定驳回一次，即要负担 50 元或 25 元的诉讼费，进而促使其理性行使诉权，不再大量、反复、无理起诉。

（二）规制之策——节约司法资源

通过制度设计让无理缠诉行为人“不能为”，此乃事中之策。在行政诉讼的法律、司法解释规定中，与无理缠诉相关的主要是错列被告且拒绝变更、重复起诉、诉讼标的已为生效裁判所羁束、行政行为对其合法权益明显不产生实际影响等。上述情形应裁定不予受理（立案），已经立案的，裁定驳回起诉。法律、司法解释的规定对于规制无理缠诉行为存在一定的缺陷，主要是与正常诉讼不加区分，仍需要法院对其起诉出具法律文书。即便是作为第一个“吃螃蟹”的江苏省南通市港闸区法院，在处理陆红霞诉南通市发展和改革委员会政府信息公开答复案中，依职权对原告及其亲属滥用诉权的事实进行了极为详细周密的调查统计，该案虽未进入实体审理，但法院所做的工作量远远超出了实体审理之量度。② 抛却该案件的示范效应，若每一起无理缠诉案件法院均要做到陆红霞案那般裁判，将是人民法院不可能承受之重。而行为人仍可以达到与法院、行政机关纠缠的目的。无理缠诉行为最大的危

① 刘行：《行政诉讼费用负担亟待价值重塑》，载《法制日报》2016 年 5 月 26 日，第 7 版。

② 刘平：《谨慎地拒绝：政府信息公开之诉权滥用及立法规制——以“诉的利益”为内核破局》，载贺荣主编：《尊重司法规律与刑事法律适用研究（上）——全国法院第 27 届学术讨论会获奖论文集》，人民法院出版社 2017 年版，第 741 页。

害后果是浪费司法资源;反之,最大限度地节约司法资源乃是规制此类行为的良策。

建议对于在立案阶段甄别认定为无理缠诉的,可经合议庭评议后认定属于最高人民法院《关于人民法院登记立案若干问题的规定》第 10 条第 1 项规定的违法起诉,不予登记立案,但同时应做好释明工作。若案件已经立案的,经书面审查即可认定为无理缠诉的,行政审判庭可以不经开庭,径行裁定驳回起诉。驳回起诉的裁定适用《民事诉讼法》第 154 条第 3 款的规定,可以口头裁定,并记入笔录。

(三)惩治之策——曝光和信用惩戒

通过制度设计让无理缠诉行为人"不敢为",此乃事后之策。一是在法院公告栏公布违法起诉人名单信息,对其频繁来院诉讼构成心理压力。二是对无理缠诉行为人进行信用惩戒。因无理缠诉本质上属于违法起诉、不诚信诉讼,故行为人必须承担失信的后果。

可以一定程度上借鉴法院执行机构对失信被执行人采取的信用惩戒措施,但由于无力缠诉行为人的违法情形和危害后果明显低于失信被执行人,故适用信用惩戒的情形也应更严苛,需满足在 1 年内行为人因违法起诉达 10 次的条件。启动信用惩戒的程序也应更严格,第一步是行为人在受诉法院的不诚信记录应达 10 次,在第 10 次记录前,应向当事人释明后果,劝其撤回起诉,若坚持起诉,方可作为无理缠诉行为记入诚信诉讼档案库,第二步是受诉法院将信息上传至省高级人民法院的诚信诉讼档案库,由省高级人民法院甄别确认,第三步才是受诉法院正式向征信机构进行通报。一旦向征信机构通报并由征信机构在其征信系统中记录,将会对行为人的信用评级构成影响。鉴于信用惩戒对行为人产生了一定的不利后果,此措施应慎重加以适用,受诉法院"可以"而不是"应当"向省高级人民法院上传信息。此外,应允许行为人有一定的补救渠道。若行为人在受诉法院向省高级人民法院上传信息后、向征信机构通报前的任何时间主动向法院具结悔过的,法院可中止信用惩戒程序,已经通报各信用监督、警示和惩戒单位的,可立即通知相关单位及时解除信用惩戒措施。同时,为防止行为人在具结悔过后短期内再次出现无理缠诉行为,法院可保留 3 个月的考察期限,并明确告知行为人。

附:甄别和惩治行政诉讼无理缠诉行为的建议立法条文

第一条　无理缠诉是指公民、法人或其他组织出于纠缠对方当事人或其他不正当诉讼目的,在一年之内违法起诉达十次以上,浪费司法资源的行为。

第二条　公民、法人或其他组织提起行政起诉具有下列情形,可以认定为违法起诉:

（一）人民法院对其起诉以重复起诉为由裁定不予立案或驳回起诉后，再次重复起诉的；

（二）针对同一被告在行政程序中反复提出内容相同的申请，并基于该申请事项提出性质相同的起诉的；

（三）已有生效裁判认定被告没有法定职责，经人民法院释明，仍以被告不履行该职责为由起诉的；

（四）已有生效裁判认定被告不适格，经人民法院释明，仍坚持起诉该被告的；

（五）行政争议已有裁判结果，仍再次起诉意图否定前诉裁判结果的；

（六）明显不具备诉的利益，经人民法院释明，仍坚持起诉的；

（七）法律、法规、司法解释规定的其他情形。

第三条 人民法院认为公民、法人或其他组织的起诉构成违法起诉的，应当经过合议庭评议，并向当事人进行释明，劝说其撤回起诉。坚持起诉的，可依照《最高人民法院关于人民法院登记立案若干问题的规定》第十条第（一）项的规定，不予登记立案。

已经立案的，可以不经过开庭审理，径行裁定驳回起诉。驳回起诉裁定可以以口头方式作出，并记入笔录。

第四条 各级人民法院应建立诚信诉讼档案库，将公民、法人或其他组织的违法起诉相关情况记入档案。

第五条 公民、法人或其他组织一年之内在受诉法院违法起诉记录达十次构成无理缠诉的，受诉法院应告知其后果，劝说其撤回本次起诉。

坚持起诉的，受诉法院应将其基本信息在法院公告栏予以公布，公布期为六个月。也可以将其信息上传至省、自治区、直辖市高级人民法院的诚信诉讼档案库，由高级人民法院审核确认。

第六条 经高级人民法院审核确认后，受诉法院应将无理缠诉行为人名单信息，向征信机构通报，并由征信机构在其征信系统中记录。

第七条 无理缠诉行为人主动向受诉法院具结悔过的，法院可以终止在公告栏公布其信息。也可以不再向征信机构通报，已经发布或通报的，可以撤销其信息，并立即通知各信用监督、警示和惩戒单位及时解除信用惩戒措施。受诉法院也可以保留三个月的考察期限，并明确告知行为人。

第八条 以上所称的“一年”是指司法统计的自然年度。违法起诉记录不予跨年度累计。

基于公正与效率的平衡:庭前会议程序适用若干细节把握与完善

姬广胜*

内容摘要:修订后的《刑事诉讼法》第182条第2款规定了庭前会议程序,司法解释从操作层面进行了明确,2017年则又出台《人民法院办理刑事案件庭前会议规程(试行)》。庭前会议程序的推出,对确保案件顺利高效审结具有重要意义。但理论、实务界的争论一直存在,一定程度上影响了该程序的适用及功能发挥。要解决这些争论和分歧,进而解决实际操作中的具体问题,必须要精准认识立法对庭前会议程序的定位和价值。其定位只能是法官对某些特殊案件在必要情况下选择适用的一个开庭前准备程序或环节;其无疑具有彰显和确保司法公正的价值,但应突出和强调它的效率价值。基于对公正和效率的平衡考量,同时结合立法、司法解释及实践经验,笔者认为在庭前会议程序的适用范围上必须要考量必要性,同时要把握尺度,即适用于程序性争议较多、较大、案情重大复杂、证据材料较多或涉及特殊案外因素的案件,议题主要是程序性争议问题,但实体问题亦可涉及;在有关具体问题上必须灵活操作,追求控辩审三方关系的融洽,确保实效;在法律效力方面,庭前会议可以处理和解决程序性争议,但只能涉及而不能处理实体问题;最后,笔者从近期、远期目标两个层面,从完善操作流程、明确法律效力、改革功能价值等方面提出建议。

关键词:庭前会议　价值　适用范围　效力　完善

《刑事诉讼法》第182条第2款规定了开庭前审判人员可以“了解情况,听取意见”的程序,即我们通常所称的“庭前会议”程序。最高人民法院《关于适用〈中华

---

* 未成年人案件审判庭法官、副庭长。

人民共和国刑事诉讼法〉的解释》(以下简称《刑事诉讼法解释》)第 183 条、第 184 条立足实践操作,从召开情形、参加主体、会议内容等方面,对此程序加以明确和展开。应该说,庭前会议程序推出后,对保证一些案件顺利高效审结发挥了重要作用,制度功能有所展现;与此同时,理论、实务界围绕庭前会议的争议亦始终存在,甚至不乏偏见和误解,一定程度上影响了该项制度的功能发挥。

一、庭前会议程序的定位和价值:准备环节,着眼效率

众所周知,刑事诉讼分为立案、侦查、公诉、审判和执行五个阶段;就审判阶段而言,开庭审理程序无疑是核心所在。《刑事诉讼法》第 182 条系由原《刑事诉讼法》第 151 条修改而来,从法条设置及内容上看,无论是上述第 182 条,还是第 151 条,显然都属于开庭前准备程序的内容,亮点即在于前者第 2 款增设了庭前会议制度,由此可见,它只是一种开庭前准备程序。与第 182 条第 1 款、第 3 款关于合议庭组成、起诉书副本送达、开庭通知等属"应当"开展的庭前准备工作不同,它仅系开庭前审判人员"可以"召集相关人员进行的庭前准备环节;而结合《刑事诉讼法解释》第 183 条关于召开庭前会议的案件情形的规定可知,庭前会议只针对某些特殊案件适用。

因此,对庭前会议的定位,只能是法官对某些特殊案件在必要情况下选择适用的一个开庭前准备程序或环节,它不是所有案件审判活动的必经程序;它只是特殊案件庭前准备工作的组成部分,而非庭前准备程序的全部内容。那种以召开庭前会议案件数占全部或适用普通程序案件数比率较低,因而认为庭前会议适用不够广泛的观点,①其立论的科学性值得商榷,"由于庭前会议本身需要耗费一定的司法资源,因此不是越多越好,除非案件确有召开庭前会议的必要,否则无须多此一举"。② 那种认为庭前会议是在起诉和审判之间植入的中间程序的观点,或者认为其应当是初步开庭程序的观点,③明显曲解了立法的意图,膨胀了庭前会议所不应具有的庭审功能,并导致庭审虚化、走过场,与当前强调庭审实质化的要求是相悖的。

在我国,任何刑事诉讼程序的设置都是为了实现《刑事诉讼法》第 2 条"保证

---

① 李斌:《庭前会议的适用现状与发展完善》,载《法学杂志》2014 年第 6 期。

② 戴长林:《庭前会议程序若干疑难问题》,载《人民司法》2013 年第 6 期。

③ 郭恒:《我国庭前会议的价值分析与构建路径》,载《长江大学学报》(社会科学版)2012 年第 10 期。

准确、及时地查明犯罪事实,正确适用法律”,其价值无非都在于追求公正和效率,且两者缺一不可,庭前会议程序也概莫能外。“庭前程序的核心是准备,目的在于提高效率,即通过必要的准备为顺利进行庭审创造条件,准备不好将使庭审出现中断并导致诉讼迟延。”[①]作为庭前程序的一个部分,庭前会议在促进控辩双方平等对抗、启动非法证据排除等方面无疑具有彰显和确保司法公正的价值,但我们所要突出和强调的应是它的效率价值,即确保开庭审理的集中、顺利进行,提高刑事审判效率。

结合《刑事诉讼法》第 99 条、第 183 条可以看出,当事人及其辩护人、诉讼代理人在开庭前申请排除非法证据,“人民法院经审查,对证据收集的合法性有疑问的”,是启动庭前会议的充分、必要条件,即审判人员在此情况下应当召开庭前会议。除此之外,实践中任何与效率相悖而不当召开庭前会议或追求、考核庭前会议召开次数及适用比率的做法都是十分荒谬的。在审限紧张、审判任务繁重、案件质量考核加强的背景下,应当相信审判人员基于效率考虑而决定是否召开庭前会议的理性判断。

庭前会议的定位及价值,是解决其在实践中相关争议问题的关键,对其丰富和完善,也应以此为依据进行,唯此才可避免背离立法原意。

二、庭前会议程序的适用范围:考量必要,把握尺度

《刑事诉讼法》第 182 条第 2 款采取提示加兜底的方式,对庭前会议制度作出了简洁、概括的规定,即对“与审判相关的问题”,都可以召开旨在“了解情况,听取意见”的庭前会议。此种规定形式,有观点认为较为笼统,不便于实践操作。但是笔者认为,简洁、概括,意味着可以灵活操作;只要不违背立法原意,它恰为审判人员有效利用庭前会议制度解决审判相关问题提供了能动、灵活的空间,为司法实践预留了多样探索的余地。《刑事诉讼法解释》第 183 条同样采取明示方式,明确指出适用庭前会议的 3 类案件,但同时保留了一条兜底规定;就会议内容或议题,第 183 条的规定方式也大抵同上,只是司法解释进行了更为详细的列举。那么,应如何合理限定适用庭前会议的案件及议题范围,如何正确看待和解决实践中的相关争议呢?

就适用的案件范围而言,结合立法定位及司法解释的规定精神看,庭前会议并

---

① 陈卫东主编:《刑事诉讼法》(第二版),中国人民大学出版社 2008 年版,第 322 页。

非所有案件的必经准备程序，也并非所有案件均有必要召开庭前会议，否则浪费司法资源，增加诉累。适用庭前会议的案件主要分为三种情形：程序性争议较多、较大的（包括非法证据排除），案情重大复杂、证据材料较多的，涉及特殊案外因素的（包括社会影响较大），分别对应程序、实体及案外等情况，即只有案中、案外情况较为复杂的才有必要召开庭前会议。各地在探索中虽然对司法解释所提的案件适用范围有所拓展，如将“当事人及其家属情绪不稳，可能引发涉检、涉法上访的案件”“被告人和辩护人作无罪辩护的案件”“涉及危害国家安全犯罪、恐怖活动犯罪、黑社会性质组织犯罪的案件”等纳入其中，[①]但其标准却略显混乱，且显得过于琐碎，并无太大实际价值。对于是否召开庭前会议，应赋予审判人员裁量权。无罪辩护案件、危害国家安全犯罪案件等并不必然疑难、复杂，召开庭前会议可能并无必要，由审判人员根据案件复杂程度进行召开必要性的考量最为妥适，《人民法院办理刑事案件庭前会议规程（试行）》（以下简称《庭前会议规定》）第2条基本采纳了此意见。

从案件程序层面考察，适用普通程序的一审公诉案件及自诉案件、符合应当开庭审理条件的二审案件、再审案件，如确有必要，原则上都可在开庭审理前召开庭前会议；而由简易程序案件的适用条件所决定，其原则上不宜召开。庭前会议通常是在审判人员主持下，由公诉人、当事人和辩护人各方共同参与讨论交流。对于没有辩护人的案件可否召开庭前会议，法律虽然规定辩护人只是“可以”被召集的主体，并非无辩护人则不能召开，但从庭前会议召开必要性的角度考虑，则应具体而论。在由律师作为辩护人的情况下，被告人可以获得专业的法律帮助，辩护人可以而且也利于被告人对案件程序、实体问题作出自己的预判和处理，容易使庭前会议的召开达到预期效果；在由近亲属作为辩护人或没有辩护人时，除非近亲属或被告人具备法律专业知识，否则难以对庭前会议涉及的相关问题提供准确、专业的意见，或提供有价值、有意义的情况，由此可能导致无法体现庭前会议的价值和功能，则此种情况下缺乏召开的必要性。解决此问题的思路是，充分发挥审判人员的释明权，在保护被告人各项诉讼权利的前提下，在确保其明确相关法律后果的基础上，使其能够积极、主动地参加庭前会议。《庭前会议规定》规定被告人申请排除非法证据时无辩护人的，法院可以通知法律援助律师协助参加；而新近试行的《关于开展刑事案件律师辩护全覆盖试点工作的办法》则将律师帮助覆盖所有刑事案

---

① 莫湘益：《庭前会议：从法理到实证的考察》，载《法学研究》2014年第3期。

件,上述改革举措无疑都会保证庭前会议的质量。

对于庭前会议可以涉及哪些议题或内容,立法确定为“与审判相关的问题”,立法解释限定为“案件的程序性争议问题”,[①]司法解释则采取了灵活的态度,其列举的事项中以程序性申请或异议为主,在保留兜底规定的同时,将附带民事诉讼调解等实体问题纳入进来。司法实践的步伐则更大,如有的地方已将立功、事实、定性、量刑等问题纳入议题范围。[②] 庭前会议应集中处理解决庭审过程中可能遇到的程序性问题,理论及实务中对此看法基本一致,而且随着实践的探索和积累,司法解释兜底条款中关于程序性问题的内容会愈加丰富,如开庭日期确定、强制措施变更、复杂案件的举证质证顺序等。庭前会议能否涉及实体问题,从上面论述中可以看出,立法部门态度较为审慎,理论及实务中多数观点较为保守,认为庭前会议只能处理程序性争议事项,最多扩展到附带民事诉讼调解,如再扩张,恐导致审判人员产生预断,有架空庭审之嫌;少数观点认为,庭前会议可以包含部分实体问题。

笔者认为,基于集中审理的需要,庭前会议当然应以解决可能导致庭审中断的程序性问题为主,但实体问题并非不能涉及,如对有罪无罪、此罪彼罪、量刑情节、证据材料简述意见,都有利于整理证据,明确争点,确保庭审顺利进行,提高审判效率。正如有观点指出,在庭前会议中,案件的程序问题与实体问题并不是截然对立,两者时常交织在一起,如申请证人出庭的程序性申请往往是因为对证人证言真实性存有异议这个实体性问题所致,而申请鉴定人出庭或重新鉴定亦源于对鉴定意见存有异议,庭前会议不能只注重程序性问题而对其背后的实体性问题视而不见,否则易导致舍本逐末,有损诉讼效率,背离立法初衷。[③] 但同时基于庭审实质化的要求,必须把握好了解情况的方式、方法,把握好听取意见的尺度、程度,对于在庭前会议中通过类似举证、质证、辩论等形式,较为全面、细致地了解控辩双方对相关实体问题意见的做法,则明显有失妥当。

三、庭前会议程序的具体展开:灵活操作,追求实效

庭前会议的召开涉及诸多问题,结合理论争论及实践操作情况,下面仅针对重要四个方面加以阐述。

---

① 全国人大常委会法制工作委员会刑法室编:《〈关于修改刑事诉讼法的决定〉释解与适用》,人民法院出版社2012年版,第182页。

② 杨宇冠:《非法证据排除与庭前会议实践调研》,载《国家检察官学院学报》2014年第3期。

③ 闵春雷、贾志强:《庭前会议制度适用问题研究》,载《法律适用》2013年第6期。

（一）主持者

法律规定，审判人员可以召集庭前会议，尽管未明确由谁来主持该程序，但不言自明，作为召集者的审判人员自然可以成为主持者。但如何限定“审判人员”的范围，关乎庭前会议的效果。审判人员一般是指具有审理权限的审判员和助理审判员。从《刑事诉讼法》及其解释中“审判人员”与“书记员”多并列出现的情况来看，审判人员明显不能包括书记员。在目前称谓及权限均尚未明确的情况下，同时考虑庭前会议所要解决的诸多事项及效果，法官助理亦不能作为庭前会议的主持者。因此，审判人员应限定为合议庭成员，而在目前强调陪审率的背景下，多数一审普通程序案件有陪审员参加，但从专业要求及陪审员着重事实认定的陪审改革方向来看，陪审员显然不适合主持庭前会议。经验表明，在审判长与承办法官非为同一人且两人不能同时参加庭前会议的情况下，由承办法官主持庭前会议更易取得预期效果。

有观点提出，为防止作为合议庭成员的审判人员先入为主，应由立案庭法官或专门法官主持庭前会议。[①] 我们认为，《刑事诉讼法》第 172 条之所以对原第 141 条作出重大修改，采取全部卷宗移送主义，是因为原来意在克服审判实践中“先定后审”“先入为主”问题所采取的移送主要证据复印件的做法，由于法官庭前对大部分案卷材料并不熟悉，不了解主要争议问题，难以更好地主持、把握庭审活动，且审查法官和庭审法官通常为同一人，不仅未解决“先入为主”问题，反而一定程度上架空了庭审过程，拖延了法庭审理，实践效果并不好。[②] 对比言之，让立案法官或专门法官主持庭前会议，不仅不符合目前案多人少的实际情况，还可能出现上述弊端，其效果可能适得其反。

（二）参与者

庭前会议在审判人员的主持下召开，通常必须有公诉人、辩护人的参与。被告人应否参加，司法解释规定是“根据案件情况，可以通知被告人参加”，那么应根据案件的哪些情况，一般来讲，庭前会议在解决如非法证据排除等程序问题时，或涉及证据展示及部分实体问题时，有必要通知被告人参加。

在对“案件情况”很难一一列明的情况下，审判人员应把握的一点就是，应在

① 陈卫东、杜磊：《庭前会议制度的规范建构与制度适用——简评〈刑事诉讼法〉第 182 条第 2 款之规定》，载《浙江社会科学》2012 年第 11 期。

② 全国人大常委会法制工作委员会刑法室编：《〈关于修改刑事诉讼法的决定〉释解与适用》，人民法院出版社 2012 年版，第 175、176、179、180 页。

庭前会议召开前认真充分地与被告人及其辩护人沟通,了解被告人的意愿及其对辩护人的信任程度,而后再决定是否通知被告人参加。案件情况,不仅包括案件本身的客观因素,更包括人的主观因素;不考虑被告人的意愿,单纯基于案件客观因素而作出不让被告人参加的决定,可能使被告人产生或加剧对法庭的不信任,从而导致庭前会议的目的落空。共同犯罪案件中,是否通知所有的共同被告人参加庭前会议,更需要综合考虑案件的情况及庭前会议所涉及的内容加以确定。在仅因非法证据排除问题而召开庭前会议时,未申请非法证据排除的被告人一般无参加的必要;在因证据材料多需要进行证据展示而召开庭前会议时,通知所有被告人参加一般来说是必要的。

(三)召开模式

上已述及,庭前会议的立法定位仅是开庭前准备程序的一个非必经性的环节,其更注重的是效率价值。较庭审而言,庭前会议程序具有灵活性、非正式性特点;从实现庭审顺利进行的目的要求讲,庭审会议应强调的是与案件有关的信息、材料、意见、需求等方面的有效沟通交流,并追求控辩审三方关系的融洽。因此,庭前会议是采取会议模式、听证模式抑或类似庭审模式,并无太大的争论价值。

何况上述三种模式本身也很难作出完全明确的区分:会议模式突出的是协商性,但这并不意味着控辩双方没有意见交锋;听证模式呈现的是对抗,但同样存在参与者之间的沟通协商;类似庭审模式则强调的是条理性,而非真正的庭审对抗。实践中需要召开庭前会议的情况很多,而每个庭前会议涉及的议题又存在内容或多少的不同,必须根据具体情况来确定哪种所谓的模式更利于将情况说明,将意见理清。在具体案件的庭前会议中,单一、全部或交替适用上述模式都有可能,审判人员对此需灵活操作,便宜实行。

(四)公开问题

除依法不公开审理的案件的庭前会议不宜公开外,在公开审理的案件中,召开庭前会议的原则上不宜公开,[①]理由有三点:其一,庭前会议不是庭审活动,不属于公开审理原则应予公开的内容范围;其二,庭前会议仅就与审判有关的问题进行准备,并不能取代公开的庭审程序,没有公开的独立价值;其三,庭前会议在召开地点、时间上的灵活性,使公开在具体操作上具有较大难度,如在看守所、审判人员办公室或会议室召开庭前会议,基本上不存在让其他人员参加的可能性。另外有的

---

① 2017 年 6 月试行的《庭前会议规程》也采纳了此意见,第二条规定“庭前会议一般不公开进行”。

庭前会议的议题中还涉及申请不公开审理的事项,明显不适合公开。

四、庭前会议程序的效力:处理程序,涉及实体

通过庭前会议,审判人员能够解决哪些问题,处理结果对庭审是否具有约束力,即涉及庭前会议的效力问题。对此,除就附带民事诉讼达成的调解具有法律效力外,从法律及司法解释关于庭前会议“了解情况,听取意见”规定的字面意思来看,似乎并没有赋予其相关效力,这也是导致实践中有关各方对适用和参与庭前会议积极性不高的重要原因。

有不少人也从上述规定的字面理解出发,认为法院在庭前会议中只能针对与审判相关的问题了解情况,听取意见,不能作出处理,笔者认为这是一种机械的看法。根据《刑事诉讼法》第 58 条及《刑事诉讼法解释》第 102 条的规定,即便因申请排除非法证据而启动庭前会议的情况下,也只有“经过法庭审理”,才能作出排除与否的调查结论,并告知控辩双方,言外之意,庭前会议中不能对非法证据排除问题作出处理意见。[①] 但并不能以此否定庭前会议对其他程序性争议的依法处理,审判人员当然可以依法对诸如管辖异议、回避、出庭人员名单、是否公开审理等问题作出处理决定,否则将真正使设置庭前会议程序的立法目的虚化或落空。实务界的通说观点也认为,审判人员了解情况、听取意见后,可以在开庭前作出决定。[②]

当然,审判人员就相关问题作出处理决定后,并不会产生禁止控辩双方在开庭审理中再次就相关问题提出异议或申请的效力,出现新的情况或线索后当然可以再次提出。如果庭前会议中已就相关程序性事项作出认真处理,相信绝大多数被告人及其辩护人在没有出现新的情况或线索的情况下,会在庭审中继续提起;即便提起,相信法庭也能够很快作出处理,从而使庭前会议的成果惠及庭审。

前已述及,庭前会议涉及的议题主要包括程序性事项及部分实体问题,庭前会议应当而且也可以解决大部分的程序性事项。对于部分实体问题,除附带民事诉讼调解外,我们认为也只能是可以“涉及”,但不能作出相关结论,如对有罪无罪、此罪彼罪、量刑情节、证据材料的意见等。庭前会议若真正能够实现或促进繁简程

---

① 这似乎可以理解,因为修改后的《刑事诉讼法》第 54 条首次明确规定非法证据排除制度,在缺乏司法实践的情况下,鉴于该问题的重要性及敏感性,对于开庭前申请排除非法证据的,很难将其放在一个同样属于新制度的庭前会议中进行处理。

② 张军主编:《〈中华人民共和国刑事诉讼法〉适用解答》,人民法院出版社 2012 年版,第 297 页。

序分流、交换证据意见、整理争点重点等与实体性问题相关的效果,应该说已经符合立法初衷,已经体现其制度功能和价值。

实践中,关于庭前会议的效力问题,有人提出可分为决定模式和合意模式。我们认为,审判人员能够依法处理的,则宜以决定形式解决;基于庭前会议融洽刑事诉讼各方参与主体关系的需要,如果能够通过沟通交流达成一致意见的,同样也会取得很好的效果。虽然有观点希望"对相关证据各方有没有提出异议、有没有提出特别要求的情形都应当记录在案,并且参加会议的所有人对会议记录经过审阅以后没有异议的都要签字确认,让它具有一定的效力,确保庭前会议制度的目的能够实现"。[①] 但需要指出的是,控辩双方在庭前会议中的相关陈述意见,对庭审举证、质证和辩论并不具有法律的约束力,不能因此限制有关各方在庭审中的诉讼权利。

五、庭前会议程序的完善:近处明确,远处改革

(一)完善庭前会议的操作流程

实践中,有不少审判人员还未充分认识到庭前会议的价值和作用,个中原因除法律对其效力未予明确外,还有就是其操作流程不够完善具体,让审判人员感觉无从做起。因此,从立法或司法解释近期目标来讲,有必要完善并明确庭前会议的操作流程,并在部分事项上赋予程序约束力。

庭前会议虽然只是庭前准备程序的一个环节,但它仍是法院审判活动的一项重要内容,绝不能将其看作可有可无、可参加可不参加的程序。结合实际需要,应主要从以下三点予以完善:一是明确法院启动庭前会议的决定权,即无论是依控辩双方建议、申请,还是法院依职权召开庭前会议,都必须明确最终的决定权在于法院的审判人员;二是明确通知参加庭前会议的时间、地点,即从保证诉讼各方平等参与及相关诉讼权利的需要出发,应至少提前3日通知有关人员参加庭前会议,并告知会议地点;三是明确庭前会议程序本身的约束力,即有关被通知的各方应当按要求参加庭前会议,否则将承担不利后果。

(二)明确庭前会议的法律效力

前述分析论述虽已表明,审判人员在庭前会议中对大部分程序性争议可依法进行处理,但从保证庭前会议程序施行效果上来看,笔者认为立法或司法解释有必要明确庭前会议对相关事项的处理效力,这样才能从根本上提高审判人员对庭前

---

① 张军、姜伟、田文昌:《新控辩审三人谈》,北京大学出版社2014年版,第255页。

会议的重视程度和适用积极性;同时应考虑到的是,为避免其取代庭审功能,还有必要从反面明确其不能处理定罪量刑等绝大多数实体问题。

实践中,很多庭前会议是因被告人或其辩护人申请排除非法证据而召开,而法庭多数经过庭前会议及庭审调查,仍未对是否存在非法证据作出结论,而仅在判决书中予以明确,这不仅使庭审举证出现尴尬,更使庭前会议的排非功能弱化。笔者认为,庭前会议和非法证据排除制度已经过实践检验和经验积累,今后修改法律时有必要赋予庭前会议对非法证据排除问题的处理效力。正如有论者指出,从法治国家的立法经验看,非法证据排除的动议通常是在庭前听证中作出裁决,目的是提高效率、防止给裁判者的心证造成污染,在我国,从未来发展方向看,非法证据排除也应尽量通过庭前会议解决,最大限度地实现庭前会议的价值目标。①

(三)改革庭前会议的功能价值

庭前会议是否解决实体问题,涉及对庭前会议功能的认识,基于对刑事诉讼效率与公正的追求,程序性问题的丰富与实体性问题的拓展是必然的趋势。② 笔者认为,要期望庭前会议真正解决实体问题,必须进一步改革和探索改革庭前会议的立法地位。

结合党的十八届四中全会《决定》提出的“完善刑事诉讼中认罪认罚从宽制度”要求,借鉴域外立法经验,应将庭前会议程序改革转变成预审程序,在该程序下,审判人员既可以进行公诉审查、处理程序争议,解决证据展示、非法证据排除等问题,为案件的集中顺利审理做好充分准备,还可就被告人自愿认罪接受处罚的案件直接给予定罪量刑,以真正做到对案件的繁简分流、难易分流,并在确保司法公正的前提下,真正实现节约司法资源、提高司法效率的目的。

---

① 闵春雷、贾志强:《刑事庭前会议制度探析》,载《中国刑事法杂志》2013 年第 3 期。

② 刘静坤、杨波:《关于构建庭前会议制度的思考》,载《中国审判新闻月刊》2013 年第 2 期。

法定刑以下处刑核准的实证检视与制度完善

——以《刑法》第63条第2款的适用为视角

李国平*

内容摘要：现行《刑法》第63条第2款规定："犯罪分子虽然不具有本法规定的减轻处罚情节，但是根据案件的特殊情况，经最高人民法院核准，也可以在法定刑以下判处刑罚。"该制度即本文所称"法定刑以下处刑核准制度"。在当前司法改革的语境下，法定刑以下处刑核准制度，对于实现习近平总书记提出的"让人民群众在每一个司法案件中都感受到公平正义"的司法目标，具有重要的实践意义。笔者通过探究本制度的历史沿革发现，随着核准权从案件审理的合议庭逐步收归最高人民法院统一行使，法院对刑事被告人酌定在法定刑以下判处刑罚，存在规定前松后紧、适用率前高后低等情况，制度演变过程中先后产生的自由裁量权滥用以及过度纠偏后制度虚置等问题不容忽视，各方对本制度的存改废分歧过大，难以统一，以致2011年《刑法修正案（八）》仅对《刑法》第63条第1款作了修改，对涉及本制度第2款未作任何改动。为更好地发挥制度功能，正确落实宽严相济刑事政策，本文立足北京法院司法实践，以2007年以来全国法院范围内适用本款的100件真实案例为样本，对本制度的在司法实践中的适用情况进行实证考察。笔者利用数据统计和文本分析方法，总结《刑法》第62条第2款在样本案件适用中呈现的四种现象，由表及里探讨法定刑以下处刑核准制度在适用中存在的问题。通过实证考察正本清源，直击制度适用中存在的案件适用范围窄、实体条件难以把握、核准程序繁琐等问题，认真分析原因，提出了切实可行的对策。

关键词：法定刑　自由裁量权　案件的特殊情况

法定刑以下处刑核准制度，也有学者称为法定刑以下判处刑罚复核制度、酌定减轻处罚制度或者特别减轻处罚制度，是立法考虑犯罪和刑罚以及社会生活的复

---

* 北京市东城区人民法院民三庭法官。

杂性,为在部分案情特殊的案件中做到罪责刑相适应而作出的特殊规定,是贯彻我国宽严相济刑事政策的重要制度。该制度的直接法律依据是现行《刑法》第 63 条第 2 款,最高人民法院《关于适用〈中华人民共和国刑事诉讼法〉的解释》(以下简称《刑事诉讼法解释》)第十四章对核准程序进行了较具体的规定。该制度,一方面赋予法官酌定减轻处罚的自由裁量权,避免法官因就案办案和机械量刑导致明显的个案不公,另一方面设置严格的适用条件,防止因自由裁量权滥用破坏刑罚统一。实践中,由于该制度适用的实体条件难以把握、层层报核的程序过于烦琐,法官规避适用或选择性适用的情形长期存在,不同地区法院、不同类型案件适用差异性较大,由此带来同案不同判等问题,需要认真对待并加以解决。为此,本文在对裁判文书进行梳理的基础上,立足北京法院司法实践,以全国法院范围内适用《刑法》第 63 条第 2 款的 100 件真实案例为样本,对法定刑以下处刑核准制度的适用现状进行实证考察,深入探讨该制度实际运行中存在的问题、原因和对策,以期对制度的改善有所裨益。

一、发现问题:统计样本呈现四大表象

(一)实证样本概况

为保证样本的真实性及权威性,采样主要来源于以下三个渠道:一是中国裁判文书网,二是北京法院信息球系统,三是媒体报道及文献检索。进一步梳理甄别,调研样本共计裁判文书 136 份,涉及案件 100 件。其中,经最高法院核准的 23 件。据统计,最高人民法院 2007 年至 2009 年法定刑以下处刑核准案件的年均核准率在 93%以上,[①]据此可推知本文样本仍然具有较高的考察价值,据此所作的分析及得出的结论是可信的。

(二)样本反映出的四大表象

1. 涉及罪名少且高度集中

样本中 100 件法定刑以下处刑报核案件,共涉及罪名 26 个,仅占现行刑法 451 个罪名的 5.8%。案件涉及罪名较为集中,涉及故意伤害罪的 24 件,走私珍贵动物制品罪的 24 件,盗窃罪的 9 件,仅涉及这三种罪名的案件就占到样本的 57%。

2. 法定刑以下减刑幅度大

24 件故意伤害案件中,涉及的 24 名被害人均因故意伤害死亡,涉及犯罪人 36

① 张军主编:《〈刑法修正案〉(八)条文及配套司法解释理解与适用》,人民法院出版社 2011 年版,第 63 页。

名。根据《刑法》第234条第2款的规定，应当对该36名犯罪人处10年以上有期徒刑、无期徒刑或者死刑。该24名死亡的被害人，19人本身患有心脏病、脑部疾病等特殊体质，5人存在在先严重过错，法院认为符合《刑法》第63条第2款“案件的特殊情况”，对被告人在法定刑以下处刑。其中，判处3年以下有期徒刑的24人，占全部犯罪人的70.6%；19人被宣告缓刑，缓刑适用率①高达79.2%。减刑幅度在7年以上的案件占到七成以上。

3.发回、改判比率较高且在不同类型案件中分布不均衡

由于对《刑法》第63条第2款“案件的特殊情况”理解不一，实践中，据此在法定刑以下处刑被检察机关抗诉、上级法院改判、发回重审比例较高。以最高人民法院核准的23个案件为例，其中，13件存在上级法院发回、改判情况，占到57%。从不同类型案件的发改情况来看，24件走私珍贵动物制品案，发改率为0。但是，样本中数量靠前的24件故意伤害案、9件盗窃案及8件涉枪、涉爆类案件，一审后发改率大约在40%～70%②，不同类型案件的发改率存在较大差异，不同类型案件中的“特殊情况”认识有待统一。

4.报核程序烦琐且耗时较长

根据《刑事诉讼法解释》第十四章第336条至第340条的规定，在逐级报核的过程中，各级法院的审判权配置非常复杂，过程曲折，审限也无硬性规定，往往耗时较长。以样本中最高法院核准的23个案件为例，既无抗诉又无上诉的法定刑以下判处刑罚的一审案件10件，其中由基层法院一审的7件，从一审宣判到最高人民法院核准平均用时14个月，其他存在上诉、抗诉的案件13件，由基层法院一审的9件，从一审宣判到最高人民法院核准平均用时19个月。如果从被告人被逮捕的时间点起算，被告人被羁押的时间会更长。

二、分析问题：由表及里聚焦三个问题

（一）制度适用存在偏差

1.制度适用前后波动大

以2007年许霆盗窃案③为界，现行法定刑以下核准制度适用从“沉睡”中被激

① 缓刑适用率＝宣告缓刑的案件数/判处三年以下有期徒刑的案件数×100%。

② 由于样本中部分案件只有一审文书，复核文书或二审、再审文书（如果有）检索不到，发改情况无法准确得知，因此这三类案件的发改率只能用约数。

③ （许霆盗窃案）详见最高人民法院（2008）刑核字第18号刑事裁定书。

活。现行1997年《刑法》第63条第2款对法外施恩的口子一朝收紧，直接导致酌定在法定刑以下处刑的案件量急剧萎缩。据统计，最高人民法院1998~2008年的11年间共收法定刑以下量刑报核案件579件，同期全国法院共审结一审刑事案件共6,985,534案，报核案件不到万分之一；按33个高级法院、军事法院计算，平均每个法院每年报核的案件是1.6案。① 2007年许霆案发，法定刑以下处刑核准制度开始重回公众视野。样本中，北京法院的42件案件，41件在2008~2013年，年均报核约7件，远远高于前11年年均1.6件的标准，这仅是不完全统计的结果，②该制度彻底被激活。

2. 法官适用制度的积极性不高

1997年《刑法》酌定减轻处罚条款的修订目的在于纠偏，是为了避免酌定减轻处罚权的滥用。然而，这一改动有矫枉过正之嫌，直接导致法官不愿、不敢适用该条款，往往采用变通做法，如选择性适用《刑法》第37条，以犯罪情节轻微对被告人免予刑事处罚，导致犯罪分子被过分轻纵；对应当适用酌定减轻处罚的案件不适用，导致被告人处刑过重造成个案不公；违反程序自行决定在法定刑以下处刑或者改变罪名规避制度，导致只重量刑而背离罪刑法定法则。③ 以上种种，导致该制度虚置。

3. 制度功能扭曲

报核案件逐年增长，然而制度功能存在一定程度的扭曲。一是适用案件范围狭窄。通过上文样本统计可知，适用本制度的案件罪名不到1/10，制度作用发挥非常有限。二是适用的罪名过度集中。如走私动物制品罪、故意伤害罪等案件报核过于集中且数量大，在一定程度上浪费了司法资源，特别是最高人民法院的司法资源。三是报核的省份分布不均衡。如样本100件报核案件仅涉及省份17个，近一半的省份几年来未报核一例，且省份之间报核数量也极不均衡，仅北京市报核案件就41件，很多省份仅报送1~2件。四是规避适用本制度的变通做法仍然大量存在，与依法治国、公正司法的要求相违背。

---

① 《山西高院院长建议：法定刑以下量刑权下放至高院》，载新华网：http://news.xinhuanet.com/legal/2009-03/09/content_10972564.htm，最后访问日期：2015年7月7日。

② 年均7件还是不完全统计得出的结果，北京法院每年实际适用该制度报核的案件应该更多，由此可知，法定刑以下处刑核准制度在2008年后的确已被激活。

③ 张军主编：《〈中华人民共和国刑事诉讼法〉适用解答》，人民法院出版社2012年版，第359页。

（二）“案件的特殊情况”难以把握

1. 立法机关的意见过于保守

何为“案件的特殊情况”，法律至今没有明确规定。在冯洲受贿案中，全国人大法工委在答复最高人民法院的意见中指出：因“特殊情况”在法定刑以下判处刑罚的规定，主要是针对涉及国防、外交、民族、宗教等极个别特殊案件的需要，不是对一般刑事案件的规定。这种限缩解释是与 1997 年《刑法》对 1979 年《刑法》第 59 条第 2 款的修订意图相一致的，即最大限度地限制法官酌定减轻处罚权的行使，防止司法权滥用，扎紧法外施恩的口子，维护刑事司法统一。但是，随着司法实践现实需要和不断变化，立法机关的意见显得过于保守。

2. 司法机关的意见不明确

最高人民法院对法定刑以下处刑核准的实践，实际上早已经突破了立法机关对于“案件的特殊情况”的解释。“案件的特殊情况”包括两种类型：一种是出于国家利益的保护，涉及国防、外交、民族、宗教以及统战等特殊因素；另一种则是以罪刑相适应为标准，对被告人必须在法定最低刑以下量刑才适当的其他情况。第一种类型数量少且好判断，第二种类型仅是一种价值判断，社会生活极端丰富、复杂，具体案件中被告人是否罚当其罪，见仁见智，针对这类案件的适用要从严把握。除极少的案件类型，如涉枪、涉爆类、故意伤害致死类、走私珍贵动物制品类、大义灭亲类等从常理或伦理道德上有极其明显、充分的酌定减轻处罚情节外，其他类型的案件是否有符合本款的“案件的特殊情况”难以判断，由此出现发、改率较高且在不同类型案件中分布不均衡的现象。

（三）程序设计上仍存在盲点

2013 年 1 月 1 日开始实施《刑事诉讼法解释》是在 1998 年相关司法解释的基础上，对法定刑以下判处刑罚的核准程序进行了修订。修改后，该程序仍存在以下盲点。

1.《刑事诉讼法解释》的立法位阶不够

法定刑以下处刑核准制度是《刑法》第 63 条第 2 款规定设立的，应当由《刑事诉讼法》对制度的程序作出相应的立法规定。然而，当前核准程序仅在《刑事诉讼法解释》中规定，位阶停留在司法解释层级，导致制度在实体和程序规定上严重失衡。由于司法解释相对位阶较低，其在法律效力以及公信力等方面不如刑事诉讼法，不能完全满足司法实践的需要。

2. 程序需要进一步明确

《刑事诉讼法解释》规定的复核程序相对概括,存在操作空白。例如,复核是否应该组成合议庭还是独任即可,合议庭是否可以有人民陪审员参加,复核应当开庭审理还是书面审即可,复核仅作法律审还是应该全面复核,复核是否应该提审被告人,复核是否应该听取辩护人的意见,复核结果是否应当送达被害方等。

3. 复核法院改判权设置不清

一审法院对被告人酌定在法定刑以下判处刑罚,被告人未上诉、人民检察院未抗诉的,二审法院复核不同意时,是否有权直接改判?此时的二审法院,可能是中院,也可能是高级人民法院、最高人民法院。从目前的实践来看,最高人民法院复核时,认为在法定刑以下量刑仍然过重的,有权直接改判。能否据此类推至中级人民法院、高级人民法院呢?根据《刑事诉讼法解释》第 339 条的规定,中级人民法院、高级人民法院并不当然具有直接改判的权利。然而,这种设置既复杂且不经济。

4. 审限要求不严

虽然《刑事诉讼法解释》在 1998 年的基础上,增加了第 340 条,对审限进行了必要的限制。然而,这种限制仍然失之于宽。以秦某非法行医案为例[①],被告人秦某虽然具有医师资格证书,但在未取得《医疗机构执业许可证》的情况下在湖北省京山县擅自开设诊所行医,造成就诊人 1 人死亡,构成非法行医罪,后经最高人民法院核准,在法定刑以下判处有期徒刑 4 年。从被告人秦某 2008 年 2 月 13 日被京山县公安局采取强制措施,到 2014 年 5 月 6 日经最高人民法院核准,历时超过 6 年,其间,《刑事诉讼法解释》已经施行了一年半。由此,应当对复核的审限做更加严格的要求,严格把握延审的批准。

三、提出对策:开方抓药提出三个方面的建议

(一)准确定位制度功能

1. 维护刑罚的统一适用是第一要务

酌定减轻处罚制度演变至今,经历了三个重要的阶段。[②] 从 1950 年的"中华人民共和国刑法大纲草案"第 27 条,到 1979 年的《刑法》第 59 条第 2 款,再到现行

---

① (秦某非法行医案)参见湖北省高级人民法院(2014)鄂刑监一再审终字第 00004 号刑事判决书,最高人民法院(2014)刑核字第 13 号刑事裁定书。

② 高铭暄、赵秉志编:《中国刑法立法文献资料精选》,法律出版社 2007 年版,第 205~206 页。

的1997年《刑法》第63条第2款，制度下的核准权从案件审理的合议庭一路收归最高人民法院统一行使。从制度的沿革中不难看出，酌定减轻处罚权受到越来越严格的限制，法外施恩的口子越扎越紧，目的就是要维护刑事法律的统一实施，确保法律面前人人平等，任何人不得凌驾于法律之上，体现了依法治国的本质要求。

2. 追求实质公平公正是有益补充

酌定减轻处罚制度，既考虑了法律的严肃性与原则性，又考虑了具体个案的复杂性与特殊性，对于缓解情与法的关系，协调一般公正与个别公正的关系，更好地实现量刑公正的目标，具有非常重要的意义。① 在认识本制度两个功能之间的关系时，不能本末倒置，维护法治统一的功能始终是第一位的，追求实质公平公正是前者的有益补充。

(二)进一步明确实体条件

属于《刑法》第63条第2款中规定的"案件的特殊情况"，是适用法定刑以下处刑核准制度的实体要件。除立法机关明确的涉及国防、宗教等国家利益的案件外，基于罪刑相适应需要酌定减轻处罚的个案是否属于本款规定的"案件特殊情况"难以把握，需要在实践中不断总结、归纳、提炼，这一过程需要把握"一个原则、三种基本方法"。

1. 坚持从严掌握原则

在判断个案是否属于"案件的特殊情况"时，应当从严掌握。首先，要满足实质要件，即个案的情况对量刑产生重大影响。即使对被告人以法定刑最低刑处罚仍然过重，必须在法定刑以下处罚才能做到罪责刑相适应。其次，案件的特殊情况通常具有特例性、偶发性，是在一般情况下不容易发生的情形。正是这种特殊情形的介入，导致法定刑与犯罪不匹配，需要酌定减轻。

2. 明确"案件的特殊情况"的三种基本方法

第一种：公布指导案例。由于"案件的特殊情况"具有特例性、偶发性的特点，就决定了其难以通过精练的语言进行抽象概括。且这种特殊性具有不可预见和难以穷尽的问题，也无法通过列举方式进行说明。最高人民法院通过发布指导案例的方式，能够及时统一认识，有效解决量刑差异，统一各地各级法院类似案件的裁判尺度。第二种：出台司法解释。对于刑事审判中出现概率较大、数量较多且司法认识上逐渐统一、稳定的"特殊情况"进一步法定化，使酌定减轻处罚的情节转化

---

① 仇晓敏：《法定刑以下判处刑罚的几个问题》，载《人民司法·应用》2009年第21期。

为法定情节。如故意伤害致死案件中,被害人特殊体质在伤害行为的诱发下导致死亡的情节,可以通过司法解释提炼成法定减轻情节。另外,对于走私动物制品、非法制造、买卖、运输枪支弹药爆炸物等数额犯,[①]随着我国经济社会的发展,可以通过司法解释不断调整犯罪情节对应的数额,以实现法定刑设定的科学化,以免本款的不当适用。第三种:立法修改。通过指导案例及司法解释等方式,对某些“案件的特殊情况”的内涵外延界定清楚、稳定后,可以在相关立法中参照。

(三)进一步优化核准程序

1. 核准权部分下放至高院审委会

由最高法院统一行使法定刑以下处刑核准权,在制度建立之初,对于纠正司法权滥用的不良风气,维护刑事司法的统一具有积极的作用。随着我国司法制度的不断完善,法官素质能力的提升,这种严苛的制度设计,已渐渐不符合现实司法的需要。一是不符合最高人民法院的功能定位,最高人民法院法官将有限的审判力量投入个案法定刑以下处刑核准工作中,有本末倒置之嫌;二是层层报核过度浪费司法资源,抑制了法官适用制度的积极性;三是由各省市高院审委会把关,可以满足制度的功能的需要。具体制度可设计为:涉及国防、外交、民族、宗教等国家利益的案件以及高院判决的在法定刑以下处刑的案件,由最高法院核准;其他基层法院、中院在法定刑以下判处刑罚案件的核准权,由各高院审委会核准。高院审委会核准的案件需报最高法院备案。

2. 完善相关核准程序

法定刑以下处刑的案件,应当按照一审、二审普通程序组成合议庭审理。上级法院复核的,应当由审判人员组成合议庭审查,原则上进行书面审,确需开庭的,应当开庭审理。复核结果应当送达当事人。

3. 严格审限

为了提高复核效率,避免因为复核时间过长导致超期羁押、中途变更强制措施等问题,以对复核审限进行严格限制。可规定为:上一级人民法院复核在法定刑以下判处刑罚的案件,应当在2个月内结案。最高法院复核的,因特殊情况需要严审的,由最高法院决定,原则上不超过4个月。

---

① 如最高人民法院、最高人民检察院2014年8月联合出台的《关于办理走私刑事案件适用法律若干问题的解释》,对涉枪、涉爆、珍贵动物制品等走私案件的相关情节及定罪量刑标准都做了较大修改。主要考虑就是:近年来,北京等地的司法机关反映对走私象牙等珍贵动物制品的行为处罚偏重,量刑标准失之于严,许多案件不得不报请最高人民法院核准在法定刑以下判处刑罚。

4. 建议将本制度纳入《刑事诉讼法》

法定刑以下处刑核准制度是贯彻宽严相济刑事政策的重要制度，其依据是刑法，应当将本制度从司法解释的位阶上升至法律，以保持实体法和程序法的均衡。建议单设“法定刑以下处刑核准制度”章，置于《刑事诉讼法》第三章二审程序与第四章死刑复核程序之间。

四、结语

在全面推进依法治国的大背景下，完善法定刑以下处刑核准制度，既是尊重刑事司法原本规律的体现，更是保障人权、建设公平正义的法治国家的现实需要。只有正确定位制度功能，综合运用案例指导、司法解释、立法解释等手段明确制度适用的实体条件，进一步优化法定刑以下处刑核准程序，让制度发挥其应有的功能作用，才能切实贯彻宽严相济的刑事政策，实现犯罪与刑罚的统一，维护社会公平正义。

论我国腐败犯罪刑事立法之完善

——以《刑法修正案(九)》为视角

石　魏*

内容摘要:腐败犯罪成因复杂、危害严重,已成为我国经济社会发展的掣肘。如何有效地惩治腐败犯罪,对于处于转型期的当代中国至关重要。针对腐败犯罪刑事立法存在的腐败犯罪主体过于狭窄、限定不合理、刑罚结构不完善、违法所得没收程序有待完善等缺陷,应扩大腐败犯罪的主体范围,将非国家工作人员、非国有单位纳入特定贿赂犯罪的主体范围,并完善对合性罪名;取消挪用公款罪中"归个人使用"的规定,扩大腐败犯罪贿赂物的范围,将性贿赂入罪;赋予资格刑新的内容及种类,如设立刑事破产、强制整顿等,明确规定单位犯罪可以适用资格刑;违法所得的证明标准亦采用"优势证据"标准,并应充分保障利害关系人的知情权、参与权以及申请法律援助的权利,同时,应优化违法所得没收程序适用保障机制,为反腐败的刑事法治奠定基础。

关键词:腐败犯罪　性贿赂　《刑法修正案(九)》　资格刑

腐败活动的根源性、长期性和复杂性,决定了反腐败工作不能毕其功于一役。党的十八届四中全会指出:要加快推进反腐败国家立法,完善惩治和预防腐败体系,形成不敢腐、不能腐、不想腐的有效机制,坚决遏制和预防腐败现象。《刑法修正案(九)》切实贯彻了党中央依法严厉惩治贪腐和全面从严治党的要求,从多方面进行了规定,有诸多亮点,但仍有不足之处,需要有针对性的加以完善,以更好地为司法实践服务。

一、我国腐败犯罪刑事立法的沿革

新中国成立初期至1979年是我国腐败犯罪刑事立法草创阶段。中央人民政

* 北京市东城区人民法院刑二庭法官。

府于 1952 年出台了《中华人民共和国惩治贪污条例》,为反腐败工作的开展奠定了一定的根基。此阶段的刑事立法,存在概念模糊、外延宽泛、内容不明确的缺陷,不符合刑事立法特定性、明确性、具体性的特点。1979 ~ 1997 年是腐败犯罪刑事立法成型阶段。我国于 1979 年制定了新中国第一部刑法典,对腐败犯罪进行了规范,规定了贪污、受贿、行贿和介绍贿赂罪四个罪名,后全国人民代表大会又制定了挪用公款罪、巨额财产来源不明罪和境外存款隐瞒不报罪,并明确规定受贿、行贿可以由单位构成,但在构成要件上增加了限制,如在受贿罪的构成要件上增加了"非法收受他人财物,为他人谋取利益"的要求,在行贿罪的构成要件上增加了"为谋取不正当利益"的要求。此阶段的腐败犯罪刑事立法存在罪名少,结构混乱,只有定性分析,没有定量分析,缺乏可适性的特点。1997 年至今是腐败犯罪刑事立法完善阶段。在总结多年反腐司法实践经验的基础上,我国于 1997 年制定了新刑法典,后又出台了九个《刑法修正案》,这一时期的刑事立法具有以下特点:一方面,腐败犯罪的罪名有所扩大,如增设了枉法裁判罪、非国家工作人员受贿罪、利用影响力交易罪、对外国公职人员、国际公共组织官员行贿罪、对有影响力的人行贿罪等罪名。另一方面,加强了对腐败犯罪的惩处力度,如增加了罚金刑、从业禁止及终身监禁等规定。通过这些措施逐步形成了以刑法典为中心、单行刑事立法相结合的反腐法治基础。

二、我国腐败犯罪刑事立法的不足

我国腐败犯罪的立法较晚,再加上腐败犯罪错综复杂,立法滞后于司法实践,致使刑事法治存在诸多不足。虽然《刑法修正案(九)》对立法进行了一定的完善,但仍存在诸多问题,主要表现在以下几个方面。

(一)腐败犯罪的主体范围过于狭窄

《刑法》分则第八章贪污贿赂罪规定的犯罪主体大多是自然人,即国家工作人员,个别犯罪主体是国有单位。但随着我国社会主义市场经济的迅速发展,非公有制经济的比重越来越大,尤其是私营、个体经济在为社会发展做出贡献的同时,也引发了众多问题。非公有制经济中亦存在许多腐败问题,不仅破坏了我国正常的社会经济秩序,而且损害了社会的公平正义。因此,将非国有单位排除在腐败犯罪主体范围之外不甚合理。此外,对于一些对合性贿赂犯罪,我国仅将主体一方设立为犯罪,而放纵另一方,或虽双方都设立为犯罪,但量刑相差悬殊,不利于对腐败犯罪的惩治。

(二)腐败犯罪的限定不合理

刑法对腐败犯罪的限定对控制犯罪范围、保持刑法的谦抑具有一定作用,但某些腐败犯罪的限定条件过高,一方面将一些具有严重社会危害性的行为隔离在腐败犯罪之外,无法予以惩治。另一方面也增加了司法成本,加大了查处的难度,并容易造成类似案件不能得到同等处罚的现象。如将腐败犯罪的对象“贿赂物”限定为“财物”,没有将非财产刑利益(如性贿赂)纳入贿赂犯罪的对象,不利于对性贿赂的惩治。

(三)腐败犯罪的刑罚结构设置不完善,未设置合理的资格刑和罚金刑

虽然《刑法修正案(九)》对贿赂犯罪进行了完善,对贪污罪、受贿罪、行贿罪、对单位行贿罪、介绍贿赂罪、单位行贿罪、对非国家工作人员行贿罪增加了罚金刑,并设立了从业禁止的资格刑,严格了行贿罪的从宽处罚条件,增设了新的罪名,在某种程度上对惩处腐败犯罪是一种巨大的进步。但目前刑法分则对于贪污贿赂罪的处罚规定中,部分罪名仅设置罚金刑,部分罪名仅设置没收财产,还有部分罪名既没有设置罚金刑,也没有设置没收财产。如挪用公款罪、巨额财产来源不明罪、隐瞒境外存款罪和单位受贿罪中直接负责的主管人员和其他直接责任人员既没有设置罚金刑,也没有设置没收财产;资格刑方面,虽设置了从业禁止,但此规定并不完善。另外,单位犯罪无法适用资格刑,剥夺政治权利的内容过窄,且政治色彩浓厚,无法满足司法现实的需要。

(四)违法所得没收程序不完善

2012 年修订的《刑事诉讼法》设立了违法所得没收程序,一方面弥补了贪官外逃无法追诉、无法追缴违法所得的制度缺陷。另一方面更好地保障了利害关系人的权益,通过对涉案财产先行控制,为判决后财产刑的有效执行奠定基础,最终实现惩治犯罪、保障国家及利害关系人权益的目的。但现有的违法所得没收程序仍存在缺陷:第一,没收程序证明标准不明确。第二,利害关系人权益保障不足。第三,适用保障机制不完善。

三、完善我国腐败犯罪刑事立法的具体建议

(一)扩大腐败犯罪的主体范围

为了完善刑事法治,切实打击腐败犯罪,建议扩大腐败犯罪的主体范围。

第一,将非国家工作人员、非国有单位纳入特定贿赂犯罪的主体范围。公有制

经济是市场经济的主体，但非公有制经济也是社会主义市场经济的重要组成部分。随着社会改革的不断推进，非国家工作人员以及非国有单位受政府授权或者委托管理公共事务、支配市场资源的机会越来越多，非国家工作人员或非国有单位同样可以利用自己享有的支配具有公权力性质的资源谋取个人利益、私人利益，导致对社会公共利益的侵犯，尤其是一些行为人利用贿赂或者内幕交易等手段，获取市场以及资源配置的侵占，社会危害性显而易见。并且一些非国有单位内部管理机制不完善、不健全，没有建立起完善的现代企业管理制度，监督机制不健全，再加上法律观念淡薄，为了赚取高额利润，大肆进行权钱交易、权色交易等，对实施违法犯罪活动持一种轻率、漠视的态度，其对社会法益的侵害不亚于国家工作人员犯罪或者单位犯罪。同时，公众也对非国家工作人员、非国有单位的贿赂活动、腐败行为漠不关心，认为是其个人资产，可以随意支配，即使有行贿等行为，也认为没有触及自己的利益，没有形成抵制、斗争的动力和氛围。因此，不但公有制经济领域存在腐败犯罪，非公有制经济领域亦存在腐败犯罪，同样严重地扰乱了正常的社会管理秩序。为了严加惩治非公有制经济领域的腐败行为，形成全面惩治腐败犯罪的立法形态，亦应将非国家工作人员、非国有单位纳入特定贿赂犯罪的主体范围。既要惩治国家工作人员的贿赂犯罪，也要惩治非国家工作人员的贿赂犯罪。例如，刑法规定了"介绍贿赂罪"，其针对的是国家工作人员，建议针对非国家工作人员设置"对非国家工作人员介绍贿赂罪"。同样，"单位受贿罪"的主体规定为国家机关、国有公司、企业、事业单位与人民团体，至于非国有单位索取、非法收受他人财物，为他人谋取利益的行为则没有规定为犯罪，建议同样设定"非国有单位受贿罪"。

第二，完善对合性罪名的设置。我国处于社会转型时期，新旧体制并存，难免出现脱节或者漏洞，由于资源的稀缺性和政府资源配置的行政干预机制，缺乏有力的对权力拥有者尤其是"一把手"的监督机制，存在权利"寻租"的空间和土壤。一些行贿者为了追逐暴利，千方百计地向国家工作人员行贿，可以说行贿和受贿是一对孪生兄弟，行贿不止，受贿难除。并且行贿者可以说是始作俑者，在犯罪中有时甚至起主导作用。因此，为有效地惩治贿赂犯罪，我国需要积极倡导并制定完善对合性罪名以及刑罚，既要完善对合性罪名的设置，又要兼顾对合性罪名的量刑不宜相差过大，毕竟对合性罪名的双方是一对矛盾体，一方不除，另一方必存。另外，量刑相差不宜过大，否则会导致一方当事人的难以惩处，此在实践中对行贿犯罪的难以惩治已经证实了量刑相差过大的弊端。从比较法的角度来看，设置对合性罪名也符合世界发展的趋势。许多发达国家都重视对贿赂型犯罪的惩治，强调对对合性犯罪的双方同等惩处。如德国、意大利、美国对行贿和受贿行为均采用同等处罚的制度。《联合国反腐败公约》(以下简称《公约》)也呈现反行贿和反受贿并重的理念,强调对对合性罪名的综合治理。如果仅仅重视对合性罪名的一方,也不利于廉政文化的营建,难以实现对贿赂犯罪的长效治理。因此,需要对对合性罪名进行完善。如针对"对外国公职人员、国际公共组织官员行贿罪",亦应设置对应的罪名,并确保对合性罪名的量刑不能相差过大。

(二)合理设置腐败犯罪的限定条件

1. 取消挪用公款罪中"归个人使用"的限定条件

首先,从犯罪客体上看。挪用公款侵害的客体是公共财产的占有权、使用权、收益权和国家工作人员的职务廉洁性,无论挪用公款是归个人还是单位,国家都丧失了对财产的占有、使用、收益权,公款都存在灭失的可能性,公职人员的职务廉洁性也已受到侵犯,法益侵害已经完成。因此,"归个人使用"的限定条件不当地限制了挪用公款罪的成立范围,不利于对挪用公款行为的惩治。

其次,从司法成本上看。将"归个人使用"作为挪用公款罪的必备要素,将极大地影响司法效率。要查清每一笔公款的具体用途、使用对象十分困难,无论从预防和打击犯罪的角度来看,还是从提升司法效率、节约司法成本来看,都不应当将"归个人使用"作为挪用公款罪的构成要件要素。

再次,从概念上看。挪用应当解释为"挪作他用",至于是挪归自然人还是归其他单位使用、是单位领导个人决定挪用还是单位集体决定挪用,都不影响其行为的社会危害性。①

最后,从法律解释上看。刑法的解释不能超出刑法规定用语的可能含义,这是刑法解释的公认原则。现实中,为了惩治犯罪,立法与司法机关通过出台立法解释、司法解释对"挪用公款归个人使用"不断作扩大解释,将挪用公款归私有公司、私有企业使用,甚至是其他单位、谋利都解释为归个人使用,事实上是一种超越立法权限的越权解释,不仅不符合法律的明确性、具体性和规范性的成文法特点,还违背了罪刑法定原则。

2. 扩大腐败犯罪贿赂物的范围,并将性贿赂入罪

为有效地惩治腐败犯罪,尤其是贿赂型犯罪,扩大贿赂物的范围刻不容缓。笔者建议将贿赂物的范围界定为"不当利益",既包括财产性利益,也包括非财产性

① 赵秉志:《论我国反腐败刑事法治的完善》,载《当代法学》2013 年第 3 期。

利益。财产性利益是指具有经济价值的,能够量化的、客观的、可感知的有形财产;非财产性利益,是指能够满足人的欲望的、不能用金钱量化的好处,如提供晋升的机会、安排就业、办理高档俱乐部的会员等。

性贿赂作为腐败犯罪中的常见现象,危害极大,却无法加以惩治。笔者建议将性贿赂纳入贿赂物的范围,并将性贿赂入罪。理由如下。

第一,性贿赂具有严重的社会危害性。性贿赂和偷情等性行为不同,后者侵犯的是道德,前者侵犯的是国家工作人员的职务廉洁性。性贿赂,顾名思义就是权色交易,其提供色情的同时,换取的是国家工作人员利用职务上的便利,本质上与"权钱交易"一样,行贿、受贿双方明知采取性贿赂的目的在于利用受贿者手中的权力、满足行贿者的私欲,仍旧一拍即合、积极追求,主观恶性显而易见,具有严重的社会危害性。如果不将性贿赂入刑,将纵容官员肆无忌惮地接受性贿赂,且无后顾之忧,这不仅损害政府的威信和公共利益,还会腐蚀各级官员,滋生性享乐主义,败坏社会风气。

另外,性贿赂与财产性利益相比,不但具有较强诱惑力,而且具有极强的隐蔽性、严重的腐化性、可持续性、重复性等特点,财产贿赂可能贿赂的是一个国家工作人员,而性贿赂由于手段隐秘、不留痕迹、作用独特,无明显被害人,贿赂的可能是一群国家工作人员,危害更加严重,侵害的不仅是国家工作人员职务行为的廉洁性,还包括社会风气、道德规范以及家庭关系。

第二,性贿赂利用纪律、制度无法有效的加以惩治。法律与道德之间并不存在不可逾越的鸿沟,两者之间随着社会的发展可以相互转化。目前,单纯依靠制度和纪律无法对腐败进行防治,此从惩处的腐败犯罪中可证实。而且制度和纪律适用面狭窄,对非国家工作人员没有强制性和管制力。另外,我国对性贿赂并没有其他的相关法律规定,在法律上对性贿赂的规定一片空白。因此,对其入罪并不违背刑法的谦抑性原则。

第三,将性贿赂纳入刑法的规制范围具有民意基础。性贿赂已成为国家工作人员权力腐败的腐蚀剂,在近些年惩处的高官中,几乎都存在性贿赂的行为,如刘志军、申维辰等贪官落马案件,都涉及性贿赂的情形。公众对性贿赂之所以痛恨,是因为权色交易的背后是对社会公正理念的摧残,其不仅破坏了法律的尊严,而且严重挫伤了公众反腐败的积极性,引发公众对自身合法权益的担忧。

第四,将性贿赂入罪符合国际发展趋势。我国于 2005 年 12 月 14 日正式成为《公约》的缔约国,《公约》规定的"不正当好处",既包括物质性利益,也包括非物质性利益,性贿赂也在其中。因此,为更好地在反腐领域开展国际合作,充分履行《公约》的义务,我国也应顺应时代的潮流,将性贿赂纳入贿赂物的范畴。而且,对性贿赂进行惩治也是国际社会的一贯做法,美国、英国、德国、法国以及日本都将性贿赂纳入贿赂物的范围,并对其严加处置。

(三)完善腐败犯罪的刑罚结构,设置合理的罚金刑与资格刑

腐败犯罪的刑罚结构呈现出畸重畸轻的特征,畸重表现在对腐败犯罪设置有死刑,畸轻表现在罚金刑、资格刑缺失或不完善,缺乏威慑力。《刑法修正案(九)》在《刑法修正案(八)》废除了 13 个经济型非暴力犯罪的基础上,再次取消了 9 个罪名的死刑配置,在破除畸重方面已经展开破冰之旅。针对腐败犯罪刑罚结构畸轻的情况,可以从以下两个方面加以完善。

1. 将罚金刑覆盖所有腐败犯罪

腐败犯罪具有两大显著特征:一是贪利性,即大多数犯罪都是为了追逐私利,废公为私;二是职权性,即利用职务上的便利及所享有的权力,谋取利益。针对其特点,对其惩治要对症下药,把握重点。既然腐败分子追求的是私利,那么对其进行惩处,不仅要其承受自由刑,还要对之施加罚金刑。通过剥夺犯罪分子重新犯罪的资本和物质条件,增加其犯罪的成本,使其无利可图,得不偿失,从而不能、不敢或不愿再次犯罪。

针对腐败犯罪现设的没收财产刑罚具有不可伸缩性,无法结合具体案件进行选择性适用,而且惩处度过于严厉,缺乏灵活性。相比之下,罚金刑具有伸缩性,可以根据案件的性质、危害后果、犯罪情节等,合理地确定数额,更好地惩治腐败犯罪。因此,建议对腐败犯罪设置罚金刑,不仅罪行严重的腐败犯罪可以适用,罪行较轻的也可以适用,从而将所有的腐败犯罪都囊括在内,增加刑罚的严厉性与威慑力。从另一方面来说,盗窃、侵占、抢夺等犯罪尚且配置罚金刑,职务犯罪具有更大的社会危害性,举轻以明重,职务犯罪更应设置罚金刑。因此,建议对所有的腐败犯罪都可适用罚金刑。

2. 增设及改善腐败犯罪的资格刑

资格刑是指剥夺犯罪人享有或行使一定权利的资格的刑罚。[1] 资格刑可以有效隔离行为人再次实施犯罪的土壤,对于惩治腐败犯罪具有特殊效用,尤其是对于那些妄图利用国家工作人员身份获取利益的资格,对其予以剥夺,可断绝其犯罪的

---

① 赵秉志:《罪刑总论问题》,北京大学出版社 2010 年版,第 159 页。

基础。适用资格刑,一方面可以剥夺犯罪分子的私利,让其无利可图。另一方面彻底地隔断其犯罪的土壤,剥夺其从事相关工作的资格,防患于未然,最终使其想为而不能为,能为而不敢为,彰显刑法的威慑力。具体说来,应从以下几个方面予以完善:

第一,赋予剥夺政治权利新的内容,并扩大其适用范围。我国刑法关于剥夺政治权利的规定具有过重的政治色彩,且严厉性不足,可操作性差。对此,应当增加新的内容,除了不得担任国有公司、企业、事业单位和人民团体领导职务外,还不得担任上述国有单位的非领导职务,以及非国有单位的特定职务,并将从事特定职业和行为的资格纳入政治权利的内容,以真正去除行为人再次犯罪的基础。另外,选举权和被选举权具有局限性,且政治色彩浓厚,适用范围太过狭窄,建议将其修改为公权力的选举和被选举。

根据目前我国刑法的规定,对极少数被判处无期徒刑、死刑的被告人才能适用资格刑,致使资格刑的效用无法得到充分发挥。为有效地惩治腐败分子,建议对所有腐败犯罪分子都可以判处资格刑。另外,腐败犯罪的主体没有将犯罪的外国公职人员、国际公共组织官员等纳入其中,存在漏洞,建议将外国公职人员、国际公共组织官员等纳入腐败犯罪的主体,同样可以适用资格刑。

第二,完善从业禁止的相关规定。从业禁止将禁止从事特定职业的资格和资质限定为 3 ~5 年,此对于一些危害严重、主观恶性较大的重大腐败犯罪分子的惩治存在宽纵之嫌,虽然其无法再担任公职人员,但却可以利用其职业形成的人脉、资源,从事相关的经济活动,不永久切断其犯罪的资质,不利于对犯罪的有力、彻底惩治。并且一些法规对职业禁止的规定,尚且以终身为限,举轻以明重,作为处罚最严厉的刑法应该更具威慑力,建议从业禁止的期限可参考剥夺政治权利的规定,设置不同的幅度,从而更好地对腐败犯罪进行惩治。另外,从业禁止规定,其他法律、行政法规对其从事相关职业另有禁止或者限制性规定的,从其规定。笔者认为,殊为不当。除了刑法规定有从业禁止的规定外,我国公司法、会计法、律师法、教师法等也规定了剥夺或限制从事本行业资格的惩治措施,当被告人的行为同时满足刑法及其他法律的适用条件时,根据一事不再罚的原则,对此应择一适用、从重处罚,而不是优先适用其他法律、行政法规的规定。而且一些行政法规规定其适用的前提是不曾受过刑罚处罚,是以刑罚作为考虑、适用的前提条件,如果刑罚又以其他法规为前提条件,有互相推卸、循环论证之嫌。

第三,完善单位犯罪的资格刑。随着我国经济的深度发展,越来越多的单位参与到经济发展中,在为社会作出贡献的同时,一些单位利用其特殊主体地位及自然人所不具有的资格,实施腐败犯罪,造成的危害更加严重,仅仅依靠罚金刑无法预防其再次犯罪的可能。因此,将单位纳入资格刑的适用对象具有特殊的预防作用,建议在明确单位犯罪可以适用资格刑的同时,并增设以下资格刑种类。

其一,强制整顿。主要包括关闭公司、企业的某些职能部门,对公司、企业的定位、业务、管理机构、经营情况进行整改。其目的是通过对公司、企业组织体的改造,来规制单位的行为,清除其犯罪的环境和条件,预防其再犯。其二,刑事破产。对于单位腐败犯罪,我国虽然大多采用双罚制,但对于单位的处罚仅有罚金刑一种刑罚,而依靠罚金又无法杜绝某些国有公司、企业再次实施犯罪的可能性,尤其是一些反复实施犯罪的单位,亟须加重处罚。因此,建议增设刑事破产。刑事破产相当于永久剥夺了犯罪企业的生命,与刑法中的死刑有同样的刑罚效果,因而属于资格刑中最为严厉的刑罚措施。正因为刑事破产的严厉性,刑事破产应当严格限制适用于多次实施犯罪并且仍不悔改,即将或已经给社会造成重大财产损失及严重的负面影响、社会已经不能容忍其存在,必须将其从社会上铲除才能满足社会报应观念的企业。此不仅弥补了刑罚领域的空白,有效惩治其犯罪行为,而且可以对其他单位产生威慑。

(四)完善违法所得没收程序

违法所得没收程序对于完善我国反腐败、反恐怖体系意义重大。因此,针对违法所得没收程序存在的不足,建议从以下几个方面加以完善:

第一,违法所得的证明标准宜采用"优势证据"标准。采用优势证据的证明标准,一方面是因为没收程序针对的是物,而不是人,本质上是对物的处理,是对民事方面物的权属的认定。另一方面诉讼双方处于同等位置,通过双方举证,可以更好地查明违法所得的归属。并且,对举证设置过高的证明标准,对处于检察机关相对方的被害人极为不利,而优势证据标准,更利于当事人收集证据,维护自身合法权益。另外,《刑事诉讼法》第282条规定,犯罪嫌疑人、被告人的近亲属和其他利害关系人或者人民检察院可以对没收程序审理的结果提出上诉、抗诉。在普通的刑事案件中,犯罪嫌疑人、被告人的近亲属及被害人没有独立的上诉权,但民事诉讼中的独立第三人却享有独立上诉权,可见,立法者对犯罪嫌疑人、被告人的近亲属和利害关系人的定位亦是民事诉讼当事人的角色。

第二,加强利害关系人权益的保障。其一,要保障利害关系人的知情权、参与权。侦查机关对于自己侦查的案件,对犯罪嫌疑人案情进行侦查后确认其符合违法所得没收程序条件时,要及时告知利害关系人,征询其是否参与庭审。法院在受案后也要及时通知利害关系人,并在开庭前告知其开庭的时间、地点、公告的内容。其二,赋予利害关系人申请法律援助的权利。我国《刑事诉讼法》第34条对三种情形的犯罪嫌疑人、被告人赋予了法律援助的权利,利害关系人作为当事人之一,并且是权益被侵害的一方,在国家公诉的职权主义诉讼结构中,更是弱者,尤其是对于经济困难、能力有限、符合申请法律援助条件的行为人,其可能面临着财产被侵占后生活无着落的情况。如果不对其权益加以保障,侵害的不仅是个人及家庭的幸福,还包括整个社会对诉权公正及刑法面前人人平等原则的质疑。为了保障利害关系人权益在事实上的同等实现,不因经济原因或个人条件不同而受到影响,从而实现惩治犯罪和保障人权的统一,亦应赋予利害关系人申请法律援助的资格。

第三,优化违法所得没收程序适用保障机制。

其一,在追缴犯罪嫌疑人、被告人财产确有错误时,应适用执行回转,对其财产予以返还、赔偿。其二,完善指定辩护人制度。真理越辩越明,法理同样也是越辩越明。法律赋予了被告人及其律师充分的辩护权,即便是罪孽深重的恐怖分子以及贪污腐败分子,其合法的权益也应予以保障。此既是对公民辩护权的尊重,也是程序正义的重要组成部分,是"听得见的正义"。违法所得没收程序案件中,犯罪嫌疑人、被告人缺席,易发生损害犯罪嫌疑人、被告人权益的行为,建议由法院对其指定辩护律师,针对检察机关的指控进行辩护,以合理的维护犯罪嫌疑人、被告人的合法权益。其三,建议违法所得没收程序案件全部公开开庭审理。违法所得没收程序本就是在被告人缺席的情况下进行的审判,极易引发社会公众质疑,如果审判过程还不公开,缺乏透明度和监督机制,势必会授人以把柄。司法公开是杜绝暗箱操作的最好手段,在"互联网"时代,通过公开开庭审理案件,可以激发公众对司法公开的参与热情,让广大公众真正成为司法公开的参与者和监督者,从而倒逼个案的司法公正。

反腐败关系国家的长治久安、民心所向,直接影响社会的稳定和国家的发展,并同依法治国的理念密切相关。司法作为反腐的重要利器,对于惩治腐败具有直接的效用。只有进一步完善我国腐败犯罪的刑事立法,才能为惩治腐败奠定坚实的法治基础,才能完善惩治和预防腐败体系,有力地推动我国的反腐倡廉建设,实现整个社会的清正廉明。

闭环控制与制度衔接

——从司法实践看法律变化致无罪判决的国家赔偿

岳　玲*

内容摘要：国家赔偿制度是保障基本人权的重要制度。随着最高人民法院、最高人民检察院《关于办理刑事赔偿案件适用法律若干问题的解释》的颁布与实行，我国已建立相对完善的国家赔偿制度。但从刑事司法实践来看，因法律变化致使的无罪判决是否应纳入国家赔偿的范围和如何对此种无罪判决进行国家赔偿等问题一直没有得到解决。随着最高人民法院、最高人民检察院《关于办理贪污贿赂刑事案件适用法律若干问题的解释》的适用，上述两个问题更加凸显。本文从北京市某一基层法院的刑事司法实践出发，认为从社会效果和实定法上来看，不应将因法律变化致使的无罪判决纳入国家赔偿范围，而且从刑事司法和国家赔偿的制度衔接上看，因刑事判决书的法条引用问题，造成相关联的国家赔偿案件审判上的现实困难。刑事审判与国家赔偿两种司法制度之间的不协调，会损害司法权威。因此，需要采取规范无罪判决书的法条引用等措施解决此问题。

关键词：国家赔偿　法律变化　无罪判决

一、因法律变化致使的无罪判决所引发的国家赔偿

国家的刑事赔偿中有一类特殊的案件——因法律变化而致使的无罪判决，此处的法律包括基本法也包括司法解释。该问题伴随着最高人民法院、最高人民检察院《关于办理贪污贿赂刑事案件适用法律若干问题的解释》的出台，影响着全国各级法院的刑事审判工作。不可否认的是，该司法解释关于犯罪数额认定上的巨大变化，会产生已采取逮捕强制措施的被告人宣告无罪的判例，从全国刑事审判工

---

* 北京市东城区人民法院未审庭法官。

作来看,已产生了此种判例。[①]

学者及刑事法官对此问题的关注,集中于该司法解释适用后对贪污受贿等职务犯罪认定与刑事政策上的影响,忽视了无罪判决背后的一个重要问题——国家赔偿问题。初步探究该问题,有两方面的现实困境:一是因法律变化致使的无罪判决是否应纳入国家赔偿范围;二是此种无罪判决的判决书中的法条引用方式是否可以衔接之后的国家赔偿案件。

（一）此种情况是否应纳入国家赔偿范围,实定法无明文规定

《国家赔偿法》第 17 条第 2 项明确规定,行使侦查、检察、审判职权的机关以及看守所、监狱管理机关及其工作人员在行使职权时,对公民采取逮捕措施后,决定撤销案件、不起诉或者判决宣告无罪终止追究刑事责任侵犯人身权的,受害人有取得赔偿的权利。第 19 条规定了 6 种国家不承担赔偿责任情形:“(一)因公民自己故意作虚伪供述,或者伪造其他有罪证据被羁押或者被判处刑罚的;(二)依照刑法第十七条、第十八条规定不负刑事责任的人被羁押的;(三)依照刑事诉讼法第十五条、第一百七十三条第二款、第二百七十三条第二款、第二百七十九条规定不追究刑事责任的人被羁押的;(四)行使侦查、检察、审判职权的机关以及看守所、监狱管理机关的工作人员与行使职权无关的个人行为;(五)因公民自伤、自残等故意行为致使损害发生的;(六)法律规定的其他情形。”从文意解释来看,《国家赔偿法》显然没有将仅因法律变化导致捕后被撤销案件、不起诉、宣告无罪(我国《刑法》适用法律采取从旧兼从轻原则,旧法认为有罪,新法认为无罪即会导致该结果)排除在国家赔偿之外。故此时国家是否承担赔偿责任存在很大分歧。

（二）从现有裁判文书看,刑事司法制度与国家赔偿制度逻辑上的不协调

此种不协调的背后更深层次的影响是司法权威的折损。具体说明如下:查阅北京市法院系统现有的全部刑事无罪判决书,判决书中只引用《刑事诉讼法》第 195 条,从而引出判决主文。从北京市法院系统的司法实践来看,无罪判决书中没有引用《刑事诉讼法》第 15 条,如前一问题所述,国家赔偿制度中明确的排除国家刑事赔偿责任的为依照《刑事诉讼法》第 15 条作出的无罪判决。进一步引申该问题,如果因法律变化而宣告无罪的被告人,接到判决后申请国家赔偿,由此在国家

---

① 截至截稿之日,通过检索中国裁判文书网,发现宋 × × 受贿罪一审刑事判决书,(2015)泰刑初字第 193 号,该案于 2016 年 5 月 3 日宣判,为此种情况的最为典型的案件,相信该案并不是唯一的一起该类案件。

赔偿案件中是否应驳回其赔偿请求。如果驳回其请求面对的问题是法律逻辑上的不协调,原刑事判决书未引用《刑事诉讼法》第 15 条,从而该无罪判决不属于免除国家赔偿责任的范围。

二、问题的实证研究

(一)从司法实践中看,因法律变化致使的无罪判决国家不应承担赔偿责任

第一,从国家赔偿的归责原则看,此种情况不应承担赔偿责任。

修改后的《国家赔偿法》,通说认为适用违法归责原则与结果归责原则的多元化归责原则。[①] 违法原则是指,因国家机关及其工作人员在执行职务过程中,违反法律造成公民权利受到损害的,国家需要承担赔偿责任。显然,司法机关采取逮捕措施时,依照的法律,当事人是有罪的,司法机关作出逮捕决定是合法的。如果在法律变化时,国家承担赔偿责任,将有悖于国家赔偿的归责原则。

第二,此种情况不承担赔偿责任,有利于维护司法的权威。

代表国家行使司法权的主体如果严格依照行为时的法律对当事人作出逮捕决定,显然是不存在过错的。而我国法律从保障人权的角度,明确了刑法适用上采取从旧兼从轻原则,新法不认为当事人行为是犯罪行为,对其作出无罪处理也是依法的。如此时对国家赔偿实行严格责任,即对当事人承担国家赔偿责任,就否定了以前作出逮捕决定的合法性,自相矛盾,不利于维护司法的权威。从本质上来看,国家赔偿制度的本身在于维护司法权威,如果将因法律变化致使的无罪判决纳入国家赔偿范围,则不仅不利于通过国家赔偿制度来维护司法权威,更将现实地减损裁判公信力,从而损害司法权威的树立。

第三,从有利于打击犯罪角度来看,此种情况不应承担赔偿责任。

维护社会秩序稳定,依法打击犯罪是刑事司法机关的职责,也是刑事司法实践需要完成的使命。而司法机关从事司法实践的依据是当时的法律,不可能是未来的法律。依照未来法律作出的无罪判决,而追求司法机关的责任,会打击司法人员的积极性。

(二)从司法实践中看,因法律变化致使的无罪判决未实现闭环控制

本文引入现代管理学的方法来研究刑事司法实践与国家赔偿问题,即闭环控制的管理方法。笔者从整体上将司法体制视作一个管理系统,刑事司法与国家赔

---

① 马怀德:《国家赔偿制度的一次重要变革》,载《法学杂志》2010 年第 8 期。

偿作为整个管理体系中的各个子系统,随时关注决策执行后的反馈,并就反馈的内容修订决策,从而使整体系统有效运行。

1. 闭环管理的管理学方法

本文所引入的闭环管理模式是管理学上,企业管理的理论模式。闭环管理最初是由平衡计分卡创始人罗伯特·卡普兰和戴维·诺顿提出的。闭环管理模式的主要思想为①:企业建立一个管理体系,使战略和运营更紧密地结合起来,使企业经营能够成为循环往复的封闭系统,从宏观上实现经营管理的统筹规划。闭环管理的理论体系包括:发展阶段、战略转化阶段、规划运营阶段、监督学习阶段、检验和调整战略阶段,是一种从战略到运营、自我完善的企业管理运行模式。从微观上来看,闭环管理模式其实就是一种有规划、有布置、有落实、有检查、有反馈、有改进的环式闭合的企业管理模式,这种模式下,各项工作推进环环相扣,有始有终,满足了企业管理的本质要求。从具体操作层面上来看,要实现闭环管理,企业需要将供、产、销管理过程作为一个闭环系统,并把该系统中的各项专业管理,如物资供应、成本、销售、质量、人事、安全等作为闭环子系统,使系统和子系统内的管理构成连续封闭和回路,且使系统活动维持在一个平衡点上;②另一方面,面对变化的客观实际,不断进行信息反馈,并作出相应调整,即决策、控制、反馈、再决策、再控制、再反馈的动态过程。

如果将法院系统视为一个生产型企业,其输出的产品为优质、高效裁判,那么法院系统自觉或者不自知的,在进行闭环管理。刑事司法制度和国家赔偿制度则作为法院系统的闭环子系统,进行连续运转。如果保障法院系统高效的运行,那么必须处于一个平衡点,依赖于各子系统环环相扣、封闭往复的运行,刑事司法制度和国家赔偿制度必须相互衔接,相互配合。如果两项制度之间出现矛盾,则必须进行改进,实现反馈、再决策、再控制、再反馈的过程,不断提高法院系统整体管理水平,实现自身超越。

2. 调研发现刑事审判实践中出现开环控制

本研究以北京市法院审判系统为依托,调研自 2010 年至 2016 年 5 月的所有无罪判决判决书。将判决书录入 SPSS 系统,分析判决书本院认为及判决主文的关

---

① 张瑜:《卡普兰的学术历程》,载《管理学家》2010 年第 3 期。

② 杨世杰、杨志明:《闭环管理及其应用》,载《有色金属工业》1998 年第 11 期。

系,统计结果如下:无罪判决全部引用了《刑事诉讼法》第195条,[①]即刑事诉讼法关于被告人无罪案件如何宣判的规定。无罪判决中,只有12%的判决引用了《刑事诉讼法》第15条[②](见表1)。如前所述,对于宣告无罪的被告人,国家赔偿免于赔偿责任的前提在于,无罪判决是适用《刑事诉讼法》第15条裁判的案件,从司法统计的数据上看刑事司法实践在判决书的撰写上,未严密考虑国家赔偿问题。

表1 引用法条所占比例

项目	比例(占全部无罪判决)/%
引用《刑事诉讼法》第195条的比例	100
引用《刑事诉讼法》第15条的比例	12
同时引用《刑事诉讼法》第195条和第15条的比例	12

就因法律变化会引发国家赔偿问题而言,因无罪判决书的法条引用问题,从而造成开环控制。开环控制是与闭环控制相对的管理方法,没有注重决策的反馈,整个系统未协调统一。该开环控制,以最高人民法院、最高人民检察院《关于办理贪污贿赂刑事案件适用法律若干问题的解释》出台后的司法实践最为典型,北京市某一基层法院有两起案件的被告人通过其辩护人表示,将要提起国家赔偿,据现有情况,其已提起了国家赔偿申请书。本文选取该两起案件的刑事判决书,发现两起案件判决均适用了《刑事诉讼法》第195条而没有适用第15条。从而造成问题,该两起案件的国家赔偿如何进行决定。

宋某某受贿罪一审刑事判决书(2015)泰刑初字第193号的判决书,亦如北京市法院系统,在判决书中也只引用了《刑事诉讼法》第195条,没有引用《刑事诉讼法》第15条,如该起案件的被告人提起国家赔偿,那么将对国家赔偿案件的审理造成很大的困难。

① 《刑事诉讼法》第195条规定:"在被告人最后陈述后,审判长宣布休庭,合议庭进行评议,根据已经查明的事实、证据和有关的法律规定,分别作出以下判决:(一)案件事实清楚,证据确实、充分,依据法律认定被告人有罪的,应当作出有罪判决;(二)依据法律认定被人告无罪的,应当作出无罪判决;(三)证据不足,不能认定被告人有罪的,应当作出证据不足、指控的犯罪不能成立的无罪判决。"

② 《刑事诉讼法》第15条规定:"有下列情形之一的,不追究刑事责任,已经追究的,应当撤销案件,或者不起诉,或者终止审理,或者宣告无罪:(一)情节显著轻微、危害不大,不认为是犯罪的;(二)犯罪已过追诉时效期限的;(三)经特赦令免除刑罚的;(四)依照刑法告诉才处理的犯罪,没有告诉或者撤回告诉的;(五)犯罪嫌疑人、被告人死亡的;(六)其他法律规定免予追究刑事责任的。"

（三）开环控制致使司法权威折损

闭环控制与开环控制不仅是管理模式的优劣问题，其在司法实践中的结果在于可能导致司法权威的折损。以上述两起案件为例，从实体正义上看，因法律变化而致使的无罪案件，不应给予国家赔偿。但逻辑上的瑕疵——未引用免责条款《刑事诉讼法》第 15 条，从而使国家赔偿的决定先天说理不足，申请人有合理理由质疑上述不予赔偿决定作出的合理性，从而从根本上质疑国家赔偿的权威性。

另一个问题，国家赔偿本身是保障基本人权的救济性制度，制度背后肩负着维护司法权威，修正错误决策的作用。如果在错误的基础上继续错误，也即修正制度的制度本身不完善，将必然造成人们对整个制度的质疑。

三、问题的分析

本部分是在数据统计之后的分析，阐述上述问题的产生原因。研究结果显示，刑事司法实践缺乏国家赔偿责任意识以及无明确法律规定是问题最主要的原因。

（一）刑事司法实践缺乏衔接国家赔偿制度的司法意识

从判决本身上看，引用法条为法律技术问题，或者说是裁判者的司法技能问题。但在如此多的无罪判决书中都没有引用《刑事诉讼法》第 15 条，其是否存在体制机制问题，是本研究关注的重点。因此，本研究使用主观访谈的方法，从法官群体出发试图了解问题的成因。

1. 研究对象与方法

本研究课题组对北京市东城区人民法院的刑事法官进行主观访谈 6 人次，其中审判员 3 名，助理审判员 2 名，法官助理 1 名。以上访谈均要同步录音，最终汇总整理形成文字材料，借助 ATLAS. ti[①] 软件完成分析研判（见表 2）。

表 2　主观访谈情况

访谈人员/名			是否参与无罪判决	是否认为贪污受贿罪的司法解释会造成无罪判决
法官	审判员	3	2 人作为承办人	会
	助理审判员	2	1 人作为合议庭成员	会
法官助理		1		会

① ATLAS. ti 是能对大量文字、图片、声音和图像数据进行定性分析的工作平台。它提供了一系列不同的工具来处理非结构化的数据，这些数据用常规的统计方法无法进行有意义的分析，ATLAS. ti 可以探索在数据中的复杂现象。

2. 结果分析

从以上主观访谈的结果来看，其中2名法官作为无罪判决的承办法官，1名法官作为无罪判决的合议庭成员参与了无罪案件的审理，全部5名法官都表示有因贪污受贿罪司法解释改变而可能造成被告人无罪案件的担忧。对于本次研究的关键问题，即判决书是否考量了无罪判决的国家赔偿问题，所有的法官及法官助理都表示，考虑过国家赔偿因素。进一步追问，如何考虑国家赔偿因素的，以上法官均表示国家赔偿案件是独立的案件，其需要负责自身的刑事案件，依照案件证据作出裁判。研究人员向上述被访谈者出示一份无罪判决时，所有法官均表示判决书中本院认为部分的法条引用没有问题。

在此，访谈陷入僵局，1名法官拒绝继续进行访谈，访谈者则向其余4名访谈者直接提出本研究的核心问题，即是否认为在因法律变化的无罪判决中应引用《刑事诉讼法》第15条。3名被访谈者回答可以引用也可以不引用，1名被访谈者称没有必要，1名被访谈者称应当引用，但自己没有考虑过此问题。

3. 初步结论

从对法官的主观访谈结果，可以看出造成核心问题的缘由之一，是刑事法官在无罪判决的撰写过程中，或者说在刑事法官案件的审理过程中，并没有将国家赔偿事宜纳入考量范围，因此在刑事判决书中没有引用第15条。

（二）法律规定不明确造成引用本身的困难

对于《刑事诉讼法》第15条规定的几种情形中，因法律变化造成被告人无罪案件应当如何引用。具体分析该问题，与法律变化相关的唯涉及《刑事诉讼法》第15条第1项——情节显著轻微、危害不大，不认为是犯罪的，以及第6项其他法律规定免予追究刑事责任的。国家赔偿法及最高人民法院、最高人民检察院关于国家赔偿法的解释对于此问题没有明确说明。对于基层人民法院法官来说，在现有法官责任制的情况下，对于判决的书写处于审慎的状态，特别是一份判决书较为关键的法条引用问题，法官表现的尤为谨慎。

主观访谈中，法官虽然未谈及不引用《刑事诉讼法》第15条的直接原因，但随后对于《刑事诉讼法》和《国家赔偿法》及相关司法解释的衔接问题的讨论中，全部法官都表示没有实定法依据，在法律变化情况下对应《刑事诉讼法》第15条的何种情况，无从选择。

我们认为法律变化造成的被告人无罪，应当属《刑事诉讼法》所指的第15条第

6 项之规定。虽然犯罪数额对于贪污受贿等职务犯罪来说,是社会危害性最为直观的表现,但把司法解释关于数额变化而致使无罪的情况,归属于《刑事诉讼法》第 15 条第 1 项的范畴,明显在逻辑上不合理。

四、解决的对策

上述问题必须得到有效解决,方可在相接刑事诉讼及国家赔偿制度,才可以维护国家赔偿制度的良好运行,避免司法权威及公信力的折损。解决问题需要从问题本身出发,只能作有诠释的解释,因此,必须从完善法律逻辑及衔接两种制度入手,解决问题。

(一)实现闭环逻辑——完善无罪判决的法条引用

从形式逻辑上看,造成多数无罪判决未引用《刑事诉讼法》第 15 条的情况,原因在于实定法对于如何引用《刑事诉讼法》第 15 条没有明确规定,从而造成刑事法官的选择困境,那么最高人民法院可以通过答复的形式解决该问题。此问题作为法律适用,或者说国家赔偿法司法解释的适用问题,不需要也不必要使用司法解释的方式,从高级人民法院或者最高人民法院层面用答复的方式,予以规范并统一适用,则将此问题迎刃而解。该问题的解决不仅使法律形式逻辑上周延,并使刑事法官从容引用法条。

(二)法官思维的养成——刑事法官的整体裁判意识

从现有司法环境来看,社会舆论集中于刑事案件的错判。因法律变化而造成职务犯罪无罪的情况,由于职务犯罪本身的关注度,和国家的反腐败形势,必然会产生较大的社会影响。而从判决的社会效果上来看,如果因判决书未引用《刑事诉讼法》第 15 条,造成无罪被告人申请国家赔偿程序,而国家赔偿程序出现适用困境,从而引发社会舆论的关注,会给法院工作造成不利影响。因此,刑事法官的裁判意识不能仅仅停留在刑事案件本身证据和法理,对于无罪判决,特别是对于因法律变化致使的无罪案件,需要有社会舆情风险防控意识,要使刑事判决与国家赔偿有效、紧密衔接。

(三)制度衔接——刑事诉讼程序完善法律释明环节

现有刑事诉讼程序中,可以进行判后释法,判后释法可以增强判决公信力,增强判决的说理力度。可以在因法律变化致使的无罪判决的宣判程序中,增加并完善判后释法程序[①],使用该程序解释裁判文书引用法条的原因及依据,并向被告人释明对其无罪判决是依照《刑事诉讼法》第15条作出。

五、小结

人民法院作为输出优质、高效裁判的机构,必须进行有效的闭环管理。刑事司法制度和国家赔偿制度作为法院系统的闭环子系统,需要环环相扣,相互协调,方可保证国家赔偿制度落到实处。现在,两项制度之间出现矛盾,刑事司法制度的无罪判决法条引用问题,造成国家赔偿案件的审理困境,从而致使国家赔偿制度是施行不仅仅没有发挥纠错机制的作用,提升司法裁判权威,反而减损司法公信力。两个子系统必须进行调整以实现反馈与再控制,具体方法为,完善无罪判决的法条引用、提升法官国家赔偿问题意识并完善现有刑事诉讼程序。

---

① 判后释法就是在裁判文书送达时或送达后的一定时间内法官就案件的事实认定、证据采信、裁判理由、法律适用的含义及程序等进行答疑释理,使当事人明白案件涉及的法理和情理,消除疑问。参见滕树全、陈庆涵:《浅议法院判后释法工作的开展与推动》,载《法制与社会》2011年第17期。

基层法院执行工作信息交换方式的创新研究

——以执行办案节点信息推送系统的构建为路径

李 航*

内容摘要：我国基层法院的执行工作面临着诸多的困境，其中之一就是执行法官与当事人缺乏良好的沟通机制，造成了"沟通困境"。鉴于当前我国基层法院已经建立起执行办案系统的大平台，同时考虑到法院执行办案系统内的节点信息同申请执行人迫切需求的信息相对一致的情况，我国基层法院可以基于现有的执行办案平台来构建一套向申请执行人主动推送案件办理信息的系统，以此来缓解"沟通困境"问题。

本文提出构建"执行办案节点信息推送系统"这一解决方案，从执行办案经历的四个基本阶段出发，结合各个阶段的具体办案特点和申请执行人迫切需求的信息类型，由不同的信息推送主体采取有针对性的信息推送手段，以求达到一种良好的信息沟通效果。

关键词：沟通困境　信息不对称　节点信息　执行办案节点信息推送系统

一、基层法院执行工作中存在信息不对称问题

2018 年是基本解决执行难的攻坚之年和决胜之年，有赖于广大执行干警的辛苦付出，不少执行难题都被一一攻克，但是在不断取得成绩的同时，也要看到我国法院执行工作尤其是基层法院的执行工作还面临着重重难关，我国基层法院当下仍面临着执行难的困境，其中包括案件数量激增、执行任务繁重、执行办案团队压力大等问题。解决执行难，仍然任重道远。

当前我国基层法院在解决执行难的工作中，多是注重加强自身"修为"，例如强化办案节点信息的录入，组织执行干警对执行工作查缺补漏等，却忽视了法院执行工作的外部因素，执行工作绝非是仅凭借全体执行干警"闭门造车"就可以完

* 北京市东城区人民法院执行二庭法官助理。

成,执行工作的开展总是要与案件双方当事人打交道,考虑到执行工作的大部分部署要围绕着申请执行人的请求来开展,且申请执行人对于查找被执行人财产线索和被执行人下落等执行工作的推进承担着相当重要的作用,因此执行法官与当事人尤其是申请执行人的沟通尤为重要,而我国基层法院当前在解决执行难的工作中却经常忽视这一点。

就基层法院而言,基层执行法官与当事人信息沟通不畅这一问题十分突出,存在“信息沟通障碍”这一困境,该困境集中体现在以下两个方面:

第一个方面是执行法官被动、消极提供案件信息的问题。由于近年来执行案件数量激增,基层执行法官疲于应对日益膨胀的执行案件数量,执行法官及其办案团队要在与当事人事务性的信息沟通上耗费相当一部分办案时间,尽管如此,由于外出执行等原因,基层执行法官团队仍很难做到主动同每一位申请执行人进行案件细节上的沟通,很多时候基层执行法官只能以一种被动的方式(申请执行人主动联系法官来咨询案件办理细节)来向申请执行人披露案件具体信息;此外,部分执行法官由于责任心不强等原因,怠于向当事人提供相应信息,而这一懈怠行为目前缺乏制度上的督促措施。

第二个方面是当事人(尤其是申请执行人)对信息反馈的满意度问题。相当一部分申请执行人对案件执行的过程不满意,申请执行人没有在个案执行中感到公开和公正,申请执行人没有能从基层执行法官那里及时得到案件办理信息的反馈,并且由于基层执行法官的办案压力和辛勤工作没有能及时地、直观地展现给申请执行人,因而很多申请执行人从心理上自然而然地认为法院在消极执行、拖延执行,对自己的案子没有给予足够的重视,从而对基层法院的执行工作不满加重,这对日后执行工作的正常开展(例如,提供可供执行的财产线索、与申请执行人进行终结本次执行的谈话)十分不利。

造成上述“信息沟通障碍”困境的因素有很多,其中最重要的应当是基层法院执行法官与申请执行人之间存在信息不对称这一问题。[①] 根据经济学相关理论,所谓信息不对称,是指在社会政治、经济等活动中各人拥有的信息不同,一些成员拥有其他成员无法拥有的信息,由此造成对信息总体掌握的不均衡态势。[②] 在社会政治活动和市场经济活动中,各类人员对有关信息的了解是有差异的,掌握信息比较充分的

---

① 苏月婷:《从民商法与经济法视角看信息不对称的法律规制》,载《法制博览》2014 年第 11 期。

② 胡海峰:《创业资本循环——信息不对称条件下的制度安排》,中国市场出版社 2009 年版,第 6 页。

人员,往往处于比较有利的地位,而信息贫乏的人员,则处于比较不利的地位。

“信息不对称”问题在执行工作实践当中具体表现为:由于执行工作的专业性和权威性,申请执行人想要得到执行案件进展的相关信息,只能通过与执行法官沟通的方式来获取,执行法官在执行案件办理信息方面具有绝对优势。在案件执行过程中,部分执行法官经常滥用这种优势地位,怠于向申请执行人披露相关案件信息,申请执行人处于劣势地位,而目前我国基层法院缺乏对这种怠于披露案件信息的行为进行制约和惩戒的有力机制。

根据信息学相关理论,造成信息不对称的原因可以归结为三点①:一是信息传播范围是否具有封闭性;二是处理信息是否需要专业性知识;三是信息传播的时空局限性。根据该理论,造成执行工作中信息不对称的原因有三:一是执行程序区别于审判程序,审判程序中具有举证和质证环节,当事人可以及时获取关键信息,而执行办案的关键信息(例如,被执行人财产情况)则完全掌握在办案法官的手中(信息传播与否封闭在执行法官手中),申请执行人并不能直接接触到,只能通过不断联系执行法官来了解案件的具体信息以及案件进展;二是大部分申请执行人并不具备相应的与执行程序有关的法律知识,对执行办案的法律规定和程序流程并不了解,只能通过向具备专业知识的执行法官不断咨询来获得相应的信息;三是近年来执行案件的数量与日俱增,执行法官及其团队没有足够的精力来满足每一个申请执行人的信息需求(执行办案信息的传播在时间和空间上被限制),执行办案信息的“供与需”矛盾日趋尖锐②。

信息不对称问题将带来很多不利的后果,根据信息经济学理论,信息不对称将可能造成“道德风险”问题和“逆向选择”问题。在经济学中,“道德风险”泛指市场活动中人们的“偷懒”、“搭便车”和机会主义行为,信息不对称可能会造成具有信息优势的一方滥用己方优势,只考虑己方利益最大化,而忽视并损害信息劣势一方利益的后果。对申请执行人而言,由于“信息不对称问题”的存在,自己在执行案件中完全处于被动的局面,若执行法官怠于告知案件进展的相关信息,申请执行人对案件的办理情况将完全陷入一无所知的境地,长此以往,申请执行人将陷入对未知的恐慌,对执行办案的不满情绪也会加深;对执行法官而言,随着执行案件数量激增,要疲于应付更

---

① 邢会强:《信息不对称的法律规制——民商法与经济法的视角》,载《法制与社会发展》2013 年第 2 期。

② 郭道晖:《新闻媒体的公权利与社会权力》,载《河北法学》2012 年第 1 期。

多来自当事人的信息咨询,而这些咨询的内容往往具有重复性,执行法官的时间将被浪费在重复性信息披露工作上,因此出于趋利避害和轻松工作的考虑,部分责任心不强的执行法官将会滥用信息优势,拒绝甚至披露虚假信息给申请执行人。

根据信息经济学理论,信息不对称问题带来的更深层的影响将是逆向选择问题中的"劣币驱逐良币"效应①,相对于经济学领域,在纠纷解决领域里"劣币驱逐良币"效应依然存在。根据卢梭《社会契约论》的理论,民众提供对价来换取政府提供的公共服务,而在纠纷解决领域,民众上缴税收以及将矛盾纠纷的解决权交给政府,相应的,政府则为民众提供解决纠纷的各种服务。② 就当下我国现存的纠纷解决机制而言,政府为民众提供的解决纠纷服务包括司法、信访、民生电话热线等。单从经济学的观点来看,这些服务存在着优劣之分,执行与诉讼等司法服务无疑是最优的解决方法,其他如上访、信访、民生电话热线等服务方式劣于司法服务。③ 但是在实践中,由于执行案件的动态进展以及执行法官的努力工作情况不能及时地反馈给申请执行人,申请执行人对执行办案信息的迫切需求无法通过司法途径得到满足④,而其他如信访或民生电话热线等方式却可以在一定程度上及时反馈案件的具体进展,满足申请执行人对案件信息的需求(例如,北京市高级人民法院政法民生热线要求办案法官在 48 个小时内必须回复申请执行人案件办理情况),久而久之,申请执行人将更加倾向于通过上访、电话热线等司法之外的途径来解决自己的信息需求,这对执行工作的顺利开展无疑是不利的;同时在互联网时代,个案的不公开和不公正讯息将可能很快传到其他正处于执行过程中的当事人或者正试图求助于司法执行的当事人,司法公信力将会受到影响;更加严重的情况是当矛盾累积到一定程度后,当申请执行人的迫切需求再也无法通过政府提供的服务所满足时,其将更倾向于采取暴力复仇等个人极端方式来实现自己的主张,届时不仅社会的稳定性受到动摇,执行法官的人身安全也将会受到威胁。

---

① 所谓"劣币驱逐良币"效应,源于 2001 年诺贝尔经济学奖得主阿克洛夫在其具有开创性的论文《次品市场》中对旧车市场的分析。当市场上的旧车质量不一致时,优质旧车的供给方要求较高的价格,劣质旧车的供给者只要求较低的价格,市场上的消费者对旧车的需求是恒定的(总是会有对旧车的需求),但由于大部分消费者缺乏相应的专业知识和对整个旧车市场行情动态的了解,无法判定市场上旧车的优劣,因此只能凭借有限的信息即价格的高低做出比较,最终选择劣质旧车,而优质旧车的供给者不愿低价成交蒙受损失则会选择退出市场,整个市场旧车的平均质量进一步下降,消费者也只愿意出更低的价格,于是次优的旧车也被逐出了市场,几轮下来,最后市场上就只剩劣质品了。

② [法]卢梭:《社会契约论》,何兆武译,商务印书馆 2017 年版,第 84 页。

③ 参见[美]理查德·A. 波斯纳:《法律的经济分析》,法律出版社 2012 年第七版,第 15 页。

④ 参见彭正穗:《民事法对市场信息不对称的防范》,载《中南财经大学学报》2000 年第 4 期。

要破除“劣币驱逐良币”效应，应当尽可能地解决执行中存在的信息不对称问题。根据信息学相关理论，解决信息不对称的办法可以总结为以下两点[①]：一是信息交换机制上的革新，解决信息专业性和封闭性的问题，打破并削弱信息优势方的优势地位；二是信息处理方式上的革新，以高效化的手段以此来解决信息传播的时空局限性问题。因此解决执行工作中信息不对称问题的办法主要有二：一是在执行办案中构建更畅通的信息交换机制以最大限度地满足申请执行人的信息需求；二是增强执行法官处理信息的能力和责任意识，以保障信息提供的及时性。

二、信息不对称的解决办法——“执行办案节点信息推送系统”

2017 年，为适应执行工作发展的需要，全国法院执行办案部门开始进行节点信息统一管理，对执行办案的一些关键节点进行动态化管理并针对每一个节点详细规定了具体的操作时限。很多关键节点所包含的信息与申请执行人密切关心要获取的信息基本吻合（例如，立案成功后的通知、案款发放的时间等），而按照相关法律法规的要求，这些节点信息也是应当披露给申请执行人的，因此是否可以要求执行法官在执行办案系统中记录每一个节点信息的同时对申请执行人进行信息推送？即在执行办案系统中的每一个节点信息录入页面添加对申请执行人进行信息推送的选项，通过申请执行人在立案时预留的联系方式，以短信形式告知其案件具体进展的信息，这就是“执行办案节点信息推送系统”。

“执行办案节点信息推送系统”的优势体现在四个方面：

一是可以将执行办案全过程动态地展现给申请执行人，同时申请执行人也能更好地了解执行法官的工作具体进展（信息不对称的时空局限性问题将被缓解）；

二是通过推送，将执行办案中某节点处理的时间期限披露给申请执行人，以此来增加申请执行人在案件执行中的信息优势，打破执行法官在执行工作中的信息垄断地位（信息不对称中的封闭性问题将被缓解），申请执行人就可以在时间期限临近届满之时依法合理地要求执行法官尽快处理，在申请执行人的监督下倒逼执行法官更加有效率地完成执行工作（可以有效地提升执行法官的责任意识）；

三是执行法官在执行办案系统中录写节点信息的同时可以一键式将相关信息推送给申请执行人并做出一定的解释（信息不对称问题中的专业性问题将可以缓解），这样既增强了执行法官对节点信息重要性的敏感程度，也可以节省法官与申

① 叶必丰：《信息不对称及其解决思路》，载《法制日报》2003 年 12 月 18 日，第 10 页。

请执行人就相同问题再次沟通的时间,使执行法官从事务性的沟通中解放出来更多的时间与精力;

四是一些简易类执行案件,例如法律关系清楚且无对待给付义务的过户类案件和小额金钱给付类案件,结合在立案时发送的《执行程序告知书》以及在执行办案系统中的节点信息推送,已无必要同申请执行人进行首次约谈并制作首次谈话笔录,执行法官的时间将进一步获得解放,同时申请执行人也可以节约来法院做谈话笔录的时间,从而达成一种"双赢"的局面。

三、"执行办案节点信息推送系统"的具体构建模式

构建"执行案件节点信息推送系统"应当注意系统性、连贯性、逻辑性和及时性。按照时间逻辑,每一个完整的执行案件,都要经历立案、分案、案件办理、结案这四个阶段,因此节点信息推送系统的构建应当从这四个阶段入手;同时,根据执行案件的特点,执行案件基本可以划分为两大类,一类是涉及财产给付的财产类案件执行(在基层法院执行工作中占比重70%左右),另一类是涉及房产过户、标的物交付等行为类案件的执行(在基层法院执行工作中占比重70%左右),节点信息推送模型的构建应当着重从这两大类出发,根据每一类案件的具体特点来进行信息推送。

构建执行案件节点信息推送系统的基本逻辑结构见下图1。

根据"执行案件节点信息推送系统"的逻辑结构,具体详述如下:

(一)立案环节

根据对"执行案件节点信息推送系统"的构想,立案环节应当在申请执行人递交申请材料的同时对其送达纸质版的"执行程序告知书"。

所谓执行程序告知书,即在执行程序开始的那一刻就开始对申请执行人进行信息推送,将执行案件具有共性的一些信息告知申请执行人,以此来避免执行法官在办案过程中重复性地告知工作。[①] 从某种程度上看,执行程序告知书的存在,可以替代执行法官与案件申请执行人进行初次谈话并制作初次谈话笔录的工作。执行程序告知书可以包括但不限于以下6个方面:

1. 执行案件的具体分类以及对应的案件办理流程(例如,告知申请执行人执行案件依据生效法律文书可分为金钱给付类,行为履行类,由申请执行人对应自己的诉求来看相应的办理流程),执行办案的法律期间(一般案件从立案到结案最长6

---

① 王柏东、张阳:《强制执行实务操作指引》,法律出版社2018年版,第67页。

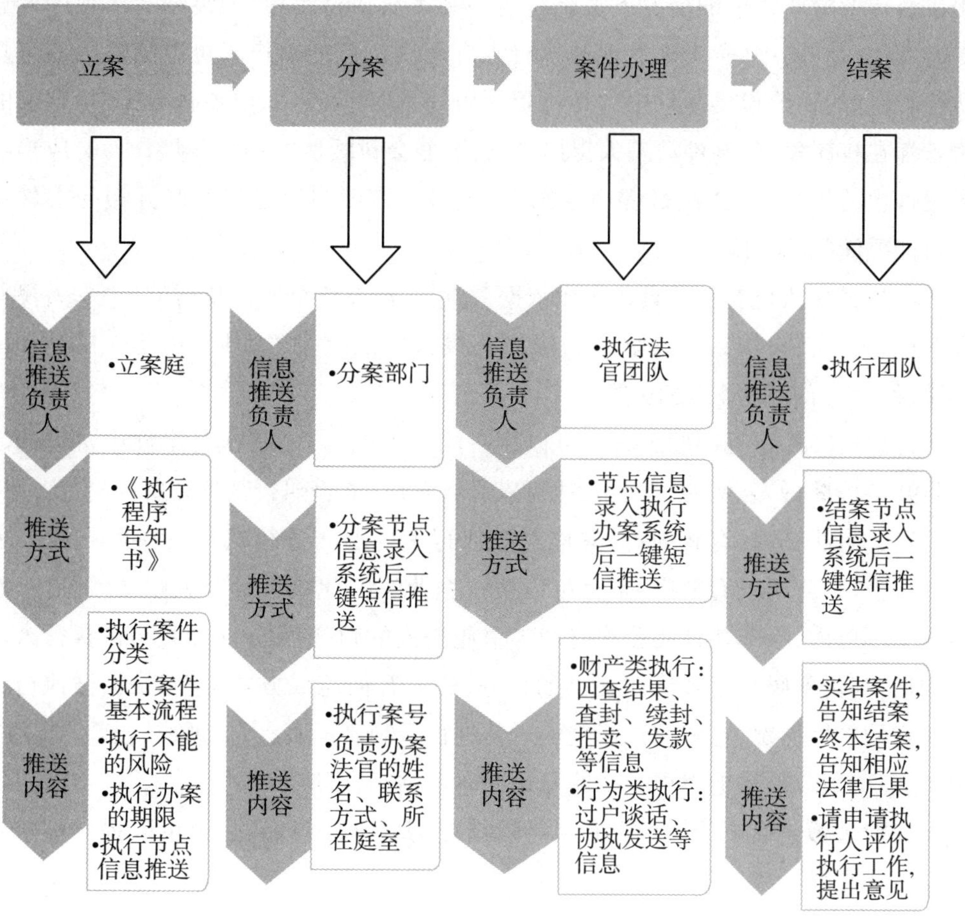

图1　执行案件节点信息推送系统的基本逻辑结构

个月，终结本次执行类案件 3 个月，涉及拍卖的案件将延长至 12 个月），执行节点信息的具体时限（例如，告知申请执行人，承办法官在收案后 10 日内将进行网络财产查控，查控结果将在该时限内短信告知申请执行人）。

2. 执行案件节点信息推送的告知。告知申请执行人其可以选择是否接受法院推送相关执行信息，若选择接受，告知申请执行人，在符合信息共享给申请执行人的条件下，法院会将案件进展信息以短信的形式及时进行推送，并要求申请执行人提供正确的电话号码。

3. 执行案件执行不能或暂缓执行的风险告知。例如，在财产类执行案件中，“执行程序告知书”应当告知申请执行人，在确无财产可供执行且申请执行人无法提供有效的财产线索的情况下法院将会终结本次执行程序,但终结本次程序不意味着实体权利的灭失,未来发现被执行人有可供执行的财产时可以随时申请恢复执行;在标的物给付类案件中,“执行程序告知书”应当告知申请执行人,执行标的物若存在权属争议,案件第三人提出异议,可能会暂缓执行;对于风险告知,应当要求案件申请执行人在“执行程序告知书”上签字声明自己已经知晓并接受案件执行可能要面临的风险。

4. 与案件执行有关的具体法律依据。例如,涉及终结本次执行的《中华人民共和国民事诉讼法》第257条第(六)项、《最高人民法院关于适用〈中华人民共和国民事诉讼法〉的解释》第519条。

5. 执行案件常见问题解答。可以用一问一答的形式,将执行案件中常见的问题告知申请执行人,例如,“问:被执行人没有财产,能否执行其近亲属的财产?答:不可以,债权债务具有相对性,只能对被执行人的财产进行执行”;“问:被执行人是一家公司,公司没有财产,是否可以执行企业法定代表人的个人财产?答:一般情况下不可以,除非能证明公司财产与企业法人的财产混同”;“问:与被执行人多次沟通,其仍不履行生效法律文书的义务,法院有何惩戒方式?答:根据被执行人不履行的具体情况,将依照法律规定对其进行限制高消费、失信惩戒、罚款、司法拘留十五日,情节严重的将以拒执罪移送刑事审判庭处理”。

6. 附录。包括申请执行人有无特殊情况需要补充,以及是否可以提供被执行人的下落和财产线索等。

(二)分案环节

在分案环节,“执行办案节点信息推送系统”主要由基层法院执行局分案部门负责,具体负责人员由各个基层法院灵活掌握,可以是各庭室的内勤部门。在分案环节,负责分案的工作人员应当注意两个方面的推送:第一个方面是分案部门在执行办案系统内完成分案后,应同时将案件承办法官的姓名、所在庭室以及联系方式推送给申请执行人,以此来达成在信息公开方面立案与执行部门的有序衔接,避免申请执行人频繁地联系立案窗口或执行庭内勤人员来知晓承办法官具体信息的情况;第二个方面是分案部门应当将执行案件的具体案号推送给申请执行人,之所以要推送执行案件案号的原因有二:一是在电信诈骗如此繁多的情况下,执行案号具有一定程度的隐秘性和可识别性,告知当事人自己的执行案号,在今后的执行信息推送中可凭借所列明的执行案号作为法院推送信息的“防伪标识”;二是在申请执行人联系法官或查询案件情况时,凭借执行案号可以方便执行法官及其办案团队更快捷地查询相关信息，节省执行办案时间。

（三）案件办理环节

在案件办理环节，节点信息的推送主要由案件承办法官及其执行团队负责，根据不同案件的具体特点，“执行办案节点信息推送系统”也应当各有侧重。财产类执行案件的信息推送流程见图2。

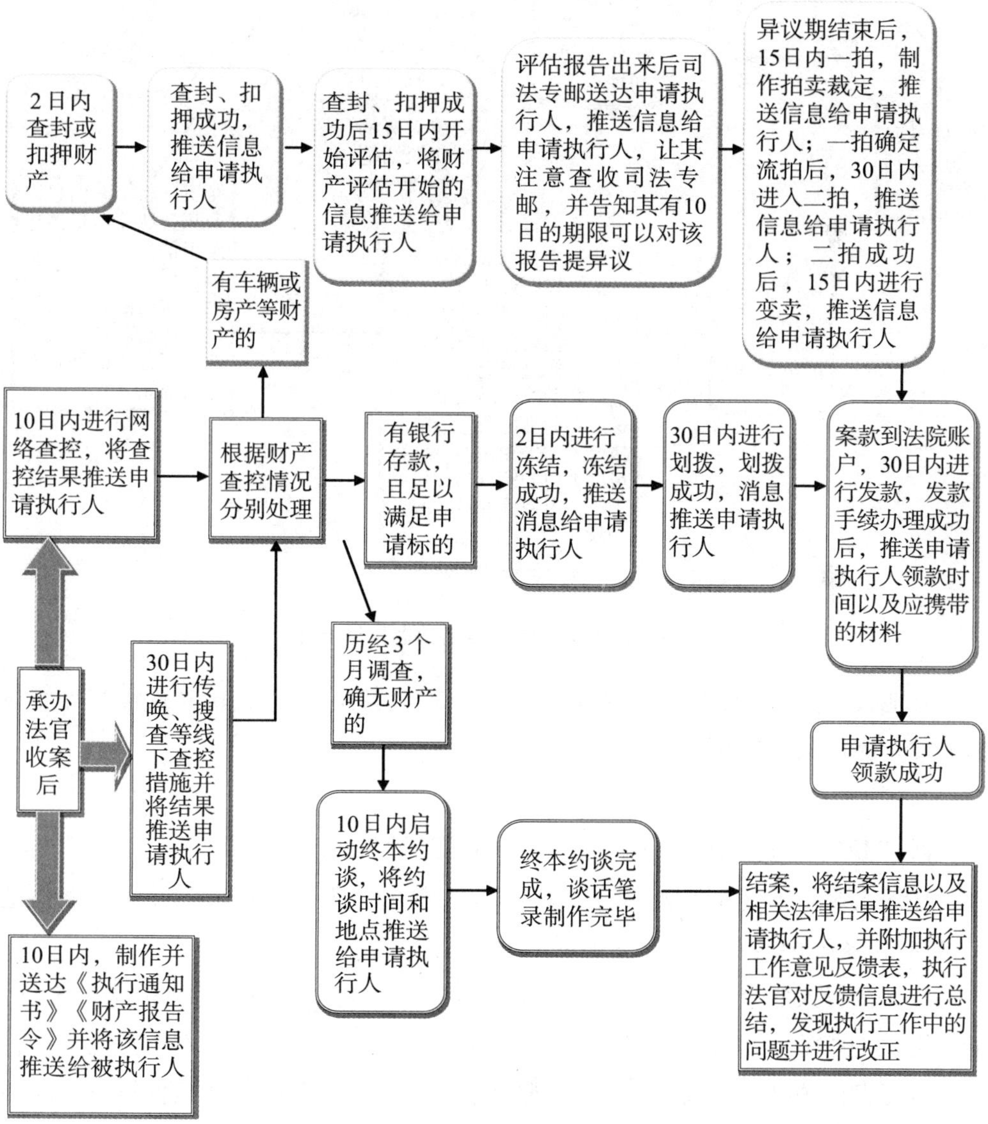

图2　财产类执行案件的信息推送流程

以房产、车辆过户类为例，行为类执行案件的信息推送流程见图3。

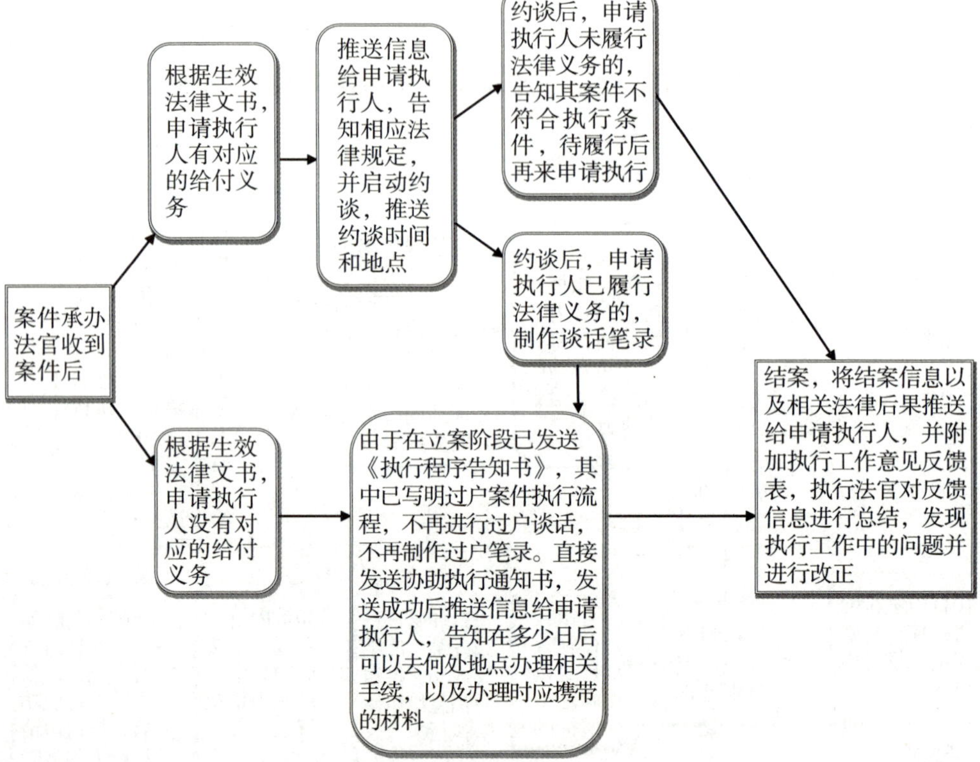

图3　行为类执行案件的信息推送流程

其他行为类执行案件，例如拆除障碍物、拆迁、特定物交付、抚养权移交等可根据案件具体特点，参照图3进行案件信息推送。

四、"执行办案节点信息推送系统"的风险评估

任何系统均不是完美无缺的，"执行办案节点信息推送系统"也一样，根据逻辑推演，该系统可能要面临如下几个方面的风险：

1. 被执行人的个人信息泄露的风险①。由于"执行办案节点信息推送系统"的推送接收主体是申请执行人，在实践中，部分申请执行人为了让案件执行完毕会在法院执行案件的同时对被执行人采取骚扰、恐吓等不正当手段，在案件执行中应当

① 参见陈联俊：《网络法理视域中的国家身份与国家角色分析》，载《甘肃社会科学》2016年第4期。

考虑到保护被执行人合法权益的问题,在信息推送的过程中如何保证对被执行人个人隐私信息的过滤是一个难题。

2. 互联网时代,短信推送方式不被申请执行人接受的风险。当前社会已进入互联网通信时代,微信的普及化,使短信这一通信方式容易被人忽视,但考虑到法院数据平台的安全性,当前法院还不能将大数据库同微信平台进行连接,因此当前与申请执行人推送信息的手段仍限制于短信手段,随着未来信息技术的发展,短信推送将有可能进一步落后于时代发展。

3. 申请执行人不留联系电话或预留电话信息错误,申请执行人无法接收案件信息推送的风险。在立案伊始,出于案件数量大立案部门无法审核每一份立案申请或申请执行人疏忽大意等原因,部分申请执行人会忘记留下联系方式或留下错误的联系方式,由于“执行办案节点信息推送系统”主要依靠短信推送的方式与申请执行人共享信息,此种情况下信息推送工作已无法展开。

4. 诈骗信息与法院系统推送信息混淆的风险[①]。待将来“执行办案节点信息推送系统”普及化并被民众接收后,短信诈骗将有可能混入信息推送中,诈骗分子可能会假冒法院工作人员同申请执行人进行联系,届时如何为申请执行人提供有效的鉴别方式是一个难题。

5. 推送信息后,申请执行人仍然频繁联系法官,问询案件进展等信息的风险。在“执行办案节点信息推送系统”构建伊始,民众对这一新事物感到陌生,在接到短信推送后,可能会更频繁地向执行法官进行咨询,即便是“执行办案节点信息推送系统”普及化和常态化后,部分申请执行人出于对案件执行完毕的迫切心理,在受到短信推送后仍然会频繁联系办案法官,更有甚者,部分申请执行人可能会滥用信息共享的优势,对执行法官的工作造成不便。

对应上述风险,相应的解决办法有:

1. 针对被执行人个人隐私保护问题,规范执行法官及其办案团队对“执行办案节点信息推送系统”的操作模式,并具体化操作流程和操作规范,防止被执行人个人隐私信息泄露。

2. 针对互联网时代短信推送形式落后的问题,可以由高级人民法院、最高人民法院数据运行维护部门对“执行办案节点信息推送系统”进行技术升级,力争在未

① 参见赵春丽:《近年来国内学术界关于网络民主研究的综述》,载《太原师范学院学报》(社会科学版)2008 年第 1 期。

来能够实现多种推送方式并存的局面。

3. 针对申请执行人联系方式错误的问题，可以在立案伊始，由立案人员仔细核对申请执行人预留电话信息并告知申请执行人联系方式错误的不利后果，若不留联系方式或留下错误的联系方式，视为放弃接受节点信息短信推送；在分案时由分案人员进行短信推送和电话沟通确认申请执行人身份，执行法官初次推送节点信息之时，应当电话确认申请执行人联系方式的正确性。此外，更有效的办法是在立案窗口或者执行办案窗口部门设立执行信息查询点，“执行办案节点信息推送系统”的相关信息同步上传到该信息查询点，若申请执行人有对执行信息的需求，可以凭借其身份证来法院窗口部门查阅相关执行信息。

4. 针对诈骗短信的问题，可以在立案和分案阶段推送信息时，由相关人员推送告知申请执行人验证信息推送真伪的方式，例如，可以通过法院专线电话验证真伪。

5. 针对申请执行人滥用权利的问题，可以在立案阶段发放《执行程序告知书》和分案阶段推送信息时，告知申请执行人“由于法官业务繁忙，请勿频繁联系执行法官”，对于一些载明于《执行程序告知书》的常规性程序事项，执行法官团队可以直接告知申请执行人该事项已经明确载于《执行程序告知书》，避免重复性告知。

五、小结

综上所述，在全国执行法院推广节点信息录入的大背景下，通过构建“执行办案节点信息推送系统”，在案件执行的全过程中，对申请执行人进行节点信息推送，一方面满足了申请执行人对执行进展信息的需求，另一方面执行法官在录入节点信息同时一键化推送信息，节省了执行法官的沟通时间，并强化了执行法官对节点信息的重视程度，可谓达成了一种“双赢”局面。尽管该系统还存在一定的不足，但“执行办案节点信息推送系统”具有相当程度的可行性和合理性，该系统的成功构建将在未来成为一把破解“执行难”困境的利器。

非金钱债权执行和解未全面履行的法律规制

——以其转化为金钱债权为对象

陈利梅*

内容摘要:非金钱债权案件的执行是法院执行工作的难题之一,通过执行和解将执行标的转化为金钱债权有益于执行工作的开展。但如和解协议未能得到全面履行,当事人之间的利益关系将变得更为复杂,而我国现有的"恢复原生效法律文书的执行"等相关规定,规范内容不完备、操作程序不清晰,不仅无法有效解决现实问题,反而导致了法院执行实践的混乱。本文以笔者在执行工作中处理的非金钱债权执行案件为例,分析该类案件执行和解后未全面履行可能导致的法律问题、现有法律规范的缺如及与此相关的学术研究成果,借此探讨完善我国执行和解制度规范体系的若干理论与实践问题。

关键词:非金钱债权　执行和解　未全面履行

引　言

执行和解是指在民事执行过程中,当事人经自愿、平等协商,就申请执行人行使权利和被执行人履行义务的主体、期限、方式、内容等达成协议,一致同意中止或终结执行程序的一种制度。[①] 执行和解因其执行效率高、结案速度快、节约执行成本等原因,在执行实践中受到普遍重视。但高和解率并不意味着案件实际执行完毕,其高毁约率也不容忽视。对于一方当事人不履行和解协议的情况,最高人民法院《关于适用〈中华人民共和国民事诉讼法〉的解释》(以下简称《民诉法解释》)第467条明确规定了可以恢复对原生效法律文书的执行,对于已履行部分应当予以

---

* 北京市东城区人民法院执二庭法官。

① 常怡:《强制执行理论与实务》,重庆出版社1990年版,第189页。

扣除。[1] 暂且不讨论该规定是否合理、救济措施是否单一，它至少为金钱债权类案件未履行执行和解协议的司法实践提供了法律依据。

对于非金钱债权执行案件，在执行和解中双方通过和解协议将非金钱债权转化为金钱债权[2]的情形下，如果一方当事人不履行和解协议，直接恢复原生效法律文书的执行，可能未必符合守约方的意愿，是否支持守约方继续执行和解协议的请求，以及对于已履行的金钱给付部分如何处理等问题，则是执行实践中常见而目前法律规范缺如之地，本文将以此作为讨论对象并提出关于构建应然制度规范的若干建议。

一、非金钱债权案件和解转化为金钱债权案件的现状综述

（一）非金钱债权案件和解转化为金钱债权后可能出现的问题

本文以笔者处理的一个实际案例导入论题。就李某和张某离婚纠纷一案，某区法院判决如下：李某名下的存款归李某所有，李某给付张某 19 万元；李某名下某公司 3.5% 的股权归张某、李某共有，每人各占 1/2 共有份额。因李某未主动履行，张某向法院申请强制执行，要求李某给付现金 19 万元，并将其名下某公司股权的 1/2 过户到自己名下。执行过程中，经法院主持，双方自愿达成执行和解协议如下：（1）被执行人李某名下判决归李某和张某共有的某公司 3.5% 的股权，由李某一次性补偿张某 5 万元整，张某的股权份额归李某所有；连同李某应给付张某的 19 万元，李某共应给付张某 24 万元整。（2）李某 2016 年 3 月底前给付案款 3 万元整，剩余案款自 2016 年 5 月起，每月月底前给付 3 万元整，所有案款最迟 2016 年 11 月 30 日前全部给付完毕。李某在履行了第一笔案款 3 万元后，拒绝按照和解协议继续履行义务。张某向法院申请强制执行和解协议。

就本案而言，张某无意执行原判决项下的公司股权，和解协议如能履行完毕，符合其意愿。但是，按照前述《民诉法解释》第 467 条的规定，守约方申请恢复执行原生效法律文书的，法院予以恢复执行；而对于申请执行人要求法院执行和解协议

---

① 最高人民法院《关于适用〈中华人民共和国民事诉讼法〉的解释》第 467 条规定："一方当事人不履行或者不完全履行在执行中双方自愿达成的和解协议，对方当事人申请执行原生效法律文书的，人民法院应当恢复执行，但和解协议已履行的部分应当扣除。和解协议已经履行完毕的，人民法院不予恢复执行。"

② 为论述方便，本文将执行当事人同意将非金钱债权变更为金钱债权，并据此达成执行和解协议，使得非金钱债权的执行案件转化为金钱债权的执行案件，简化表述为"非金钱债权案件和解转化为金钱债权案件"，将该特定情形下达成的执行和解协议简化表述为"非金钱债权执行和解协议"。

的,现有法律则未作规定。那么,和解协议能否作为执行依据?如恢复执行原判决,本案中被执行人已履行的 3 万元能否直接认定为金钱给付标的?守约方可否就和解协议另行起诉等一系列问题,引发了笔者的思考。

(二)非金钱债权案件和解转化为金钱债权案件的特点分析

执行实践中常见的执行和解主要分为两种:一是金钱债权案件通过执行和解,达成减免或者分期履行还款协议;二是非金钱债权案件和解转化为金钱债权案件。相比第一种,本文所探讨的非金钱债权和解转化为金钱债权的和解,其特点主要包括:一是执行标的发生实质变更,执行标的由非金钱债权转化为金钱债权;二是和解协议未全面履行下的不可逆性。对于第一种类型的执行和解,如果当事人违反和解协议,申请执行人恢复执行原生效法律文书,已履行部分作扣除,执行法官直接执行剩余标的即可;而对于第二种,由于执行标的已实质变更,如恢复执行原生效文书,存在着已履行部分的金钱执行标的是否以及如何折抵原有非金钱执行标的的客观困难,而当事人恐又很难就此达成一致意见,导致案件难以继续执行。

(三)非金钱债权案件和解转化为金钱债权案件的实践乱象

由于问题相对复杂且缺乏可资引用的法律规范,不同法院对于该类案件的处理有不同的态度,导致了迥异的司法实践。例如,有的法院直接限制非金钱债权案件通过和解进行转化。有的法院虽然允许通过和解进行转化,但为了避免和解协议不履行引发的问题,要求必须一次性全部履行完毕。也有些法院允许通过执行和解进行转化,也允许分批履行,但对一方按照和解协议已履行的金钱给付内容如何处理则个案处理差异较大,甚至存在一个法院出现多种处理方式的情况,有的要求权利人直接予以返还,有的则要求当事人另诉解决。

(四)非金钱债权案件和解转化为金钱债权案件的现实需要

如上文所述,尽管目前关于非金钱债权案件和解转化为金钱债权案件的法律规范较为单薄,而非金钱债权案件和解转化为金钱债权案件,却是执行司法实践的现实需要。一是提高执行效率、降低执行成本的需要。大多数非金钱债权案件,由于执行时间长、执行过程复杂等客观因素制约,成为比较难执行的一类案件,如腾退房屋、相邻关系类案件等。通过执行标的的转化,减轻执行难度,可以实现某种程度的申请执行人、被执行人与法院三方的“共赢”。二是申请执行人维护自身利益的需要。在一些涉及人身关系的案件中,当事人出于自身利益最大化考量,愿意并主动希望将非金钱债权转化为金钱债权。如上述案例涉及的公司股权执行,申请执行人考虑到自己缺乏公司经营能力，无意参与公司经营，故将股权直接转化为金钱债权并得到执行是其利益诉求。

笔者认为，允许执行案件当事方通过达成和解协议的方式，将非金钱债权案件转化为金钱债权案件，理论上有利于缓解“执行难”，司法实践中有现实需要，但现有法律规范却未对达成执行和解而未能有效履行情况下的权利救济提供明确途径，导致了执行实践中的诸多乱象，提出了制度供给的客观需要。

二、关于执行和解的相关理论观点述评

承接上文，回答非金钱债权和解转化为金钱债权后续强制执行问题，首先必须明确执行和解的法律定性以及廓清作为其表现形式的执行和解协议的效力范围。因该问题在上文所述的两种不同类型的执行和解案件中均普遍存在，故本部分不做具分论述。

（一）执行和解的法律性质

关于执行和解的法律性质，目前主要有三种观点：（1）私法行为说，其认为执行和解是针对执行依据中的实体权利义务关系做出变更的私法上的法律行为。和解协议未经法定裁判程序不具有强制执行力。[①]（2）诉讼行为说，其将执行和解界定为诉讼行为，当事人可对其诉讼权利即执行申请权自由处分。如果和解协议履行完毕则视为当事人放弃申请强制执行；如未履行完毕，则另一方当事人可申请执行该和解协议。[②]（3）公私混合说，其认为民事诉讼程序中的当事人同时享有对实体权利及程序权利的处分权，执行和解协议除了私法上的效果外，亦会对国家强制执行程序产生影响——中止或终结执行程序。[③]

笔者赞同公私混合说，理由有二：首先，执行和解在主观及客观上具有私法行为和诉讼行为的双重性质。在主观方面，执行和解是当事人私法自治的表现，是当事人变更原生效法律文书确定的权利义务关系的私法行为。这种当事人对自己权利的处分权不应因法院的裁判而被否定。[④] 在客观方面，自当事人申请执行之日起，就表明一项债权的实现已由私力救济转为公力救济，而执行和解的达成，势必

---

① 常怡、肖瑶：《执行和解制度若干问题研究》，载《甘肃政法学院学报》2010 年第 5 期。

② 逄小溪：《民事执行和解制度之研究》，中国政法大学民事诉讼法学 2014 年硕士学位论文，第 15 ~ 16 页。

③ 齐奇：《执行实务与新型法律问题》，人民法院出版社 2012 年版，第 655 页。

④ 金俊银：《对执行和解若干问题的探讨》，载《法律适用》2005 年第 9 期。

对正在进行的执行程序产生影响。其次,我国现有法律规范也肯定了执行和解兼具公法和私法性质。《民诉法解释》第 466 条规定:“申请执行人和被执行人达成和解协议后请求中止执行或者撤回执行申请的,人民法院可以裁定中止或者终结执行。”此规定既确认了当事人自由处分实体权利达成执行和解的权利,也确认了执行和解对既有执行程序的影响。

(二)执行和解协议效力的分析

关于执行和解协议效力的争议焦点在于是否应赋予和解协议强制执行力。肯定说认为,执行和解协议在强制执行程序中达成,应当比普通民事合同具有更强的公信力和约束力,和解协议只有经过法院审查并赋予其执行力,才不会导致沦为无用。① 与之相对的否定说认为,和解协议属独立的私法契约,对原执行依据的效力并无阻却力。

笔者认为,应当赋予执行和解协议强制执行力,理由有三:第一,在肯认执行和解兼具私法行为和诉讼行为双重性质的逻辑前提下,在法理上应当尊重当事人对自身权利义务所行使的处分权。对执行和解的严格遵守,既是契约精神的要求,也是对国家强制执行权力的尊重。② 如果因一方当事人不履行执行和解协议而据此简单认定和解协议无效或者不认可其具有强制执行力,不利于对债权人利益的保护,更为恶劣的是可能产生纵容执行欺诈的负面效果。第二,我国属于大陆法系民事诉讼模式。同属于大陆法系的很多国家及地区都明文规定了和解协议具有同判决同等的效力。如《日本民法典》第 696 条规定:“当事人一方,依和解协议认定有争议标的的权利,或相对人被认为无此权利,当其人原来无此权利或相对人有此权利的确证被发现时,则该权利即因为和解而转移于其人或消灭。”③第三,现有规范体系已为赋予和解协议以执行力留有空间。最高人民法院《关于人民法院执行工作若干问题的规定(试行)》(以下简称《执行规定》)第 2 条指出:执行部门可执行法律规定的其他法律文书。该兜底条款为执行和解协议提供了可能性。《民诉法解释》第 467 条则表述为:守约方在违约方不按照协议内容履行义务时,如果守约方重新向法院申请恢复原执行依据效力的,人民法院可在扣除已履行义务的基础上做出恢复执行的决定。《民诉法解释》的上述内容在明确了一方当事人不履行

---

① 江伟:《民事诉讼法专论》,中国人民大学出版社 2006 年版,第 515 ~ 516 页。

② 黎洪:《执行和解制度探析》,载《上海政法学院学报》(法治论丛)2015 年第 6 期。

③ 李海军:《论执行和解制度》,山东大学民事诉讼法学 2007 届硕士学位论文,第 20 页。

协议内容时,守约方可申请恢复执行原生效法律文书的同时,也并未禁止守约方向法院申请强制执行和解协议。

三、非金钱债权执行和解规范体系安排——以司法审查为基础

基于上文所述,笔者认为执行和解具有私法与公法上的双重效果,而法律应赋予执行和解协议以强制执行力。但为了防范、规避当事人的权利滥用以及控制、消解司法机关专权,结合非金钱债权和解转化为金钱债权的特点,笔者认为应以司法审查为基础,以司法必要干预、保障守约方利益及适度权利救济为基本原则,全方位、多角度地对现有执行和解法律规范予以完善。兹简要探讨如下。

(一)司法必要干预为原则:完善司法审查机制、明确和解协议形式

1. 完善非金钱债权执行和解协议的司法审查机制

对于非金钱债权转化为金钱债权的和解协议,应当经由法院的司法审查赋予其强制执行力。理由如下:首先,非金钱债权的和解转化执行是对执行内容的实质变更。当前我国公民法律素质参差不齐,未经司法审查的和解协议,无论在形式上还是内容上,均有可能存在不符合甚至违反法律规定的情形(例如《合同法》关于合同无效的法定情形)。如果将所有和解协议不作区分全部纳入可执行范围,不但可能引发执行异议等后续问题、造成对司法资源的占用,还有可能造成当事人对执行和解的滥用。其次,进行司法审查符合执行和解的法理性质。执行和解不仅是当事人之间的私法行为,更会对执行程序产生影响。对和解协议的审查具有履行公共职能的属性,这同时也为执行和解协议施以程序上的约束力提供了法理基础。

为了保障非金钱债权执行和解协议的真实性、合法性及有效性,笔者建议司法审查机制可从如下几个方面展开。

(1)审查的内容

针对非金钱债权的和解协议特点,审查内容主要包括以下方面:①主体是否适格。主要审查双方当事人是否具有相应的行为能力;委托代理人是否具备变更权利义务的特别授权。②意思表示是否真实。主要确认和解协议的达成、对执行标的的变更是否是当事人真实、自愿的意思表示。③内容是否合法。在非金钱债权和解转化为金钱债权的案件中,由于非金钱债权为原生效法律文书所判定,通过和解协议转化为更为简单、明了的金钱债权,一般不存在违反法律秩序、公共利益、法律的效力性强制规定的情形,故此项可不作为重点审查内容。笔者认为,执行法官应无须对和解转化的金钱债权数额是否合理进行审查,原因在于:一是达成和解的

金钱债权的具体数额，是当事人基于自身利益多方面考量的结果，属于当事人意思自治的范畴，执行法官应无权干涉；二是执行法官通常不具备相关专业知识和技能，无法对相应的债权数额进行评估，存在审查难度，但可对当事人予以释明和指导。

(2)审查的主体

鉴于以上对审查内容的论述，考虑到目前司法改革的背景，笔者认为审查应当由执行法官负责。对非金钱债权执行和解协议的审查的实质是审判权行使的方式之一，只有纳入员额范畴的执行法官才具有审判权，因此对和解协议的审查只能由员额法官进行。另外，在目前执裁分离的大环境下，有必要说明的是，应当由执行实施法官予以审查，而不是执行裁决法官来进行，主要考虑到：一是执行和解发生在执行实施案件办理过程中、对执行实施案件直接产生中止或者终结执行的后果，实施法官对非金钱债权执行的复杂性、双方当事人情况比较了解，更容易促成和解协议的达成；二是在非金钱债权执行和解协议具有执行力的情况下，不履行义务的当事人有可能提起执行异议，若由执行裁决法官进行审查可能造成执裁不分的局面，使得执行异议程序流于形式。

(3)审查的程序

笔者认为，审查程序的重点在于事前审查还是事后审查。所谓事前审查，是指在和解协议起草过程中，由执行法官进行审查。此种情况下，和解协议必须在执行法官的主持下进行，必须在法院达成。① 所谓事后审查，主要是针对当事人私下达成执行和解的情况，如果义务人不按照和解协议履行义务，权利人向法院申请对和解协议进行审查，并出具相应的确认裁定，权利人持确认裁定书可向法院申请执行和解协议。② 笔者建议应做事前审查，理由在于：一是在非金钱债权和解转化为金钱债权的执行中，采用事前审查的方式，便于执行法官对当事人是否自愿达成执行和解、是否对和解内容认可进行确认。二是对于事前审查过的和解协议无须再经过事后确认，可以直接申请强制执行，简化了执行程序，提高了执行效率。对于事后审查的和解协议，必须由法院出具确认裁定书方可进入执行程序，无形中加大了执行法官的负担。三是事前审查便于执行法官做好释法工作，便于法官告知当事人执行和解的权利、风险及法律后果。因此，笔者建议非金钱债权执行和解协议应

---

① 江波：《民事执行和解司法审查的几个重要问题研究》，载《法制博览》2015 年第 19 期。

② 江波：《民事执行和解司法审查的几个重要问题研究》，载《法制博览》2015 年第 19 期。

当在执行法官主持下进行，由执行法官进行事前审查，当事人私下达成的和解协议，笔者建议将其排除在具有强制执行力范畴之外。此项制度选择表面上看来似乎是剥夺了当事人私下自行和解的自由，但法律规范的设定不应完全采用当事人中心主义的立法思路，应努力寻求在当事人权利保护和保障债权实现之间达成平衡状态。另外，从司法实践的角度来看，在将执行标的予以转化的非金钱债权案件的执行中，当事人将要对自身权利义务作出实质性变更，出于对法院权威、司法公信的信赖，其通常也更倾向于在法官的主持下达成合法、有效且可执行的和解协议。

2. 非金钱债权执行和解协议宜采用书面形式

关于执行和解协议的形式问题，从现有法律规范来看，我国《民事诉讼法》第230条规定："在执行中，双方当事人自行和解达成协议的，执行员应当将协议内容记入笔录，由双方当事人签名或者盖章。"《执行规定》第86条第1款规定："和解协议一般应当采取书面形式。执行人员应将和解协议副本附卷。无书面协议的，执行人员应将和解协议的内容记入笔录，并由双方当事人签名或盖章。"据此，所有和解协议均可采用书面形式，也可以由执行员将协议内容记入笔录，这无疑是在形式上给了当事人和执行法官更大的自由。但从非金钱债权执行和解协议具有执行力、非金钱债权和解转化特殊性的角度来看，金钱债权分期履行的和解协议一般和解内容较为简单，通过记入笔录方式可以满足执行需要，而非金钱债权执行和解协议则需要执行法官审查后赋予强制执行力，执行标的发生实质变更，简单通过记入笔录的方式，有可能存在执行笔录记录不全、权利告知不清等问题，引发后续关于和解协议效力的争议，徒增司法诉累，因此笔者建议非金钱债权执行和解协议宜采取书面形式，最好是能够通过样本的方式固定其格式与必备内容。另外，在执行实践中，达成和解协议后，当事人大多希望能够复印留存，而在案卷归档之前执行笔录一般是不允许复印的，采用书面和解协议则可以解决这一问题。同时，和解协议制作的过程，本身也是对执行和解进行再次审查确认的过程，也有助于避免疏漏错讹。

（二）保障守约方利益为原则：赋予守约方相关选择权、明确不履行情形下金钱给付内容的处理

1. 确立非金钱债权执行和解协议守约方的选择权

法律应当赋予执行和解协议守约方申请执行和解协议或恢复执行原生效法律文书的选择权，这包括两层含义：一是执行和解协议可作为执行依据；二是给予守

约方选择权。理由如下：在非金钱债权案件的执行中，申请执行人同被执行人通过和解协议将原非金钱债权转化为金钱债权，一般主要基于两方面的考虑：一是通过对执行内容做变通，将执行难度大、执行程序复杂的非金钱债权转化为相对易执行的金钱债权，以期通过自己的让步换取被执行人的快速、自动履行；二是一些案件中的非金钱债权本身的执行难度不大，但由于超出了申请执行人自身专业、能力范围，申请执行人愿意转化为更直接的金钱债权。如前文案例中所述对公司股权的执行。此种情况下，表面上申请执行人主要是为了自身利益考量达成执行和解，但在和解过程中由于自身专业、能力所限，相较于裁判文书确定的利益而言，一般处于利益受损的一方。被执行人不按照和解协议履行义务，对于守约的申请执行人来说，赋予其基于自身利益最大化考虑的选择权，这既是诚实信用法律原则的应有之义，也是公平正义理念的客观要求。反之，尽管在执行实践中，绝大多数非金钱债权的转化执行中，申请执行人极少负担义务。但是，理论上如果申请执行人在和解协议中负担了义务，如果其不依约履行，被执行人作为守约方，也应有权利申请执行原生效法律文书或者和解协议。作此建议的目的，一是考虑到法律规范应当具有一定的前瞻性；二是从公平合理及促使双方当事人履行和解协议的角度出发，如此设定也更有利于和解协议的自动执行，使执行和解切实发挥缓和当事人矛盾、缩短执行周期、减少执行成本的重要作用。

需予强调的是，上述选择权应由立法确认。执行权作为国家公权力之一，其行使应当以法律明确规定为原则。在法律没有明确规定的情形下，不同法院之间、甚至同一法院的不同法官之间都有可能出现不同认识，出现如前文所述的执行实践中难以根除的各种乱象。此外，经由立法规定的方式，还可解决执行程序通常不产生执行依据的理论难题。通说认为，执行程序一般不可产生新的执行依据，除非有法律明确规定，如追加变更被执行人等。笔者认为，立法规定执行和解协议可作为执行依据，是因执行标的本身发生了实质变更，而这与通说所指的因执行程序产生新的被执行人而产生新的执行依据存在着本质性差异。

2. 选择恢复执行原生效法律文书的，已履行金钱给付内容的处理

非金钱债权和解转化为金钱债权后，如义务方只部分履行了义务，对于该等已履行部分的处理，应当作出相应的制度安排。按照《民诉法解释》第 467 条的规定，和解协议已履行的部分应当予以扣除。显然，该规定无法解决本文所假设的情境。笔者认为，应由守约方将义务人已履行部分返还并交至法院，同时将该返还作为恢复执行原生效法律文书的前提。这主要基于如下考虑：一是在给予守约方选择权

的情况下,如守约方要求执行原生效法律文书,这已经是其对自身利益最大化综合衡量之后的结果。既然守约方选择恢复执行原生效法律文书,自然就不应当再保有和解协议的履行所带来的利益。二是要求守约方将已履行金钱内容予以返还并交至法院,可避免当事人因该问题产生争议另行诉讼,减轻当事人诉累。三是将案款交至法院后,就给了执行法官对案款的处分权和决定权。在非金钱债权的执行中,往往会产生运输、仓储、租赁等费用,在被执行人没有其他财产可供执行的情况下,实践中通常由申请执行人垫付。有了前述返还款,相应费用即可直接从中扣除,避免了申请人垫付及后续要求继续追偿的周折。另外,按照民事诉讼法的规定,对于被执行人不履行义务的行为,可处以罚款、拘留等强制措施,但在被执行人无财产可供执行的情况下,执行法官拟采取上述措施会勉为其难,将已履行金钱给付内容返还至法院,可间接促进被执行人履行和解协议,降低和解违约率,也可打消执行法官的顾虑。

在生效法律文书确定的内容本身既有金钱债权也有非金钱债权的情形下,当事人通过执行和解将非金钱债权转化为金钱债权,如果判决本身所确定的金钱债权尚未得到清偿时,申请执行人自可不予返还,应径行将被执行人已履行部分直接从判决确定的金钱债权数额中扣除。

(三)适度权利救济为原则:不赋予和解协议可诉性及被执行人异议之诉安排

1. 非金钱债权执行和解协议的可诉性问题

有学者主张,应赋予当事人对非金钱债权执行和解协议以诉权,原因在于该协议是对当事人实体权利义务的重新调整,应允许其通过诉讼程序得到司法救济。依笔者所见,该观点在理论和实践两方面均存在障碍:第一,执行和解兼具私法行为和诉讼行为双重性质,因此执行和解协议不是普通民事合同,而是一种诉讼法制度,其形式和内容都应受到审判、执行公权力的直接制约。当事人就和解协议产生的争议不同于普通民事纠纷,也不宜纳入民事诉讼的受案范围。第二,执行和解协议与生效法律文书密不可分,就和解协议产生的争议不是全新的民事纠纷。[①] 非金钱债权执行和解协议虽然对执行内容进行了实质变更,但并不是确立全新的权利义务关系,因此没有必要重新起诉。第三,既已赋予非金钱债权执行和解协议强制执行力,已可有效解决现有和解协议不履行而只能恢复执行原生效法律文书此

① 常怡、肖瑶:《执行和解制度若干问题研究》,载《甘肃政法学院学报》2010年第5期。

单一救济途径的弊端,再允许就该类和解协议另行起诉将导致制度矛盾,且有违诉讼效率原则、有过度保护之嫌。

2. 被执行人的司法救济问题

在非金钱债权执行和解协议不具有可诉性的前提下,也应关注被执行人的司法救济问题。有学者认为可建立被执行人异议之诉制度,即当申请执行人不履行和解协议而申请恢复原执行名义时,债务人可以据以提出抗辩。[①] 笔者不赞同此观点,原因如下:首先,我国现有法律规定的执行异议、执行复议、案外人异议、执行异议之诉等,已可为当事人提供充分的权利保障。其次,被执行人执行异议之诉适用的条件是"当申请执行人不履行和解协议而申请恢复原执行名义时",而按照我国民事诉讼法的规定,只有守约方才有申请恢复执行原执行依据的权利,不存在当违约的申请执行人申请恢复原执行名义时,是否需要赋予被执行人提起执行异议之诉的客观基础。

四、结语

允许执行案件当事人通过达成执行和解协议的方式,将非金钱债权案件转化为金钱债权案件,可以达到申请执行人、被执行人与法院三方"共赢"的效果,也是目前缓解"执行难"的现实需要。但如执行和解协议未全面履行,当事人之间的利益纠葛将更为复杂、信任基础也更为薄弱,需要法律规范供给妥当的解决方案,然而现有法律规范的缺失直接导致了执行实践的不一致。理想与现实之间产生了强烈反差,该等反差进而导致了司法权威与私权保护的"双输",实际上又加重了"执行难"。因此,应当在理论研究成果与实践经验总结的双重维度对该类执行和解问题进行认真且深入的探讨,以期完善符合我国法律体系及现实国情双重需要的制度规范。

---

① 车陆洲:《民事执行和解协议性质争议及其多样化路径分析》,载《理论观察》2014 年第 10 期。

附：

执行和解协议(样本)

(××)××执××号

申请执行人(写明基本情况)。

被执行人(写明基本情况)。

申请执行人××与被执行人××××纠纷一案,××××作出的××××已发生法律效力(写明案件基本情况)。申请执行人××向本院申请执行,要求被执行人给付××××××××(写明申请执行内容)。

本案在执行过程中,经本院主持,双方自愿达成执行和解协议如下:

一、××××××××

二、××××××××

(写明和解具体内容)

上述协议系双方真实意思表示,且不违反相关法律规定,本院予以确认。

本和解协议自双方当事人签字/盖章后即具有法律效力。一方当事人不履行或不完全履行本协议的内容,权利人可以申请执行原生效法律文书或者执行和解协议。申请恢复执行的期限适用《中华人民共和国民事诉讼法》第二百三十九条的规定。申请执行的期限因本和解协议生效而中断,申请恢复执行期限自本和解协议所确定履行期限的最后一日起重新计算。同时,如被执行人未依本和解协议履行,本院将依据《中华人民共和国民事诉讼法》第一百一十一条的有关规定,追究其相应的法律责任。

申请执行人:　　　　　　　　　　被执行人:

年　月　日　　　　　　　　　　　年　月　日

梳理与重构:民事间接执行措施的体系化路径分析

史　锐*

内容摘要:间接执行与直接执行、替代执行并列为民事强制执行的三种方法,为了解决“执行难”问题,间接执行措施受到越来越多的重视。我国对民事间接执行的相关立法缺乏系统性和可操作性,导致实务中间接执行措施的运用比较混乱。本文拟通过从立法和司法实务两方面进行梳理,试图对我国民事间接执行措施的体系化路径进行分析和探讨。本文第一部分对各项民事间接执行措施的启动程序、适用条件、适用对象、主要内容、救济途径进行了对比分析,指出现行法律规定的缺陷和不足。第二部分是对民事间接执行措施在实务中的应用分析,对间接执行措施依据不同的执行目的和效果分为三类,从加重财务负担到限制经济活动,再到限制人身自由,分别对每项执行措施在实务中遭遇的尴尬处境进行具体阐述。第三部分通过对法国、德国、日本及我国台湾地区相关的间接执行制度进行借鉴与吸收,结合我国的立法、司法实践,提出建立我国民事间接执行措施体系的四个原则:执行申请原则、修正的“补充性原则”、比例原则和特色性原则。

关键词:间接执行　修正的“补充性原则”　比例原则　体系化

引　言

间接执行与直接执行、替代执行并列为民事强制执行的三种方法,其中,间接强制执行是指,债务人不履行债务时,由执行法院命其于一定期间内履行某债

---

* 北京市东城区人民法院执二庭法官。

务,如不履行则科以某种制裁,使其心理上受压迫,而促使其自行履行债务。① 实践中三种执行方法分别承载了不同的价值目标,直接执行由于其对执行标的具有直接强制实现的效力而备受各国立法的重视,而间接执行方法凭借给予执行债务人一定的心理压力诱发债务人自动履行,从而更能贯彻程序经济和程序利益保护原则,因此,各国立法在完善直接强制执行的同时,也都开始重视对间接执行的研究。

我国民事间接执行措施的立法经历了一个由少到多,由简到繁的过程,也是一个执行工作不断受到重视,试图多措并举解决“执行难”的过程。1982 年制定的《民事诉讼法》(试行)第 77 条,规定“对隐藏、转移、变卖、毁损已被查封、扣押的财产的行为可处以拘留和罚款”。可见,从新中国的民事诉讼法制定之初,间接执行选择的就是人身制裁和经济制裁共存的构成模式。1991 年制定的《民事诉讼法》第 102 条在保留试行民诉法该项规定的基础上,还更明确地规定:“拒不履行人民法院已经发生法律效力的判决、裁定的”,可处拘留和罚款;另外,还在第 232 条规定了“加倍支付迟延履行期间的债务利息”及“支付迟延履行金”两种经济类制裁的间接执行措施,间接执行转向以人身制裁为辅、经济制裁为主。2007 年修订的《民事诉讼法》第 231 条在 1991 年的基础上,增加了“限制出境”“在征信系统记录”“通过媒体公布不履行义务信息”三种新的惩罚手段,并以“法律规定的其他措施”为新措施预留空间。2010 年,最高人民法院出台《关于限制被执行人高消费的若干规定》,并于 2015 年修正为《关于限制被执行人高消费及有关消费的若干规定》。这样,三十余年间变化明显,罚款的额度大幅提高,间接执行措施的种类构成日趋复杂。我国现行的民事间接执行措施包括了迟延履行金、迟延履行利息、拘传、罚款、拘留限制出境、征信系统记录、通过媒体公布、限制高消费及相关消费八种,但如此数量丰富的执行措施在实践中的应用效果却并不尽如人意,“量多而质差”的矛盾突出。

① 陈宗荣:《强制执行法》,台北:三民书局 1988 年版,第 596 页。

一、立法缺陷:对现行民事间接执行措施法律规定的对比分析

表1　关于民事间接执行措施的法律规定

间接执行措施	启动程序	适用对象	适用条件	主要内容	救济途径	法律规定①
迟延履行金	依职权或依申请	被执行人	未按判决、裁定和其他法律文书指定的期间履行给付金钱义务	已造成损失的,双倍补偿;未造成损失的,由法院根据具体情况决定	—	《民诉法》第253条,《民诉法解释》第506条,《执行规定》第24条
迟延履行利息	依职权或依申请	被执行人	未按判决、裁定和其他法律文书指定的期间履行其他义务	加倍支付,具有明确的计算方法	—	《民诉法》第253条,《民诉法解释》第507条,《迟延履行利息解释》
拘传	依职权由院长签发拘传票	被执行人、被执行人的法定代表人、负责人或者实际控制人②	必须到庭接受询问,经两次传票传唤,无正当理由拒不到庭	不超过24小时③	—	《民诉法》第十章、《民诉法解释》第175条、第484条,《执行规定》第97~99条
罚款	依职权作出罚款决定书,经院长批准	被执行人、被执行人的主要负责人、直接责任人协助执行义务人	拒不履行生效的判决、裁定的,以及其他妨害执行的行为	个人10万元以下;单位5万元以上100万元以下	向上一级人民法院申请复议一次	《民诉法》总则第十章,《民诉法解释》第176~193条,《执行规定》第100条
拘留	依职权作出拘留决定书,经院长批准	被执行人、被执行人的主要负责人、直接责任人	同罚款	15日以下	向上一级人民法院申请复议一次	《民诉法》第十章、《民诉法解释》第176~193条,《执行规定》第100条

① 为方便制作,以下表格以及下文中对法律规定的引用均使用简称,现行《民事诉讼法》简称为《民诉法》,最高人民法院《关于适用〈中华人民共和国民事诉讼法〉的解释》简称为《民诉法解释》,最高人民法院《关于人民法院执行工作问题的规定(试行)》简称为《执行规定》,最高人民法院《关于适用〈中华人民共和国民事诉讼法〉执行程序若干问题的解释》简称为《执行程序解释》,最高人民法院《关于执行程序中计算迟延履行期间的债务利息适用法律若干问题的解释》简称为《迟延履行利息解释》,最高人民法院《关于人民法院办理执行异议和复议案件若干问题的规定》简称为《执行异议和复议规定》。

② 《执行规定》第97条中表述为"被执行人或被执行人的法定代表人或负责人"。

③ 《民诉法解释》第484条第2款规定原则上不超过8不时,情况复杂,可能采取拘留措施的,不得超过24小时,但《执行规定》第98条规定不得超过24小时。

续表

间接执行措施	启动程序	适用对象	适用条件	主要内容	救济途径	法律规定
限制出境	原则上依申请，必要时可依职权作出限制出境决定书，经院长审核后再报高院审批	被执行人、被执行人法定代表人、主要负责人或者影响债务履行的直接责任人员、法定代理人	不履行法律文书确定的义务的	3个月	10日内向上一级人民法院申请复议	《民诉法》第255条，《执行程序解释》第36~38条，《执行异议和复议规定》第9条
征信系统记录	依申请或者依职权制作纳入失信被执行人名单决定书	被执行人①	未履行义务，且具有规定的六种情形之一的（包括违反限制高消费令）	将不履行信息纳入最高人民法院失信被执行人名单库，并通过该名单库统一向社会公布	向人民法院申请纠正，对纠正决定不服的可复议	《民诉法》第255条，《民诉法解释》第518条，《关于公布失信被执行人名单信息的若干规定》（2017年修正）
通过媒体公布	依职权或依申请	被执行人	不履行法律文书确定的义务的	将不履行信息通过报纸、广播、电视、互联网等媒体公布	—	《民诉法》第255条，《执行程序解释》第39条
限制高消费及有关消费	原则上依申请，必要时可依职权，由院长签发限制消费令	被执行人及其法定代表人、主要负责人、影响债务履行的直接责任人员、实际控制人	未按执行通知书指定的期间履行生效法律文书确定的给付义务的	限制高消费及非生活和工作必需的消费行为	—	《最高人民法院关于限制被执行人高消费及有关消费的若干规定》

从表1中可以看到，我国间接执行措施的构成非常复杂，散落各处不成体系，有规定在《民事诉讼法》总则中的，也有规定在分则执行程序的，更多的条款则散落在各司法解释中，这种立法现状造成概念表述不统一、逻辑关系不周延，理解方式不同甚至会导致条文之间相互冲突的情形。②

总结起来主要有以下问题：第一，启动方式和适用程序不统一。在依申请还是依职权启动的表述上，有的只能依职权启动，有的以当事人申请为原则，法院主动依职权为例外，有的则不作区分；在文书形式上，有的采取决定或命令的形式，有的

① 《关于公布失信被执行人名单信息的若干规定》第4条第1项规定，失信被执行人作为法人或其他组织的，还应公布法定代表人或者负责人姓名，但未明确能否公布法定代表人、负责人的身份证号。

② 《执行规定》第100条与《民诉法》第111条第1款第6项之间的关系如何认定曾发生争议，参见《人民司法》2011年第9期，普遍认为前者是对后者作出的补充性规定，但这一争议本身就说明相关法律规定的逻辑不够周延。

则未作规定；在审批权限上，有的特别规定须经院长批准，有的还须经高级人民法院审核，有的则未作明确规定。第二，适用对象不明确。被执行人为法人或其他组织时，适用对象的表述缺乏逻辑性和可操作性。在不同的法律、司法解释中可见“法定代表人”“负责人”“主要负责人”“实际控制人”“直接责任人”“影响债务履行的直接责任人员”等各种称谓的随机组合，在这种既有重叠又有区别的表述下，如何认识它们之间的关系，除“法定代表人”之外，其他对象的认定标准与程序如何，没有相关的操作规范，这种立法本身给司法实践带来的困惑和不便直接影响了相关措施的适用效果。第三，适用条件不细化。多数措施只要不履行义务即符合适用条件，只有罚款、拘留和征信系统记录三种措施对适用条件以罗列的方式作了进一步规定。罚款和拘留规定在相同的条款中，视情节轻重进行单独或合并适用，主要适用的条文为《民诉法》第 111 条以及 2015 年《民诉法解释》第 188 条，司法解释虽然对“拒不履行人生效判决、裁定的行为”进行了细化，却没有对“情节轻重”作出进一步划分；而限制高消费令作为一种执行措施存在的同时，又作为纳入失信被执行人名单、罚款和拘留三种措施的适用条件之一，不仅逻辑混乱，而且不同类型的措施之间如何衔接，如何选择适用几乎没有规定，也使这些措施难成体系。第四，救济途径不完善。仅规定拘留、罚款可向上一级人民法院申请复议 1 次，认为纳入失信被执行人名单错误的，可向法院申请纠正，对纠正决定不服的，可申请复议，其余措施均未对救济途径作出明确规定，一般适用《民事诉讼法》第 225 条提起执行行为异议。

上述问题导致在司法实践中，这些措施并未得到充分应用，措施无法落地的尴尬不仅损害了司法权威，也给执行工作带来了更多的质疑和不信任。

二、执法尴尬：民事间接执行措施在实务中的应用分析①

表 2　2013～2015 年北京市某区法院采取民事间接执行措施情况的统计分析

年份	迟延履行金（件）	迟延履行利息（件）	拘传（人次）	罚款（万元）	拘留（人次）	限制出境（人次）	征信系统记录（人次）	通过媒体公布（人次）	限制高消费（人次）
2013	2	3523	8	92	36	37	18	—	—
2014	5	4200	8	46.1	41	87	621	70	7
2015	20	5166	8	39.4	86	35	1121	90	10

① 以北京市某区法院的实践情况为分析样本。

从表2中可见,实践中适用频率较高的有迟延履行利息[①]和征集系统记录、拘传、罚款、拘留和限制出境,而迟延履行金、通过媒体公布、限制高消费及有关消费则较少适用[②],特别是从2013年7月《关于公布失信被执行人名单信息的若干规定》实施以来,信用惩戒措施越来越受到重视。[③] 间接执行措施的应用是执行力度的不断加大的一个重要体现,也确实取得了一定的效果,但是有的措施难以落地,即使运用比较频繁的几项措施在实践中也遇到很多问题,下文将对各项措施主要实现的功能进行分类讨论(见图1)。

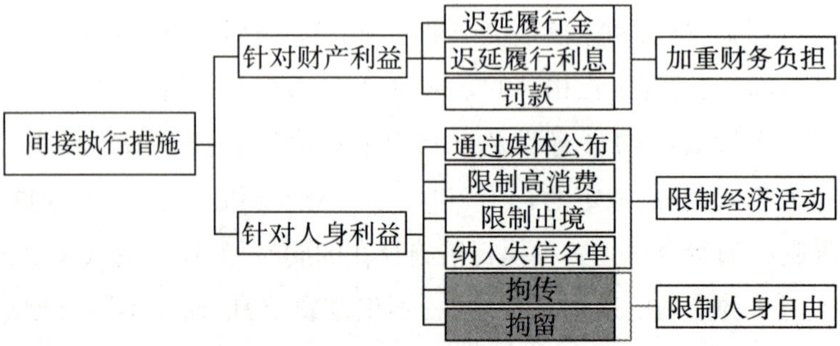

图1　间接执行措施的实施效果

从图1中可见,间接执行措施对被执行人施加的不利益有不同的目的和效果,本文将其分为三类,从加重财务负担到限制经济活动,再到限制人身自由,基本上是一个由轻到重的过程。

(一)加重财务负担的间接执行措施

针对财产利益的间接执行措施目的在于加重被执行人的财务负担,迫使其主动、尽快履行相关义务。最高人民法院于2014年出台《关于执行程序中计算迟延履行期间的债务利息适用法律若干问题的解释》后,迟延履行利息问题在很大程度

---

① 多数以金钱给付为执行标的的案件都会涉及迟延履行利息的计算问题。

② 尽管最高人民法院《关于限制被执行人高消费及有关消费的若干规定》第1条第2款规定"纳入失信被执行人名单的被执行人,人民法院应当对其采取限制消费措施",实践中囿于其发布后的效果难以实现,这一规定更多地沦为一种形式化要求。

③ 各级法院的工作报告中也从侧面印证了这一点,例如,最高人民法院2016年2月的工作报告显示:2015年全年各级法院采取信用惩戒措施467万次,将338.5万名被执行人纳入失信被执行人名单,35.9万人慑于信用惩戒主动履行义务。北京市高级人民法院近三年来的工作报告显示,2013年全年发布失信被执行人信息1205条;2014年发布失信被执行人信息12,549条;2015年全市法院公布失信被执行人名单15,315条、限制出境2071人、限制高消费14,783人、司法拘留822人,在公安、检察机关的配合下,开展打击拒不执行判决、裁定犯罪行为专项行动,公安机关协助法院查控逃匿被执行人306人。

上得到了解决,本文不再赘述。目前实务中的难点是迟延履行金,该措施适用于执行标的为非金钱给付内容的案件,即包括物的交付和行为,这两类案件恰恰占据了疑难案件的一大部分,但对于金额如何确定,能否充抵债务,能否多次适用,立法均未明确,导致该措施并未得到普遍运用。

而罚款措施的适用较少一方面是执行案件的特点决定的,金钱给付类案件占了很大的比重,而这部分案件执行不能多因无财产可供执行,即使罚款也无法落实到位;另一方面民诉法规定对个人的罚款在10万元以下,对单位的罚款在5万元以上100万元以下,罚款幅度较大,数额的确定完全依赖法官的主观因素,且就目前出具的罚款决定书来看,金额往往靠近罚款下限,基本无法达到心理强制的程度。

(二)限制经济活动的间接执行措施

针对人身利益的间接执行措施目的在于给被执行人施加压力,包括其经济活动和人身自由进行一定程度的限制,迫使其尽快履行义务。

1.公布失信被执行人名单

对经济活动进行限制的措施在很大程度上依赖于公安、工商、金融、税务、海关、交通等其他部门、主体的配合,目前适用情况和适用效果最好的是公布失信被执行人名单,也是得益于这些机构的配合,失信被执行人名单库成为建立社会信用体系的一个重要组成部分,这一措施本身即部分涵盖甚至实现了通过媒体公布、限制高消费、限制出境的功能,①如《关于公布失信被执行人名单信息的若干规定》第5条即涵盖了通过公布的功能,被列为失信被执行人后无法购买机票造成被执行人无法出境,无法购买列车软卧、高铁实现了限制高消费的作用,且这一名单对被执行人的限制在日后会越来越多,威力会越来越大。

然而在适用条件上,纳入失信被执行人名单却比通过公布、限制高消费、限制出境严格得多,依据《关于公布失信被执行人名单信息的若干规定》第1条,必须同时符合三个条件:"有能力""不履行"以及其他六种情形之一。实务中法院很难获得证据证明被执行人存在前五种情形,较多适用的只能是第六种的兜底条款,然而难以执行的案件中,很多都是经"四查"无财产,被执行人下落不明的情况,若申请人无法提供被执行人有故意减损财产的行为,严格执行"有能力"这一条件就会很

---

① 沈静、田强、杜玉勇:《关于公布失信被执行人名单制度实施情况的统计分析》,载《河北法学》2016年第5期。

大比例的被执行人根本不能被纳入失信被执行人名单，但同时，这部分被执行人却符合被限制高消费、通过媒体公布不履行信息、限制出境甚至被拘留的条件，这种法律规定的不一致不但不利于保护申请人权益，而且导致执行工作陷入一种尴尬的境地，损害了司法权威。

2. 通过媒体公布

若是由申请执行人提出申请则需先行垫付相关费用，这种情形基本没有。若由法院依职权公布，需法官自行联系相关媒体，这时费用问题就难以解决，所以往往要依靠法院与媒体之间的合作来推行，如北京市某区法院与某地方电视台法治栏目进行合作，设立“曝光台”，将不履行的被执行人信息名单进行滚动播放，效果也不甚明显。因为通过媒体公布的作用是通过广而告之的方式使被执行人不履行生效文书的行为被周知，从而在其生活环境中造成负面评价，然而现代社会的人口流动性大，社区人口之间的熟知度很弱，加上我们身处一个“信息爆炸”的时代，特定媒体的受众非常有限，媒体公布带来的负面评价给被执行人带来的影响也有限。

3. 限制高消费和限制出境

消费本身就是一种经济行为，限制高消费及相关消费更多地需要其他市场经济主体的协助和配合，意味着限高令需要送达的对象数量众多，囿于目前的社会信用体系和执行案件数量庞大的客观现实，一对一落实起来基本不太现实。目前需要在实践中不断摸索，如北京市某法院通过向携程旅游网、去哪儿网、途牛旅游网等多家互联网旅游服务公司发送协助执行通知书的方式，要求上述公司对限制消费人员的具体消费行为，如酒店预订、机(车)票购买、旅游项目参团等予以限制。既然提供消费主体庞大，那么借助集约实现消费功能的中间机构不失为一种很好的思路，如何将这种一对一的协助转化为一种常态机制是日后改进工作的思路。

限制出境措施的运用，首先是受户籍管理的限制，在获取护照号码、港澳通行证号码这一环节就遇到了困难；其次限制出境措施的审批程序非常烦琐，最终需通过高院报送边检部门，而期限又很短，只有 3 个月，延期审批手续与实效审批相同，而被执行人的出境时间具有不确定性，在履行义务之前就有可能需数次进行续控，极大地浪费了司法资源；最后边检部门无权限制被执行人的人身自由，尤其是在异地出境的，执行工作非常被动。

(三)限制人身自由的间接执行措施

拘传与拘留作为两种限制人身自由的间接执行措施，符合拘传条件的，基本也符合拘留条件，且执行案件中的法律关系相对明晰，拘传在执行中适用也比较少。

单位作为被执行人时,法律对这两类措施适用对象的表述不一致,没有统一的认定标准,导致实践中一般只针对其法定代表人和负责人,且拘留期限太短,难以产生震慑作用。

限制人身自由还需一个重要的前提条件——被执行人、被执行人的主要负责人或直接责任人员能够被找到,而“被执行人难找”是执行工作的又一大顽疾,一般情况下,执行人员通过电话联系、发传票、前往住所地查找的方式通知被执行人到庭,但遇到拒不配合的当事人,该措施基本无用武之地,只能依靠申请执行人自身的力量去查找线索,或者依靠公安机关进行协查。协查工作基本需要法院与公安机关进行协调,在专项活动中对符合特定条件的被执行人才能申请协查,协查数量有限,受制于执行案件的基数过大、司法资源有限的客观情况,很难形成常态。

而且在民事领域,这种限制人身自由的措施本身也不应成为常规的执行手段,但由于间接执行措施未形成一个完整的体系,不同措施之间的适用无先后之分、无优先顺序之分,导致目前对于能够到庭的被执行人,拘留措施的适用又显得有些随意。

三、借鉴与吸收:间接执行措施系统化的适用原则

一项制度高效的运行在很大程度上是依赖于完善的立法规定,完善的立法从源头上对制度的运行给与保障。间接执行措施应当从《民事诉讼法》总则“对妨害民事诉讼的强制措施”一章中分离出来,并入到第三编执行程序关于“执行措施”的一章中去,并改变目前以司法解释为主要构成的立法模式,提高到法律层面,形成一个结构合理、逻辑严密、可操作性强的运行体系,实现执行成本最小化和当事人权益最大化的目标,切实解决“执行难”。以下通过对法国、德国、日本及我国台湾地区的间接执行制度进行分析,提出建立我国民事间接执行措施体系的几点原则。

(一)执行措施申请原则

执行措施申请原则,是《法国民事执行程序法》所体现的一项原则。所谓执行措施申请原则,是指在民事执行程序中,债权人为了实现自己的债权,不仅应当向执行机关提出执行申请,以及根据直接或者间接执行等不同执行措施的特点,选择与申请执行有关的执行措施,而且债权人有关执行措施的选择,应当符合实现自身

债权的目的,且不能超出必要的范围。[①] 体现了执行程序中的当事人参与主义,当然这也与法国间接强制执行的性质有关。法国的强制执行措施仅包含“逾期罚款”(一种大致相当于我国的“迟延履行金”的财产性措施),最终归属于债权人而不是国库。

特别需要注意的是,由于我国的罚款措施并不具有抵偿债务或损害赔偿的作用,而是直接上缴国库,拘传、拘留具有强烈的人身强制色彩,故这三种措施应当经法院裁量,依职权适用,不宜依债权人申请采取。除此之外,债权人有权申请选择适用一种或几种执行方法,由法院审查决定,同时符合几种间接执行措施的适用条件时,优先选择债权人申请适用的措施。债权人作为执行行为的直接受益人,也最了解被执行人情况,鼓励债权人积极参与执行程序,协助执行法官选择更有效的执行方法,也有利于债权人及时了解执行进度,疏导情绪,避免最后执行不能时,将对被执行人的不满情绪转嫁至执行法院甚至执行法官。

(二)修正的补充性原则

直接执行、代替执行和间接执行共同构成一个执行体系,依据执行标的的不同,在间接执行措施的适用范围上,各国立法一般坚持“间接执行的补充性理论”。最有代表性的是被学界称为“一债务一请求权一执行方法”的德国模式,[②]严格限制间接执行措施的适用范围(见表3),但在特定情形下又有所突破,例如,日本最早完全借鉴了德国“一请求权一执行方法”的执行立法模式,将间接执行作为一种补充性措施,对于可替代行为请求权及金钱和物的交付请求权应先采取代替执行或直接执行,而不可迳行采取直接执行措施。但是2003年11月日本最高法院作出的《民事执行规则等部分改正的规定》以及2004年11月日本国会通过的《为改善民事程序而部分修改民事诉讼法等法律的法律》两次扩张了间接执行措施在执行体系中的适用范围。依修正后的民事执行法,对于金钱债权中有关夫妻间扶助、婚姻费用分担、子女监护费用分担及抚养等义务的履行,既可以申请直接执行也可以兼采间接执行。对于非金钱债权的强制执行,除物之交付请求权可采行直接强制执行、可替代行为请求权可采代替执行外,均可同时采行间接强制执行的方法。[③]

---

① 廖中洪:《民事间接强制执行适用原则研究》,载《现代法学》2010年第2期。

② 马登科:《民事间接强制执行比较研究》,载《法律科学》(西北政法大学学报)2012年第4期。

③ 孔令章:《论民事强制执行方法的体系化》,载《理论界》2011年第4期。

表 3　执行标的与执行方法之间的关系

执行标的	细化分类	执行方法	
		德国	我国
金钱给付	维持债权人基本生存的金钱债权	直接执行	直接执行或间接执行
	普通金钱债权		直接执行优先于间接执行
物的交付	动产	直接执行	直接执行或间接执行
	不动产		
行为	可替代行为	代替执行	代替执行优先于间接执行
	不可替代行为	间接执行	间接执行
	不作为义务		

日本的做法很有借鉴意义，我们可采用修正的“补充性原则”，在充分考虑民事执行工作的特点，将这种“不同执行标的对应不同执行方法”的思路运用到立法和司法实务中去，实现间接执行措施的系统化。

首先，各国关于间接执行的规定体现了一种共同的逻辑，执行间接执行首先适用于不可替代的行为给付及容忍义务的执行，其次才泛化和扩大到金钱、物的交付、可替代行为的执行。① 这一点在我国曾被长期忽略，2015 年《民诉法解释》有了突破，在第 503 条、第 504 条规定了可替代行为请求权的执行方式，第 505 条规定了不可替代行为和不作为义务请求权的执行可适用罚款、拘留措施，且在法院规定的履行期间内仍不履行的，可再次予以罚款、拘留，这是一大进步的标志。

其次，通过将金钱给付案件细分为“维持债权人基本生存的金钱债权”和普通金钱债权，将这些年来在“涉民生案件”专项集中执行活动中取得的经验以法律形式固定下来。“涉民生”案件并不是一个严格的法律用语，没有明确的范围，一般包括追索劳动报酬、刑事附带民事赔偿、医疗事故纠纷、机动车交通事故损害赔偿纠纷、工伤赔偿、赡养费、抚养费、抚育费、抚恤金等案件。这些案件直接关系到债权人的基本生存权，在执行措施的适用上更着重保护债权人利益，直接执行措施和间接执行措施不分先后，可视案件的紧迫性和措施的实效性选择适用，快速高效将标的执行到位。

这一点在国外的执行程序中也有所体现，如《公民权利和政治权利国际公约》②确立了一个重要的原则——禁止“监禁逼债”原则，在执行中不能仅仅因债务

---

①　马登科：《民事间接强制执行比较研究》，载《法律科学》（西北政法大学学报）2012 年第 4 期。

②　该《公约》第 11 条规定：任何人不得仅仅由于无力履行义务而被监禁。

人没有履行能力而对其进行监禁，但在美国，该原则只适用于合同债务，对于因欺诈、故意侵权行为、抚养费、子女养育费、依托、离婚后夫妻财产分配、赡养费及雇主依法对劳工所欠工次等金钱支付义务，禁止“监禁逼债”原则不予适用。①

最终，确立这样一个间接执行措施体系：明确不可替代行为请求权的执行只能采取间接执行措施，在普通金钱债权和可替代行为的执行中将间接执行措施作为直接执行、代替执行的补充，在特定金钱债权、动产、不动产的给付执行中，依据个案情况，兼顾各种实体、程序要求及各方利益，在保障债权人选择权的前提下，本着执行经济原则、对债务人损害最小化和债权人利益最大化原则，综合运用直接执行、间接执行措施，诱发当事人自动履行（见表3）。

（三）比例原则

比例原则的内容包括适当性原则、必要性原则及衡量性原则。② 执行程序所设定的各种执行方法及其适用程序需对多方面价值需求的平衡进行考量，体现在间接执行措施的立法上，在保持执行措施的威慑性的同时，提供完善的救济制度；执法时遵循对债务人损害最小化的原则，在多重的措施能都达成让债务人履行债务的目的时，应该选择对债务人损害最小的方式，避免超过实现法律目的的必要程度。对于债权人来说，所选择的措施应该能够在最短的时间实现给付内容，使债权人获得最大程度的损害赔偿，对于债务人来说，则应该选择对其造成伤害最小的方式，同时对于执行法院来说应该是既能实现执行措施，又能最大限度地节省司法资源的方式。

确保规定的每一项措施对其所惩罚的行为都能取得执行实效，有利于保护债权人利益，有利于债务人依据比例原则对自身行为可能承担的后果作出预判，也有利于执行人员对各方价值需求进行分析后准确适用最有效的执行措施，是比例原则得以运用的前提条件。目前罚款、拘留措施因适用条件不够细化，故而还未能很好地发挥威慑作用。

虽然罚款幅度在几次法律修订过程中有了重大提升，但实践中罚款金额普遍贴近最低限额，对债务人的惩罚作用太小，应当根据妨碍执行或减损责任财产的行为性质、主观恶性、损失程度、经济能力、悔过态度等多种因素，区分轻微违法行为、一般违法行为、严重违法行为，将罚款额度分为三档，既限制法官自由裁量权，也方

① 马登科：《民事间接强制执行比较研究》，载《法律科学》（西北政法大学学报）2012年第4期。

② 赖来琨：《强制执行法总论》，台北：元照出版有限公司2007年版，第66页。

便实务操作。

我国台湾地区的管收期限有3个月,德国一次违警拘留6个月,累计不超过2年①,与之相比我国目前最高拘留15天,处罚幅度简直轻得可以忽略不计,应提高到3个月以内甚至以上,才能充分发挥人身处罚的威慑作用;对债务人为单位时,统一并明确拘留措施适用对象的认定标准。同时为避免其超越合理限度,在对适用条件进行明确规定的同时,应对其不得适用或中止适用的情形进行规定,例如我国台湾地区"强制执行法"规定,管收的适用条件除法定事由外,还需债务人未提供相当担保,如依其他执行方法足以达到强制执行的目的,或者显然不能依据管收达到执行目的的,则不应予以管收。有下列情形之一者,不得管收。其情形发生于管收后者,应停止管收:(1)因而其一家生计有难以维持之虞者。(2)怀胎5个月以上或生产后未满2个月者。(3)现罹疾病,恐因管收而不能治疗者。如被管收人确因执行管收而有生命之危险者,应解为上述第三款所定范围。②

(四)特色性原则

对债务人进行信用惩戒,限制其从事某些经济、社会活动是我国间接执行体系中最独具特色的部分,是其他国家所没有的,保持这一特色性原则,应当将通过媒体公布、限制高消费、限制出境和纳入失信被执行人名单四种措施进行整合,构建一个以征信系统记录为依托,以失信被执行人分类分级管理制度为路径,兼具全面性和灵活性的系统化信用惩戒模型(见图2)。

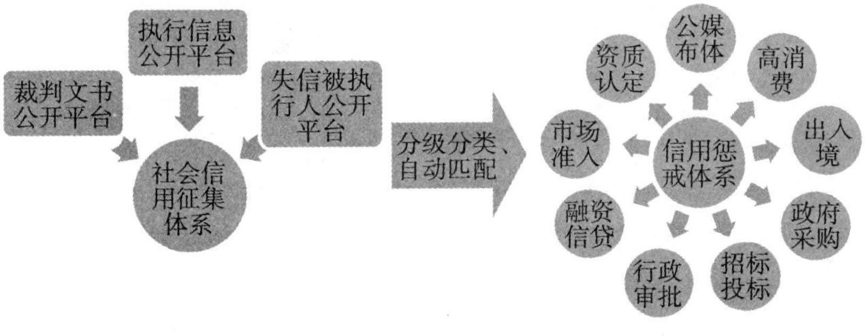

图2　系统化信用惩戒模型

---

① 参见《德国民事诉讼法》第888条、第890条规定。

② 杨与龄:《强制执行法论》,中国政法大学出版社2002年版,第232~234页。

大数据时代的到来使整个社会全面进入信息化，今后通过媒体公布、限制高消费、限制出境最终都将通过信息化手段实现。首先将裁判文书公开平台、执行信息公开平台、失信被执行人公开平台全面纳入社会信用征集体系，债务人从被告—被执行人—失信被执行人应当是层次递进循序进行的，其对社会主体信用的影响权重也逐级递增的，权重最大的自然是失信被执行人名单。然后再对失信被执行人名单进行分类分级管理。只要发出执行通知后被执行人仍不履行，且债权人提出申请的，应直接纳入失信被执行人名单，将目前规定的失信被执行人的准入条件进行细化作为分级标准，将不同的失信等级对应强度不一的惩戒等级，再综合社会信用评价体系，根据惩戒等级在媒体公布、高消费、出入境、政府采购、招标投标、行政审批、政府扶持、融资信贷、市场准入、资质认定等效果中，由系统自动匹配最优范围，给被执行人以最有效的惩戒，促使执行目标的实现。

同时完善对债务人权利的救济途径，明确规定除向执行实施机构申请纠正外，还可依据《民事诉讼法》第225条提起执行行为异议，有证据证明因将债务人纳入失信被执行人名单给被执行人造成损失的，可申请国家赔偿；申请人恶意隐瞒事实的，应赔偿债务人的损失，可认定为妨害执行的行为，视情节轻重对其进行罚款、拘留。

图书在版编目(CIP)数据

人民法院司法改革热点问题 / 薛峰主编. -- 北京 : 法律出版社, 2018
ISBN 978 - 7 - 5197 - 2393 - 4

Ⅰ. ①人… Ⅱ. ①薛… Ⅲ. ①司法制度-体制改革-研究-中国 Ⅳ. ①D926

中国版本图书馆 CIP 数据核字(2018)第 147119 号

人民法院司法改革热点问题
RENMIN FAYUAN SIFA GAIGE REDIAN WENTI

薛 峰 主编

责任编辑 夏旭日 蒋 橙
装帧设计 李 瞻

出版 法律出版社
总发行 中国法律图书有限公司
经销 新华书店
印刷 三河市龙大印装有限公司
责任校对 杨锦华
责任印制 吕亚莉

编辑统筹 法律应用出版分社
开本 710 毫米×1000 毫米 1/16
印张 30.25
字数 560 千
版本 2019 年 7 月第 1 版
印次 2019 年 7 月第 1 次印刷

法律出版社/北京市丰台区莲花池西里 7 号(100073)
网址/www. lawpress. com. cn
投稿邮箱/info@ lawpress. com. cn
举报维权邮箱/jbwq@ lawpress. com. cn
销售热线/400 - 660 - 8393
咨询电话/010 - 63939796

中国法律图书有限公司/北京市丰台区莲花池西里 7 号(100073)
全国各地中法图分、子公司销售电话:
统一销售客服/400 - 660 - 8393/6393
第一法律书店/010 - 83938432/8433 西安分公司/029 - 85330678 重庆分公司/023 - 67453036
上海分公司/021 - 62071639/1636 深圳分公司/0755 - 83072995

书号:ISBN 978 - 7 - 5197 - 2393 - 4
定价:89.00 元
(如有缺页或倒装,中国法律图书有限公司负责退换)